Detlef Nauck
Frank Klawonn
Rudolf Kruse

**Neuronale Netze
und Fuzzy-Systeme**

Computational Intelligence

herausgegeben von
Wolfgang Bibel, Walther von Hahn und Rudolf Kruse

Die Bücher in dieser Reihe behandeln Themen, die sich dem weitgesteckten Ziel des Verständnisses und der technischen Realisierung intelligenten Verhaltens in einer Umwelt zuordnen lassen. Sie sollen damit Wissen aus der Künstlichen Intelligenz und der Kognitionswissenschaft (beide zusammen auch Intellektik genannt) sowie aus interdisziplinär mit diesen verbundenen Disziplinen vermitteln. Computational Inteligence umfaßt die Grundlagen ebenso wie die Anwendungen.

Die ersten Titel der Reihe sind:

Das Rechnende Gehirn
Grundlagen zur Neuroinformatik und Neurobiologie
von Patricia S. Churchland und Terrence J. Sejnowski

Neuronale Netze und Fuzzy-Systeme
Grundlagen des Konnektionismus, Neuronaler Fuzzy-Systeme und
der Kombination mit wissensbasierten Methoden
von Detlef Nauck, Frank Klawonn und Rufold Kruse

Titel aus dem weiteren Umfeld,
erschienen in der Reihe Künstliche Intelligenz des Verlages Vieweg:

Automatische Spracherkennung
von Ernst Günter Schukat-Talamazzini

Deduktive Datenbanken
von Armin B. Cremers, Ulrike Griefahn und Ralf Hinze

Wissensrepräsentation und Inferenz
von Wolfgang Bibel, Steffen Hölldobler und Torsten Schaub

Detlef Nauck
Frank Klawonn
Rudolf Kruse

Neuronale Netze und Fuzzy-Systeme

Grundlagen des Konnektionismus,
Neuronaler Fuzzy-Systeme und
der Kopplung mit wissensbasierten Methoden

2., überarbeitete und erweiterte Auflage

1. Auflage 1994
   (erschienen in der Reihe „Künstliche Intelligenz" desselben Verlages, ISSN 0940-0699)
2., überarbeitete und erweiterte Auflage 1996

Druck und buchbinderische Verarbeitung: Langelüddecke, Braunschweig
Gedruckt auf säurefreiem Papier
Printed in Germany

ISSN 0949-5665
ISBN 3-528-15265-6

Vorwort zur zweiten Auflage

Neuronale Netze erfreuen sich einer wachsenden Popularität, die sich in einer Vielzahl von Veröffentlichungen und industriellen Anwendungen ausdrückt. Ihre Fähigkeit, aus Beispielen lernen zu können, ohne im herkömmlichen Sinne programmiert werden zu müssen, macht einen wesentlichen Teil ihrer Faszination aus. Die Arbeit an Neuronalen Netzen, die auch als „konnektionistische Systeme" bezeichnet werden, war zunächst biologisch motiviert. Die Forscher wollten an ihnen mehr über Eigenschaften des Gehirns lernen. Das erste lernfähige künstliche Neuronale Netz, das *Perceptron,* wurde 1958 von Frank Rosenblatt vorgestellt. Nachdem jedoch in den sechziger Jahren gezeigt wurde, daß dieses damals bevorzugt untersuchte Perceptron sogenannte *linear nicht separierbare* Probleme nicht lösen konnte, wurde die Forschung an Neuronalen Netzen einige Jahre lang sehr stark eingeschränkt.

Nach der Entdeckung neuer und mächtiger Lernverfahren in den achtziger Jahren lebte das Interesse jedoch wieder auf. Nun war man in der Lage, auch nicht linear separierbare Probleme, wie z.B. die XOR-Funktion, von einem Neuronalen Netz lösen zu lassen. Die Industrie hat die Neuronalen Netze für sich entdeckt und wendet sie in Bereichen wie z.B. Bildverarbeitung, Schrift- und Spracherkennung an. Es gibt bereits eine Vielzahl kommerzieller und frei verfügbarer Entwicklungsumgebungen, die eine Erstellung eines Neuronalen Netzes am Computer ermöglichen und die Entwicklungen von Anwendungen erleichtern. Selbst „Neuronale Hardware" ist mittlerweile entwickelt worden. Dabei handelt es sich um Zusatzhardware für Computersysteme zur Unterstützung der Rechenvorgänge in Neuronalen Netzen.

Die Forschung an künstlichen Neuronalen Netzen, d.h. an vom Computer simulierten Neuronalen Netzen, ist ein hochgradig interdisziplinäres Gebiet. Biologen und Neurophysiologen untersuchen sie, um mehr über biologische Neuronale Netze, also den Aufbau und die Funktionsweise von Gehirnen zu erfahren. Psychologen bzw. Kognitionswissenschaftler befassen sich mit ihnen, um menschliche Verhaltensweisen z.B. kognitive Leistungen zu simulieren. Mathematiker, Ingenieure und Informatiker verwenden sie zur Datenanalyse, zur Regelung und Steuerung und untersuchen sie als parallele informationsverarbeitende Modelle. Die Grenzen zwischen diesen Bereichen sind fließend und gerade zwischen den beiden letztgenannten Gebieten bestehen starke Überschneidungen.

Dem Vorteil der Lernfähigkeit Neuronaler Netze gegenüber herkömmlichen Verfahren der Informationsverarbeitung steht jedoch ein Nachteil entgegen: Neuronale Netze können nicht interpretiert werden, sie stellen sich dem Entwickler und dem Anwender als eine „Black Box" dar. Das in ihnen enthaltene „Programm" oder „Wissen" entzieht sich einer formalen Untersuchung, wodurch die Verifikation eines Neuronalen Netzes unmöglich wird.

Neben ihrer Fähigkeit des Lernens sind Neuronale Netze in der Lage, mit unvollständigen, gestörten oder ungenauen Eingaben zu arbeiten und dennoch eine akzeptable Ausgabe zu produzieren. Sie sind von daher für den Bereich des „Soft–Computing" von Interesse. Mit Soft–Computing werden wissensbasierte Techniken bezeichnet, die in der Lage sind, mit unsicheren und impräzisen Daten zu arbeiten. Auf diese Weise können sie zu Ergebnissen gelangen, wenn andere herkömmliche, meist logikbasierte KI-Ansätze versagen, die auf „scharfe" (engl. crisp), d.h. exakte Daten angewiesen sind. Zu dem Bereich des Soft–Computing werden neben Neuronalen Netzen auch Fuzzy–Systeme und probabilistische Verfahren (z.B. Bayessche Netze) gezählt.

Die Themenauswahl in diesem Buch konzentriert sich zunächst auf die Darstellung der für Neuronale Netze notwendigen Grundlagen und die Vorstellung einiger wichtiger Neuronaler Architekturen und Lernverfahren. In der vorliegenden zweiten Auflage haben wir ein Kapitel über Radiale–Basisfunktionen–Netze eingefügt. Dabei handelt es sich um ein Netzwerkmodell, das neben den Multilayer–Perceptrons für industrielle Anwendungen von besonders hoher Bedeutung ist.

Gegenüber anderen Lehrbüchern über Neuronale Netze ist hervorzuheben, daß wir insbesondere Kopplungsmöglichkeiten konnektionistischer Modelle mit anderen wissensbasierten Methoden untersuchen. Als Resultate der Integration werden die *konnektionistischen Expertensysteme* und die *Neuronalen Fuzzy–Systeme* diskutiert. Man erhofft sich durch diese Kopplung lernfähige und dennoch interpretierbare wissensbasierte Systeme. Während konnektionistische Expertensysteme sich noch in einer konzeptionellen Phase befinden, trifft man die Neuronalen Fuzzy–Systeme bereits in zahlreichen industriellen Anwendungen an. Wir haben deshalb in der zweiten Auflage ein umfangreiches Kapitel über Neuro–Fuzzy–Datenanalyse hinzugefügt.

Wesentliche Teile diese Buches basieren auf Vorlesungen, Arbeitsgemeinschaften und Seminaren, die von den Autoren an der Technischen Universität Braunschweig gehalten wurden. Einige Ergebnisse unserer aktuellen Forschungsarbeiten sind ebenfalls eingeflossen. Wir wenden uns mit diesem Buch an Forscher und Anwender aus dem Bereich der Künstlichen Intelligenz sowie an Studierende der Informatik und angrenzender Gebiete. Das Buch ist in sich abgeschlossen, so daß keine Vorkenntnisse über Neuronale Netze, Fuzzy–Systeme oder Expertensysteme notwendig sind.

Die vorliegende zweite Auflage ist eine Überarbeitung und Verbesserung der 1994 erschienenen Erstauflage. Der Text wurde mehrfach in Vorlesungen und Schulungen eingesetzt und hat dabei von zahlreichen Anregungen aus dem Kreise der Studenten, Kollegen sowie den Teilnehmern der industriellen Tutorien profitiert.

Für die Unterstützung bei der Entstehung des Buches bedanken wir uns bei Hermann–Josef Diekgerdes, Patrik Eklund, Steffen Förster, Jörg Gebhardt, Ingrid Gerdes, Michael Kruse, Joachim Nauck, Ulrike Nauck, Uwe Neuhaus und Thomas Scholz. Hartmut Wolff danken wir für die fachliche Unterstützung in diversen Projekten zum Thema Fuzzy–Systeme. Bei dem Vieweg–Verlag, insbesondere bei Dr. Rainer Klockenbusch, bedanken wir uns für die uns entgegengebrachte Geduld und die gute Zusammenarbeit.

Braunschweig, im Januar 1996   Die Autoren

Inhaltsverzeichnis

III Konnektionistische Expertensysteme 175

IV Neuronale Fuzzy–Systeme 253

Einleitung

Neuronale Netze, Expertensysteme und Fuzzy–Systeme erscheinen auf den ersten Blick als völlig verschiedene Gebiete, zwischen denen kaum ein Zusammenhang besteht. In dieser Einleitung erläutern wir kurz die Grundkonzepte dieser drei Gebiete, aus denen wir ersehen können, daß eine Kopplung Neuronaler Netze mit Expertensystemen und Fuzzy–Systemen vielversprechende Möglichkeiten eröffnet. Außerdem gehen wir auf den inhaltlichen Aufbau des Buches ein, der sich aus der Intention ergibt, die Verbindungen der konnektionistischen Modelle zu den anderen Gebieten aufzuzeigen.

Neuronale Netze

Neuronale Netze, die auch als *konnektionistische Modelle* bezeichnet werden, sind Systeme, die einige der im menschlichen Gehirn erkannten oder vermuteten Organisationsprinzipien ausnutzen. Sie bestehen aus einer Vielzahl unabhängiger, einfacher Prozessoren, den Neuronen, die über gewichtete Verbindungen, die synaptischen Gewichte, miteinander Nachrichten austauschen. Die ersten Arbeiten auf diesem Gebiet waren neurobiologisch motiviert und befaßten sich mit der Modellierung einzelner neuronaler Zellen und sogenannter „Lernregeln", nach denen sich die synaptischen Gewichte ändern können.

Das berühmte *Perceptron* von F. Rosenblatt war das erste Neuronale Modell, das sich mit Aspekten der Informationsverarbeitung und -speicherung befaßte. Als eine „lernende Maschine" stellte es eine Sensation dar. Mit Hilfe einer Lernregel und einer Menge von Beispielen lernte das Perceptron, bestimmten Eingaben erwünschte Ausgaben zuzuordnen. Bald erkannte man jedoch, daß dieses Neuronale Netz grundsätzlich nicht in der Lage war, eine wichtige Klasse von Problemen zu lösen, und die Forschung auf diesem Gebiet erfuhr einen starken Rückschlag. Das Interesse und die Euphorie lebten jedoch mit der Entdeckung mächtiger Lernverfahren wieder auf. Von einigen heute verwendeten Neuronalen Netzarchitekturen weiß man, daß sie sogenannte *universelle Approximatoren* darstellen und somit beliebige Abbildungen von Eingaben auf Ausgaben realisieren können.

Die moderne Forschung an Neuronalen Netzen, die auch als *Konnektionismus* bezeichnet wird, befaßt sich mit der Entwicklung von Architekturen und Lernalgorithmen und untersucht die Anwendbarkeit dieser Modelle zur Verarbeitung von Informationen. Dabei spielt die neurobiologische Plausibilität dieser „künstlichen" Neuronalen Netze meist nur eine untergeordnete oder gar keine Rolle. Es gibt jedoch auch eine große Anzahl von Forschern, die mit Hilfe künstlicher Neuronaler Netze versuchen, biologische Neuronale Netze zu modellieren, um auf diese Weise mehr über den Aufbau und die Funktionsweise von Gehirnen zu erfahren.

Wir werden uns jedoch nur auf den Aspekt der Informationsverarbeitung beschränken und die neurobiologische Sichtweise nicht berücksichtigen. Wenn wir von Neuronalen Netzen sprechen, meinen wir daher immer künstliche Neuronale Netze, die von einem Computer simuliert werden.

Die Forschungsarbeiten über Neuronale Netze, ihre Anwendungen und Erkenntnisse aus dem Bereich der Neurobiologie haben zu zahlreichen Modifikationen der älteren einfachen Neuronalen Netze und zu vielen neuen Neuronalen Modellen geführt. All diese Modelle basieren auf relativ einfachen Verarbeitungseinheiten oder Neuronen, die durch gewichtete Verbindungen miteinander gekoppelt sind und Informationen austauschen. Um eine möglichst einheitliche Notation zu erreichen und zur Verdeutlichung der Gemeinsamkeiten und Unterschiede der verschiedenen Neuronalen Netzwerkarchitekturen, führen wir ein generisches Modell[1] ein, das den formalen Rahmen für die hier vorgestellten Neuronalen Netze festschreibt.

Die verschiedenen Typen Neuronaler Netze können unterschiedliche Aufgaben bewältigen. Zu diesen Aufgaben zählen vor allem Mustererkennung, Mustervervollständigung, Bestimmung von Ähnlichkeiten zwischen Mustern oder Daten – auch im Sinne einer Interpolation oder Extrapolation – und die automatische Klassifikation.

Abgesehen von den Optimierungsproblemen, auf die sich ebenfalls einige Neuronale Netze anwenden lassen, wird ein Problem durch ein Neuronales Netz auf der Basis eines Lernverfahrens gelöst, das abhängig von dem Netzwerkmodell und dem gestellten Problem ist. Man unterscheidet zwischen festen und freien Lernaufgaben und dementsprechend zwischen überwachten und nicht–überwachten Lernalgorithmen. Bei festen Lernaufgaben liegt ein Datensatz von Eingabemustern einschließlich der jeweils gewünschten Ausgaben vor. Das Neuronale Netz soll mittels eines überwachten Lernalgorithmus den so gegebenen Zusammenhang zwischen Ein– und Ausgaben erlernen. Werden dem Netz später dieselben oder ähnliche Eingaben präsentiert, soll es mit geeigneten Ausgaben reagieren. Freie Lernaufgaben stammen i.a. aus dem Bereich der Klassifikation, wo Ähnlichkeiten zwischen Daten gefunden werden sollen. Jeder Datensatz soll einer Klasse zugeordnet werden, ohne daß die Zuordnung vorher bekannt oder festgelegt ist. Wichtig ist allein, daß Datensätze, die sich nur geringfügig unterscheiden, in dieselbe Klasse eingeordnet werden.

---

[1]generisch = die Gattung betreffend (Duden), hier: unspezifisch

Die meisten Lernalgorithmen verändern die mit den Verbindungen zwischen den Verarbeitungseinheiten assoziierten Gewichte. Die Struktur des Netzes selbst, d.h. sowohl die Anzahl der Neuronen als auch die Existenz und das Fehlen von Verbindungen, bleibt erhalten. Findet der Lernalgorithmus eine geeignete Kombination von Gewichten, die eine Lösung der gestellten Aufgabe ermöglicht, so ist diese Lösung implizit in den Gewichten kodiert und kann in den seltensten Fällen sinnvoll interpretiert werden. Aufgrund dieser Eigenschaft, die es nicht erlaubt, gelerntes Wissen aus einem Neuronalen Netz in expliziter Form zu extrahieren, spricht man von einem „Black–Box–Verhalten" Neuronaler Netze – einem schwarzen Kasten, der zwar eine gewünschte Funktion erfüllt, der aber nicht erkennen läßt, wie er dies erreicht.

Dieselben Schwierigkeiten ergeben sich, wenn bereits vorhandenes Wissen über Zusammenhänge zwischen den zu erlernenden Trainingsdaten zur Verfügung stehen. Solches Wissen läßt sich nicht in ein Neuronales Netz integrieren, um die Lernaufgabe zu erleichtern.

Die Stärken Neuronaler Netze liegen neben ihrer verteilten Struktur, die hochgradig parallele Implementierungen und Hardware–Realisierungen zuläßt, vor allem in ihrer Lernfähigkeit. Ihre Nachteile bestehen darin, daß Wissen weder leicht integriert noch extrahiert werden kann und daß Parameter wie die Anzahl der Neuronen, ihre Verbindungen untereinander, die Lernrate usw. oft nur experimentell oder auf der Basis von Faustregeln ermittelt werden können.

Neben der Untersuchung Neuronaler Architekturen und Lernverfahren steht das Gebiet des Konnektionismus auch für eine neues Paradigma in der Künstlichen Intelligenz. Bisher versuchte man, kognitive Fähigkeiten regelbasiert und auf Grundlage der Struktur herkömmlicher Computer nachzubilden. Nun geht es darum, für die Simulation intelligenter Leistungen die Fähigkeiten Neuronaler Netze zu nutzen. Wissen wird nicht mehr symbolisch repräsentiert, sondern ist über das ganze Netzwerk verteilt. Diese auch als *sub–symbolisch* bezeichnete KI basiert auf der Modellierung assoziativer und intuitiver Vorgänge mit Hilfe selbstorganisierender Prozesse. Im Gegensatz zur symbolischen KI muß Wissen in weiten Teilen nicht mehr formalisiert werden, sondern kann sich durch die Lernprozesse eines Neuronalen Netzes selbst heranbilden.

Expertensysteme

Expertensysteme sind „intelligente" Informationssysteme, die das Wissen eines Experten auf einem eng abgegrenzten Bereich, meist in Form eines regelbasierten Ansatzes, modellieren und für problemspezifische Anfragen zur Verfügung stellen. Die Grundlage dieser Systeme sind meist Kalküle, die auf Prädikatenlogik basieren.

Ein Expertensystem besteht aus einer problemunabhängigen Komponente – dem Inferenzmechanismus – und einer problemabhängigen Komponente – der Wissensbasis.

Um ein Expertensystem erstellen zu können, benötigt man einen Wissensrepräsentationsformalismus, der in der Lage ist, das von einem „Experten" zur Verfügung gestellte, eventuell fragmentarische und heuristische Wissen so darzustellen, daß der Inferenzmechanismus darauf operieren kann. Ein wichtiges Merkmal von Expertensystemen ist die Fähigkeit, ihre Schlußfolgerungen unter Angabe des benutzten Wissens begründen zu können.

Ein Hauptproblem bei der Erstellung einer Wissensbasis besteht darin, das notwendige Wissen von einem Experten zu erfahren (Wissensakquisition). Menschen sind meist nur unvollkommen in der Lage, ihr Wissen über ein Gebiet, auf dem sie Expertise erworben haben, explizit zu formulieren. Wurde ein Mensch zum Experten, löst er Probleme seines Fachgebietes üblicherweise nicht mehr durch die bewußte Anwendung von Regeln oder Problemlösungsverfahren. Experten können sich aufgrund umfangreicher Erfahrungen in ihrem Bereich eines sehr viel effizienteren ganzheitlichen, intuitiven Vorgehens bedienen. Anfänger (Novizen), die noch keine ausreichende Erfahrung gesammelt haben, sind dagegen gezwungen, auf Problemlösungsstrategien und Regelwissen zurückzugreifen. Expertensysteme haben außerdem Schwierigkeiten, imperfektes Wissen und sogenanntes „Alltagswissen" zu repräsentieren.

Aus diesen Gründen erscheint eine Kopplung von Neuronalen Netzen und Expertensystemen zu *konnektionistischen Expertensystemen* sinnvoll. Gemeint ist damit kein reines sub-symbolisches System, sondern der Versuch, beide Ansätze zu vereinen, damit einerseits die Lernfähigkeit Neuronaler Netze und deren Toleranz gegenüber unvollständigen Eingaben vorhanden sind, und andererseits auch die Fähigkeit zur Inferenzerklärung genutzt werden kann.

Fuzzy–Systeme

Das Interesse an Fuzzy–Systemen hat in den letzten Jahren sowohl im Bereich der Forschung als auch der Anwendung aufgrund des großen Erfolges der vor allem in Japan entwickelten Produkte, die mit Fuzzy–Technologie ausgestattet wurden, stark zugenommen.

Die Grundidee der Fuzzy–Systeme besteht darin, die klassische zweiwertige Modellierung von Konzepten und Eigenschaften wie *groß*, *schnell* oder *alt* im Sinne gradueller Erfüllung zu erweitern. Konkret bedeutet dies, daß etwa eine Person nicht mehr als *groß* oder *nicht groß* angesehen wird, sondern daß ihr die Eigenschaft *groß* zu einem gewissen Grad zwischen 0 und 1 zugeschrieben werden kann.

Während man früher vage, impräzise oder unsichere Informationen negativ wertete und daher den Versuch unternahm, nach Möglichkeit solche Informationen nicht in eine Modellierung einzubeziehen, wird bei Fuzzy–Systemen bewußt von diesen Informationen Gebrauch gemacht, was im allgemeinen zu einer einfacheren, leichter handhabbaren und dem menschlichen Denken vertrauteren Modellierung führt.

Die meisten Anwendungen der Fuzzy–Systeme finden sich im regelungstechnischen Bereich, dem Fuzzy Control. Es hat sich inzwischen für diesen und andere Einsatzbereiche der Fuzzy–Systeme der englische Begriff „Fuzzy Logic" etabliert. Um Mißverständnisse zu vermeiden, sollte darauf hingewiesen werden, daß es „Fuzzy Logic im engeren" und „im weiteren Sinne" gibt. „Fuzzy Logic im weiteren Sinne" umfaßt alle Modelle und Anwendungen, in denen Fuzzy–Mengen zur Repräsentation graduell erfüllter Eigenschaften verwendet werden. „Fuzzy Logic im engeren Sinne" bezieht sich nur auf Systeme, in denen logische Kalküle und Deduktionsmechanismen im Rahmen einer Erweiterung der klassischen zweiwertigen Logik auf das Einheitsintervall als Wahrheitswertmenge Verwendung finden. Wenn wir hier von Fuzzy–Logik sprechen, meinen wir immer „Fuzzy Logic im engeren Sinne".

Die regelungstechnischen Anwendungen des Fuzzy Control basieren auf Wenn–Dann–Regeln, deren Prämissen unscharfe Beschreibungen von Meßwerten enthalten und deren jeweilige Konklusion einen für diese Eingabe– oder Meßwerte geeigneten Stell– oder Ausgabewert – möglicherweise ebenfalls unscharf – angibt. Diese Regeln sollten nicht als logische Implikationen, sondern eher im Sinne der Angabe einer Funktion durch Fallunterscheidungen verstanden werden. Fuzzy Control gehört daher zum Bereich der Fuzzy Logic im weiteren, nicht aber im engeren Sinne.

Ein generelles Problem bei Fuzzy–Systemen ist die Festlegung konkreter Werte zwischen 0 und 1 als Zugehörigkeitsgrade, die angeben, inwieweit ein Objekt oder Element ein Konzept erfüllt. Soll beispielsweise das Konzept oder Merkmal *groß* bezüglich erwachsener Männer charakterisiert werden, muß für jede Körpergröße definiert werden, zu welchem Grad sie dem Konzept *groß* zugerechnet werden kann. Sicherlich herrscht Übereinstimmung darüber, daß mit wachsender Körpergröße der Zugehörigkeitsgrad zu *groß* nicht abnehmen kann. Aber welcher genaue Wert der Größe 182cm zugeordnet werden sollte, ist nicht klar.

Die Festlegung solcher Zugehörigkeitswerte bestimmt aber wesentlich das Verhalten des Fuzzy–Systems. Insbesondere wenn diese Werte für längere Berechnungen oder Schlußfolgerungsketten verwendet werden, kann eine relativ kleine Änderung der Eingabewerte einen großen Einfluß auf das Ergebnis haben. Beim Fuzzy Control wird diese Hintereinanderschaltung von Ergebnissen vermieden, so daß der Einfluß einzelner Werte der Zugehörigkeitsgrade auf das Endergebnis einigermaßen überschaubar bleibt. Trotzdem muß bei Fuzzy–Reglern häufig ein aufwendiges „Fine–Tuning" durch Veränderung von Zugehörigkeitsgraden vorgenommen werden. Für komplexere Fuzzy–Systeme ist eine Anpassung bzw. Optimierung der Zugehörigkeitsgrade von Hand nahezu unmöglich.

Der Vorteil von Fuzzy–Systemen besteht darin, daß Wissen in geeigneter Form etwa in der Art von Wenn–Dann–Regeln mit unscharfen Prämissen und Konklusionen dargestellt werden kann. Problematisch ist allerdings die Umsetzung der unscharfen Konzepte durch die Festlegung von konkreten Werten als Zugehörigkeitsgrade, die garantieren, daß das Fuzzy–System sich so verhält, wie es gewünscht oder benötigt wird. An Lernverfahren, die diese Werte anhand von Beispieldaten automatisch bestimmen und damit die Leistung erheblich verbessern können, besteht daher ein großes Interesse. Der Vorteil einer Kopplung von Neuronalen Netzen mit Fuzzy–Systemen ist offensichtlich. Die Nachteile der beiden Modelle – das Black–Box–Verhalten Neuronaler Netze und die Schwierigkeiten der Festlegung konkreter (Zugehörigkeits–)Werte bei Fuzzy–Systemen – können durch eine Kopplung ausgeräumt werden, so daß man lernfähige, interpretierbare Modelle erhält, in die problemspezifisches Vorwissen integriert werden kann.

Zu diesem Buch

Dieses Buch ist in vier Teile gegliedert. Die beiden ersten Teile befassen sich mit den Grundlagen Neuronaler Netze und können losgelöst vom Rest des Buches als eine Einführung in dieses Gebiet betrachtet werden. Der Teil I gibt zunächst einen Überblick über die historische Entwicklung der Neuronalen–Netz–Forschung, wobei wir auch kurz auf das neurobiologische Vorbild eingehen. Das zweite Kapitel stellt unser generisches Modell für Neuronale Netze vor und führt die in den folgenden Kapiteln verwendeten Begriffe und Notationen ein.

Der Teil II behandelt einige der wichtigsten Architekturen Neuronaler Netze. Die verschiedenen Ansätze werden auf der Grundlage des generischen Modells aus Kapitel 2 erläutert. Die folgenden drei Kapitel sind den vorwärtsbetriebenen Neuronalen Netzen gewidmet, die überwachte Lernverfahren verwenden. Die Architektur dieser Netze entspricht einem gerichteten zyklenfreien Graphen, der eine geschichtete Struktur aufweist. Die Lernverfahren basieren auf der Vorgabe von Eingabedaten und den dazu passenden Ausgaben, die das Netz zu erzeugen hat. In Kapitel 3 beginnen wir mit der Vorstellung des ersten veröffentlichten Modells eines Neuronalen Netzwerkes, dem Perceptron. Dabei gehen wir auch auf das Problem der linearen Separabilität ein, an dem das Perceptron scheiterte und das der Grund für den Rückschlag in der Forschung auf dem Gebiet Neuronaler Netze war.

Kapitel 4 behandelt einfache lineare Modelle, unter anderem das ADALINE–Modell. Hier stellen wir eine wichtige Lernregel für diese Klasse Neuronaler Netze vor – die Delta–Regel. Auch dieses Modell scheiterte an nicht–linear separablen Problemen, die erst von dem Multilayer–Perceptron mit dem Backpropagation–Verfahren als Lernregel gelöst werden konnten. Dieses in Kapitel 5 vorgestellte Modell stellt heute die bedeutendste Neuronale Architektur dar und wird in den meisten Anwendungen Neuronaler Netze eingesetzt. Es handelt sich bei dem Multilayer–Perceptron um einen universellen Approximator, der im Prinzip beliebige stetige Funktionen approximieren kann. Diese Fähigkeit besitzen auch die in Kapitel 6 vorgestellten Radialen–Basisfunktionen–Netze, kurz RBF–Netze. Dieser Netztyp ist in der letzten Zeit immer wichtiger geworden und hat fast die gleiche Bedeutung wie die Multilayer–Perceptrons.

Die Kapitel 7 und 8 sind den Neuronalen Netzen gewidmet, die ein nicht–überwachtes Lernverfahren verwenden, um Eingabedaten zu klassifizieren. Die Zuordnung der Daten zu den Klassen, die das Neuronale Netz bestimmen soll, ist dabei vorher nicht festgelegt. Wichtig ist allein, daß ähnliche Datensätze in dieselbe Klasse eingeordnet werden. Das Wettbewerbslernen ermöglicht die Lösung solcher Klassifikationsaufgaben. Eine Weiterentwicklung dieser Idee stellen die selbstorganisierenden Karten dar, bei denen die Klassen mit einer geometrischen Struktur versehen sind. Hierbei werden annähernd ähnliche Datensätze, die nicht in dieselbe Klasse fallen, benachbarten Klassen zugeordnet.

Im Zentrum des neunten und zehnten Kapitels stehen rückgekoppelte Neuronale Netze, deren Neuronen über ungerichtete Verbindungen miteinander kommunizieren. Im Gegensatz zu den vorwärtsbetriebenen Netzen genügt es bei den rückgekoppelten Netzen nicht, eine Eingabe nur einmal durch das Netz zu propagieren. Hopfield–Netze als einfaches Modell von Netzen mit Rückkopplung eignen sich als autoassoziative Speicher und zur Lösung von Optimierungsproblemen, weil sie sich insbesondere problemlos auf der Basis von Operationsverstärkern in Hardware realisieren lassen. Verbesserungen von Hopfield–Netzen können durch Simulated Annealing erzielt werden, was allerdings ein nicht–deterministisches Verhalten zur Folge hat. Boltzmann–Maschinen weisen als stochastische Modelle ebenfalls ein nicht–deterministisches Verhalten auf, das genutzt werden kann, um statistische Eigenschaften von Mustern zu erlernen und darzustellen.

In Kapitel 11 gehen wir abschließend auf eine bestimmte Anwendung Neuronaler Netze, die Neuronalen Regler ein. Sie werden dazu eingesetzt, dynamische physikalische Systeme in einen bestimmten Zustand zu versetzen bzw. durch eine Zustandsfolge zu steuern. Dieses Kapitel dient als Vorbereitung auf die Neuronalen Fuzzy–Regler in Teil IV.

Der dritte Teil des Buches ist den konnektionistischen Expertensystemen gewidmet. Wir untersuchen hier, welche Möglichkeiten der Kopplung zwischen Neuronalen Netzen und herkömmlichen Expertensystemen bestehen. In Kapitel 12 führen wir zunächst in die Grundlagen der Expertensysteme ein. Wir erläutern den Aufbau und die Funktionsweise eines derartigen Systems und zeigen auf, in welchen Bereichen Expertensysteme Schwierigkeiten haben, die eventuell durch den Einsatz Neuronaler Netze beseitigt werden können.

In Kapitel 13 untersuchen wir Fragestellungen zur Wissensrepräsentation und -verarbeitung in Neuronalen Netzen. Wir betrachten dazu einige Begriffe und Ansätze der herkömmlichen symbolischen KI und übertragen diese in den Bereich des Konnektionismus. Das Kapitel 14 befaßt sich schließlich mit Modellen konnektionistischer Expertensysteme. Wir unterscheiden dabei zwischen Ansätzen, die versuchen, die Architektur und den Zustand eines Neuronalen Netzes in Form von Regeln zu interpretieren (regelfolgend), und Ansätzen, die versuchen, Regeln explizit in Neuronalen Strukturen zu kodieren (regelbeherrscht).

Neben der Kopplung Neuronaler Netze mit Expertensystemen ist auch die Verwendung von a–priori Wissen über die Eingabedaten zur Vereinfachung der Lernverfahren von Interesse. Dieses Wissen kann sich in einer Vorverarbeitung von Eingabedaten in Form geeigneter Transformationen ausdrücken und eine wichtige Rolle für den erfolgreichen Einsatz eines Neuronalen Netzes spielen. Das im Kapitel 15 vorgestellte Preprocessing ist ein Verfahren zur automatischen Bestimmung von Transformationen. Durch Preprocessing kann nicht nur das Neuronale Netz vereinfacht werden. Preprocessing ermöglicht auch die Interpretation der Transformationen im Sinne von Merkmalsausprägungen.

Der vierte und letzte Teil des Buches befaßt sich mit einer sehr aktuellen Fragestellung: der Kopplung zwischen Neuronalen Netzen und Fuzzy–Systemen, insbesondere den Fuzzy–Reglern. Wir zeigen, daß beide Modelle prinzipiell die gleiche Aufgabe erfüllen – die Approximation von Funktionen – wobei sie jedoch unterschiedliche Mittel einsetzen. Die Nachteile des einen Ansatzes stellen sich dabei als die Vorteile des anderen heraus. Eine Verbindung beider ist daher von hohem Interesse.

In Kapitel 16 gehen wir zunächst auf die kognitive Modellierung von Expertenverhalten ein, geben eine Einführung in die Grundlagen der Fuzzy–Regelung und stellen die prinzipiellen Möglichkeiten zur Kopplung Neuronaler Netze und Fuzzy–Regler dar. In den Kapiteln 17 und 18 erläutern wir dann verschiedene Kopplungsmodelle, wobei wir zwischen kooperativen und hybriden Neuronalen Fuzzy–Reglern unterscheiden. In kooperativen Modellen lassen sich Neuronales Netz und Fuzzy–Regler voneinander trennen, während in hybriden Ansätzen beide zu einer neuen gemeinsamen Architektur verbunden sind.

Das Kapitel 19 stellt das NEFCON–Modell vor, ein hybrider Neuronaler Fuzzy–Regler, der an der TU Braunschweig entwickelt wurde. Dieses Modell ist in der Lage, mit Hilfe eines speziellen neuartigen Lernverfahrens sowohl Fuzzy–Mengen als auch Fuzzy–Regeln zu erlernen. Nach der Beschreibung der Architektur und des Lernalgorithmus erläutern wir die Arbeitsweise des NEFCON–Systems anhand einer prototypischen Implementierung des Ansatzes.

Die meisten Neuronalen Fuzzy–Systeme sind im Bereich der (Fuzzy–)Regelung zu finden. Es sind jedoch auch Kopplungen in anderen Bereichen denkbar. Von zunehmender Bedeutung sind Datenanalysetechniken, die in unübersichtlichen Datensammlungen Zusammenhänge suchen und sie in leicht zu interpretierenden, sprachlichen Regeln darstellen. In diesem Bereich lassen sich ebenfalls Neuro–Fuzzy–Systeme einsetzen. Das Kapitel 20 stellt aktuelle Ansätze zur Neuro–Fuzzy–Datenanalyse vor.

Neben den Anwendungsbereichen der Regelungstechnik und der Datenanalyse sind weitere Kopplungsmöglichkeiten für Neuronale Netze und Fuzzy–Systeme denkbar. Das Kapitel 21 beschreibt daher abschließend einen Ansatz, der es erlaubt, einfache Prolog–Programme auf der Basis einer Erweiterung der klassischen zweiwertigen Aussagenlogik zur Fuzzy–Logik als Neuronale Netze zu interpretieren und sie so einem Lernalgorithmus zugänglich zu machen.

Teil I

Grundlagen Neuronaler Netze

Kapitel 1

Historische und Biologische Aspekte

Die Erforschung künstlicher Neuronaler Netze begann bereits um 1940 und war durch das Interesse an den neurophysiologischen Grundlagen des menschlichen Gehirns motiviert. Man wußte, daß das Gehirn aus Nervenzellen – den *Neuronen* – besteht, die untereinander verbunden sind und sich gegenseitig über elektrische Signale beeinflussen. Ein Neuron leitet seine Signale über sein *Axon* weiter und empfängt Signale von anderen Neuronen über die Kopplungsstellen zwischen deren Axonen und seinen *Dendriten*. Diese Kopplungsstellen werden *Synapsen* oder *synaptische Spalte* genannt.

Warren S. McCulloch und Walter Pitts stellten 1943 ein Modell für die Funktionsweise eines solchen Neurons vor und listeten fünf Annahmen auf [MCCULLOCH und PITTS, 1943]:

- Ein Neuron ist ein binäres Schaltelement, das entweder aktiv oder inaktiv ist.

- Jedes Neuron besitzt einen festen Schwellenwert.

- Ein Neuron empfängt Eingaben von excitatorischen (erregenden) Synapsen gleichen Gewichts.

- Ein Neuron empfängt außerdem Eingaben von inhibitorischen (hemmenden) Synapsen, deren Effekt absolut ist: eine aktive inhibitorische Synapse verhindert die Aktivierung des Neurons.

- Es gibt ein Zeitquantum für die Integration der synaptischen Eingaben. Wenn keine inhibitorische Synapse aktiv ist, werden die excitatorischen Eingaben addiert und das Neuron wird aktiv, wenn sein Schwellenwert dadurch überschritten wird.

Diese Modellvorstellung (s. Bild 1.1) wurde als das *McCulloch–Pitts–Neuron* bekannt. Die Autoren zeigten, wie sich Neuronen bilden lassen, die logische Konnektive wie UND und ODER realisieren. Dadurch können alle endlichen logischen Ausdrücke durch Netze aus derartigen Neuronen gebildet werden.

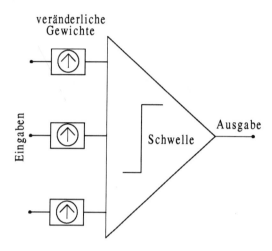

Bild 1.1: Schematische Darstellung eines McCulloch–Pitts–Neurons

Das von McCulloch und Pitts vorgeschlagene Modellneuron entspricht jedoch nur sehr eingeschränkt einem biologischen Neuron. Das menschliche Gehirn setzt sich aus etwa 1 Billion Zellen zusammen. Allein 100 Milliarden davon sind Nervenzellen (Neuronen), wobei jede mit Hunderten oder Tausenden anderer Nervenzellen in Verbindung steht. Die Großhirnrinde (Cortex) besteht aus etwa 10 bis 15 Milliarden Neuronen und weist eine Stärke von nur zwei Millimeter auf. Aufgrund ihre starken Furchung hat sie jedoch bei einer Fläche von 1,5 Quadratmetern in etwa die Ausdehnung einer Schreibtischplatte [FISCHBACH, 1992].

Neuronen kommen in unterschiedlichen Arten vor. Das Bild 1.2 zeigt das Aussehen einer sogenannten Pyramidenzelle. Das Neuron besteht aus einem Zellkörper mit vielfach verzweigten Auswüchsen (Dendriten) und einer langen Nervenfaser (Axon). Ein Neuron ist ein kleines elektrochemisches Kraftwerk. Im Ruhezustand hält es an seiner Membran ein Ruhepotential von −70 Millivolt aufrecht. Dies liegt an einer zehnmal höheren Konzentration von Natrium–Ionen außerhalb des Neurons gegenüber seinem Zellinneren. Wird das Neuron erregt, so wird die Durchlässigkeit der Membran für Natrium–Ionen erhöht und sie strömen in großer Menge in das Zellinnere. Dabei strömen Kalium–Ionen, jedoch in geringerer Menge, hinaus. Wird eine bestimmte Konzentration überschritten, baut sich am Axonhügel, dem Ursprung der Nervenfaser am Zellkörper, ein Aktionspotential auf. Das Zellinnere wird kurzzeitig positiv (+40 Millivolt) gegenüber dem Zelläußeren. Innerhalb einer Millisekunde kehrt das

Bild 1.2: Eine Pyramidenzelle

Membranpotential wieder auf seinen Ruhezustand zurück, indem unter Aufwand von Energie die Natrium–Ionen aus dem Zellinneren entfernt werden (Ionenpumpe) und die Kalium–Ionen zurückwandern [FALLER, 1980]. Ein *aktives Neuron* ist dadurch gekennzeichnet, daß es in hoher Frequenz Aktionspotentiale erzeugt.

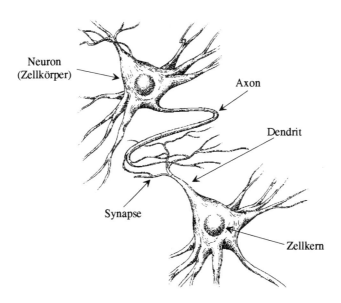

Bild 1.3: Schematische Darstellung zweier Neuronen

Das Aktionspotential wird über das Axon weitergeleitet. Dabei gelangt derselbe Mechanismus wie bei seiner Erzeugung zum Einsatz. Ein Axon kann somit nicht als ein

Stromleiter interpretiert werden. Infolge der Ladungsverschiebungen im Axon werden auch die jeweils davorliegenden Abschnitte der Nervenfaser für Natrium–Ionen durchlässiger, wodurch sich in ihnen ebenfalls ein Aktionspotential aufbauen kann. An den Enden des Axons kann das Aktionspotential nicht einfach auf die Dendriten anderer Neuronen übergehen. Der nur $20\mu m$ breite synaptische Spalt verhindert dies. Vielmehr werden von dem Axon sogenannte *Neurotransmitter*, chemische Botenstoffe, in den synaptischen Spalt ausgeschüttet, die zum Dendriten (oder anderen Abschnitten der nachgeschalteten Zelle) hinüberdiffundieren und sich an spezifische Rezeptoren heften. Auf diese Weise können sich Ionenkanäle öffnen, wodurch die Zelle eventuell stark genug erregt wird, um zu feuern.

Ob ein Transmitter hemmend oder erregend wirkt, hängt von der Art des Rezeptors ab. Dabei ist die Wirkung einer einzelnen Synapse gering. Ob und wie häufig eine Nervenzelle erregt wird, ist das Ergebnis einer ständigen und umfassenden Verrechnung der bis zu 1000 synaptischen Eingänge des Neurons, die über eine lineare Aufsummierung hinausgeht. Auf diese Weise stellt jedes Neuron für sich bereits eine Art leistungsfähigen Computer dar [FISCHBACH, 1992].

Die Natur der Vorgänge, die sich in einem Neuron abspielen, bringt es mit sich, daß eine Nervenzelle nicht öfter als etwa 200 mal in der Sekunde feuern kann. Die Ausbreitung des Aktionspotentials über das Axon geht mit einer Geschwindigkeit von circa 100 m/s vor sich. Elektrische Signale in Kupferdraht breiten sich millionenfach schneller aus. Diese Betrachtungen und die Erkenntnis, daß sich wesentliche kognitive Leistungen des Menschen in wenigen zehntel Sekunden abspielen, verweisen auf eine massive Parallelität von Neuronenfunktionen.

Die bisher geschilderte Struktur und Funktionsweise biologischer Neuronennetze reicht noch nicht aus, um z.B. die kognitiven Leistungen eines Menschen zu erklären. Das Gehirn ist in der Lage *zu lernen*, und man vermutete bereits sehr frühzeitig, daß Lernvorgänge mit physikalischen Veränderungen in den Neuronenverbindungen einhergehen. Die ersten Ideen zu diesem Problem formulierte Donald O. Hebb bereits 1949. Hebb postulierte, daß ein Lernvorgang die Verbindungen zwischen zwei Neuronen verstärkt, wenn die postsynaptische und präsynaptische Zelle gleichzeitig aktiv sind [HEBB, 1949]. Die Verstärkung einer Synapse besteht in einer erhöhten Effizienz der Potentialübertragung, z.B. durch verstärkte Neurotransmitterausschüttung oder effizientere oder vermehrte Rezeptoren. Diese Abläufe in den sogenannten *Hebb–Synapsen* und weitere andere Mechanismen zur Veränderung von Synapsen werden heute allgemein als neurobiologische Grundlage des Lernens anerkannt [KANDEL und HAWKINS, 1992, SHATZ, 1992].

Aufbauend auf dieser *Hebbschen Lernregel* gelang es in den fünfziger und sechziger Jahren, erste lernfähige künstliche Neuronale Netze zu entwickeln. Das erste lernfähige Modell war das *Perceptron*, das 1958 von Frank Rosenblatt vorgestellt wurde (s. Kap. 3). Die Verarbeitungseinheiten dieses Neuronalen Netzes entsprachen im wesentlichen den McCulloch–Pitts–Neuronen. Die synaptischen Kopplungen wurden über unterschiedlich stark gewichtete Verbindungen modelliert, deren Gewichte durch einen Lernalgorithmus verändert werden konnten. Für dieses Modell ließ sich zeigen, daß sein Lernverfahren unter Garantie zum Erfolg führt, wenn für das gestellte Problem eine Lösung in Form eines Perceptrons existiert (Perceptron–Konvergenztheorem).

Bernhard Widrow und Marcian E. Hoff entwickelten 1960 das lineare adaptive Neuronenmodell *ADALINE* (**ada**ptive **li**near **ne**uron), das wie das Perceptron lernen konnte, Muster zu klassifizieren [WIDROW und HOFF, 1960]. Die dabei verwendete Lernregel – die Delta–Regel – stellt eine effiziente Weiterentwicklung des Perceptron–Lernverfahrens dar (s. Kap. 4).

Beide Modelle bestehen strenggenommen aus nur einem Modellneuron mit mehreren gewichteten Eingängen und einem Ausgang. Ihre Berechnung führen sie durch, indem sie die gewichtete Summe ihrer Eingangssignale bestimmen und daraufhin eine Aktivierung berechnen, die sie eventuell noch verändert ausgeben. Die Ansätze lassen sich jedoch leicht zu einer Schicht mehrerer Neuronen verallgemeinern. Sie lassen sich auch als Neuronale Netze aus zwei Schichten darstellen, bei denen die *Eingabeschicht* lediglich Werte entgegennimmt und über die gewichteten Verbindungen an die *Ausgabeschicht* weiterreicht (propagiert). Diese Modelle werden daher auch als *einstufig* oder *zweischichtig* bezeichnet.

Die Euphorie, lernfähige Maschinen gefunden zu haben und die Überzeugung, mit ausreichender Komplexität bald jedes denkbare Problem mit ihnen lösen zu können, erhielt 1969 einen empfindlichen Dämpfer. Marvin Minsky und Seymour Papert zeigten in ihrem Buch *Perceptrons* [MINSKY und PAPERT, 1969], daß ein Perceptron grundsätzlich nicht in der Lage ist, die folgende simple binäre Funktion zu realisieren: Sind beide Eingaben identisch (beide 0 oder beide 1), so ist eine 0 als Ausgabe zu erzeugen, sind beide Eingaben unterschiedlich, so ist eine 1 auszugeben. Dies ist die XOR–Funktion (exklusives ODER), und sie gehört zur Klasse der nicht linear separablen Funktionen.

Minsky und Papert zeigten auch, daß zur Lösung nicht linear separabler Probleme mindestens eine *innere Schicht* von Neuronen notwendig ist. Sie gaben einen Hinweis, wie mit diesen erweiterten Perceptrons die zur Paritätsfunktion verallgemeinerte XOR–Funktion zu berechnen ist, wobei jedoch völlig unklar war, wie in diesem Fall ein Lernalgorithmus aussehen könnte. Insgesamt kamen sie zu dem Schluß, daß Neuronenmodelle zu aufwendig sind und die Verbindungsgewichte bei derartigen komplexen Problemen schneller als exponentiell wachsen können und keine obere Schranke besitzen.

Viele Einschränkungen des Perceptrons, auch die Bedingungen der linearen Separabilität für eine fehlerfreie Ausgabe, waren bereits frühzeitig bekannt. Sie wurden jedoch nicht tiefergehend untersucht; den Veröffentlichungen über Perceptrons fehlte vielfach die formale Gründlichkeit. Der Verdienst von Minsky und Papert bestand darin, die Funktionsweise eines Perceptrons mit der Berechnung eines logischen Prädikats gleichzusetzen und auf dieser Grundlage eine gründliche formale Untersuchung durchzuführen. Dabei konnten sie zeigen, welche Prädikate ein Perceptron erfolgreich berechnen kann und welche nicht.

Die fatale Auswirkung ihrer Arbeit auf die Forschung an künstlichen Neuronalen Netzen bestand in ihrer Schlußfolgerung, daß sich auch die Arbeit an mehrschichtigen Systemen nicht lohnen würde. Dieser Ansicht war aufgrund ihrer überzeugenden Untersuchungen zunächst nichts entgegenzusetzen. Sie hat sich jedoch mittlerweile nach der Entwicklung neuer Modelle und Lernverfahren als falsch herausgestellt. Ein weiterer für die „Wiederbelebung" Neuronaler Netze wichtiger Aspekt bestand darin, daß Minsky und Papert außer acht ließen, daß die von ihnen untersuchten Ansätze sich trotz ihrer Einschränkungen als *psychologische Modelle* eignen [ANDERSON und ROSENFELD, 1988].

Die Veröffentlichungen über Neuronale Netze während der siebziger Jahre hatten vornehmlich Assoziativspeicher und neurophysiologische Modelle zum Gegenstand. Teuvo Kohonen und James A. Anderson publizierten etwa zeitgleich und unabhängig voneinander einen Ansatz, der als „linearer Assoziierer", ein Modell für assoziative Speicher, bekannt wurde [ANDERSON, 1972, KOHONEN, 1972]. Beide Autoren verwenden denselben mathematischen Formalismus, obwohl Kohonen die Sicht eines Elektronik–Ingenieurs und Anderson die eines Neurophysiologen hatte. Kohonen bezeichnet sein Modell als „Korrelations–Matrix–Speicher" (correlation matrix memory) und bezieht sich nicht auf neuronale Analogien, während Anderson um neurophysiologische Plausibilität bemüht ist und von einem „Neuronalen Netz" spricht. Die verwendete Lernregel ist eine Erweiterung der Hebbschen Lernregel und bildet die Gewichte durch das äußere Produkt zwischen Eingabe- und Ausgabevektor. Die Verarbeitungseinheiten sind linear und unterscheiden sich somit von den Schwellenwerteinheiten eines Perceptrons.

Als der Beginn der modernen Ära der Neuronalen–Netz–Forschung [ANDERSON und ROSENFELD, 1988] kann die Veröffentlichung von John J. Hopfield über ein Modell angesehen werden, das als Hopfield–Netz bekannt ist (s. Kap. 9). Hopfield verwendet ein rückgekoppeltes Netzwerk mit Schwellenwerteinheiten und symmetrischen Verbindungen [HOPFIELD, 1982]. Die verwendete Lernregel entspricht der des linearen Assoziators. Hopfield konstruierte sein Modell so, daß es einen Zustand minimaler Energie, einen sogenannten Attraktor, anstrebt. Diese Zustände entsprechen gespeicherten Informationen. Hopfield vergleicht sein Neuronales Netz mit einem physikalischen Modell: der Ausrichtung von Elementarmagneten in sogenannten „Spingläsern". Als wesentliches Merkmal stellt er die kollektiven Eigenschaften heraus, die aufgrund einer Verbindung vieler identischer Einheiten auftreten (emergent computational abilities).

Ebenfalls im Jahr 1982 stellte Kohonen seinen Ansatz über die „selbstorganisierende Bildung topologisch korrekter Merkmalskarten" vor [KOHONEN, 1982]. Die Idee Kohonens besteht darin, eine Schicht von Neuronen zu bilden, die auf eine Eingabe mit der Aktivierung einer bestimmten Region reagieren. Ähnliche Eingaben sollen dabei benachbarte Neuronen erregen. Der verwendete Lernalgorithmus ist im Gegensatz zu den bisher eingesetzten Verfahren nicht–überwacht, d.h. es gibt keinen „Lehrer", der eine erwünschte Ausgabe vorgibt. Kohonens selbstorganisierende Karten (s. Kap. 8) werden vielfach zur Clusteranalyse eingesetzt.

Eine weitere für die neuere Neuronale–Netz–Forschung bedeutende Veröffentlichung ist die Arbeit von Andrew G. Barto, Richard S. Sutton und Charles W. Anderson, in der die Autoren ein nur aus zwei neuronalen Verarbeitungseinheiten bestehendes System vorstellen, das ein inverses Pendel balanciert [BARTO et al., 1983]. Hier soll das Neuronale Netz lernen, wie ein auf einem Wagen montierter Stab, der sich vor und zurück bewegen kann, durch Bewegung des Wagens in einer senkrechten Position zu balancieren ist. Dazu erhält das System nur die Information, ob der Stab umgefallen ist oder nicht. Der eingesetzte Lernalgorithmus heißt *verstärkendes Lernen* (reinforcement learning). Eines der Neuronen fungiert als *adaptives Kritikelement* und beeinflußt die Veränderung der Gewichte im System, während das andere Neuron die Ausgabe zur Steuerung des Wagens bestimmt. Dieses Verfahren wird vielfach in *Neuronalen Reglern* eingesetzt (s. Kap. 11).

Die 1985 von David H. Ackley, Geoffrey E. Hinton und Terrence J. Sejnowski vorgestellte Boltzmann–Maschine verwendet Hopfield–Neuronen und hat ebenso wie Hopfields Modell ein physikalisches Analogon. Der verwendete Lernalgorithmus basiert auf einem Verfahren von Kirkpatrik, Gelatt und Vecchi, das *simuliertes Ausglühen* (simulated annealing) genannt wird [KIRKPATRICK et al., 1983]. Dies entspricht dem langsamen Abkühlen einer Kristallschmelze. Es gilt, einen Zustand niedriger Energie zu erreichen, der dem globalen Minimum so nahe wie möglich kommt. Dabei läßt man in einer früheren Phase eine Änderung zu Zuständen höherer Energie zu, um so lokalen Minima entkommen zu können. Mit der Zeit werden solche Änderungen unwahrscheinlicher und das System erreicht einen Ruhezustand, vergleichbar einem idealen Kristallgitter (s. Kap. 10). Die Boltzmann–Maschine war das erste Neuronale Netz, das in der Lage ist, innere Neuronen zu trainieren. Damit lassen sich linear nicht separable Probleme wie das exklusive ODER lösen. Das Lernverfahren ist jedoch relativ komplex und zeitaufwendig.

Den nachhaltigsten Einfluß auf die Forschung an Neuronalen Netzen hatte die von David E. Rumelhart, Geoffrey E. Hinton und Ronald J. Williams durchgeführte Verallgemeinerung von Widrows und Hoffs Delta–Regel für mehrschichtige Perceptrons mit kontinuierlichen, differenzierbaren Aktivierungsfunktionen [RUMELHART et al., 1986a, RUMELHART et al., 1986b]. Dieses heute als *Backpropagation* bekannte Lernverfahren ist in der Lage, die Verbindungsgewichte zu inneren Einheiten in mehrschichtigen Neuronalen Netzen zu bestimmen und ist erheblich schneller als der Algorithmus der Boltzmann–Maschine. Die Idee besteht darin, den Fehler den das Netz bei der Erzeugung einer Ausgabe macht rückwärts durch das Netz (von der Ausgabe- zur Eingabeschicht) zu propagieren und zur Gewichtsveränderung zu verwenden (s. Kap. 5). Die meisten Anwendung Neuronaler Netze setzen diese Verfahren ein. Eine besonders spektakuläre Anwendung stellt das System NETtalk dar [SEJNOWSKI und ROSENBERG, 1986]. Dabei handelt es sich um ein dreischichtiges Neuronales Netz, das gelernt hat englische Wörter vorzulesen.

Erst später stellte sich heraus, daß Backpropagation etwa zeitgleich und unabhängig von zwei weiteren Forschern [PARKER, 1985, LE CUN, 1986] als Lernverfahren entdeckt wurde. Letztendlich wurde bekannt, daß der eingesetzte Algorithmus bereits 1974 von Paul J. Werbos in seiner Dissertation beschrieben worden war [WERBOS, 1974].

Die in diesem Kapitel skizzierte Entwicklung der Neuronalen–Netz–Forschung kann ausführlich an den von James A. Anderson und Edward Rosenfeld zusammengestellten Arbeiten in dem Band *Neurocomputing* nachvollzogen werden. Dort sind die bedeutendsten Original–Aufsätze aus den Anfängen des Gebiets bis zu den heutigen Modellen zu finden [ANDERSON und ROSENFELD, 1988]. Ein Nachfolgeband enthält gesammelte Aufsätze zu neueren Entwicklungen [ANDERSON et al., 1990]. Materialien zu den psychologischen und biologischen Aspekten Neuronaler Netze und zum Backpropagation–Verfahren sind in dem bekannten dreibändigen Werk *Parallel Distributed Processing* enthalten [RUMELHART und MCCLELLAND, 1986, MCCLELLAND und RUMELHART, 1986, MCCLELLAND und RUMELHART, 1989].

Die in diesem Buch betrachteten Modelle Neuronaler Netze lassen die neurobiologischen Aspekte, die wir weiter oben angesprochen haben, in der Regel völlig außer acht. Die wichtigsten Unterschiede zwischen biologischen neuronalen Systemen und konnektionistischen Modellen können wie folgt beschrieben werden [MIALL, 1989]:

- Neuronen haben komplexe physiologische Eigenschaften, die für ihre Berechnungsvorgänge von Bedeutung sind. Insbesondere die zeitabhängigen Eigenschaften fehlen in den meisten Modellen.

- Neuronen haben sehr komplexe und variable Verbindungen zu anderen Neuronen. Dies ist in konnektionistischen Modellen nicht realisiert.

- Die Architektur konnektionistischer Modelle ist biologisch gesehen unrealistisch.

- Die konnektionistischen Lernregeln sind biologisch gesehen unrealistisch.

Wir werden uns im folgenden mit der neurobiologischen Seite Neuronaler Netze nicht weiter befassen, sondern Neuronale Netze lediglich als informationsverarbeitende abstrakte Systeme interpretieren. Bevor wir im einzelnen die unterschiedlichen Architekturen konnektionistischer Systeme diskutieren, stellen wir im nächsten Kapitel ein generisches Modell vor, das die Grundlage der weiteren Betrachtungen sein wird.

Kapitel 2

Ein generisches Modell für Neuronale Netze

Nachdem wir uns in dem vorangegangenen Abschnitten mit dem biologischen und historischen Hintergrund konnektionistischer Modelle befaßt haben, werden wir im folgenden den mathematisch–formalen Aspekt Neuronaler Netze untersuchen. Die in den sich anschließenden Kapiteln folgende Beschreibung der einzelnen Neuronalen Netzmodelle wird sich auf das hier angegebene generische Modell beziehen.

2.1 Die Struktur Neuronaler Netze

Ein künstliches Neuronales Netz kann im allgemeinen als eine formale Struktur aufgefaßt werden, die durch eine Menge und einige Abbildungen leicht beschreibbar ist. Die im folgenden gegebene Definition erfaßt alle wesentlichen Netzwerkmodelle. Eine detaillierte Erläuterung der einzelnen Komponenten und Parameter erfolgt im Anschluß.

Definition 2.1 *Ein Neuronales Netz ist ein Tupel* $(U, W, A, O, \mathrm{NET}, \mathrm{ex})$, *wobei gilt:*

(i) *U ist eine endliche Menge von Verarbeitungseinheiten (Neuronen),*

(ii) *W, die Netzwerkstruktur, ist eine Abbildung vom kartesischen Produkt $U \times U$ in $\mathbb{R}$,*

(iii) *A ist eine Abbildung, die jedem $u \in U$ eine Aktivierungsfunktion $A_u : \mathbb{R}^3 \to \mathbb{R}$ zuordnet,*

(iv) *O ist eine Abbildung, die jedem $u \in U$ eine Ausgabefunktion $O_u : \mathbb{R} \to \mathbb{R}$ zuordnet,*

(v) NET *ist eine Abbildung, die jedem $u \in U$ eine Netzeingabefunktion*
NET$_u : (\mathbb{R} \times \mathbb{R})^U \to \mathbb{R}$ *zuordnet, und*

(vi) ex *ist eine externe Eingabefunktion* ex $: U \to \mathbb{R}$, *die jedem $u \in U$ eine externe Eingabe in Form einer reellen Zahl* ex$_u = $ ex$(u) \in \mathbb{R}$ *zuordnet.*

Diese Definition beschreibt die statischen Eigenschaften Neuronaler Netze, sagt jedoch noch nichts über ihre Dynamik aus. Bevor wir uns damit befassen, betrachten wir die oben definierten Bestandteile im Detail.

Die Verarbeitungseinheiten

Die *Verarbeitungseinheiten* eines Neuronalen Netzes kann man sich als einfache Automaten oder Prozessoren vorstellen, die in Abhängigkeit ihres durch eine reelle Zahl gegebenen, aktuellen Zustandes (ihrer *Aktivierung*) und ihrer aktuellen Eingabe einen neuen Zustand berechnen und eine Ausgabe generieren. Sie verarbeiten ihre Eingaben vollständig parallel und unabhängig voneinander. In vielen konnektionistischen Modellen unterscheidet man zwischen Eingabeeinheiten, versteckten bzw. inneren Einheiten und Ausgabeeinheiten. Die Ein– und Ausgabeeinheiten dienen zur Kommunikation des Neuronalen Netzes mit seiner Umgebung. Der Zustand und die Ausgabe innerer Einheiten ist von außen nicht zu erkennen.

Die Netzwerkstruktur

Die Abbildung W wird im allgemeinen als *Netzwerkstruktur* bezeichnet. Sie kann als bewerteter gerichteter Graph dargestellt werden, dessen Knoten die Verarbeitungseinheiten sind und dessen bewertete Kanten gewichtete Kommunikationsverbindungen repräsentieren. Häufig wird W auch in Form einer *Konnektionsmatrix* angegeben. $W(u, u')$ wird *(synaptisches) Gewicht*, *(synaptische) Verbindung* oder *Kopplung* genannt. Die Netzwerkstruktur bildet die Grundlage für die Kommunikation der Verarbeitungseinheiten untereinander. Die Ausgabe einer Einheit wird zur Eingabe für die anderen Einheiten. Durch die Gewichtung der Verbindungen ist es für eine Einheit möglich, die Ausgaben der anderen Einheiten unterschiedlich stark zu berücksichtigen oder auch ganz zu vernachlässigen. Für den Fall, daß $W(u, u') = 0$ gilt, sagen wir daher, daß von u nach u' keine Verbindung existiert. Gilt $W(u, u') > 0$, wird die Verbindung zwischen u und u' als *excitatorisch* oder *anregend* bezeichnet, im Fall $W(u, u') < 0$ *inhibitorisch* oder *hemmend* genannt.

W bestimmt die Struktur des Neuronalen Netzes. Für ein vollständig verbundenes Netz gilt z.B. $W(u, u') \neq 0$ für alle $u, u' \in U$, $u \neq u'$, für symmetrische Verbindungen gilt $W(u, u') = W(u', u)$ (s. z.B. Hopfield–Netz) und für Netze, in denen Einheiten nicht mit sich selbst verbunden sind, gilt $W(u, u) = 0$. Durch das Nullsetzen bestimmter Verbindungen kann ein *geschichtetes Netz* erzeugt werden, bei dem z.B. Einheiten

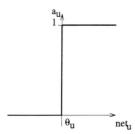

Lineare Schwellenwertfunktion

$$a_u = \begin{cases} 1 & \text{falls } net_u > \theta_u \\ 0 & \text{sonst.} \end{cases}$$

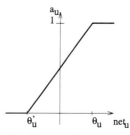

Semilineare Funktion

$$a_u = \begin{cases} 1 & \text{falls } net_u > \theta_u \\ 0 & \text{falls } net_u < \theta'_u \\ \dfrac{net_u - \theta'_u}{\theta_u - \theta'_u} & \text{sonst.} \end{cases}$$

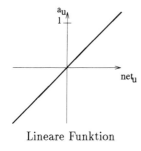

Lineare Funktion

$$a_u = c_u \cdot net_u$$

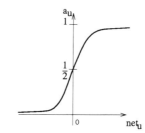

Sigmoide Funktion

$$a_u = \frac{1}{1 + e^{-net_u}}$$

Bild 2.1: Verschiedene Aktivierungsfunktionen

der gleichen oder nicht direkt benachbarter Schichten nicht miteinander verbunden sind (s. z.B. Multilayer–Perceptron).

Die Abbildung W ist während einer sogenannten *Lern– oder Konditionierungsphase* veränderbar. In dieser Phase wird mit Hilfe einer *Lernregel* versucht, W derart zu bestimmen, daß das Neuronale Netz auf bestimmte Anfangszustände oder Eingaben mit bestimmten Endzuständen oder Ausgaben reagiert.

Aktivierungsfunktionen

Die Abbildung A ermöglicht es, jeder Einheit des Netzes eine eigene Aktivierungsfunktion A_u zuzuweisen. In der Regel werden jedoch alle Verarbeitungseinheiten dieselbe

Funktion verwenden. In einigen geschichteten Systemen trifft man unterschiedliche Aktivierungsfunktionen an, wobei den Einheiten einer Schicht jeweils dieselbe Funktion zugeordnet ist.

Eine Aktivierungsfunktion A_u bestimmt den aktuellen Aktivierungszustand a_u der Einheit $u \in U$. Sie kann dabei von der vorangegangenen Aktivierung $a_u^{(\text{alt})}$, der Netzeingabe net_u und einer eventuellen externen Eingabe ex_u abhängen:

$$a_u = A_u(a_u^{(\text{alt})}, \text{net}_u, \text{ex}_u).$$

In den meisten konnektionistischen Modellen wird eine der in Bild 2.1 dargestellten Aktivierungsfunktionen verwendet, bei denen nur die Netzeingabe net_u (s.u.) zur Berechnung der Aktivierung a_u herangezogen wird. Abweichend von der Definition 2.1(iii) wird demnach in der Regel eine vereinfachte Aktivierungsfunktion $A_u : \mathbb{R} \to \mathbb{R}$ benutzt.

Die Wahl der Aktivierungsfunktion ist sehr stark modellabhängig. Bei thermodynamischen Modellen wird meist eine lineare Schwellenwertfunktion verwendet und die Aktivierungszustände werden aus $\{0,1\}$ oder $\{-1,1\}$ gewählt (Hopfield–Modell). Mehrschichtige Modelle verwenden in der Regel eine sigmoide Aktivierungsfunktion und weisen daher kontinuierliche Aktivierungszustände auf, die meist aus $[0,1]$ oder $[-1,1]$ gewählt werden.

Ausgabefunktionen

Für die Abbildung O gilt im wesentlichen das gleiche wie für die Abbildung A. Jede Verarbeitungseinheit kann eine eigene Ausgabefunktion O_u besitzen, die die Aktivierung der Einheit in ihre Ausgabe überführt. In den üblichen Neuronalen Netzmodellen sind die Aktivierungen und Ausgaben der Einheiten jedoch gleich, so daß für jede Verarbeitungseinheit die Identität als Ausgabefunktion gewählt wird. Lediglich in Modellen, in denen die Aktivierung einer Einheit zur Berechnung ihres Folgezustandes herangezogen wird, kann der Einsatz einer von der Identität verschiedenen Ausgabefunktion von Bedeutung sein.

Propagierungsfunktionen

Die Abbildung NET ordnet jeder Einheit des Neuronalen Netzes eine Netzeingabefunktion NET_u zu, die auch *Propagierungsfunktion* oder *Übertragungsfunktion* genannt wird. Auch in diesem Fall wird in der Regel nur eine Funktion verwendet, die in fast allen konnektionistischen Modellen zum Einsatz kommt. Die Netzeingabe net_u einer Einheit wird als gewichtete Summe über die Ausgaben aller Einheiten des Netzes berechnet:

$$\text{net}_u = \sum_{u' \in U} W(u', u) \cdot o_{u'}. \tag{2.1}$$

Die Netzeingabe, die auch als *interne Eingabe* bezeichnet wird, beschreibt somit die Einflüsse, die eine Einheit aus dem Netz erfährt, und ist von der *externen Eingabe* zu unterscheiden.

Da in einem Neuronalen Netz zwischen verschiedenen Verbindungstypen (excitatorischen und inhibitorischen) unterschieden wird, ist es möglich, für jede Verbindungsart C eine eigene Abbildung NET_C zu definieren, so daß jede Einheit in der Lage ist, unterschiedliche Verbindungstypen individuell zu verarbeiten. Wir verzichten in diesem Buch auf die Analyse derartiger unterschiedlicher Abbildungen.

Die externe Eingabefunktion

Die externe Eingabefunktion ex stellt die Verbindung des Neuronalen Netzes mit der *Außenwelt* oder einer *Umgebung* dar. Sie erzeugt eine *externe Eingabe* für das Netz, auf die es mit einer Veränderung der Aktivierungen seiner Einheiten reagiert und auf diese Weise eine Ausgabe erzeugt. In vielen konnektionistischen Modellen ist nur ein Teil der Einheiten für externe Eingaben erreichbar, so daß ex nur über einer Teilmenge $U_I \subseteq U$, den Eingabeeinheiten, definiert ist.

Eine externe Eingabefunktion wird nicht in allen Modelldefinitionen explizit angegeben. In den meisten Fällen erfolgt eine Eingabe in das Netz durch die Initialisierung seiner Eingabeeinheiten, indem sie in einen bestimmten Aktivierungszustand versetzt werden.

Im Unterschied zur internen Eingabe steht die externe Eingabe einer Einheit nicht ständig zur Verfügung. Während einer *Eingabephase* erhält das Netz eine externe Eingabe, die im Verlauf einer sich anschließenden *Arbeitsphase* in der Regel nicht mehr existiert.

Das Bild 2.2 zeigt die allgemeine Darstellung einer Verarbeitungseinheit $u \in U$. Dabei sind die Gewichte $W(u_i, u)$ der von den anderen Einheiten $u_i \in U$ $(i = 1, 2, \ldots, n)$ ankommenden Verbindungen mit in die Einheit aufgenommen worden und stellen gewichtete Eingänge dar. Das bedeutet, die ankommenden Signale o_{u_i}, also die Ausgaben der mit u verbundenen Einheiten u_i, werden mit den Werten $W(u_i, u)$ multipliziert. Die Pfeile stellen den Datenfluß innerhalb der Einheit dar. Die Netzeingabe net_u wird aus der Summe der gewichteten Eingangssignale bestimmt. Sie geht dann zusammen mit einer eventuell vorhandenen externen Eingabe ex_u in die Berechnung der Aktivierung a_u ein, die durch die Aktivierungsfunktion A_u vorgenommen wird.

Je nach Typ der Einheit u kann es sein, daß ex_u bei der Berechnung von a_u keine Rolle spielt, bzw. nicht definiert ist. Dies ist durch den gestrichelten Pfeil angedeutet. Auch die vorangegangene Aktivierung $a_u^{(\text{alt})}$ der Einheit kann unter Umständen zur Berechnung der neuen Aktivierung herangezogen werden. So läßt sich z.B. eine Art „Vergessen" modellieren, da bei dieser Art der Berechnung die Aktivierung bei fehlender Erregung des Neurons langsam abklingt. Die meisten Neuronalen Netzmodelle verzichten jedoch auf die Einbeziehung von $a_u^{(\text{alt})}$. Die Aktivierung wird abschließend

durch die Ausgabefunktion O_u in die Ausgabe o_u der Einheit umgerechnet und nach
außen geführt. Sie wird an alle Einheiten, die von u eine Eingabe erhalten, weitergegeben.

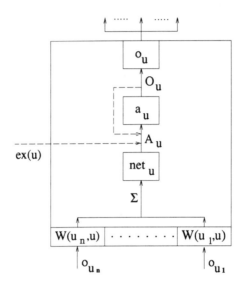

Bild 2.2: Eine Verarbeitungseinheit u eines Neuronalen Netzes

2.2   Die Arbeitsweise Neuronaler Netze

Bei den folgenden Betrachtungen gehen wir davon aus, daß die Abbildung W, die
die Gewichte des Neuronalen Netzes bestimmt, vorgegeben und fest ist. Wir lassen
Lernvorgänge also zunächst unberücksichtigt und untersuchen, wie ein konnektionistisches Modell Eingaben entgegennimmt und Ausgaben erzeugt. Weiterhin setzen wir
voraus, daß das Netz zumindest eine Eingabe– und eine Ausgabeeinheit, die durchaus identisch sein können, sowie eine beliebige Anzahl innerer Einheiten aufweist.
Wir wählen zur Bezeichnung der entsprechenden Mengen U_I, U_O und U_H, gemäß der
gängigen englischen Einteilung in *input*, *output* und *hidden units*. Allgemein setzt
sich die Menge U der Verarbeitungseinheiten also wie folgt zusammen:

$$U = U_I \cup U_O \cup U_H \ \text{ mit } U_H \cap (U_I \cup U_O) = \emptyset \text{ und } U_I, U_O \neq \emptyset.$$

Wir betrachten bei der Untersuchung der Arbeitsweise eines Neuronalen Netzes zeitliche Veränderungen in den Eingaben, Aktivierungen und Ausgaben der einzelnen
Verarbeitungseinheiten. Dazu teilen wir die Abläufe innerhalb eines Neuronalen Netzes in drei Phasen ein: die Ruhephase, die Eingabephase und die Arbeitsphase. Die

Einheiten des Netzes arbeiten parallel und berechnen in regelmäßigen oder zufälligen Abständen unabhängig voneinander ihren neuen Zustand.

Die Ruhephase eines Neuronalen Netzes ist dadurch gekennzeichnet, daß die Aktivierungen aller Einheiten konstant bleiben. Das bedeutet, daß in keiner Einheit die Neuberechnung der aktuellen Netzeingabe eine Änderung der Aktivierung nach sich zieht. Es sind jedoch leicht Netzarchitekturen vorstellbar, in denen eine Ruhephase von alleine nicht immer eintreten muß. Für Netze dieser Art nehmen wir an, daß das Netz künstlich in einen Ruhezustand versetzt werden kann, indem z.B. die Verarbeitungseinheiten „eingefroren" werden. Den Zustand, den das Netz in seiner Ruhephase aufweist, bezeichnet man als *stabilen Zustand*.

Die Eingabephase schließt sich direkt an die Ruhephase des Netzes an. Mit Hilfe der externen Eingabefunktion ex werden die Aktivierungen der Eingabeeinheiten ermittelt, d.h. $a_{u_I} = \mathrm{ex}(u_I)$ mit $u_I \in U_I$. Für die restlichen Einheiten $u, u \notin U_I$, ist diese Funktion nicht definiert, und ihr Zustand bleibt undefiniert bzw. unverändert. Für Systeme, deren Aktivierungsfunktion von der aktuellen Aktivierung abhängt, ist es eventuell erforderlich, einen (zufälligen) Anfangszustand für diese Einheiten zu definieren. Die Eingabephase ist beendet, wenn alle Eingabeeinheiten die externe Eingabe ausgewertet und ihre Aktivierung und ihre Ausgabe entsprechend neu berechnet haben. Zu diesem Zeitpunkt ist die externe Eingabefunktion dann für keine Einheit mehr definiert.

In der sich anschließenden Arbeitsphase werden die Ausgaben der Einheiten über die durch W definierten Verbindungen propagiert und gewichtet. Alle Einheiten des Netzes berechnen unabhängig voneinander ihre Netzeingaben, Aktivierungen und Ausgaben neu. Die Arbeitsphase ist mit dem Übergang in eine erneute Ruhephase abgeschlossen. Die jetzt von den Ausgabeeinheiten $u_O \in U_O$ erzeugten Ausgabewerte stellen die Antwort des Neuronalen Netzes auf die zuvor erfolgte Eingabe dar.

Beispiel 2.2 Zur Verdeutlichung der oben geschilderten Arbeitsweise eines Neuronalen Netzes betrachten wir das einfache Netz $NN = (U, W, A, O, \mathrm{NET}, \mathrm{ex})$:

(i) $U = \{x, y, z\}$, $U_I = \{x, y\}$ (Eingabeeinheiten), $U_O = \{z\}$ (Ausgabeeinheit).

(ii) W wird durch die *Konnektionsmatrix*

W	x	y	z
x	0	1	2
y	0	0	3
z	4	5	0

bestimmt. Es gilt z.B. $W(x, z) = 2$.

(iii) A ordnet allen Einheiten $u \in U$ die folgende Aktivierungsfunktion zu:

$$A_u(\mathrm{net}_u) = a_u = \begin{cases} 1 & \text{falls } \mathrm{net}_u > 0 \\ 0 & \text{sonst.} \end{cases}$$

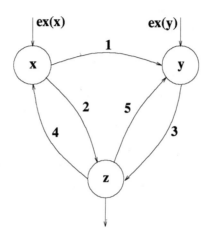

Bild 2.3: Ein einfaches Neuronales Netz

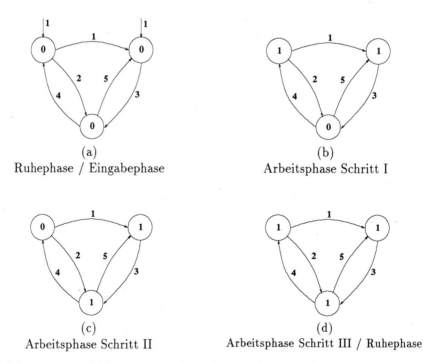

Bild 2.4: Zustandsübergänge in einem Neuronalen Netz (s. Bsp. im Text)

(iv) O ordnet allen Einheiten $u \in U$ die Ausgabefunktion $O_u(a_u) = a_u$ zu.

(v) NET ordnet allen Einheiten $u \in U$ die Netzeingabefunktion NET_u zu, mit der
die Netzeingabe

$$\text{net}_u = \sum_{u' \in U} W(u', u) \cdot o_{u'}$$

bestimmt wird.

(vi) $\text{ex}(z)$ ist nicht definiert.

Das Bild 2.3 zeigt eine Darstellung des Netzes. Verbindungen mit dem Gewicht null
werden als nicht existent betrachtet und sind daher nicht eingezeichnet. Im Bild 2.4
wird an einer vereinfachten Netzdarstellung verdeutlicht, welche Phasen das Neuronale Netz nach einer Eingabe durchläuft. Im Teil (a) des Bildes ist die Eingabephase
dargestellt, die direkt auf eine Ruhephase folgt. Dabei wird angenommen, daß die
Ruhephase durch den Anfangszustand des Netzes, in dem alle Einheiten eine Aktivierung von null aufweisen, vorgegeben ist. Die folgende Arbeitsphase gliedert sich
in drei Schritte (Bild 2.4(b)–(d)). Die Neuberechnung der Aktivierung erfolgt für alle
Einheiten gleichzeitig. Das bedeutet, daß zunächst alle neuen Aktivierungszustände
auf der Grundlage der aktuellen Ausgaben der Einheiten bestimmt werden und erst
danach alle Einheiten parallel den neuen Zustand annehmen und ihren Ausgabewert für den nächsten Schritt bereitstellen. In dem ersten Schritt der Arbeitsphase
verändern sich lediglich die Zustände der Eingabeeinheiten aufgrund der anliegenden
Eingabewerte $\text{ex}(x)$ und $\text{ex}(y)$, und die Aktivierung der Einheit z ergibt sich mangels
eines Eingabewertes wieder zu dem Wert Null. Danach durchläuft das Netz noch
zwei weitere Schritte, bis es von der Arbeitsphase wieder in eine neue Ruhephase
eintritt. Wie man sich leicht an Bild 2.4(d) überzeugen kann, ändert sich für keine
der Einheiten bei einer Neuberechnung der Netzeingabe die Aktivität. Das Netz hat
einen stabilen Zustand erreicht.   ◇

Die Arbeitsabläufe in einem konnektionistischen Modell werden meist nicht über ei-
ner kontinuierlichen Zeit, sondern vielmehr über diskreten Zeitintervallen betrachtet.
Diese Systeme sind getaktet, wobei sich verschiedene Arten für die Reihenfolge der
Auswertung der Einheiten ergeben:

- Die Auswertung und die damit verbundene Neuberechnung des Zustandes kann
  für alle Einheiten parallel während eines Zeittaktes erfolgen (s. Bsp. 2.2).

- Die Einheiten können in verschiedene Teilmengen eingeteilt sein, die nacheinander ausgewertet werden. Innerhalb dieser Mengen arbeiten die Einheiten jedoch
  parallel. Die Reihenfolge der Auswertung der Teilmengen kann dabei fest sein
  oder variieren.

• Die Auswertung der Einheiten kann seriell erfolgen, wobei die Reihenfolge wiederum entweder fest oder variabel ist. Innerhalb eines Zeittaktes wird jeweils der Zustand einer Einheit neu bestimmt und verändert. Für die Auswertung der restlichen Einheiten ist dann der neue aktuelle Zustand der bereits ausgewerteten Einheiten maßgebend.

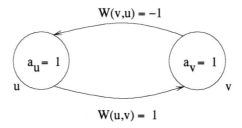

Bild 2.5: Ein Neuronales Netz, das bei paralleler Auswertung oszilliert. Es gilt

$$\text{z.B. } \text{net}_u = o_v \cdot W(u,v), \quad o_u = a_u = \begin{cases} 1 & \text{falls net}_u > 0 \\ -1 & \text{sonst} \end{cases}$$

Weist die durch W induzierte Netzwerkstruktur Zyklen auf, so kann die Reihenfolge der Auswertung eine Rolle für das selbständige Eintreten einer Ruhephase im Netz spielen. Bild 2.5 stellt ein derartiges, aus zwei Einheiten bestehendes Netz dar, das bei paralleler Auswertung seiner Einheiten keinen Ruhezustand erreicht. Das Netz *oszilliert* zwischen zwei Zuständen. Bei serieller Auswertung hängt der sich ergebende stabile Zustand von der Reihenfolge der Auswertung ab. Für bestimmte Netztypen kann gezeigt werden, daß sich bei serieller Auswertung immer ein stabiler Zustand einstellt [BRUCK und SANZ, 1988].

2.3 Strukturveränderung – Lernen

Ein wesentlicher Bestandteil des Modells Neuronaler Netze sind Algorithmen, die eine adaptive Veränderung der Abbildung W ermöglichen. Das Ziel dieses sogenannten *Lernvorgangs* ist es, W so zu bestimmen, daß das Netz auf bestimmte Eingaben mit bestimmten Ausgaben reagiert und auf diese Weise auch auf neue, unbekannte Eingaben mit einer geeigneten Reaktion antwortet. Um dies zu erreichen, werden verfügbare Eingabemuster durch das Netz propagiert. Die erzeugten Ausgaben werden daraufhin mit den erwünschten Ausgabemustern verglichen. Anschließend wird W so verändert, daß das Netz bei nochmaliger Eingabe derselben Muster den gewünschten Ausgaben *näher kommt*. Um ausdrücken zu können, wann zwei Ausgaben oder Eingaben einander ähnlich sind, ist ein *Ähnlichkeits– oder Fehlermaß* zu definieren. Dieses Maß hängt von dem Netztyp und dem Lernvorgang ab.

Zunächst definieren wir, was unter einer Eingabe und einer Ausgabe eines Neuronalen Netzes zu verstehen ist.

Definition 2.3 *Sei NN ein beliebiges Neuronales Netz mit einer Menge von Verarbeitungseinheiten U, der externen Eingabefunktion ex und der für eine Ausgabeeinheit v gültigen Ausgabefunktion O_v. $U_I = \{u_1, \ldots, u_n\}$ sei die Menge der Eingabeeinheiten und $U_O = \{v_1, \ldots, v_m\}$ die Menge der Ausgabeeinheiten. Weiterhin bezeichne dom den Bildbereich (Domäne) einer Funktion.*

(i) Eine Eingabe (Eingabemuster) i von NN ist ein Element der Menge
$$\mathcal{I} = \{(x_1, \ldots, x_n) \mid x_i \in \mathrm{dom}(ex)\} \subseteq \mathbb{R}^{U_I}.$$

(ii) Eine Ausgabe (Ausgabemuster) t von NN ist ein Element der Menge
$$\mathcal{T} = \{(y_{v_1}, \ldots, y_{v_m}) \mid y_{v_i} \in \mathrm{dom}(O_{v_i})\} \subseteq \mathbb{R}^{U_O}.$$

Für die Durchführung des Lernvorgangs ist neben einem geeigneten *Lernalgorithmus* die Vorgabe einer *Lernaufgabe* erforderlich. Man kann zwischen *freien* und *festen* Lernaufgaben unterscheiden.

Definition 2.4 *Eine freie Lernaufgabe $\mathcal{L} \subseteq \mathcal{I}$ eines Neuronalen Netzes ist eine Menge von Eingabemustern. Das Neuronale Netz soll auf jede Eingabe $i \in \mathcal{L}$ der Lernaufgabe eine Ausgabe $t \in \mathcal{T}$ bestimmen. Ein Neuronales Netz erfüllt eine freie Lernaufgabe, wenn es zu jeder Eingabe eine Ausgabe bestimmt hat, so daß im Sinne eines geeigneten Abstandsmaßes ähnliche Eingaben auch ähnliche Ausgaben hevorrufen.*

Definition 2.5 *Eine feste Lernaufgabe $\tilde{\mathcal{L}} \subseteq \mathcal{I} \times \mathcal{T}$ eines Neuronalen Netzes ist eine Menge von Ein-/Ausgabepaaren. Das Neuronale Netz soll auf jede Eingabe i eines Paares $(i, t) \in \tilde{\mathcal{L}}$ mit der dazugehörigen Ausgabe t reagieren. Ein Neuronales Netz erfüllt die feste Lernaufgabe, wenn es zu jeder Eingabe die laut Lernaufgabe dazugehörige Ausgabe erzeugt.*

Bemerkung 2.6 Diese Definition einer festen Lernaufgabe ermöglicht es, Paare zu bilden, in denen derselben Eingabe unterschiedliche Ausgaben zugeordnet werden. Da ein Neuronales Netz jedoch nur genau eine Ausgabe zu einer Eingabe erzeugen kann, kann es im Sinne der Definition 2.5 eine derartige *widersprüchliche Lernaufgabe* nicht erfüllen. Bestimmte Netztypen sind in der jedoch in der Lage, auch in solchen Situationen eine geeignete Repräsentation zu finden. Wir werden an geeigneter Stelle auf diese Problematik wieder eingehen (Kap. 5, S. 86). Im folgenden setzen wir zunächst voraus, daß in einer festen Lernaufgabe jeder Eingabe nur genau eine Ausgabe zugordnet wird. Eine derartige Lernaufgabe bezeichnen wir auch als *eindeutig*. Für eine eindeutige feste Lernaufgabe $\tilde{\mathcal{L}}$ gilt demnach:

$$(i^{(p)} = i^{(q)}) \implies (t^{(p)} = t^{(q)}), \text{ für alle } p, q \in \tilde{\mathcal{L}}.$$

Mit diesen Voraussetzungen können wir nun eine Definition für den Begriff des *Lernalgorithmus* angeben.

Definition 2.7 *Ein Lernalgorithmus ist ein Verfahren, das anhand einer Lernaufgabe die Netzwerkstruktur W eines Neuronalen Netzes verändert. Erfüllt das Netz diese Lernaufgabe nach Anwendung des Verfahrens, bzw. wird eine vorher festgelegte Fehlerschranke unterschritten, so war der Lernalgorithmus erfolgreich, andernfalls erfolglos. Ein Lernalgorithmus, der eine freie Lernaufgabe verwendet, heißt nicht-überwachter Lernalgorithmus. Verwendet er eine feste Lernaufgabe, so heißt er überwachter Lernalgorithmus.*

Das Ziel des Lernvorgangs ist nicht allein die Bewältigung der Lernaufgabe durch das Neuronale Netz, sondern im wesentlichen die Befähigung des Netzes, auf unbekannte Eingaben, d.h. Eingaben, die nicht in der Lernaufgabe enthalten sind, mit „adäquaten" Ausgaben zu antworten. Dabei sollen einander *ähnliche* Eingaben einander *ähnliche* Ausgaben hervorrufen. Man impliziert also, daß die Lernaufgabe *Strukturen* aufweist, die den *Strukturen* einer Umgebung, die die Eingaben für das Neuronale Netz liefert, entsprechen. Durch den Lernalgorithmus soll erreicht werden, daß das konnektionistische Modell die Lernaufgabe *verallgemeinert*. Diesen Vorgang bezeichnet man als *Generalisierung*, und er entspricht einer Art Interpolation. Die Elemente der Lernaufgabe sind daher nicht als zu speichernde Daten zu betrachten, sondern als *Beispiele* aus einer *strukturierten Umgebung*. Man bezeichnet eine Eingabe folglich auch als *(Eingabe-) Muster (pattern)*, das den momentanen Zustand einer Umgebung beschreibt, worauf das Neuronale Netz mit einem *Ausgabemuster* reagiert.

Ihre Fähigkeit zur Generalisierung ermöglicht es Neuronalen Netzen insbesondere, auf gestörte oder unvollständige Muster geeignet zu reagieren. In diesem Sinne sind Neuronale Netze als fehlertolerant zu bezeichnen.

Um den Ablauf des Lernvorgangs in einem Neuronalen Netz zu steuern, benötigt man ein Kriterium, daß einerseits besagt, ob der Lernvorgang bereits erfolgreich ist und beendet werden kann, und andererseits die Grundlage für die Veränderung der Netzwerkstruktur W bildet. Bei der Anwendung eines überwachten Lernverfahrens wird, wie bereits angedeutet, ein Ähnlichkeits- bzw. Fehlermaß verwendet, das angibt, in welchem Maße die vom Netz erzeugte Ausgabe mit der von der Lernaufgabe geforderten übereinstimmt (bzw. sich von ihr unterscheidet). Im allgemeinen wird für überwachte Lernalgorithmen ein Fehlermaß definiert, das das Lernverfahren für jedes Ein-/Ausgabepaar minimieren soll.

Definition 2.8 *Sei $\tilde{\mathcal{L}}$ eine feste Lernaufgabe und $l \in \tilde{\mathcal{L}}$ ein zu lernendes Musterpaar.*

(i) Ein Fehlermaß für einen überwachten Lernalgorithmus ist eine Abbildung

$$e : \mathbb{R}^{U_O} \times \mathbb{R}^{U_O} \to \mathbb{R}_0^+$$

so daß für alle $a, b \in \mathbb{R}^{U_O}$

$$e(a, b) = 0 \iff a = b$$

gilt. Der Fehler $e^{(l)}$, den das Neuronale Netz bei der Verarbeitung des Mu-
sterpaares $l \in \tilde{\mathcal{L}}$ macht, ist durch $e^{(l)} = e(t^{(l)}, o^{(l)})$ gegeben. Dabei ist $o^{(l)}$ die
Ausgabe des Netzes auf das Eingabemuster $i^{(l)}$ und $t^{(l)}$ die erwünschte, durch
die Lernaufgabe $\tilde{\mathcal{L}}$ vorgegebene Ausgabe (target).

(ii) Der Fehler $e_u^{(l)}$ einer Ausgabeeinheit $u \in U_O$ bei der Verarbeitung des Musterpaares $l \in \tilde{\mathcal{L}}$ ist die Differenz zwischen dem durch die Lernaufgabe vorgegebenen
Ausgabewert $t_u^{(l)}$ und dem tatsächlichen Ausgabewertes $o_u^{(l)}$:

$$e_u^{(l)} = t_u^{(l)} - o_u^{(l)}.$$

Bei dem am häufigsten verwendeten Fehlermaß wird der Fehler bezüglich eines Musterpaares $l \in \tilde{\mathcal{L}}$ als die Summe der quadrierten Einzelfehler der Ausgabeeinheiten
definiert:

$$e^{(l)} = \sum_{u \in U_O} (t_u^{(l)} - o_u^{(l)})^2.$$

Durch die Quadrierung verhindert man, daß sich positive und negative Abweichungen
gegenseitig aufheben. Betrachtet man $t^{(l)}$ und $o^{(l)}$ als Punkte des $\mathbb{R}^{U_O}$, so stellt $e^{(l)}$
das Quadrat des euklidischen Abstandes dieser beiden Punkte dar.

Benutzt man anstelle der Quadrierung die Betragsbildung, so erhält man ein anderes
denkbares Fehlermaß, bei dem im Gegensatz zu dem oben genannten keine Überbe-
tonung großer (> 1) und Abschwächung kleiner Abweichungen (< 1) stattfindet. Die
Verwendung des Betrages hat jedoch den Nachteil, daß die Funktion an der Stelle 0
nicht mehr differenzierbar ist. Diese Eigenschaft wird jedoch in einigen Fällen zur
Minimierung des Fehlers benötigt.

Weist das Neuronale Netz lediglich binäre Ausgabeeinheiten auf, so sind die beiden
erwähnten Fehlermaße identisch und stellen die *Hamming–Distanz* von vorgegebener
und tatsächlicher Ausgabe dar.

Die Aufgabe eines überwachten Lernalgorithmus ist es, die Gewichte $W(u, u')$ derart
zu verändern, daß für jedes Musterpaar (i, t) der festen Lernaufgabe der Fehlerwert
$e(o, t)$ minimiert wird. Als Abbruchkriterium für den Lernvorgang wird ein *Gesamtfehler E* herangezogen, der meist der (eventuell gewichteten) Summe der Einzelfehler entspricht. Dieser Gesamtfehler wird nach jeder Epoche neu berechnet. Eine
Epoche ist ein vollständiger Durchlauf durch die Lernaufgabe, wobei jedes Eingabe–
/Ausgabepaar einmal von dem Netz anhand des Lernalgorithmus verarbeitet worden
ist. Das Lernverfahren bricht ab, wenn der Gesamtfehler E nahe genug an 0 heran-
gekommen ist, oder ein *Mißerfolgskriterium* erfüllt ist.

Der Ablauf eines überwachten Lernalgorithmus läßt sich in fünf Schritte gliedern:

(i) Ein Musterpaar l der Lernaufgabe $\tilde{\mathcal{L}}$ wird ausgewählt und die Eingabe $i^{(l)}$ wird dem Neuronalen Netz präsentiert.

(ii) Die Eingabe $i^{(l)}$ wird propagiert, bis das Netz seine Ruhephase erreicht hat.

(iii) Die vom Netz bestimmte Ausgabe wird mit der Zielvorgabe $t^{(l)}$ verglichen. Der Fehlerwert $e^{(l)} = e(o^{(l)}, t^{(l)})$ wird bestimmt und zum Gesamtfehler E hinzugefügt.

(iv) Ist $e(o^{(l)}, t^{(l)}) \neq 0$, so werden die Gewichte derart geändert, daß eine Verringerung des Betrags von $e^{(l)}$ zu erwarten ist.

(v) Wenn eine Epoche abgelaufen ist, prüfe, ob $E \leq \varepsilon$ gilt, wobei ε ein reeller Wert nahe Null ist. Ist dies der Fall, so ist der Lernvorgang erfolgreich beendet. Ist $E > \varepsilon$, prüfe, ob das Mißerfolgskriterium erfüllt ist. Wenn dies zutrifft, wird der Lernvorgang als erfolglos angesehen und abgebrochen. Andernfalls wird mit Schritt (i) fortgefahren und der Gesamtfehler E neu berechnet.

Ist die laufende Epoche noch nicht beendet, wird der Lernalgorithmus mit Schritt (i) fortgesetzt und der Wert von E beibehalten.

Der wesentliche Schritt eines überwachten Lernalgorithmus ist der Schritt (iv). Um eine Verringerung des Fehlers durch die Änderung von W zu erreichen, ist es notwendig, das Fehlermaß in Abhängigkeit von W zu definieren. Die gängigen überwachten Lernalgorithmen nähern einen *Gradientenabstieg* in W an und versuchen, auf diese Weise den globalen Fehler E null werden zu lassen. Die Konvergenz eines derartigen Lernverfahrens ist jedoch keineswegs für jeden Fall garantiert, da es einem *lokalen, heuristischen Suchverfahren* entspricht. Der Algorithmus verfolgt den Gradienten in der über W definierten *Fehlerfläche*, ausgehend von einem durch die Initialisierung von W und der Lernaufgabe $\tilde{\mathcal{L}}$ festgelegten Startpunkt. Beim Erreichen eines lokalen Minimums stoppt der Algorithmus. Ist das erreichte lokale nicht auch gleichzeitig das globale Minimum, bzw. wird die Fehlerschranke ε nicht unterschritten, so war der Lernvorgang nicht erfolgreich.

Nähert man den Gradientenabstieg nicht ausreichend genau an, so kann der Lernalgorithmus oszillieren. In einer solchen Situation läuft das Verfahren auf ein Minimum zu, schießt jedoch über das Ziel hinaus. Darauf erfolgt eine erneute Annäherung aus einer anderen Richtung, die wieder zu dem gleichen Ergebnis führt usw. Auch in diesem Fall ist der Lernvorgang erfolglos, da er nie zu einem Ende kommt.

Ein nicht-überwachter Lernalgorithmus verarbeitet freie Lernaufgaben, die lediglich aus Eingaben für das Neuronale Netz bestehen. Ein die Veränderung der Netzwerkstruktur W steuerndes Fehlermaß läßt sich daher in diesem Fall nicht konstruieren, da die erwünschten Ausgaben des Netzes nicht definiert sind. Auch für ein derartiges

Lernverfahren gilt jedoch, daß das Neuronale Netz nach Abschluß des Lernvorgangs einander ähnliche Eingaben auf einander ähnliche Ausgaben abbilden soll. Das Netz soll mit Hilfe des Lernalgorithmus eine für die Lernaufgabe postulierte Struktur identifizieren und durch seine Ausgabe die Eingaben klassifizieren. Dabei ist die tatsächliche vom Netz erzeugte Ausgabe unbedeutend, da nur die Abbildung zusammengehöriger Eingaben in eine Klasse interessiert. Vor dem Abschluß des Lernvorganges ist auch oft nicht bekannt, wieviele Eingaben in eine Klasse abgebildet oder wieviele Klassen überhaupt erzeugt werden.

Nicht–überwachte Lernalgorithmen werden im allgemeinen zusammen mit Neuronalen Netzen eingesetzt, bei denen die Einheiten untereinander konkurrieren. Die Einheit, die mit der größten Aktivierung auf eine Eingabe reagiert unterdrückt die Aktivierungen der restlichen Einheiten (*Winner–Take–All–Prinzip*). Während des Lernvorganges werden dann die Gewichte $W(u, u')$ der Gewinnereinheit u' so verändert, daß sie noch stärker auf die aktuelle Eingabe reagieren kann. Eine andere Möglichkeit besteht darin, die Verbindungen zwischen gleichzeitig aktiven (inaktiven) Einheiten geeignet zu modifizieren (*Hebbsche Lernregel*). Allgemein wird die Veränderung von W durch den Lernalgorithmus mit Hilfe eines *Modifikationskriteriums* festgelegt. Der Abbruch des Lernverfahrens muß durch ein *Ende–Kriterium* bestimmt werden. Dafür kommt z.B. eine allmähliche Einschränkung der Gewichtsveränderungen in Frage.

Der Ablauf eines nicht–überwachten Lernalgorithmus läßt sich in vier Schritte gliedern.

(i) Ein Eingabemuster i der freien Lernaufgabe $\mathcal{L}$ wird ausgewählt und dem Neuronalen Netz präsentiert.

(ii) Die Eingabe i wird propagiert, bis das Netz seine Ruhephase erreicht hat.

(iii) Anhand des Modifikationskriteriums wird die Netzwerkstruktur W verändert.

(iv) Wenn am Ende einer Epoche das Endekriterium erfüllt ist, wird der Algorithmus abgebrochen, ansonsten wird mit Schritt (i) fortgefahren.

Verzichtet man auf die Definition eines Endekriteriums, so kann man ein fortwährendes Lernen des Neuronalen Netzes erreichen. In diesem Fall ändern sich auch während der Anwendungsphase des Netzes die Gewichte ständig, während ansonsten Anwendungs– und Lernphase getrennt voneinander ablaufen. Auf diese Weise kann man eine kontinuierliche Anpassung des Systems an eine sich laufend ändernde Umgebung erreichen.

2.4 Lernparadigmen

Die Struktur und die Arbeitsweise Neuronaler Netze ermöglicht ihren erfolgreichen Einsatz in bestimmten Aufgabengebieten, in denen herkömmliche Verfahren nur unter großem Aufwand gute Ergebnisse erzielen können. Die Aufgaben, die ein Neuronales Netz bewältigen soll, werden durch die folgenden *Lernparadigmen* bezeichnet, die die Zuordnung von Eingaben und Ausgaben interpretieren.

- *Assoziative Speicherung* oder *Musterassoziation* (pattern association) [KOHONEN, 1977]: Das Modell assoziiert Eingaben und Ausgaben miteinander, von denen die Eingabe später als Schlüssel für den Abruf der assoziierten Ausgabe dient. Das Netz simuliert auf diese Weise einen inhaltsadressierbaren Speicher. Dabei rufen verschiedene Eingabemuster in der Regel auch verschiedenen Ausgabemuster ab.

- *Autoassoziation* [HOPFIELD, 1982]: Dieses Modell ist ein Spezialfall der Musterassoziation. Die Ein– und die Ausgabe repräsentieren dasselbe Muster. Das Netz dient auf diese Weise zur Mustervervollständigung (pattern completion). Dem Netz werden unvollständige (oder gestörte) Eingaben präsentiert, und es konstruiert daraus das ursprünglich gelernte Muster.

- *Mustererkennung*(pattern classification) [ROSENBLATT, 1962]: Auch dieses Modell ist ein Spezialfall der Musterassoziation, da in diesem Fall mehrere Eingaben mit derselben Ausgabe assoziiert werden. Die Ausgaben stellen disjunkte Klassen dar, denen die Eingaben zugeordnet werden. Das Eingabemuster beschreibt ein Objekt oder den Zustand der Netzumgebung, und die vom Netz erzeugte Ausgabe klassifiziert dieses Muster. Durch die Lernaufgabe wird die Art der Klassifikation vorgegeben. Das Ziel ist es, zusammengehörende Eingaben auf dieselbe Ausgabe abzubilden. Dabei soll das Neuronale Netz auch in der Lage sein, bisher nicht gelernte Eingaben korrekt zu klassifizieren.

- *Ähnlichkeitserkennung*(regularity detection) [RUMELHART und ZIPSER, 1988]: In diesem Fall lernt das Modell, aus den angebotenen Eingaben Regeln zu bilden, indem es bestimmte statistische Eigenschaften der Lernaufgabe erkennt. Es kann auf diese Weise ebenfalls zur Mustererkennung eingesetzt werden. Während die oberen drei Aufgaben den Einsatz geeigneter überwachter Lernalgorithmen erfordern, gelangt hier ein nicht–überwachtes Lernverfahren zum Einsatz.

- *Lösung von Optimierungsproblemen*: Lernverfahren für ein Neuronales Netz minimieren eine Fehlerfunktion, und die Zustände gewisser konnektionistischer Modelle sind Minima einer Energiefunktion. Diese Umstände kann man sich zu Nutze machen, um bestimmte Optimierungsprobleme, wie z.B. das bekannte

Problem des Handlungsreisenden (travelling salesman problem), zumindest näherungsweise zu lösen [HOPFIELD und TANK, 1985]. Eine andere Möglichkeit besteht in der Verknüpfung von Neuronalen Netzen und Fuzzy–Systemen, um eine geeignete Form für die verwendeten Fuzzy–Mengen zu finden (s. Teil IV).

Die oben geschilderten Aufgaben fallen in den Bereich der Künstlichen Intelligenz. Sie werden meist mit mathematischen Verfahren oder mit Ansätzen, die auf der Manipulation von Symbolen beruhen, bearbeitet. Eine Lösung ist häufig nur mit großem Aufwand sowohl an Computerleistung als auch an Programmierleistung zu realisieren und ist selbst dann noch in manchen Fällen unbefriedigend. Die von Neuronalen Netzen ausgehende Faszination besteht darin, daß sie in der Lage sind, in einigen Fällen Probleme von hoher Komplexität mit einfachen Mitteln zu lösen. Dabei ist es weder notwendig, das vorliegende Problem gründlich zu untersuchen und mit Hilfe eines formalen Modells explizit darzustellen, noch werden aufwendige Algorithmen benötigt. Demgegenüber besteht der Nachteil, einen Lernerfolg nicht vorhersagen und das Ergebnis nicht nachvollziehen zu können. Einen Ansatz, diesen Nachteil zu überwinden, stellen die Neuronalen Fuzzy–Logischen Programme dar, die Neuronale Netze mit einer interpretierbaren Struktur verwenden (s. Kap. 21).

Konnektionistische Modelle unterscheiden sich dadurch von bisherigen Verfahren der Informationsverarbeitung, daß in ihnen weder ein bestimmtes Lösungsverfahren noch explizite heuristische Elemente des Problemlösungswissens kodiert werden. Vielmehr zielen sie auf die Konstruktion von Problemlösungsfähigkeit ab. Ein Neuronales Netz ist in der Lage, ein bestimmtes Problem zu bearbeiten, ohne daß dessen Struktur analysiert und deklariert werden muß oder die Programmierung expliziter Regeln und die Anwendung eines Inferenzmechanismus notwendig werden.

Ein weiterer Unterschied konnektionistischer Modelle zu Modellen konventioneller Informationsverarbeitung besteht darin, daß das gewünschte Verhalten nicht durch die Speicherung irgendwelcher Instanzen erreicht wird. Die in dem Modell gespeicherte Information ist in der Regel unmittelbar nicht zugänglich. Die Speicherung erfolgt *verteilt* (distributed memory) in der gesamten Netzwerkstruktur W. Sie ist in dem Sinne verteilt, daß einer einzelnen Verbindung $W(u, u')$ keine symbolische Information zuzuordnen ist. Nur in Ausnahmefällen sind Verbindungen bedeutungtragend (*lokale Speicherung*). Vielmehr ist ein System mit einer derartigen *verteilten Speicherung* von Daten auch bei Entfernung eines Anteils seiner Verbindungen (null setzen einiger $W(u, u')$) immer noch in der Lage, seine ursprüngliche Aufgabe annähernd (teilweise genauso gut) zu erfüllen. Erhöht man den Anteil der entfernten Verbindungen, so stellt man nicht etwa eine sprunghafte Veränderung des Ein–/Ausgabeverhaltens fest, sondern nur eine allmähliche Verschlechterung (graceful degration). Entsprechendes gilt für die Entfernung eines Anteils der Verarbeitungseinheiten, wobei jedoch die Zerstörung einer Einheit gleichbedeutend mit dem Entfernen aller zu ihr führenden und aller von ihr ausgehenden Verbindungen ist. Auch dieses Phänomen wird als „Fehlertoleranz Neuronaler Netze" bezeichnet.

Die Entfernung einer Einheit aus dem Netz kann vom System jedoch nur dann toleriert werden, wenn sie nicht mit einem deklarativen Element der Problemstruktur assoziiert wird. Dies würde der konventionellen symbolischen Repräsentation von Wissens– oder Informationselementen entsprechen, wobei der Zustand einer Einheit dann direkt im Hinblick auf die modellierte Realität interpretiert werden kann. Die Entfernung einer derartigen Einheit läßt die Modellierung unvollständig werden.

Ein– und Ausgabeeinheiten eines Neuronalen Netzes sind immer Einheiten dieses Typs. Besteht das gesamte Netz aus solchen Bedeutung tragenden Verarbeitungseinheiten, d.h. weist es keine inneren Einheiten auf, bzw. sind auch diese bedeutungstragend, so bezeichnet man ein derartiges Neuronales Netz als *lokales Modell*. Bei den *verteilten Modellen* findet man dagegen Verarbeitungseinheiten in Form innerer Einheiten, deren Zuständen nicht mehr oder nur mit unvertretbar hohem Aufwand eine symbolische Bedeutung zuzuweisen ist. Hier werden nur den Ein–/Ausgabeelementen Konzepte der realen Welt zugeordnet.

Wir können somit allgemein zwischen lokalen und verteilten Modellen mit lokaler oder verteilter Speicherung unterscheiden. Dabei gilt, daß in verteilten Modellen auch nur verteilte Speicherung anzutreffen ist, da bedeutungstragende Verbindungen zu Einheiten ohne symbolische Bedeutung keinen Sinn machen. In lokalen Modellen findet man jedoch sowohl verteilte Speicherung als auch in einigen wenigen Fällen lokale Speicherung vor. Letzteres gilt jedoch nur für konnektionistische Modelle, die für Optimierungsaufgaben eingesetzt werden (siehe Kap. 9). Diese Modelle entsprechen nur formal der Vorstellung von Neuronalen Netzen, denn ihre Verbindungen werden nicht gelernt sondern festgelegt, da in ihnen die Struktur des Optimierungsproblems kodiert ist.

Teil II

Architekturen Neuronaler Netze

Kapitel 3

Perceptrons

Die folgenden vier Kapitel befassen sich mit den sogenannten *vorwärtsbetriebenen Neuronalen Netzen*, die auch als *feed–forward Netze* bezeichnet werden. Bei dieser Netzarchitektur unterscheidet man zwischen verschiedenen Schichten des Netzes, wobei jeweils nur die Einheiten zweier aufeinanderfolgender Schichten untereinander verbunden sind. Es existieren demzufolge keine Verbindungen zwischen den Einheiten innerhalb einer Schicht oder über mehrere Schichten hinweg. Die Verbindungen sind gerichtet und laufen von einer unteren zu einer darüberliegenden Schicht. Die unterste Neuronenschicht wird als *Eingabeschicht (input layer)*, die oberste als *Ausgabeschicht (output layer)* bezeichnet. Die dazwischenliegenden Schichten werden *versteckte Schichten (hidden layers)* oder auch *innere Schichten* genannt, da ihr Zustand der Umgebung des Neuronalen Netzes nicht bekannt ist.

Derartig aufgebaute Neuronale Netze werden auch als *Bottom–Up Modelle* bezeichnet. Genauso gut kann man jedoch auch von *Top–Down Modellen* sprechen, wenn man die Numerierung der Schichten umkehrt und die Eingabeschicht als die oberste Schicht betrachtet. Ein wesentlicher Unterschied in der Architektur dieser Modelle besteht daher nicht. Wir werden sie allgemein als vorwärtsbetriebene Netze bezeichnen, deren unterste Schicht durch die Eingabeschicht gebildet wird. In Bild 3.1 ist ein derartiges Netz dargestellt.

Gegenstand dieses Kapitels ist das einfache Perceptron, ein Neuronales Netz ohne innere Schichten. Die einfachen linearen Modelle, die das darauf folgende Kapitel 4 behandelt, besitzen ebenfalls keine versteckten Einheiten. Mehrschichtige Systeme, die Multilayer–Perceptrons, stellen wir im sich daran anschließenden Kapitel 5 vor.

Ein Perceptron (engl. perception = Wahrnehmung) ist ein einfaches Neuronales Netz, das lediglich aus einer einzigen Verarbeitungseinheit besteht und zur Musterklassifikation eingesetzt wird. Es wurde 1958 von Frank Rosenblatt [ROSENBLATT, 1958] vorgestellt.

Die dem Perceptron zugrunde liegende Idee ist in Bild 3.2 dargestellt. Auf einer imaginären Retina sitzen optische Rezeptoren u', die, sofern sie einen Reiz erfahren,

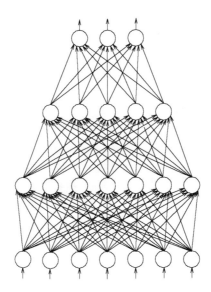

Bild 3.1: Ein vorwärtsbetriebenes Neuronales Netz mit zwei inneren Schichten

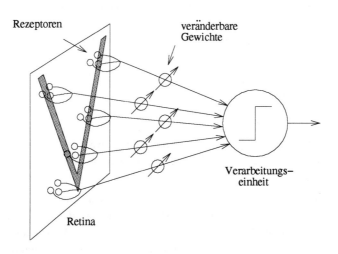

Bild 3.2: Schematische Darstellung eines Perceptrons

einen Impuls über eine Verbindung an die Verarbeitungseinheit u senden. Dieser Impuls wird dabei durch ein der jeweiligen Verbindung zugeordnetes Gewicht $w_{u',u}$ in seiner Stärke verändert. Die Verarbeitungseinheit u ist eine *lineare Schwellenwertein-*

heit. Sie addiert die einlaufenden Impulse auf und wird aktiv, wenn die Summe einen festen Schwellenwert θ überschreitet. Andernfalls bleibt sie inaktiv.

Das Perceptron „trifft eine Entscheidung" (es bestimmt, ob ein Bild auf der Retina eine bestimmte Bedingung erfüllt oder nicht), indem es die Ergebnisse einer großen Anzahl von kleinen Untersuchungen (gewichtete Signale der gereizten Rezeptoren auf der Retina) kombiniert. Da das Perceptron nur zwei Zustände annehmen kann, besteht seine „Entscheidungsfindung" aus der Berechnung eines Prädikates $\psi(\mathcal{X})$, wobei $\mathcal{X}$ den Zustand der Retina beschreibt. In dem im Bild 3.2 dargestellten Beispiel lautet das Prädikat "auf der Retina erscheint der Buchstabe V". Zu dessen Berechnung wird zunächst von jedem Rezeptor u' *unabhängig und parallel zu allen anderen Rezeptoren* jeweils ein Prädikat $\phi_{u'}(\mathcal{X})$ berechnet, das entscheidet, ob in seinem jeweiligen lokalen Bereich der Retina ein Reiz vorhanden ist oder nicht. Das bedeutet in diesem Fall, daß jeder Rezeptor das Prädikat „ich registriere einen Lichtreiz" entscheidet und ein entsprechendes Signal abgibt. Diese Ergebnisse werden dann von der Verarbeitungseinheit u kombiniert, um den Wert $\psi(\mathcal{X})$ zu bestimmen.

In den folgenden Abschnitten geben wir zunächst eine Definition für das formale Modell des Perceptrons an, wenden uns dann den Prädikaten zu, die ein Perceptron entscheiden kann und betrachten abschließend die Perceptron–Lernregel.

3.1 Das formale Modell des Perceptrons

Wie bereits erwähnt besteht ein Perceptron im Prinzip lediglich aus einer Verarbeitungseinheit. Wir fassen es jedoch im folgenden als ein Neuronales Netz auf, das aus einer Eingabeschicht mit mehreren Einheiten und einer Ausgabeschicht mit nur einer Einheit besteht. Die Einheiten der Eingabeschicht führen dabei keine Verarbeitungen durch, sondern ihr Zustand wird ausschließlich von außen gesetzt. In diesem Sinne ist das Perceptron ein zweischichtiges bzw. einstufiges Neuronales Netz.

Definition 3.1 *Ein Perceptron ist ein Neuronales Netz $P = (U, W, A, O, \mathrm{NET}, \mathrm{ex})$, wobei gilt:*

(i) *$U = U_I \cup U_O$ ist eine Menge von Verarbeitungseinheiten, mit $U_I, U_O \neq \emptyset$, $U_I \cap U_O = \emptyset$ und $U_O = \{v\}$, wobei U_I Eingabeschicht und U_O (einelementige) Ausgabeschicht genannt wird.*

(ii) *Die Netzwerkstruktur ist $W : U_I \times U_O \rightarrow \mathbb{R}$, wobei lediglich Verbindungen $W(u, v)$ von der Eingabe- zur Ausgabeschicht existieren ($u \in U_I, v \in U_O$),*

(iii) *A ordnet jeder Einheit $u \in U$ eine Aktivierungsfunktion $A_u : \mathbb{R} \rightarrow \{0, 1\}$ zur Berechnung der Aktivierung a_u zu, wobei*

$$a_u = A_u(\mathrm{ex}(u)) = \mathrm{ex}(u)$$

für alle $u \in U_I$ gilt, und für $v \in U_O$ eine lineare Schwellenwertfunktion zur Bestimmung der Aktivierung

$$a_v = A_v(\text{net}_v) = \begin{cases} 0 & \text{falls net}_v \leq \theta \\ 1 & \text{falls net}_v > \theta \end{cases}$$

verwendet wird. $\theta \in \mathbb{R}$ ist dabei ein für alle Einheiten fest gewählter Schwellenwert.

(iv) O ordnet jeder Einheit $u \in U$ eine Ausgabefunktion $O_u : \mathbb{R} \to \{0,1\}$ zur Berechnung der Ausgabe o_u zu, so daß $o_u = O_u(a_u) = a_u$ für alle $u \in U$ gilt.

(v) NET ordnet der Ausgabeeinheit $v \in U_O$ eine Netzeingabefunktion (Propagierungsfunktion) $\text{NET}_v : \mathbb{R}^{U_I} \times \mathbb{R}^{U_I \times U_O} \to \mathbb{R}$ zur Berechnung der Netzeingabe net_v zu. Sie berechnet sich zu einer gewichteten Summe über die Ausgaben der Eingabeeinheiten:

$$\text{net}_v = \sum_{u \in U_I} W(u,v) \cdot o_u.$$

(vi) ex : $U_I \to \{0,1\}$ ordnet jeder Eingabeeinheit $u \in U_I$ ihre externe Eingabe $\text{ex}_u = \text{ex}(u)$ zu.

Bezogen auf die oben angeführte schematische Darstellung des Perceptrons übernehmen die Einheiten der Eingabeschicht $u \in U_I$ die Aufgabe der Rezeptoren, wobei ihre von außen gesetzte Aktivierung dem Rezeptorsignal entspricht. Wir werden diese Vorstellung im folgenden verallgemeinern. Dazu benötigen wir zunächst den Begriff des *Musters*.

Definition 3.2 *Gegeben seien n Merkmale (Attribute) $\xi_1,\ldots,\xi_n$ mit ihren korrespondierenden Merkmalsmengen (Attributmengen) $X_1,\ldots,X_n$. Das kartesische Produkt $X = X_1 \times \ldots \times X_n$ heißt Merkmalsraum (Universum, Diskurswelt). Ein Element aus X wird Muster genannt und als Mermalsvektor $(x_1,\ldots,x_n)$ notiert. Die Werte $x_i \in X_i$ $(i \in \{1,\ldots,n\})$ stellen die (aktuellen) Ausprägungen der korrespondierenden Merkmale ξ_i $(i \in \{1,\ldots,n\})$ dar.*

Die Merkmalsmengen sind normalerweise Teilmengen der reellen Zahlen. Eine Merkmalsausprägung besteht dann aus einer reellen Zahl und ein Muster aus einem Vektor reeller Zahlen. Ein Perceptron verarbeitet nur binäre Muster, d.h. alle Merkmale stammen aus der Menge $\{0,1\}$. Die externen Eingaben ex_u eines Perceptrons repräsentieren die Ausprägungen der *Merkmale* eines Musters, das gewissermaßen den Zustand einer Umgebung des Perceptrons angibt. Jedes $u \in U_I$ entscheidet auf diese Weise ein Prädikat $\phi_u(x_u)$, das der Formulierung

Das Merkmal ξ_u ist im aktuellen Muster ausgeprägt ($\xi_u = 1$)

entspricht, wobei ξ_u das der Eingabeeinheit u zugeordnete Merkmal ist. Demnach gilt für alle $u \in U_I$

$$a_u = \mathrm{ex}(u) = \left\{ \begin{array}{ll} 1 & \text{falls } \phi_u(\xi_u), \\ 0 & \text{falls } \neg\phi_u(\xi_u). \end{array} \right.$$

Die Entscheidungen der Eingabeeinheiten werden an die Ausgabeeinheit propagiert. Die Ausgabeeinheit nimmt daraufhin entweder den Zustand 0 oder 1 an und entscheidet damit ein Prädikat ψ bezüglich des gesamten Eingabemusters. Diese Entscheidung der Ausgabeeinheit ordnet das Muster einer von zwei möglichen Klassen zu. Auf diese Weise führt ein Perceptron eine *Musterklassifikation* durch.

Definition 3.3 *Die Ausgabe $o_v, v \in U_O$, eines Perceptrons P klassifiziert ein Muster $\mathcal{X}$ bezüglich einer bestimmten Eigenschaft $\mathcal{E}$, indem sie den Wahrheitswert eines Prädikates $\psi(\mathcal{X}) = $ „Das Muster $\mathcal{X}$ erfüllt die Eigenschaft $\mathcal{E}$" repräsentiert. Dabei gilt*

$$o_v = a_v = \left\{ \begin{array}{ll} 1 & \text{falls } \psi(\mathcal{X}), \\ 0 & \text{falls } \neg\psi(\mathcal{X}). \end{array} \right.$$

Da bei einem Perceptron die Ausgabe und die Aktivierung der Einheiten sowie bei den Eingabeeinheiten die externe Eingabe mit Aktivierung und Ausgabe übereinstimmen, werden wir im folgenden nur noch die Aktivierung betrachten. Weiterhin wird, da lediglich die einzige Ausgabeeinheit eine Netzeingabe besitzt, diese nur mit „net" bezeichnet und der Index weggelassen.

Ein Perceptron mit der Ausgabeeinheit v klassifiziert gemäß Def. 3.3 ein Eingabemuster $\mathcal{X}$, indem es den Wahrheitswert des Prädikates $\psi(\mathcal{X})$ auf folgende Weise berechnet:

$$\psi(\mathcal{X}) \iff a_v = 1 \iff \mathrm{net} = \sum_{u \in U_I} a_u \cdot W(u,v) > \theta.$$

Dadurch ist die Art von Prädikaten, die ein Perceptron berechnen kann, festgelegt. Der Wahrheitswert eines derartigen Prädikates muß mit Hilfe einer linearen Schwellenwertfunktion bestimmbar sein.

Wir gebrauchen im folgenden den Operator $[\![\;]\!]$, der einem Ausdruck seinen Wahrheitswertes 0 oder 1 zuordnet. So ist z.B. $[\![3 < 5]\!] = 1$ und $[\![4 = 7]\!] = 0$. Weiterhin fassen wir die Merkmale eines Musters als Boolesche Variablen auf, die die Werte 0 (falsch, Merkmal nicht ausgeprägt) und 1 (wahr, Merkmal ausgeprägt) annehmen können. Ein Prädikat $\psi(\mathcal{X})$ ist dann als Boolescher Ausdruck darstellbar und nimmt auf diese Weise selbst den Wert 0 bzw. 1 an.

Definition 3.4 *Gegeben seien ein Perceptron P mit n Eingabeeinheiten und ein n–dimensionaler Merkmalsraum $X = X_1 \times \ldots X_n$. $I = \{1, \ldots, n\}$ sei die Index-menge des Merkmalsraumes. Ein Prädikat $\psi(\mathcal{X})$ heißt linear separabel, wenn es ein $\theta \in \mathbb{R}$ und für jedes Merkmal $\xi_i \in X_i$ ($i \in I$) des Musters $\mathcal{X} \in X$ ein $\omega_i \in \mathbb{R}$ gibt, so daß der Wert von $\psi(\mathcal{X})$ durch eine lineare Schwellenwertfunktion der Form*

$$\psi(\mathcal{X}) = \left[\!\!\left[\sum_{i \in I} \omega_i \cdot \xi_i > \theta \right]\!\!\right].$$

bestimmbar ist.

Im Perceptron werden die ω_i durch die Verbindungen $W(u, v)$ ($u \in U_I$, $v \in U_O$) und die Merkmale ξ_i durch die Aktivierungen a_u repräsentiert. Bei der Umsetzung eines Booleschen Ausdrucks in eine Schwellenwertfunktion hat man Terme der Form $x \wedge y$ durch $[\![x + y > 1]\!]$, $x \vee y$ durch $[\![x + y > 0]\!]$ und $\bar{x}$ durch $[\![1 - x > 0]\!]$ zu ersetzen. Probleme treten auf, wenn $\wedge$ und $\vee$ gemischt auftreten. Dann ist $\wedge$ zunächst durch die Multiplikation zu ersetzen, was den Nachteil hat, daß die Schwellenwertfunktion nicht mehr linear und durch ein Perceptron nicht mehr zu berechnen ist. Durch die Möglichkeit, die einzelnen Variablen zu gewichten und für θ einen beliebigen Wert zu wählen, kann man jedoch in bestimmten Fällen wieder zu einer linearen Form zurückfinden.

Beispiel 3.5

(i) Sei $\mathcal{X} = (\xi, \eta) \in \{0, 1\}^2$. Das Prädikat $\mathrm{AND}(\mathcal{X}) = \xi \wedge \eta$ ist offenbar als lineare Schwellenwertfunktion in der Form

$$\mathrm{AND}(\mathcal{X}) = [\![\xi + \eta > 1]\!]$$

darstellbar.

(ii) Sei $\mathcal{X} = (\xi, \eta, \zeta) \in \{0, 1\}^3$. Wir betrachten das Prädikat

$$\begin{aligned}
\mathrm{ZWEI}(\mathcal{X}) \quad &= \quad \textit{Von 3 Merkmalen müssen mindestens 2 ausgeprägt sein} \\
&= \quad (\xi \wedge \eta \wedge \bar{\zeta}) \vee (\xi \wedge \bar{\eta} \wedge \zeta) \vee (\bar{\xi} \wedge \eta \wedge \zeta) \vee (\xi \wedge \eta \wedge \zeta).
\end{aligned}$$

$\mathrm{ZWEI}(\mathcal{X})$ ist als lineare Schwellenwertfunktion darstellbar. Wir können z.B. die Darstellung

$$\mathrm{ZWEI}(\mathcal{X}) = [\![\xi + \eta + \zeta > 1]\!]$$

wählen.

(iii) Sei $\mathcal{X} = (\xi, \eta) \in \{0, 1\}^2$. Das Prädikat $\mathrm{XOR}(\mathcal{X}) = (\xi \wedge \bar{\eta}) \vee (\bar{\xi} \wedge \eta)$ (XOR–Funktion) ist nicht als lineare Schwellenwertfunktion darstellbar. Die folgende Darstellung ist nicht–linear:

$$\mathrm{XOR}(\mathcal{X}) = [\![\xi(1 - \eta) + (1 - \xi)\eta > 1]\!].$$

Um zu beweisen, daß die XOR–Funktion mit einer linearen Schwellenwertfunktion nicht zu realisieren ist, nehmen wir an, sie wäre in der Form $[\![\alpha\xi + \beta\eta > \theta]\!]$ darstellbar. Wir können dann die folgenden Bedingungen für α, β und θ aufstellen:

$$
\begin{aligned}
(i) & \quad \text{XOR}(0,0) = 0 & \Rightarrow & \quad 0 \leq \theta \\
(ii) & \quad \text{XOR}(0,1) = 1 & \Rightarrow & \quad \beta > \theta \\
(iii) & \quad \text{XOR}(1,0) = 1 & \Rightarrow & \quad \alpha > \theta \\
(iv) & \quad \text{XOR}(1,1) = 0 & \Rightarrow & \quad \alpha + \beta \leq \theta
\end{aligned}
$$

Nach der Addition der Ungleichungen (ii) und (iii) erhalten wir $\alpha + \beta > 2\theta$, und in Verbindung mit (iv) ergibt sich $\theta > 2\theta$. Daraus folgt $0 > \theta$, was im Widerspruch zu Bedingung (i) steht. $\diamond$

Das oben angeführte Beispiel der XOR–Funktion trug letztendlich zum Ende der Euphorie über Neuronale Netze in den sechziger Jahren bei. Minsky und Papert zeigten in ihrem 1969 in Erst- und 1988 in Zweitauflage erschienenem Buch *Perceptrons* [MINSKY und PAPERT, 1969, MINSKY und PAPERT, 1988] die Einschränkungen dieser neuronalen Modelle auf. Die Autoren befassen sich in ihrem Werk sehr ausführlich mit verschiedenen Arten des einstufigen Perceptrons und der Darstellung von Prädikaten durch lineare Schwellenwertfunktionen. Sie zeigen, daß ein Perceptron nur Prädikate bzw. Funktionen berechnen kann, die sich als lineare Schwellenwertfunktionen darstellen lassen, und daß es Funktionen gibt, für die dies gerade nicht möglich ist. Damit war klar, daß ein Perceptron eben nicht die universelle Maschine war, für die man es anfänglich gehalten hatte (siehe auch Kap. 1).

Im folgenden Abschnitt werden wir das Perceptron verallgemeinern, indem wir zulassen, daß die Eingabeeinheiten Aktivierungen aus dem reellen Intervall $[0, 1]$ annehmen und im Anschluß daran eine geometrische Interpretation seiner Berechnungen angeben.

3.2   Lineare Separabilität

Wir erweitern zunächst die Definition 3.1, indem wir zulassen, daß die Eingabeeinheiten nicht nur binäre Werte tragen, sondern Werte zwischen 0 und 1.

Definition 3.6 *Ein Perceptron mit reellen Eingabeeinheiten ist ein Perceptron im Sinne der Definition 3.1, wobei jedoch das Intervall* $[0,1]$ *anstelle der Menge* $\{0,1\}$ *als Bildbereich für die externe Eingabefunktion* ex *zugelassen ist, d. h.*

$$\text{ex} : U_I \to [0,1].$$

Ein derartiges Perceptron berechnet eine Funktion $\psi(\mathcal{X}) : [0,1]^{U_I} \to \{0,1\}$, die wir aufgrund des binären Funktionswertes nach wie vor als Prädikat bezeichnen wollen. Eine Darstellung des Prädikats als Boolescher Ausdruck ist jedoch nicht mehr möglich. Das Eingabemuster $\mathcal{X}$ weist nun Merkmale mit kontinuierlichen Ausprägungen zwischen 0 und 1 auf und entspricht einem Punkt innerhalb eines (mehrdimensionalen) Hyperwürfels der Kantenlänge 1, während die Muster mit binären Merkmalen den Ecken eines solchen Hyperwürfels entsprechen. Wir können ψ als Indikatorfunktion einer Menge $\mathcal{M}_\mathcal{E} \subseteq [0,1]^{U_I}$ auffassen, die Muster mit gleicher Eigenschaft $\mathcal{E}$ enthält.

Auch in diesem Fall gilt, daß ein Perceptron den Wahrheitswert des Prädikates $\psi(\mathcal{X})$ nur dann berechnen kann, wenn es sich als lineare Schwellenwertfunktion darstellen läßt. Um zu untersuchen, welche Prädikate auf diese Weise entschieden werden können, geben wir zunächst eine geometrische Interpretation der Berechnungen in einem Perceptron mit zwei Eingabeeinheiten an.

Beispiel 3.7 Gegeben sei ein Perceptron P mit zwei reellen Eingabeeinheiten s und t, der Ausgabeeinheit u mit dem Schwellenwert θ. Die beiden Verbindungsgewichte von P sind $W(s,u) = \alpha$ und $W(t,u) = \beta$. Die Aktivierung von u ist durch

$$a_u = [\![\alpha \cdot s + \beta \cdot t > \theta]\!]$$

gegeben. Betrachten wir den rechten Teil der Gleichung und ersetzen das Größerzeichen durch ein Gleichheitszeichen, so erhalten wir mit

$$s = -\frac{\beta}{\alpha} \cdot t + \frac{\theta}{\alpha}$$

eine Gerade in der reellen Ebene. Durch die obige Ungleichung werden also zwei Gebiete in der Ebene definiert. Die Punkte des einen Gebietes besitzen die Eigenschaft, die durch das von P berechnete Prädikat festgelegt wird. Die Gerade trennt sie von den Punkten, die diese Eigenschaft nicht aufweisen.

Wir verdeutlichen dies am Beispiel des Prädikates $\text{AND}(s,t) = s \wedge t$, das durch ein Perceptron mit der Konfiguration $W(s,u) = 1$, $W(t,u) = 1$ und $\theta = 1.5$ berechnet wird. In Abb. 3.3 ist dargestellt, wie die durch die Netzeingabe definierte Gerade $g : s = -t + 1.5$ den Punkt $p = (1,1)$, der das Prädikat erfüllt, von den übrigen Punkten $(0,0)$, $(0,1)$ und $(1,0)$, die das Prädikat nicht erfüllen, trennt. $\Diamond$

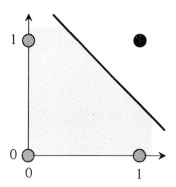

Bild 3.3: Lösung der AND–Funktion

Wie das Beispiel zeigt, wird durch die Bestimmung der Netzwerkstruktur W und des Schwellenwertes θ eine Gerade durch die reelle Ebene, den in diesem Fall zweidimensionalen *Eingaberaum* des Perceptrons, gelegt. Stellt man die Geradengleichung in ihrer Hesseschen Normalform dar, so ergibt sich durch das Einsetzen eines Punktes in die Geradengleichung der Abstand dieses Punktes von der Geraden. Da die $W(u', u)$ und θ dieser Form im allgemeinen nicht entsprechen, erhält man stattdessen den mit einem Faktor behafteten Abstand, der der Netzeingabe entspricht. Je nach der Ausprägung von W und θ haben die Punkte auf einer Seite der Geraden einen positiven, auf der anderen einen negativen Abstand. Punkte in der Geraden haben immer den Abstand null. Damit das Perceptron also seine Aufgabe erfüllen kann, muß eine Gerade gefunden werden, von der alle Punkte mit der Eigenschaft $\mathcal{E}$ einen positiven Abstand und alle anderen Punkte einen negativen Abstand haben. Nur dann kann die Ausgabeeinheit für alle Punkte mit dieser Eigenschaft eine Ausgabe von 1 erzeugen.

Anhand dieser Betrachtungen läßt es sich leicht veranschaulichen, warum das XOR–Problem von einem Perceptron nicht gelöst werden kann. Wie in Bild 3.4 dargestellt ist, benötigt man zur Lösung dieser Aufgabe mindestens zwei Geraden, um die Punkte, für die das Perceptron eine 1 ausgeben soll, von den anderen zu trennen.

Ein Perceptron kann jedoch nur genau eine Gerade in der reellen Ebene bestimmen. Um die XOR–Funktion zu lösen, würde man also zwei Perceptrons benötigen, deren Ausgaben dann wiederum von einem dritten zum endgültigen Ergebnis kombiniert werden müßten (s. Bild 3.5). Man erhält auf diese Weise ein Perceptron mit einer *inneren Schicht*, für das man leicht eine Netzwerkstruktur angeben kann, die die Funktion mit Hilfe der in Bild 3.4 dargestellten Geraden löst. Das Problem ist jedoch, daß der für Perceptrons bekannte Lernalgorithmus, der im nächsten Abschnitt vorgestellt wird, ein Trainieren von Systemen mit inneren Schichten nicht zuläßt.

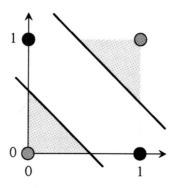

Bild 3.4: Zwei Geraden lösen das XOR–Problem

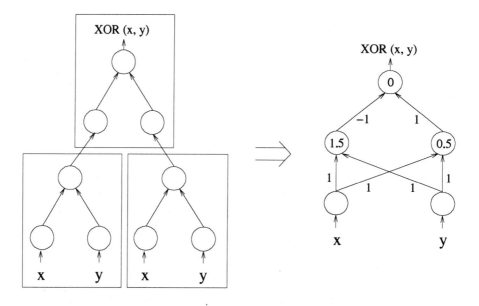

Bild 3.5: Ein Perceptron mit einer inneren Schicht löst das XOR–Problem

Wir beschränken uns nun nicht mehr auf den zweidimensionalen Eingaberaum, sondern verallgemeinern auf ein Perceptron mit n Eingabeeinheiten. In diesem Fall entspricht ein Eingabemuster einem Punkt im n–dimensionalen Einheitshyperwürfel $[0,1]^n$, und das Perceptron legt eine *Hyperebene* durch diesen Raum.

Definition 3.8 *Gegeben sei ein Perceptron P mit der Menge der Eingabeeinheiten $U_I = \{u_1, \ldots, u_n\}$ der Ausgabeeinheit v mit ihrem Schwellenwert θ und der Netzwerkstruktur W. P definiert die Hyperebene*

$$H = \{h \in [0,1]^{U_I} \mid 0 = \sum_{u \in U_I} W(u,v) \cdot h_u - \theta\}$$

im Eingaberaum $[0,1]^{U_I}$, wobei $h = (h_{u_1}, \ldots, h_{u_n})$ gilt. P löst eine dichotome Klassifikationsaufgabe $\mathcal{M}_{\mathcal{E}} \subseteq [0,1]^{U_I}$ nach dem Kriterium $\mathcal{E}$ genau dann, wenn es eine Netzwerkstruktur W gibt, so daß für alle Muster $p \in \mathcal{M}$ mit $p = (p_{u_1}, \ldots, p_{u_n})$

$$H(p) = \sum_{u \in U_1} W(u,v) \cdot p_u - \theta > 0$$

und $H(p) \leq 0$ für alle $p \notin \mathcal{M}$ gilt.

3.3 Der Lernalgorithmus des Perceptrons

Das Perceptron ist aufgrund seiner Struktur nur in der Lage, eine feste Lernaufgabe mit Hilfe eines überwachten Lernalgorithmus zu bewältigen. Der ursprünglich vorgestellte Algorithmus legt ein Perceptron mit binären Eingabeeinheiten zugrunde [ROSENBLATT, 1958, BLOCK, 1962].

Die Perceptron–Lernregel entspricht der *Delta–Regel* oder *Widrow–Hoff–Regel* (s. Kap. 4). Sie korrigiert anhand des Fehlers der Ausgabeeinheit die Gewichte der zu ihr führenden Verbindungen. Da die Ausgabeeinheit nur die Zustände 0 oder 1 annehmen kann, vereinfacht sich die Wahl eines Fehlermaßes. Der Fehler des Perceptrons bezüglich eines Musterpaares der Lernaufgabe ist der Fehler der Ausgabeeinheit (s. Def. 2.8(ii)), also die Differenz von vorgegebener und tatsächlicher Ausgabe. Als mögliche Fehlerwerte kommen daher nur 0 (korrekte Ausgabe), 1 (Ausgabe von 0 statt 1) und -1 (Ausgabe von 1 statt 0) in Frage.

Definition 3.9 *Sei P ein Perceptron und $\tilde{\mathcal{L}}$ eine feste Lernaufgabe. Die Gewichtsänderung $\Delta W_p(u,v)$ und die Schwellenwertänderung $\Delta\theta$ nach der Propagation der Eingabe i eines Musterpaares aus $(i,t) \in \tilde{\mathcal{L}}$ wird wie folgt bestimmt:*

$$\Delta W(u,v) = \begin{cases} 0 & \text{falls } a_v = t \\ +\sigma \cdot a_u & \text{falls } a_v = 0 \text{ und } t = 1 \\ -\sigma \cdot a_u & \text{falls } a_v = 1 \text{ und } t = 0 \end{cases}$$

$$\Delta\theta = \begin{cases} 0 & \text{falls } a_v = t \\ -\sigma & \text{falls } a_v = 0 \text{ und } t = 1 \\ +\sigma & \text{falls } a_v = 1 \text{ und } t = 0 \end{cases}$$

Dabei ist a_v die Ausgabe auf die Eingabe i, und t ist die durch $\tilde{\mathcal{L}}$ vorgegebene Ausgabe. Der Faktor $\sigma \in \mathbb{R}^+$ wird Lernrate genannt.

Die so definierte Perceptron–Lernregel gilt sowohl für Perceptrons mit binären als auch mit reellen Eingabeeinheiten. Für den binären Fall reduziert sich die Gewichtsänderung je nach Fehler der Ausgabeeinheit auf eine Addition bzw. Subtraktion der Lernrate. Der Algorithmus modifiziert nach der Propagation eines Musters lediglich die Gewichte von Verbindungen mit vorgeschalteter aktiver Eingabeeinheit.

	i	t	a_v	e	$\Delta W(u_1,v)$	$\Delta W(u_2,v)$	$\Delta\theta$	$W(u_1,v)$	$W(u_2,v)$	θ
1. Epoche	0 0	0	0	0	0	0	0	0	0	0
	0 1	0	0	0	0	0	0	0	0	0
	1 0	0	0	0	0	0	0	0	0	0
	1 1	1	0	1	1	1	-1	1	1	-1
2. Epoche	0 0	0	1	-1	0	0	1	1	1	0
	0 1	0	1	-1	0	-1	1	1	0	1
	1 0	0	0	0	0	0	0	1	0	1
	1 1	1	0	1	1	1	-1	2	1	0
3. Epoche	0 0	0	0	0	0	0	0	2	1	0
	0 1	0	1	-1	0	-1	1	2	0	1
	1 0	0	1	-1	-1	0	1	1	0	2
	1 1	1	0	1	1	1	-1	2	1	1
4. Epoche	0 0	0	0	0	0	0	0	2	1	1
	0 1	0	0	0	0	0	0	2	1	1
	1 0	0	1	-1	-1	0	1	1	1	2
	1 1	1	0	1	1	1	-1	2	2	1
5. Epoche	0 0	0	0	0	0	0	0	2	2	1
	0 1	0	1	-1	0	-1	1	2	1	2
	1 0	0	0	0	0	0	0	2	1	2
	1 1	1	1	0	0	0	0	2	1	2
6. Epoche	0 0	0	0	0	0	0	0	2	1	2
	0 1	0	0	0	0	0	0	2	1	2
	1 0	0	0	0	0	0	0	2	1	2
	1 1	1	1	0	0	0	0	2	1	2

Tabelle 3.1: Ablauf des Lernvorgangs für das AND–Prädikat

Beispiel 3.10 In der Tabelle 3.1 ist der Ablauf des Lernvorgangs eines Perceptrons mit den beiden Eingabeeinheiten u_1 und u_2 sowie der Ausgabeeinheit v dargestellt. Das System soll die AND–Funktion erlernen. Als Lernrate wurde $\sigma = 1$ gewählt. Zu Beginn des Lernvorgangs gilt $W(u_1,v) = W(u_2,v) = \theta = 0$.

Man erkennt, daß das Lernverfahren nach Ablauf der fünften Epoche die endgültige Gewichtskonfiguration gefunden hat. In der sechsten Epoche finden keine Veränderungen mehr statt, und alle vier Muster werden korrekt klassifiziert. Die sich hier ergebende Lösung ist nur eine von vielen, die möglich sind. Verändert man die Lernrate oder die Reihenfolge, in der die Muster innerhalb der einzelnen Epochen propagiert werden, so kann eine andere Gewichtskonfiguration als Lösung entstehen.   ◇

In den Bilder 3.6 – 3.8 ist ein Ausschnitt der Fehlerfläche für ein Perceptron mit den Eingabeeinheiten u_1 und u_2 sowie der Ausgabeeinheit v in Verbindung mit der in Beispiel 3.10 dargestellten Lernaufgabe für verschiedene Werte von θ zu sehen.

Hält man θ fest, so läßt sich der Gesamtfehler E des Perceptrons, der sich hier zu der Summe der quadrierten Einzelfehler ergibt, in Abhängigkeit der beiden Gewichte $W(u_1, v)$ und $W(u_2, v)$ als Fläche im dreidimensionalen Raum darstellen.

Man erkennt, daß es bei $\theta = 0$ keine Gewichtskonfiguration gibt, die die AND–Funktion löst (der Fehler E wird niemals null). Dahingegen gibt es bei $\theta = 1$ und $\theta = 2$ mehrere mögliche Lösungen der Lernaufgabe.

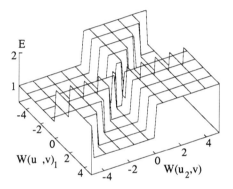

Bild 3.6: Fehlerfläche bei $\theta = 0$

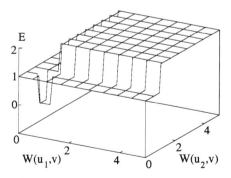

Bild 3.7: Fehlerfläche bei $\theta = 1$

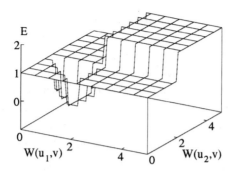

Bild 3.8: Fehlerfläche bei $\theta = 2$

Der Vorteil des Perceptron–Lernalgorithmus besteht darin, daß er bei gegebener linearer Separabilität der Lernaufgabe garantiert zu einer geeigneten Gewichtskonfiguration hin konvergiert. Diese Tatsache wird durch das sogenannte *Perceptron-Konvergenztheorem* (Satz 3.13) formuliert. Bevor wir uns diesem Theorem zuwenden und es beweisen, führen wir eine vereinfachte Notation zur Darstellung eines Perceptrons ein. Abweichend von der bisherigen Mengendarstellung der Einheiten wählen wir nun eine Vektordarstellung. Jede Einheit des Perceptrons erhält einen eindeutigen Index, der ihren Platz im Netzwerk festlegt. Auf diese Weise sind wir in der Lage, die Aktivierungen, Eingaben und Ausgaben des Netzes in Vektor- bzw. Matrixform anzugeben.

Wir beschreiben demnach ein Perceptron P mit n Eingabeelementen durch

- einen Vektor $\mathbf{u} = (u_1, \ldots, u_n)$, der die Eingabeeinheiten repräsentiert,

- seine Ausgabeeinheit v und deren Schwellenwert θ und

- einen *Gewichtsvektor* $\mathbf{w} = (w_1, \ldots, w_n)$, wobei $w_i = W(u_i, v)$ für alle $i \in \{1, \ldots, n\}$ gilt.

Der Zustand eines Perceptrons ist dann durch seinen aktuellen Gewichtsvektor $\mathbf{w}$, den aktuellen Schwellenwert θ, einen *Eingabevektor* $\mathbf{x} = (x_1, \ldots, x_n)$ mit $x_i = \mathrm{ex}(u_i)$ und der Aktivierung a der Ausgabeeinheit v gegeben.

Der Lernvorgang für das Perceptron läßt sich in der Form

$$\Delta \mathbf{w} = \begin{cases} \mathbf{0} & \text{falls } a = t \\ +\sigma \cdot \mathbf{x} & \text{falls } a = 0 \text{ und } t = 1 \\ -\sigma \cdot \mathbf{x} & \text{falls } a = 1 \text{ und } t = 0 \end{cases}$$

$$\Delta \theta = \begin{cases} 0 & \text{falls } a = t \\ -\sigma & \text{falls } a = 0 \text{ und } t = 1 \\ +\sigma & \text{falls } a = 1 \text{ und } t = 0 \end{cases}$$

aufschreiben. Dabei ist a die Aktivierung bzw. die Ausgabe auf den Eingabevektor $\mathbf{x}$ und t die von der Lernaufgabe vorgegebene Antwort.

Für den Beweis des folgenden Perceptron–Konvergenztheorems benötigen wir noch den Begriff der *absoluten linearen Separabilität*. Die folgende Definition ähnelt der Definition 3.4.

Definition 3.11 *Gegeben sei ein n–dimensionaler Raum X. Zwei Teilmengen X_1 und X_2 von X sind absolut linear separabel, wenn es einen Wert $\theta \in \mathbb{R}$ und n reelle Werte $w_1, \ldots, w_n$ gibt, so daß für alle Punkte $(x_1, \ldots, x_n) \in X_1$*

$$\sum_{i=1}^{n} w_i x_i > \theta$$

und für alle Punkte $(x_1, \ldots, x_n) \in X_2$

$$\sum_{i=1}^{n} w_i x_i < \theta$$

gilt.

Eine Lernaufgabe für ein Perceptron ist stets endlich. Wenn das Perceptron die Lernaufgabe lösen kann, sie also linear separabel ist, dann ist sie auch absolut linear separabel, wie der folgende Satz zeigt.

Satz 3.12 *Zwei endliche linear separable Mengen X_1 und X_2 von Punkten eines n–dimensionalen Raumes X sind auch absolut linear separabel.*

Beweis. Wenn X_1 und X_2 linear separabel sind, dann gibt es ein $\theta \in \mathbb{R}$ und $w_1, \ldots, w_n \in \mathbb{R}$, so daß

$$\sum_{i=1}^{n} w_i x_i > \theta$$

für alle $(x_1, \ldots, x_n) \in X_1$ und

$$\sum_{i=1}^{n} w_i y_i \leq \theta$$

für alle $(y_1, \ldots, y_n) \in X_2$ gilt. Es sei

$$\varepsilon = \min \left\{ \sum_{i=1}^{n} w_i x_i - \theta \ \Big| \ (x_1, \ldots, x_n) \in X_1 \right\}.$$

Damit gilt offensichtlich $\varepsilon > \frac{1}{2}\varepsilon > 0$. Es sei $\theta' = \theta + \frac{1}{2}\varepsilon$. Somit folgt

$$\sum_{i=1}^{n} w_i x_i - \theta \ = \ \sum_{i=1}^{n} w_i x_i - (\theta' - \frac{1}{2}\varepsilon) \geq \varepsilon.$$

Daraus ergibt sich für alle Punkte aus X_1

$$\sum_{i=1}^{n} w_i x_i - \theta' \geq \frac{1}{2}\varepsilon > 0 \implies \sum_{i=1}^{n} w_i x_i > \theta'.$$

Für alle Punkte aus X_2 gilt

$$\sum_{i=1}^{n} w_i y_i - (\theta' - \frac{1}{2}\varepsilon) \leq 0 \implies \sum_{i=1}^{n} w_i y_i - \theta' \leq -\frac{1}{2}\varepsilon < 0.$$

Insgesamt erhalten wir

$$\sum_{i=1}^{n} w_i y_i < \theta'.$$

Damit ist gezeigt, daß X_1 und X_2 absolut linear separabel sind.   □

Satz 3.13 (Perceptron–Konvergenztheorem) *Gegeben sei ein Perceptron P mit n Eingabeeinheiten $u_1, \ldots, u_n$ und der Ausgabeeinheit v. Weiterhin sei $\tilde{\mathcal{L}} = X \times \{0,1\}$ eine endliche feste Lernaufgabe für P. Die Menge X der Eingabevektoren besteht aus den beiden disjunkten Teilmengen X_1 und X_2. Für die Eingabevektoren aus X_1 soll P eine 1 ausgeben und für die Vektoren aus X_2 eine 0. Unter der Voraussetzung, daß es einen Gewichtsvektor und einen Schwellenwert gibt, so daß P die Lernaufgabe löst, werden durch das folgende Verfahren in einer endlichen Anzahl von Iterationen ein geeigneter Gewichtsvektor $\hat{\mathbf{w}}$ und ein geeigneter Schwellenwert $\hat{\theta}$ bestimmt:*

(i) Beginne mit einem beliebigen Gewichtsvektor $\mathbf{w}$, einem beliebigen Schwellenwert θ und wähle eine beliebige Lernrate $\sigma > 0$.

(ii) Solange $\hat{\mathbf{w}}$ und $\hat{\theta}$ nicht gefunden sind, propagiere wiederholt alle Vektoren $\mathbf{x} \in X$ und verändere für jeden Vektor $\mathbf{x}$ den Gewichtsvektor $\mathbf{w}$ und den Schwellenwert θ wie folgt:

   - *Falls $\mathbf{x}$ korrekt klassifiziert wird, lasse $\mathbf{w}$ und θ unverändert.*

   - *Falls $\mathbf{x}$ mit 0 statt 1 klassifiziert wird, ersetze $\mathbf{w}$ durch $\mathbf{w} + \sigma \cdot \mathbf{x}$ und θ durch $\theta - \sigma$.*

   - *Falls $\mathbf{x}$ mit 1 statt 0 klassifiziert wird, ersetze $\mathbf{w}$ durch $\mathbf{w} - \sigma \cdot \mathbf{x}$ und θ durch $\theta + \sigma$.*

(iii) Werden alle $\mathbf{x} \in X$ korrekt klassifiziert, so ist $\mathbf{w}$ der gesuchte Vektor $\hat{\mathbf{w}}$ und θ das gesuchte $\hat{\theta}$.

Beweis. Um den Beweis zu vereinfachen, werden wir die Vektoren $\mathbf{w}$ und $\mathbf{x}$ leicht erweitern. Wir bezeichnen mit $\mathbf{w}$ den Vektor $(w_1, \ldots, w_n, -\theta)$ und mit $\mathbf{x}$ den Vektor $(x_1, \ldots, x_n, 1)$. Analog ändern sich die Mengen X, X_1 und X_2 der Lernaufgabe $\tilde{\mathcal{L}}$. Auf diese Weise ergibt sich die Aktivierung der Ausgabeeinheit zu

$$a = \left[\!\left[\sum_{i=1}^{n} w_i \cdot x_i > \theta \right]\!\right] = \left[\!\left[\sum_{i=1}^{n} w_i \cdot x_i - \theta \cdot 1 > 0 \right]\!\right] = [\![\mathbf{w} \cdot \mathbf{x} > 0]\!].$$

Bei der Verwendung dieser modifizierten Vektoren realisieren wir den Schwellenwert als ein Gewicht $-\theta$, das eine ständig aktive Eingabeeinheit mit der Ausgabeeinheit verbindet.

Bei einer Fehlklassifikation des Perceptrons erhält man den neuen Gewichtsvektor

$$\mathbf{w}' = \begin{cases} \mathbf{w} + \sigma\mathbf{x}, & \text{falls } \mathbf{x} \in X_1 \\ \mathbf{w} - \sigma\mathbf{x}, & \text{falls } \mathbf{x} \in X_2. \end{cases}$$

Die Idee des Lernalgorithmus ist es, für den Fall einer falschen Klassifikation, also z.B. $\mathbf{w}\mathbf{x} < 0$ statt $\mathbf{w}\mathbf{x} > 0$, durch Addition von $\sigma\mathbf{x}$ eine zumindest „richtigere" Klassifikation für $\mathbf{x}$ zu erhalten. Dies erreicht man, da

$$(\mathbf{w} + \sigma\mathbf{x}) \cdot \mathbf{x} = \mathbf{w}\mathbf{x} + \sigma\mathbf{x}\mathbf{x} > \mathbf{w}\mathbf{x}$$

gilt.

Weil die Verbesserung in dem einen Fall jedoch durch eine Änderung in einem anderen Fall wieder rückgängig gemacht werden kann, müssen wir zeigen, daß das Lernverfahren nicht eine endlose Oszillation bewirkt, sondern nach einer endlichen Anzahl von Schritten abbricht.

Dazu ersetzen wir zunächst X_2 durch $X_2' = \{-\mathbf{x} | \mathbf{x} \in X_2\}$. Sei $\mathcal{W}$ die Menge aller Vektoren $\hat{\mathbf{w}}$, die die Lernaufgabe lösen und $S_{X'}$ eine unendliche Folge von Vektoren aus $X' = X_1 \cup X_2'$, in der jedes $\mathbf{x} \in X'$ unendlich oft auftritt. Wir erhalten eine Folge von Gewichtsvektoren $\{\mathbf{w}_1, \mathbf{w}_2, \ldots, \mathbf{w}_k, \ldots\}$ mit

$$\mathbf{w}_{k+1} = \begin{cases} \mathbf{w}_k & \text{, falls } \mathbf{w}_k\mathbf{x}_k > 0 \\ \mathbf{w}_k + \sigma\mathbf{x}_k & \text{, sonst,} \end{cases}$$

wobei $\mathbf{w}_1$ beliebig und $\mathbf{x}_k$ der k-te Vektor aus $S_{X'}$ ist.

Wir zeigen nun, daß es einen Gewichtsvektor $\mathbf{w}_{k_0}$ mit $\mathbf{w}_{k_0}\mathbf{x} > 0$ für alle $\mathbf{x} \in X'$ gibt, der die Eigenschaft $\mathbf{w}_k = \mathbf{w}_{k_0}$ für alle $k \geq k_0$ besitzt.

Sei $k_1, k_2, k_3, \ldots$ die Folge der Nummern der Vektoren aus $S_{X'}$, bei deren Propagation eine Änderung des Gewichtsvektors auftritt. Wir bezeichnen $\mathbf{w}_{k_j}$ mit $\hat{\mathbf{w}}_j$ und $\mathbf{x}_{k_j}$ mit $\hat{\mathbf{x}}_j$. Da eine Änderung des Gewichtsvektors nur dann eintritt, wenn dessen Produkt mit einem Vektor aus X' kleiner oder gleich 0 ist, gilt

$$\hat{\mathbf{w}}_j\hat{\mathbf{x}}_j \leq 0 \text{ und } \hat{\mathbf{w}}_{j+1} = \hat{\mathbf{w}}_j + \sigma\hat{\mathbf{x}}_j \text{ für alle } \hat{\mathbf{w}}_j \notin \mathcal{W}. \tag{3.1}$$

Weiterhin gilt

$$\hat{\mathbf{w}}_{j+1} = \hat{\mathbf{w}}_1 + \sigma\hat{\mathbf{x}}_1 + \sigma\hat{\mathbf{x}}_2 + \ldots + \sigma\hat{\mathbf{x}}_j.$$

Wenn wir zeigen können, daß j nicht beliebig groß sein kann, ist der Satz bewiesen. Sei $\hat{\mathbf{w}} \in W$ ein die Lernaufgabe lösender Gewichtsvektor, der

$$\hat{\mathbf{w}}\mathbf{x} > 0 \text{ für alle } \mathbf{x} \in X' = X_1 \cup X'_2$$

erfüllt. Satz 3.12 über die absolute lineare Trennbarkeit garantiert die Existenz dieses Gewichtsvektors.

Wir setzen $m = \min\{\mathbf{x}\hat{\mathbf{w}} \mid \mathbf{x} \in X'\}$. Da $\hat{\mathbf{w}}$ die Lernaufgabe löst und sie damit absolut linear trennt, ist m größer 0. Es folgt

$$\hat{\mathbf{w}}_{j+1}\hat{\mathbf{w}} = \hat{\mathbf{w}}_1\hat{\mathbf{w}} + \sigma\hat{\mathbf{w}}(\hat{\mathbf{x}}_1 + \ldots + \hat{\mathbf{x}}_j) \geq \hat{\mathbf{w}}_1\hat{\mathbf{w}} + \sigma m j. \tag{3.2}$$

Mit Gleichung (3.1) erhalten wir außerdem

$$|\hat{\mathbf{w}}_{j+1}|^2 = |\hat{\mathbf{w}}_j + \sigma\hat{\mathbf{x}}_j|^2 = |\hat{\mathbf{w}}_j|^2 + 2\sigma\hat{\mathbf{x}}_j\hat{\mathbf{w}}_j + \sigma^2|\hat{\mathbf{x}}_j|^2 \leq |\hat{\mathbf{w}}_j|^2 + \sigma^2|\hat{\mathbf{x}}_j|^2,$$

da $\hat{\mathbf{x}}_j\hat{\mathbf{w}}_j$ negativ ist. Nach wiederholter Anwendung von (3.1) und mit

$$M = \max\{|\mathbf{x}|^2 \mid \mathbf{x} \in X'\}$$

erhalten wir schließlich

$$\begin{aligned}
|\hat{\mathbf{w}}_{j+1}|^2 &\leq |\hat{\mathbf{w}}_1|^2 + \sigma^2|\hat{\mathbf{x}}_1|^2 + \ldots + \sigma^2|\hat{\mathbf{x}}_j|^2 \\
&\leq |\hat{\mathbf{w}}_1|^2 + \sigma^2 M j.
\end{aligned} \tag{3.3}$$

Nun betrachten wir den Cosinus des Winkels zwischen $\hat{\mathbf{w}}$ und $\hat{\mathbf{w}}_{j+1}$. Er wird bestimmt durch

$$\cos\alpha = \frac{\hat{\mathbf{w}}\,\hat{\mathbf{w}}_{j+1}}{|\hat{\mathbf{w}}|\,|\hat{\mathbf{w}}_{j+1}|}.$$

Mit Gleichung (3.2) und (3.3) folgt

$$\cos\alpha \geq \frac{\hat{\mathbf{w}}_1\,\hat{\mathbf{w}} + \sigma m j}{|\hat{\mathbf{w}}|\,\sqrt{|\hat{\mathbf{w}}_1|^2 + \sigma^2 M j}}.$$

Der rechte Teil dieser Ungleichung wächst mit zunehmendem j unbegrenzt. Da aber $\cos\alpha \leq 1$ gilt, kann j nicht beliebig groß werden. Der Satz ist somit bewiesen. $\square$

Nach dem Perceptron–Konvergenztheorem finden wir also mit Hilfe des Perceptron–Lernalgorithmus eine die Lernaufgabe lösende Gewichtskonfiguration, unter der Voraussetzung, daß es auch mindestens einen solchen Gewichtsvektor gibt. Dies ist dann der Fall, wenn die Lernaufgabe linear separabel ist. Der oben angegebene Beweis ist allerdings nicht zur Abschätzung der Anzahl der notwendigen Durchläufe durch die Lernaufgabe geeignet, da dies von der Kenntnis des zu findenden Gewichtsvektors abhängt. Wie schnell das Lernverfahren konvergiert, hängt von der Zusammensetzung der Lernaufgabe, der Reihenfolge, in der die einzelnen Muster propagiert werden, der Lernrate und der Initialisierungs des Gewichtsvektors ab. Eine optimale Einstellung dieser Parameter bei gegebener Lernaufgabe ließe sich jedoch analytisch wiederum nur unter Kenntnis des zu bestimmenden Lösungsvektors vornehmen.

In [ROJAS, 1993] wird eine geometrische Veranschaulichung des Perceptron–Lernverfahrens angegeben, indem die Eingabe- und Gewichtsvektoren in einem gemeinsamen Vektorraum betrachtet werden. Danach wird der Gewichtsvektor nach jeder Veränderung ein wenig in die Richtung des Eingabevektors „gezogen", der zuletzt falsch klassifiziert wurde. Wenn die Lernaufgabe linear separabel ist, entwickelt sich nach endlich vielen Schritten ein Gewichtsvektor, der senkrecht auf der Hyperebene steht, die die Mengen X_1 und X_2 trennt.

Daraus läßt sich die Heuristik ableiten, den Gewichtsvektor mit der Summe aller Vektoren aus X_1 zu initialisieren. Man kann auch mit der Summe der Vektoren aus X_1 minus der Summe der Vektoren aus X_2 beginnen. Für die AND–Funktion z.B. führt die erstgenannte Vorgehensweise bereits zu einer Lösung [ROJAS, 1993].

Kapitel 4

Einfache lineare Modelle

Einfache Lineare Neuronale Netze sind ebenso wie das Perceptron zweischichtige bzw. einstufige Systeme. Im Gegensatz zum Perceptron finden wir jedoch hier häufig ein anderes Lernparadigma vor. Lineare Modelle werden im allgemeinen nicht zur Musterklassifikation, sondern zur Musterassoziation und –vervollständigung eingesetzt. Demzufolge weist ein derartiges Neuronales Netz in der Regel nicht nur eine, sondern mehrere Ausgabeeinheiten auf.

Ein lineares Modell besitzt eine Eingabeschicht und eine Ausgabeschicht von Verarbeitungseinheiten, wobei die Aktivierungen der Eingabeelemente von außen gesetzt werden. Der Zustand der Ausgabeeinheiten wird durch eine lineare Aktivierungsfunktion bestimmt. Die Eingabe in ein solches Netz stellt, wie beim Perceptron, ein Muster dar. Im Fall der Musterassoziation soll ein Muster jedoch nicht klassifiziert werden, sondern dient als Abrufschlüssel für ein Ausgabemuster, das vom Netz erzeugt werden soll. Wenn das Eingabe– und das Ausgabemuster identisch sind, so sprechen wir von *Autoassoziation* bzw. *Mustervervollständigung*. Die besondere Fähigkeit Linearer Neuronaler Netze besteht darin, auch für teilweise gestörte oder unvollständige Eingaben das gewünschte Ausgabemuster zu produzieren.

In Bild 4.1 ist ein Beispiel für eine Mustervervollständigung dargestellt. Eine gestörte Rasterdarstellung des Buchstaben "A" wird dem Netz, z.B. in Form eines binären Vektors, als Eingabemuster eingegeben und propagiert. Als Ausgabe erscheint, wiederum geeignet kodiert, die korrekte Darstellung des Buchstaben. Ein derartiges Neuronales Netz wird auch als *Assoziativspeicher* bezeichnet.

Eine in einem Assoziativspeicher gespeicherte Instanz kann nicht wie bei einem normalen Speicher über ihre Adresse abgerufen werden, sondern nur mit Hilfe eines ihr eigenen Schlüssels. Dieser Schlüssel, in Form einer Bitsequenz, wird gleichzeitig mit den Schlüsseln aller gespeicherten Instanzen verglichen, so daß in einem Arbeitsschritt der gesuchte Speicherinhalt gefunden werden kann. Eine sequentielle Suche im Speicher ist nicht notwendig. Man nennt diese Speicherform aufgrund dieser Zugriffsweise auch *inhaltsadressierbaren Speicher* oder CAM (content adressable memory).

Diese Darstellung beschreibt das Verhalten des Linearen Neuronalen Netzes, nicht jedoch seine interne Arbeitsweise. Der Unterschied zu den oben beschriebenen Assoziativspeichern besteht darin, daß im Neuronalen Netz keine Instanzen lokal gespeichert sind, sondern die Information über alle gelernten Muster in den Gewichten des Systems verteilt ist. Bei der Propagation eines Eingabemusters findet daher kein Vergleich statt, sondern eine lineare Transformation der Eingabe, aus der sich das Ausgabemuster ergibt. Während ein Assoziativspeicher durch seine Größe beschränkt ist, ist die Kapazität des Netzes durch die Art der linearen Transformation begrenzt. Wird die Kapazität überschritten, so beginnt das Netz, Fehler zu machen.

Wir werden auf diesen Sachverhalt im Zusammenhang mit den für Lineare Neuronale Netze gebräuchlichen Lernverfahren eingehen. Zunächst geben wir jedoch eine formale Definition für die linearen Modelle an.

4.1 Das formale Modell Linearer Neuronaler Netze

Ein Lineares Neuronales Netz erhält seinen Namen wegen der Verwendung einer linearen Aktivierungsfunktion in seinen Verarbeitungseinheiten. Es besitzt eine Eingabeschicht, deren Elemente keine Verarbeitungen durchführen, sondern deren Zustand von außen gesetzt wird. Die Ausgabeschicht besteht aus mehreren Neuronen, deren

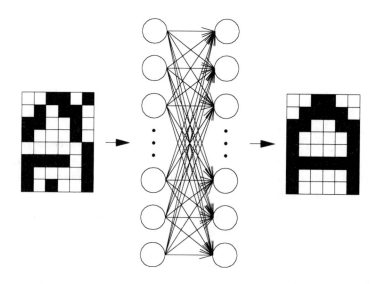

Bild 4.1: Mustervervollständigung mit einem Linearen Neuronalen Netz

Aktivierung durch eine lineare Transformation der Netzeingabe bestimmt wird. Ein Lineares Neuronales Netz besitzt wie das Perceptron nur eine Schicht, in der eine Verarbeitung stattfindet.

Definition 4.1 *Ein Lineares Neuronales Netz $LN = (U, W, A, O, \mathrm{NET}, \mathrm{ex})$ besitzt die folgenden Charakteristika:*

(i) *$U = U_I \cup U_O$ ist eine Menge von Verarbeitungseinheiten, mit $U_I, U_O \neq \emptyset$, und $U_I \cap U_O = \emptyset$, wobei U_I Eingabeschicht und U_O Ausgabeschicht genannt wird.*

(ii) *Die Netzwerkstruktur ist $W : U_I \times U_O \rightarrow \mathbb{R}$, wobei lediglich Verbindungen $W(u, v)$, $(u \in U_I, v \in U_O)$ von der Eingabe- zur Ausgabeschicht existieren. Es gibt keine Verbindungen zwischen Einheiten derselben Schicht.*

(iii) *A ordnet jeder Einheit $u \in U$ eine Aktivierungsfunktion $A_u : \mathbb{R} \rightarrow \mathbb{R}$ zur Berechnung der Aktivierung a_u zu, wobei*

$$a_u = A_u(\mathrm{ex}(u)) = \mathrm{ex}(u)$$

für alle $u \in U_I$ gilt und

$$a_v = A_v(\mathrm{net}_v) = \mathrm{net}_v + \theta_v$$

für alle $v \in U_O$ und $\theta_v \in \mathbb{R}$ gesetzt wird. θ_v ist der reelle Schwellenwert bzw. Bias der Einheit v.

(iv) *O ordnet jeder Einheit $u \in U$ eine Ausgabefunktion $O_u : \mathbb{R} \rightarrow \mathbb{R}$ zur Berechnung der Ausgabe o_u zu, wobei $o_u = O_u(a_u) = a_u$ für alle $u \in U$ gilt.*

(v) *NET ordnet jeder Ausgabeeinheit $v \in U_O$ eine lineare Netzeingabefunktion (Propagierungsfunktion) $\mathrm{NET}_v : \mathbb{R}^{U_I} \times \mathbb{R}^{U_I \times U_O} \rightarrow \mathbb{R}$ zur Berechnung der Netzeingabe net_v zu; es gilt*

$$\mathrm{net}_v = \sum_{u \in U_I} W(u, v) \cdot o_u$$

für alle $v \in U_O$.

(vi) *$\mathrm{ex} : U_I \rightarrow \mathbb{R}$ ordnet jeder Eingabeeinheit $u \in U_I$ ihre externe Eingabe $\mathrm{ex}_u = \mathrm{ex}(u)$ zu.*

Ein Lineares Neuronales Netz ist eine Verallgemeinerung des Perceptrons, wie man leicht an der hier angegebenen Definition sehen kann. Sie entspricht in vielen Teilen der des Perceptrons. Tatsächlich unterscheiden sich die beiden neuronalen Modelle auch nur in den Aktivierungsfunktionen und der Tatsache, daß die Anzahl der Ausgabeelemente eines Linearen Neuronalen Netzes nicht auf ein Neuron beschränkt ist. Das bedeutet, daß das vorherrschende Lernparadigma der linearen Modelle die Musterassoziation und nicht die Erkennung bzw. Klassifikation von Mustern ist. Da diese beiden Paradigmen jedoch verwandt sind, ist es klar, daß auch ein lineares Modell zur Musterklassifikation genutzt werden kann.

4.2   Das ADALINE und die Delta–Regel

Eines der ersten Linearen Neuronalen Netze wurde 1960 von Bernard Widrow und
Marcian E. Hoff in [WIDROW und HOFF, 1960] vorgestellt. Dieses Modell ähnelt stark
dem Perceptron, benutzt jedoch eine lineare Aktivierungsfunktion und erzeugt über
eine lineare Schwellenwertfunktion Ausgaben von +1 und −1. Aktivierungs- und
Ausgabewerte sind also verschieden. Das System wurde zunächst *adaptives Neuron*
und später ADALINE genannt. ADALINE steht für ADAptive LInear NEuron (als
Neuronale Netze im Laufe der Zeit ihre Popularität verloren, stand es für ADAptive
LINear Element).

Definition 4.2 *Ein ADALINE ist ein Lineares Neuronales Netz im Sinne der Definition 4.1 mit*

(i) $o_v = \begin{cases} 1 & \text{falls } a_v > 0 \\ -1 & \text{falls } a_v \leq 0 \end{cases}$ *für alle* $v \in U_O$,

(ii) $\text{ex}: U_I \to \{-1, 1\}$.

Die Autoren schlugen einen Lernalgorithmus für ihr System vor, der heute unter
dem Namen *Widrow–Hoff-* bzw. *Delta–Regel* bekannt ist. Dies ist eine überwachte
Lernregel, wobei der Fehler einer Ausgabeeinheit als die Differenz zwischen deren Aktivierung und der geforderten Ausgabe definiert ist. Auf diese Weise ist, anders als bei
Perceptrons, ein Lernen auch dann möglich, wenn die Ausgabe des ADALINEs korrekt ist. Die Gewichtsänderungen können so vorgenommen werden, daß die Ausgabe
des Systems auf die aktuelle Eingabe bei sofortiger erneuter Propagierung korrekt ist.
Dabei kann in den weiteren Epochen des Lernvorgangs trotz korrekter Klassifikation
wieder ein von null verschiedener Fehlerwert auftreten, so daß ein Weiterlernen auch
dann möglich ist, wenn alle Eingaben bereits korrekt klassifiziert werden. Auf diese
Weise lernt ein ADALINE erheblich schneller als ein Perceptron, da dort die Gewichte
nur bei einer Fehlklassifikation geändert werden.

Definition 4.3 (Delta–Regel, Widrow–Hoff–Regel) *Gegeben sei ein Lineares
Neuronales Netz LN und eine feste Lernaufgabe* $\tilde{\mathcal{L}}$. *Die Gewichtsänderung*
$\Delta_p W(u, v)$ *für* $u \in U_I$ *und* $v \in U_O$ *sowie die Biasänderung* $\Delta_p \theta_v$ *werden nach der
Propagation der Eingabe* $i^{(p)}$ *des Musters* $p \in \tilde{\mathcal{L}}$ *wie folgt bestimmt:*

$$\Delta_p W(u, v) = \sigma \cdot (t_v^{(p)} - a_v^{(p)}) \cdot a_u^{(p)},$$
$$\Delta_p \theta_v = \sigma \cdot (t_v^{(p)} - a_v^{(p)}).$$

Dabei ist $t_v^{(p)}$ *die für die Ausgabeeinheit* v *vorgesehene Aktivierung,* $a_v^{(p)}$ *deren tatsächliche Aktivierung und* $a_u^{(p)}$ *die mit der Eingabe übereinstimmende Aktivierung der
Eingabeeinheit* u. σ *ist eine positive reelle Zahl und wird Lernrate genannt.*

Die so berechneten Werte werden aufsummiert. Die Änderung von W und θ findet erst nach dem Ablauf einer Epoche statt. Es gilt

$$\Delta W(u,v) \;=\; \sum_{p \in \tilde{\mathcal{L}}} \Delta_p W(u,v) \;\text{ und}$$

$$\Delta \theta_v \;=\; \sum_{p \in \tilde{\mathcal{L}}} \Delta_p \theta_v.$$

Der Term $(t_v^{(p)} - a_v^{(p)})$ stellt den Fehler der Einheit v dar, den sie bei der Präsentation des Musters p macht. Das Ziel der Delta–Regel ist es, den Fehler für alle Einheiten sukzessive zu minimieren, indem sie ein globales Fehlermaß minimiert. Verzichtet man auf die Aufsummierung der Einzeländerungen, wählt $\sigma = 1$ und paßt die Gewichte nach der Musterpropagation an, so erreicht man bei sofortiger erneuter Propagation des entsprechenden Musters eine korrekte Ausgabe. Dieses Vorgehen verlängert jedoch den Lernvorgang.

Satz 4.4 *Für ein gegebenes Lineares Neuronales Netz mit beliebiger Gewichtskonfiguration W und eine feste Lernaufgabe $\tilde{\mathcal{L}}$ minimiert die Delta–Regel das Fehlermaß*

$$E = \frac{1}{2} \sum_{v \in U_O} \sum_{p \in \tilde{\mathcal{L}}} (t_v^{(p)} - a_v^{(p)})^2.$$

Beweis: Um den Satz zu beweisen, zeigen wir, daß sich bei der Minimierung des globalen Fehlers E die Delta–Regel ergibt. Wir beschränken uns dabei auf die Gewichtsstruktur W. Man erkennt jedoch leicht, daß der Beweis auch für die Änderung des Bias gilt, wenn man ihn als ein Gewicht zu einer Eingabeeinheit u interpretiert, für die stets $a_u = 1$ gilt.

Um E durch die Veränderung von W zu minimieren, muß die Anpassung von W proportional zur Änderung von E bezüglich der Änderung von W sein:

$$\Delta W(u,v) \;\propto\; -\frac{\partial E}{\partial W(u,v)}.$$

Die Gewichtsänderung ist damit proportional zu der negativen Ableitung des Fehlermaßes bezüglich eines jeden Gewichtes und korrespondiert mit dem steilsten Abstieg in der Hyperebene des Gewichtsraumes, deren Höhe in jedem Punkt dem Wert von E entspricht. Nach der Anwendung der Kettenregel erhalten wir

$$\frac{\partial E}{\partial W(u,v)} = \sum_{p \in \tilde{\mathcal{L}}} \frac{\partial E^{(p)}}{\partial a_v^{(p)}} \frac{\partial a_v^{(p)}}{\partial W(u,v)}. \tag{4.1}$$

Der Fehler $E^{(p)}$ für ein einzelnes Muster $p \in \tilde{\mathcal{L}}$ ist

$$E^{(p)} = \frac{1}{2} \sum_{v \in U_O} (t_v^{(p)} - a_v^{(p)})^2.$$

Es folgt für die Ableitung von $E^{(p)}$ bezüglich jeder Aktivierung

$$\frac{\partial E^{(p)}}{\partial a_v^{(p)}} = -(t_v^{(p)} - a_v^{(p)}). \tag{4.2}$$

Aufgrund der Voraussetzung linearer Einheiten errechnet sich die Aktivierung zu

$$a_v^{(p)} = \text{net}_v^{(p)} + \theta_v = \sum_{u \in U_I} W(u,v)\, a_u^{(p)} + \theta_v.$$

Damit läßt sich der zweite Faktor von Gleichung (4.1) bestimmen. Es gilt

$$\frac{\partial a_v^{(p)}}{\partial W(u,v)} = a_u^{(p)}. \tag{4.3}$$

Unter Berücksichtigung der Ergebnisse aus den Gleichungen (4.2) und (4.3) ergibt sich gemäß Gleichung (4.1) die Ableitung des Fehlers für ein Muster p zu

$$\frac{\partial E^{(p)}}{\partial W(u,v)} = -(t_v^{(p)} - a_v^{(p)})\, a_u^{(p)}.$$

Für die Ableitung des globalen Fehlers gilt

$$\frac{\partial E}{\partial W(u,v)} = \sum_{p \in \tilde{\mathcal{L}}} \frac{\partial E^{(p)}}{\partial W(u,v)} = -\sum_{p \in \tilde{\mathcal{L}}} (t_v^{(p)} - a_v^{(p)})\, a_u^{(p)}.$$

Da die Gewichtsänderung proportional zur negativen Ableitung des Fehlers sein muß, erhalten wir die Delta–Regel

$$\Delta W(u,v) = \sigma \sum_{p \in \tilde{\mathcal{L}}} (t_v^{(p)} - a_v^{(p)})\, a_u^{(p)}$$

mit der Lernrate σ als Proportionalitätskonstante.   □

Die Delta–Regel approximiert einen Gradientenabstieg in E und findet auf diese Weise ein Minimum. Werden die Gewichte nach jeder Musterpropagation verändert und nicht erst nach einer vollständigen Epoche, so weicht man vom tatsächlichen Gradienten ab. Wird die Lernrate σ jedoch ausreichend klein gewählt, so läßt sich diese Abweichung kompensieren, und man findet ebenfalls ein Minimum. Auf diese Weise wird bei geeignetem σ erreicht, daß jedes Muster bei sofortiger erneuter Propagation korrekt verarbeitet werden würde. In der Regel führt eine epochenweise Gewichtsanpassung jedoch schneller zur Lösung der gesamten Lernaufgabe.

Ein praktisches Problem bei der Durchführung der Delta–Regel stellt die Wahl der Lernrate σ dar, da eine analytische Bestimmung des optimalen Wertes nicht möglich ist. Eine zu große Lernrate verhindert ein genaues Verfolgen des Gradienten und kann den Lernerfolg verhindern. Eine zu kleine Lernrate zögert den Ablauf hinaus. In der

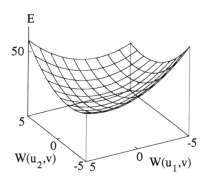

Bild 4.2: Fehlerfläche eines Linearen Neuronalen Netzes für das XOR–Problem

Praxis haben sich Werte zwischen 0 und 1 bewährt. Für das ADALINE mit einer Ausgabeeinheit und n Eingabeeinheiten haben Widrow und Hoff $\sigma = \frac{1}{n}$ gewählt. Da nur Eingaben von 1 bzw. -1 zugelassen waren, eliminierte jede Verbindung einen Anteil von $\frac{1}{n}$ des Fehlers, den das aktuelle Muster hervorrief.

Eine wichtige Frage ist, welches Fehlerminimum von der Delta–Regel gefunden wird. Gibt es mehrere lokale Minima, und ist der Fehler in jedem Fall null? Betrachtet man das in Satz 4.4 definierte Fehlermaß und formt es zu

$$E = \frac{1}{2} \sum_{v \in U_O} \sum_{p \in \tilde{\mathcal{L}}} (t_v^{(p)} - \sum_{u \in U_I} W(u,v)\, a_u^{(p)} + \theta_v)^2$$

um, so erkennt man, daß der Fehler eine quadratische Funktion über den Gewichten (und den Biaswerten) ist. Er stellt damit ein mehrdimensionales Paraboloid dar, das nur ein einziges Minimum besitzt. Dieses Minimum muß jedoch nicht notwendigerweise $E = 0$ implizieren. Ist die gestellte Lernaufgabe nicht linear separabel, so konvergiert das Lernverfahren zwar, der Fehler bleibt jedoch immer größer als null. Im Bild 4.2 ist der Verlauf der Fehlerfläche eines Linearen Neuronalen Netzes mit zwei Eingabeeinheiten und einer Ausgabeeinheit für das XOR–Problem dargestellt. Der Bias wurde hier auf Null gesetzt und festgehalten, da eine grafische Darstellung sonst nicht mehr möglich ist. Das Lineare Netz kann ebensowenig wie ein Perceptron das XOR–Problem lösen. Trotzdem konvergiert die Delta–Regel, wobei der Fehler jedoch einen hohen Wert beibehält.

Bei dem Einsatz eines Linearen Neuronalen Netzes in der Musterassoziation interessiert weniger die Frage der linearen Separabilität der gegebenen Lernaufgabe, als vielmehr die Anzahl der vom System fehlerfrei gespeicherten Muster. Die bisher angestellten Betrachtungen bezüglich des ADALINEs galten nur der Musterklassifikation. Sie lassen sich jedoch leicht auf die Musterassoziation erweitern, wenn man mehrere ADALINEs parallel schaltet, so daß ihre Eingabeeinheiten identisch sind. Man erhält dann ein Lineares Neuronales Netz mit mehreren Ein- und Ausgabeeinheiten.

Die Lernaufgabe besteht aus Paaren von Ein–/Ausgabemustern, wobei die Eingabe als Schlüssel zum Abruf der (im Fall der Autoassoziation identischen) Ausgabe dient. Betrachtet man jede Ausgabeeinheit für sich, so ist die Lernaufgabe lösbar, falls sie bezüglich der geforderten Ausgaben linear separabel ist. Dies gilt jedoch nur, wenn mit binären Ausgabewerten und einer Schwellenwertfunktion gearbeitet wird. Bei der Verwendung mehrerer bzw. kontinuierlicher Ausgaben und einer linearen Ausgabefunktion ist nicht nur die Lage der Eingabe in Bezug auf die von der Ausgabeeinheit bestimmten Hyperebene von Bedeutung, sondern auch ihr Abstand.

Die Frage, wieviele Musterpaare sich in einem Linearen Neuronalen Netz mit Hilfe der Delta–Regel speichern lassen, ist jedoch einfacher zu beantworten [KOHONEN, 1984]. Für den folgenden Satz greifen wir wie beim Perceptron auf die Vektor– und Matrixnotation zur Darstellung der Muster und des Neuronalen Netzes zurück. Wir betrachten die Biaswerte als Gewichte von Verbindungen zu einer zusätzlichen, stets aktiven Eingabeeinheit und erhalten wie im Fall des Perceptrons einen um eine Dimension erhöhten Eingabevektor.

Satz 4.5 *Ein gegebenes Lineares Neuronales Netz mit n Eingabeeinheiten und m Ausgabeeinheiten kann unter Verwendung der Delta–Regel maximal n linear unabhängige Vektoren (Muster) fehlerfrei speichern.*

Beweis: Die Lernaufgabe $\tilde{\mathcal{L}}$ enthalte k Musterpaare. Die mit der Delta–Regel bestimmte Konnektionsmatrix sei W. Das zum Eingabemuster $\mathbf{x}_i$ gehörende Ausgabemuster $\mathbf{y}_i$ ergibt sich zu

$$\mathbf{y}_i = W \cdot \mathbf{x}_i,$$

für $i = \{1, \ldots, k\}$. Aus den Eingabe– und Ausgabemustern bilden wir die Matrizen X und Y, deren Spalten jeweils aus den $\mathbf{x}_i$ bzw. $\mathbf{y}_i$ bestehen. Dann gilt

$$Y = WX.$$

Bei festem X und Y gilt

$$WXX^+ = YX^+,$$

wobei $X^+ = (X^\top X)^{-1} X^\top$ die Penrose–Inverse von X ist, die im Fall nicht quadratischer Matrizen eine pseudo–inverse Matrix darstellt und andernfalls mit der üblichen Inversen der Matrix übereinstimmt. Für ein beliebiges Y gibt es die Lösung

$$W = YX^+,$$

wenn

$$X^+X = I \quad \text{(Einheitsmatrix)}$$

gilt. Das bedeutet, daß die Muster $\mathbf{x}_i$ linear unabhängig sind. Damit gilt $k \leq n$. $\square$

Enthält die Lernaufgabe linear abhängige Muster, so kann die durch die Delta–Regel ermittelte Konnektionsmatrix die Bedingung $Y = WX$ nicht erfüllen. Die Muster *stören* sich gegenseitig, und es kommt zu Überlagerungen in den Ausgabemustern.

4.3 Matrixspeicher und die Hebbsche Lernregel

Ein weiteres frühes Modell Neuronaler Netze sind die *Matrixspeicher* oder *Lernmatrizen* [STEINBUCH, 1963]. Dieses sind Lineare Neuronale Netze im Sinne der Definition 4.1, die jedoch in der Regel keinen Bias verwenden ($\theta_v = 0$ für alle $v \in U_O$) und im Gegensatz zu den bisherigen Systemen die Netzwerkstruktur W als wesentliche Modelleigenschaft und nicht die untereinander kommunizierenden Einheiten in den Vordergrund stellen.

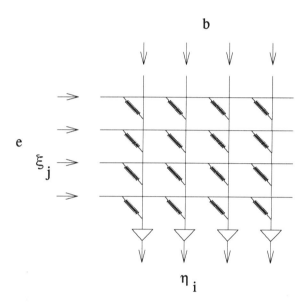

Bild 4.3: Eine Lernmatrix

In Bild 4.3 ist eine technische Realisierung einer Lernmatrix skizziert, in der die Gewichte durch elektrische Widerstände realisiert sind. Am Eingang e ("Eigenschaften") wird das Schlüsselmuster angelegt, am Eingang b ("Bedeutungen") das abzurufende Muster. Man nimmt dabei binäre Mustermerkmale an, d.h. es gilt $\xi_j, \eta_i \in \{0, 1\}$. Entsprechend der Spannungen an den Kreuzungspunkten ξ_j, η_i werden die Widerstände für $\xi_j = 0$ und $\eta_i = 1$ verringert und für $\xi_j = 1$ und $\eta_i = 1$ erhöht. Andernfalls bleiben sie unverändert. Nach Abschluß dieser Lernphase erscheint an den Ausgängen η_i das Abrufmuster, wenn das Schlüsselmuster erneut angelegt wird. Da umkehrbare Veränderungen in den Widerständen technische Probleme verursachen können, nutzte man in späteren Arbeiten eine einfachere Lernregel, bei der nur im Fall $\xi_j = 1$ und $\eta_i = 1$ eine Erhöhung des Widerstandes durchgeführt wurde, während ansonsten keine Änderung stattfand.

Diese letzte Regel entspricht der Hebbschen Lernregel. Nach der Vermutung von Hebb führt die gemeinsame Aktivität zweier Neuronen zu einer dauerhaften Durchlässigkeit der sie verbindenden Synapsen. Im allgemeinen Modell der Linearen Neuronalen Netze bedeutet dies eine Verstärkung des Gewichtes zwischen zwei Einheiten.

Definition 4.6 (Hebbsche Lernregel) *Gegeben seien ein Lineares Neuronales Netz LN mit $\theta_v = 0$ für alle $v \in U_O$, sowie eine feste Lernaufgabe $\tilde{\mathcal{L}}$. Die Gewichtsänderung $\Delta W(u,v)$ für $u \in U_I$ und $v \in U_O$ wird wie folgt bestimmt:*

$$\Delta W(u,v) = \sum_{p \in \tilde{\mathcal{L}}} \sigma \cdot i_u^{(p)} \cdot t_v^{(p)}.$$

Dabei ist $i_u^{(p)}$ die Eingabe des Musters $p \in \tilde{\mathcal{L}}$ in die Eingabeeinheit u und $t_v^{(p)}$ die für die Ausgabeeinheit v vorgesehene Ausgabe. Der positive Wert $\sigma \in \mathbb{R}$ wird Lernrate oder synaptische Plastizität genannt.

Die Hebbsche Lernregel ist im Gegensatz zur Delta–Regel kein iteratives Verfahren. Sie ist bereits nach einer Epoche beendet. Ein Fortführen des Lernvorgangs verbessert die Leistung des Netzes nicht, sondern erhöht lediglich den Absolutbetrag der Gewichte. Der Geschwindigkeit der Lernregel steht jedoch ein gewisser Nachteil gegenüber. Ein so trainiertes Lineares Neuronales Netz mit n Eingabeeinheiten erreicht nur dann die höchste Speicherkapazität von n Vektoren, wenn diese nicht nur linear unabhängig, sondern zusätzlich auch noch normiert und orthogonal sind.

Beispiel 4.7 Gegeben sei ein Lineares Neuronales Netz LN mit $U_I = \{u_1, u_2, u_3\}$ und $U_O = \{v_1, v_2, v_3\}$ und die Lernaufgabe $\tilde{\mathcal{L}}$:

i_1	i_2	i_3
$-\frac{3}{5}$	0	$\frac{4}{5}$
0	1	0
$\frac{4}{5}$	0	$\frac{3}{5}$

t_1	t_2	t_3
1	0	1
1	1	0
0	1	1

Wie leicht ersichtlich ist, sind die drei Eingabemuster i_1, i_2, i_3 orthonormale Vektoren. In der schon bekannten Vektor– und Matrixnotation ergibt sich die Konnektionsmatrix W bei einer Lernrate $\sigma = 1$ und einer Initialisierung mit $W = 0$ zu

$$W = t_1 \cdot i_1^\mathsf{T} + t_2 \cdot i_2^\mathsf{T} + t_3 \cdot i_3^\mathsf{T} = \begin{bmatrix} \frac{1}{5} & 0 & \frac{7}{5} \\ -\frac{3}{5} & 1 & \frac{4}{5} \\ \frac{4}{5} & 1 & \frac{3}{5} \end{bmatrix}$$

Simuliert man die Propagation eines der Eingabemuster durch das Neuronale Netz, so stellt man fest, daß

$$t_j = W \cdot i_j$$

für alle $j \in \{1, 2, 3\}$ gilt. LN hat die drei Muster also fehlerfrei gespeichert und reproduziert für jede gelernte Eingabe das korrekte Ausgabemuster. $\diamond$

Ein mit der Hebbschen Regel trainiertes Lineares Neuronales Netz kann nur dann einen gelernten Vektor korrekt speichern, wenn dieser die Länge 1 hat. Andernfalls entspricht die Ausgabe nur dem mit einem Faktor behafteten Ausgabevektor der Lernaufgabe. Werden zusätzlich nicht orthogonale Vektoren eingespeichert, so stören sich diese gegenseitig. Jede Ausgabe ist dann zusätzlich noch mit einem additiven Störanteil versehen.

Satz 4.8 *Ein mit der Hebbschen Lernregel trainiertes Lineares Neuronales Netz LN kann orthonormale Vektoren $i^{(p)}$ fehlerfrei speichern, d.h. zu jedem gespeicherten Eingabevektor $i^{(p)}$ den korrespondierenden Ausgabevektor $r^{(p)}$ liefern.*

Beweis: Gegeben sei die feste Lernaufgabe $\tilde{\mathcal{L}}$. W sei die durch die Hebbsche Lernregel mit $\sigma = 1$ erzeugte Gewichtsmatrix von LN. Für das Ausgabemuster $\mathbf{r}^{(p)}$, das von LN nach der Propagation des Eingabemusters $\mathbf{i}^{(p)}$ eines beliebigen Musterpaares $p \in \tilde{\mathcal{L}}$ erzeugt wird, gilt

$$
\begin{aligned}
\mathbf{r}^{(p)} &= W \cdot \mathbf{i}^{(p)} \\
&= \sum_{q \in \tilde{\mathcal{L}}} \mathbf{t}^{(q)} \cdot (\mathbf{i}^{(q)} \cdot \mathbf{i}^{(p)}) \\
&= \mathbf{t}^{(p)} \cdot (\mathbf{i}^{(p)} \cdot \mathbf{i}^{(p)}) + \sum_{\substack{q \in \tilde{\mathcal{L}} \\ q \neq p}} \mathbf{t}^{(q)} \cdot (\mathbf{i}^{(q)} \cdot \mathbf{i}^{(p)})
\end{aligned}
\tag{4.4}
$$

Sind die Eingabemuster normiert, so gilt

$$\mathbf{i}^{(p)} \cdot \mathbf{i}^{(p)} = 1$$

Sind sie orthogonal, so ist die Summe in Gleichung 4.4 gleich null. Wenn beide Bedingungen erfüllt sind, gilt $\mathbf{r}^{(p)} = \mathbf{t}^{(p)}$. □

Falls in ein Lineares Neuronales Netz ein nicht zur Lernaufgabe gehörendes Muster $\tilde{\mathbf{i}}$ eingegeben wird, das dem gelernten Muster $\mathbf{i}$ am ähnlichsten ist, erzeugt das System eine Ausgabe $\tilde{\mathbf{t}}$, die dem zu $\mathbf{i}$ gehörenden Ausgabemuster $\mathbf{t}$ am stärksten ähnelt.

Wir betrachten ein Netz mit seiner Konnektionsmatrix W, wobei wir davon ausgehen, daß das System die maximale Anzahl von n orthonormalen Vektoren bei n Eingabeeinheiten gelernt hat. Wir propagieren die mit einem Störanteil versehene Eingabe eines Musterpaares der Lernaufgabe $\tilde{\mathcal{L}}$,

$$\tilde{\mathbf{i}}^{(p)} = \mathbf{i}^{(p)} + \mathbf{s},$$

wobei der Störvektor $\mathbf{s}$ durch eine Linearkombination der gelernten Vektoren dargestellt werden kann, da diese eine Orthonormalbasis bilden. Man erhält die Gleichung

$$\mathbf{s} = \sum_{q \in \tilde{\mathcal{L}}} \lambda_q \cdot \mathbf{i}^{(q)}.$$

Für die vom Netz erzeugte Ausgabe gilt

$$
\begin{aligned}
W \cdot \tilde{\mathbf{i}}^{(p)} &= W \cdot (\mathbf{i}^{(p)} + \mathbf{s}) \\
&= \mathbf{t}^{(p)} + W \cdot \mathbf{s} \\
&= \mathbf{t}^{(p)} + \sum_{q \in \tilde{\mathcal{L}}} \sum_{r \in \tilde{\mathcal{L}}} \lambda_q \mathbf{t}^{(r)} \cdot (\mathbf{i}^{(r)} \cdot \mathbf{i}^{(q)}) \\
&= \mathbf{t}^{(p)} + \sum_{q \in \tilde{\mathcal{L}}} \lambda_q \cdot \mathbf{t}^{(q)}.
\end{aligned}
$$

Als Ausgabe ergibt sich also das ursprünglich gelernte Ausgabemuster, überlagert mit Anteilen der Ausgabemuster, die durch den Störvektor aktiviert worden sind.

Sind die gelernten Muster nicht orthonormal, so treten schon allein deswegen Störungen in den Ausgaben auf, die sich dann bei einer gestörten Eingabe noch verstärken. Sollte nicht die maximal mögliche Zahl orthonormaler Muster gelernt worden sein, so kann eine Eingabe orthogonal zu allen bekannten Mustern sein. Sie ähnelt dann keinem der gelernten Vektoren, und die Ausgabe des Netzes wird der Nullvektor sein.

Als Maß für die Ähnlichkeit zweier (normierter) Muster dient deren inneres Vektorprodukt (Skalarprodukt), das beschreibt, wie stark die beiden Muster miteinander korreliert sind. Es nimmt den Wert 1 an, wenn sie identisch sind, den Wert 0, wenn sie orthogonal zueinander sind und den Wert -1, wenn sie einander entgegengesetzt sind.

Beispiel 4.9 Gegeben seien das Lineare Neuronale Netz LN und die Konnektionsmatrix W aus dem Beispiel 4.7. Der Vektor $\mathbf{s}$ sei eine gestörte Version des gelernten Vektors $\mathbf{i}_2$. Die Reaktion des Netzes auf $\mathbf{s}$ erhalten wir in dem Vektor $\mathbf{r}$.

$$
\mathbf{s} = \begin{bmatrix} 0.3 \\ 0.9 \\ 0.0 \end{bmatrix} = \mathbf{i}_2 + \begin{bmatrix} 0.3 \\ -0.1 \\ 0.0 \end{bmatrix} = \mathbf{i}_2 - 0.18\,\mathbf{i}_1 - 0.1\,\mathbf{i}_2 + 0.24\,\mathbf{i}_3
$$

$$
\mathbf{r} = W \cdot \mathbf{s} = \begin{bmatrix} 0.06 \\ 0.72 \\ 1.14 \end{bmatrix} = \mathbf{t}_2 + \begin{bmatrix} 0.06 \\ -0.28 \\ 0.14 \end{bmatrix} = \mathbf{t}_2 - 0.18\,\mathbf{t}_1 - 0.1\,\mathbf{t}_2 + 0.24\,\mathbf{t}_3
$$

Die beiden folgenden Tabellen geben die Korrelationen der beiden Vektoren $\mathbf{s}$ und $\mathbf{r}$ mit den Eingabe– bzw. Ausgabemustern an.

	$\mathbf{i}_1$	$\mathbf{i}_2$	$\mathbf{i}_3$
$\mathbf{s}$	-0.19	0.95	0.25

	$\mathbf{t}_1$	$\mathbf{t}_2$	$\mathbf{t}_3$
$\mathbf{r}$	0.21	0.51	0.33

Da $\mathbf{s}$ am stärksten mit $\mathbf{i}_2$ korreliert, ist die Korrelation des Ausgabemusters $\mathbf{r}$ mit $\mathbf{t}_2$ am größten. $\diamond$

Kapitel 5

Multilayer–Perceptrons

Die bisher diskutierten Netzmodelle und ihre Lernregeln sind in ihrer Leistungsfähigkeit durch das Kriterium der linearen Separabilität wesentlich eingeschränkt. Schon kurz nach der Einführung des Perceptrons war dieser Nachteil bekannt, und man wußte, daß durch die Einführung innerer Verarbeitungseinheiten (hidden units) diese Einschränkung aufgehoben werden konnte. Es war jedoch kein Lernalgorithmus bekannt, der in der Lage war, die Verbindungen, die zu den inneren Einheiten führen, zu trainieren und somit eine *innere Repräsentation* für eine Lernaufgabe zu finden. Erst durch solche internen Abbildungen der Eingabemuster auf ein Aktivitätsmuster der inneren Schichten ist es einem konnektionistischen System möglich, linear nicht separable Muster zu lernen.

Auf dieses Phänomen wiesen Minsky und Papert bereits 1969 hin [MINSKY und PA-PERT, 1969] und kritisierten das Perceptron von Rosenblatt wegen dessen Unfähigkeit, das Paritäts–Problem zu lösen (s. Kap 1). Bei diesem Problem, das im zweidimensionalen Fall mit dem XOR–Problem übereinstimmt (vgl. S. 48), soll das Neuronale Netz die Eingabemuster nach gerader bzw. ungerader Anzahl von Einsen klassifizieren. Minsky und Papert bewiesen, daß es nicht möglich ist, mit einem derartigen Modell linear nicht separable Funktionen zu realisieren und zeigten, daß diese Einschränkung durch Einführung einer inneren Schicht wegfällt. Sie gaben zwar ein dreischichtiges Perceptron an, das dieses Problem löst (vgl. S. 48), aber auch ihnen war keine Lernregel bekannt, um ein solches System zu trainieren.

Rumelhart, Hinton und Williams stellten 1986 eine Verallgemeinerung der Delta–Regel für mehrschichtige Neuronale Netze vor [RUMELHART und McCLELLAND, 1986]. Sie bezeichnen diese Lernregel als *verallgemeinerte Delta–Regel*. Die in der Literatur gebräuchlichere Bezeichnung für dieses Verfahren ist *(Error–)Backpropagation*.

Wir befassen uns in diesem Kapitel mit den sogenannten *Multilayer–Perceptrons*. Diese mehrschichtigen Neuronalen Netze entsprechen von ihrem Aufbau her einem Perceptron mit einer oder mehreren inneren Schichten.

5.1 Das formale Modell des Multilayer–Perceptrons

Ein Multilayer–Perceptron ist ein vorwärtsbetriebenes Neuronales Netz, das aus einer Eingabeschicht, einer oder mehreren inneren Schichten (hidden layers) und einer Ausgabeschicht besteht. Die Einheiten der Eingabeschicht führen wie beim Perceptron keine Verarbeitungen durch, sondern ihr Zustand wird ausschließlich von außen gesetzt. Demnach ist ein Multilayer–Perceptron mit $n - 2$ inneren Schichten ein n–schichtiges bzw. n–stufiges Neuronales Netz. Im Gegensatz zum einfachen Perceptron lassen wir in der Ausgabeschicht mehr als eine Einheit zu, da sich ein Netz mit mehreren Ausgabeeinheiten nicht ohne weiteres durch eine parallele Schaltung gleicher Systeme erzeugen läßt. Denn auf diese Weise erhielte man auch jeweils weitere innere Schichten mit unterschiedlichen internen Repräsentationen. Es ist jedoch weder notwendig noch erwünscht, für jede Ausgabeeinheit eigene innere Schichten zu verwenden.

Definition 5.1 *Ein Multilayer–Perceptron ist ein Neuronales Netz*
$MLP = (U, W, A, O, \mathrm{NET}, \mathrm{ex})$, *das die folgenden Charakteristika aufweist:*

(i) *$U = U_1 \cup \ldots \cup U_n$ ist eine Menge von Verarbeitungseinheiten, wobei $n \geq 3$ vorausgesetzt wird. Es gilt dabei, $U_i \neq \emptyset$ für alle $i \in \{1, \ldots, n\}$ und $U_i \cap U_j = \emptyset$ für $i \neq j$. U_1 heißt Eingabeschicht und U_n Ausgabeschicht. Die U_i mit $1 < i < n$ werden innere (versteckte) Schichten genannt.*

(ii) *Die Netzwerkstruktur ist durch die Abbildung $W : U \times U \to \mathbb{R}$ festgelegt, wobei nur Verbindungen zwischen direkt aufeinanderfolgenden Schichten existieren. Formal gilt also $W(u, v) \neq 0 \implies u \in U_i, v \in U_{i+1}$ für alle $i \in \{1, \ldots, n-1\}$.*

(iii) *A ordnet jeder Einheit $u \in U$ eine Aktivierungsfunktion $A_u : \mathbb{R} \to [0,1]$ zur Berechnung der Aktivierung a_u zu, mit*

$$a_u = A_u(\mathrm{ex}(u)) = \mathrm{ex}(u)$$

für alle $u \in U_1$ und

$$a_u = A_u(\mathrm{net}_u) = f(\mathrm{net}_u)$$

für alle $u \in U_i$, $(i \in \{2, \ldots, n\})$. $f : \mathbb{R} \to [0,1]$ ist dabei eine für alle Einheiten fest gewählte nicht–lineare Funktion.

(iv) *O ordnet jeder Einheit $u \in U$ eine Ausgabefunktion $O_u : \mathbb{R} \to [0,1]$ zur Berechnung der Ausgabe o_u zu, wobei $o_u = O_u(a_u) = a_u$ für alle $u \in U$ gilt.*

(v) NET *ordnet jeder Einheit* $v \in U_i$, *mit* $2 \le i \le n$ *eine Netzeingabefunktion (Propagierungsfunktion)* $\mathrm{NET}_v : (\mathbb{R} \times \mathbb{R})^{U_{(i-1)}} \to \mathbb{R}$ *zur Berechnung der Netzeingabe* net_v *zu, mit*

$$\mathrm{net}_v = \sum_{u \in U_{i-1}} W(u,v) \cdot o_u + \theta_v.$$

$\theta_v \in \mathbb{R}$ *ist der Bias der Einheit* v.

(vi) ex : $U_1 \to [0,1]$ *ordnet jeder Eingabeeinheit* $u \in U_1$ *ihre externe Eingabe* $\mathrm{ex}_u = \mathrm{ex}(u)$ *zu.*

Die für die Aktivierungsfunktion der inneren Einheiten und der Ausgabeeinheiten genutzte Funktion f muß nicht–linear sein, da mehrschichtige Netzwerke aus linearen Einheiten keinen qualitativen Unterschied zu einschichtigen Systemen aufweisen. Wie wir in dem Kapitel über Lineare Neuronale Netze gesehen haben, entspricht die Bestimmung der Ausgabe einer linearen Transformation der Eingabe, d.h. der Multiplikation eines Eingabevektors mit der Konnektionsmatrix. Führt man in einem linearen System innere Schichten ein, so entspricht dies einer Hintereinanderschaltung derartiger Multiplikationen. Durch die Multiplikation aller Konnektionsmatrizen zu einer einzigen läßt sich jedoch jedes mehrstufige lineare System durch ein einstufiges lineares System ersetzen.

Die Aktivierungen der Neuronen liegen, wie in der Definition 5.1 angegeben, in der Regel im reellen Intervall $[0,1]$. Es ist jedoch auch möglich, das Intervall $[-1,1]$ oder jedes andere reelle Intervall zu verwenden. Auch Neuronen mit Aktivierungen aus z.B. $\{0,1\}$ können für das Modell benutzt werden. Beschränkt man sich auf ein Multilayer–Perceptron mit solchen binären Einheiten, so kann für f, wie im Fall des einfachen Perceptrons, eine lineare Schwellenwertfunktion gewählt werden. Im allgemeinen Fall nutzt man jedoch die in der Definition angegebenen reellen Einheiten und benötigt daher eine kontinuierliche Aktivierungsfunktion. Soll das Multilayer–Perceptron lernfähig sein, ist die Verwendung einer derartigen Funktionen unumgänglich, da der Lernalgorithmus eine differenzierbare Aktivierungsfunktion benötigt.

Häufig wird die sogenannte *logistische Funktion*

$$f(x) = \frac{1}{1 + \mathrm{e}^{-\beta x}}, \quad \beta > 0$$

verwendet, die eine Schwellenwertfunktion annähert (s. Bild 2.1) und sich asymptotisch den Werten 0 für $x \to -\infty$ und 1 für $x \to +\infty$ annähert. Der Parameter β bestimmt die Steilheit dieser sigmoiden (s–förmigen) Funktion. Andere mögliche sigmoide Aktivierungsfunktionen sind z.B.

- $f(x) = \tanh(\beta x) = \dfrac{\mathrm{e}^{\beta x} - \mathrm{e}^{-\beta x}}{\mathrm{e}^{\beta x} + \mathrm{e}^{-\beta x}}$ (nähert sich asymptotisch -1 bzw. 1),

- $f(x) = \frac{1}{\pi}\left(\frac{\pi}{2} + \arctan(\beta x)\right)$ (nähert sich wie die logistische Funktion 0 bzw. 1).

Die Steilheit der Funktionen bestimmt in allen Fällen der Parameter β.

5.2 Backpropagation – Die verallgemeinerte Delta–Regel

Der Begriff *Backpropagation* bezeichnet die rückwärtige Ausbreitung eines Fehlersignals durch das Netzwerk. Die Idee der Lernregel besteht darin, nach der Propagierung eines Musters durch das System das erhaltene Ausgabemuster mit einer Vorgabe zu vergleichen und daraus den Fehler jeder Ausgabeeinheit zu ermitteln. Dieser Fehler wird nun rückwärts, also in Richtung der Eingabeschicht, durch das Netz propagiert. Aufgrund dieses Fehlersignals sind die inneren Einheiten in der Lage, ihren eigenen Fehler zu bestimmen. Die Fehler aller Einheiten bilden schließlich die Grundlage der Gewichtsmodifikation. Die Bestimmung des Fehlers für eine innere Einheit ist die wesentliche Leistung dieses Lernverfahrens. Da es die Idee der in Kapitel 4 vorgestellten Delta–Regel auf mehrschichtige Neuronale Netze erweitert, wird es auch als verallgemeinerte Delta–Regel bezeichnet.

Als Entdecker gelten Rumelhart, Hinton und Williams [RUMELHART et al., 1986a, RUMELHART et al., 1986b], die diese Lernregel unter anderem 1986 in dem ersten der bekannten PDP–Bände [RUMELHART und MCCLELLAND, 1986] veröffentlichten. Das Verfahren wurde jedoch auch noch zeitgleich und unabhängig von Le Cun [LE CUN, 1985, LE CUN, 1986] und Parker [PARKER, 1985] entdeckt. Später stellte sich heraus, daß der Algorithmus bereits im August 1974 von Werbos [WERBOS, 1974] in seiner Dissertation an der Universität von Harvard beschrieben wurde [ANDERSON und ROSENFELD, 1988].

Da die Ausgabe o_u eines Neurons u im Multilayer–Perceptron der Aktivierung a_u entspricht, werden wir im folgenden nur noch die Aktivierung betrachten.

Definition 5.2 *Gegeben seien ein Multilayer–Perceptron MLP mit $U = U_1 \cup \ldots \cup U_n$ und der sigmoiden Aktivierungsfunktion $A_u(\mathrm{net}_u) = f(\mathrm{net}_u)$ für alle $u \in U_i$, $i \geq 2$, sowie eine feste Lernaufgabe $\tilde{\mathcal{L}}$. Der überwachte Lernalgorithmus, der die Veränderung der Gewichtsstruktur W von MLP nach der Propagation des Eingabemusters $i^{(p)}, p \in \tilde{\mathcal{L}}$ durch*

$$\Delta_p W(u,v) = \eta\, \delta_v^{(p)}\, a_u^{(p)}$$

mit $u \in U_{i-1}$, $v \in U_i$, $2 \leq i \leq n$ und $\eta > 0$, bestimmt, wobei

$$\delta_v^{(p)} = \begin{cases} f'(\mathrm{net}_v^{(p)})\, (t_v^{(p)} - a_v^{(p)}) & \text{falls } v \in U_n \\[2ex] f'(\mathrm{net}_v^{(p)}) \displaystyle\sum_{\tilde{v} \in U_{j+1}} \delta_{\tilde{v}}^{(p)}\, W(v,\tilde{v}) & \text{falls } v \in U_j, 2 \leq j \leq n-1 \end{cases}$$

gilt, heißt verallgemeinerte Delta–Regel oder Backpropagation–Algorithmus. Dabei ist $a_u^{(p)}$ die Aktivierung der Einheit u nach der Propagation des Eingabemusters $i^{(p)}$ und $t_v^{(p)}$, $v \in U_n$ ist die durch das Ausgabemuster $t^{(p)}$ für eine Ausgabeeinheit u_n vorgegebene Ausgabe (Aktivierung).

Im folgenden geben wir die Herleitung der verallgemeinerten Delta–Regel an, wobei wir uns auf mehrschichtige, vorwärtsbetriebene Netzwerke (layered feedforward networks) beschränken. Die Lernregel läßt sich jedoch auch auf rückgekoppelte oder ungeschichtete Netze anwenden. Die Verwendung einer nicht–linearen, monoton steigenden, differenzierbaren Aktivierungsfunktion ist in jedem Fall Voraussetzung. Eine derartige Funktion bezeichnen wir als *sigmoid*.

Wie bei der Delta–Regel wird als Fehlermaß die Summe der quadrierten Abweichungen zwischen der tatsächlichen und der von der festen Lernaufgabe $\tilde{\mathcal{L}}$ vorgegebenen Ausgabe

$$E = \sum_{p \in \tilde{\mathcal{L}}} E^{(p)} = \frac{1}{2} \sum_{p \in \tilde{\mathcal{L}}} \sum_{v \in U_n} (t_v^{(p)} - a_v^{(p)})^2 \tag{5.1}$$

gewählt. Die Aktivität

$$a_v^{(p)} = f(\text{net}_v^{(p)}) \tag{5.2}$$

einer Einheit $v \in U_i$, $2 \leq i \leq n$, für ein Muster $p \in \tilde{\mathcal{L}}$ ist durch die sigmoide Funktion f über der Netzeingabe

$$\text{net}_v^{(p)} = \sum_{u \in U_{i-1}} W(u,v)\, a_u^{(p)} + \theta_v \tag{5.3}$$

gegeben.

Das Ziel des Lernalgorithmus ist wie bei der Delta–Regel die Minimierung des Fehlers E durch Veränderungen der Gewichte des Netzes. Aus diesem Grund gilt auch hier für die Gewichtsänderungen

$$\Delta_p W(u,v) \propto -\frac{\partial E^{(p)}}{\partial W(u,v)}. \tag{5.4}$$

Die in (5.4) aufgeführte Ableitung kann unter Anwendung der Kettenregel als Produkt geschrieben werden. Der erste Faktor reflektiert die Änderung des Fehlers bezüglich der Änderung der Netzeingabe für eine Einheit, der zweite Faktor repräsentiert den Effekt, den die Änderung eines bestimmten Gewichts auf die Netzeingabe hat. Es ergibt sich

$$\frac{\partial E^{(p)}}{\partial W(u,v)} = \frac{\partial E^{(p)}}{\partial \text{net}_v^{(p)}} \, \frac{\partial \text{net}_v^{(p)}}{\partial W(u,v)}. \tag{5.5}$$

Aus Gleichung (5.3) folgt für den zweiten Faktor aus (5.5)

$$\frac{\partial \text{net}_v^{(p)}}{\partial W(u,v)} = \frac{\partial}{\partial W(u,v)} \sum_{u' \in U_{i-1}} W(u',v)\, a_{u'}^{(p)} + \theta_v = a_u^{(p)}.$$

Das Fehlersignal $\delta_v^{(p)}$ für eine Einheit $v \in U_i$ wird durch

$$\delta_v^{(p)} = -\frac{\partial E^{(p)}}{\partial \text{net}_v^{(p)}} \tag{5.6}$$

bestimmt. Daraus folgt, daß Gleichung (5.5) äquivalent ist zu

$$-\frac{\partial E^{(p)}}{\partial W(u,v)} = \delta_v^{(p)} a_u^{(p)}.$$

Um einen Gradientenabstieg in E zu realisieren, muß für die Gewichtsänderungen

$$\Delta_p W(u,v) = \eta \, \delta_v^{(p)} \, a_u^{(p)} \tag{5.7}$$

gelten, wobei $\eta > 0$ eine reelle Proportionalitätskonstante ist.

Nun muß ermittelt werden, was $\delta_v^{(p)}$ für jede Einheit v des Netzes ist. Es zeigt sich, daß es eine einfache rekursive Berechnung dieser Deltawerte gibt, die dadurch realisiert werden kann, daß die Fehlersignale rückwärts durch das Netz propagiert werden.

Um $\delta_v^{(p)}$ aus Gleichung (5.6) zu berechnen, wird mit Hilfe der Kettenregel die partielle Ableitung als Produkt zweier Faktoren geschrieben. Der erste Faktor reflektiert die Änderung des Fehlers in Abhängigkeit der Ausgabe einer Einheit, während der zweite Faktor die Änderung der Ausgabe bezüglich der Änderung in der Eingabe repräsentiert. Es gilt

$$\delta_v^{(p)} = -\frac{\partial E^{(p)}}{\partial \mathrm{net}_v^{(p)}} = -\frac{\partial E^{(p)}}{\partial a_v^{(p)}} \frac{\partial a_v^{(p)}}{\partial \mathrm{net}_v^{(p)}}. \tag{5.8}$$

Für den zweiten Faktor gilt nach Gleichung (5.2)

$$\frac{\partial a_v^{(p)}}{\partial \mathrm{net}_v^{(p)}} = f'(net_v^{(p)}).$$

Um den ersten Faktor von Gleichung (5.8) zu bestimmen, werden zwei Fälle unterschieden.

(i) Im ersten Fall betrachten wir eine Ausgabeeinheit $v \in U_n$. Aus der Definition für $E^{(p)}$ folgt

$$\frac{\partial E^{(p)}}{\partial a_v^{(p)}} = -(t_v^{(p)} - a_v^{(p)}).$$

Ersetzt man die beiden Faktoren aus Gleichung (5.8), erhält man für jede Ausgabeeinheit $v \in U_n$

$$\delta_v^{(p)} = f'(net_v^{(p)}) \, (t_v^{(p)} - a_v^{(p)}). \tag{5.9}$$

(ii) Im zweiten Fall sei $v \in U_i$, $2 \le i \le n-1$ keine Ausgabeeinheit. Man erhält unter Anwendung der Kettenregel auf den ersten Faktor von Gleichung (5.8) eine Summe über die Einheiten $\tilde{v} \in U_{i+1}$, an denen Verbindungen von v ankommen:

$$\frac{\partial E^{(p)}}{\partial a_v^{(p)}} = \sum_{\tilde{v} \in U_{i+1}} \left(\frac{\partial E^{(p)}}{\partial \mathrm{net}_{\tilde{v}}^{(p)}} \frac{\partial \mathrm{net}_{\tilde{v}}^{(p)}}{\partial a_v^{(p)}} \right)$$

$$= \sum_{\tilde{v} \in U_{i+1}} \left(\frac{\partial E^{(p)}}{\partial \mathrm{net}_{\tilde{v}}^{(p)}} \frac{\partial}{\partial a_v^{(p)}} \sum_{u' \in U_i} W(u', \tilde{v})\, a_{u'}^{(p)} + \theta_{\tilde{v}} \right)$$

$$= \sum_{\tilde{v} \in U_{i+1}} \frac{\partial E^{(p)}}{\partial \mathrm{net}_{\tilde{v}}^{(p)}} W(v, \tilde{v})$$

$$= - \sum_{\tilde{v} \in U_{i+1}} \delta_{\tilde{v}}^{(p)} W(v, \tilde{v}).$$

Ersetzt man wieder die beiden Faktoren in Gleichung (5.8), erhält man für alle Einheiten $v \in U_i$, $2 \le i \le n-1$, die keine Ausgabeeinheiten sind, den Deltawert

$$\delta_v^{(p)} = f'(\mathrm{net}_v^{(p)}) \sum_{\tilde{v} \in U_{i+1}} \delta_{\tilde{v}}^{(p)} W(v, \tilde{v}). \qquad (5.10)$$

Die Gleichungen (5.9) und (5.10) geben eine rekursive Prozedur zur Berechnung der Deltawerte im gesamten Netz an. Diese werden dann dazu benutzt, die Gewichtsänderungen gemäß der Gleichung (5.7) zu bestimmen. Diese Prozedur bildet die verallgemeinerte Delta–Regel für ein vorwärtsbetriebenes Netz nicht–linearer Einheiten.

Die verallgemeinerte Delta–Regel läßt sich auch auf die Biaswerte anwenden. Die Biaswerte können folgendermaßen als spezielle Gewichte interpretiert werden. Die Netzeingabe net_u eines Neurons u setzt sich additiv aus der Summe der gewichteten Aktivierungen der Vorgängerneuronen plus dem Biaswert θ_u zusammen. Als einer der Summanden kann der Biaswert θ_u als spezielles Verbindungsgewicht des Neurons u mit einem Zusatzneuron u_Z aufgefaßt werden. Man kann den Faktor Eins zu dem Biaswert hinzufügen und die Eins als Aktivierung des Zusatzneurons u_Z auffassen. Ein Multilayer–Perceptron, bei dem Biaswerte für die Netzeingaben der Neuronen zugelassen sind, ist somit äquivalent zu einem Multilayer–Perceptron ohne Biaswerte, d.h., dessen Biaswerte alle null sind, das aber ein zusätzliches Neuron u_Z mit der konstanten Aktivierung Eins besitzt. Dieses Neuron u_Z wird mit allen anderen Neuronen u mit dem Gewicht θ_u verbunden, wobei die θ_u die Biaswerte des ursprünglichen Multilayer–Perceptrons ohne Zusatzneuron sind. Bild 5.1 stellt ein Multilayer–Perceptron ohne Biaswerte mit Zusatzneuron dar.

Da das Zusatzneuron Schichten–übergreifende Verbindungen besitzt, ist im strengen Sinne nicht mehr die Architektur eines Multilayer–Perceptrons gegeben. Für die Propagation und die verallgemeinerte Delta–Regel spielt diese Tatsache jedoch keine Rolle, da nicht die Schichtenstruktur, sondern die daraus resultierende Zyklenfreiheit die wesentliche Eigenschaft des Multilayer–Perceptrons ist.

Dieselbe Lernvorschrift der verallgemeinerten Delta–Regel (s. Def. 5.2) ist daher auch auf die Biaswerte anwendbar. Dort ist als Neuron u das Zusatzneuron u_Z zu wählen. Für das Erlernen des Biaswertes des Neurons v wird dasselbe Fehlersignal $\delta_v^{(p)}$ wie beim Erlernen der Gewichte verwendet, während für die anderen Größen in Defintion

5.2 die folgenden Ersetzungen vorzunehmen sind:

$$
\begin{aligned}
W(u,v) &= W(u_Z,v) &= \theta_v \\
\Delta_p W(u,v) &= \Delta_p W(u_Z,v) &= \Delta_p \theta_v \\
a_u^{(p)} &= a_{u_Z}^{(p)} &= 1.
\end{aligned}
$$

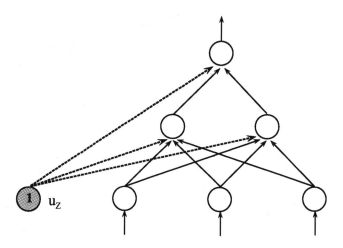

Bild 5.1: Ein Multilayer–Perceptron mit einem stets aktiven Zusatzneuron zur Realisierung von Biaswerten durch Verbindungsgewichte

5.3 Anwendung des Backpropagation–Algorithmus

Die Anwendung des Backpropagation–Algorithmus gliedert sich in zwei Phasen:

(i) In der ersten Phase wird dem Netzwerk eine Eingabe präsentiert und vorwärts durch das Netz propagiert, um die Ausgabe jeder Einheit zu bestimmen.

(ii) In der zweiten Phase werden zunächst die Fehlersignale für die Ausgabeeinheiten durch Vergleich der erreichten mit der erwünschten Ausgabe bestimmt und die Gewichtsänderungen der zur Ausgabeschicht führenden Verbindungen ermittelt. Danach beginnt der eigentliche Prozeß der rückwärtigen Fehlerpropagierung. Dabei werden die mit den entsprechenden Verbindungsstärken gewichteten Fehlerwerte der Ausgabeschicht den Einheiten der vorgeschalteten inneren Schicht bekanntgemacht. Auf diese Weise können deren Fehlersignale bestimmt werden. Daraufhin werden die Gewichtsänderungen der zu dieser Schicht führenden Verbindungen bestimmt, und die Fehlerpropagierung wird fortgesetzt, bis keine innere Schicht mehr vorhanden ist.

Die Bestimmung der Gewichtsänderungen erfolgt jedoch nicht exakt so, wie sie in der Herleitung des Lernverfahrens angegeben wurde, sondern sie wird leicht abgewandelt. Wenn die letzte Gewichtsänderung durch die Propagation des Musters q ausgelöst wurde, dann wird die neue Gewichtsänderung $\Delta_p W(u, v)$ bezüglich des auf q folgenden Musters p durch

$$\Delta_p W(u, v) = \eta \, \delta_v^{(p)} \, a_u^{(p)} \; + \; \beta \, \Delta_q W(u, v) \tag{5.11}$$

bestimmt. Der Wert $\eta > 0$ wird *Lernrate* und $\beta > 0$ wird *Moment* genannt.

Der erste Summand entspricht der oben hergeleiteten Gewichtsänderung. Man hat jedoch festgestellt, daß der Algorithmus eine Lernaufgabe in vielen Fällen gar nicht oder nur sehr langsam lösen kann, wenn die Gewichte nur aufgrund dieses ersten Summanden geändert werden. Das Backpropagation–Verfahren versucht einen Gradientenabstieg in der mehrdimensionalen Fehlerfläche anzunähern. Der Wert η gibt dabei die Schrittweite bei der Verfolgung des Gradienten an. Anders als im Fall der mit der Delta–Regel trainierten Linearen Neuronalen Netze ist die Fehlerfläche hier viel komplexer. Daher ist es schwierig, auf diese Weise ein Minimum zu finden.

Die Fehlerfläche kann viele lokale Minima und plötzliche starke Richtungsänderungen enthalten, denen man folgen muß, um ein Minimum zu erreichen. Dadurch kann es passieren, daß durch einen zu großen Wert für η der Fehler des Netzes plötzlich wieder ansteigt, weil man z.B. bei dem „Hinabsteigen in einer schmalen Schlucht" des Fehlergebirges ständig zwischen deren „Wänden" hin- und herspringt (vgl. Bild 5.2).

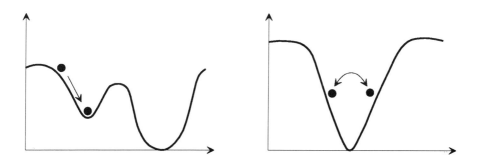

Bild 5.2: Das Backpropagation–Verfahren kann in lokalen Minima steckenbleiben (links) oder bei zu großer Lernrate oszillieren (rechts)

Rumelhart et al. [RUMELHART et al., 1986a] versuchten, durch die Einführung des zweiten Summanden, des sogenannten *Momentterms*, in Gleichung (5.11) hochfrequente Änderungen der Fehlerfläche herauszufiltern. Durch die Addition eines Anteils der letzten Gewichtsänderung erhält das Lernverfahren eine gewisse Trägheit und tendiert dazu, die Richtung seiner Änderungen beizubehalten. Führt der Algorithmus zwei Schritte in die gleiche Richtung aus, so steigt die effektive Schrittweite. Das ist nützlich für das Auffinden und Verfolgen enger „Schluchten". Die Lernrate kann dann sehr klein gewählt werden, um zu Verhindern, daß diese Schluchten übersprungen werden oder zwischen ihren Wänden gependelt wird. Der Algorithmus wird auf diese Weise robuster und gelangt schneller zum Ziel.

Eine weitere Verbesserung der Lerngeschwindigkeit tritt in der Regel dadurch ein, wenn die Gewichte nicht nach jeder Musterpropagation, sondern erst nach einer vollständigen Epoche verändert werden. Die Gewichtsänderungen werden während der Dauer der Epoche aufsummiert. Dadurch vermeidet man, daß Änderungen, die durch ein Muster hervorgerufen wurden, von anderen immer wieder rückgängig gemacht werden. Die Veränderung der Verbindungen spiegelt so die Einflüsse aller Muster wider und entspricht einer exakteren Verfolgung des Gradienten.

Die Bestimmung der Werte für η und β hängt stark von Faktoren wie der jeweiligen Lernaufgabe und der Initialisierung der Verbindungsstruktur W ab. Die Werte liegen in der Regel zwischen 0 und 1, wobei η sehr viel kleiner als β ist (z.B. $\eta = 0.05$, $\beta = 0.9$). Die Wahl von zu großen oder zu kleinen Werten kann den Lernerfolg stark hinauszögern oder sogar verhindern.

Selbst bei geeigneter Wahl von η und β ist kein Lernerfolg garantiert. Da die Fehlerfläche viele lokale Minima enthalten kann, ist es möglich, daß der Algorithmus in ein solches Minimum hineinläuft und das globale Minimum somit nie erreicht. Backpropagation bzw. Gradientenverfahren im allgemeinen sind *heuristische* Verfahren. Anschaulich lassen sie sich folgendermaßen formulieren: Sie versuchen, das tiefste Tal innerhalb eines Gebirges dadurch zu finden, daß sie von ihrem Ausgangspunkt ausschließlich bergab gehen. Erreichen sie eine Talsohle, bricht das Verfahren ab, unabhängig davon, ob ein noch tieferes Tal irgendwo im Gebirge existiert (vgl. Bild 5.2). Daher kann es sein, daß der Backpropagation–Algorithmus dieselbe Lernaufgabe in Abhängigkeit der Initialisierung von W manchmal erfüllen kann und manchmal nicht.

Die Initialisierung von W geschieht meist durch eine zufällige Belegung der Gewichte mit kleinen reellen Werten z.B. aus dem Intervall $[-0.1, 0.1]$. Die Verbindungen dürfen nicht alle mit identischen Werten initialisiert werden, da sonst kein Lernfortschritt eintritt, wenn unterschiedliche Gewichte zur Lösung der Lernaufgabe notwendig sind. Alle Verbindungen zu einer Ausgabeeinheit erhielten dasselbe Fehlersignal, wodurch sich ihre Gewichte identisch entwickeln würden. In [RUMELHART et al., 1986a] wird dieses Problem als „Überwindung von Symmetrie" (symmetry breaking) bezeichnet.

Ein weiteres Problem beim Einsatz eines Multilayer–Perceptrons ist die Bestimmung der Anzahl innerer Schichten und die Anzahl ihrer Einheiten. Grundsätzlich genügt eine innere Schicht zur Lösung einer beliebigen Lernaufgabe, sofern gewisse Randbedingungen gegeben sind [HECHT-NIELSEN, 1990]. Es ist jedoch keine Möglichkeit bekannt, die notwendige Anzahl innerer Einheiten zu bestimmen. Wählt man eine zu geringe Anzahl, ist das Netz nicht in der Lage, die Lernaufgabe zu lösen. Ist sie dagegen zu groß, kann das Problem der *Übergeneralisierung* auftreten. Das Netz lernt in diesem Fall zwar erfolgreich, die Lernaufgabe zu lösen, erzeugt jedoch für unbekannte Eingabemuster unerwünschte Ausgaben.

Ein Multilayer–Perceptron lernt durch *Generalisierung*, indem aus den Beispielen der Lernaufgabe eine allgemeine Abbildungsvorschrift gewinnt, die jede beliebige Eingabe auf die zugehörige Ausgabe abbildet (s. Kap. 2.3). Besitzt das Netz zu viele innere Einheiten, so kann es sein, daß die Lernaufgabe nur teilweise durch Generalisierung gelöst wird. Musterpaare, die sich schlecht in das bisher gefundene Abbildungsschema einfügen, werden dann dadurch gelernt, daß eine oder mehrere innere Einheiten nur auf Eingabe derartiger Paare der Lernaufgabe ansprechen. Es findet dadurch eine quasi lokale Speicherung einzelner Paare statt, die die Leistung des Netzes bei der Bearbeitung unbekannter Muster sinken läßt. Durch eine zu hohe Anzahl innerer Einheiten ermöglicht man einem Multilayer–Perceptron daher, eine Lernaufgabe zu lösen, ohne die eigentlich der Lernaufgabe zugrundeliegende Abbildung zu finden.

Trotz dieser potentiellen Probleme bei der Anwendung der Backpropagation–Lernregel sind dieser Algorithmus und auf ihm basierende Variationen heutzutage „state of the art" in der Neuronalen–Netze–Forschung. Durch Backpropagation wurde es möglich, Neuronale Netze in vielfältiger Weise in der Praxis einzusetzen (s. Kap. 5.6). Im folgenden Kapitel betrachten wir einige typische Lernaufgaben, die die Leistungsfähigkeit des Multilayer–Perceptrons testen, und untersuchen, wie diese Aufgaben gelöst werden. Das Kapitel 5.5 beschäftigt sich mit dem theoretischen Hintergrund der Arbeitsweise dieser Netzwerke.

5.4 Linear nicht–separable Lernaufgaben

Als klassische Lernaufgabe für das Multilayer–Perceptron beziehungsweise den Backpropagation–Algorithmus gilt das XOR–Problem. In Kapitel 3.2 haben wir gesehen, daß dieses Problem linear nicht–separabel ist und demzufolge nicht von einem einstufigen Perceptron gelöst werden kann. Wir haben außerdem ein zweistufiges Perceptron konstruiert, das in der Lage war, das Problem zu lösen. Wir werden nun untersuchen, wie ein Multilayer Perceptron die XOR–Funktion mit Hilfe von Backpropagation löst.

Beispiel 5.3 Gegeben sei ein Multilayer–Perceptron MLP mit $U = U_1 \cup U_2 \cup U_3$. Dabei enthalten die Eingabeschicht $U_1 = \{u_{11}, u_{12}\}$ und die innere Schicht $U_2 = \{u_{21}, u_{22}\}$ je zwei Einheiten und die Ausgabeschicht $U_3 = \{u_{31}\}$ eine Einheit. Als überwachte Lernaufgabe $\tilde{\mathcal{L}}$ sei das XOR–Problem

$$\tilde{\mathcal{L}} = \{((0,0),0), ((0,1),1), ((1,0),1), ((1,1),0)\}$$

gegeben. Die Initialisierung von W ist der Tabelle 5.1 zu entnehmen. Als Aktivierungsfunktion ist die logistische Funktion gegeben.

| | | Bias | U_2 | | U_3 |
			u_{21}	u_{22}	u_{31}
U_1	u_{11}		-0.50	-0.44	
	u_{12}		-0.22	-0.09	
U_2	u_{21}	0.00			0.05
	u_{22}	0.00			0.16
U_3	u_{31}	0.00			

Tabelle 5.1: Initialisierung der Netzwerkstruktur

| Eingabe | Ziel | Ausgabe | |
		vor	nach
(0,0)	0	0.53	0.04
(0,1)	1	0.52	0.95
(1,0)	1	0.52	0.95
(1,1)	0	0.52	0.06

Tabelle 5.2: Ausgaben zum XOR–Problem

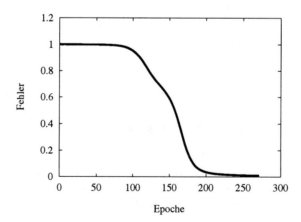

Bild 5.3: Der Fehlerverlauf beim Lernvorgang für das XOR–Problem

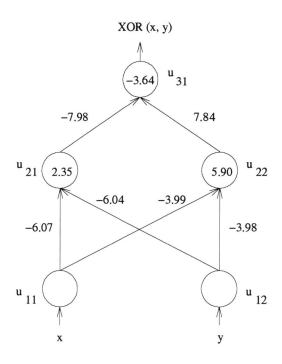

Bild 5.4: Das Multilayer–Perceptron nach der Lösung des XOR–Problems

Für den Lernvorgang wurden die Lernrate $\eta = 0.5$ und das Moment $\beta = 0.9$ gewählt. Die Muster wurden in jeder Epoche der Reihe nach propagiert, so wie sie in $\tilde{\mathcal{L}}$ aufgeführt sind. Die Gewichte und Biaswerte wurden erst nach Ablauf einer vollständigen Epoche verändert. In Bild 5.3 ist der Verlauf des Gesamtfehlers (s. Glg. (5.1), Kap. 5.2) dargestellt, den das Netz in einer Epoche macht. Der Lernvorgang wurde nach 272 Epochen mit einem Gesamtfehler unter 0.01 erfolgreich beendet. Die Gewichte, die sich dabei herausgebildet haben, können der Netzdarstellung in Bild 5.4 entnommen werden. Die Werte an den Verbindungen stellen die Gewichte und die Werte in den Einheiten die Biaswerte dar. In der Tabelle 5.2 sind die Ausgaben auf die vier Eingabemuster vor und nach dem Lernvorgang aufgeführt. $\diamond$

Wie in dem Beispiel zu erkennen ist, werden die idealen Ausgaben von 0 bzw. 1 nicht ganz erreicht. Betrachtet man die gewählte Aktivierungsfunktion, so erkennt man, daß eine Einheit die Werte 0 und 1 nur für negativ bzw. positiv unendliche Netzeingaben annehmen kann. Dies bedeutet, daß die Gewichtsbeträge unendlich groß sein müßten. Es ist daher zweckmäßig, eine geringe Abweichung von den idealen Ausgaben zuzulassen, um den Lernvorgang nicht endlos weiterführen zu müssen.

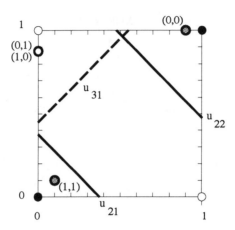

Bild 5.5: Graphische Veranschaulichung der Lösung des XOR–Problems

Eine andere Möglichkeit besteht darin, die Lernaufgabe so zu verändern, daß anstelle von 0 der Wert 0.1 und anstelle von 1 der Wert 0.9 ausgegeben wird.

Um zu untersuchen, wie das Multilayer–Perceptron das XOR–Problem löst, stellen wir die Netzeingaben der inneren Einheiten und der Ausgabeeinheit als Geraden in der zweidimensionalen reellen Ebene dar (s. Beispiel 3.7). Die beiden durchgezogenen Geraden in Bild 5.5 sind den beiden inneren Einheiten u_{21} und u_{22} zuzuordnen, und die gestrichelte Gerade gehört zu der Ausgabeeinheit u_{31}. Man erkennt, daß die Punkte (0,0) und (1,1) durch die Geraden von u_{21} und u_{22} von den Punkten (0,1) und (1,0) getrennt werden. Betrachtet man die Aktivierungen der inneren Einheiten für jedes Eingabemuster, so ergeben sich die stark umrandeten Punkte. Die Punkte (0,1) und (1,0) werden beide auf den Punkt (0.02, 0.87) abgebildet. Durch diese Abbildung der Eingabemuster auf das Aktivierungsmuster der inneren Schicht ist die Ausgabeeinheit in der Lage, mit der ihr zugeordneten Geraden die beiden Musterklassen voneinander zu trennen.

Ein Multilayer–Perceptron mit n Eingabeeinheiten und einer inneren Schicht mit m Einheiten überführt ein linear nicht–separables Problem durch eine Abbildung von $\mathbb{R}^n$ nach $\mathbb{R}^m$ in ein linear separables Problem. Dies läßt sich dann von der Ausgabeeinheit durch die ihr zugeordnete m–dimensionale Hyperebene erfolgreich lösen. Enthält das Netz mehrere Ausgabeeinheiten, so muß die Abbildung auf die innere Schicht derart beschaffen sein, daß sich für jede Ausgabeeinheit ein linear separables Problem ergibt.

Beispiel 5.4 Eine weitere Lernaufgabe, die häufig zum Test einer Realisierung eines Multilayer–Perceptrons eingesetzt wird, ist das sogenannte *Encoder–Problem*. Dabei soll das Netz eine innere Repräsentation für einen 1–aus–n–Kode erzeugen und als

Ausgabe lediglich das Eingabemuster wiedergeben. Die Eingabemuster sind demnach binäre Vektoren, die genau eine 1 enthalten. Bei n Eingabe– und Ausgabeeinheiten enthält das Netz eine innere Schicht mit $(\log_2 n)$ Einheiten (s. Bild 5.6). Auf diese Weise muß das Netz lernen, ein n–Bit Muster durch ein $(\log_2 n)$–Bit Muster zu kodieren und danach wieder zu dekodieren.

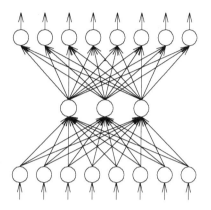

Bild 5.6: Ein Multilayer–Perceptron zur Lösung des 8–3–8 Encoder–Problems

Eingabe– muster		innere Schicht				Ausgabe– muster
10000000	→	0.0	1.0	0.6	→	10000000
01000000	→	1.0	1.0	1.0	→	01000000
00100000	→	0.2	0.6	0.0	→	00100000
00010000	→	1.0	1.0	0.2	→	00010000
00001000	→	1.0	0.0	0.1	→	00001000
00000100	→	0.0	0.0	0.3	→	00000100
00000010	→	1.0	0.0	1.0	→	00000010
00000001	→	0.0	0.3	1.0	→	00000001

Tabelle 5.3: Innere Repräsentation für das 8–3–8 Encoder–Problem

Wir haben ein Multilayer–Perceptron mit dem 8–3–8 Encoder–Problem trainiert. Eine Lösung besteht darin, ein 8–Bit Eingabemuster durch 3 Bit zu kodieren und wieder zu dem ursprünglichen 8–Bit Muster zu dekodieren. Die Tabelle 5.3 enthält die vom Netz durchgeführten Abbildungen. Der Fehlerverlauf ist in Bild 5.7 dargestellt. Das Netz wurde mit einer Lernrate von $\eta = 0.05$ und einem Moment von $\beta = 0.9$ für 3150 Epochen trainiert. Es hat danach einen globalen Fehler von $E = 0.08$ erreicht.

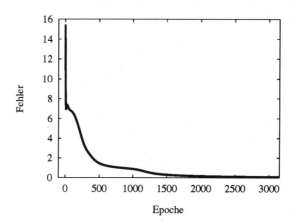

Bild 5.7: Fehlerverlauf beim Lernvorgang für das 8–3–8 Encoder–Problem

In der Ausgabe erzeugt das Netz Werte kleiner 0.1 bzw. größer 0.9 für die geforderten Werte von 0 bzw. 1. In der Tabelle 5.3 sind die Ausgaben auf 0 bzw. 1 gerundet. Die Aktivierungen der inneren Einheiten sind auf eine Stelle exakt angegeben.   ◇

Wie das Beispiel zeigt, macht das Netz von der Möglichkeit Gebrauch, Werte zwischen 0 und 1 als Aktivierung zu benutzen. Das Multilayer–Perceptron erzeugt also keinen reinen Binärkode, obwohl der Backpropagation–Algorithmus auch Lösungen findet, die in der inneren Schicht nur (in etwa) 0 und 1 erzeugen. In vielen anderen Lösungen tauchen jedoch auch Zwischenwerte auf.

Ein weiterer interessanter Versuch ergibt sich aus der Frage, wie ein Multilayer–Perceptron auf eine widersprüchliche Lernaufgabe reagiert. Widersprüche in den Musterpaaren liegen dann vor, wenn bei zwei oder mehreren Paaren die Eingabemuster identisch, die Ausgabemuster jedoch unterschiedlich sind. Als Beispiel läßt sich die Klassifikation von Krankheitssymptomen von Patienten nennen. So könnte es sein, daß bei einer gegebenen Ausprägung beobachtbarer Symptome sieben von zehn Patienten an der Krankheit A und die restlichen drei an der Krankheit B leiden. Von einem Neuronalen Netz würde man nun z.B. erwarten, daß bei der Präsentation eines entsprechenden Eingabemusters die Ausgabeeinheiten für die Krankheit A bzw. B Aktivierungen von 0.7 bzw. 0.3 aufweisen.

Es stellt sich nun die Frage, ob ein Multilayer–Perceptron in der Lage ist, angemessen auf widersprüchliche Lernaufgaben zu reagieren, oder ob es notwendig ist, Widersprüche zu entfernen und durch ein repräsentatives Musterpaar zu ersetzen.

Beispiel 5.5 Wir betrachten ein Multilayer–Perceptron mit zehn Eingabeeinheiten, zehn inneren Einheiten und sieben Ausgabeeinheiten. Die überwachte Lernaufgabe $\tilde{\mathcal{L}}$ besteht aus 52 Musterpaaren, wobei jedoch nur vier verschiedene, zufällig erzeugte, binäre Eingabemuster vorkommen. Die Ausgabemuster sind ebenfalls binär und enthalten für die Eingabemuster 1 – 3 genau eine Eins. Die Ausgaben für das vierte Eingabemuster enthalten jeweils mehrere Einsen. Die Tabelle 5.4 stellt die vier Eingabemuster dar, die Anzahl der ihnen zugeordneten Ausgabemuster und die durch die unterschiedlichen Ausgaben insgesamt hervorgerufene Anzahl von Einsen pro Ausgabeeinheit.

Nr.	Eingabemuster	Ausgaben	Anzahl Einsen je Ausgabeeinheit
1	(1010011010)	16	1, 2, 3, 4, 3, 2, 1
2	(1101011101)	17	2, 4, 2, 1, 2, 4, 2
3	(0010100101)	14	2, 5, 3, 2, 1, 1, 0
4	(0101010101)	5	2, 5, 3, 2, 1, 1, 0

Tabelle 5.4: Häufigkeiten von Einsen in der widersprüchlichen Lernaufgabe

Da die Ausgaben des Multilayer–Perceptrons aus $[0, 1]$ stammen, kann es die Widersprüche der Lernaufgabe auflösen, indem es die Häufigkeitsverteilungen der Einsen in den Ausgabemustern wiedergibt. Unter diesem Gesichtspunkt erwarten wir die in Tabelle 5.5 dargestellten vier Ausgaben. Aufgrund der widersprüchlichen Muster kann der Fehler durch den Lernvorgang nicht zu Null reduziert werden. Zieht man die erwarteten Ausgaben in Betracht und bestimmt die Fehler der Ausgabemuster in Bezug auf diese Ausgaben, so ergibt sich ein minimal möglicher Fehler von 43.42479.

Nr.	vermutete Ausgabe	tatsächliche Ausgabe
1	0.06, 0.13, 0.19, 0.25, 0.19, 0.13, 0.06	0.06, 0.12, 0.19, 0.25, 0.19, 0.13, 0.06
2	0.12, 0.24, 0.12, 0.06, 0.12, 0.24, 0.12	0.12, 0.24, 0.12, 0.06, 0.12, 0.24, 0.12
3	0.14, 0.36, 0.21, 0.14, 0.07, 0.07, 0.00	0.14, 0.36, 0.21, 0.14, 0.07, 0.07, 0.01
4	0.40, 1.00, 0.60, 0.40, 0.20, 0.20, 0.00	0.40, 0.99, 0.60, 0.40, 0.20, 0.20, 0.01

Tabelle 5.5: Vermutete und tatsächliche Ausgaben zur widersprüchlichen Lernaufgabe

Der Lernalgorithmus wurde mit einer Lernrate von $\eta = 0.01$ und einem Moment von $\beta = 0.9$ durchgeführt. Nach 609 Epochen wurde ein Fehler von 43.42854 erreicht und der Lernvorgang abgebrochen. Bei der Untersuchung der in Tabelle 5.5 aufgeführten tatsächlichen Ausgaben stellt man fest, daß das Multilayer–Perceptron die widersprüchliche Lernaufgabe bewältigt, indem es Ausgaben erzeugt, die von den relativen Häufigkeiten, mit denen die Merkmale der gewünschten Ausgaben den Wert 1 annehmen, nur unwesentlich abweichen. $\diamond$

5.5 Multilayer–Perceptrons als universelle Approximatoren

Multilayer–Perceptrons haben gegenüber den gewöhnlichen Perceptrons den Vorteil, daß sie auch nicht linear separable Lernaufgaben wie das XOR–Problem lösen können. Für Multilayer–Perceptrons läßt sich jedoch kein zu dem Perceptron–Konvergenztheorem (vgl. Satz 3.13) analoger Satz formulieren. Der Backpropagation–Algorithmus kann sich in lokalen Minima verfangen, so daß mit diesem Lernverfahren nicht notwendigerweise eine Netzwerkstruktur gefunden wird, die eine vorgegebene, für ein Multilayer–Perceptron lösbare Lernaufgabe erfüllt.

Daß man mit Multilayer–Perceptrons mehr Funktionen als mit gewöhnlichen Perceptrons realisieren kann, zeigt bereits das XOR–Problem. Der folgende Satz besagt, daß mit Multilayer–Perceptrons im Prinzip beliebige stetige Funktionen approximiert werden können.

Satz 5.6 *Es sei $\psi : [0,1]^n \to [0,1]$ stetig. Dann existiert ein Multilayer–Perceptron mit n Eingabeneuronen und einem Ausgabeneuron, das ψ beliebig gut approximiert, d.h. für jedes $\varepsilon > 0$ existiert ein Multilayer–Perceptron, das die Funktion φ_ε realisiert, wobei*

$$\int_{[0,1]^n} |\psi(x) - \varphi_\varepsilon(x)| dx < \varepsilon$$

gilt. Die Eingabeneuronen und das Ausgabeneuron dürfen dabei lineare Aktivierungsfunktionen besitzen.

Beweis: Wir betrachten zunächst nur den Fall $n = 1$. Es sei $\varepsilon > 0$ vorgegeben. Wegen der Stetigkeit von ψ existiert eine natürliche Zahl m, so daß wir $(m + 1)$ reelle Zahlen $0 = x_0 < x_1 < \ldots < x_m = 1$ so wählen können, daß für die Funktion $\varphi : [0,1] \to [0,1]$,

$$\varphi(x) = \inf\{\psi(x') \mid x_i \leq x' \leq x_{i+1}\}, \quad \text{falls } x_i < x \leq x_{i+1},$$

gilt:.

$$\int_0^1 |\psi(x) - \varphi(x)| dx = \int_0^1 \psi(x) dx - \int_0^1 \varphi(x) dx < \frac{\varepsilon}{2}. \qquad (5.12)$$

Aus formalen Gründen müssen wir noch die Definition $\varphi(0) = 0$ ergänzen. Das Integral $\int_0^1 \varphi(x) dx$ entspricht der Riemannschen Untersumme von ψ. Bild 5.8 verdeutlicht den Zusammenhang zwischen der stetigen Funktion ψ und der Treppenfunktion φ.

Wir können jetzt ein modifiziertes Multilayer–Perceptron angeben, das die Funktion φ realisiert. Die Modifikation besteht in der Verwendung einer linearen Schwellenwertfunktion mit Schwellenwert 0 als Aktivierungsfunktion für die inneren Neuronen. Dem Eingabe– beziehungsweise Ausgabeneuron ist jeweils eine lineare Aktivierungsfunktionen zugeordnet. Bild 5.9 stellt das modifizierte Multilayer–Perceptron dar.

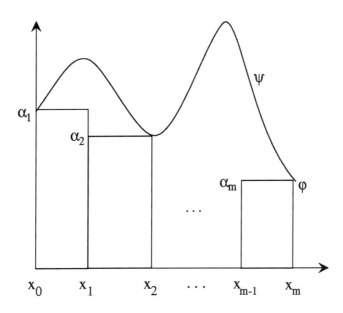

Bild 5.8: Die stetige Funktion ψ und die Treppenfunktion φ

Es besitzt zwei versteckte Schichten mit $(m+1)$ bzw. m Neuronen. Die Zahlen in den Neuronen geben den jeweiligen Bias des Neurons an. Das Gewicht $\alpha_i = \varphi(x_{i-1})$ $(i = 1,\ldots,m)$ repräsentiert den Funktionswert der Treppenfunktion φ im Intervall $(x_{i-1}, x_i]$.

Für die Eingabe $x \in (x_i, x_{i+1}]$ ergibt sich der Aktivierungszustand 1 für die Neuronen der ersten inneren Schicht mit den Biaswerten $-x_0,\ldots,-x_i$. Die restlichen Neuronen dieser Schicht erhalten die Aktivierung 0. Dadurch ergibt sich die Aktivierung 1 nur für das Neuron in der zweiten inneren Schicht, das mit dem Ausgabeneuron mit dem Gewicht α_{i+1} verbunden ist. Somit haben wir gezeigt, daß dieses modifizierte Multilayer–Perceptron die Funktion φ realisiert. Die Arbeitsweise dieses Neuronalen Netzes entspricht veranschaulicht der folgenden Vorgehensweise: Das Neuron mit dem Bias $-x_i$ der ersten inneren Schicht stellt fest, ob der Eingabewert x größer als x_i ist. In der zweiten inneren Schicht wird gerade das Neuron aktiviert, das mit den beiden Neuronen der vorhergehenden Schicht mit den Biaswerten $x_i < x$ beziehungsweise $x_{i+1} \geq x$ verbunden ist. Auf diese Weise wird der Wert α_{i+1} weitergegeben.

An die Stelle der linearen Schwellenwertfunktion soll nun eine sigmoide Aktivierungsfunktion der Form

$$f(x) = \frac{1}{1 + e^{-\beta x}} \tag{5.13}$$

treten. Für $\beta \to \infty$ konvergiert diese sigmoide Aktivierungsfunktion fast überall gegen die lineare Schwellenwertfunktion mit Schwellenwert 0.

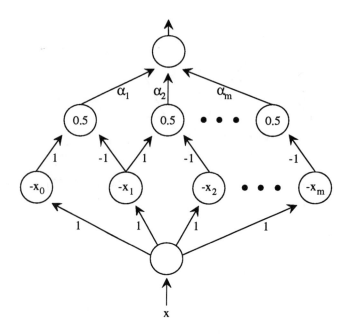

Bild 5.9: Die modifizierte Architektur des Multilayer–Perceptrons

Sei $\varphi^{(\beta)}$ die Funktion, die durch das Multilayer–Perceptron aus Bild 5.9 realisiert wird, wobei (5.13) als Aktivierungsfunktion für die inneren Neuronen verwendet wird. Aufgrund der Stetigkeit der bei der Propagation in Multilayer–Perceptrons auftretenden Berechnungen konvergiert daher $\varphi^{(\beta)}$ für $\beta \to \infty$ fast überall gegen φ. Da φ (Lebesgue–)integrierbar ist, folgt mit dem Satz von Lebesgue

$$\lim_{\beta \to \infty} \int_0^1 \varphi^{(\beta)}(x)dx \;=\; \int_0^1 \varphi(x)dx.$$

Es existiert daher ein β_ε, so daß

$$\int_0^1 |\varphi^{(\beta_\varepsilon)}(x) - \varphi(x)|dx < \frac{\varepsilon}{2}$$

gilt. Mit der Ungleichung (5.12) erhalten wir

$$\int_0^1 |\psi(x) - \varphi^{(\beta_\varepsilon)}(x)|dx \;\leq\; \int_0^1 |\psi(x) - \varphi(x)|dx + \int_0^1 |\varphi(x) - \varphi^{(\beta_\varepsilon)}(x)|dx$$

$$< \; \varepsilon.$$

Damit ist der Satz für $n = 1$ bewiesen. Für $n > 1$ verläuft der Beweis im wesentlichen analog. Anstelle einer Unterteilung des Einheitsintervalls muß für $n > 1$ der

Einheitswürfel $[0,1]^n$ durch

$$0 = x_0^{(1)} < x_1^{(1)} < \ldots < x_m^{(1)} = 1$$
$$\vdots \qquad \vdots \qquad \qquad \vdots$$
$$0 = x_0^{(n)} < x_1^{(n)} < \ldots < x_m^{(n)} = 1$$

in m^n Quader der Form

$$Q_{i_1,\ldots,i_n} = \left\{ x \in [0,1]^n \mid \forall j \in \{1,\ldots,n\} : \; x_{i_j-1}^{(j)} \leq x_j \leq x_{i_j}^{(j)} \right\}$$

zerlegt werden. Die Treppenfunktion φ nimmt jeweils das Minimum der Funktionswerte der Funktion ψ auf dem entsprechenden Quader an. Das modifizierte Multilayer–Perceptron, das diese Funktion realisiert, ist im Bild 5.10 dargestellt und basiert auf derselben Idee wie das Neuronale Netz im Bild 5.9 für die eindimensionale Treppenfunktion. Dabei ist

$$\alpha_{i_1,\ldots,i_n} = \inf\{\psi(x) \mid x \in Q_{i_1,\ldots,i_n}\}.$$

Der Rest des Beweises kann wie für den Fall $n = 1$ fortgeführt werden. $\qquad\square$

Multilayer–Perceptrons sind zwar universelle Approximatoren in dem Sinne, daß sie stetige Funktionen auf dem Einheitswürfel beliebig gut annähern können, so daß gegenüber dem gewöhnlichen Perceptron eine wesentlich größere Klasse von Funktionen durch Multilayer–Perceptrons realisierbar ist. Der Preis, den wir dafür zahlen müssen, liegt jedoch in den Schwächen des Backpropagation–Algorithmus. Selbst wenn wir ein genügend großes Multilayer–Perceptron zur Realisierung der stetigen Funktion ψ verwenden, kann der Fehler, den das Neuronale Netz nach der Trainingsphase macht, sehr groß sein, da der Backpropagation–Algorithmus in einem lokalen Minimum der Fehlerfunktion steckenbleiben kann.

Ein weiteres Problem stellt die Wahl der Anzahl der inneren Schichten und der sich darin befindlichen Neuronen dar. Im Beweis des Satzes 5.6 werden zwei versteckte Schichten benötigt. Es läßt sich jedoch auch zeigen, daß nur eine innere Schicht ausreicht, um mit einem Multilayer–Perceptron beliebiege stetige Funktionen zu approximieren. Betrachtungen dazu findet man bei [FUNAHASHI, 1989, HECHT-NIELSEN, 1989, HECHT-NIELSEN, 1990, HORNIK et al., 1989, HORNIK et al., 1990, WHITE, 1990].

Im allgemeinen läßt sich aber die Anzahl der Neuronen in den inneren Schichten bei praktischen Problemen nicht auf der Grundlage derartiger Beweise bestimmen, insbesondere da die zu approximierende Funktion ψ meist nur an einigen Stützstellen bekannt ist. Die Festlegung der Anzahl der inneren Neuronen erfolgt daher oft durch Trainieren verschiedener Multilayer–Perceptrons mit vielen oder wenigen inneren Neuronen. Eine große Anzahl solcher Neuronen garantiert zwar, daß auch komplizierte Funktionen realisiert werden können. Dafür wird aber die Lernphase oft

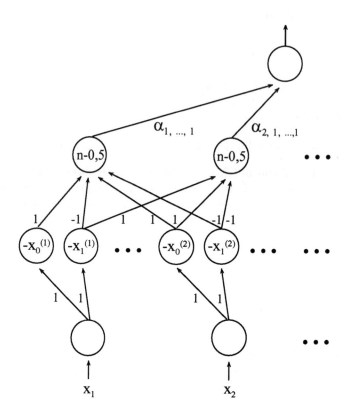

Bild 5.10: Ein modifiziertes Multilayer–Perceptron für eine mehrdimensionale Treppenfunktion

erheblich verlängert oder der Lernvorgang terminiert überhaupt nicht. Wie bereits
erwähnt, generalisieren überdimensionierte Netze zudem meist nur sehr schlecht, da
sie vor allem die vorgegebenen Muster oder Stützstellen erlernen, für Zwischenwerte
aber unerwartete Ergebnisse liefern können – ähnlich wie hochgradige Interpolations-
polynome, die zum Schwingen neigen.

5.6   Anwendungen

Die Anwendbarkeit Linearer Neuronaler Netze ist durch ihre beschränkte Kapazität
und dem Problem der linearen Separabilität sehr eingeschränkt. Komplexe Klassifikations– und Mustererkennungsaufgaben erfordern in der Regel mehrschichtige Neuronale Netze, jedoch sind lineare Systeme wegen ihrer Einfachheit für bestimmte
Anwendungen prädestiniert.

Ein möglicher Einsatz besteht im Rahmen fehlertoleranter Assoziativspeicher, für die sich vor allem mit der Hebbschen Regel trainierte Matrixspeicher eignen. Kohonen schildert ein Beispiel eines Autoassoziators zur Speicherung digitalisierter Photographien [KOHONEN, 1984]. In einem derartigen Anwendungsfall ist eine exakte Reproduktion der eingespeicherten Information nicht unbedingt erforderlich, da geringe Störungen in der abgerufenen Photographie deren Wiedererkennbarkeit nicht beeinträchtigt. Man erhält dafür die Vorteile des assoziativen Abrufs der Information und der Fehlertoleranz, die es ermöglichen, auch unvollständige oder gestörte Eingaben verarbeiten zu lassen.

Der Nachteil eines Matrixspeichers, nur orthonormale Vektoren fehlerfrei zu speichern, läßt sich durch mehrere Maßnahmen abschwächen. Zunächst verwendet man eine Kodierung, die die einzelnen Merkmale der Muster auf Werte aus z.B. $\{0, 1\}$ oder $\{-1, 0, 1\}$ beschränkt. Die Eingabemuster werden normiert, soweit es die Anwendung zuläßt. Bei den Ausgaben ist dies nicht notwendig. Um auch bei unvollständigen Eingaben der Kodierung entsprechende Ausgaben zu erhalten, kann die Aktivierung der Ausgabeeinheiten durch eine geeignete Schwellenwertfunktion in einen diskreten Ausgabewert überführt werden, wie es z.B. beim ADALINE der Fall ist. Schließlich wird versucht, die Eingabemuster mit möglichst wenig Einsen zu kodieren; man wählt eine sogenannte *sparsame Kodierung* (sparse coding) [PALM, 1988]. Dadurch steigt die Wahrscheinlichkeit, daß zufällig gewählte Eingabemuster orthogonal sind. Die Anzahl der gespeicherten Musterpaare wird aufgrund dieser Kodierung bei einem derartigen Assoziativspeicher immer sehr viel kleiner als die Anzahl der Eingabeneuronen sein.

Die Verwendung Linearer Neuronaler Netze, die mit der Delta–Regel trainiert werden, ist im Bereich der Assoziativspeicher nicht sinnvoll. Ein derartiger Speicher wird im Sinne einer Datenbank genutzt und ist daher in der Regel häufigen Änderungen unterworfen. Bei der Verwendung der Hebbschen Regel ist die Einspeicherung eines weiteren Musterpaares in einem Schritt erledigt, während die Delta–Regel mit der gesamten nun erweiterten Lernaufgabe erneut gestartet werden muß und mehrere Epochen benötigt, bis sie erneut konvergiert. Um ein Musterpaar p aus dem Speicher zu löschen (vergessen, unlearning), ist bei einem Matrixspeicher lediglich die Matrix $t^{(p)} \cdot (i^{(p)})^{\top}$ von der Konnektionsmatrix W zu subtrahieren. Bei der Verwendung der Delta–Regel ist unlearning gar nicht oder nur auf Umwegen (z.B. Änderung von $t^{(p)}$ in den Nullvektor mit erneutem Lernvorgang) zu realisieren.

Mit der Delta–Regel trainierte Lineare Neuronale Netze werden dann in der Musterassoziation angewendet, wenn nicht–normierte, kontinuierliche Muster verarbeitet werden sollen, oder die Kapazität des Systems in Bezug auf die Anzahl der unterschiedlichen Musterpaare überschritten wird. In einem solchen Fall kommt es meist darauf an, daß das Netz eine bestimmte zentrale Beziehung zwischen Ein- und Ausgabe erlernt. Eine exakte Wiedergabe eines vorgegebenen Ausgabemusters spielt dann keine Rolle. Musterklassifikation und Musterassoziation gehen hier ineinander über.

Häufig vorkommende Anwendungen sind digitale, adaptive Filter, die auf dem ADA-LINE und seinen Weiterentwicklungen [WIDROW und STEARNS, 1985] beruhen und zur Unterdrückung von Rückkopplungen und Echos in interkontinentalen Telefonleitungen eingesetzt werden [BRAUSE, 1991]. Andere mögliche Anwendungsgebiete liegen in der Musterklassifikation. In [HECHT-NIELSEN, 1990] wird ein System zur Erkennung handgeschriebener Ziffern vorgestellt.

Kohonen hat ein auf einem linearen Neuronalen Netz basierendes System zur Spracherkennung entwickelt [KOHONEN, 1988], das sich auf unterschiedliche Sprecher einstellen kann. Derartige Anwendungen verwenden meist spezialisierte Netzwerkmodelle mit modifizierten Lernregeln und benötigen eine umfassende Vorverarbeitung der Daten.

Zusammenfassend läßt sich sagen, daß sich lineare Neuronale Netze unter den oben genannten Randbedingungen gut als fehlertolerante Assoziativspeicher und für einfache Aufgaben der Musterklassifikation eignen. Aufgrund ihrer Einfachheit und der garantierten Konvergenz ihrer Lernverfahren ist es sehr leicht möglich, ein gegebenes Problem zu simulieren und auf seine Lösbarkeit hin zu untersuchen. Kann ein lineares System keine befriedigende Lösung liefern, so besteht die Möglichkeit, auf ein mehrschichtiges Netz auszuweichen. Kommt man jedoch mit einem linearen Neuronalen Netz aus, so ist das gerade im Hinblick auf eine mögliche Hardwarelösung interessant, die durch mehrschichtige Netze mit nicht–linearen Einheiten erschwert würde.

Multilayer–Perceptrons machen den größten Anteil unter den in der Praxis eingesetzten Neuronalen Netze aus. Eine der wohl bekanntesten und frühesten Implementierungen ist das System NETtalk von Sejnowski und Rosenberg [SEJNOWSKI und ROSENBERG, 1987], obwohl es nicht zu den rein kommerziellen Anwendungen gehört. Das System ist in der Lage, einen geschriebenen englischen Text laut vorzulesen.

NETtalk ist ein dreischichtiges Netzwerk mit 203 Eingabeeinheiten, 80 inneren Einheiten und 29 Ausgabeeinheiten. Die Eingabeschicht repräsentiert ein sieben Zeichen breites Fenster der zu verarbeitenden Zeichenfolge. Jedes Zeichen wird dabei durch eine Gruppe von 29 Neuronen dargestellt, von denen genau eine aktiviert wird. 26 Einheiten repräsentieren die Buchstaben des Alphabets und die restlichen drei Interpunktionen und Wortzwischenraum. Die Eingabeschicht ist vollständig mit den Einheiten der inneren Schicht verbunden und diese wiederum mit allen Neuronen der Ausgabeschicht. In ihr werden 26 Einheiten zur Repräsentation artikulatorischer Merkmale und drei Einheiten für Betonung und Silbengrenzen eingesetzt. Durch entsprechende Kombinationen aktivierter Ausgabeeinheiten lassen sich die Phoneme, das sind die unteilbaren Laute der menschlichen Sprache, darstellen.

Das Ziel des Systems ist es, das korrekte Phonem für den mittleren Eingabebuchstaben auszugeben, wobei die restlichen sechs Buchstaben als Hinweis zur Aussprache dienen. Sejnowski und Rosenfeld beobachteten, daß die meiste Information zur korrekten Aussprache eines Buchstabens aus dessen unmittelbarem Kontext gewonnen werden kann. Die Fenstergröße von sieben Buchstaben war sowohl auf ihre vorhandene Computerkapazität als auch auf die Menge an Kontextinformation, die zur Aussprache ausreicht, ausgerichtet. Während der Lern– bzw. Abrufphase bewegte sich der auszusprechende Text an dem sieben Zeichen breiten Fenster vorüber.

Als Lernaufgabe wurden z.B. eine phonetisch übersetzte Rede eines Kindes im Grundschulalter verwendet. Die Lernaufgabe enthielt Paare von Text und Phoneminformation zu 1024 Wörtern. Als Lernverfahren wurde der Backpropagation–Algorithmus benutzt. Das System lernte zunächst Vokale und Konsonanten zu unterscheiden und traf dann feinere Unterscheidungen. Es war in der Betonung der Wörter besser als im Auffinden des korrekten Phonems. Fehler resultierten häufig aus einer Verwechselung ähnlicher Phoneme.

Nach 50 Epochen (12 Stunden CPU-Zeit auf einer DEC VAX) erreichte NETtalk eine Genauigkeit von 95%. Um die Generalisierung des Netzes zu testen, wurden 439 Wörter desselben Sprechers verwendet. Hier wurde noch eine Trefferquote von 78% erzielt. Die Sprachausgabe des Systems durchläuft während des Trainings zunächst eine Phase des „Brabbelns", vergleichbar den Sprechversuchen eines Kleinkindes. Nach und nach wird die Sprache verständlicher und ist am Ende des Lernvorgangs gut zu verstehen, wenn auch noch gelegentlich Fehler gemacht werden.

Moderne Anwendungen Neuronaler Netze befassen sich häufig mit komplexer Mustererkennung. Die Firma Sharp z.B. hat ein optisches System zur Erkennung japanischer Schriftzeichen auf der Basis eines dreischichtigen Neuronalen Netzes entwickelt [HAMMERSTROM, 1993]. Das Netz wird mit einer Art des Wettbewerbslernens (learning vector quantization, LVQ) trainiert (vgl. Kap. 7 u. 8). Aufgrund der Vielzahl der Schriftzeichen (mehrere 1000) und deren individueller Komplexität sind existierende Schrifterkennungssysteme sehr teuer und langsam (ca. 40 Zeichen pro Sekunde) bei einer Genauigkeit von 96–99 Prozent. Sharps Prototyp kann etwa 200 Zeichen pro Sekunde bei einer Genauigkeit von mehr als 99 Prozent erkennen.

Andere Anwendungen machen sich die Fähigkeit eines Multilayer–Perceptrons zur Funktionsapproximation zu Nutze. An der London Business School und dem University College in London wurde 1992 ein „NeuroForcasting Centre" gegründet, das sich mit der Entwicklung Neuronaler Netze für finanzielle Entscheidungen befaßt [HAMMERSTROM, 1993]. Ein System auf der Grundlage eines Multilayer–Perceptrons mit zwei inneren Schichten (12 und 6 Einheiten) wurde mit den täglichen Wechselkursdaten aus dem Zeitraum 1984 – 1986 trainiert (9 Eingabeeinheiten) und sollte Handelsstrategien empfehlen (3 Ausgabeeinheiten). Das mit dem Backpropagation–Verfahren trainierte Netz wurde verwendet, um für den Zeitraum von 1986 – 1992 tägliche Empfehlungen zu erzeugen. Das Neuronale Netze erreichte, bezogen auf eine Grundsumme von 1 Million US–Dollar, einen jährlichen Profit von 18 Prozent. Zwei herkömmliche statistische Verfahren für diesen Einsatzbereich erwirtschafteten dagegen nur einen Gewinn von 12.3 bzw. 13.1 Prozent [REFENES et al., 1992].

Hinweise auf weitere Anwendungen des Multilayer–Perceptrons geben wir in dem Kapitel über konnektionistische Expertensysteme (vgl. S. 223).

Kapitel 6

Radiale Basisfunktionen

In dem Kapitel über Multilayer–Perceptrons haben wir gesehen, wie ein Neuronales Netz bei der Klassifikation von Daten vorgeht. Es durchzieht den Eingaberaum mit Hyperebenen. Die Klassenzugehörigkeit eines Punktes hängt davon ab, auf welcher Seite der Hyperebene er sich befindet. Diese Vorgehensweise entspricht einer sehr *globalen Sicht:* Alle Punkte eines Teilraumes auf einer Seite der Hyperebene gehören bezüglich dieser einen Hyperebene zu derselben Klasse. Diese globale Klassifikation kann problematisch sein, weil auf diese Weise unter Umständen auch Punkte zu einer Klasse gezählt werden können, die z.B. nicht mehr innerhalb des betrachteten Definitionsbereiches liegen; der linke Teil des Bildes 6.1 illustriert diese Situation.

6.1 Lokale versus globale Klassifikation

Eine andere Möglichkeit zur Klassifikation als die durch Perceptrons realisierte globale Vorgehensweise besteht darin, die Punkte einer Klasse zu "umfassen", d.h. ein abgeschlossenes Gebiet – einen *Cluster* – anzugeben, innerhalb dessen sich die Punkte einer Klasse befinden. Läßt sich für eine Klasse ein einzelnes derartiges Gebiet nicht angeben, weil dadurch auch immer Punkte anderer Klassen eingeschlossen werden, so werden einfach mehrere Cluster angegeben. Diese Situation ist in dem rechten Teil des Bildes 6.1 dargestellt. Durch diese *lokale Sicht* auf das Klassifizierungsproblem kann es nicht geschehen, daß auch weit entfernte Bereiche als zu einer betrachteten Klasse gehörig angesehen werden. Punkte, die in keines der definierten Gebiet fallen, können explizit als zu keiner Klasse zugehörig angesehen werden.

In dem Bild 6.1 ist das folgende Klassifikationsproblem dargestellt: Unsere Lernaufgabe enthält Muster aus $[x_{\min}, x_{\max}] \times [y_{\min}, y_{\max}]$. Aus der Punkteverteilung innerhalb des markierten Definitionsbereiches geht hervor, daß dieses Problem linear separabel ist, also eine Hyperebene (in diesem Fall eine Gerade) ausreicht, um die Aufgabe zu lösen. Ein Perceptron könnte die im linken Teil von Bild 6.1 dargestellte Lösung entwickeln. Wie man jedoch sieht, stellt sich außerhalb des Definitionsbereiches das

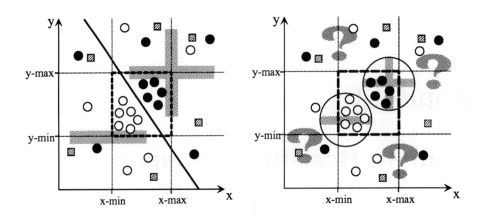

$\boxed{\vdots}$: Betrachteter Wertebereich
● : Positivklasse
○ : Negativklasse
▨ : Bisher unbekannte 3. Klasse

Bild 6.1: Globale versus lokale Klassifikation.

Problem etwas komplizierter dar. Die gewählte Gerade klassifiziert einige Elemente der Positivklasse als zur Negativklasse gehörig und umgekehrt.

Außerdem finden wir dort auch Punkte einer bisher unbekannten dritten Klasse. Diese können z.B. für unsere betrachtete Aufgabenstellung ungültige Wertekombinationen sein. Auch sie werden je nach Lage durch die globale Klassifikation einer der beiden Klassen zugeordnet. Diese Fehlklassifikationen stellen dann ein Problem dar, wenn die Trainingsdaten nur aus dem markierten Definitionsbereich stammen, jedoch eine für die gesamte x–y–Ebene geltende Klassifikation erwartet wird. Der Fehler besteht dann in einer nicht–repräsentativen Lernaufgabe.

Diese Situation kann durch eine lokale Klassifikation entschärft werden (Bild 6.1, rechts). Hier werden zwei kreisförmige Gebiete angegeben, von denen eines die Positivklasse und das andere die Negativklasse umschließt. Punkte außerhalb dieser Kreise können als "unbekannt" zurückgewiesen und gesondert behandelt werden. Auf diese Weise werden die oben geschilderten Fehlklassifikationen vermieden. Es ist meist erwünscht – auch bei einer möglichen eindeutigen Klassifikation – die Ausgabe "unbekannt" zu erhalten als eine falsche Zuordnung.

Die zur Klassifikation verwendeten Gebiete sind im allgemeinen nicht von beliebiger Form, sondern *radialsymmetrisch*. Im Zweidimensionalen erhält man, so wie in unserem Beispiel, Kreise, im n–dimensionalen Fall sind es Hypersphären. Zur Darstellung verwendet man *radialsymmetrische (radiale) Funktionen*. Eine solche Funktion besitzt ein Zentrum, an dessen Stelle der Funktionswert den höchsten Absolutbetrag liefert. Entfernt man sich von dem Funktionszentrum, so nehmen die Beträge der Funktionswerte in alle Richtungen gleichmäßig ab und streben gegen den Wert Null. Man spricht daher auch von *Zentrumsfunktionen*.

Beispiel 6.1 Die folgenden Funktionen sind radialsymmetrisch $(d, \sigma > 0)$:

(i) $h(x) = \exp\left(-\dfrac{1}{2\sigma^2}(x - c)^2\right)$

(ii) $h(x) = \dfrac{1}{\sqrt{\left(\dfrac{(x - c)}{\sigma}\right)^2 + d^2}}$ $\diamond$

Können bei einem Klassifikationsproblem beliebige Klassenzugehörigkeiten angenommen werden, so verallgemeinert man von einer Klassifikation zu einer Funktionsapproximation. Bei einem (Multilayer–)Perceptron heißt das, daß nicht nur eine dichotome Entscheidung über die Lage eines Punktes zu einer Hyperebene getroffen wird, sondern auch, daß seine Entfernung zu ihr ausgewertet wird. Die gleiche Verallgemeinerung läßt sich bei einer lokalen Klassifikation durchführen, wenn der Abstand eines Punktes zum Gebietszentrum betrachtet wird.

Das Motiv zur Beschäftigung mit radialen Funktionen entspringt tatsächlich auch der mathematischen Approximationstheorie. Die Anforderung besteht in der Interpolation einer Funktion mehrerer Veränderlicher durch die Angabe mehrerer zu überlagernder *Basisfunktionen*. Die Verwendung *radialer Basisfunktionen* hat sich dabei als besonders geeignet herausgestellt.

Das Bild 6.2 zeigt die Vorgehensweise: Die fett gezeichnete Funktion f wird durch Überlagerung der vier gestrichelt gezeichneten radialen Basisfunktionen erzeugt, wobei sich $f(x)$ zu

$$f(x) = \sum_{i=1}^{4} w_i \cdot e^{-(x - c_i)^2}$$

ergibt. Die Zentren der Basisfunktionen sind $c_1 = 1$, $c_2 = 2$, $c_3 = 4$, $c_4 = 5$, und die Gewichtsfaktoren sind $w_1 = 0.2$, $w_2 = -0.3$, $w_3 = -0.2$, $w_4 = 0.3$.

Soll eine beliebige Funktion $f : \mathbb{R}^s \to \mathbb{R}$ interpoliert werden, so sind die Stützstellen s–dimensionale reelle Vektoren. Wenn n Stützstellen gegeben sind, so sieht die Interpolation mit n Basisfunktionen wie folgt aus:

$$f(\mathbf{x}) = \sum_{i=1}^{n} w_i \cdot h_i(\|\mathbf{x} - \mathbf{x}_i\|),$$

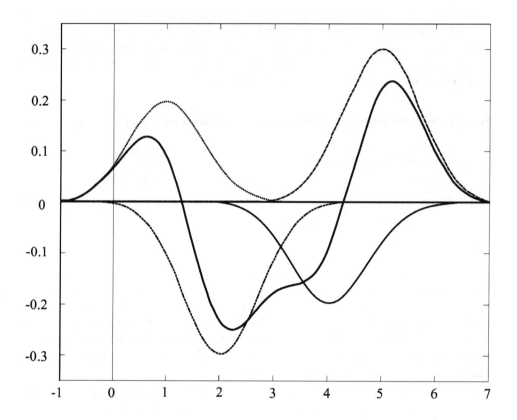

Bild 6.2: Überlagerung von vier radialen Basisfunktionen

mit n beliebigen radialen Basisfunktionen $h_i(||\mathbf{x} - \mathbf{x}_i||) : \mathbb{R}^s \to \mathbb{R}$, $i = 1, \ldots, n$, deren Zentren die Stützstellen $\mathbf{x}_i$ sind. $|| \cdot ||$ ist eine beliebige Vektornorm, z.B. die häufig verwendete euklidische Norm

$$||\mathbf{x}|| = \sqrt{\sum_{i=1}^{s} x_i^2}, \text{ mit } \mathbf{x} = (x_1, \ldots, x_s).$$

Die Lösung eines derartigen Interpolationsproblems besteht darin, eine Funktion f anzugeben, die an den n Stützstellen $\mathbf{x}_i$ die vorgegebenen Funktionswerte d_i annimmt. Dazu wählt man n Basisfunktionen, deren Zentren durch die Stützstellen gegeben sind. Die noch unbestimmten Faktoren w_i werden durch die Lösung eines linearen

Gleichungssystems bestimmt:

$$\mathbf{H} \cdot \mathbf{w} = \mathbf{d} \Longleftrightarrow \begin{bmatrix} h_{11} & \dots & h_{1n} \\ \vdots & \vdots & \vdots \\ h_{n1} & \dots & h_{nn} \end{bmatrix} \cdot \begin{bmatrix} w_1 \\ \vdots \\ w_n \end{bmatrix} = \begin{bmatrix} d_1 \\ \vdots \\ d_n \end{bmatrix},$$

mit $h_{ij} = h(\|\mathbf{x}_i - \mathbf{x}_j\|)$. Für den Fall, daß die n Stützstellen verschieden sind, ist die Matrix $\mathbf{H}$ positiv definit, und das Gleichungssystem hat die eindeutige Lösung $\mathbf{w} = \mathbf{H}^{-1} \cdot \mathbf{d}$.

6.2 Das formale Modell Radialer-Basisfunktionen-Netze

Diese Vorgehensweise zur Interpolation einer beliebigen stetigen differenzierbaren Funktion läßt sich auf sehr einfache Weise in die Architektur eines dreischichtigen Neuronalen Netzes integrieren. Jede radiale Basisfunktion wird als Aktivierungsfunktion einer inneren Verarbeitungseinheit realisiert und deren Linearkombination wird mittels einer oder mehrerer linearer Ausgangseinheiten vorgenommen. Die Eingabeeinheiten sind wie immer ohne Verarbeitungsaufgabe.

Definition 6.2 *Ein einfaches Radiale–Basisfunktionen–Netzwerk (eRBF–Netz) ist ein Neuronales Netz $(U, W, A, O, \text{NET}, \text{ex})$ mit der Netzwerkstruktur eines dreischichtigen Multilayer–Perceptrons und den folgenden Spezifikationen:*

(i) $U = U_I \cup U_H \cup U_O$, mit der Eingabeschicht $U_I = \{u_1, \dots, u_s\}$, der inneren Schicht $U_H = \{v_1, \dots, v_n\}$ und der Ausgabeschicht $U_O = \{z_1, \dots, z_r\}$. Die Anzahl n der inneren Einheiten ist gleich der Anzahl der Trainingsmuster einer für das eRBF–Netz gegebenen festen Lernaufgabe $\tilde{\mathcal{L}} = \{(\mathbf{i}^{(1)}, \mathbf{t}^{(1)}), \dots, (\mathbf{i}^{(n)}, \mathbf{t}^{(n)})\}$, mit $\mathbf{i}^{(j)} = (i_1^{(j)}, \dots, i_s^{(j)}) \in \mathbb{R}^s$ und $\mathbf{t}^{(j)} = (\mathbf{t}_1^{(j)}, \dots, \mathbf{t}_r^{(j)}) \in \mathbb{R}^r$.

(ii) Die Gewichte $W(u, v)$, mit $u \in U_I$ und $v \in U_H$ sind durch die n Eingabemuster der Lernaufgabe $\tilde{\mathcal{L}}$ gegeben: $W(u_i, v_j) = i_i^{(j)}$, wobei $i \in \{1, \dots, s\}$, $j \in \{1, \dots, n\}$.

(iii) A ordnet jeder Einheit $u \in U$ eine Aktivierungsfunktion zu. Für alle Eingabeeinheiten $u \in U_I$ wird die Aktivierungsfunktion A_u zur Berechnung der Aktivierung a_u verwendet:

$$a_u = A_u(\text{ex}_u) = \text{ex}_u.$$

Für alle inneren Einheiten $v \in U_H$ ergibt sich die Aktivierungsfunktion A_v zur Berechnung der Aktivierung a_v zu

$$a_v = A_v(\text{net}_v) = h_v(\text{net}_v),$$

wobei h_v eine radiale Basisfunktion ist.

Für alle Ausgabeeinheiten $w \in U_O$ wird eine lineare Aktivierungsfunktion A_w zur Bestimmung der Aktivierung a_w eingesetzt:

$$a_w = A_w(\mathrm{net}_w) = \mathrm{net}_w.$$

(iv) O ordnet jeder Einheit $u \in U$ eine Ausgabefunktion O_u zur Berechnung der Ausgabe o_u zu, mit $o_u = O_u(a_u) = a_u$.

(v) NET ordnet jeder Einheit $v \in U_H$ und jeder Einheit $w \in U_O$ eine Netzeingabefunktion (Propagierungsfunktion) NET_v bzw. NET_w zur Berechnung der Netzeingabe net_v bzw. net_w zu. Für innere Einheiten $v \in U_H$ gilt:

$$\mathrm{net}_v = ||\mathbf{o} - \mathbf{w}_v||,$$

wobei $\mathbf{o} = (o_{u_1}, \dots, o_{u_n})$ der Vektor der Ausgaben der Eingabeeinheiten und $\mathbf{w}_v = (W(u_1, v), \dots, W(u_n, v))$ der Gewichtsvektor der inneren Einheit v ist. Für alle Ausgabeeinheiten $w \in U_O$ gilt:

$$\mathrm{net}_w = \sum_{v \in U_H} o_v \cdot W(v, w).$$

(vi) ex : $U_I \to [0, 1]$ ordnet jeder Eingabeeinheit $u \in U_I$ ihre externe Eingabe $\mathrm{ex}_u = \mathrm{ex}(u)$ zu.

Ein einfaches RBF–Netz ist nichts anderes als eine in Form eines Neuronalen Netzes dargestellte Interpolationsaufgabe. Für jede Stützstelle (Trainingsmuster) wird ein inneres Neuron (eine Basisfunktion) definiert. Anschließend wird für jedes Ausgabeneuron ein lineares Gleichungssystem gelöst, um die Gewichte zur Ausgabeschicht zu bestimmen.

Diese Vorgehensweise ist jedoch offensichtlich nicht für große Lernaufgaben geeignet, da die Lösung des Gleichungssystems bei n Trainingsmustern der Inversion einer $n \times n$–Matrix bedarf, was einen polynomialen Rechenaufwand von $O(n^3)$ verursacht. Es ist außerdem meist nicht wünschenswert eine so hohe Anzahl innerer Einheiten im Netz zu haben. Verwendet man bei n Trainingsmustern auch n innere Einheiten, so erhält man eine *Interpolationsfunktion*, die durch die gegebenen Stützstellen läuft. Gibt man diese Forderung auf und beschränkt sich auf eine *Approximation* der Funktion, so kann man auch mit weniger inneren Einheiten auskommen. Allerdings ist die Matrix $\mathbf{H}$ dann nicht mehr quadratisch, so daß sich ein überbestimmtes Gleichungssystem ergibt. Der Gewichtsvektor einer Ausgabeeinheit wird dann durch eine Näherungslösung unter Verwendung der Pseudoinversen $\mathbf{H}^+$ von $\mathbf{H}$ bestimmt:

$$\mathbf{w} = \mathbf{H}^+ \cdot \mathbf{d} = (\mathbf{H}^T \cdot \mathbf{H})^{-1} \cdot \mathbf{H}^T \cdot \mathbf{d}.$$

Auf diese Weise gelangt man zu einer Verallgemeinerung des eRBF–Netzes, die wir im folgenden kurz als *RBF–Netz* bezeichnen werden.

Definition 6.3 *Ein RBF–Netz ist ein eRBF–Netz mit den folgenden Erweiterungen:*

(i) $U = U_I \cup U_H \cup U_O$, *mit der Eingabeschicht* $U_I = \{u_1, \ldots, u_s\}$, *der inneren Schicht* $U_H = \{v_1, \ldots, v_m\}$ *und der Ausgabeschicht* $U_O = \{z_1, \ldots, z_r\}$. *Die Anzahl* m *innerer Einheiten ist kleiner als die Anzahl* n *der Trainingsmuster einer gegebenen festen Lernaufgabe* $\tilde{\mathcal{L}}$.

(ii) *Die Gewichte* $W(u, v)$, *mit* $u \in U_I$ *und* $v \in U_H$ *sind durch* m *beliebige aber verschiedene Eingabemuster der Lernaufgabe* $\tilde{\mathcal{L}}$ *gegeben:* $W(u_i, v) = i_i^{(j)}$, $i \in \{1, \ldots, s\}$, $\mathbf{i}^{(j)} \in \tilde{\mathcal{L}}$.

(iii) NET *ordnet jeder Einheit* $w \in U_O$ *eine Netzeingabefunktion (Propagierungsfunktion)* NET_w *zur Berechnung der Netzeingabe* net_w *zu:*

$$\text{net}_w = \sum_{v \in U_H} o_v \cdot W(v, w) + \theta_w.$$

$\theta_w \in \mathbb{R}$ *ist der Bias der Einheit* w.

Ein RBF–Netz unterscheidet sich demnach von einem eRBF–Netz dadurch, daß es weniger innere Einheiten als Trainingsmuster verwendet, und die Ausgabeeinheiten noch einen Bias erhalten. Während bei einem eRBF–Netz keine Entscheidungsmöglichkeiten bezüglich der inneren Einheiten bestehen, muß man bei einem RBF–Netz festlegen, welche Zentren die Basisfunktionen erhalten sollen. Die Definition schreibt vor, dazu m Trainingsmuster auszuwählen, wobei jedoch zunächst noch nicht klar ist, welche davon geeignet sind. Das folgende Beispiel zeigt, wie das XOR–Problem durch ein eRBF–Netz und ein RBF–Netz gelöst wird.

Beispiel 6.4 Die XOR–Funktion soll je durch ein eRBF– und ein RBF–Netz approximiert werden. Dazu verwenden wir in beiden Fällen als radiale Basisfunktionen Gaußfunktionen der Form

$$h(||\mathbf{x} - \mathbf{c}||) = \exp\left(\frac{1}{2\sigma^2} \cdot ||\mathbf{x} - \mathbf{c}||^2\right),$$

wobei wir $\sigma = 1$ setzen und die euklidische Vektornorm verwenden. Die Lernaufgabe lautet: $\tilde{\mathcal{L}} = \{((0, 0), 0); ((0, 1), 1); ((1, 0), 1); ((1, 1), 0)\}$.

a) Um das XOR–Problem mit einem eRBF–Netz zu lösen, benötigen wir vier innere Einheiten, deren Basisfunktionen Zentren besitzen, die den vier Trainingsmustern entsprechen. Die Gewichte zu der einzigen Ausgabeeinheit lassen sich wie folgt berechnen:

$$\mathbf{w} = \begin{pmatrix} e^0 & e^{-0.5} & e^{-0.5} & e^{-1} \\ e^{-0.5} & e^0 & e^{-1} & e^{-0.5} \\ e^{-0.5} & e^{-1} & e^0 & e^{-0.5} \\ e^{-1} & e^{-0.5} & e^{-0.5} & e^0 \end{pmatrix}^{-1} \cdot \begin{pmatrix} 0 \\ 1 \\ 1 \\ 0 \end{pmatrix}$$

$$= \begin{pmatrix} 2.5027 & -1.5179 & -1.5179 & 0.9207 \\ -1.5179 & 2.5027 & 0.9207 & -1.5179 \\ -1.5179 & 0.9207 & 2.5027 & -1.5179 \\ 0.9207 & -1.5179 & -1.5179 & 2.5027 \end{pmatrix} \cdot \begin{pmatrix} 0 \\ 1 \\ 1 \\ 0 \end{pmatrix}$$

$$= \begin{pmatrix} -3.0359 \\ 3.4233 \\ 3.4233 \\ -3.0359 \end{pmatrix}$$

Da die Lernaufgabe symmetrisch ist, ergeben sich für Basisfunktionen über Mustern der gleichen Klasse identische Gewichte zur Ausgabeeinheit. Als Ausgaben für die Trainingsmuster erhalten wir (für die Abweichungen von den exakten Werten 0 bzw. 1 sind Rundungsfehler verantwortlich):

$$(0,0) \mapsto 0.0003; \quad (0,1) \mapsto 1.0002; \quad (1,0) \mapsto 1.0002; \quad (1,1) \mapsto 0.0003.$$

Die Bilder 6.3 bis 6.5 veranschaulichen, wie das eRBF–Netz die Aufgabe löst. In Bild 6.3 ist die Aktivierungsverteilung der vier inneren Einheiten über dem Eingaberaum dargestellt. Man erkennt, daß jede Basisfunktion eines der vier Trainingsmuster abdeckt. Trotz der starken Überlagerung der vier Funktionen ist eine eindeutige Trennung der vier Muster möglich. In Bild 6.4 ist die Ausgabe des Netzes über dem Eingaberaum aufgetragen. Bild 6.5 zeigt einen Konturplot der Ausgabe, an dem deutlich wird, wie die vier Muster separiert werden. Man beachte, daß aufgrund der linearen Aktivierungsfunktion des Ausgabeneurons an von den Trainingsmustern abweichenden Stellen durchaus Ausgaben kleiner 0 oder größer 1 auftreten können.

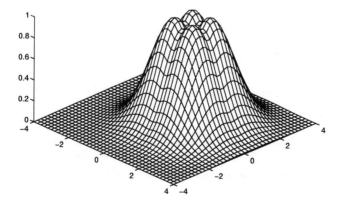

Bild 6.3: Die überlagerten Aktivierungen der vier inneren Einheiten des eRBF–Netzes

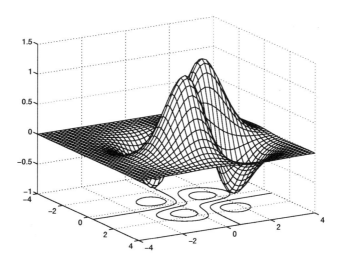

Bild 6.4: Die Ausgabe des eRBF–Netzes

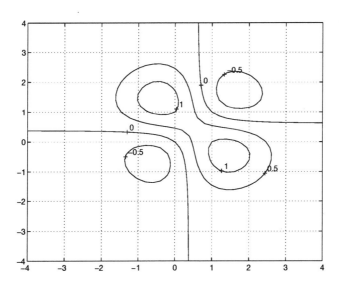

Bild 6.5: Ein Konturplot der Ausgabe des eRBF–Netzes

b) Zur Lösung des XOR–Problems mit einem RBF–Netz verwenden wir zwei innere Einheiten und wählen die Eingabemuster $(0,0)$ und $(1,1)$ als Zentren der beiden Basisfunktionen. Außerdem sehen wir einen Biaswert für die Ausgabeeinheit vor. Wir müssen in diesem Fall drei Parameter (2 Gewichte, 1 Bias) bestimmen und können aufgrund der Symmetrie der Lernaufgabe erwarten, daß die beiden Gewichte identisch sind. Es ergibt sich folgendes Gleichungssystem:

$$\mathbf{H} \cdot \mathbf{w} = \mathbf{d} \iff \begin{pmatrix} 1 & e^{-1} & 1 \\ e^{-0.5} & e^{-0.5} & 1 \\ e^{-0.5} & e^{-0.5} & 1 \\ e^{-1} & 1 & 1 \end{pmatrix} \cdot \begin{pmatrix} w_1 \\ w_2 \\ b \end{pmatrix} = \begin{pmatrix} 0 \\ 1 \\ 1 \\ 0 \end{pmatrix}$$

Dieses Gleichungssystem ist überbestimmt. Für jede Basisfunktion erhalten wir eine Spalte in der Matrix $\mathbf{H}$ und für jedes Trainingsmuster eine Zeile. Um den Bias b mitzubestimmen, behandeln wir ihn wie ein Gewicht zu einer (inneren) Einheit, die immer eine Aktivierung von 1 aufweist, und tragen b als letztes Gewicht in den Gewichtsvektor $\mathbf{w}$ ein. In der Matrix ergibt sich eine zusätzliche Spalte, die nur Einsen enthält. Um das Gleichungssystem näherungsweise zu lösen, müssen wir die Pseudoinverse $\mathbf{H}^+$ der Matrix $\mathbf{H}$ bestimmen. Für die Gewichte ergibt sich:

$$\begin{aligned} \mathbf{w} = \mathbf{H}^+ \cdot \mathbf{d} &= \begin{pmatrix} 4.0206 & -3.2296 & -3.2296 & 2.4386 \\ 2.4386 & -3.2296 & -3.2296 & 4.0206 \\ -3.9177 & 4.4177 & 4.4177 & -3.9177 \end{pmatrix} \cdot \begin{pmatrix} 0 \\ 1 \\ 1 \\ 0 \end{pmatrix} \\ &= \begin{pmatrix} -6.4592 \\ -6.4592 \\ 8.8354 \end{pmatrix} \end{aligned}$$

Wie erwartet fallen die beiden Gewichte identisch aus. Der Biaswert wird von dem RBF–Netz zur Lösung benötigt, da nicht alle Trainingsmuster durch eine eigene Basisfunktion abgedeckt werden, und der Mittelwert über die Ausgaben von 0 verschieden ist. Die Bilder 6.6 – 6.8 zeigen, wie im Beispiel des eRBF–Netzes, die Überlagerung der Aktivierungen der inneren Einheiten und das Ausgabeverhalten des RBF–Netzes.

Wie aus den drei Bildern deutlich hervorgeht, kann das RBF–Netz auch mit nur 2 inneren Einheiten die Lernaufgabe lösen. Als Ausgaben erhalten wir

$$(0,0) \mapsto -0.0001; \ (0,1) \mapsto 1.0004; \ (1,0) \mapsto 1.0004; \ (1,1) \mapsto -0.0001.$$

Es ist wiederum zu beachten, daß an von den Trainingsmustern verschiedenen Punkten Ausgaben außerhalb von $[0,1]$ auftreten.   ◇

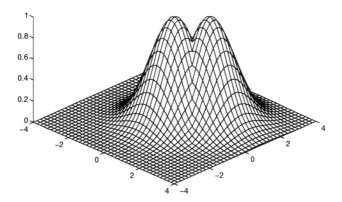

Bild 6.6: Die überlagerten Aktivierungen der beiden inneren Einheiten des RBF–Netzes

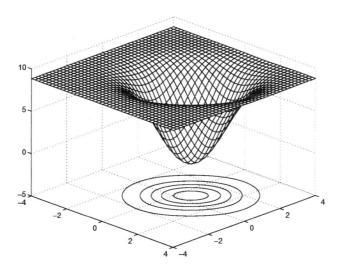

Bild 6.7: Die Ausgabe des RBF–Netzes

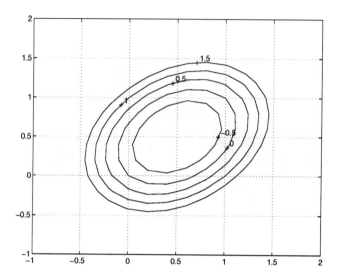

Bild 6.8: Ein Konturplot der Ausgabe des RBF–Netzes

6.3   Lernverfahren für RBF–Netze

Die bisherigen beiden Arten von RBF–Netzen haben jeweils Basisfunktionen mit festem Radius verwendet. Das bedeutet, daß sie zur Klassifikation[1] Kreise (im Zweidimensionalen), Kugeln (im Dreidimensionalen), bzw. ganz allgemein Hypersphären verwenden. Es ist jedoch leicht vorstellbar, daß nicht alle Cluster im Eingaberaum auf diese Weise "eingefangen" werden können. Ein Cluster kann z.B. gestreckt sein, so daß er die Form einer Ellipse bzw. eines ellipsoiden Körpers annimmt. Auch kann ein Cluster beliebige Orientierung im Raum aufweisen. Das Bild 6.9 verdeutlicht diese Situation im Zweidimensionalen.

Da man typischerweise über die Verteilung seiner Lerndaten im Eingaberaum keine derart weitreichende Informationen besitzt, kann man nicht entscheiden, ob die Klassifikation bzw. Approximation der Daten gut mit Hypersphären vorgenommen werden kann oder besser mit beliebig gedrehten Hyperellipsoiden erfolgen sollte. In Bild 6.10 wird veranschaulicht, wie die drei Cluster aus Bild 6.9 mit radialen Basisfunktionen abgedeckt werden können.

---

[1]Klassifikation ist die Approximation einer Funktion mit diskretem, endlichem Wertebereich.

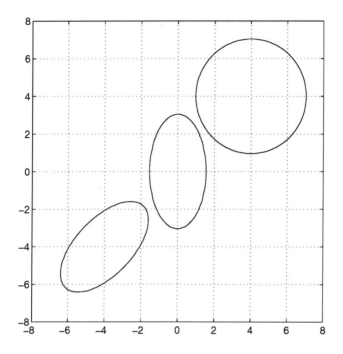

Bild 6.9: Cluster verschiedener Form und Ausrichtung

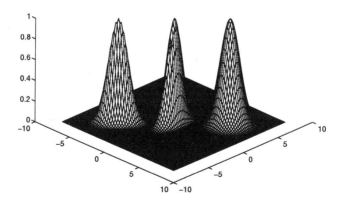

Bild 6.10: Drei radiale Basisfunktionen, deren Grundflächen eine
gedrehte Ellipse, eine achsenparallele Ellipse und einen
Kreis darstellen

Um beliebige Hyperellipsoide zu realisieren, bedient man sich der folgenden verallgemeinerten radialen Basisfunktion:

$$h(||\mathbf{x} - \mathbf{c}||) = \exp\left(-\frac{1}{2} \cdot (\mathbf{x} - \mathbf{c})^T \cdot \boldsymbol{\Sigma}^{-1} \cdot (\mathbf{x} - \mathbf{c})\right).$$

Dabei ist $\boldsymbol{\Sigma}^{-1}$ die Inverse der *Kovarianzmatrix* der dargestellten multivariaten Gaußfunktion $h(||\mathbf{x} - \mathbf{c}||)$ mit dem Zentrumsvektor $\mathbf{c}$. Die inverse Kovarianzmatrix ist positiv definit und symmetrisch. Sie hat die Form

$$\boldsymbol{\Sigma}^{-1} = \begin{pmatrix} \frac{1}{\sigma_{11}^2} & \cdots & \frac{1}{\sigma_{1n}^2} \\ \vdots & \ddots & \vdots \\ \frac{1}{\sigma_{n1}^2} & \cdots & \frac{1}{\sigma_{nn}^2} \end{pmatrix},$$

mit $\sigma_{ij} = \sigma_{ji}$. Dies entspricht der Auswertung des Ausdrucks $||\mathbf{x} - \mathbf{c}||$ durch eine beliebige Vektornorm, die nur dann der euklidischen entspricht, wenn eine Hypersphäre mit Radius 1 dargestellt werden soll.

Gilt für die Einträge von $\boldsymbol{\Sigma}^{-1}$ die Gleichung $\frac{1}{\sigma_{ij}} = 0$ für $i \neq j$, handelt es sich bei $\boldsymbol{\Sigma}^{-1}$ also um eine Diagonalmatrix, so bilden die Punkte, für die $h(||\mathbf{x} - \mathbf{c}||) \geq \varepsilon$ gilt, einen achsenparallelen Hyperellipsoiden. Seine Radien sind durch die σ_{ii} gegeben. Gilt zusätzlich $\sigma_{ii} = r$ für alle i, so erhält man eine Hyperkugel bzw. Hypersphäre mit dem Radius r. Gilt die erste Einschränkung nicht, liegt ein beliebig gedrehter Hyperellipsoid vor.

Die drei Gaußfunktionen aus Bild 6.10 haben von links nach rechts die folgenden inversen Kovarianzmatrizen:

$$\begin{pmatrix} 2.5 & -1.5 \\ -1.5 & 2.5 \end{pmatrix}, \begin{pmatrix} 1 & 0 \\ 0 & 4 \end{pmatrix} \text{ und } \begin{pmatrix} 1 & 0 \\ 0 & 1 \end{pmatrix}.$$

Für den Lernvorgang in RBF–Netzen kann man, je nach gewünschter Flexibilität bzw. akzeptablem Aufwand, eine von drei Varianten anwenden:

1) Feste Wahl der Zentren und Radien, Berechnung der Gewichte zur Ausgabeschicht.

2) Wahl der Zentren und Radien durch selbstorganisierendes Lernen, überwachtes Lernen der Gewichte zur Ausgabeschicht.

3) Überwachtes Lernen aller Parameter (Zentren, Radien, und Gewichte).

In den ersten beiden Fällen werden gewöhnlich RBF–Netze eingesetzt, deren Basisfunktion nur einen festen Radius besitzen. Lediglich die dritte Variante erlaubt es, auch beliebig gedrehte Hyperellipsoide zur Lösung der Lernaufgabe einzusetzen. Sie ist damit allerdings auch die aufwendigste Variante. Im folgenden gehen wir näher auf die drei Lernvarianten ein.

Feste Wahl von Zentren und Radien

Diese einfachste Variante zur Bestimmung eines RBF–Netzes wurde im Prinzip bereits am Beispiel der XOR–Funktion vorgeführt (Beispiel 6.4). Zur Lösung der Lernaufgabe wählt man eine feste Anzahl innerer Einheiten und legt die Zentren ihrer Basisfunktionen durch zufällig gewählte Eingabemuster fest. Dieser Ansatz kann dann als sinnvoll angesehen werden, wenn die Trainingsmuster in einer für die Lernaufgabe repräsentativen Weise im Eingaberaum verteilt sind. Für die radialen Basisfunktionen wählt man hier eine feste Standardabweichung (Radius), da über eine unterschiedliche Ausdehnung von Clustern keinerlei Information vorliegt. Typischerweise wählt man

$$\sigma = \frac{d}{\sqrt{2m}},$$

wobei m die Anzahl innerer Einheiten und d der maximale Abstand zwischen den gewählten Zentren ist. Eine solche Wahl der Standardabweichung soll sicherstellen, daß die Basisfunktionen weder zu steil noch zu flach sind, d.h. sie sollen sich weder zu sehr auf den Bereich ihrer Zentren konzentrieren, noch zu weit in den Raum ausdehnen.

Die Gewichte zur Ausgangsschicht lassen sich wie in Beispiel 6.4 durch

$$\mathbf{w}_u \; = \; \mathbf{H}^+ \; \cdot \; \mathbf{d}_u$$

bestimmen, wobei $\mathbf{H}^+$ die Pseudoinverse der Matrix $\mathbf{H}$ der Funktionswerte der Eingangsmuster ist. $\mathbf{d}_u$ ist der Vektor der gewünschten Ausgabewerte für die Ausgabeeinheit u und $\mathbf{w}_u$ ist ihr Gewichtsvektor. Gibt es mehrere Ausgabeeinheiten, so ist diese Berechnung für jede Ausgabeeinheit getrennt durchzuführen.

Bei dieser Vorgehensweise zur Bestimmung der Netzparameter kann eigentlich nicht von einem Lernvorgang gesprochen werden, da die Parameter entweder festgelegt oder berechnet werden; ein iterativer Trainingsprozeß ist nicht notwendig. Sollte das resultierende RBF–Netz die Lernaufgabe nicht zufriedenstellend lösen, so ist der Vorgang mit einer anderen Zufallsauswahl der Zentren (gegebenenfalls auch mit einer veränderten Anzahl von Zentren) solange zu wiederholen, bis sich ein RBF–Netz ergibt, das die gewünschte Leistung zeigt.

Selbstorganisierendes Lernen der Zentren

Um eine geeignetere Wahl der Zentren zu treffen, kann man versuchen, diese durch ein selbstorganisierendes Lernverfahren (vgl. Kap. 8) oder eine Clusteranalyse zu bestimmen. Dabei wird versucht, die Trainingsdaten zu geeigneten Clustern zu gruppieren. Die Anzahl der Cluster ist entweder vorzugeben oder kann durch geeignete Clusteranalyseverfahren unter Zuhilfnahme von Gütekriterien auch automatisch bestimmt werden. Die Prototypen bzw. Zentrumsvektoren der gefundenen Cluster bilden dann die Zentren der Basisfunktionen des RBF–Netzes. Bei dieser Vorgehensweise wird im allgemeinen nur nach sphärischen Clustern gleicher Größe gesucht.

Die Gewichte zur Ausgangsschicht können nach der Bestimmung der Basisfunktionen auch in diesem Fall direkt bestimmt werden. Es ist allerdings auch möglich, sie mit Hilfe der Delta–Regel (Def. 4.3) zu erlernen. Da die Parameter der inneren Schicht festgehalten werden und nur die Gewichte zur Ausgangsschicht gelernt werden müssen, entspricht der Lernvorgang dem Trainieren eines zweischichtigen linearen Neuronalen Netzes. Bei ausreichend klein gewählter Lernrate kann davon ausgegangen werden, daß das Minimum des üblichen Fehlermaßes E (Summe der quadrierten Abweichungen) gefunden wird, auch wenn dieses nicht $E = 0$ ergeben muß (vgl. Kap. 4, Satz 4.4).

Überwachtes Lernen aller Parameter

In dieser letzten Variante werden alle Parameter des RBF–Netzes einem überwachten Lernverfahren unterzogen. In diesem Fall werden neben den Gewichten zur Ausgabeschicht auch die Zentren und Radien der Basisfunktionen in einem iterativen Trainingsprozeß an die Lernaufgabe angepaßt. Auch hier stellt sich jedoch die Frage der Initialisierung des RBF–Netzes. Zumindest die Anzahl innerer Einheiten und die Anfangsparameter ihrer Basisfunktionen sind geeignet zu wählen. Hier bietet es sich an, eines der beiden oben genannten Verfahren vorzuschalten. Die Gewichte zur Ausgabeschicht können mit kleinen Zufallswerten initialisiert werden.

Alternativ läßt sich auch ein Netz mit wachsender innerer Schicht einsetzen. Dazu beginnt man den Lernprozeß mit einem RBF–Netz mit einer oder mehreren inneren Einheiten und trainiert eine Weile. Wenn sich der Fehler nicht weiter verringert, nimmt man eine weitere innere Einheit in das Netz auf und wählt als Zentrumsvektor z.B. ein Trainingsmuster, für das noch keine korrekte Ausgabe erzeugt wird. Daraufhin wird der Trainingsprozeß fortgeführt, und gegebenenfalls werden weitere innere

Einheiten integriert, bis der Fehler des Netzes hinreichend klein ist. Der Vorteil dieser Vorgehensweise besteht darin, daß die Vorschaltung eines Clusterverfahrens nicht notwendig ist.

Bei der Durchführung des Lernverfahrens muß (anders als beim Multilayer–Perceptron) der Fehler des Netzes nicht zurückpropagiert werden. Die Parameter lassen sich direkt in Abhängigkeit des globalen Fehlers modifizieren. Im Prinzip sind drei unterschiedliche Lernalgorithmen gleichzeitig anzuwenden. Als Fehlermaß wird wie üblich die Summe der quadrierten Abweichungen verwendet:

$$E = \sum_{p \in \tilde{\mathcal{L}}} E_p = \sum_{p \in \tilde{\mathcal{L}}} \frac{1}{2} \sum_{v \in U_O} (e_v^{(p)})^2 = \frac{1}{2} \sum_{p \in \tilde{\mathcal{L}}} \sum_{v \in U_O} (t_v^{(p)} - a_v)^2.$$

Für ein RBF–Netz mit $v \in U_O$ und $u \in U_H$ und verallgemeinerten Basisfunktionen gilt:

$$o_v = a_v = \sum_{u \in U_H} W(u,v) \cdot h_u(net_u), \text{ mit } net_u = ||\mathbf{i} - \mathbf{c}_u|| = (\mathbf{i} - \mathbf{c}_u)^T \cdot \mathbf{\Sigma}_u^{-1} \cdot (\mathbf{i} - \mathbf{c}_u).$$

Im folgenden setzen wir ein RBF–Netz mit verallgemeinerten Basisfunktionen und eine überwachte Lernaufgabe $\tilde{\mathcal{L}}$ als gegeben voraus und geben die Parameteränderungen nach der Propagation des Musters $p = (\mathbf{i}^{(p)}, \mathbf{t}^{(p)}) \in \tilde{\mathcal{L}}$ an.

Die Gewichte zur Ausgangsschicht werden mit der Delta–Regel trainiert (vgl. Def. 4.3):

$$\Delta_p W(u,v) = -\eta_1 \cdot \frac{\partial E^{(p)}}{\partial W(u,v)}$$

$$= \eta_1 \cdot (t_v^{(p)} - a_v^{(p)}) \cdot h_u(||\mathbf{i}^{(p)} - \mathbf{c}_u||),$$

mit $u \in U_H$, $v \in U_O$ und der positiven Lernrate η_1. Sollte für eine Ausgabeeinheit v noch ein Biaswert θ_v definiert sein, so kann dieser als Gewicht betrachtet werden, das zu der eingehenden Verbindung einer vorgeschalteten Einheit gehört, deren Aktivierung immer 1 ist (vgl. Kap. 5.2). Für die Änderung von θ_u gilt dann einfach

$$\Delta_p \theta_v = \eta_1 \cdot \frac{\partial E^{(p)}}{\partial \theta_v} = \eta_1 \cdot (t_v^{(p)} - a_v^{(p)}).$$

Für die Änderungen der Zentrumsvektoren gilt:

$$\Delta_p \mathbf{c}_u = -\eta_2 \cdot \frac{\partial E^{(p)}}{\partial \mathbf{c}_u} = -\frac{1}{2} \cdot \eta_2 \cdot \sum_{v \in U_O} \frac{\partial e_v^{(p)}}{\partial \mathbf{c}_u}$$

$$= -\frac{1}{2} \cdot \eta_2 \cdot \sum_{v \in U_O} \left(\frac{\partial (e_v^{(p)})^2}{\partial a_v} \cdot \frac{\partial a_v}{\partial \mathrm{net}_u} \cdot \frac{\partial \mathrm{net}_u}{\partial \mathbf{c}_u} \right)$$

$$= 2 \cdot \eta_2 \cdot \sum_{v \in U_O} W(u,v) \cdot (t_v^{(p)} - a_v^{(p)}) \cdot h_u'(||\mathbf{i}^{(p)} - \mathbf{c}_u||) \cdot \mathbf{\Sigma}_u^{-1} \cdot (\mathbf{i}^{(p)} - \mathbf{c}_u),$$

mit $u \in U_H$ und der positiven Lernrate η_2. Die Größe $h'_u(||\mathbf{i}^{(p)} - \mathbf{c}_u||)$ ist die Ableitung der radialen Basisfunktion h_u bezüglich ihres Arguments.

Für die Änderungen der inversen Kovarianzmatrizen gilt:

$$
\begin{aligned}
\Delta \boldsymbol{\Sigma}_u^{-1} &= -\eta_3 \cdot \frac{\partial E^{(p)}}{\partial \boldsymbol{\Sigma}_u^{-1}} = -\frac{1}{2} \cdot \eta_3 \cdot \sum_{v \in U_O} \frac{\partial e_v^{(p)}}{\partial \boldsymbol{\Sigma}_u^{-1}} \\
&= -\frac{1}{2} \cdot \eta_3 \cdot \sum_{v \in U_O} \left(\frac{\partial (e_v^{(p)})^2}{\partial a_v} \cdot \frac{\partial a_v}{\partial \mathrm{net}_u} \cdot \frac{\partial \mathrm{net}_u}{\partial \boldsymbol{\Sigma}_u^{-1}} \right) \\
&= \eta_3 \cdot \sum_{v \in U_O} W(u,v) \cdot (t_v^{(p)} - a_v^{(p)}) \cdot h'_u(||\mathbf{i}^{(p)} - \mathbf{c}_u||) \cdot (\mathbf{i}^{(p)} - \mathbf{c}_u) \cdot (\mathbf{i}^{(p)} - \mathbf{c}_u)^T
\end{aligned}
$$

Zu den hier angegebenen Lernregeln ist zu bemerken, daß das Fehlermaß bezüglich der Gewichte $W(u,v)$ zur Ausgangsschicht zwar nur genau ein Minimum besitzt, es bezüglich der Zentren $\mathbf{c}_u$ und der Matrizen $\boldsymbol{\Sigma}_u^{-1}$ jedoch sehr wohl lokale Minima aufweisen kann, in denen der Lernvorgang hängenbleibt. Das Training eines RBF–Netzes wird gewöhnlich im Batch–Betrieb ausgeführt, d.h., die Parameteränderungen werden während einer Epoche aufsummiert und erst am Ende der Epoche auf die Parameter angewandt. In [ZELL, 1994] werden Untersuchungen zitiert, bei denen sich herausgestellt hat, daß eine Parametermodifikation direkt nach jedem Muster den Lernvorgang nicht beschleunigt, sondern eher zu einem instabilen Lernverhalten führt.

Es stellt sich die Frage, welche Vorteile RBF–Netze haben, bei denen alle Parameter trainiert werden, denn immerhin ist der Trainigsaufwand gegenüber einem Multilayer–Perceptron immens. Während bei einem Multilayer–Perceptron jedes innere Neuron n freie Parameter aufweist (wenn n die Dimension des Eingaberaumes ist), so besitzt jedes RBF–Neuron $n^2 + n$ freie Parameter. Auch ist die Berechnung einer radialen Basisfunktion vom Aufwand $O(n^2)$, während die Bestimmung des Funktionswertes eine sigmoiden Aktivierungsfunktion nur vom Aufwand $O(n)$ ist.

In [HAYKIN, 1994] werden Studien zitiert, bei denen sich am Beispiel der NETtalk–Daten gezeigt hat, daß RBF–Netze, bei denen alle Parameter trainierbar sind, wesentlich besser generalisieren als durch Backpropagation trainierte Multilayer–Perceptrons. Dagegen haben RBF–Netze, deren Zentren durch selbstorganisierendes Lernen bestimmt und dann festgehalten wurden, im Vergleich wesentlich schlechter abgeschnitten. Die Verallgemeinerung dieser Ergebnisse ist aber nicht ohne weiteres möglich. Generell läßt sich ohne Kenntnis der Struktur der Lernaufgabe nicht sagen, ob eine lokale oder eine globale Klassifikations– bzw. Approximationsstrategie mehr Erfolg verspricht. Dies kann sich nur in Abhängigkeit der jeweiligen Anwendung erweisen, wenn man für sein aktuelles Problem entweder ein RBF–Netz oder ein Mulitlayer Perceptron gefunden hat, daß die Aufgabe zufriedenstellend löst.

Abschließend betrachten wir noch zwei Extrembeispiele, bei denen leicht ersichtlich ist, wann ein Multilayer–Perceptron und wann ein RBF–Netz besser geeignet ist. In Bild 6.11 links ist eine Situation dargestellt, in der eine globale Strategie günstiger ist. Obwohl sich die Daten offensichtlich in gut in Cluster einordnen lassen, können die Cluster der unterschiedlichen Klassen leicht durch 2 Geraden separiert werden, während ein RBF–Netz eine Vielzahl von Basisfunktionen benötigen würde. Ganz anders stellt sich die Situation im rechten Teil des Bildes dar, wo ein RBF–Netz mit einer inneren Einheit auskommt, während ein Multilayer–Perceptron zur einigermaßen genauen Klassifikation des ellipsenförmigen Clusters sehr viele Hyperebenen benötigen würde.

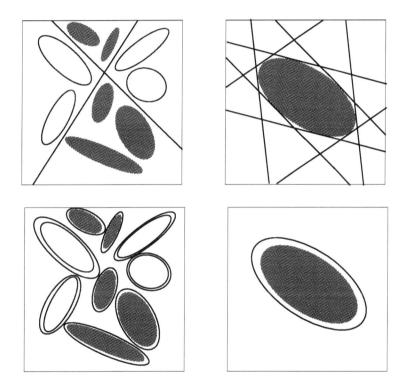

Bild 6.11: Zwei Extrembeispiele zur Verdeutlichung der unterschiedlichen Eignung von Multilayer–Perceptrons und RBF–Netzen

Kapitel 7

Wettbewerbslernen

Bisher haben wir noch keine Beispiele für Modelle Neuronaler Netze vorgestellt, die freie Lernaufgaben lösen und somit ein nicht–überwachtes Lernverfahren verwenden. Zunächst wollen wir jedoch erläutern, für welche Problemstellungen typischerweise nicht–überwachte Lernmethoden geeignet sind.

Wir betrachten dazu verschiedene Klassifikationsprobleme. Im Bereich der Medizin muß beispielsweise anhand von Patientendaten, die durch verschiedene Tests und Messungen gewonnen wurden, entschieden werden, ob ein Patient eine bestimmte Krankheit hat. Von extrem seltenen Krankheiten abgesehen, liegen im allgemeinen viele Fallstudien von Patienten vor, die eindeutig als krank oder gesund klassifiziert werden konnten. Auf der Grundlage dieser Daten läßt sich leicht eine feste Lernaufgabe formulieren, mit der ein Neuronales Netz mit Hilfe eines überwachten Lernverfahrens trainiert werden kann, um diese Klassifikationsaufgabe mit den zwei Klassen *Gesund* und *Krank* zu lösen.

Wir wollen diese Klassifikationsaufgabe etwas modifizieren. Wir nehmen an, daß wir wissen, daß ein Patient unter einer bestimmten Krankheit leidet. Es gibt verschiedene Ausprägungen dieser Krankheit und eine Reihe von Medikamenten, die je nach Patiententyp allergische Reaktionen hervorrufen, heilend oder unwirksam sein können. Anhand einer Patientendatenbank soll herausgefunden werden, welche Behandlungsmethode für den aktuellen Patienten am besten geeignet erscheint. Die Klassifikationsaufgabe besteht also vor allem im Auffinden von Ähnlichkeiten zu bisherigen Fällen.

Bild 7.1 zeigt ein einfaches Beispiel für mögliche Patientendaten. Jeder Patient wird dabei durch zwei Meßwerte charakterisiert und durch einen Punkt in der Ebene repräsentiert. Es ist aus dem Bild zu ersehen, daß zwei Klassen von Patientendaten auftreten können. Die typischen Repräsentanten dieser zwei Klassen sind im Bild durch Kreuze markiert. In der Praxis treten solche einfachen Beispiele äußerst selten auf. Zum einen überlappen sich die einzelnen Klassen meist stärker als in unserem Beispiel, so daß eine eindeutige Trennung der Klassen schwierig ist. Zum anderen

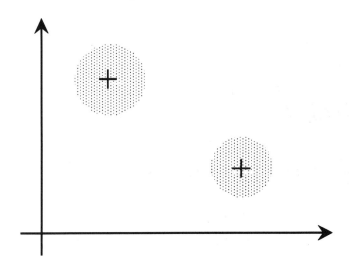

Bild 7.1: Zwei Cluster

werden im allgemeinen zwei Werte zur Beschreibung der Objekte – in unserem Fall der Patienten – nicht ausreichen. Eine graphische Veranschaulichung der Daten ist dann nicht mehr möglich.

Für einen vorgegebenen Satz von Daten müssen also zwei Aufgaben gelöst werden:

- das Auffinden geeigneter Klassen inklusive typischer Repräsentanten und

- die Zuordnung der Daten zu den Klassen.

Diese Fragestellungen werden im Rahmen der *Clusteranalyse* [DURAN und ODELL, 1974, STEINHAUSEN und LANGER, 1977] behandelt. Wir wollen uns hier auf Ansätze für die Clusteranalyse auf der Basis Neuronaler Netze beschränken.

Typischerweise werden für diese Aufgabe Neuronale Netze mit zwei Schichten, wie im Bild 7.2 dargestellt, verwendet. Die untere Schicht wird als *Eingabeschicht* bezeichnet. Die Anzahl der Neuronen dieser Schicht entspricht der Anzahl der Komponenten der zu untersuchenden Daten. Im einfachen Fall der oben beschriebenen zweidimensionalen Patientendaten enthielte die Eingabeschicht nur zwei Neuronen. Die Aufgabe der Eingabeschicht besteht allein darin, die Werte eines Eingabemusters an die zweite Neuronenschicht weiterzuleiten.

Durch die zweite Schicht wird die Anzahl der Klassen oder Cluster festgelegt, in die die Daten eingeteilt werden. Jedes Neuron dient zur Repräsentation einer Klasse. Welche Klasse einem bestimmten Neuron zugeordnet wird, legen die Gewichte fest, die die Neuronen der Eingabeschicht mit diesem Neuron verbinden. Wird einem solchen Neuronalen Netz ein Muster in der Eingabeschicht präsentiert, vergleicht jedes

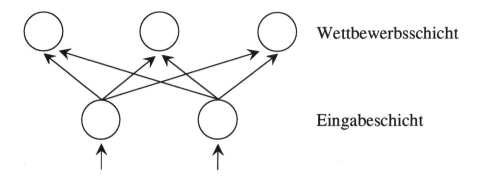

Bild 7.2: Die Netzwerkarchitektur für das Wettbewerbslernen

Neuron der zweiten Schicht das Eingabemuster mit der Information, die in den zu dem jeweiligen Neuron führenden Gewichten kodiert ist. Wie dieser Vergleich vorgenommen wird, werden wir gleich noch genauer erläutern. Das Neuron, das die größte Übereinstimmung seiner Gewichtsinformation mit dem Eingabemuster feststellt, erhält die Aktivierung 1, allen anderen Neuronen der zweiten Schicht wird die Aktivierung 0 zugeordnet. Falls nicht eindeutig bestimmt werden kann, welches Neuron die größte Übereinstimmung aufweist, da sich für mehrere Neuronen die gleiche Übereinstimmung mit ihrer Gewichtsinformation ergibt, sollte zufällig eines der Neuronen mit maximaler Übereinstimmung ausgewählt werden. Das Neuron, das die Aktivierung 1 erhält, wird als *Siegerneuron* bezeichnet. Die Schicht der Neuronen, in der das Siegerneuron bestimmt wird, heißt *Wettbewerbsschicht* . Die Auswahl eines einzelnen Neurons mit Aktivierung 1 und die Unterdrückung der Aktivierung aller anderen Neuronen nennt man das *Winner–Take–All–Prinzip* .

Wir wenden uns jetzt der Berechnung der Übereinstimmung zwischen der Gewichtsinformation eines Neurons und eines Eingabemusters zu. Enthält die Eingabeschicht n Neuronen, entspricht ein Eingabemuster einem n–dimensionalen Vektor. Dabei ist die i–te Komponente dieses Vektors die Eingabe für das i–te Neuron. Auch die Gewichte, die von der Eingabeschicht zu einem Neuron u der Wettbewerbsschicht führen, lassen sich als n–dimensionaler Vektor $\mathbf{w}^{(u)}$ auffassen, wobei $\mathbf{w}_i^{(u)} = W(v_i, u)$ gilt. $W(v_i, u)$ ist das Gewicht vom Eingabeneuron v_i zum Neuron u. Die Übereinstimmung zwischen Eingabevektor $\mathbf{i}$ und Gewichtsvektor $\mathbf{w}^{(u)}$ bestimmen wir durch ihr Skalarprodukt

$$\mathbf{i}^\top \cdot \mathbf{w}^{(u)} = \sum_j \mathbf{i}_j \cdot \mathbf{w}_j^{(u)}.$$

Wir setzen voraus, daß sowohl der Eingabe– als auch der Gewichtsvektor normiert sind. Um eine große Übereinstimmung zu erzielen, wäre es ohne die Forderung der Normierung für den Gewichtsvektor am günstigsten, dem Betrage nach möglichst große Komponenten zu besitzen, die jeweils dasselbe Vorzeichen wie die entsprechende Komponente des Eingabevektors aufweisen. Das würde dazu führen, daß im wesentlichen nur die Vorzeichen der Komponenten eines Eingabevektors berücksichtigt werden. Die Normierung der Eingabevektoren stellt keine Einschränkung dar. Es empfiehlt sich jedoch, die Eingabevektoren vor der Normierung um eine Komponente mit dem Eintrag 1 zu erweitern, um zu vermeiden, daß zwei linear abhängige Vektoren auf denselben normierten Vektor abgebildet werden. Aufgrund der Normierung der Vektoren erhalten wir als Übereinstimmungsmaß den Cosinus des Winkels zwischen Eingabe– und Gewichtsvektor. Je kleiner dieser Winkel ist, desto eher wird das entsprechende Neuron als Siegerneuron hervorgehen. Der größtmögliche Übereinstimmungswert 1 wird nur in dem Fall angenommen, wenn Eingabe– und Gewichtsvektor identisch sind.

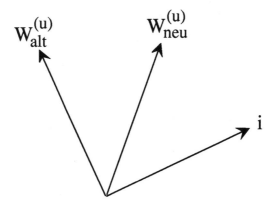

Bild 7.3: Modifikation eines Gewichtsvektors beim Wettbewerbslernen

Nachdem wir beschrieben haben, wie ein Eingabemuster in einem auf Wettbewerbslernen basierenden Neuronalen Netz verarbeitet wird, müssen wir noch das Erlernen der Gewichte festlegen. Die Idee besteht darin, nach der Verarbeitung eines vorgegebenen Eingabevektors den Gewichtsvektor des Siegerneurons so zu verändern, daß sich bei erneuter Präsentation desselben Eingabevektors eine noch bessere Übereinstimmung für dieses Neuron ergibt. Um dies zu erreichen, wird

$$\mathbf{w}_{neu}^{(u)} \;=\; \frac{\mathbf{w}_{alt}^{(u)} + \mathbf{i}}{\parallel \mathbf{w}_{alt}^{(u)} + \mathbf{i} \parallel} \tag{7.1}$$

als neuer Gewichtsvektor verwendet. Dabei ist $\mathbf{w}_{alt}^{(u)}$ der bisherige Gewichtsvektor des Siegerneurons u bei Präsentation des Vektors $\mathbf{i}$. Der resultierende Vektor $\mathbf{w}_{neu}^{(u)}$ halbiert offenbar den Winkel zwischen dem Eingabevektor $\mathbf{i}$ und dem bisherigen Gewichtsvektor $\mathbf{w}_{alt}^{(u)}$, so daß sich bei erneuter Präsentation des Vektors $\mathbf{i}$ ein kleinerer Winkel und somit eine größere Übereinstimmung zwischen $\mathbf{i}$ und dem neuen Gewichtsvektor

$\mathbf{w}_{\mathrm{neu}}^{(u)}$ ergibt. Bild 7.3 veranschaulicht, wie der Gewichtsvektor von dem Eingabevektor angezogen wird.

Der Sonderfall, daß zwischen dem Eingabe– und dem Gewichtsvektor ein Winkel von 180° vorliegt, ist in der Gleichung (7.1) auszuschließen.

Allgemeiner kann anstelle der Gleichung (7.1) auch

$$\mathbf{w}_{\mathrm{neu}}^{(u)} \;=\; \frac{\mathbf{w}_{\mathrm{alt}}^{(u)} + \sigma(\mathbf{i} - \mathbf{w}_{\mathrm{alt}}^{(u)})}{\| \, \mathbf{w}_{\mathrm{alt}}^{(u)} + \sigma(\mathbf{i} - \mathbf{w}_{\mathrm{alt}}^{(u)}) \, \|} \tag{7.2}$$

verwendet werden. $0 < \sigma < 1$ ist die Lernrate, die bestimmt, wie stark der Gewichtsvektor vom Eingabevektor angezogen wird. Für den Spezialfall einer Lernrate von $\sigma = 0.5$ in (7.2) erhalten wir gerade (7.1). Je größer die Lernrate σ gewählt wird, desto stärker wird der Gewichtsvektor vom Eingabevektor angezogen.

Wenn sich die Gewichtsvektoren des Neuronalen Netzes durch das Wettbewerbslernen so eingestellt haben, daß sich jedes Neuron u der Wettbewerbsschicht eine feste Menge von Eingabevektoren „erobert" hat, für die es als Siegerneuron hervorgeht, springt der Gewichtsvektor von u beim Lernen ständig zwischen den von u eroberten Eingabevektoren hin und her. Um diesen Effekt zu vermeiden beziehungsweise zu verringern, wird die Lernrate nicht konstant gewählt, sondern während des Lernens ständig verkleinert, bis sie schließlich den Wert 0 erreicht oder einen Wert nahe 0 unterschritten hat, was der Beendigung des Lernvorgangs entspricht.

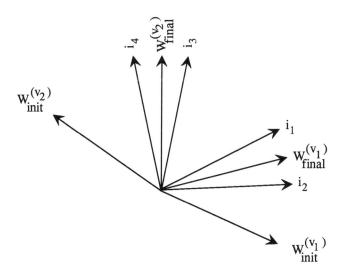

Bild 7.4: Ein Beispiel für das Wettbewerbslernen

Beispiel 7.1 Wir betrachten die freie Lernaufgabe, die aus den vier normierten Vektoren $\mathbf{i}_1 = (0.99600, 0.08935)$, $\mathbf{i}_2 = (0.99600, -0.08935)$, $\mathbf{i}_3 = (0.08935, 0.99600)$ und $\mathbf{i}_4 = (-0.08935, 0.99600)$ besteht. Die Vektoren $\mathbf{i}_1$ und $\mathbf{i}_2$ bilden mit der x–Achse einen Winkel von $+5°$ beziehungsweise $-5°$. Die Vektoren $\mathbf{i}_3$ und $\mathbf{i}_4$ liegen entsprechend symmetrisch zur y–Achse. Wir verwenden zur Lösung dieser Lernaufgabe ein Neuronales Netz mit zwei Eingabeneuronen, da die zu lernenden Vektoren zweidimensional sind. Die Wettbewerbsschicht soll hier ebenfalls aus zwei Neuronen mit den Bezeichnungen u_1 und u_2 bestehen. Im Idealfall würden sich als Gewichtsvektoren dieser Neuronen die Vektoren $(1, 0)$ und $(0, 1)$ ergeben, so daß das Neuron u_1 das Siegerneuron für die Eingaben $\mathbf{i}_1$ und $\mathbf{i}_2$ wäre und dessen Gewichtsvektor die Winkelhalbierende zwischen $\mathbf{i}_1$ und $\mathbf{i}_2$ ergäbe. Entsprechendes würde dann auch für das Neuron u_2 und die Eingaben $\mathbf{i}_3$ und $\mathbf{i}_4$ gelten.

Epoche	Mustervektor	Siegerneuron	$\mathbf{w}_{\text{neu}}^{\text{Siegerneuron}}$	
1	$\mathbf{i}_1$	u_1	0.99995	0.01004
1	$\mathbf{i}_2$	u_1	0.99684	-0.07945
1	$\mathbf{i}_3$	u_2	0.01004	0.99995
1	$\mathbf{i}_4$	u_2	-0.07945	0.99684
2	$\mathbf{i}_1$	u_1	0.99982	-0.01874
2	$\mathbf{i}_2$	u_1	0.99902	-0.04419
2	$\mathbf{i}_3$	u_2	-0.01874	0.99982
2	$\mathbf{i}_4$	u_2	-0.04419	0.99902
3	$\mathbf{i}_1$	u_1	0.99969	-0.02499
3	$\mathbf{i}_2$	u_1	0.99941	-0.03426
3	$\mathbf{i}_3$	u_2	-0.02499	0.99969
3	$\mathbf{i}_4$	u_2	-0.03426	0.99941
4	$\mathbf{i}_1$	u_1	0.99963	-0.02715
4	$\mathbf{i}_2$	u_1	0.99952	-0.03074
4	$\mathbf{i}_3$	u_2	-0.02715	0.99963
4	$\mathbf{i}_4$	u_2	-0.03074	0.99952
5	$\mathbf{i}_1$	u_1	0.99961	-0.02798
5	$\mathbf{i}_2$	u_1	0.99957	-0.02939
5	$\mathbf{i}_3$	u_2	-0.02798	0.99961
5	$\mathbf{i}_4$	u_2	-0.02939	0.99957

Tabelle 7.1: Ein Beispiel für das Wettbewerbslernen

Bild 7.4 zeigt diese Lernaufgabe einschließlich der initialisierten Gewichtsvektoren $\mathbf{w}_{\text{init}}^{(u_1)} = (0.70711, -0.70711)$ und $\mathbf{w}_{\text{init}}^{(u_2)} = (-0.70711, 0.70711)$ und der erlernten Gewichtsvektoren $\mathbf{w}_{\text{final}}^{(u_1)} = (0.99957, -0.02939)$ und $\mathbf{w}_{\text{final}}^{(u_2)} = (-0.02939, 0.99957)$. Zur Verdeutlichung sind die Winkel teilweise etwas vergrößert dargestellt.

Das Wettbewerbslernen kann hier wie folgt durchgeführt werden. Als Startwerte für die Gewichtsvektoren wählen wir $\mathbf{w}_{\text{init}}^{(u_1)}$ und $\mathbf{w}_{\text{init}}^{(u_2)}$. Die Mustervektoren werden dem Netz zyklisch in der Reihenfolge $\mathbf{i}_1, \mathbf{i}_2, \mathbf{i}_3, \mathbf{i}_4$ eingegeben. Nach jeder Präsentation eines Mustervektors aktualisieren wir den Gewichtsvektor des Siegerneurons mit Hilfe der Gleichung (7.2). Wir beginnen dabei mit der Lernrate $\sigma = 0.9$. Nach jeder Epoche, nachdem jeder Mustervektor jeweils einmal dem Netz präsentiert wurde, verringern wir die Lernrate mittels $\sigma_{\text{neu}} = 0.4 \cdot \sigma_{\text{alt}}$, bis sie einen Wert kleiner als 0.01 erreicht hat, was nach 5 Epochen eintritt. Tabelle 7.1 dokumentiert den Ablauf des Lernvorganges.

Durch die große Lernrate während der ersten Epoche und dadurch, daß die Vektoren $\mathbf{i}_1$ und $\mathbf{i}_2$ beziehungsweise $\mathbf{i}_3$ und $\mathbf{i}_4$ einen sehr kleinen Winkel bilden, liegen die beiden Gewichtsvektoren bereits nach der ersten Epoche nahe bei den jeweiligen Mustervektoren. $\diamond$

Kapitel 8

Selbstorganisierende Karten

Mit Hilfe des Wettbewerbslernens läßt sich durch nicht–überwachtes Lernen eine Einteilung eines Datensatzes in verschiedene Klassen erreichen. Jedes Neuron der Wettbewerbsschicht ist für die Erkennung jeweils einer Klasse von Daten zuständig. Die zu klassifizierenden Daten liegen als Vektoren im $\mathbb{R}^n$ vor. Diese Vektorraumstruktur wird benötigt, um ein Übereinstimmungs– oder Ähnlichkeitsmaß für die Daten definieren zu können. Dieses Ähnlichkeitsmaß für die Daten induziert ein Ähnlichkeitsmaß für die Klassen. Man betrachte etwa den im Bild 8.1 dargestellten Datensatz. Es ist offensichtlich, daß die Daten entlang einer parabelförmigen Kurve gestreut sind. Wir können hier nicht nur von näher beieinander oder weiter voneinander entfernt liegenden Clustern oder Klassen sprechen, sondern sogar eine Nachbarschaftsbeziehung zwischen den einzelnen Clustern erkennen. Ein Neuronales Netz, das diese Daten auf der Basis des Wettbewerbslernens klassifizieren soll, besitzt keine Möglichkeit, diese Nachbarschaftsbeziehungen zu repräsentieren, da die Wettbewerbsschicht aus einer strukturlosen Menge von Neuronen besteht.

Dieses Manko läßt sich mit *selbstorganisierenden Karten* beseitigen. Die Grundidee der selbstorganisierenden (sensorischen) Karten besteht in einer Modifikation der Neuronalen Netze, die auf der Basis des Wettbewerbslernens arbeiten. Es wird eine topologische Struktur auf der Wettbewerbsschicht definiert. Konkret heißt das, daß die Neuronen der Wettbewerbsschicht in Form einer Geraden, eines Rechtecks, eines Quaders oder allgemein eines Hyperquaders angeordnet werden. Das Ziel ist es, selbstorganisierende Karten so zu trainieren, daß benachbarte Cluster durch benachbarte Neuronen der Wettbewerbsschicht repräsentiert werden. Hierfür muß das Wettbewerbslernen modifiziert werden. Anstatt wie beim Wettbewerbslernen nach der Präsentation eines Eingabevektors nur den Gewichtsvektor des Siegerneurons in Richtung des Eingabevektors zu verschieben, werden bei selbstorganisierenden Karten alle Gewichtsvektoren der Neuronen in der näheren Umgebung des Siegerneurons in Richtung des Eingabevektors geändert. Dadurch wird verhindert, daß benachbarte Neuronen weit voneinander entfernte Cluster repräsentieren. Aufgrund dieser Eigenschaften werden selbstorganisierende Karten auch als *topologieerhaltende Abbildun-*

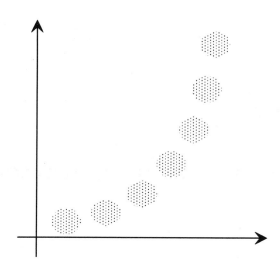

Bild 8.1: Cluster entlang einer parabelförmigen Kurve

gen bezeichnet. Typischerweise werden sie zur Dimensionsreduktion bei komplexen
Daten verwendet. Für die Daten aus dem Bild 8.1 wären die Neuronen der Wettbewerbsschicht linear, d.h. als Hyperquader der Dimension 1 anzuordnen, wodurch eine
Dimensionsreduktion der zweidimensionalen Daten auf eine eindimensionale Struktur
erzielt wird. Allgemein sollte die Dimension für die Topologie der Netzwerkschicht
anhand des vorliegenden Datensatzes geeignet gewählt werden. Wenn man etwa vier-
dimensionale Daten vorliegen hat und vermutet, daß diese Daten sich im wesentlichen
auf einer (möglicherweise gekrümmten) Ebene des $\mathbb{R}^4$ befinden, sollten die Neuronen
der Wettbewerbsschicht in Form eines Rechtecks angeordnet werden (vgl. hierzu das
Beispiel zur Steuerung eines Roboterarms am Ende dieses Abschnitts).

8.1   Das formale Modell

Wir kommen nun zur formalen Beschreibung der selbstorganisierenden Karten. Um
die Einschränkung auf normierte Vektoren, die beim Wettbewerbslernen vorausgesetzt werden, zu vermeiden, wird bei selbstorganisierenden Karten nicht der Winkel
zwischen Eingabe– und Gewichtsvektor als Maß für die Übereinstimmung zugrunde
gelegt, sondern deren euklidischer Abstand, d.h. die Netzeingabe des Neurons u in
der Wettbewerbsschicht ergibt sich zu

$$\text{net}_u = \sqrt{\sum_{j=1}^{n} (W(v_j, u) - o_{v_j})^2}.$$

Dabei gehen wir davon aus, daß die Eingabeschicht aus den n Neuronen $v_1, \ldots, v_n$ besteht. o_{v_j} bezeichnet die Ausgabe des Eingabeneurons v_j und liefert die j-te Komponente des Eingabevektors **i**. Fassen wir die von der Eingabeschicht zum Neuron u führenden Gewichte in dem Vektor $\mathbf{w}^{(u)}$ zusammen, läßt sich die Netzeingabe auch in der Kurzform

$$\text{net}_u = \parallel \mathbf{w}^{(u)} - \mathbf{i} \parallel$$

schreiben.

Zum Siegerneuron wird bei selbstorganisierenden Karten das Neuron mit der kleinsten Netzeingabe erklärt. Ist u_s das Siegerneuron bei Präsentation des Eingabevektors **i**, werden die Gewichtsvektoren eines Neurons u der Wettbewerbsschicht mittels

$$\Delta\mathbf{w}^{(u)} \;=\; \nu(u_s, t) \cdot \sigma(t) \cdot (\mathbf{i} - \mathbf{w}^{(u)}), \qquad (8.1)$$

bestimmt, d.h. der neue Gewichtsvektor des Neurons u ergibt sich aus der Formel $\mathbf{w}_{neu}^{(u)} = \mathbf{w}_{alt}^{(u)} + \Delta\mathbf{w}^{(u)}$. Dabei ist $0 < \sigma(t) < 1$ die Lernrate, die im allgemeinen im Laufe der Zeit – also mit wachsendem t – wie beim Wettbewerbslernen im Beispiel 7.1 abnehmen sollte. Das hat zur Folge, daß zu Beginn des Lernvorgangs große Änderungen der Gewichtsvektoren möglich sind, während sich die Gewichtsvektoren gegen Ende des Lernvorgangs nur noch geringfügig verändern.

$\nu(u_s, t)$ wird als *Nachbarschaftsfunktion* des Neurons u_s bezeichnet. In den meisten Fällen wird diese Funktion so gewählt, daß sie nur die Werte 0 und 1 annimmt. Es gilt im allgemeinen

$$\nu(u_s, t) = \begin{cases} 1 & \text{falls } u \in N_{r(t)}(u_s) \\ 0 & \text{sonst.} \end{cases}$$

Dabei bezeichnet $N_{r(t)}(u_s)$ die $r(t)$-Nachbarschaft des Siegerneurons u_s. Diese Nachbarschaft bestimmen wir folgendermaßen, wenn die Neuronen der Wettbewerbsschicht als d-dimensionaler Hyperquader angeordnet sind: Wir weisen jedem Neuron u seine Position in Form eines d-dimensionalen ganzzahligen Vektors $\mathbf{p}^{(u)}$ zu, der die Koordinaten von u innerhalb des Gitters $\mathbb{Z}^d$ angibt. Für den Abstand $\text{dist}(u, v)$ zwischen zwei Neuronen u und v der Wettbewerbsschicht verwenden wir die Supremumsnorm, d.h. der Abstand entspricht dem Betrag der maximalen Differenz der einzelnen Koordinaten der Neuronen:

$$\text{dist}(u, v) \;=\; \max_{i \in \{1, \ldots, d\}} \{|\mathbf{p}_i^{(u)} - \mathbf{p}_i^{(v)}|\}.$$

Für einen Radius $r \geq 0$ besteht die r-Nachbarschaft des Neurons u_s aus den Neuronen u der Wettbewerbsschicht, deren Abstand zu u_s höchstens r beträgt. Das bedeutet

$$N_r(u_s) \;=\; \{u \mid \text{dist}(u_s, u) \leq r\}.$$

Bild 8.2, in dem die Neuronen der Wettbewerbsschicht als zweidimensionaler Hyperquader – also in Form eines Rechtecks – angeordnet sind, veranschaulicht die r-Nachbarschaft des Neurons u_s für die Werte $r = 1$ und $r = 2$.

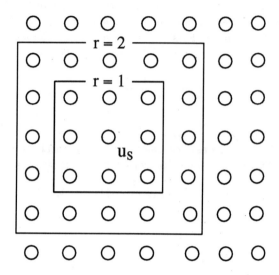

Bild 8.2: Die r–Nachbarschaften des Neurons u_s

Bei diesem Verfahren werden die Gewichtsvektoren aller Neuronen innerhalb der $r(t)$–Nachbarschaft des Siegerneurons in Richtung des momentanen Eingabevektors verändert, während die Gewichtsvektoren aller anderen Neuronen unbeeinflußt bleiben.

Der Radius $r(t)$ zur Bestimmung der $r(t)$–Nachbarschaft des Siegerneurons sollte genau wie die Lernrate im Laufe der Zeit abnehmen, so daß am Anfang des Lernvorgangs auch Neuronen in der weiteren Umgebung des Siegerneurons eine ähnliche Gewichtsvektoränderung wie das Siegerneuron erfahren. Später werden bei abnehmendem Radius nur noch die Neuronen in der nahen Umgebung des Siegerneurons beeinflußt. Für einen Radius von 0 wird nur der Gewichtsvektor des Siegerneurons aktualisiert, und die selbstorganisierende Karte führt – abgesehen von der unterschiedlichen Bestimmung der Ähnlichkeit zwischen Eingabe- und Gewichtsvektor – ein reines Wettbewerbslernen durch. Die Gewichtsänderung des Siegerneurons bei selbstorganisierenden Karten stimmt bis auf die fehlende Normierung mit der Gewichtsänderung beim Wettbewerbslernen überein (vgl. die Gleichungen (8.1) und (7.2)).

8.2 Anwendungen selbstorganisierender Karten

Das folgende Beispiel veranschaulicht, wie bei der Präsentation von auf dem Einheitsquadrat gleichverteilten Eingabemustern die Gewichtsvektoren einer selbstorganisierenden Karte mit der Zeit ein annähernd gleichmäßiges Gitter herausbilden.

Beispiel 8.1 Wir betrachten eine selbstorganisierende Karte mit 10×10 Neuronen in der Wettbewerbsschicht und zwei Neuronen in der Eingabeschicht. Als Eingabemuster verwenden wir nach einer Gleichverteilung auf dem Einheitsquadrat $[0,1] \times [0,1]$ erzeugte Vektoren. Wir veranschaulichen die in diesem Neuronalen Netz gespeicherte Information, indem wir jedes der 100 Neuronen der Wettbewerbsschicht an die Stelle des Einheitsquadrats einzeichnen, die den Koordinaten des zugehörigen Gewichtsvektors entspricht. Die Verbindungen der Neuronen im Gitter werden ebenfalls auf die sie repräsentierenden Punkte übertragen. Die anfänglichen Gewichtsvektoren werden durch eine Normalverteilung mit dem Erwartungswert $(0.5, 0.5)$ erzeugt. Bild 8.3 zeigt diese strukturlose Ausgangskonfiguration.

Bild 8.3: Eine mit zufälligen Gewichtsvektoren initialisierte
selbstorganisierende Karte

Der selbstorganisierenden Karte sollen zum Lernen insgesamt $T = 15000$ zufällig erzeugte Eingabevektoren präsentiert werden. Wir beginnen mit einer Lernrate $\sigma(0) = 0.6$. Die Verringerung der Lernrate in Abhängigkeit der Anzahl t der präsentierten Eingabevektoren wird durch

$$\sigma(t) = \sigma(0) \cdot (1 - \frac{t}{T})$$

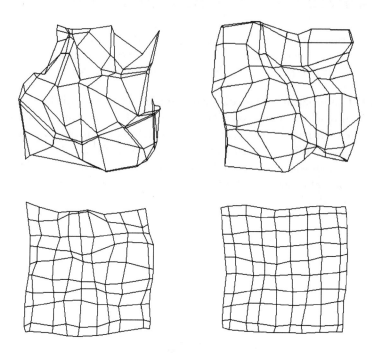

Bild 8.4: Eine selbstorganisierende Karte nach 1000, 6000, 12000 und 15000 Lern-
schritten

vollzogen. Analog starten wir mit einem anfänglichem Radius $r(0) = 3$ zur Berechnung der Nachbarschaft des Siegerneurons, die die Neuronen beinhaltet, deren
Gewichtsvektoren verändert werden. Der Radius nimmt in der Form

$$r(t) = r(0) \cdot (1 - \frac{t}{T})$$

ab. Aus Gründen der Vereinfachung haben wir in diesem Beispiel den Radius und
die Lernrate erst nach jeweils 1000 Lernschritten mit den hier angegebenen Formeln
aktualisiert.

Das Bild 8.4 zeigt die selbstorganisierende Karte nach 1000, 6000, 12000 und 15000
Lernschritten. Die grobe Gitterstruktur zeigt sich bereits nach relativ wenigen Lern-
schritten, da die Anfangswerte für die Lernrate und den Nachbarschaftsradius genügend groß gewählt wurden. Eine zu kleine anfängliche Lernrate oder ein zu geringer
Anfangsradius kann dazu führen, daß die selbstorganisierende Karte nicht mehr in der
Lage ist, aus der zufälligen Startkonfiguration im Bild 8.3 die Gitterstruktur wieder
zu erzeugen. Bild 8.5 stellt die selbstorganisierende Karte nach $T = 15000$ Lernschrit-

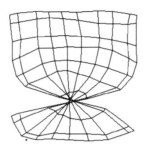

Bild 8.5: Eine selbstorganisierende Karte bei zu klein gewählter Lernrate

ten dar, wenn von denselben Daten wie eben ausgegangen wird mit der Ausnahme,
daß statt der anfänglichen Lernrate $\sigma(0) = 0.6$ hier $\sigma(0) = 0.4$ verwendet wurde. Das
Neuronale Netz kann die Verdrehung nicht mehr auflösen.   ◇

Das Modell der selbstorganisierenden Karten wurde von Kohonen [KOHONEN, 1982,
KOHONEN, 1984] entwickelt, weshalb diese Netze auch als *Kohonen–Netze* bezeichnet werden. Kohonen ließ sich vor allem durch Erkenntnisse der Neurobiologie leiten.
Viele neuronale Strukturen im Gehirn sind linear oder planar angeordnet. Benachbarte Neuronen reagieren auf ähnliche Reize. Die von diesen Neuronen zu verarbei-
tenden Reize stammen aus der natürlichen Umwelt und werden über die Sinnesor-
gane wahrgenommen. Die aufgenommenen Reize sind oft mehrdimensionaler Natur.
Für das Farbsehen müssen beispielsweise mindestens drei verschiedene Farbrezep-
toren vorhanden sein. Das Hören erfordert die Wahrnehmung vieler verschiedener
Frequenzen. All diese mehrdimensionalen Reize werden meist auf zweidimensionale
Strukturen im Gehirn abgebildet. Wenn auch die Einzelheiten der Repräsentation im
Gehirn (noch) nicht bekannt sind, so ist doch sicher, daß solche Strukturen im Gehirn
Verwendung finden und daß sowohl die visuelle als auch die sensorische Wahrnehmung
im Prinzip mit Hilfe topologieerhaltender Repräsentationen im Gehirn abläuft.

Eine detaillierte Analyse solcher Abläufe im Gehirn ist nicht das Ziel dieses Buches
und würde sich zu weit von unserem eigentlichen Thema entfernen. Der interessierte
Leser findet in [RITTER et al., 1990] eine ausführliche Diskussion des Zusammenhangs
zwischen dem auditiven Kortex der Fledermaus und Kohonens Modell.

Die hier vorgestellten selbstorganisierenden Karten stellen bereits eine sehr grobe
Vereinfachung und Abstraktion der Vorgänge im Gehirn dar. Das Winner–Take–All–
Prinzip findet in seiner dogmatischen Form im Gehirn keine Anwendung. Allerdings
kann bei Strukturen im Gehirn ein ähnlicher Effekt erzielt werden, indem sich benachbarte Neuronen gegenseitig hemmen. Diese Idee wurde im Modell von der Malsburgs

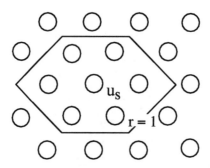

Bild 8.6: Anordnung der Neuronen der Wettbewerbsschicht in einer Sechseckstruktur

für selbstorganisierende Strukturen realisiert [VON DER MALSBURG, 1973].

Das hier eingeführte Grundmodell findet sich in zahlreichen Anwendungen mit mehr oder weniger starken Modifikationen wieder. Die Form der Topologie der Wettbewerbsschicht als Hyperquader ist nicht zwingend. Andere Anordnung wie etwa Dreiecke oder Kreise sind ebenfalls gebräuchlich. Auch kann von einem rechtwinkligen Gitter als Grundlage für die Nachbarschaft abgewichen werden. Ein Sechseck–Gitter wie im Bild 8.6 eignet sich bei entsprechender Modifikation des Begriffs der r–Nachbarschaft gut für zweidimensionale Wettbewerbsschichten. Eine solche sechseckige Nachbarschaft wurde von Kohonen für Phonemkarten für die Spracherkennung finnischer und japanischer Worte benutzt [KOHONEN, 1988, KOHONEN, 1989]. Die digitalisierten Sprachlaute werden dazu alle 10ms einer Fouriertransformation unterzogen und das so entstandene Kurzzeitspektrum in 15 Frequenzbereiche zerlegt. Die selbstorganisierende Karte für diese Aufgabe besitzt 15 Eingabeneuronen. Jedes dieser Neuronen erhält die Intensität jeweils eines Frequenzbereichs als Eingabe. Die Wettbewerbsschicht besteht aus 12×8 Neuronen, die für die Erkennung der verschiedenen Phoneme (Laute) zuständig sind. Nicht jedes Neuron entspricht dabei einem Phonem. Dafür kann ein Phonem durch verschiedene Neuronen repräsentiert werden. Ein dem Netz präsentiertes Wort besteht aus einer Sequenz von Eingaben und die Folge der Siegerneuronen beschreibt das Wort in Form eines Weges in der Phonemkarte.

Bei einigen Problemstellungen kann es sinnvoll sein, die Ränder der Wettbewerbsschicht als benachbart zu erklären und so anstelle eines Rechtecks eine Kugel oder einen Torus als Topologie zu verwenden. Größere Modifikationen sind für die folgenden beiden Anwendungen notwendig.

Ritter et al. [RITTER et al., 1990] beschreiben eine selbstorganisierende Karte zur Steuerung eines Robotersystems. Die Aufgabe besteht darin, einen Roboterarm so zu positionieren, daß er einen auf einer ebenen Arbeitsplatte plazierten Gegenstand greifen kann. Die Eingabeinformation erhält der Roboterarm von zwei Kameras, die

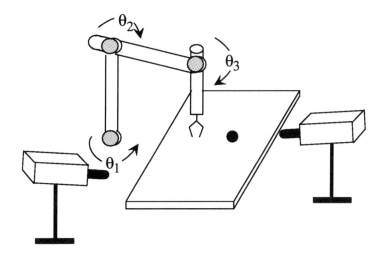

Bild 8.7: Ein über zwei Kameras gesteuerter Roboterarm

jeweils einen zweidimensionalen Vektor zur Verfügung stellen, der die Position des Gegenstands in der Bildebene der Kamera angibt. Aus dieser vierdimensionalen Eingabe sollen die drei Winkel für die Gelenke des Roboters bestimmt werden, so daß der Greifarm direkt über dem vorgegebenen Gegenstand steht (s. Bild 8.7). Da die vierdimensionalen Eingabevektoren Punkte einer Ebene beschreiben, ist diese Anwendung ein typisches Beispiel für eine topologieerhaltende Abbildung, die eine Dimensionsreduktion von vier auf zwei realisiert. Die Neuronen der Wettbewerbsschicht sind daher planar angeordnet. Jedes Neuron der Wettbewerbsschicht ist für die Erkennung einer Position auf der Arbeitsplatte zuständig. Dies allein genügt jedoch nicht; es sollen ja auch die Winkel der Gelenke des Roboterarms für diese Position bestimmt werden. Dafür wird jedem Neuron eine Winkeleinstellung für die Gelenke und eine Matrix zugeordnet. Die Matrix dient der Feinpositionierung, wenn der Eingabevektor nicht exakt mit dem Gewichtsvektor des Siegerneurons übereinstimmt. Die Kameras melden die Abweichung des Roboterarms bei der durch das Siegerneuron berechneten Winkelposition von dem zu greifenden Gegenstand. Die Winkeleinstellung und die Matrix zur Feinregulierung können dann mit Hilfe eines Gradientenverfahrens erlernt werden.

8.3   Counterpropagation

Selbstorganisierende Karten eignen sich zur Lösung freier Lernaufgaben. Bei einer festen Lernaufgabe, die beispielsweise durch eine Funktion von einem Eingaberaum in einen Ausgaberaum vorgegeben ist, kann es von Vorteil sein, den Eingaberaum durch eine selbstorganisierende Karte im Sinne einer topologieerhaltenden Abbildung zu zerlegen oder zu kartieren. Eine solche „Karte" des Eingaberaums kann beim Erlernen der Funktion hilfreich sein. Diese Idee wurde von Hecht–Nielsen bei der Entwicklung der *Counterpropagation–Netze* aufgegriffen [HECHT-NIELSEN, 1987, HECHT-NIELSEN, 1988, HECHT-NIELSEN, 1990].

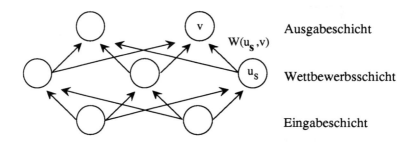

Bild 8.8: Ein Counterpropagation–Netz

Die Architektur von Counterpropagation–Netzen zeigt Bild 8.8. Die Eingabe– und die Wettbewerbsschicht bilden eine gewöhnliche selbstorganisierende Karte. Ist eine feste Lernaufgabe $\tilde{\mathcal{L}} \subseteq \mathbb{R}^m \times \mathbb{R}^n$ für ein Counterpropagation–Netz vorgegeben, wird aus dieser festen eine freie Lernaufgabe erzeugt, indem man für jedes Ein–/Ausgabepaar $(\mathbf{i}, \mathbf{t}) \in \tilde{\mathcal{L}}$ nur die Eingabe $\mathbf{i}$ berücksichtigt. Die im Counterprogation–Netz enthaltene selbstorganisierende Karte wird mit der so definierten freien Lernaufgabe trainiert.

Nach Beendigung dieses Lernvorgangs wird wieder die feste Lernaufgabe aufgegriffen, um die Gewichte von der Wettbewerbsschicht zur Ausgabeschicht zu erlernen. Der Eingabevektor $\mathbf{i}$ aus einem Trainingsmusterpaar $(\mathbf{i}, \mathbf{t}) \in \tilde{\mathcal{L}}$ wird dem Netz präsentiert, das zunächst das Siegerneuron u_s in der Wettbewerbsschicht bestimmt. Als Ausgabe der Neuronen v_j $(j = 1, \ldots, n)$ der Ausgabeschicht werden die vom Siegerneuron ausgehenden Gewichte $W(u_s, v_j)$ definiert. Diese Gewichte werden nun mit Hilfe der Delta–Regel modifiziert, d.h.

$$\Delta W(u_s, v_j) = \sigma \cdot \big(t_j - W(u_s, v_j)\big) \qquad (8.2)$$

ist die Gewichtsänderung. Dabei ist σ die Lernrate, die im Laufe des Lernvorgangs verkleinert werden sollte. Um (8.2) mit der in Definition 4.3 gegebenen Formel für die Delta–Regel in Übereinstimmung zu bringen, müssen wir berücksichtigen, daß nur das Siegerneuron u_s in der Wettbewerbsschicht eine Aktivierung von 1 besitzt und allen anderen die Aktivierung 0 zugeordnet ist. Daher gilt

$$W(u_s, v_j) \;=\; a_{v_j} \;=\; \mathrm{net}_{v_j} \;=\; \sum_u W(u, v_j) \cdot a_u.$$

Insofern kann die Delta–Regel aus Definition 4.3 für alle Gewichte $W(u, v_j)$ von der Wettbewerbsschicht zur Ausgabeschicht verwendet werden, da der dort auftretende Faktor $a_{u_1}^{(p)}$ den Wert 1 für $u = u_s$ bzw. 0 für $u \neq u_s$ annimmt. Die Delta–Regel minimiert die Summe der quadratischen Fehler zwischen den durch die Lernaufgabe vorgegebenen und den tatsächlichen Ausgaben.

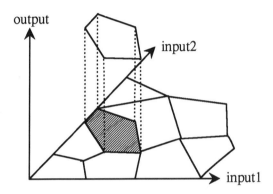

Bild 8.9: Approximation einer Funktion durch ein Counterpropagation–Netz

Ein Counterpropagation–Netz lernt eine als Lernaufgabe formulierte Funktion, indem es zunächst den Eingaberaum partitioniert und dann auf den einzelnen Mengen der Partition jeweils den Mittelwert der auf der entsprechenden Menge durch die Lernaufgabe vorgegebenen Ausgabewerte bestimmt. Bild 8.9 verdeutlicht ein Counterpropagation–Netzes eine Funktion $f : \mathbb{R}^2 \rightarrow \mathbb{R}$ approximiert. Die selbstorganisierende Karte bestimmt eine Partition der Eingabeebene. Das Counterpropagation–Netz liefert für alle Eingaben der schraffierten Menge, die mit einem Neuron der Wettbewerbsschicht klassifiziert wird, als Ausgabe den Mittelwert der Funktion auf dieser Menge.

Das hier vorgestellte Modell der Counterpropagation–Netze lehnt sich an [ROJAS, 1993] an. Der Name *Counterpropagation* bezieht sich auf das ursprüngliche Modell von Hecht–Nielsen, bei dem auch die Ausgabe zur Eingabeschicht zurückpropagiert wurde, so daß gleichzeitig die durch die Lernaufgabe vorgegebene Funktion und – im Falle der Existenz – deren Umkehrfunktion erlernt wird.

Counterpropagation–Netze können nur stückweise konstante Funktionen korrekt erlernen. Eine Erweiterung der Netzwerkarchitektur zu *linearen Assoziatoren* erlaubt es, stückweise lineare Funktionen zu erhalten. Wir betrachten zur Vereinfachung nur

lineare Assoziatoren mit einem Ausgabeneuron. Den Aufbau eines linearen Assoziators beschreibt Bild 8.10. Die gestrichelt eingezeichneten Verbindungen, die von
den Neuronen der Wettbewerbsschicht ausgehen, dienen nur zur Aktivierung oder
Deaktivierung der Neuronen der Assoziatorschicht. Nur das Neuron in der Assoziatorschicht, das mit dem Siegerneuron der Wettbewerbsschicht verbunden ist, erhält
eine von 0 verschiedene Aktivierung. Seine Aktivierung ist die übliche gewichtete
Summe der Eingaben. Die Gewichte werden mit Hilfe der Delta–Regel erlernt. Das
Ausgabeneuron liefert nur die Ausgabe des aktivierten Neurons der Assoziatorschicht.
Auf diese Weise können lineare Assoziatoren stückweise lineare Funktionen erlernen.

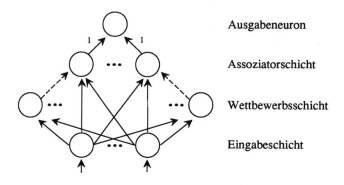

Bild 8.10: Ein linearer Assoziator

Kapitel 9

Hopfield–Netze

Die bisher vorgestellten Architekturen Neuronaler Netze beinhalten keine Rückkopplung zwischen den Neuronen. Im Gegensatz zu diesen vorwärtsbetriebenen Netzen spielt die Rückkopplung in Form ungerichteter Verbindungen zwischen den Neuronen die zentrale Rolle bei den Hopfield–Netzen.

Ein Hopfield–Netz besteht aus einer Menge binärer Neuronen, die durch eine symmetrische Netzwerkstruktur verbunden sind. Je nach Vorzeichen des Gewichts einer Verbindung unterscheidet man wiederum zwischen hemmenden und anregenden Verbindungen. Ein aktives Neuron regt alle Neuronen an, zu denen eine Verbindung mit positivem Gewicht existiert; bei einem negativem Gewicht wird das Nachbarneuron gehemmt. Den Neuronen eines Hopfield–Netzes ist jeweils eine lineare Schwellenwertfunktion als Aktivierungsfunktion zugeordnet. Als Netzeingabe wird die übliche gewichtete Summe verwendet.

Anders als bei den vorwärtsbetriebenen Netzen, in denen die Verarbeitung einer Eingabe durch Propagation von der Eingabeschicht zur Ausgabeschicht in einer durch die Architektur festgelegten Anzahl von Verarbeitungsschritten geschieht, müssen bei rückgekoppelten Netzen die Zustände der Neuronen solange neu berechnet werden, bis das Netz in einen Ruhezustand konvergiert ist, in dem sich keine Änderung der Aktivierungszustände ergibt. Für Hopfield–Netze läßt sich nachweisen, daß sie immer nach endlicher Zeit in einen solchen Ruhezustand konvergieren. Die Anzahl der dafür benötigten Verarbeitungsschritte kann jedoch variieren.

Die „Netzwerkstruktur" des Gehirns hat eher einen rückgekoppelten Aufbau, in dem sich Neuronen gegenseitig anregen und hemmen, als eine gerichtete Struktur wie die vorwärtsbetriebenen Netze. Hopfield–Netze lassen sich aber auch auf eine völlig andere Art begründen. Sie stellen eine vereinfachte Modellierung des Verhaltens von Materialien dar, deren Atome sich wie Dipolmagnete verhalten. Solche Materialien werden auch als *Spingläser* bezeichnet. Die Dipolmagnete entsprechen dabei den Neuronen, ihre Ausrichtung im Magnetfeld dem Aktivierungszustand des Neurons. Die Netzwerkstruktur beschreibt die magnetische Wechselwirkungen zwischen den

Atomen. Je nach Ausrichtung der Dipolmagnete läßt sich den Spingläsern ein Energiezustand zuordnen. Die Dipolmagnete richten sich dann nach einiger Zeit so aus, daß sich ein Zustand minimaler Energie ergibt. Ganz analog kann auch eine Energiefunktion für das Hopfield–Netz definiert werden. Das Hopfield–Netz ist bestrebt, diese Energiefunktion zu minimieren.

Hopfield–Netze lassen sich daher nicht nur als autoassoziative Speicher verwenden, sondern eignen sich auch zur Lösung von Optimierungsproblemen, sofern sich die zu optimierende Funktion als Energiefunktion eines Hopfield–Netzes umschreiben läßt.

9.1   Das formale Modell des Hopfield–Netzes

Nachdem wir das Grundprinzip des Hopfield–Netzes vorgestellt haben, können wir nun das formale Modell beschreiben.

Definition 9.1 *Ein Hopfield–Netz ist ein Neuronales Netz*
$HN = (U, W, A, O, \mathrm{NET}, \mathrm{ex})$, *wobei gilt:*

(i) *Die Netzwerkstruktur* $W : U \times U \to \mathbb{R}$ *ist symmetrisch und verbindet keine Einheit mit sich selbst, d.h. für alle* $u, u' \in U$ *gilt:* $W(u, u') = W(u', u)$ *und* $W(u, u) = 0$.

(ii) *A ordnet jeder Einheit* $u \in U$ *eine Aktivierungsfunktion* $A_u : \mathbb{R} \to \{-1, +1\}$ *zur Berechnung der Aktivierung* a_u *zu mit*

$$a_u = \begin{cases} +1 & \text{falls } \mathrm{net}_u \geq \theta_u \\ -1 & \text{sonst,} \end{cases} \tag{9.1}$$

wobei der Schwellenwert $\theta_u \in \mathbb{R}$ *für jedes* $u \in U$ *fest vorgegeben ist.*

(iii) *O ordnet jeder Einheit* $u \in U$ *eine Ausgabefunktion* $O_u : \mathbb{R} \to \mathbb{R}$ *zur Berechnung der Ausgabe* o_u *zu, wobei* O_u *die Identität ist, d.h. es gilt* $o_u = a_u$.

(iv) NET *ordnet jeder Einheit* $u \in U$ *eine lineare Netzeingabefunktion (Propagierungsfunktion)* $\mathrm{NET}_u : (\mathbb{R} \times \mathbb{R})^U \to \mathbb{R}$ *zur Berechnung der Netzeingabe* net_u *zu; es gilt*

$$\mathrm{net}_u = \sum_{u' \in U} W(u', u) \cdot o_{u'} = \sum_{u' \in U \setminus \{u\}} W(u', u) \cdot o_{u'}$$

für alle $u \in U$.

(v) $\mathrm{ex} : U \to \{-1, +1\}$ *ordnet jeder Einheit* $u \in U$ *ihre externe Eingabe* $\mathrm{ex}(u)$ *zu.*

Anstelle der Menge $\{-1, +1\}$ für die möglichen Aktivierungszustände einer Einheit wird teilweise auch die Menge $\{0, 1\}$ verwendet. Die Zuordnung

$$\tilde{a}_u := 2a_u - 1 \tag{9.2}$$

für ein Hopfield–Netz, dessen Einheiten nur die Aktivierungszustände $a_u = 0$ oder $a_u = 1$ annehmen können, bewirkt eine Transformation in die Aktivierungszustandsmenge $\{-1, +1\}$. Die Rücktransformation ergibt sich aus

$$a_u := \frac{1}{2}\tilde{a}_u + \frac{1}{2}.$$

Zu einem Hopfield–Netz mit der Netzwerkstruktur W und den Schwellenwerten θ_u ($u \in U$) unter Verwendung der Aktivierungszustände 0 und 1 kann ein äquivalentes Hopfield–Netz, das auf den Aktivierungszuständen -1 und $+1$ basiert, mit der Netzwerkstruktur $\widetilde{W}$ und den Schwellenwerten $\tilde{\theta}_u$ ($u \in U$) konstruiert werden. Für die Äquivalenz der beiden Hopfield–Netze muß offenbar für alle $u \in U$

$$\widetilde{\text{net}}_u = \sum_{u' \in U} \widetilde{W}(u', u) \cdot \tilde{a}_{u'} \geq \tilde{\theta}_u \quad \Longleftrightarrow \quad \text{net}_u = \sum_{u' \in U} W(u', u) \cdot a_{u'} \geq \theta_u$$

gelten. Mit (9.2) ergibt sich

$$\widetilde{\text{net}}_u = 2 \sum_{u' \in U} \widetilde{W}(u', u) \cdot a_{u'} - \sum_{u' \in U} \widetilde{W}(u', u) \geq \tilde{\theta}_u. \tag{9.3}$$

(9.3) ist äquivalent zu

$$\sum_{u' \in U} 2 \cdot \widetilde{W}(u', u) \cdot a_{u'} \geq \tilde{\theta}_u + \sum_{u' \in U} \widetilde{W}(u', u). \tag{9.4}$$

Setzen wir für alle $u, \hat{u} \in U$

$$\widetilde{W}(\hat{u}, u) = \frac{1}{2} \cdot W(\hat{u}, u) \quad \text{und} \quad \tilde{\theta}_u = \theta_u - \sum_{u' \in U} \widetilde{W}(u', u),$$

ist (9.4) genau dann erfüllt, wenn

$$\sum_{u' \in U} W(u', u) \cdot a_{u'} \geq \theta_u$$

gilt, so daß sich die beiden Hopfield–Netze bei Identifikation der Aktivierungszustände 0 und -1 gleichartig verhalten.

9.2   Die Energiefunktion eines Hopfield–Netzes

Prinzipiell wäre es bei einem Hopfield–Netz möglich, daß der (neue) Aktivierungszustand aller Einheiten gleichzeitig berechnet wird. Diese Vorgehensweise kann aber dazu führen, daß das Netz keine Ruhephase erreicht, sondern wie das Hopfield–Netz aus Bild 2.5 auf Seite 28 immer wieder einen Zyklus von Zuständen durchläuft. Daher werden die Aktivierungszustände der einzelnen Einheiten eines Hopfield–Netzes seriell aktualisiert. Meistens wird dabei die Einheit, deren Aktivierungszustand neu berechnet werden soll, zufällig ausgewählt, d.h. nach jeder Aktualisierung wird nach einer Gleichverteilung auf den Einheiten die als nächstes zu betrachtende Einheit ausgewürfelt. Aus Gründen der Vereinfachung kann es aber auch sinnvoll sein, die Einheiten mit den Zahlen $1, \ldots, n$ zu numerieren und die neuen Aktivierungszustände in der entsprechenden Reihenfolge zu bestimmen, wobei nach der Abarbeitung der Einheit u_n wieder mit der Einheit u_1 begonnen wird.

Hopfield [HOPFIELD, 1982] stellte eine Verbindung zwischen magnetischen Anomalien in seltenen Erden (Spingläsern) und Netzen aus rückgekoppelten, binären Neuronen her. Physikalische Modelle von Spingläsern gehen meistens davon aus, daß einzelnen Atomen, die als Dipolmagnete aufgefaßt werden, einer der Zustände -1 oder $+1$ zugeordnet werden kann, wenn sie sich in einem konstanten Magnetfeld befinden. Dabei bedeutet der Zustand oder Spin $+1$, daß der Dipolmagnet parallel zum Magnetfeld ausgerichtet ist, während der Spin -1 eine antiparallele Ausrichtung repräsentiert. Die Dipolmagnete entsprechen in diesem Sinne den Einheiten eines Hopfield–Netzes. Die Kopplungseffekte zwischen den einzelnen Dipolmagneten werden im Hopfield–Netz durch die Netzwerkstruktur W dargestellt. Wirkt ein äußeres Magnetfeld θ auf die Atome, so kann das lokale Magnetfeld beim Atom u durch die Formel

$$\left(\sum_{u' \in U : u' \neq u} W(u', u) \cdot a_{u'} \right) - \theta_u \tag{9.5}$$

berechnet werden, wobei $a_{u'}$ den Spin des Atoms u' angibt. Ist der Wert (9.5) negativ, so nimmt das Atom u den Spin -1 an, andernfalls erhält das Atom u den Spin $+1$. Für den Fall, daß für alle $u, u' \in U$ $W(u', u) > 0$ gilt, heißt das betrachtete Material ferromagnetisch. Ein Kristallgitter, in dem das Vorzeichen der $W(u', u)$ periodisch wechselt, wird antiferromagnetisch genannt. Bei Spingläsern liegt eine zufällige Verteilung der Vorzeichen der $W(u', u)$ vor.

Hopfields Kernidee besteht in der Übertragung des Begriffs der Energiefunktion, die physikalischen Modellen wie Spingläsern zugeordnet wird, auf Neuronale Netze. Eine Änderung des Spins eines Atoms in einem Spinglasmodell erfolgt nur dann, wenn damit eine Verringerung der Energie des Systems verbunden ist, so daß die Energie eines solchen Systems ständig abnimmt, bis sie ein (möglicherweise lokales) Minimum erreicht hat. Die Energie E eines Hopfield–Netzes wird daher so definiert, daß eine Änderung des Aktivierungszustands eines Neurons genau dann vorgenommen wird, wenn damit eine Verminderung der Energie einhergeht, d.h. die Änderung

$\Delta E = E^{\text{neu}} - E^{\text{alt}}$ der Energie negativ ist. Bei den folgenden Überlegungen setzen wir voraus, daß die Netzeingabe net_u niemals exakt den Schwellenwert θ_u annimmt.

Wir betrachten eine Einheit $u \in U$ eines Hopfield–Netzes und deren Änderung $\Delta a_u = a_u^{\text{neu}} - a_u^{\text{alt}}$ des Aktivierungszustands. Δa_u kann nur dann negativ sein, wenn

$$\left(\sum_{u' \in U} W(u', u) \cdot a_{u'} \right) - \theta_u \; < \; 0 \qquad (9.6)$$

gilt. Umgekehrt muß für den Fall, daß Δa_u positiv sein soll,

$$\left(\sum_{u' \in U} W(u', u) \cdot a_{u'} \right) - \theta_u \; > \; 0 \qquad (9.7)$$

erfüllt sein. Aus den Ungleichungen (9.6) und (9.7) folgt, daß Δa_u und

$$\left(\sum_{u' \in U} W(u', u) \cdot a_{u'} \right) - \theta_u$$

stets dasselbe Vorzeichen besitzen. Daher führt die Definition

$$\Delta E \; = \; \Delta E_u \; = \; -\Delta a_u \cdot \left(\left(\sum_{u' \in U} W(u', u) \cdot a_{u'} \right) - \theta_u \right) \qquad (9.8)$$

dazu, daß eine Änderung des Aktivierungszustands eine Verringerung der Energie zur Folge hat. Offenbar liefert die Festlegung der Energiefunktion für die Einheit u mittels

$$E_u \; = \; -a_u \cdot \left(\left(\sum_{u' \in U} W(u', u) \cdot a_{u'} \right) - \theta_u \right) \qquad (9.9)$$

für ΔE_u die Formel (9.8). Die Gesamtenergie E, bei der ebenfalls ΔE in der Form (9.8) berechnet werden kann, ergibt sich im wesentlichen durch die Summierung aller Einzelenergien E_u. Allerdings würde eine einfache Summierung dazu führen, daß die Werte $W(u', u) \cdot a_{u'} \cdot a_u$ aufgrund der Symmetrie von Hopfield–Netzen doppelt gezählt werden. Wir definieren daher

$$E \; = \; -\frac{1}{2} \sum_{u \in U} \sum_{u' \in U} W(u', u) \cdot a_{u'} \cdot a_u \; + \; \sum_{u \in U} \theta_u \cdot a_u. \qquad (9.10)$$

Die einem Hopfield–Netz mit vorgegebener Netzwerkstruktur zugeordnete Energiefunktion kann nur endlich viele verschiedene Werte annehmen, da außer den binären Aktivierungszuständen a_u, $u \in U$, keine Veränderlichen in (9.10) auftreten. Eine Änderung der Aktivierung hat eine Verringerung der Energie zur Folge, so daß das Hopfield–Netz nach einer endlichen Anzahl von Schritten ein (möglicherweise lokales) Minimum der Energiefunktion erreicht, bei dem keine weiteren Zustandsänderungen mehr vorgenommen werden. Unter einem lokalen Minimum der Energiefunktion eines Hopfield–Netzes verstehen wir einen Zustand, bei dem für jedes einzelne Neuron die Änderung des Aktivierungszustands eine Vergrößerung der Energie zur Folge hätte.

Satz 9.2 *Sei HN ein Hopfield–Netz mit den Einheiten $u_1, \ldots, u_n$. Werden die Aktivierungszustände der Einheiten zyklisch in der Reihenfolge $u_1, \ldots, u_n$ aktualisiert, bleibt die Aktivierung für alle Einheiten nach spätestens $n \cdot 2^n$ Aktualisierungsschritten konstant.*

Beweis: Ändert während eines Aktualisierungszyklus keine der Einheiten $u_1, \ldots, u_n$ ihren Aktivierungszustand, hat das Netz eine Ruhephase erreicht. Solange das Netz noch keine Ruhephase erreicht hat, ändert pro Zyklus mindestens eine Einheit ihren Aktivierungszustand. Eine Zustandsänderung bewirkt eine Verringerung der Energie, so daß das Netz bei einer Zustandsänderung in einen vorher noch nicht erreichten Energiezustand eintritt. Die HN zugeordnete Energiefunktion kann maximal 2^n verschiedene Werte annehmen. Daher findet nach spätestens $n \cdot 2^n$ Aktualisierungsschritten keine Änderung der Energie mehr statt.   □

Definition 9.3 *Zustände eines Hopfield–Netzes mit minimaler Energie heißen Attraktoren.*

9.3   Das Hopfield–Netz als autoassoziativer Speicher

Hopfield–Netze lassen sich in einfacher Weise als autoassoziative Speicher verwenden, um unvollständige oder gestörte Muster zu vervollständigen bzw. zu korrigieren. Ein Muster wird dabei als Bitfolge aufgefaßt, das mit Hilfe der Einheiten eines Hopfield–Netzes repräsentiert wird. Jeder Bitstelle entspricht eine Einheit, deren Aktivierungszustände -1 und $+1$ die Werte 0 und 1 kodieren. Die Netzwerkstruktur sollte so gewählt werden, daß die Attraktoren gerade den zu speichernden Mustern entsprechen. Für die Bestimmung der Netzwerkstruktur und der Schwellenwerte werden wir drei Methoden vorstellen. Aufgrund der vorausgesetzten Symmetrie der Netzwerkstruktur bei Hopfield–Netzen werden wir im folgenden fast immer $W(u_i, u_j)$ nur für $i < j$ betrachten.

Direkte Berechnung der Netzwerkstruktur und der Schwellenwerte

Die Forderung, daß jedes zu speichernde Muster einen Attraktor darstellt, impliziert Ungleichungen, die einschränkende Bedingungen für die Netzwerkstruktur und die Schwellenwerte ergeben. Die Netzwerkstruktur und die Schwellenwerte müssen dann so gewählt werden, daß diese Ungleichungen erfüllt sind. Das folgende Beispiel erläutert diese Vorgehensweise.

Beispiel 9.4 Es sollen die Muster $\mathbf{p}_1 = 100$ und $\mathbf{p}_2 = 001$ gespeichert werden. Damit das Muster $\mathbf{p}_1$ einen Attraktor repräsentiert, muß sich bei der Bestimmung des Aktivierungszustands für die Einheit u_1 der Wert $+1$ ergeben, d.h.

$$W(u_1, u_2) \cdot a_{u_2} + W(u_1, u_3) \cdot a_{u_3} \geq \theta_{u_1}. \tag{9.11}$$

Da $o_{u_2} = a_{u_2} = -1 = o_{u_3} = a_{u_3}$ für das Muster $\mathbf{p}_1$ gilt, vereinfacht sich (9.11) zu

$$\cdot - W(u_1, u_2) - W(u_1, u_3) \geq \theta_{u_1}. \tag{9.12}$$

Stellen wir entsprechende Überlegungen für die Neuronen u_2 und u_3 an, erhalten wir

$$W(u_1, u_2) - W(u_2, u_3) < \theta_{u_2} \quad \text{und} \tag{9.13}$$
$$W(u_1, u_3) - W(u_2, u_3) < \theta_{u_3}. \tag{9.14}$$

Für das Muster $\mathbf{p}_2$ ergeben sich die drei Ungleichungen

$$-W(u_1, u_2) + W(u_1, u_3) < \theta_{u_1}, \tag{9.15}$$
$$-W(u_1, u_2) + W(u_2, u_3) < \theta_{u_2} \quad \text{und} \tag{9.16}$$
$$-W(u_1, u_3) - W(u_2, u_3) \geq \theta_{u_3}. \tag{9.17}$$

Wählen wir die Netzwerkstruktur so, daß die Ungleichungen (9.12) – (9.17) erfüllt sind, stellen die Muster $\mathbf{p}_1$ und $\mathbf{p}_2$ Attraktoren dar. Eine mögliche Lösung ist

$$W(u_1, u_2) = W(u_2, u_3) = 0, \ W(u_1, u_3) = -1, \quad \theta_{u_1} = \theta_{u_3} = 0, \ \theta_{u_2} = 3. \tag{9.18}$$

Für diese Wahl der Netzwerkstruktur und der Schwellenwerte sind die Muster $\mathbf{p}_1$ und $\mathbf{p}_2$ die einzigen Attraktoren. Neben (9.18) existieren weitere Lösungen für die Ungleichungen (9.12) – (9.17), zum Beispiel

$$W(u_1, u_2) = W(u_2, u_3) = 1, \ W(u_1, u_3) = -1, \quad \theta_{u_1} = \theta_{u_3} = 0, \ \theta_{u_2} = 2. \tag{9.19}$$

Das Hopfield–Netz auf der Basis von (9.19) besitzt neben den Mustern $\mathbf{p}_1$ und $\mathbf{p}_2$ das Muster 111 als Attraktor. Solche zusätzlichen Attraktoren, die kein zu speicherndes Muster repräsentieren, werden *unerwünschte Attraktoren* (undesired attractors, false wells) genannt. $\diamond$

Die direkte Bestimmung der Netzwerkstruktur und der Schwellenwerte, wie sie in Beispiel 9.4 vorgenommen wurde, ist aufwendig und kann nicht zu speichernde Muster als Attraktoren zur Folge haben. Aus diesen Gründen wird dieses Verfahren selten angewendet.

Die Hebbsche Lernregel für Hopfield–Netze

Die in Definition 4.6 für lineare Neuronale Netze beschriebene Hebbsche (Lern–)Regel kann in modifizierter Form auch für Hopfield–Netze verwendet werden. Dabei wird das Prinzip, daß bei etwa gleicher Aktivierung zweier Neuronen ihre gemeinsame Verbindung verstärkt werden sollte, beibehalten. Wir gehen davon aus, daß die Schwellenwerte alle gleich Null gesetzt werden. Im Gegensatz zu den linearen Neuronalen Netzen, wo wir von einer festen Lernaufgabe ausgegangen sind, besteht unser Ziel im Fall der Hopfield–Netze nur in der Speicherung bestimmter Muster. Wir betrachten die Aufgabe, die Bitmuster $\mathbf{p}^{(1)}, \ldots, \mathbf{p}^{(k)}$ in einem Hopfield–Netz zu speichern. $\mathbf{p}^{(i)}$ ($i = 1, \ldots, k$) wird dabei als Spaltenvektor der Dimension n aufgefaßt, dessen Komponenten $\mathbf{p}_j^{(i)}$ ($j = 1, \ldots, n$) aus Gründen der Vereinfachung aus der Menge $\{-1, +1\}$ stammen. Für das Muster $\mathbf{p}^{(i)}$ sollte das Gewicht $W(u_s, u_t)$ ($s, t \in \{1, \ldots, n\}$, $s \neq t$) daher positiv sein, wenn $a_{u_s} = a_{u_t}$ gilt. Andernfalls ist $W(u_s, u_t)$ negativ zu wählen. Für das Muster $\mathbf{p}^{(i)}$ kann daher

$$W^{(i)}(u_s, u_t) \;=\; \mathbf{p}_s^{(i)} \cdot \mathbf{p}_t^{(i)} \tag{9.20}$$

definiert werden. Um alle zu speichernden Muster zu berücksichtigen, werden die Werte aus (9.20) über alle Muster summiert, d.h.

$$W(u_s, u_t) \;=\; \sum_{i=1}^{k} \mathbf{p}_s^{(i)} \cdot \mathbf{p}_t^{(i)}. \tag{9.21}$$

Bei der Benutzung der Hebbschen Regel lassen wir auch Verbindungen von Einheiten mit sich selbst zu, so daß die Formel (9.21) auch für $s = t$ verwendet werden kann. In diesem Fall läßt sich die Netzwerkstruktur als Matrix auffassen, die durch die Formel

$$W \;=\; \sum_{i=1}^{k} \mathbf{p}^{(i)} \cdot \left(\mathbf{p}^{(i)}\right)^{\top} \tag{9.22}$$

gegeben ist.

Das Hinzulernen eines weiteren Musters $\mathbf{p}^{(k+1)}$ bei Verwendung der Hebbschen Regel geschieht durch Summieren der Werte

$$\Delta W(u_s, u_t) \;=\; \mathbf{p}_s^{(k+1)} \cdot \mathbf{p}_t^{(k+1)} \qquad (s, t \in \{1, \ldots, n\}) \tag{9.23}$$

auf die bisherigen Gewichte $W(u_s, u_t)$, so daß das sukzessive Erlernen von Mustern durch Anpassung der Gewichte nur in Abhängigkeit von dem neu zu speichernden Muster durchgeführt werden kann, ohne dabei jeweils die Formel (9.22) vollständig auszuwerten. Entsprechend kann das gelernte Muster $\mathbf{p}^{(k+1)}$ gelöscht oder „vergessen" werden, indem die in (9.23) berechneten Werte wieder von den $W(u_s, u_t)$ abgezogen werden.

Sind die Vektoren $\mathbf{p}^{(1)}, \ldots, \mathbf{p}^{(k)}$ paarweise orthogonal, garantiert die in (9.22) definierte Netzwerkstruktur, daß jedes Muster einen Attraktor repräsentiert. Befindet sich das Hopfield–Netz in dem Zustand, der das Muster $\mathbf{p}^{(i)}$ repräsentiert, ergibt sich die Eingabe net_{u_j} des Neurons u_j zu

$$
\sum_{\nu=1}^{n} W(u_j, u_\nu) \cdot \mathbf{p}_\nu^{(i)} = \sum_{\nu=1}^{n} \sum_{\mu=1}^{k} \mathbf{p}_j^{(\mu)} \cdot \mathbf{p}_\nu^{(\mu)} \cdot \mathbf{p}_\nu^{(i)}
$$

$$
= \sum_{\mu=1}^{k} \mathbf{p}_j^{(\mu)} \sum_{\nu=1}^{n} \mathbf{p}_\nu^{(\mu)} \cdot \mathbf{p}_\nu^{(i)} \tag{9.24}
$$

Aufgrund der Orthogonalitätsvoraussetzung an die Mustervektoren gilt

$$
\sum_{\nu=1}^{n} \mathbf{p}_\nu^{(\mu)} \cdot \mathbf{p}_\nu^{(i)} = 0
$$

für $\mu \neq i$, so daß sich (9.24) zu

$$
\mathbf{p}_j^{(i)} \sum_{\nu=1}^{n} \mathbf{p}_\nu^{(i)} \cdot \mathbf{p}_\nu^{(i)} = n \cdot \mathbf{p}_j^{(i)}
$$

vereinfacht. Da $\theta_{u_j} = 0$ als Schwellenwert vorausgesetzt war, erhalten wir als neuen Aktivierungszustand der Einheit u_j wiederum $\mathbf{p}_j^{(i)}$ (vgl. auch Kap. 4).

Ein Hopfield–Netz mit n Einheiten kann maximal n orthogonale Muster speichern (da es nicht mehr als n paarweise orthogonale Vektoren der Dimension n gibt), obwohl ein solches Netz 2^n verschiedene Zustände annehmen kann. Sollen nicht–orthogonale Muster gespeichert werden, ergeben sich noch schlechtere Verhältnisse. Für ein Hopfield–Netz mit n Einheiten, in dem m Muster gespeichert werden sollen, gilt

$$
\begin{aligned}
m &\leq n & &[\text{ABU-MOSTAFA und JACQUES, 1985}] \\
m &\approx \frac{n}{4 \ln n} & &[\text{MCELIECE et al., 1987}] \\
m &> \frac{n}{2 \ln(n) - \ln\ln(n)} & &[\text{AMARI und MAGINU, 1988}].
\end{aligned}
$$

Die Verwendung der Hebbschen Regel für Hopfield–Netze führt meistens dazu, daß neben jedem zu lernenden Muster auch das komplementäre Muster, bei dem die Werte $+1$ und -1 vertauscht werden, gespeichert wird und als unerwünschter Attraktor fungieren kann. Bild 9.1 zeigt ein Paar komplementärer Muster, die jeweils als Bitvektor mit 42 Komponenten repräsentiert werden können.

Um einzusehen, daß die Hebbsche Lernregel komplementäre Muster automatisch mitlernt, betrachten wir ein gelerntes Muster $\mathbf{p}$. Sei $U_1 \subseteq U$ die Menge der Neuronen, die zu den Einsen im Muster $\mathbf{p}$ korrespondieren. Entsprechend bezeichnet $U_2 = U \backslash U_1$

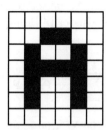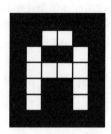

Bild 9.1: Zwei komplementäre Muster.

die Einheiten, für die bei **p** der Wert -1 vorliegt. Da **p** einen Attraktor repräsentiert, gilt für alle $u \in U_1$

$$\text{net}_u^{(\mathbf{p})} \;=\; \sum_{v \in U} W(u,v) \cdot \mathbf{p}_v \;\geq\; 0, \qquad\qquad (9.25)$$

während für alle $u \in U_2$

$$\text{net}_u^{(\mathbf{p})} \;=\; \sum_{v \in U} W(u,v) \cdot \mathbf{p}_v \;<\; 0 \qquad\qquad (9.26)$$

folgt. Falls in (9.25) keine Gleichheit gilt, ergibt sich mit (9.25) und (9.26) für das zu **p** komplementäre Muster $\bar{\mathbf{p}}$

$$\text{net}_u^{(\bar{\mathbf{p}})} \;=\; -\text{net}_u^{(\mathbf{p})} < 0 \qquad (u \in U_1)$$

bzw.

$$\text{net}_u^{(\bar{\mathbf{p}})} \;=\; -\text{net}_u^{(\mathbf{p})} > 0 \qquad (u \in U_2),$$

so daß für jede Einheit die Aktivierung komplementär zur Aktivierung im Falle des Musters **p** ist. Das bedeutet, daß das Muster $\bar{\mathbf{p}}$ ebenfalls ein Attraktor ist.

Die Widrow–Hoff–Regel für Hopfield–Netze

Anstelle der Hebbschen Regel kann auch eine Modifikation der Widrow–Hoff–Regel zum Erlernen von Mustern bei Hopfield–Netzen angewendet werden. Das Netz wird dazu mit einer zufälligen Netzwerkstruktur und beliebigen Schwellenwerten initialisiert. Dann werden die zu erlernenden Muster der Reihe nach an das Netz angelegt, bis das Netz jeweils eine Ruhephase erreicht hat. Für jedes Muster **p** und jedes Neuron u wird der Fehler

$$\Delta_u^{(\mathbf{p})} \;=\; t_u^{(\mathbf{p})} - a_u^{(\mathbf{p})}$$

bestimmt. Hierbei ist $t_u^{(\mathbf{p})}$ der Aktivierungszustand, den u annehmen sollte, wenn das Muster **p** vorliegt, und $a_u^{(\mathbf{p})}$ der Wert, der sich für das Muster **p** nach (9.1) ergibt. Der

Fehler $\Delta_u^{(\mathbf{P})}$ multipliziert mit der Lernrate $\sigma > 0$ wird gleichmäßig auf die Gewichte $W(u, v)$ ($v \in U \setminus \{u\}$) und den Schwellenwert θ_u verteilt, d.h.

$$\Delta_u^{(\mathbf{P})} W(u, v) = \frac{\sigma \cdot (t_u^{(\mathbf{P})} - a_u^{(\mathbf{P})}) \cdot a_v^{(\mathbf{P})}}{|U|}$$

$$\Delta_u^{(\mathbf{P})} \theta_u = -\frac{\sigma \cdot (t_u^{(\mathbf{P})} - a_u^{(\mathbf{P})})}{|U|} \tag{9.27}$$

Durch die unterschiedliche Behandlung der Schwellenwerte beim ADALINE und beim Hopfield–Netz ergibt sich das negative Vorzeichen in (9.27). Genau wie beim ADA-LINE werden die bei den einzelnen Mustern auftretenden Fehler aufsummiert und danach die sich daraus ergebenden Änderungen

$$\Delta W(u, v) = \sum_{\mathbf{p}} \left(\Delta_u^{(\mathbf{P})} W(u, v) + \Delta_v^{(\mathbf{P})} W(v, u) \right)$$

$$\Delta \theta_u = \sum_{\mathbf{p}} \Delta_u^{(\mathbf{P})} \theta_u$$

auf die entsprechenden Gewichte bzw. Schwellenwerte addiert.

9.4 Die Lösung von Optimierungsproblemen mit Hopfield–Netzen

Im vorigen Abschnitt haben wir Hopfield–Netze als Assoziativspeicher betrachtet, die in der Lage sind, aus unvollständigen oder gestörten Eingaben ein gespeichertes Muster zu rekonstruieren. Das Problem bei der Verwendung von Hopfield–Netzen als Assoziativspeicher besteht in der Bestimmung einer geeigneten Netzwerkstruktur bei vorgegebenen (bekannten) Attraktoren bzw. Mustern.

Hopfield–Netze eignen sich aber auch zur Lösung von Optimierungsproblemen. Anders als bei der Mustervervollständigung muß dem zu lösenden Optimierungsproblem eine geeignete, zu minimierende (Verlust–)Funktion zugeordnet werden, die als Energiefunktion eines Hopfield–Netzes interpretiert werden kann. Aus dieser Energiefunktion lassen sich die Netzwerkstruktur und die Schwellenwerte des gesuchten Netzes direkt bestimmen. Dieses Hopfield–Netz kann mit beliebigen Startzuständen initialisiert werden, um dann in einem (lokalen) Minimum der Energiefunktion zu konvergieren. Der erreichte Zustand sollte dann als (sub–)optimale Lösung des Optimierungsproblems gedeutet werden. Wir werden in diesem Abschnitt Hopfield–Netze auf der Basis der Aktivierungszustände 0 und 1 betrachten. Hierdurch lassen sich – wie wir noch sehen werden – einschränkende Bedingungen an Lösungen eines Optimierungsproblems einfacher beschreiben.

Das folgende Lemma werden wir für die Konstruktion von Hopfield–Netzen zur Lösung von Optimierungsproblemen benötigen.

Lemma 9.5 *Es sei*

$$E_i = -\frac{1}{2} \sum_{u \in U} \sum_{u' \in U} W_i(u', u) \cdot a_{u'} \cdot a_u + \sum_{u \in U} \theta_u^{(i)} \cdot a_u$$

($i = 1, 2$) die Energiefunktion des Hopfield–Netzes mit der Netzwerkstruktur W_i und den Schwellenwerten $\theta_u^{(i)}$ ($u \in U$). Ferner seien $A, B \in \mathbb{R}$. Dann ist $A \cdot E_1 + B \cdot E_2$ die Energiefunktion des Hopfield–Netzes mit der Netzwerkstruktur $A \cdot W_1 + B \cdot W_2$ und den Schwellenwerten $A \cdot \theta_u^{(1)} + B \cdot \theta_u^{(2)}$ ($u \in U$).

Beweis: Es gilt

$$A \cdot E_1 + B \cdot E_2 = -\frac{1}{2} \sum_{u \in U} \sum_{u' \in U} \left(A \cdot W_1(u', u) + B \cdot W_2(u', u) \right) \cdot a_{u'} \cdot a_u$$
$$+ \sum_{u \in U} \left(A \cdot \theta_u^{(1)} + B \cdot \theta_u^{(2)} \right) \cdot a_u.$$

$\square$

Beispiel 9.6 Um zu zeigen, wie Hopfield–Netze bei der Lösung von Optimierungsproblemen eingesetzt werden, betrachten wir das „Problem des Handlungsreisenden": Ein Handlungsreisender möchte auf seiner Reise alle Kunden in den Städten seines Bezirkes besuchen. Um seine Rundreise möglichst schnell durchführen zu können, muß er eine optimale Reiseroute auswählen, bei der er, beginnend in einer Stadt, vor der Rückkehr alle anderen Städte genau einmal besucht, so daß die Summe über die zwischen den Städten zurückzulegenden Strecken möglichst klein ist. Die Entfernungen zwischen den einzelnen Städten sind dem Vertreter bekannt. Muß der Vertreter insgesamt n Städte bereisen, gibt es offenbar $n!$ mögliche Rundreisen. Die Berechnung der Gesamtstrecke für alle $n!$ möglichen Reiserouten kommt daher bei einer größeren Anzahl von Städten nicht mehr in Frage. Es ist bekannt, daß das Problem des Handlungsreisenden zur Klasse der NP–vollständigen Probleme gehört.

Um das Problem mit Hilfe eines Hopfield–Netzes lösen zu können, müssen wir zunächst einen geeigneten Suchraum von potentiellen Lösungen definieren. Die Städte seien mit den Zahlen $1, \ldots, n$ numeriert. Wir verwenden als Suchraum S die Menge aller $n \times n$-Matrizen mit Einträgen aus der Menge $\{0, 1\}$. Eine Reiseroute R wird folgendermaßen als Matrix $(m_{s,i}^R) = M^{(R)} \in S$ kodiert:

$$m_{s,i}^R = \begin{cases} 1 & \text{falls Stadt } s \text{ die } i\text{-te Stadt in der Tour } R \text{ ist} \\ 0 & \text{sonst.} \end{cases} \tag{9.28}$$

Zwar kann jede Reise in Form einer Matrix aus S beschrieben werden, umgekehrt repräsentiert aber nicht jede Matrix des Suchraums S eine korrekte Reise. Diese Tatsache wollen wir jedoch zunächst außer acht lassen.

$d_{s,t}$ bezeichne die Entfernung zwischen den Städten s und t. Die Länge einer Reiseroute R ist dann

$$-\frac{1}{2} \sum_{s=1}^{n} \sum_{t=1}^{n} \sum_{i=1}^{n} -d_{s,t} \cdot m_{s,i}^{R} \cdot (m_{t,i+1}^{R} + m_{t,i-1}^{R}). \tag{9.29}$$

Dabei sind die bei m^{R} auftretenden Indizes 0 und $(n+1)$ als n bzw. 1 zu lesen. Der Faktor $m_{s,i}^{R} \cdot (m_{t,i+1}^{R} + m_{t,i-1}^{R})$ in (9.29) ist genau dann 1, wenn s die i-te Stadt der Reise R ist und außerdem t die $(i+1)$-te oder $(i-1)$-te Stadt der Reise ist. Hierdurch wird die Entfernung zwischen zwei aufeinanderfolgenden Städten in der Reiseroute doppelt gezählt, was den Faktor $1/2$ erklärt.

Das Problem besteht nun darin, eine Reiseroute R bzw. die korrespondierende Matrix $M^{(R)}$ so zu bestimmen, daß der Wert von (9.29) minimiert wird. (9.29) läßt sich als

$$E_{\text{opt}} = -\frac{1}{2} \sum_{(s,i) \in \{1,\dots,n\}^2} \sum_{(t,j) \in \{1,\dots,n\}^2} -\big(d_{s,t} \cdot (\delta_{i+1,j} + \delta_{i-1,j})\big) \cdot m_{s,i}^{R} \cdot m_{t,j}^{R} \tag{9.30}$$

schreiben, wobei

$$\delta_{\alpha,\beta} = \begin{cases} 1 & \text{falls } \alpha = \beta \\ 0 & \text{sonst} \end{cases}$$

das Kronecker–Symbol ist. Wenn wir die Werte $m_{s,i}^{R}, m_{t,j}^{R}$ als Aktivierungszustände eines Hopfield–Netzes mit 0 und 1 als mögliche Aktivierungen auffassen, können wir (9.30) als Energiefunktion des Hopfield–Netzes mit

- der Neuronenmenge $U = \big\{(s,i) \mid s,i \in \{1,\dots,n\}\big\}$,

- den Gewichten $W\big((s,i),(t,j)\big) = d_{s,t} \cdot (\delta_{i+1,j} + \delta_{i-1,j})$ $\big(s,t,i,j \in \{1,\dots,n\}^2\big)$

- und den Schwellenwerten $\theta_{(s,i)} = 0$ $\big(s,i \in \{1,\dots,n\}^2\big)$

interpretieren. Initialisieren wir dieses Hopfield–Netz mit einer beliebigen Startkonfiguration, konvergiert es in einen Zustand, der ein (lokales) Minimum von E_{opt} repräsentiert. Allerdings wird die zu diesem Zustand korrespondierende $n \times n$-Matrix im allgemeinen keiner korrekten Rundreise entsprechen. Das globale Minimum liegt offenbar bei $m_{s,i} = 0$ für alle $s,i \in \{1,\dots,n\}$, was gleichbedeutend damit ist, daß überhaupt keine Stadt auf der Rundreise besucht wird. Die Berücksichtigung der Energiefunktion E_{opt} reicht in dem zu groß gewählten Suchraum der $n \times n$-Matrizen nicht aus, da E_{opt} nur auf die Optimierung, nicht aber auf die Korrektheit der zu bestimmenden Matrix zugeschnitten ist. Wir müssen daher Bedingungen angeben, die

die Korrektheit der Matrix erzwingen. Diese Bedingungen sollten so formuliert werden, daß sie ebenfalls als Energiefunktionen von Hopfield–Netzen mit $U = \{1, \ldots, n\}^2$ als Menge der Einheiten interpretierbar sind. Diese Energiefunktionen sollten ihr Minimum genau dann annehmen, wenn die spezifizierten Bedingungen an die Matrix erfüllt sind. Fassen wir E_{opt} und die zu den Bedingungen korrespondierenden Energiefunktionen in einer geeignet gewichteten Summe zusammen, sollte ein Minimum dieser zusammengefaßten Energiefunktion nur angenommen werden, wenn zum einen der Wert von E_{opt} möglichst klein ist, zum anderen aber auch der Wert der für die Korrektheit zuständigen Energiefunktionen minimiert wird. Nach Lemma 9.5 ist die so konstruierte Energiefunktion wiederum als Energiefunktion eines Hopfield–Netzes aufzufassen, so daß dieses Hopfield–Netz (sub-)optimalen Rundreisen entsprechende Lösungen liefert.

Eine Matrix M entspricht genau dann einer Rundreise, wenn sie folgende drei Bedingungen erfüllt:

(1) Keine Stadt wird mehrfach auf der Rundreise besucht:

$$\sum_{s=1}^{n} \sum_{i=1}^{n} \sum_{\substack{j=1 \\ j \neq i}}^{n} m_{s,i} \cdot m_{s,j} \; = \; 0 \tag{9.31}$$

(2) Auf jeder Station der Rundreise kann höchstens eine Stadt besucht werden:

$$\sum_{i=1}^{n} \sum_{s=1}^{n} \sum_{\substack{t=1 \\ t \neq s}}^{n} m_{s,i} \cdot m_{t,i} \; = \; 0 \tag{9.32}$$

(3) Auf jeder Station der Rundreise muß mindestens eine Stadt besucht werden:

$$n - \sum_{i=1}^{n} \sum_{s=1}^{n} m_{s,i} \leq 0 \tag{9.33}$$

(9.31) ist genau dann erfüllt, wenn

$$E_1 \; = \; -\frac{1}{2} \sum_{(s,i) \in \{1,\ldots,n\}^2} \sum_{(t,j) \in \{1,\ldots,n\}^2} -\delta_{s,t} \cdot (1 - \delta_{i,j}) \cdot m_{s,i} \cdot m_{t,j} \; = \; 0 \tag{9.34}$$

gilt. Da $E_1 \geq 0$ für jede Wahl der $m_{s,i} \in \{0,1\}$ ($s, i \in \{1, \ldots, n\}$) gilt, ist die Gültigkeit der Gleichung (9.31) äquivalent zur Minimierung von E_1. (9.34) entspricht der Energiefunktion des Hopfield–Netzes mit der Neuronenmenge

$$\{m_{s,i} \mid s, i \in \{1, \ldots, n\}\},$$

der Netzwerkstruktur $W(m_{s,i}, m_{t,i}) = \delta_{s,t} \cdot (1 - \delta_{i,j})$ und den Schwellenwerten $\theta_{s,i} = 0$. Analog erhält man aus (9.32) die Energiefunktion

$$E_2 \;=\; -\frac{1}{2} \sum_{(s,i) \in \{1,\dots,n\}^2} \sum_{(t,j) \in \{1,\dots,n\}^2} -\delta_{i,j} \cdot (1 - \delta_{s,t}) \cdot m_{s,i} \cdot m_{t,j},$$

mit der korrespondierenden Netzwerkstruktur $W(m_{s,i}, m_{t,j}) = \delta_{i,j} \cdot (1 - \delta_{s,t})$ und den Schwellenwerten $\theta_{s,i} = 0$.

Setzen wir voraus, daß auf jeder Station einer Rundreise höchstens eine Stadt besucht wird (Bedingung 2), darf in (9.33) sogar Gleichheit gefordert werden, die sich genau dann ergibt, wenn die Funktion

$$\frac{1}{2} \left(\sum_{(s,i) \in \{1,\dots,n\}^2} m_{s,i} \;-\; n \right)^2 = \frac{1}{2} \sum_{(s,i) \in \{1,\dots,n\}^2} \sum_{(t,j) \in \{1,\dots,n\}^2} m_{s,i} \cdot m_{t,j}$$
$$-n \sum_{(s,i) \in \{1,\dots,n\}^2} m_{s,i} \;+\; \frac{1}{2} n^2$$

minimiert wird. Der konstante Term $\frac{1}{2} n^2$ spielt bei der Minimierung keine Rolle, so daß wir die zu minimierende Energiefunktion

$$E_3 \;=\; -\frac{1}{2} \sum_{(s,i) \in \{1,\dots,n\}^2} \sum_{(t,j) \in \{1,\dots,n\}^2} -m_{s,i} \cdot m_{t,j} \;+\; \sum_{(s,i) \in \{1,\dots,n\}^2} -m_{s,i} \cdot n$$

mit der zugehörigen Netzwerkstruktur $W(m_{i,\mu}, m_{j,\nu}) = -1$ und den Schwellenwerten $\theta_{i,j} = -n$ erhalten.

Sind $A, B, C, D > 0$ beliebige reelle Konstanten, erhalten wir durch die Definition

$$E_{\text{gesamt}} \;=\; A \cdot E_1 + B \cdot E_2 + C \cdot E_3 + D \cdot E_{\text{opt}} \tag{9.35}$$

nach Lemma 9.5 wiederum die Energiefunktion eines Hopfield–Netzes, dessen zugehörige Netzwerkstruktur zusammen mit den Schwellenwerten mit Hilfe des Lemmas 9.5 berechnet werden können. Das zugehörige Hopfield–Netz, das stets in ein (lokales) Minimum dieser Energiefunktion konvergiert, kann nun zur Lösung des Problems des Handlungsreisenden verwendet werden. Die Energiefunktion E_{gesamt} erreicht ein Minimum, wenn alle vier Summanden in (9.35) möglichst klein sind. Bei geeigneter Wahl der Konstanten A, B, C und D sollte das entsprechende Hopfield–Netz daher in einen Zustand konvergieren, der zum einen durch die Minimierung von E_1, E_2 und E_3 als Rundreise interpretierbar ist, und zum anderen durch die Minimierung von E_{opt} eine (sub–)optimale Reiseroute liefert. In [HOPFIELD und TANK, 1985] wird $A = B = 500$, $C = 200$ und $D = 500$ empfohlen. Allerdings basiert die Behandlung des Problems des Handlungsreisenden in [HOPFIELD und TANK, 1985] auf kontinuierlichen Hopfield–Netzen, auf die wir später noch eingehen werden. $\diamond$

Das Beispiel 9.6 zugrundeliegende Prinzip läßt sich auch auf andere Optimierungsprobleme übertragen. Zunächst muß eine Menge U von Neuronen festgelegt werden,
so daß die Menge 2^U als Suchraum verwendet werden kann. Jeder Lösung des Optimierungsproblems sollte ein Element aus 2^U entsprechen. Allerdings ist es nicht
notwendig, daß auch jedes Element aus 2^U sinnvoll als Lösung interpretierbar ist.
Der Suchraum läßt sich daher in der Form $2^U = L \cup F$ mit $L \cap F = \emptyset$ zerlegen.
Dabei enthält L die Elemente von 2^U, die sich als sinnvolle Problemlösungen deuten
lassen, während F die restlichen Elemente von 2^U beinhaltet. Wichtig ist, daß sich
eine Energiefunktion E_{opt} angeben läßt, die folgende Eigenschaften besitzt:

- E_{opt} ist ein Polynom höchstens zweiten Grades in den Variablen $u \in U$.

- Repräsentiert $r_0 \in L$ eine optimale Lösung des Problems, dann gilt:
  $\forall r \in L : E_{\text{opt}}(r_0) \leq E_{\text{opt}}(r)$.

Neben der Energiefunktion E_{opt}, die für eine optimale Lösung sorgt, benötigen wir
noch weitere Energiefunktionen E_i $(i = 1, \ldots, k)$, die erzwingen, daß wir als Energie-
minima der Gesamtenergiefunktion

$$E_{\text{gesamt}} = A_{\text{opt}} \cdot E_{\text{opt}} + \sum_{i=1}^{k} A_i \cdot E_i$$

nur Elemente aus 2^U erhalten, die auch als Lösungen interpretierbar sind. Hierbei sind
A_{opt} und A_i $(i = 1, \ldots, k)$ positive reelle Zahlen, die heuristisch oder experimentell
zu ermitteln sind.

Damit E_{gesamt} nach Lemma 9.5 als Energiefunktion gedeutet werden kann, dürfen die
Funktionen E_i $(i \in \{1, \ldots, k\})$ ebenfalls nur Polynome höchstens zweiten Grades in
den Variablen $u \in U$ sein. Die Energiefunktionen E_i repräsentieren die Nebenbedingungen, die die Elemente aus L kennzeichnen. Häufig lassen sich diese Nebenbedingungen sehr einfach in Form von logischen Ausdrücken beschreiben, in denen die
Neuronen $u \in U$ als Aussagenvariablen vorkommen. So entspricht die im Beispiel 9.6
benötigte Nebenbedingung 9.31, daß keine Stadt mehrfach während einer Rundreise
besucht werden darf, dem logischen Ausdruck

$$\neg\big([(m_{1,1} \wedge m_{1,2}) \vee \ldots \vee (m_{1,1} \wedge m_{1,n})] \vee \ldots \vee [(m_{n,1} \wedge m_{n,2}) \vee \ldots \vee (m_{n,1} \wedge m_{n,n-1})]\big). \quad (9.36)$$

Interpretieren wir die Aktivierungszustände 0 und 1 als falsch bzw. wahr, ist (9.36)
genau dann erfüllt, wenn Gleichung (9.31) gültig ist, was der Minimierung der Energiefunktion (9.34) entspricht.

Offenbar läßt sich jeder logische Ausdruck, der aus den Aussagenvariablen $u \in U$
zusammengesetzt ist, in einen äquivalenten Ausdruck der Form

$$\neg\big((v_{1,1} \wedge \ldots \wedge v_{1,\mu_1}) \vee \ldots \vee (v_{n,1} \wedge \ldots \wedge v_{n,\mu_n})\big) \quad (9.37)$$

transformieren, wobei die $v_{i,j}$ Aussagenvariablen aus der Menge U oder deren Negationen sind. Treten in (9.37) nur Konjunktionen von jeweils höchstens zwei Variablen auf, d.h. es gilt $\mu_i \leq 2$ für alle $1 \leq i \leq n$, erhalten wir mit

$$E = \sum_{i=1}^{n} \prod_{j=1}^{\mu_i} \tilde{v}_{i,j}, \quad \text{wobei } \tilde{v}_{i,j} = \begin{cases} v_{i,j} & \text{falls } v_{i,j} \in U \\ 1 - u_{i,j} & \text{falls } u_{i,j} \in U \text{ und } v_{i,j} = \neg u_{i,j}, \end{cases} \tag{9.38}$$

ein Polynom höchstens zweiten Grades in den Variablen $u \in U$, das genau dann minimiert wird (den Wert 0 annimmt), wenn (9.37) erfüllt ist.

Für den Fall, daß in (9.37) Konjunktionen von mehr als zwei Variablen vorkommen, ergeben sich in (9.38) Summanden der Form

$$\prod_{j=1}^{\mu_i} \tilde{v}_{i,j} \tag{9.39}$$

mit $\mu_i > 2$. Wir führen eine Hilfsvariable bzw. ein Hilfsneuron w ein und ersetzen (9.39) in (9.38) durch

$$w \cdot \tilde{v}_{i,1} + w \cdot \left(\sum_{j=2}^{\mu_i} (1 - \tilde{v}_{i,j}) - \frac{1}{2} \right) + \frac{1}{2} \prod_{j=2}^{\mu_i} \tilde{v}_{i,j}. \tag{9.40}$$

Die Idee hierbei besteht darin, daß w dem Ausdruck $v_{i,2} \wedge \ldots \wedge v_{i,\mu_i}$ entsprechen soll. Es läßt sich leicht zeigen, daß (9.40) nie negativ wird und genau dann den Wert 0 annimmt, wenn

$$w = \prod_{j=2}^{\mu_i} \tilde{v}_{i,j} \quad \text{und} \quad \prod_{j=1}^{\mu_i} \tilde{v}_{i,j} = 0$$

gilt, so daß die Ersetzung von (9.39) durch (9.40) keine Auswirkungen auf die Minimierung von (9.38) hat.

Falls $\mu_i > 3$ gilt, d.h. das Produkt in (9.40) enthält immer noch mehr als zwei Faktoren, muß das eben beschriebene Verfahren erneut auf dieses Produkt angewendet werden, bis sich ein Produkt aus nur zwei Faktoren ergibt.

Diese Technik, mit der beliebige Nebenbedingungen an die Lösung eines Optimierungsproblems in Form von logischen Ausdrücken in geeignete Energiefunktionen von Hopfield–Netzen transformierbar sind, wurde von Fox und Koller vorgeschlagen, die ein Hopfield–Netz zur Code-Optimierung bei Compilern verwendeten [FOX und KOLLER, 1989]. In [PROTZEL, 1990] wird demonstriert, wie Hopfield–Netze für eine fehlertolerante, adaptive Lastverteilung in einem Multiprozessorsystem eingesetzt werden können.

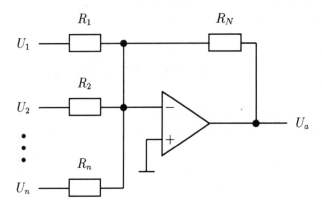

Bild 9.2: Ein Operationsverstärker zur Berechnung einer gewichteten Summe

9.5   Das kontinuierliche Hopfield–Modell

Die Einschränkung auf Neuronen mit nur zwei Aktivierungszuständen in Hopfield–
Netzen hat den Nachteil, daß bei der Verwendung eines Hopfield–Netzes als Assoziativspeicher nur Muster in Form von Vektoren mit binären Komponenten gespeichert
werden können. Außerdem haben binäre Neuronen eine sprunghafte Änderung des
Netzzustands und der Energiefunktion während der Arbeitsphase zur Folge. Aus
diesem Grund behandelten Hopfield und Tank das Problem des Handlungsreisenden anders als im Beispiel 9.6 beschrieben mit einem kontinuierlichen Modell des
Hopfield–Netzes, das in [HOPFIELD, 1984] vorgestellt wurde.

Ein weiterer Vorteil des kontinuierlichen Modells besteht in der einfachen Hardwarerealisierung, die auch für größere Netze sehr schnelle Berechnungen garantiert, so
daß die Konvergenz des Netzes in kurzer Zeit erfolgt. Wir führen das kontinuierliche
Modell basierend auf dieser Hardwarerealisierung ein.

Motiviert wird der Entwurf einer geeigneten Schaltung für Hopfield–Netze durch die
Eigenschaft von Operationsverstärkern, eine gewichtete Summe, wie sie in der Propagierungsfunktion verwendet wird, zu berechnen. Abbildung 9.2 zeigt das Schaltbild
eines Operationsverstärkers, bei dem sich die Ausgangsspannung

$$-U_a = \frac{R_N}{R_1}U_1 + \ldots + \frac{R_N}{R_n}U_n$$

als gewichtete Summe der Eingangsspannungen ergibt.

Definition 9.7 *Ein kontinuierliches Hopfield–Netz ist ein Neuronales Netz*
$HN = (U, W, A, O, \text{NET}, \text{ex})$, *wobei gilt:*

(i) *Die Netzwerkstruktur* $W : U \times U \to \mathbb{R}$ *ist symmetrisch und verbindet keine Einheit mit sich selbst, d.h. für alle* $u, u' \in U$ *gilt:* $W(u, u') = W(u', u)$ *und* $W(u, u) = 0$.

(ii) A *ordnet jeder Einheit* $u \in U$ *eine Aktivierungsfunktion* $A_u : \mathbb{R}^3 \to \mathbb{R}$

$$A_u\left(a_u^{\text{akt}}, \text{net}_u, \text{ex}_u\right) = a_u^{\text{akt}} + \Delta t \cdot \frac{1}{C_u} \cdot \left(\text{net}_u - \frac{a_u^{\text{akt}}}{R_u} + \text{ex}_u\right) \qquad (9.41)$$

zu, wobei die Werte $R_u > 0$ *und* $C_u > 0$ *für jedes* $u \in U$ *fest vorgegeben sind.* $\Delta t > 0$ *ist eine fest gewählte Konstante.*

(iii) O *ordnet jeder Einheit* $u \in U$ *eine differenzierbare, streng monoton wachsende Ausgabefunktion* $O_u : \mathbb{R} \to \mathbb{R}$ *zur Berechnung der Ausgabe* $o_u = O_u(a_u)$ *zu.*

(iv) NET *ordnet jeder Einheit* $u \in U$ *eine lineare Netzeingabefunktion (Propagierungsfunktion)* $\text{NET}_u : (\mathbb{R} \times \mathbb{R})^U \to \mathbb{R}$ *zur Berechnung der Netzeingabe* net_u *zu; es gilt*

$$\text{net}_u = \sum_{u' \in U} W(u', u) \cdot o_{u'} = \sum_{u' \in U \setminus \{u\}} W(u', u) \cdot o_{u'}$$

für alle $u \in U$.

(v) $\text{ex} : U \to \mathbb{R}$ *ordnet jeder Einheit* $u \in U$ *ihre externe Eingabe* $\text{ex}(u)$ *zu.*

Als Ausgabefunktionen O_u werden meistens sigmoide Funktionen verwendet.

Definition 9.7 beschreibt eine Diskretisierung des kontinuierlichen Hopfield–Modells, das für Simulationen benutzt werden kann. Das von Hopfield vorgestellte Modell geht nicht nur von einer kontinuierlichen Menge von Aktivierungszuständen aus, sondern fordert auch eine kontinuierliche Veränderung der Aktivierungszustände, die durch die Differentialgleichungen

$$C_u \frac{da_u^{\text{akt}}}{dt} = \sum_{v \in U} W(u, v) \cdot o_v - \frac{a_u^{\text{akt}}}{R_u} + \text{ex}_u \qquad (u \in U) \qquad (9.42)$$

beschrieben wird. Ersetzen wir in (9.42) $\dfrac{da_u^{\text{akt}}}{dt}$ durch $\dfrac{\Delta a_u^{\text{akt}}}{\Delta t}$, ergibt sich mit $a_u^{\text{neu}} = a_u^{\text{akt}} + \Delta a_u^{\text{akt}}$ die Gleichung (9.41).

Kontinuierliche Hopfield–Netze lassen sich mit Hilfe elektrischer Schaltkreise (s. Bild 9.3) motivieren, in denen die Neuronen als Operationsverstärker (mit den Kennlinien O_u) und die Werte $|W(u, v)^{-1}|$ als Widerstände zwischen der Eingabe des Verstärkers u und der Ausgabe des Verstärkers v interpretiert werden können.

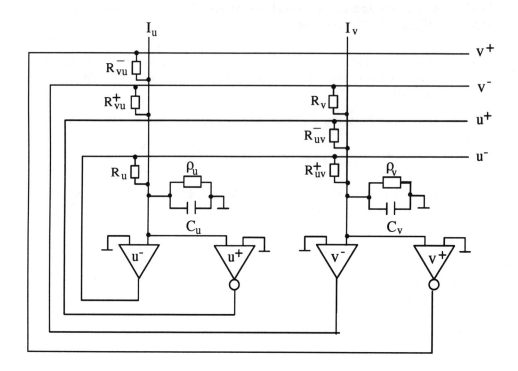

Bild 9.3: Ein Schaltkreis für ein Hopfield–Netz.

Jedes Neuron wird durch zwei Operationsverstärker repräsentiert, die beide dieselbe Eingabe erhalten und sich durch den Inverter nur im Vorzeichen der Ausgangsspannung unterscheiden. Die Widerstände, die den Gewichten $|W(u,v)^{-1}|$ entsprechen, können nur positive Werte annehmen, so daß die beiden einem Neuron zugeordneten Verstärker getrennt für die positiven und negativen Gewichte zuständig sind und entsprechend mit den Widerständen gekoppelt werden. Der Eingang jedes Verstärkers u ist über ein RC–Glied mit einem Kondensator der Kapazität C_u und einem Widerstand ρ_u geerdet. Dieses RC–Glied bestimmt im wesentlichen das Zeitverhalten der Schaltung. Je größer die Kapazität des Kondensators, desto langsamer ist der Einschwingvorgang.

Im Bild 9.3 ist der Schaltkreis exemplarisch für zwei Neuronen u und v dargestellt. Die externe Eingabe ex entspricht dem Eingangsstrom I_u bzw. I_v. Von den beiden Widerständen R_{vu}^+ und R_{vu}^- wird in der Realisierung der Schaltung nur einer auftreten – je nachdem, ob das zugehörige Gewicht $W(v,u)$ positives oder negatives Vorzeichen besitzt.

Genau wie den Hopfield–Netzen mit binären Neuronen können wir dem kontinuierlichen Hopfield–Netz die Energiefunktion

$$E = -\frac{1}{2}\sum_{u \in U}\sum_{v \in U} W(u,v) \cdot o_u \cdot o_v + \sum_{u \in U}\frac{1}{R_u}\int_0^{o_u} O_u^{-1}(x)dx - \sum_{u \in U} \text{ex}_u \cdot o_u \quad (9.43)$$

zuordnen, so daß die so definierte Energie des Netzes im Zeitverlauf niemals zunehmen kann. Wir betrachten dazu die Ableitung von E nach t und erhalten mit der Kettenregel unter Berücksichtung der Symmetrie der Netzwerkstruktur und der Voraussetzung $\forall u \in U : W(u,u) = 0$:

$$\frac{dE}{dt} = -\sum_{u \in U}\frac{do_u}{dt}\left[\sum_{v \in U} W(u,v) \cdot o_v - \frac{a_u}{R_u} + \text{ex}_u\right]. \quad (9.44)$$

Ersetzen wir mit (9.42) den Term in eckigen Klammern in (9.44), ergibt sich

$$\begin{aligned}
\frac{dE}{dt} &= -\sum_{u \in U}\frac{do_u}{dt} \cdot C_u \cdot \frac{da_u}{dt}\\
&= -\sum_{u \in U}\left(\frac{do_u}{dt}\right)^2 \cdot C_u \cdot \frac{dt}{do_u} \cdot \frac{da_u}{dt}\\
&= -\sum_{u \in U}\left(\frac{do_u}{dt}\right)^2 \cdot C_u \cdot \left(\frac{do_u}{da_u}\right)^{-1}. \quad (9.45)
\end{aligned}$$

Nach Voraussetzung gilt für alle $u \in U$: $C_u > 0$. Da O_u monoton wachsend ist, folgt $\frac{do_u}{da_u} > 0$, so daß wir insgesamt $\frac{dE}{dt} \leq 0$ erhalten.

Die Energiefunktion (9.43) des kontinuierlichen Hopfield–Netzes entspricht genau der Energiefunktion (9.10) des Hopfield–Netzes mit binären Neuronen, wenn die externe Eingabe ex_u konstant als $-\theta_u$ gewählt wird und die Widerstände R_u unendlich groß sind.

Kapitel 10

Simulated Annealing und Boltzmann–Maschinen

In diesem Kapitel lernen wir zwei stochastische Modelle Neuronaler Netzwerke – das Simulated Annealing und die Boltzmann–Maschine – kennen, die beide eine enge Verwandschaft zum Hopfield–Netz aufweisen.

10.1 Simulated Annealing

Werden Hopfield–Netze zur Lösung von Optimierungsproblemen verwendet, ergeben sich unter Umständen durch lokale Minima der Energiefunktionen Probleme. Das Netz kann sich leicht in einem lokalen Minimum verfangen, das eine vom globalen Optimum weit entfernte Lösung repräsentiert.

Eine Methode, mit deren Hilfe sich lokale Minima häufig umgehen lassen, ist das *Simulated Annealing (simulierte Ausglühen)* [METROPOLIS et al., 1953, KIRKPATRICK et al., 1983]. Das Prinzip des Simulated Annealing besteht darin, zunächst auch Zustandsänderungen, die zu einer Erhöhung der Energie des Netzes führen, mit einer gewissen Wahrscheinlichkeit zuzulassen. Im Laufe der Zeit wird die Wahrscheinlichkeit für Zustandsänderungen, die die Energie erhöhen, langsam auf 0 gesenkt. Bild 10.1 veranschaulicht die Idee des Simulated Annealing. Auf der x–Achse sind die Zustände des Hopfield–Netzes aufgetragen. Der aktuelle Zustand ist durch eine Kugel dargestellt. Die Höhe, in der sich die Kugel befindet, entspricht der Energie des aktuellen Zustands. Ein gewöhnliches Hopfield–Netz würde in das lokale Minimum links des aktuellen Zustands konvergieren. Anschaulich bedeutet dies, daß die Kugel direkt in das links von ihr liegende Tal hineinrollt und somit nicht das globale Minimum rechts von ihr erreichen kann. Gibt man der Kugel aber einen leichten Anstoß, was der Erhöhung der Energie entspricht, überwindet sie den kleinen Anstieg rechts von ihr und begibt sich in das globale Minimum.

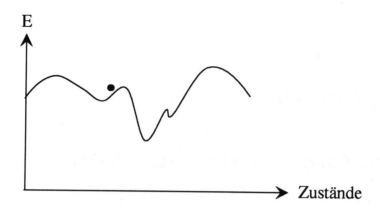

Bild 10.1: Veranschaulichung des Simulated Annealing

Zu Beginn darf die Kugel mit größerer Kraft angestoßen werden, d.h. eine deutliche Erhöhung der Energie wird in Kauf genommen. Ziel dabei ist es, die Kugel aus den lokalen Minima entweichen zu lassen, so daß sie in die Nähe des tiefen globalen Minimums gelangt. Ist dies erreicht, sollte man die Kugel höchstens noch geringfügig anstoßen, d.h. eine Erhöhung der Energie wird kaum noch geduldet.

Eine andere Veranschaulichung des Simulated Annealing bieten Kristallstrukturen. Man erhitzt einen Stoff, dessen Moleküle sich im festen Zustand in der Form eines Kristallgitters anordnen, über seinen Schmelzpunkt hinaus. Kühlt man diese Schmelze sehr behutsam ab, ergibt sich eine reine Kristallstruktur, die dem Zustand minimaler Energie entspricht. Geschieht das Abkühlen zu schnell, erhält man ein Kristallgitter mit Fehlern, das ein lokales Energieminimum widerspiegelt. Aufgrund der zunächst hohen Temperatur können einzelne Moleküle, die bei dem Hopfield–Netz in etwa den Neuronen entsprechen, Energie aufnehmen. Fehler im Kristall werden auf diese Weise beseitigt. Diese Analogie hat auch zum Namen *simuliertes Ausglühen* beigetragen. Das Hopfield–Netz, wie wir es bisher kennengelernt haben, entspricht einem Schockgefrieren, also einer plötzlichen Absenkung der Temperatur.

Simulated Annealing wird folgendermaßen auf Hopfield–Netze angewandt: Wir benötigen eine Abkühlungsvorschrift in Form einer Temperaturfunktion $T : \mathbb{N} \rightarrow \mathbb{R}_0^+$. T sollte monoton fallend sein und die Eigenschaft $\lim\limits_{t\to\infty} T(t) = 0$ besitzen. Der Parameter t zählt die Simulationsschritte beim Abkühlen des Hopfield–Netzes, d.h. jedesmal, wenn der Aktivierungszustand eines Neurons neu berechnet wird, erhöht sich der Wert von t um eins. Wie beim gewöhnlichen Hopfield–Netz werden die Aktivierungszustände der Neuronen nacheinander aktualisiert. Beim Simulated Annealing wird jedoch die Aktualisierungsvorschrift folgendermaßen modifiziert:

Wir betrachten das Neuron u, dessen Aktivierungszustand neu berechnet werden soll. $E^{\mathrm{akt},u}$ bezeichne die momentane Energie des Hopfield–Netzes, während $\bar{E}^{\mathrm{akt},u}$ für die Energie des Hopfield–Netzes steht, bei dem nur der Aktivierungszustand des Neurons u geändert wurde. Falls durch die Änderung des Zustands von u die Energie verringert wird, d.h. falls $\bar{E}^{\mathrm{akt},u} < E^{\mathrm{akt},u}$ gilt, wird der Zustand von u geändert. Für den Fall, daß $\bar{E}^{\mathrm{akt},u} \geq E^{\mathrm{akt},u}$ gilt, wird der Aktivierungszustand von u mit Wahrscheinlichkeit

$$p(t, \Delta E) \;=\; \exp\left(-\frac{\Delta E}{T(t)}\right)$$

geändert. Dabei ist $\Delta E = \bar{E}^{\mathrm{akt},u} - E^{\mathrm{akt},u}$ der Wert, um den sich die Energie bei Änderung des Aktivierungszustands von u erhöht. Gehen wir davon aus, daß die Neuronen die Zustände 0 und 1 annehmen können, ist ΔE gerade die Netzeingabe des Neurons u abzüglich seines Schwellenwertes, d.h.

$$\Delta E \;=\; \sum_{v \in U} W(v, u) \cdot a_v \;-\; \theta_u. \tag{10.1}$$

Dieses Ergebnis erhalten wir aus der Gleichung (9.9) auf Seite 141 für die Energiefunktion, wenn wir ohne Beschränkung der Allgemeinheit $a_u = 1$ für $\bar{E}^{\mathrm{akt},u}$, bzw. $a_u = 0$ für $E^{\mathrm{akt},u}$ annehmen. Es werden also für das Simulated Annealing genauso wie bei den gewöhnlichen Hopfield–Netzen zur Aktualisierung des Zustands eines Neurons nur dessen Netzeingabe und sein Schwellenwert benötigt. Zusätzlich muß beim Simulated Annealing allerdings noch „gewürfelt" werden.

Mit wachsendem t konvergiert die Temperatur $T(t)$ gegen 0 und somit auch die Wahrscheinlichkeit $p(t, \Delta E)$, daß eine Erhöhung der Energie stattfindet. Außerdem ist zu jedem Zeitpunkt die Wahrscheinlichkeit für eine Änderung des Aktivierungszustands bei gleichzeitiger Erhöhung der Energie umso kleiner, je größer die Energieerhöhung ist.

Bild 10.2 gibt die Wahrscheinlichkeit für die Änderung des Aktivierungszustands in Abhängigkeit von ΔE und verschiedene Werte von t wieder. Für $t \to \infty$, d.h. für $T(t) \to 0$, verhält sich das Hopfield–Netz mit Simulated Annealing wie das gewöhnliche Hopfield–Netz.

10.2   Boltzmann–Maschinen

Boltzmann–Maschinen basieren auf einem ähnlichen Prinzip wie das Simulated Annealing. Im Gegensatz zum Simulated Annealing wird bei Boltzmann–Maschinen die Temperatur nicht gesenkt, sondern konstant gehalten. Das hat zur Folge, daß Boltzmann–Maschinen nicht nach einiger Zeit in einen Endzustand konvergieren. Sie weisen immer ein stochastisches Verhalten auf, so daß die relative Häufigkeit der einzelnen Zustände gegen eine Grenzverteilung strebt. Boltzmann–Maschinen eignen sich daher für Lernaufgaben, bei denen zu einem Eingabemuster verschiedene

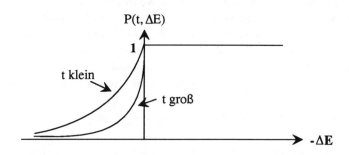

Bild 10.2: Die Wahrscheinlichkeit für die Änderung des Aktivierungszustands in Abhängigkeit von ΔE und t

Ausgaben möglich sind und zusätzlich eine Wahrscheinlichkeitsverteilung über die
möglichen Ausgaben bei festgehaltenem Eingabemuster bekannt ist. Mit Hilfe eines
Gradientenabstiegsverfahrens läßt sich für Boltzmann–Maschinen ein Lernverfahren
herleiten – analog zum Backpropagation–Algorithmus für Multilayer–Perceptrons.

Einer Boltzmann–Maschine liegt wie dem Simulated Annealing ein Hopfield–Netz zugrunde, dessen mögliche Aktivierungszustände der Neuronen die Werte 0 und 1 sind.
Bei Boltzmann–Maschinen wird die Wahrscheinlichkeit für eine Zustandsänderung
eines Neurons anders bestimmt als beim Simulated Annealing. Soll der Aktivierungszustand des Neurons u aktualisiert werden, geschieht dies nach der Vorschrift

$$a_u^{(\text{neu})} = \begin{cases} 1 & \text{mit Wahrscheinlichkeit } p_{\Delta E} \\ 0 & \text{mit Wahrscheinlichkeit } 1 - p_{\Delta E}, \end{cases}$$

wobei

$$p_{\Delta E} = \frac{1}{1 + \exp(-\Delta E/T)}.$$

Dabei ist $T > 0$ eine Konstante, die als *Temperatur* bezeichnet wird. Im Gegensatz
zum Simulated Annealing wird T aber nicht im Laufe der Zeit verringert. Die Ener-
giedifferenz ΔE ergibt sich wie beim Simulated Annealing aus der Gleichung (10.1).
Für $\Delta E = 0$, d.h. wenn sich dieselbe Energie für die Aktivierung $a_u = 0$ und $a_u = 1$
ergibt, beträgt die Wahrscheinlichkeit für diese beiden Aktivierungszustände jeweils
0.5. Die Auswahl des Neurons, dessen Aktivierungszustand aktualisiert werden soll,
erfolgt jeweils zufällig nach einer Gleichverteilung auf der Menge der Neuronen.

Das Verhalten von Boltzmann–Maschinen läßt sich sehr gut durch endliche Markov–
Ketten beschreiben. Eine Einführung in die Theorie der Markov–Ketten würde im
Rahmen dieses Buches zu weit führen. Wir geben daher nur kurz eine Veranschaulichung der hier benötigten Begriffe und Resultate wieder. Für eine eingehende Behandlung der Theorie der Markov–Ketten verweisen wir auf die Literatur (z.B. [FERSCHL,
1970]).

Eine endliche Markov–Kette besteht aus einer endlichen, nicht–leeren Zustandsmenge $\mathcal{Z}$ und Übergangswahrscheinlichkeiten $p_{z,\tilde{z}}$, $(z, \tilde{z} \in \mathcal{Z})$. Einer Markov–Kette kann ein in diskreten Zeittakten ablaufender stochastischer Prozeß zugeordnet werden. Zu jedem Zeittakt befindet sich dieser Prozeß in einem der Zustände $z_0 \in \mathcal{Z}$. Der Zustand im darauffolgenden Zeittakt wird nach der Wahrscheinlichkeitsverteilung $p_{z_0,z}$, $(z \in \mathcal{Z})$ zufällig bestimmt. Die wesentliche Eigenschaft von Markov–Ketten besteht darin, daß die Wahrscheinlichkeit dafür, daß im Zeittakt $(t + 1)$ der Zustand $z \in \mathcal{Z}$ vorliegt, vollständig durch die Kenntnis des Zustands im Zeittakt t bestimmt ist.

Die Übergangswahrscheinlichkeiten $p_{z,\tilde{z}}$, $(z, \tilde{z} \in \mathcal{Z})$, können wir als $|\mathcal{Z}| \times |\mathcal{Z}|$–Matrix $\mathbf{P}$ auffassen. Die Einträge sind Zahlen aus dem Einheitsintervall und die Zeilensummen ergeben jeweils den Wert 1. Eine solche Matrix wird auch *stochastische Matrix* genannt.

Wählen wir den Startzustand zum Zeitpunkt $t = 0$ einer Markov–Kette nach der Wahrscheinlichkeitsverteilung $\mathbf{p}^{(0)}$ (aufgefaßt als Zeilenvektor) auf der Zustandsmenge $\mathcal{Z}$ aus und fassen $\mathbf{p}^{(0)}$ als Zeilenvektor auf, läßt sich die Wahrscheinlichkeitsverteilung $\mathbf{p}^{(1)}$ zum Zeitpunkt $t = 1$ durch die Formel

$$\mathbf{p}^{(1)} = \mathbf{p}^{(0)} \cdot \mathbf{P}$$

bestimmen. Allgemeiner erhalten wir die Wahrscheinlichkeitsverteilung $\mathbf{p}^{(t)}$ über die Zustände zum Zeitpunkt t durch

$$\mathbf{p}^{(t)} = \mathbf{p}^{(0)} \cdot \mathbf{P}^t.$$

Eine wichtige Rolle bei Markov–Ketten spielt der Begriff der *stationären Verteilung*. Eine Wahrscheinlichkeitsverteilung $\mathbf{p}$ über den Zuständen heißt stationär, wenn sie im Laufe der Zeit unverändert bleibt, d.h. es gilt

$$\mathbf{p} = \mathbf{p} \cdot \mathbf{P}.$$

Unter der Voraussetzung der Ergodizität[1] folgt, daß eine Markov–Kette eine eindeutige stationäre Verteilung besitzt, und daß die Wahrscheinlichkeitsverteilung über die Zustände im Laufe der Zeit unabhängig von der Startverteilung gegen die stationäre Verteilung $\mathbf{p}^{(\text{stat})}$ konvergiert, d.h.

$$\mathbf{p}^{(\text{stat})} = \lim_{t \to \infty} \mathbf{p}^{(0)} \cdot \mathbf{P}^t$$

gilt unabhängig von der Wahl von $\mathbf{p}^{(0)}$. Auf den Begriff der Ergodizität wollen wir hier nicht näher eingehen. Es sei nur angemerkt, daß die mit Boltzmann–Maschinen assoziierten Markov–Ketten immer ergodisch sind.

---

[1] Anschaulich bedeutet Ergodizität etwa, daß jeder Zustand von jedem anderen aus mit Wahrscheinlichkeit 1 nach endlicher Zeit erreicht wird und daß die man nicht nur nach einer periodischen Anzahl von Schritten wieder in einen Zustand zurückkehren kann. Für eine formale Definition verweisen wir auf die umfangreiche Literatur über Markovketten oder stochastische Prozesse (z.B. [FERSCHL, 1970]).

Wir können nun den Zusammenhang zwischen Boltzmann–Maschinen und Markov–Ketten herstellen, indem wir zu einer gegebenen Boltzmann–Maschine eine ihr Verhalten beschreibende Markov–Kette zuordnen. Als Zustandsmenge $\mathcal{Z} = 2^U$ der Markov–Kette wählen wir die Menge der möglichen Gesamtzustände der Boltzmann–Maschine, d.h. jede Kombination von der Aktivierungszustände 0 und 1 aller Neuronen.

Die Übergangswahrscheinlichkeiten bestimmen sich wie folgt. Gehen wir davon aus, daß wir uns im Zustand $z \in \mathcal{Z}$ befinden. Der Zustand z legt für jedes Neuron u genau einen der beiden Werte 0 und 1 als Aktivierung fest. Es ist offensichtlich, daß wir von z aus nicht direkt in einen beliebigen anderen Zustand gelangen können, da wir in jedem Schritt nur den Aktivierungszustand eines einzelnen Neurons ändern. Für $u \in U$ bezeichne z_u den Zustand, bei dem alle Neuronen dieselbe Aktivierung wie im Zustand z besitzen mit Ausnahme des Neurons u, dessen Aktivierungszustand verändert ist. Nur z selbst und Zustände der Form z_u kommen daher als Nachfolgezustände von z in Frage. Für alle anderen Zustände $\tilde{z}$ ist die Übergangswahrscheinlichkeit $p_{z,\tilde{z}}$ gleich 0.

Um von dem Zustand z in den Zustand z_u zu gelangen, muß zuerst einmal das Neuron u für die Aktualisierung ausgewählt werden. Dies geschieht mit Wahrscheinlichkeit $1/|U|$. Danach muß der Aktivierungszustand von u geändert werden. Dies geschieht mit der Wahrscheinlichkeit

$$p_u = \begin{cases} \frac{1}{1+\exp(\Delta E/T)} & \text{falls} \quad a_u = 1 \\[2ex] \frac{1}{1+\exp(-\Delta E/T)} & \text{falls} \quad a_u = 0. \end{cases}$$

Dabei wird der Wert von ΔE nach der Formel (10.1) bestimmt. Als Übergangswahrscheinlichkeit vom Zustand z in den Zustand z_u erhalten wir daher

$$p_{z,z_u} = \frac{1}{|U|} \cdot p_u.$$

Die Wahrscheinlichkeit, im Zustand z zu bleiben, beträgt dann

$$p_{z,z} = 1 - \sum_{u \in U} p_{z,z_u}.$$

Für alle anderen vom Zustand z ausgehenden Übergangswahrscheinlichkeiten $p_{z,\tilde{z}}$ mit $\tilde{z} \notin \{z_u \mid u \in U\} \cup \{z\}$ ergibt sich wie bereits erwähnt der Wert 0.

Aus den obigen Überlegungen können wir ersehen, daß die von einer Boltzmann–Maschine induzierte Matrix der Übergangswahrscheinlichkeiten relativ dünn besetzt ist. In jeder der $2^{|U|}$ Zeilen sind genau $(|U| + 1)$ der $2^{|U|}$ Einträge von 0 verschieden.

Aus der auf Boltzmann–Maschinen angewandten Theorie der Markov–Ketten können wir schließen, daß sich nach genügend langer Zeit ein Gleichgewicht gemäß der stationären Verteilung zwischen den möglichen Zuständen der Boltzmann–Maschine einstellen wird – unabhängig davon, in welchem Zustand die Boltzmann–Maschine gestartet wurde. Die stationäre Verteilung einer Boltzmann–Maschine ist durch die Wahrscheinlichkeit

$$\mathbf{p}_z^{(\text{stat})} = \frac{\exp(-E_z/T)}{\text{norm}} \tag{10.2}$$

für den Zustand $z \in \mathcal{Z}$ gegeben. Dabei ist E_z die Energie der Boltzmann–Maschine im Zustand z, die genau wie für Hopfield–Netze nach der Formel (9.10) bestimmt wird. norm bezeichnet den Normierungsfaktor

$$\text{norm} = \sum_{z \in \mathcal{Z}} \exp(-E_z/T),$$

d.h. daß im stationären Regime die Wahrscheinlichkeit für den Zustand z proportional zum Wert $\exp(-E_z/T)$ ist. Daß die stationäre Verteilung durch (10.2) gegeben ist, überprüft man leicht, indem man für die durch die Boltzmann–Maschine induzierte Matrix $\mathbf{P}$ der Übergangswahrscheinlichkeiten die Gleichung $\mathbf{p}^{(\text{stat})} = \mathbf{p}^{(\text{stat})} \cdot \mathbf{P}$ nachrechnet.

Die Einfachheit der stationären Verteilung, die allein in Abhängigkeit der Energie der einzelnen Zustände beschreibbar ist, war der wesentliche Grund, warum die Aktualisierungsvorschrift bei Boltzmann–Maschinen gegenüber dem Simulated Annealing modifiziert wurde.

Obwohl die stationäre Verteilung mit der Formel (10.2) berechnet werden kann, ist dies bei einer größeren Anzahl von Neuronen sehr aufwendig, insbesondere wenn man sich weniger für die Wahrscheinlichkeiten der Zustände, sondern mehr für die Wahrscheinlichkeiten der Aktivierungszustände einzelner Neuronen interessiert. Da sich nach einiger Zeit in etwa das Gleichgewicht zwischen den Zuständen gemäß der stationären Verteilung einstellt, können wir die Wahrscheinlichkeit dafür schätzen, daß einem einzelnen Neuron die Aktivierung 1 zugeordnet ist, indem wir die Boltzmann–Maschine über einen längeren Zeitraum beobachten und die relative Häufigkeit der Aktivierung 1 für dieses Neuron bestimmen.

Mit Hilfe eines Gradientenabstiegsverfahrens läßt sich ein Lernalgorithmus für Boltzmann–Maschinen herleiten, der es ermöglicht, die Gewichte zu trainieren, um ein bestimmtes stochastisches Verhalten der Boltzmann–Maschine zu erreichen. Die Neuronen der Boltzmann–Maschine werden dazu in zwei disjunkte Klassen eingeteilt:

- die Menge der Ein-/Ausgabeneuronen U_I, und

- die Menge der inneren Neuronen U_H.

Die inneren Neuronen dienen nur dazu, wie beim Multilayer-Perceptron eine größere Flexibilität zu erreichen. Wir gehen davon aus, daß für einige der möglichen Kombinationen der Aktivierungszustände der Ein-/Ausgabeneuronen jeweils eine Wahrscheinlichkeit vorgegeben ist, die erlernt werden soll. Legt der partiell definierte Zustand

α die Aktivierungszustände der Ein-/Ausgabeneuronen fest, so bezeichnet $Q(\alpha)$ die Wahrscheinlichkeit, mit der diese Kombination der Aktivierungszustände angenommen werden soll. $P(\alpha)$ verwenden wir für die tatsächliche Wahrscheinlichkeit des partiell definierten Zustand α.

Unser Ziel ist es, mittels eines Gradientenabstiegsverfahrens die Gewichte der Boltzmann–Maschine so zu verändern, daß die tatsächlichen Wahrscheinlichkeiten $P(\alpha)$ mit den vorgegebenen Wahrscheinlichkeiten $Q(\alpha)$ übereinstimmen. Um die Herleitung der Gewichtsänderungen zu vereinfachen, gehen wir davon aus, daß die Schwellenwerte θ_u alle null sind.

Wir definieren

$$F = \sum_\alpha Q(\alpha) \ln \frac{Q(\alpha)}{P(\alpha)}$$

als Fehlermaß. Offenbar nimmt F genau dann den Wert 0 an, wenn $P(\alpha) = Q(\alpha)$ gilt. Außerdem kann F nicht negativ werden [PFAFFELHUBER, 1972].

Wie bei der Herleitung des Backpropagation–Algorithmus für das Multilayer–Perceptron setzen wir für das Gradientenabstiegsverfahren voraus, daß die Gewichtsänderung $\Delta W(u,v)$ proportional zur negativen Änderung des Fehlermaßes bezogen auf das Gewicht $W(u,v)$ ist, d.h.

$$\Delta W(u,v) = -\sigma \frac{\partial F}{\partial W(u,v)} = \sigma \sum_\alpha \frac{Q(\alpha)}{P(\alpha)} \frac{\partial P(\alpha)}{\partial W(u,v)}. \tag{10.3}$$

Dabei ist $\sigma > 0$ die Lernrate. Um die partielle Ableitung von $P(\alpha)$ nach $W(u,v)$ zu bestimmen, berechnen wir

$$P(\alpha) = \sum_\beta P(\alpha\beta) = \frac{1}{\text{norm}} \sum_\beta \exp\left(-E_{\alpha\beta}/T\right). \tag{10.4}$$

β steht für eine Festlegung der Aktivierungszustände aller inneren Neuronen, so daß durch $\alpha\beta$ genau ein Zustand der Boltzmann–Maschine beschrieben wird. Leiten wir nun $P(\alpha)$ nach $W(u,v)$ ab, erhalten wir aus (10.4)

$$\frac{\partial P(\alpha)}{\partial W(u,v)} = \frac{1}{T} \left(\sum_\beta a_u^{(\alpha\beta)} a_v^{(\alpha\beta)} P(\alpha\beta) - P(\alpha) \sum_{z \in Z} P(z) a_u^{(z)} a_v^{(z)} \right). \tag{10.5}$$

$a_u^{(z)}$ ist die Aktivierung des Neurons u, wenn sich die Boltzmann–Maschine im Zustand z befindet. $P(z)$ steht für die Wahrscheinlichkeit, daß sich die Boltzmann–Maschine im Zustand z befindet.

Der Ausdruck $\sum_{z \in Z} P(z) a_u^{(z)} a_v^{(z)}$ entspricht dem Erwartungswert des Produkts der Aktivierungszustände der Neuronen u und v, wenn die Boltzmann–Maschine frei läuft, ohne daß Aktivierungszustände einzelner Neuronen festgehalten werden. Wir schreiben für diesen Ausdruck daher $E_{\text{frei}}[a_u a_v]$. Somit erhalten wir aus (10.3) und (10.5)

$$\Delta W(u,v) \;=\; \sigma \frac{1}{T} \left(\sum_{\alpha} \frac{Q(\alpha)}{P(\alpha)} \sum_{\beta} a_u^{(\alpha\beta)} a_v^{(\alpha\beta)} P(\alpha\beta) \;-\; \sum_{\alpha} Q(\alpha) E_{\text{frei}}[a_u a_v] \right). \quad (10.6)$$

Die Wahrscheinlichkeit $P(\alpha\beta)$ für den Zustand $\alpha\beta$

$$P(\alpha\beta) \;=\; P(\beta|\alpha) P(\alpha) \qquad\qquad (10.7)$$

läßt sich durch die bedingte Wahrscheinlichkeit $P(\beta|\alpha)$ darstellen, daß sich die inneren Neuronen im Zustand β befinden unter der Bedingung, daß die Ein-/Ausgabeneuronen den Zustand α angenommen haben. Der Erwartungswert des Produkts der Aktivierungszustände der Neuronen u und v unter der Annahme, daß die Aktivierungszustände der Ein-/Ausgabeneuronen nach der vorgegebenen Verteilung $Q(\alpha)$ festgehalten werden, ist durch

$$E_{\text{fest}}[a_u a_v] \;=\; \sum_{\alpha} Q(\alpha) \sum_{\beta} P(\beta|\alpha) a_u^{(\alpha\beta)} a_v^{(\alpha\beta)} \qquad\qquad (10.8)$$

gegeben. Mit (10.7) und (10.8) vereinfacht sich die Formel (10.6) für die Änderung des Gewichts $W(u,v)$ zu

$$\Delta W(u,v) \;=\; \sigma \frac{1}{T} \left(E_{\text{fest}}[a_u a_v] - E_{\text{frei}}[a_u a_v] \sum_{\alpha} Q(\alpha) \right). \qquad (10.9)$$

Im allgemeinen geht man davon aus, daß für jedes mögliche Eingabemuster eine Wahrscheinlichkeit vorgegeben ist, so daß der Faktor $\sum_{\alpha} Q(\alpha)$ eins ist. Daher wird meist

$$\Delta W(u,v) \;=\; \sigma \frac{1}{T} \left(E_{\text{fest}}[a_u a_v] - E_{\text{frei}}[a_u a_v] \right) \qquad (10.10)$$

als Lernregel für Boltzmann–Maschinen angegeben. Die Werte $E_{\text{fest}}[a_u a_v]$ und $E_{\text{frei}}[a_u a_v]$ in Gleichung (10.9) bzw. (10.10) werden folgendermaßen geschätzt. Es werden zufällig Eingaben α nach der vorgegebenen Wahrscheinlichkeitsverteilung $Q(\alpha)$ erzeugt. Für jede dieser Eingaben α wird ein *geklemmter Lauf* durchgeführt. Dazu werden die Aktivierungszustände der Ein-/Ausgabeneuronen gemäß α festgelegt und während des gesamten Simulationslaufes der Boltzmann–Maschine festgehalten. Nur die Aktivierungszustände der inneren Neuronen werden verändert. Die relative Häufigkeit des Ereignisses, daß die Neuronen u und v gleichzeitig den Aktivierungszustand eins besitzen, über alle Simulationsläufe ergibt den Schätzwert für $E_{\text{fest}}[a_u a_v]$. Um einen Schätzwert für $E_{\text{frei}}[a_u a_v]$ zu erhalten, wird ein *freier Lauf* der Boltzmann–Maschine durchgeführt, bei dem alle Neuronen ihre Aktivierungszustände ändern dürfen.

Wie der Backpropagation–Algorithmus kann auch dieses Lernverfahren in lokalen Minima steckenbleiben und muß somit nicht das globale Minimum $F = 0$ finden, bei dem $P(\alpha) = Q(\alpha)$ für alle Eingaben α gilt.

Erstmalig wurde ein Lernverfahren für Boltzmann–Maschinen in [ACKLEY et al., 1985] vorgestellt. Die hier beschriebene Herleitung des Lernalgorithmus lehnt sich an [HERTZ et al., 1991] an.

Kapitel 11

Neuronale Regler

Dieses Kapitel befaßt sich mit bestimmten Neuronalen Modellen, die für die Regelung physikalischer (technischer) Systeme entwickelt worden sind. Sie setzen sich aus den bereits bekannten Modellen zusammen oder sind mit einem von ihnen identisch. Diese *Neuronalen Regler* sind somit keine eigenständigen, neuen Architekturen und können auch nicht ohne weiteres als Anwendung bekannter Neuronaler Architekturen bezeichnet werden, weil sie meist unabhängig von einer Regelungsaufgabe betrachtet werden.

Wir werden in diesem Abschnitt kurz einige Konzepte Neuronaler Regler vorstellen, soweit sie für das Verständnis der Kapitel über Neuronale Fuzzy-Regler notwendig sind. Für eine umfassende Auseinandersetzung mit Neuronalen Reglern sei auf die weiterführende Literatur verwiesen [MILLER et al., 1990, WHITE und SOFGE, 1992].

„Neuronale Regelung ist der Einsatz *Künstlicher Neuronaler Netze* zur direkten Beeinflussung von Vorgängen, die in einer sich mit der Zeit verändernden Umgebung ein physikalisches Resultat hervorrufen sollen" [WERBOS, 1992a]. Diese Definition des Begriffes *Neuronale Regelung* macht deutlich, daß bei dieser Anwendung Neuronaler Netze ein dynamisches Gesamtsystem entsteht. Das Neuronale Netz reagiert auf den Zustand seiner Umgebung, die sich dadurch verändert, worauf das Neuronale Netz wiederum reagiert usw. Ein Beispiel für eine derartige Anwendung ist bereits im Kapitel 8 mit der Steuerung eines Roboterarms diskutiert worden.

Die Aufgaben eines Neuronalen Reglers unterscheiden sich nicht von der Aufgabe eines herkömmlichen Reglers, der z.B. die Aufgabe hat, die Temperatur einer Heizungsanlage oder die Drehzahl eines Motors konstant zu halten. Während jedoch ein normaler Regler durch eine mathematisch–physikalische Analyse des zu regelnden Systems erzeugt werden muß, werden Neuronale Regler mit Hilfe der Lernfähigkeit der ihnen zugrundeliegenden konnektionistischen Modelle gebildet.

Die im weiteren Verlauf diskutierten Ansätze Neuronaler Regelung werden daher nicht aus der Sicht der Regelungstechnik untersucht, sondern die ihnen zugrundeliegenden Konzepte stehen im Vordergrund des Interesses. Grundlage ihrer Beschreibung ist

ein vereinfachtes Modell einer Regelstrecke. Als vereinfachtes regelungstechnisches
Problem wird in diesem Zusammenhang ein (technisches) System betrachtet, dessen *Ausgangs–* oder *Meßgrößen* durch zu regulierende *Stellgrößen* beeinflußt werden
können. Ziel der Regelung ist es, für die Ausgangsgrößen vorgegebene Sollwerte zu erreichen. Neben den Stellgrößen können zufällige *Störgrößen* auf das System einwirken,
die im folgenden jedoch außer acht gelassen werden. Die Stellgrößen werden auf der
Grundlage der aktuellen Ausgangsgröße ξ und ihrer Veränderung $\Delta\xi = \frac{d\xi}{dt}$ ermittelt.
Bei einer Messung von ξ in diskreten Zeitabständen wird $\Delta\xi(t_{n+1}) = \xi(t_{n+1}) - \xi(t_n)$
gesetzt, so daß $\Delta\xi$ nicht zusätzlich gemessen werden muß.

Die gemessenen Ausgangsgrößen dienen als Eingabe für einen Regler, der die dazu
passenden Stellgrößen oder die Änderungen in den Stellgrößen liefert. Im folgenden
wird von einem System mehrerer Ausgangsgrößen $\xi_1 \in X_1, \ldots, \xi_n \in X_n$, die als *Meß–*
oder *Eingabegrößen* bezeichnet werden und einer Stellgröße $\eta \in Y$ ausgegangen.
Ein derartiges System wird auch als *MISO–System* (<u>m</u>ultiple <u>i</u>nput – <u>s</u>ingle <u>o</u>utput)
bezeichnet.

Die Lösung des regelungstechnischen Problems besteht hier in der Angabe einer geeigneten statischen *Kontrollfunktion* $\psi : X_1 \times \ldots X_n \to Y$, die jedem Meßwerttupel
$(\xi_1, \ldots, \xi_n) \in X_1 \times \ldots \times X_n$ einen adäquaten Stellwert $y = \psi(\xi_1, \ldots, \xi_n)$ zuordnet.
Diese Vorgehensweise entspricht der sogenannten *Kennfeldregelung*, die jedoch nur
eine bekannte Methode der Regelungstechnik darstellt. Das Prinzip der klassischen
Regelungstechnik basiert auf einer formalen Beschreibung des technischen Systems,
meist in Form einer Differentialgleichung. Die Ermittlung der Kontrollfunktion ψ entspricht der Berechnung einer geeigneten Lösung für diese Differentialgleichung, wobei
meist Approximationsverfahren und Linearisierungen herangezogen werden müssen.
Eine Einführung in dieses Gebiet und einen Überblick über weitere Regelungsmetho-
den findet man in [FÖLLINGER, 1990].

Um diesen Weg zu gehen, müssen jedoch physikalische Kenntnisse über den zu modellierenden Prozeß vorhanden sein, die die Bildung eines formalen Modells erlauben.
Bei komplexen Systemen mit vielen Meßgrößen muß diese Voraussetzung nicht erfüllt
sein, oder die Beschreibung in Form einer Differentialgleichung bzw. deren Lösung ist
nur mit unvertretbar hohem Aufwand durchführbar. Die Bereitstellung eines klassischen Reglers wäre damit nicht möglich.

An dieser Stelle wird die Lernfähigkeit Neuronaler Netze ausgenutzt (siehe auch die
Diskussion zur kognitiven Modellierung in Kapitel 16.1) Die einfachste Form eines
Neuronalen Reglers besteht aus einem (mehrschichtigen) Perceptron, das mit der (erweiterten) Delta–Regel anhand einer festen Lernaufgabe trainiert wird. Dazu ist es
notwendig, daß das betrachtete technische System bereits anderweitig geregelt werden
kann (z.B. durch einen erfahrenen Operator oder Anlagenfahrer) und sowohl Meß– als
auch Stellgrößen erfaßbar sind. Zumindest müssen für repräsentative Eingaben die
entsprechenden Werte der Stellgrößen bekannt sein, so daß das Neuronale Netz generalisieren kann. Diese Art des Neuronalen Reglers kann meist nicht in Realzeit trainiert werden, d.h. gleichzeitig zur Messung der Beispieldaten, sondern diese müssen

bereits vorliegen, da das Lernverfahren mehrere vollständige Durchläufe (Epochen) durch eine unveränderte Lernaufgabe verlangt (vgl. auch Kap. 16.3). Diese Art des Trainings wird als *Offline–Lernen* (offline learning, batch mode learning) bezeichnet. Da diese Art Neuronaler Regler auf direktem Wege das Verhalten eines Bedieners nachbilden, werden sie auch als *Klone* (clones) oder *überwachte Regler* bezeichnet. Derartige Neuronale Regler sind nur zur Regelung gedächtnisloser Systeme geeignet, da sie lediglich deren aktuellen Zustand berücksichtigen [WERBOS, 1992a, WERBOS, 1992b].

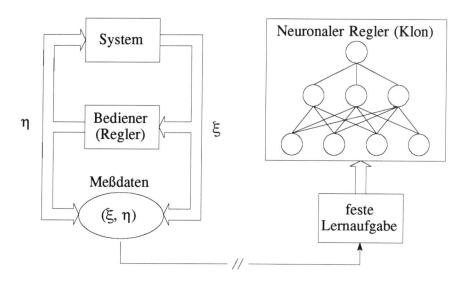

Bild 11.1: Training eines überwachten Neuronalen Reglers (Klon) im Offline–Modus

Die Verwendung eines Klons als Regler bedeutet, daß die Regelungsaufgabe als eine allgemeine Form der Musterklassifikation (mit ggfs. unendlich vielen Klassen) interpretiert wird (vgl. Kapitel 2.4). Um einen Klon auch für Regelungsaufgaben einsetzen zu können, bei denen vorangegangene Zustände berücksichtigt werden müssen, ist es z.B. denkbar, das Eingabemuster aus mehreren Meßgrößen–Vektoren aufeinanderfolgender Zeitpunkte zusammenzusetzen oder auch Rückkopplungen im Netzwerk einzuführen, um auf diese Weise ein „Gedächtnis" bilden zu können.

Da eine feste Lernaufgabe für regelungstechnische Probleme meist nicht angegeben werden kann, sind Neuronale Regler, die mit dem sogenannten *verstärkendem Lernen* (*reinforcement learning*) trainiert werden, universeller einsetzbar. Die Idee dieses Lernverfahrens besteht darin, das Neuronale Netz zu „belohnen", wenn seine Ausgabe zu einer „guten" Veränderung geführt hat, bzw. zu „bestrafen", wenn die ausgelöste Veränderung „schlecht" ausgefallen ist.

Um diese Form des Lernens realisieren zu können, ist es nicht notwendig, die korrekte Ausgabe für ein gegebenes Eingabemuster zu kennen. Es ist vielmehr erforderlich, die Ausgabe bzw. die durch sie in der Umgebung des Netzwerkes hervorgerufene Veränderung als gut oder schlecht bewerten zu können. Ein Algorithmus des verstärkenden Lernens benötigt daher eine *bewertete freie Lernaufgabe*.

Definition 11.1 *Gegeben sei ein Neuronales Netz NN mit seiner Menge von Ausgabeeinheiten V. Eine bewertete freie Lernaufgabe für NN ist ein Paar $\mathcal{L}_f = (\mathcal{L}, f)$, wobei $\mathcal{L}$ eine freie Lernaufgabe und f eine Bewertungsfunktion ist. Für f gilt*

$$f : \mathbb{R}^V \to B, \quad B = \{\underline{b}, \overline{b}\} \subseteq \mathbb{R}, \quad f(o_p) = \left\{ \begin{array}{ll} \underline{b} & o_p \text{ ist „schlecht''} \\ \overline{b} & o_p \text{ ist „gut'',} \end{array} \right.$$

wobei o_p die bei der Propagation des Musters $i_p \in \mathcal{L}$ von NN erzeugte Ausgabe ist. Die Werte $\underline{b}$ und $\overline{b}$ werden externe Verstärkungssignale (external reinforcement) genannt.

Wann eine Ausgabe des Neuronalen Netzes als „gut'' oder „schlecht'' bewertet wird, hängt von der jeweiligen Umgebung bzw. Aufgabe des Netzes ab. Bezüglich einer Regelungsaufgabe ist es z.B. üblich, eine Ausgabe als „gut'' zu klassifizieren, wenn die Regelung noch nicht versagt hat (der Motor läuft noch) und andernfalls mit „schlecht'' zu bewerten (der Motor ist ausgegangen).

Die binäre Bewertung einer Ausgabe gibt dem Netz nur sehr wenig Information zur Veränderung seiner Gewichte und nutzt nicht das gesamte Wissen, das über die zu erfüllende Aufgabe besteht (der Zustand ist auch „schlecht'', wenn der Motor kurz vor dem Ausgehen ist). Diese Überlegung führt im Zusammenhang mit Neuronalen Fuzzy–Reglern in Kapitel 19 zu einer Verallgemeinerung des Verstärkungssignales.

Für die externen Verstärkungssignale $\underline{b}$ und $\overline{b}$ werden meist die Werte -1 und 0 oder -1 und 1 verwendet. Im ersten Fall findet nur dann ein Lernschritt statt, wenn das Netz versagt hat, d.h. es lernt nur aus Fehlern (Bestrafung). Im zweiten Fall werden auch dann Gewichtsveränderungen durchgeführt, wenn sich das Netz korrekt verhält (Belohnung).

Das Verstärkungssignal kann als eine einfache Form eines Fehlersignals interpretiert werden, wie es bei überwachten Lernalgorithmen angewendet wird. Wird $\overline{b} = 0$ gewählt, so kann der Lernalgorithmus ständig fortgeführt werden, da bei einem Lernerfolg das Netz nur noch „korrekte'' Ausgaben produzieren wird, und daher keine Gewichtsänderungen mehr vorgenommen werden. Andernfalls muß ein Abbruchkriterium für den Lernvorgang gefunden werden

Der Vorgang des verstärkenden Lernens kann in die folgenden fünf Schritte unterteilt werden:

(i) Ein Muster $i_p \in \mathcal{L}_f$ wird ausgewählt und dem Neuronalen Netz präsentiert.

(ii) Das Muster i_p wird propagiert, bis das Netz seine Ruhephase erreicht hat.

(iii) Die Bewertung $f(o_p)$ der Ausgabe o_p wird ermittelt.

(iv) Die Netzwerkstruktur W wird anhand von $f(o_p)$ verändert.

(v) Wenn kein Abbruchkriterium definiert ist, bzw. ein gegebenes nicht erfüllt ist, wird mit Schritt (i) fortgefahren. Andernfalls ist der Lernvorgang beendet.

Der wesentliche Schritt des Lernalgorithmus ist der Schritt (iv). Die Veränderung der Netzwerkstruktur W wird so vorgenommen, daß die Gewichte, die verstärkend auf die aktuelle Ausgabe wirken, „bestraft" werden, wenn die Ausgabe mit $\underline{b}$ bewertet wird, bzw. „belohnt" werden, wenn der Ausgabe der Wert $\bar{b}$ zugeordnet wird. Mit Gewichten, die abschwächend auf die aktuelle Ausgabe wirken, wird dementsprechend entgegengesetzt verfahren. Die „Belohnung" und „Bestrafung" von Gewichten äußert sich in einer Erhöhung bzw. Erniedrigung ihres Betrages.

Wie oben erwähnt, liefert das binäre externe Verstärkungssignal nur sehr wenig Information für den Lernalgorithmus. Man versucht daher das Verfahren zu verfeinern, indem ein zweites Neuronales Netz verwendet wird, um den Lernvorgang zu unterstützen. Dabei handelt es sich in der Regel um ein Multilayer–Perceptron oder ein einfaches Lineares Neuronales Netz. Die Idee besteht darin, dieses zweite Netzwerk eine Einschätzung der zukünftigen Auswirkung der Ausgabe des ersten Netzes produzieren zu lassen. Die Ausgabe dieses zweiten Netzes wird als *Kritik* oder *internes Verstärkungssignal* (internal reinforcement) bezeichnet. Dieses zusätzliche Neuronale Netz wird daher auch als *adaptives Kritiknetz* bezeichnet, wogegen das ursprüngliche Netz zur Erzeugung der gewünschten Ausgabe *Handlungsnetz* genannt wird.

Das *adaptiven Kritiknetz* lernt anhand der Eingabe des aktuellen Zustandes und des externen Verstärkungssignales, die Bewertung des nächsten Systemzustands vorherzusagen. Das dabei als Ausgabe produzierte kontinuierliche interne Verstärkungssignal $v \in \mathbb{R}$ wird nun zur Gewichtsänderung sowohl im Handlungsnetz als auch im Kritiknetz genutzt. Diese Vorgehensweise soll dafür sorgen, daß das aus beiden Teilnetzen gebildete Gesamtnetzwerk lernt, „schlechte" Zustände zu erkennen und zu vermeiden.

Der Vorteil des verstärkenden Lernens besteht darin, daß die verwendete freie Lernaufgabe $\mathcal{L}$ nicht von Beginn an vorliegen muß, sondern sukzessive in Realzeit erzeugt werden kann. Das bedeutet, daß ein auf dieser Grundlage gebildeter Neuronaler Regler während seines Einsatzes durch „Probieren" lernen kann. Diese Art des Trainings wird *Online–Lernen* (online learning, realtime learning) genannt [BARTO et al., 1983, BARTO, 1992, WERBOS, 1992b, WERBOS, 1992a].

Ein derartiger Neuronalen Regler wird auch als *adaptiver Kritiker* bezeichnet [WERBOS, 1992b]. Um ihn einzusetzen, ist es nicht notwendig, das technische System bereits zu beherrschen. Auch eine Erfassung und Speicherung von Daten ist nicht erforderlich; es ist ausreichend, wenn dem Regler die Meßgrößen zugänglich sind. Es besteht jedoch die Voraussetzung, daß der Neuronale Regler seine Aktionen „ausprobieren" kann, d.h. ein Versagen der Regelung darf zumindest in der Trainingsphase

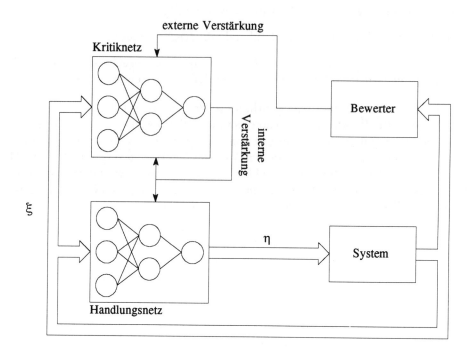

Bild 11.2: Training eines Neuronalen Reglers mit verstärkendem Lernen im Online–
Modus (adaptiver Kritiker)

keine inakzeptablen Folgen haben. Andernfalls muß ein Modell bzw. eine Simulation
des Systems zur Verfügung stehen. Ein solches Modell kann gegebenenfalls durch ein
weiteres Neuronales Netz bereitgestellt werden, das das Ein–/Ausgabeverhalten des
zu regelnden Systems erlernt [WERBOS, 1992a].

Klone und adaptive Kritiker sind einfache Modelle Neuronaler Regler, die für viele
regelungstechnische Probleme anwendbar sind. Sie bilden die Grundlage für die in
den späteren Kapiteln untersuchten Kombinationen mit Fuzzy–Reglern. Für komplexere Probleme, z.B. die Regelung von Systemen, deren aktueller Zustand auch von
vorangegangenen Zuständen beeinflußt wird, werden aufwendigere Neuronale Regler
verwendet. Die verwendeten Neuronalen Netze enthalten dann meist Rückkopplungen
oder Verzögerungselemente, um zeitliche Abhängigkeiten zu modellieren. Es besteht
auch die Möglichkeit, einen Neuronalen Regler darauf zu trainieren, ein System durch
eine vorgegebene Zustandsfolge zu steuern oder ein über alle zukünftigen Zustände
berechnetes Leistungsmaß (utility) zu optimieren. Die verwendeten Lernverfahren
nennen sich *temporale Backpropagation* oder *Backpropagating Utility* und benötigen
ein Modell des dynamischen Systems. Diese Arten Neuronaler Regler werden hier
nicht betrachtet. Einen Überblick geben [WHITE und SOFGE, 1992].

Teil III

Konnektionistische Expertensysteme

Kapitel 12

Grundlagen der Expertensysteme

Dieser Teil des Buches befaßt sich mit der Kopplung Neuronaler Netze und den seit vielen Jahren aus der KI–Forschung bekannten Expertensystemen. Dieses Kapitel beschreibt zunächst einige Grundlagen moderner Expertensysteme (kurz XPS), ohne jedoch dabei ins Detail zu gehen. Der interessierte Leser sei auf die Fachliteratur zu diesem Thema verwiesen (z.B. [ALTENKRÜGER und BÜTTNER, 1992, SCHNUPP und NGUYEN HUU, 1987]).

Die beiden folgenden Kapitel befassen sich mit der Wissensrepräsentation und –verarbeitung in Neuronalen Netzen und stellen einige Modelle konnektionistischer Expertensysteme vor. Diese stellen zum heutigen Zeitpunkt weitestgehend noch prototypische Ansätze dar. Sie zeigen jedoch interessante Ansatzpunkte zur Kombination symbolischer und sub–symbolischer Wissensverarbeitung auf und sind damit im Hinblick auf zukünftige Entwicklungen im Bereich *intelligenter Systeme* von hoher Bedeutung.

Das in den 60er Jahren aus der Informatik hervorgegangene Gebiet der „Künstlichen Intelligenz" (einen Überblick geben z.B. [RICHTER, 1989, GÖRZ, 1995]) war zunächst mit sogenannten „Expertensystemen" für spezielle Anwendungsgebiete erfolgreich. Diese „intelligenten" Informationssysteme haben das Ziel, das Wissen eines Experten auf einem abgegrenzten Bereich, meist in Form eines regelbasierten Ansatzes, zu modellieren und für problemspezifische Anfragen zur Verfügung zu stellen. Grundlage dieser Systeme sind meist Kalküle, die auf Prädikatenlogik basieren. Man erkannte jedoch, daß Expertensysteme schnell an Grenzen stoßen, da sie Schwierigkeiten bei der Repräsentation von „Alltagswissen" und im Umgang mit unsicherem und vagem Wissen haben.

Expertensysteme sind *wissensbasierte Systeme*, die spezifisches Wissen und Problemlösungsfähigkeiten qualifizierter Fachleute nachbilden sollen. Sie speichern das Wissen menschlicher Experten zu bestimmten, fest umrissenen Aufgabengebieten (Domänen) und sind in der Lage, mit Hilfe von Inferenzmechanismen aus dem gespeicherten Wissen neues Wissen abzuleiten. Ihre Arbeitsweise beruht im allgemeinen auf interaktiver oder automatischer Lösung von Problemen durch Symbolmanipulation in mehrstufigen Such– und Entscheidungsprozessen [GÖRZ, 1995].

Dabei simulieren sie nicht das kognitive Verhalten eines Experten. Ihr Ziel ist es zwar, das auszuführen, *was* ein Experte in einer gegebenen Situation ebenfalls ausführen würde, sie gehen dabei jedoch nicht so vor, *wie* ein Experte vorgehen würde. Expertensysteme stellen in diesem Sinne kein Werkzeug der kognitiven Modellierung wie z.B. Neuronale Netze oder Fuzzy–Systeme dar (vgl. die Diskussion in 16.1).

Für den Begriff „Expertensystem" läßt sich keine formale Definition angeben; er läßt sich nur durch eine Aufzählung „hinreichend vieler" Charakteristika bestimmen [GÖRZ, 1995].

- Expertensysteme versuchen, innerhalb eines speziellen Aufgabengebietes das Wissen eines Experten formal zu erfassen und seine Schlußfolgerungsfähigkeit zu simulieren.

- Expertensysteme zeichnen sich durch eine strikte Trennung zwischen anwendungsspezifischem Wissen (Daten) und anwendungsunabhängigem Inferenzmechanismus aus.

- Expertensysteme sind transparent, d.h. sie können gelieferte Lösungen unter Angabe des benutzten Wissens erklären.

- Die Anwendungsbereiche von Expertensystemen sind „diffus" im Vergleich zu denen klassischer datenverarbeitender Systeme. Statt einer geschlossenen Theorie liegt oft nur fragmentarisches und heuristisches Wissen vor.

Aus technischer Sicht besteht ein Expertensystem aus der *Wissensbasis* und dem *Steuersystem*. Diese Module lassen sich weiter unterteilen (s. Bild 12.1). Das in der Wissensbasis gespeicherte Wissen läßt sich einerseits nach seiner Herkunft in

- bereichsbezogenes Expertenwissen,

- fallspezifisches Benutzerwissen und

- inferierte Zwischen– und Endergebnisse

unterteilen und andererseits nach seinem Gebrauch in

- deklaratives Faktenwissen,

- Ableitungswissen (prozedurales Wissen), das den Gebrauch des Faktenwissens steuert, sowie in

- Kontrollwissen (Metawissen), das den Gebrauch des Ableitungswissens steuert, gliedern. Dabei sind fallspezifisches Wissen, Zwischen– und Endergebnisse typischerweise Faktenwissen, während das bereichsbezogene Expertenwissen zusätzlich auch aus Ableitungs– und Kontrollwissen besteht.

Das Steuersystem läßt sich unterteilen in (s. Bild 12.1):

- Eine *Inferenz–* oder *Problemlösungskomponente* (Inferenzsystem/Inferenzmaschine), die die Anwendung des bereichsbezogenen Expertenwissens auf das fallspezifische Benutzerwissen steuert. Das Inferenzsystem bildet zusammen mit der Wissensbasis den sogenannten *Systemkern* des Expertensystems.

- Eine *Interviewkomponente* zum Erhalt des fallspezifischen Wissens durch eine Befragung des Systembenutzers (interaktives System) oder durch eine automatische Erhebung (eingebettetes System). Eine zusätzliche Dialogkomponente kann hierfür eine geeignete Benutzeroberfläche liefern und so auch einen Dialog mit der Erklärungs– und der Wissensakquisitionskomponente (s.u.) unterstützen.

- Eine *Erklärungskomponente*, die dem Benutzer den Inferenzprozeß nachzuvollziehen hilft, indem sie ihm zu seinen „Wie"–Fragen eine Rückverfolgung des Inferenzweges ermöglicht und zu seinen „Warum"–Fragen die verfolgten Hypothesen aufzeigt. Auf diese Weise erleichtert sich auch eine Konsistenzüberprüfung der Wissensbasis.

- Eine *Wissenserwerbs–* oder *Wissensakquisitionskomponente*, die die Eingabe und Änderung der Wissensbasis bzw. des bereichsbezogenen Expertenwissens ermöglicht. Dies kann durch den Experten selbst (direkter Wissenserwerb) oder über einen sogenannten *Wissensingenieur* (indirekter Wissenserwerb) geschehen. Es existieren auch Ansätze für eine Automatisierung des Wissenserwerbs, z.B. durch eine automatische Analyse von Fachtexten oder durch den Aufbau der Wissensbasis aus Fallbeispielen. Hierzu verwendet die Wissensakquisitionskomponente dann einen konzept– oder regelgenerierenden Algorithmus.

Wissensakquisition ist als ein kontinuierlicher Prozeß zu sehen, bei dem die Wissensbasis, ausgehend von einem Prototyp, schrittweise aufgebaut und verfeinert wird. Dieser Prozeß schließt nicht nur die bloße Änderung und Erweiterung der Wissensbasis ein, sondern auch die vorherige Identifikation der Problemeigenschaften, die Wahl der Wissensrepräsentation und eine entsprechende Formulierung des Expertenwissens. Die Wahl der Wissensrepräsentation richtet sich nach der Art des Problemtyps und ist eng verknüpft mit der Art der Wissensverarbeitung, d.h. mit den verwendbaren Inferenzmechanismen. Einige Aspekte der Wissensrepräsentation werden in Kapitel 13 diskutiert.

Die wichtigsten Einsatzgebiete der Expertensysteme liegen heute in der heuristischen Diagnostik (z.B. zur Wartung komplizierter Geräte) und der Konfiguration komplexer Anlagen. Leistungsfähige Systeme sind beispielsweise das System R1/XCON, das

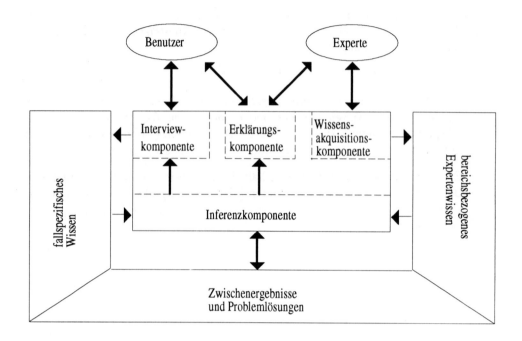

Bild 12.1: Architektur eines Expertensystems (nach [PUPPE, 1991])

zur Konfiguration von VAX–Computern nach Kundenvorgaben dient, und das System QMR/INTERNIST für den Bereich der inneren Medizin, das Schutz vor dem Übersehen von Diagnosen bietet [GÖRZ, 1995].

Die Leistungsfähigkeit konventioneller Expertensysteme wird durch die fachliche Kompetenz eines menschlichen Experten innerhalb seines Wissensgebietes begrenzt. Darüber hinaus vermögen Expertensysteme, im Gegensatz zu einem menschlichen Experten, die folgenden Probleme bisher nicht adäquat zu lösen:

(i) Probleme der Wissensrepräsentation, d.h. Probleme, die sich auf die formalisierte Darstellung von Wissen beziehen. Hierzu gehören

- die Handhabung gemischter Repräsentationsmethoden,
- die Repräsentation räumlichen und temporalen Wissens,
- die Repräsentation vagen, impräzisen und unsicheren Wissens.

(ii) Probleme der Wissensakquisition, d.h. dem Prozeß des Wissenserwerbs. Hierzu zählt in erster Linie die Erweiterung der Wissensbasis durch einen Experten oder durch einen automatisierten Lernprozeß. Letztere Möglichkeit des Wissenserwerbs, z.B. durch einen regelgenerierenden Algorithmus, ist nur begrenzt einsetzbar, aber auch der Wissenserwerb durch einen Experten ist oft unbefriedigend:

- Experten sind oft unfähig, ihr Wissen zu beschreiben, denn es läßt sich häufig schwer in expliziter Weise formulieren. Bei dem Versuch, Wissen oder Vorgehensweisen rational zu erklären, kann Information verloren gehen.

- Experten besitzen nicht unbedingt vollständiges Wissen über ihre Domäne, weil sie kontinuierlich neues Wissen erwerben. Für effiziente Schlußfolgerungen verwenden sie oft Fallbeispiele anstelle von Regeln.

- Wissensakquisition durch Experten erfordert einen hohen Zeitaufwand.

- Die Wissensbasis muß für jede neue Aufgabe neu erstellt werden.

(iii) Probleme der Wissensverarbeitung. Hierunter fallen alle Probleme, die sich auf die Fähigkeit der Inferenzverfahren beziehen, aus Wissen unter angemessenem Aufwand „sinnvolle" Schlußfolgerungen abzuleiten. Im einzelnen fallen in diesen Problembereich:

- Die Inferenz aus Allgemeinwissen (common sense reasoning), wobei unklar ist, inwiefern solches Wissen überhaupt kodiert werden kann. Der Mangel an Allgemeinwissen führt dazu, daß die Leistungsfähigkeit an den Randgebieten des Kernbereichs eines Expertensystems stark abfällt.

- Die Inferenz bei einem gesteigerten Wissensumfang: je mehr Wissen das System enthält, desto länger dauert im allgemeinen der Inferenzprozeß.

- Die Inferenz bei Problemen, die ähnlich schon einmal gelöst wurden. Hier werden dieselben Inferenzschritte vollzogen, und es findet keine Leistungssteigerung durch Erfahrung statt. Einen Lösungsansatz stellen hier sogenannte *fallbasierte Expertensysteme* dar.

- Die Handhabung zeitlich veränderbarer (nicht–monotoner) Daten durch sogenannte *Belief–Revision* oder *Truth–Maintenance* Verfahren.

- Der Umgang mit vagem, impräzisem und unsicherem Wissen.

Im täglichen Leben haben Menschen keine Probleme, mit unscharfer oder unvollständiger Information umzugehen. So wird z.B. *Vagheit* bewußt in Kauf genommen, um die Komplexität einer Situation zu reduzieren und Informationen auf den handlungsrelevanten Kern zu reduzieren. Die Charakterisierung „schnell" für die Geschwindigkeit eines sich nähernden Fahrzeugs ist so z.B. völlig ausreichend, um über die Notwendigkeit eines Ausweichmanövers zu entscheiden. Die exakte Geschwindigkeit des Fahrzeugs ist in dieser Situation belanglos.

Die Bedeutung Vagheit ausdrückender Begriffe wie „schnell" ist kontextabhängig und wird sowohl von Person zu Person unterschiedlich aufgefaßt, als auch von ein und derselben Person in verschiedenen Situation unterschiedlich interpretiert (schnelles Auto, schnelles Flugzeug usw.). Die Klassifikation eines Fahrzeugs als „schnell" oder „nicht schnell" ist auch unter wohldefinierten Bedingungen nicht immer möglich, da menschliches Denken hier einen nuancierten Übergang zwischen den beiden Konzepten vornimmt. Wie in Kapitel 16.2 gezeigt wird, kann eine geeignete Modellierung mit *Fuzzy–Mengen* vorgenommen werden.

Impräzise Informationen liegen dann vor, wenn man nicht beliebig genau messen oder beobachten kann. Die einfachste Form dieser Art imperfekten Wissens sind Angaben wie „die Raumtemperatur liegt zwischen 19 und 20 Grad".

Die bekannteste Form von *Unsicherheit* ist mit Zufallsmechanismen verbunden, wie sie vom Würfeln oder der Ziehung der Lottozahlen her bekannt sind. In anderen Fällen ist die Unsicherheit jedoch aufgrund subjektiver Einschätzungen gegeben, wie sie etwa die qualitativ bewerteten Regeln medizinischer Experten widerspiegeln. So lautet die Regel 163 des Expertensystems MYCIN [SHORTLIFFE und BUCHANAN, 1975, BUCHANAN und SHORTLIFFE, 1984] für die Diagnose bakteriogener Infektionskrankheiten

"**If**   the morphology of the organism is rod, and
            the stain of the organism is gramneg, and
            the identity of the organism is not known with certainty, and
            the patient has had a genito–urinary manipulative procedure,

then   there is weakly suggestive evidence that
            the identity of the organism is pseudomonas."

Der Experte war hier der Meinung, daß die Schlußfolgerung nur mit dem Grad „weakly suggestive evidence" gezogen werden darf.

Bei der Modellierung in MYCIN wurde der *Kalkül der Sicherheitsgrade* (certainty factors) [SHORTLIFFE und BUCHANAN, 1975] verwandt, der jedoch rein heuristischer Natur ist und sich für andere Anwendungsgebiete als inkonsistent herausstellen kann [HECKERMAN, 1988]. Deshalb werden zur Unsicherheitsmodellierung vielfach stochastische Methoden benutzt [KRUSE et al., 1991b].

Die hier genannten Arten imperfekten Wissen treten gewöhnlich nicht isoliert, sondern in Kombination auf. Von daher ist ein alle drei Phänomene integrierender uniformer Kalkül wünschenswert, der die Modellierung erleichtert. Fuzzy–Systeme können in einigen Fällen diese Integration leisten [KRUSE et al., 1995a].

Obwohl Expertensysteme nicht zum Ziel haben, die gesamten kognitiven Fähigkeiten eines Menschen nachzubilden, vermuten einige KI–Forscher, daß dies mit den dabei verwendeten Techniken möglich sein müßte. Ihre These gründet sich auf den *Symbolverarbeitungsansatz* (physical symbol system hypothesis) von Newell & Simon [NEWELL und SIMON, 1976, NEWELL, 1980], der besagt, daß kognitive Prozesse Symbolmanipulationen entsprechen und daß jedes System, das die Fähigkeit zur Symbolmanipulation besitzt, die notwendigen und hinreichenden Bedingungen für intelligentes Verhalten erfüllt. Dieser auch als *symbolisches Paradigma* der KI bezeichnete Ansatz wird jedoch mittlerweile in seiner Universalität angezweifelt [DREYFUS, 1979, DREYFUS und DREYFUS, 1986, SEARLE, 1980].

Dreyfus & Dreyfus postulieren ein Fünf–Stufen–Modell für die Entwicklung vom Anfänger zum Experten. Danach erwirbt ein Anfänger nach und nach Kompetenz durch eine zunächst analytische Vorgehensweise bei der Bewältigung von Problemen und gelangt schließlich zu der erfahrungsbasierten intuitiven Entscheidungsfindung eines Experten. Nach Dreyfus & Dreyfus gibt es einen prinzipiellen Unterschied zwischen Wissen („know–that") und Können („know–how"), wonach Können nicht nur einfach unbewußtes Wissen ist. Da Expertensysteme der klassischen symbolverarbeitenden KI nur Wissen verarbeiten, sind sie nach Dreyfus & Dreyfus grundsätzlich nicht in der Lage, die Fähigkeiten eines Experten im vollem Umfang nachzubilden und gelangen nicht über das Kompetenzniveau (die dritte Stufe ihres Modells) hinaus.

Kognitionswissenschaftler und Vertreter des Konnektionismus stellen dem symbolischen das *sub–symbolische Paradigma* entgegen [DORFFNER, 1991]. Danach wird Kognition durch die massiv–parallele Interaktion einer großen Anzahl hochgradig vernetzter Prozessoren erklärt. Das Wissen ist nicht mehr lokal gespeichert, sondern über die Architektur verteilt und wird durch Aktivierungszustände repräsentiert. Arbeiten zu dieser Sichtweise findet man unter anderem bei Hofstadter [HOFSTADTER, 1980, HOFSTADTER, 1985] und Smolensky [SMOLENSKY, 1988]. Einen guten Überblick über den Stand der Diskussion gibt Dorffner [DORFFNER, 1991].

In beiden Lagern finden sich Vertreter der *starken* und der *schwachen* KI. Während erstere davon ausgehen, daß es grundsätzlich möglich ist, eine Form maschineller Intelligenz zu erzeugen, wird dies von letzteren angezweifelt. Zu dieser Fragestellung empfehlen wir die Lektüre der Searle/Churchland–Kontroverse [CHURCHLAND und SMITH CHURCHLAND, 1990, SEARLE, 1990].

Weil herkömmliche Expertensysteme Probleme mit imperfektem Wissen haben und der Wissensakquisitionsprozesses sehr schwierig ist, denkt man über ihre Kombination mit Neuronalen Netzen nach. Diese Ansätze *konnektionistischer Expertensysteme* werden wir in den folgenden Kapiteln diskutieren. Zunächst werden wir jedoch noch einige Begriffe zur Wissensverarbeitung und Wissensrepräsentation in Neuronalen Netzen erläutern.

Kapitel 13

Wissensrepräsentation in Neuronalen Netzen

In diesem Abschnitt untersuchen wir die Möglichkeiten, Wissen mit Hilfe Neuronaler Netze zu repräsentieren und zu verarbeiten. Dazu nehmen wir zunächst eine Bestimmung des Begriffs *Wissen* im Rahmen der KI–Forschung vor und übertragen ihn anschließend auf den Bereich konnektionistischer Systeme.

13.1 Der Wissensbegriff in der KI–Forschung

Die formale Definition des Begriffes *Wissen* ist abhängig von theoretischen bzw. philosophischen Schulen. Eine Bedeutung, die der traditionellen philosophischen Literatur folgt setzt Wissen mit *berechtigter wahrer Überzeugung* (justified true belief) gleich [DELGRANDE und MYLOPOULOS, 1986]. In einem *wissensbasierten System* ist Wissen in Form einer *Wissensbasis* enthalten, die als eine Datenstruktur angesehen werden kann, von der angenommen wird, daß sie Propositionen über einen Bereich (domain of discourse) oder eine Welt repräsentiert. Neben dem Wissen an sich befassen sich viele Systeme auch mit den schwächeren Begriffen *Hypothese* und *Überzeugung*. Letzterer läßt sich wie folgt definieren:

Sei A ein wissensbasiertes System. A ist von der Aussage P *überzeugt,* sobald P in der Wissensbasis von A enthalten ist.

Danach ist Überzeugung alles, was in einer Wissensbasis repräsentiert sein kann. Meist wird jedoch zusätzlich gefordert, daß Überzeugung ähnliche Eigenschaften wie Wissen haben soll, da Überzeugung kognitiven Systemen zugeschrieben wird. So soll Überzeugung kohärent, konsistent und „vernünftig" sein [DELGRANDE und MYLO-POULOS, 1986].

Eine *berechtigte Überzeugung*, von der nicht bekannt ist, ob sie wahr ist, wird als *Hypothese* bezeichnet. Danach trennt die feststehende Wahrheit einer Aussage Wissen an sich von Hypothesen und Überzeugungen, die dementsprechend auch revidiert werden können, während die Berechtigung eines Satzes Wissen und Hypothesen von Überzeugungen unterscheidet. Der Begriff *berechtigt* läßt sich an der klassischen Form deduktiver Schlußfolgerung illustrieren (modus ponens).

$$(\forall\ x)[P(x) \longrightarrow Q(x)] \quad (1)$$
$$P(a) \qquad\qquad\qquad\quad (2)$$
$$Q(a) \qquad\qquad\qquad\quad (3)$$

Der Schluß von (1) und (2) auf (3) ist berechtigt. Der Begriff der *berechtigten Überzeugung* kann mit Hilfe des Default–Reasonings erklärt werden. Wenn man weiß, daß (1) in den meisten Fällen und (2) sicher gilt, dann ist in Ermangelung gegenteiliger Information der Schluß auf (3) berechtigt. Durch die Schlußfolgerung wird die Hypothese $Q(a)$ aufgestellt, deren Berechtigung von pragmatischen Faktoren abhängt, wie der Häufigkeit, mit der (1) beobachtet wurde und von der Kenntnis von Ausnahmen.

Unabhängig von einer allgemeinen Definition des Wissensbegriffes kann man Wissen in verschiedene Bereiche einteilen. Wissen ist nicht nur statisches Faktenwissen, sondern auch Wissen um Ursachen und Wirkungen, algorithmische Fertigkeiten, heuristisches Wissen usw. [MANDL und SPADA, 1988], so daß sich die Klassifikation in folgende Wissensarten anbietet:

- Wissen über Sachverhalte, *deklaratives Wissen* („Wissen, daß ..."),

- Handlungswissen, *prozedurales Wissen* („Wissen, wie ..."),

- Wissen über die Planung und Steuerung von Handlungen *(Metawissen)*.

Will man Wissen einem wissensbasierten System zugänglich machen, muß eine geeignete *Wissensrepräsentation* gefunden werden. Dabei bereiten Allgemeinwissen (common sense knowledge), das umgangssprachlich als *gesunder Menschenverstand* bezeichnet wird, sowie *unsicheres, ungenaues* und *unvollständiges* Wissen besondere Probleme. Bei unsicherem Wissen (uncertain knowledge) ist jede Aussage mit einer Information verbunden, die ein Maß für das Vertrauen in diese Aussage darstellt (certainty information). Das Wissen, daß z.B. eine Person sehr jung ist, kann zwar sicher sein, ist jedoch als ungenau (unscharf, vage) zu bezeichnen (imprecise knowledge). Bei unvollständigem Wissen fehlen Aussagen, die zur Schlußfolgerung notwendig sind.

13.2   Wissensrepräsentation

In Hinblick auf wissensbasierte Systeme bedeutet *Wissensrepräsentation* die Kodierung von Wissen in geeigneten Datenstrukturen. Ein Wissensrepräsentations–Schema erlaubt die Konstruktion einer Wissensbasis und stellt im Idealfall Mittel zur Interpretation der Datenstrukturen bezüglich ihrer gedachten Bedeutung sowie Mittel für entsprechend konsistente Manipulationen zur Verfügung. An eine Wissensrepräsentation stellt man im allgemeinen vier Anforderungen [RICHTER, 1989]:

- *Hinreichende Ausdrucksstärke,* die von der zugrunde liegenden Sprache abhängt und in herkömmlichen Systemen etwa gleichwertig der Prädikatenlogik ist.

- *Uniformität:* Gleiches oder analoges Wissen soll in gleicher oder analoger Form repräsentiert, ähnliche Probleme sollen mit ähnlichen Lösungsverfahren angegangen werden.

- *Strukturerhaltung:* Beziehungen zwischen Wissensinhalten (Gruppierungen von Objekten, taxonomische Hierarchien) sollen erhalten bleiben.

- *Effizienz:* Wenn die Einsicht formulierbar ist, eine gewisse Strategie sei in bestimmten Situationen anzuwenden, muß diese auch angewendet werden. Doch der Aufwand dieser Überlegung und der Realisierung der Strategie darf den Effizienzgewinn nicht wieder hinfällig werden lassen.

In der KI–Forschung finden sich unterschiedliche Ansätze zur Wissensrepräsentation, die sich zunächst in *deklarative (propositionale)* und *prozedurale* Wissensrepräsentation unterteilen lassen. Der deklarative Ansatz läßt sich weiter in *formal–logisch–basierte, assoziative, analoge Repräsentationen* und *Strukturierte–Objekt–Repräsentationen* einteilen.

- Der *deklarative (propositionale)* Ansatz nutzt (symbolische) Beschreibungen von Begriffen, Objekten, Fakten oder Situationen, die keine Angaben über Wissensprozesse enthalten, zur Repräsentation.

  - Der *formal–logisch–basierte* Ansatz nutzt Logik–Kalküle; im allgemeinen wird der Prädikatenkalkül erster Stufe verwendet, um Wissen in Form von Fakten und Regeln mit Hilfe deklarativer Regelsprachen wie PROLOG oder OPS 5 darzustellen.

  - *Assoziative* Repräsentationsformen stützen sich auf *semantische Netze,* die aus dem Wunsch nach graphischer Veranschaulichung prädikatenlogischer Formeln entstanden [QUILLIAN, 1985, RICHTER, 1989]. Ein semantisches Netz besteht in seiner einfachsten Form aus einem gerichteten, beschrifteten Graphen. An den Knoten stehen Elemente eines Modells, und an den Kanten stehen binäre Relationen zwischen diesen Elementen.

  - *Analoge* Ansätze suchen nach Repräsentationen, die ein direktes Modell oder Bild der repräsentierten Sachverhalte darstellen und nicht nur eine Beschreibung in einer Sprache [HAYES, 1985, SLOMAN, 1985]. Eine Repräsentation soll sich demnach zum repräsentierten Objekt so verhalten, wie eine Landkarte zu der dargestellten Landschaft [ANDERSON, 1988].

- *Strukturierte–Objekt–Repräsentationen* basieren auf dem *Frame–Konzept* von Minsky [MINSKY, 1985]. Ein *Frame* ist eine Datenstruktur, die die Eigenschaften des repräsentierten Objekts in Form von Variablen, den sogenannten *Slots* enthält. Slots können *Defaultwerte* enthalten, die revidiert werden können und gewissermaßen „Anfangshypothesen" über das Objekt darstellen. *Generische Werte* in den Slots sind unveränderlich und stellen für alle Instanzen des Frames gültige Eigenschaften dar. In einem Slot können ebenfalls Prozeduren enthalten sein, die unter bestimmten Bedingungen Werte berechnen. An dieser Stelle mischen sich deklarative und prozedurale Repräsentationsformen. Ein Beispiel für eine frame–basierte Repräsentationssprache ist KL–ONE. Über das Frame–Konzept hinaus gehen *objektorientierte Repräsentationsformen*, in denen ein Objekt neben seinen eigenen Daten auch eigene Funktionen, die sogenannten *Methoden*, besitzt. Durch einen Vererbungsmechanismus ist es möglich, Objekthierarchien zu bilden. Die Objekte verwalten ihre Daten mit Hilfe ihrer Methoden selbst und können durch Nachrichten dazu veranlaßt werden, sich zu aktualisieren. Der Nachrichtenaustausch wird durch die Einbindung der Objekte in ein Kommunikationsmodell realisiert. Beispiele für objektorientierte Umgebungen sind unter anderem SMALLTALK 80 und das FLAVOR–System, das eine objektorientierte Erweiterung von LISP darstellt.

- Der *prozedurale* Ansatz repräsentiert Wissen in Form von Verfahren (Prozeduren) zur Konstruktion, Verknüpfung und Anwendung von Wissen. Das Interesse an diesem Ansatz erklärt sich aus der einfachen Darstellung von Kontrollwissen (second order knowledge) in Form von Verfahren zur Steuerung und Kontrolle des Einsatzes deklarativer und/oder prozeduraler Wissensquellen sowie der einfachen Darstellung heuristischen Wissens [WINOGRAD, 1985].

  - Die prozedurale Wissensrepräsentation kann mit *Produktionssystemen* realisiert werden, bestehend aus

    - einem Datenspeicher, der Fakten enthält (deklaratives Wissen),
    - einem Produktionsspeicher, der Wenn–Dann–Regeln enthält (prozedurales Wissen) und
    - einem Interpreter (Kontrollwissen).

    Ein Beispiel für ein Expertensystem, das von der prozeduralen Wissensrepräsentation in Form von Produktionsregeln Gebrauch macht, ist das MYCIN–System [DAVIS et al., 1985].

  - Eine Repräsentationsform mit stark prozeduralem Aspekt sind die *Constraint–Netze* [RICHTER, 1989]. Diese stellen im Sinne der Graphentheorie eine duale Form zu den semantischen Netzen dar. Die Knoten sind mit Relationen beschriftet und die Kanten mit deren Argumenten. Ein *Constraint* ist eine n–stellige Relation, und ein Constraint–Netz besteht aus einer Menge von

Constraints. Constraint–Netze können als Alternative zu Regelsystemen angesehen werden und dienen nicht nur der Wissensrepräsentation, sondern auch dem Schließen (Inferenz).

Allen diesen Repräsentationsformen ist die Eigenschaft gemeinsam, daß es sich um *symbolische Repräsentationen* handelt. Unter einem *Symbol* versteht man ein eindeutig identifizierbares und lokalisierbares Element, das aufgrund der Intention eines Individuums für einen Begriff (Konzept) steht. Es besitzt seine Bedeutung nur aufgrund der Kenntnis eines Kontextes. Es kann jedoch auch ohne Berücksichtigung seiner Bedeutung verarbeitet werden.

Die symbolische Wissensrepräsentation ist jedoch vielfach unangemessen. Symbole sind atomar und tragen daher keine Struktur. Daraus folgt, daß die Zuordnung von Symbolen zu Begriffen nur punktuell ist und keineswegs die gesamte zugrundeliegende Wissensstruktur repräsentieren kann. Als Beispiel führe man sich das Wort (Symbol) „rot" vor Augen. Wenn man sich in seiner Umgebung umschaut, entdeckt man sicher sofort einige Gegenstände, deren Farbe man als „rot" bezeichnen würde. Bei genauerem Hinsehen entdeckt man jedoch, daß es sehr viele unterschiedliche Rottöne gibt. Der Begriff „rot", d.h. unser Konzept oder unsere Vorstellung von „rot", umfaßt alle diese Rottöne. Man merkt spätestens dann, daß man dieser Vielfalt nicht gerecht wird, wenn man versucht, einem Bekannten die Farbe des neuen Autos lediglich mit dem Wort „rot" zu beschreiben.

Man erkennt, daß ein Symbol nur selten all das umfaßt, was wir uns unter dem dazugehörigen Konzept vorstellen können. Außerdem ist die Beziehung des Symbols zur tatsächlichen Welt nicht eindeutig festgelegt. Das Wort „rot" steht eben gerade nicht für genau eine Wellenlänge oder einen wohldefinierten Ausschnitt des sichtbaren Lichtes. Vielfach nimmt man in diesen Situationen Zuflucht zu genaueren Beschreibungen, d.h. zu zusammengesetzten Symbolen wie „feuerrot", „kaminrot", „weinrot" oder „hellrot". Aber selbst, wenn man unendlich viele Symbole definierte, würde doch nicht die zugrundeliegende Wissensstruktur transportiert werden, da die Symbole keine Beziehung zueinander ausdrücken (wie verhält sich z.B. weinrot zu kaminrot?). Auch die (symbolische) Definition von Beziehungen zwischen Symbolen führt nicht an der Problematik vorbei.

Weitere Eigenschaften symbolischer Repräsentation sind die folgenden [DORFFNER, 1991]:

- Ein funktionierendes System benötigt eine vollständige Formalisierung der Domäne (Übersetzung in Symbolstrukturen). Ein fehlendes Symbol kann zum Systemstillstand führen.

- Die Formalisierung muß vor der Erstellung des Systems erfolgen, alle notwendigen Konzepte müssen also vorher bekannt sein.

- Ein derartiges System ist extrem domänenabhängig.

- Es werden in der Regel nur (dem Systementwickler) bewußte Konzepte repräsentiert

Das Bild 13.1 verdeutlicht die Zusammenhänge der symbolischen Repräsentationsform. Die Objekte der realen Welt werden vom Menschen empfunden und konzeptionalisiert. Ein Konzept entspricht dabei nicht mehr zwingend einem realen Objekt, sondern enthält auch zusätzliche subjektive Erfahrungen. Die Repräsentation der individuellen Konzepte mittels Symbolen ist für andere Beobachter nur dann stimmig, wenn sie ähnliche Konzepte aufweisen, die durch die sprachlich formulierte Abbildung wachgerufen werden. Eine Beziehung zwischen Symbolen und Objekten der realen Welt ist jedoch nicht eindeutig festgelegt [DORFFNER, 1991].

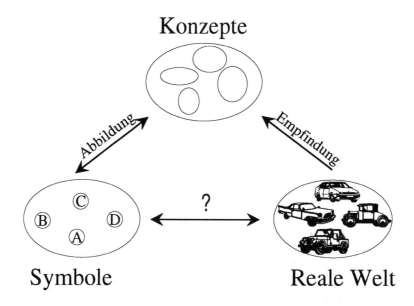

Bild 13.1: Symbole repräsentieren bewußte Konzepte

13.3 Kognitionswissenschaftliche Aspekte der Wissensrepräsentation

Das Thema Wissensrepräsentation stellt ein gemeinsames Interessensgebiet der Kognitionswissenschaften und der Informatik dar. Die kognitiven Wissenschaften untersuchen menschliche Methoden der Organisation und Verarbeitung von Wissen. In der Wissenspsychologie z.B. werden Fragen des Erwerbs von Wissen, seiner Repräsentation im menschlichen Gedächtnis, seines Abrufs, seiner Anwendung beim Entscheiden im Denken und Handeln und seiner damit einhergehenden Veränderung behandelt [MANDL und SPADA, 1988].

Um die Fragen zu klären, inwieweit Wissen formalisierbar und einer Computerimplementierung zugänglich ist, muß sich die Informatik auch mit den kognitiven Aspekten der Wissensrepräsentation beschäftigen. Richter nennt hier als speziellen Beitrag der kognitiven Wissenschaften die *generellen Organisationsprinzipien, nach denen der Mensch seine Begriffswelt ordnet* [RICHTER, 1989].

Unter mathematischen Gesichtspunkten entsprechen Konzepte, Eigenschaften oder Begriffe Mengen. Bei einem zugrunde gelegten Universum D korrespondiert die Eigenschaft $P(x)$ mit der Menge $\{a \in D | P(a)\}$. Solche definitiven Eigenschaften werden weitgehend als Bildungsprinzip von Konzepten bzw. Begriffen akzeptiert. Wie wir im letzten Abschnitt gesehen haben, trifft dies bei den meisten umgangssprachlichen Begriffen jedoch nicht zu. Viele natürliche Begriffe haben unscharfe Grenzen und besitzen keine definierenden Eigenschaften. Das zugrunde liegende Organisationsprinzip ist eine Einteilung in Gesamtheiten, die *Kategorien* genannt werden. Nach Wessells [WESSELS, 1984] werden alltägliche Fragen aus dem *kategorialen Wissen* beantwortet: *Um etwa die Frage, ob ein Delphin ein Fisch sei, beantworten zu können, muß man vorher die Kategorien „Delphin", „Fisch" und „Säugetier" gebildet haben.*

Dem Prozeß der Kategorienbildung liegen Generalisierungs- und Differenzierungsvorgänge zugrunde. Unterschiedliche Objekte werden als Elemente einer Kategorie erkannt, wenn sie gemeinsame Merkmale aufweisen. Dabei wird von den irrelevanten Unterschieden zwischen den Objekten durch Generalisierung (= Abstrahierung) abgesehen, und gemeinsame Merkmale werden betont. Gleichzeitig wird zwischen Elementen unterschiedlicher Kategorien diskriminiert, d.h. es werden Differenzen zwischen den Merkmalen verschiedener Objekte bemerkt.

Kategorien können dynamisch sein und mit der Zeit erweitert oder eingeschränkt werden. Ihre Struktur kann durch Verknüpfungsregeln von Attributen bestimmt werden, aber nicht durch eine Aufzählung ihrer Elemente, da dies grundsätzlich unendlich viele sein können und außer den bekannten auch neue, unbekannte Elemente zu einer Kategorie gehören. Die Definitionsregeln für Begriffe gliedern sich nach [WESSELS, 1984] in:

- *Affirmative Regeln:* Definition einer Kategorie durch ein spezifisches Attribut.

- *Konjunktive Regeln:* Definition durch konjunktive Verknüpfung von Attributen.

- *Inklusiv–disjunktive Regeln:* Disjunktive Verknüpfung von Attributen.

- *Konditionale Regeln:* Konditionale Verknüpfung von Attributen der Form *wenn Eigenschaft A, dann auch Eigenschaft B.*

- *Exklusiv–konjunktive Regeln:* Konjunktive Verknüpfung negierter Attribute (verbundene Verneinung).

Eine weitere Möglichkeit Kategorien zu beschreiben, ist die Benennung von *Prototypen*. Der Prototyp einer Kategorie ist ihr typischstes Mitglied und hat mit den anderen Elementen viele Attribute gemeinsam. Es ist nicht zwingend notwendig, daß es ein Attribut gibt, das von allen Elementen der Kategorie geteilt wird. Nach dieser Vorstellung besitzt die Mitgliedschaft in einer Kategorie eine graduelle Ausprägung. Diese Sichtweise hat den Vorteil, daß sie die innere Struktur von Kategorien berücksichtigt und die Unterstellung vermeidet, daß es Attribute gäbe, die allen Mitgliedern gemeinsam seien. Gewöhnlich ist diese Modellvorstellung durch die Beschreibung eines Prototyps und durch ein Bündel von Transformationsregeln formalisiert. Die Regeln legen die Grenzen des Begriffs fest und indizieren das Ausmaß von Ähnlichkeit zwischen dem Prototyp und verschiedenen Mitgliedern der Kategorie [WESSELS, 1984]. Die prototypische Beschreibung einer Kategorie nennt man *Begriff* oder *Konzept.*

Aufgrund der oben angestellten Betrachtungen können folgende Eigenschaften von Kategorien festgehalten werden:

- Kategorien müssen keine definierende Eigenschaft besitzen.

- Kategorien müssen nicht klar gegeneinander abgegrenzt sein.

- Kategorien sind veränderbar.

- Kategorien weisen eine innere Struktur auf. Sie besitzen wenig typische Mitglieder sowie zentrale, unstrittige Mitglieder, die Prototypen, die in Argumentationen die ganze Kategorie vertreten können.

- Die Zugehörigkeit zu einer Kategorie kann von Element zu Element graduell abnehmen, ohne daß dies numerisch faßbar sein muß.

- Prototypen teilen viele ihrer Eigenschaften mit anderen Mitgliedern der Kategorie. Weniger typische Mitglieder haben definitionsgemäß nur einige Attribute mit den anderen Elementen gemeinsam.

Außer der internen Struktur einer Kategorie sind die Beziehungen zwischen den Kategorien von Bedeutung. Begriffswelten weisen gewöhnlich eine hierarchische Organisationsstruktur vom Allgemeinen zum Speziellen auf. Solche Taxonomien werden durch die Klasseninklusion definiert, die eine bedeutsame Form interkategorialer Beziehungen darstellt. In Taxonomien gibt es nur eine Ebene, die spezielle Eigenschaften besitzt. Die Kategorien dieser Ebene werden als *Kategorien der basalen Ebene* [WESSELS, 1984] bezeichnet. Diese *Basisebene* [RICHTER, 1989] befindet sich an einer Stelle in der Hierarchie, an der die Kategorien optimal voneinander zu differenzieren sind, da sie nur wenige Attribute miteinander teilen, die Elemente einer Kategorie jedoch sehr viele gemeinsame Eigenschaften besitzen. Bewegt man sich höher in der Hierarchie, befindet man sich auf einem höheren Abstraktionsniveau, in dem sich die sehr allgemeinen Begriffswelten überlappen. Tiefe Ebenen der Hierarchie spezialisieren die Begriffe oft unnötig. Die Kategorien der Basisebene tragen einen hohen Informationswert, da sie die Struktur unserer Umwelt repräsentieren [WESSELS, 1984], und die Ausdrucksweise ist auf diesem Abstraktionsniveau sehr ökonomisch [RICHTER, 1989].

Die Repräsentation von Kategorienwissen, die noch keinen expliziten Eingang in die KI-Forschung gefunden hat, ist von zentraler Bedeutung für die Wissensrepräsentation in Neuronalen Netzen und wird im weiteren Verlauf der Ausführungen Gegenstand des Interesses sein.

13.4   Wissensverarbeitung

Die Aufgabe der Wissensverarbeitung (knowledge processing) besteht darin, aus zur Verfügung stehendem Wissen neues Wissen zu erzeugen. Dieser Prozeß der Schlußfolgerung wird als *Inferenz* bezeichnet. Die angewandten Inferenzmethoden hängen von der Repräsentation des jeweiligen Problems ab. Grundsätzlich kann zwischen *deduktiver* und *induktiver* Inferenz unterschieden werden. Deduktive Methoden sollen logische Beweise kalkülisieren. Deduktionen können aus zwei Gründen geführt werden:

- zum Erwerb bisher nicht explizit vorliegenden Wissens,

- zur Prüfung der Konsistenz vorliegenden Wissens.

Als deduktive Methoden im Bereich der Logik-Kalküle sind die klassischen logischen Schlußformen *modus ponens* und *modus tollens* sowie darauf aufbauende Erweiterungen, wie die *Resolventenregel*, zu nennen. Induktive Schlüsse dienen zur Bildung von Hypothesen und führen von wahren Voraussetzungen auf Generalisierungen, die jedoch nicht notwendig wahr sein müssen. Dabei unterscheidet man drei Fälle der Hypothesenbildung:

- aufgrund von Beobachtungen werden Gesetzmäßigkeiten aufgestellt, aus denen die Beobachtungen logisch folgen,

- aus Regeln $A \longrightarrow B$ und aus Kenntnissen über B wird auf die Plausibilität von A geschlossen (Abduktion),

- Hypothesen werden zum Zwecke der Widerlegung aufgestellt.

Eine Besonderheit induktiver Schlüsse ist die *Nichtmonotonie*. Eine größere Menge von Voraussetzungen kann eine Hypothese unhaltbar oder widersprüchlich machen, so daß sie revidiert werden muß. Wissensverarbeitende Systeme müssen daher beim Auftreten neuer Fakten die aktuellen Hypothesen überprüfen und eventuell mittels geeigneter Revisionsmechanismen zurücknehmen.

Bei den verschiedenen Arten der Wissensrepräsentation trifft man unterschiedliche Inferenzmechanismen an. In semantischen Netzen findet Inferenz durch eine Suche nach Knoten, Kanten und Verbindungswegen im Graphen statt. Frame–basierte Systeme verwenden die *Black–Board–Technik*, bei der eine Gesamtheit von Inferenzmechanismen über einen den Systemzustand beschreibenden gemeinsamen Speicher (Black–Board) kommunizieren. Die in Constraint–Netzen angewandte Form der Inferenz wird *Constraint–Propagierung* genannt. Die Änderung eines Arguments an einer Kante hat eine Neuberechnung in den verbundenen Knoten zur Folge, so daß mit den Werten an den übrigen Kanten die Randbedingungen an den Knoten erfüllt sind. Die Änderungen werden so durch das gesamte Netz propagiert.

13.5   Konnektionistische Wissensrepräsentation und Wissensverarbeitung

Die Repräsentation von Wissen in künstlichen Neuronalen Netzen wird im folgenden mit *konnektionistischer Wissensrepräsentation* bezeichnet, um sie von den aus der KI–Forschung bekannten Formen zu unterscheiden. Um Neuronale Netze, insbesondere das Muster klassifizierende mehrschichtige Perceptron, zur Repräsentation und Verarbeitung von Wissen einzusetzen, muß zunächst untersucht werden, welche Wissensarten bzw. Problemstellungen sich dafür besonders eignen. Weiterhin lassen sich zwei Ebenen der konnektionistischen Wissensrepräsentation unterscheiden, eine *externe*, vom Anwender vorgegebene, sowie eine *interne*, vom System ermittelte Repräsentationsebene. Diese Ebenen und die Qualität der von Neuronalen Netzen geleisteten Wissensverarbeitung sind ebenfalls Gegenstand der folgenden Betrachtungen.

Ein Neuronales Netz, das eine Musterklassifikation durchführt, reagiert auf ein Eingabemuster mit einem entsprechenden Ausgabemuster. Eine von dem System zu bearbeitende Aufgabe muß daher auf ein *Klassifizierungsproblem* zurückgeführt werden. Diese Einschränkung ist im Hinblick auf die Verarbeitung von Wissen relativ unbedeutend, da viele Problemstellungen in diesem Bereich klassifikatorischer Art sind. Systeme zur Diagnose, Fehlersuche oder Mustererkennung sind typische Anwendungen, die sich auf ein Klassifizierungsproblem zurückführen lassen. Lediglich Probleme, die sehr unregelmäßig strukturiert oder von ihrer Natur her prozedural sind, lassen sich auf diese Art schlecht darstellen. Ein System zur Konfiguration von Großrechenanlagen ist ein Beispiel für eine nicht–klassifikatorische Anwendung [GAL-LANT, 1988]. Deklaratives Wissen, also Wissen um die Zugehörigkeit von bestimmten Eigenschaften zu gewissen Objekten oder Situationen, läßt sich durch Klassifizierung repräsentieren und ist daher für die Verarbeitung in konnektionistischen Systemen besonders geeignet. Durch die Klassifizierung weist das System einer Eingabe gewisse Eigenschaften und somit einen *übergeordneten Begriff* zu.

Wie in Abschnitt 13.3 dargestellt wurde, ist die Theorie des kategorialen Wissens eine Möglichkeit, die Begriffsbildung des Menschen zu erklären. Wahrnehmungen werden in bestimmte Kategorien eingeteilt und auf diese Weise mit Begriffen belegt. Diese Form der Repräsentation deklarativen Wissens läßt sich leicht auf Neuronale Netze übertragen. Die Eingabe in ein Neuronales Netz entspricht einer *Wahrnehmung*, die durch die Ausgabe des Systems einer bestimmten *Kategorie* zugeordnet wird. Beim Trainingsvorgang lernt das Netz durch *Wahrnehmungsbeispiele* die Kategorien gegeneinander abzugrenzen. Die Kategorien werden mit Hilfe von *Prototypen*, das sind die Wahrnehmungsbeispiele, die sicher in die entsprechende Kategorie fallen, beschrieben. Unter der Voraussetzung kontinuierlicher Einheiten sind graduelle Zugehörigkeiten zu den einzelnen Kategorien beschreibbar. Durch eine Erweiterung der Lernaufgabe lassen sich die Kategorien verändern. Damit sind die wesentlichen Eigenschaften des *kategorialen Wissens* in einem Neuronalen Netz repräsentiert. Die folgende Definition spezifiziert die Begriffe *Wahrnehmung* und *Kategorie* für den Bereich der konnektionistischen Wissensrepräsentation.

Definition 13.1

(i) *Ein Eingabemuster $i \in \mathcal{I} \subseteq \mathbb{R}^{U_I}$ in ein Wissen verarbeitendes, künstliches Neuronales Netz heißt Wahrnehmung.*

(ii) *Die Komponenten einer Wahrnehmung $i \in \mathcal{I}$ heißen Merkmale. Der Wert eines Merkmals wird als seine Ausprägung bezeichnet.*

(iii) *Die Ausgabe $t \in \mathcal{T} \subseteq \mathbb{R}^{U_O}$ eines Wissen verarbeitenden, künstlichen Neuronalen Netzes heißt Kategorisierung.*

(iv) *Die Komponenten einer Kategorisierung heißen Kategorien. Der Wert einer Kategorie wird als Zugehörigkeit bezeichnet.*

Im folgenden wird vorausgesetzt, daß die Merkmale und Kategorien Werte aus $[0, 1]$ annehmen. Besitzt ein Merkmal die Ausprägung 0 bedeutet dies, daß es in der aktuellen Wahrnehmung nicht auftritt. Eine Ausprägung von 1 bedeutet, daß das Merkmal

voll ausgeprägt ist, bzw. sicher in der Wahrnehmung vorhanden ist. Die Zwischenwerte stellen ein Maß für die Ausprägung bzw. für die Sicherheit, daß das Merkmal vorhanden ist, dar. Die Zugehörigkeit einer Wahrnehmung zu einer Kategorie
schwankt ebenfalls zwischen *sicher dazugehörig (1)* und *sicher nicht dazugehörig (0)*.

Die Interpretation von Zwischenwerten liegt nicht von vornherein fest und muß je
nach Anwendung geeignet bestimmt werden. Auf der Eingabeseite lassen sie sich
gut als graduelle Ausprägungen interpretieren, da sie der Verantwortung des Benut-
zers unterliegen. Zwischenwerte in den Ausgabeeinheiten sind jedoch gerade bei der
Verwendung nicht–linearer Aktivierungsfunktionen nur mit Vorsicht zu deuten.

Bemerkung 13.2 Die Wahl des Wertebereiches $[0, 1]$ sowie die Verwendung der Begriffe „Zugehörigkeit" und „Ausprägung" können dazu führen, an Merkmale und Kategorien in Form von *Fuzzy–Mengen* zu denken und die entsprechenden Zahlenwerte
als *Zugehörigkeitswerte* zu interpretieren. In diesem Sinne wollen wir die gewählten
Begriffe hier jedoch nicht verstanden wissen, weil Neuronale Netze nicht die semantischen Eigenschaften aufweisen, die eine solche Interpretation erlauben. Dies wäre
nur dann möglich, wenn die verwendete Lernaufgabe geeignet gewählt wird, d.h. aus
Vektoren von Zugehörigkeitswerten besteht. Gezielte Kopplungen zwischen Fuzzy–
Systemen und Neuronalen Netzen stellen jedoch durchaus einen sinnvoll Ansatz dar,
wie der Teil IV des Buches zeigt.

Unter der Voraussetzung, daß eine geeignete Interpretation vorliegt, läßt sich durch
den kontinuierlichen Wertebereich das System auch mit unvollständigen oder ungenauen Wahrnehmungen oder solchen, die nicht mit Sicherheit in eine bestimmte
Kategorie gehören, trainieren. Neben der Verarbeitung von Prototypen, die das sichere Wissen darstellen, ist damit auch die Verarbeitung von unsicherem Wissen auf
eine einfache Weise möglich.

Ist die Lernaufgabe so beschaffen, daß in jeder Kategorisierung genau eine Kategorie
die Zugehörigkeit 1 hat, während die restlichen die Zugehörigkeit 0 haben, so entsprechen die Kategorien denen der Basisebene oder sind noch spezieller. Im anderen
Fall sind die Kategorien allgemeinerer Art, so daß eine Wahrnehmung zu mehreren
gehören kann.

Ein Multilayer–Perceptron ist aufgrund seines Ein–/Ausgabeverhaltens sehr gut geeignet, kategoriales Wissen zu repräsentieren und zu verarbeiten. Die folgende Aufzählung faßt seine Möglichkeiten für diesen Anwendungsbereich zusammen.

- Unsichere oder unvollständige Wahrnehmungen lassen sich verarbeiten.

- Eine graduelle Zugehörigkeit zu Kategorien läßt sich ausdrücken.

- Durch eine Erweiterung der Lernaufgabe lassen sich Kategorien verändern.

Unter *externer konnektionistischer Wissensrepräsentation* wird die Darstellung des Wissens in einer für Neuronale Netze geeigneten Form verstanden. Das für eine Anwendung zur Verfügung stehende Wissen muß in einer (festen) Lernaufgabe vorliegen, die vom Netz mit Hilfe des Trainingsverfahrens zu lösen ist.

Definition 13.3 *Die Musterpaare einer festen Lernaufgabe $\tilde{\mathcal{L}}$ für ein Wissen verarbeitendes Neuronales Netz heißen Wissenselemente.*

Ein einzelnes Wissenselement repräsentiert das Wissen über die Bedeutung einer bestimmten Wahrnehmung, aber erst die Gesamtheit aller Wissenselemente besitzt eine *inhärente Struktur*, die die Beschaffenheit des Wissensgebietes der zugrundeliegenden Anwendung widerspiegelt. Diese Struktur muß mit Hilfe des Lernvorgangs vom Netz *intern* repräsentiert werden.

Der Anspruch an die externe Wissensrepräsentation kann mit Hilfe der folgenden Kriterien [RICHTER, 1989] formuliert werden (vgl. Kap. 13.2).

(i) *Hinreichende Ausdrucksstärke:* Die Ausdrucksstärke einer auf Wahrnehmungen und Kategorien reduzierten Wissensrepräsentation ist von vornherein gering. Wissensinhalte prozeduraler Art und Metawissen lassen sich auf diese eingeschränkte Art nicht darstellen. Für die Repräsentation von strukturiertem, deklarativem Wissen ist sie jedoch geeignet. Für die Erfüllung dieses Kriteriums sind einige Voraussetzungen einzuhalten, die stark von der jeweiligen Anwendung abhängen und nur informell anzugeben sind.

- Die die Wahrnehmungen beschreibenden Merkmale müssen für die Anwendung valide sein. Die Merkmale müssen also eine Generalisierung bei zusammengehörigen Wahrnehmungen und eine Diskriminierung zu Wahrnehmungen anderer Kategorien ermöglichen.

- Die Wahrnehmungen sollten viele und so fein wie möglich abgestufte Merkmale enthalten. Redundante Merkmale erhöhen zwar nicht den Informationsgehalt, können aber dem System die Lösung der Lernaufgabe erleichtern.

- Zu jeder in der Anwendung vorkommenden Kategorisierung müssen mehrere Wissenselemente existieren. Eine Kategorie kann durch nur einen Prototypen nicht hinreichend genau beschrieben werden.

(ii) *Uniformität:* Durch die Repräsentation von Wissen als Wahrnehmungen mit kontinuierlichen Merkmalsausprägungen und der Zugehörigkeit zu Kategorien ist die Unifomität der Wissensrepräsentation gegeben. Analoge Wahrnehmungen werden sich in den Ausprägungen ihrer Merkmale und der Zugehörigkeit zu einer Kategorie nur minimal unterscheiden.

(iii) *Strukturerhaltung:* Das Ziel der konnektionistischen Wissensrepräsentation ist
gerade die Strukturierung eines Wissensgebietes, um Beziehungen sichtbar zu
machen. Dies wird durch die Einteilung zusammengehöriger Wahrnehmungen
in gleiche Kategorien erreicht.

Um die externe Wissensrepräsentation zu realisieren, ist das jeweilige Anwendungsgebiet einzugrenzen und die möglichen Wahrnehmungen (Patienten, Motorgeräusche)
mit ihren Merkmalen (Krankheitssymptome, Frequenzanteile) zu ermitteln sowie geeignete Kategorien (Krankheitsursachen, Motorenzustand) festzulegen. Das über das
Anwendungsgebiet vorhandene Wissen ist in Form von Beispielen (Wissenselementen)
zusammenzutragen und zu einer Lernaufgabe zusammenzufassen. Der abschließende
Schritt ist die Erzeugung eines geeigneten konnektionistischen Systems, das die Struktur des in der Lernaufgabe enthaltenen Wissens geeignet repräsentiert.

Um die Struktur des der Anwendung zugrunde liegenden Wissensgebietes repräsentieren zu können, muß für das künstliche Neuronale Netz eine geeignete Architektur
gefunden werden. Diese Architektur umfaßt die Struktur des Systems und seine
Verbindungsgewichte und wird als *interne konnektionistische Wissensrepräsentation*
bezeichnet. Der Begriff „Repräsentation" soll in diesem Zusammenhang jedoch nicht
so gedeutet werden, als würde das Netz eine von außen zugängliche interpretierbare
Kodierung des Wissens vornehmen. In diesem Sinn ist ein selbstorganisierendes konnektionistisches System eigentlich *repräsentationsfrei* [DORFFNER, 1991]. Da man in
diesem Zusammenhang auch von *sub–symbolischen Modellen* und *sub–symbolischer
Wissensrepräsentation* spricht, werden wir weiterhin den Begriff „Repräsentation"
verwenden.

Bei der Auswahl der Netzarchitektur und bei der Durchführung des Trainings ergeben sich die bereits bei der Diskussion der Netzwerkmodelle geschilderten Probleme.
Wenn die Lösung der Lernaufgabe scheitert, d.h. der Fehler, den das System macht,
sich dem Wert 0 nicht genügend annähert, kommen die folgenden Gründe in Frage:

- Die Lernaufgabe ist in sich widersprüchlich, d.h. sie enthält mindestens eine
  Wahrnehmung, die unterschiedliche Kategorisierungen abrufen soll.

- Die Bereiche, in die sich die Wahrnehmungen aufteilen, überschneiden sich sehr
  stark, d.h. es existieren sehr viele Ausnahmen.

- Die Anzahl der inneren Einheiten reicht zur Lösung des Problems nicht aus.

- Die Anzahl der inneren Einheiten ist zu hoch, wodurch das Netz „übergeneralisiert".

- Der Traininigsalgorithmus ist z.B. aufgrund ungeeigneter Lernparameter in einem lokalen Minimum der mehrdimensionalen Fehlerfläche steckengeblieben.

Die beiden ersten Gründe lassen sich eventuell darauf zurückführen, daß die Wahrnehmungen nicht genügend Merkmale besitzen oder die Lernaufgabe unzureichend strukturiert ist, da die Zugehörigkeit von Wahrnehmungen zu Kategorien stark zufällig ist. Es kann jedoch auch sein, daß die Widersprüchlichkeiten und Ausnahmen in der Lernaufgabe hinzunehmen sind, da sie die Unsicherheit des Wissens der zugrunde liegenden Anwendung repräsentieren.

In Kap. 5 wurde gezeigt, daß sich ein Multilayer–Perceptron bei einem derartigen Problem angemessen verhält. Scheitert ein System aus einem der drei letztgenannten Gründe, so kann dies in der Regel durch eine Rekonfiguration des Netzwerkes und einer Wiederholung des Trainings, bei dem die Gewichtsänderungen langsamer fortschreiten, behoben werden.

Die interne konnektionistische Wissensrepräsentation stellt das wesentliche Problem für die Wissensverarbeitung in künstlichen Neuronalen Netzen dar. Die Verfahren zur Bestimmung der Netzarchitektur und der Lernvorgang sind heuristischer Natur, die zwar in der Regel zum Erfolg führen, diesen jedoch nicht garantieren können. Gelingt die interne Wissensrepräsentation, so ist sie im System verteilt gespeichert. Der Architektur des Netzwerkes ist das Wissen über die Zugehörigkeit von Wahrnehmungen zu Kategorien nicht explizit zu entnehmen. Das Netz weist eine Struktur auf, die ein Verhalten hervorruft, das die Struktur des der Lernaufgabe zugrunde liegenden Wissens repräsentiert.

Noch zu diskutierende Probleme bei der Verwendung Neuronaler Netze in Expertensystemen liegen in der Begründung der Ausgaben sowie in der Speicherung neuen Wissens.

Das Ziel der Wissensverarbeitung ist es, aus bekanntem Wissen neues Wissen zu inferieren. Die Inferenzleistung künstlicher Neuronaler Netze ist eher gering, und es ist fraglich, ob überhaupt von Inferenz gesprochen werden kann. In herkömmlichen wissensbasierten Systemen ist *Inferenz* ein Prozeß des Herleitens oder des Beweisführens und wird durch einen symbolverarbeitenden Algorithmus realisiert, der sich bei der Abfrage bekannten Wissens (Fakten) zu einer Suche in einem Datenspeicher vereinfacht. Bei einem Neuronalen Netz gibt es keinen Unterschied bei der Verarbeitung einer bekannten und einer unbekannten Eingabe. Es findet auch keine Suche oder Inferenz im eigentlichen Sinne statt, sondern die Aktivierungszustände der Eingabeeinheiten verursachen eine, lediglich durch die Netzarchitektur bedingte, sich ausbreitende Aktivierung (spreading activation) im ganzen System, was schließlich eine Klassifizierung der Eingabe durch ein bestimmtes Aktivierungsmuster zur Folge hat.

Während bei einer bekannten Eingabe die gelernte Ausgabe reproduziert wird, soll das System einer unbekannten Wahrnehmung eine Kategorisierung zuordnen, die der Ausgabe der ähnlichsten bekannten Wahrnehmung entspricht oder zumindestens sehr nahe kommt (Generalisierung). Auf diese Weise erhält man aus einem Neuronalen Netz neues Wissen der Form: „Die Wahrnehmung A fällt in die Kategorisierung B". Die Art, auf die mit herkömmlichen wissensbasierten Systemen und mit künstlichen

Neuronalen Netzen neues Wissen erzeugt wird, ist somit grundsätzlich verschieden. Im zuerst genannten System geschieht dies durch Inferenz, im zuletzt genannten dagegen durch Generalisierung.

Versteht man unter Wissensverarbeitung einen Prozeß, bei dem explizite Wissensinhalte verarbeitet werden, so findet diese in konnektionistischen Systemen strenggenommen nur in der Konfigurations– oder Lernphase statt. In dieser Phase werden die explizit vorliegenden Wissenselemente so verarbeitet, daß eine Struktur entsteht, die dem System die Fähigkeit zur Generalisierung gibt. In der Abfragephase kann das fertige System nicht mehr auf diese Wissensinhalte zurückgreifen. Es findet dann nur noch eine implizite Verarbeitung dieses Wissens statt, indem die durch das Wissen erzeugte Struktur zum Austausch und zur Verarbeitung von Nachrichten genutzt wird. Da dieser zur Generalisierung führende Nachrichtenaustausch ohne die vorher explizit vorliegenden Wissenselemente nicht denkbar wäre, soll er im folgenden als *konnektionistische Wissensverarbeitung* bezeichnet werden. Der Begriff *Inferenz* wird im Zusammenhang mit künstlichen Neuronalen Netzen nicht benutzt. An seine Stelle tritt der Begriff der *Generalisierung* als vergleichbare Leistung konnektionistischer Systeme.

Kapitel 14

Modellierung Konnektionistischer Expertensysteme

Unter dem Begriff „konnektionistisches Expertensystem" verstehen wir im folgenden Expertensysteme, die entweder aus Neuronalen Netzen bestehen oder diese als Komponenten einsetzen. Dabei muß das Neuronale Netz nicht zwingend als Wissensbasis verwendet werden, wie es z.B. von Gallant [GALLANT, 1988] gefordert wird. Denkbar ist auch, daß es zur Vorverarbeitung von Daten oder zur Auswahl unterschiedlicher Regelsätze bzw. Wissensbasen dient.

Die Kombination von Expertensystemen und Neuronalen Netzen ist einerseits durch den Versuch motiviert, die Nachteile konventioneller Expertensysteme zu kompensieren, andererseits aber auch durch das Interesse an der grundsätzlichen Fähigkeit konnektionistischer Systeme zur Wissensverarbeitung. Die folgende Liste faßt einige Punkte zusammen, die den Einsatz Neuronaler Netze in diesem Bereich lohnend erscheinen lassen:

- Automatische Wissensakquisition mittels der Lernfähigkeit Neuronaler Netze.

- Toleranz gegenüber unvollständigen bzw. unscharfen Daten, ohne darauf angewiesen zu sein, ein formales Modell zu deren expliziter Modellierung einzusetzen.

- Assoziativer Abruf: die angegebenen Informationen werden nicht aufgrund (langwieriger) komplexer Inferenzprozesse verarbeitet, sondern in einem einzigen (Muster–)Assoziationsschritt.

- Sub–symbolische Wissensrepräsentation, die die Nachteile symbolischer Repräsentation vermeidet.

Man darf jedoch nicht erwarten, daß der Einsatz Neuronaler Netze die Probleme herkömmlicher Expertensysteme ohne weiteres zu lösen vermag. Neuronale Netze können ihre Ausgaben nicht begründen, und ihr gespeichertes Wissen läßt sich nicht extrahieren. Auch die Repräsentation von Symbolen, die teilweise unumgänglich ist, bereitet Schwierigkeiten. Die folgende Aufzählung faßt einige Probleme Neuronaler Netze im Bereich der Wissensverarbeitung zusammen:

- Fehlende Transparenz verhindert die Interpretation des im Neuronalen Netz repräsentierten Wissens.

- Die Ausgaben des Netzes lassen sich nicht im Sinne einer Inferenzkette begründen.

- Die Korrektur falschen Wissens sowie das Hinzufügen neuen Wissens bereiten Schwierigkeiten.

- Der Erfolg des Lernvorgangs ist nicht garantiert.

- Neuronale Netze kennen keine Variablen und Variablenbindungen.

Die Leistungsfähigkeit eines konnektionistischen Expertensystems hängt wesentlich davon ab, wie die genannten Probleme umgangen oder gelöst werden. Wir werden dies am Beispiel der im folgenden diskutierten Ansätze betrachten. Es muß darauf hingewiesen werden, daß diese Modelle bisher lediglich theoretischer Natur sind bzw. sich allenfalls in einem Prototypen–Stadium befinden. Von einsatzfähigen Systemen kann noch nicht gesprochen werden.

14.1   Konzeptionelle Überlegungen

Für eine Klassifikation konnektionistischer Expertensysteme betrachten wir zunächst, wie sie sich in Bezug auf die Verarbeitung von Regeln verhalten. Dazu werden wir die symbolische und sub–symbolische Repräsentation von Regeln untersuchen. Anschließend diskutieren wir, wie sich Symbole, die zur Kommunikation mit dem System benötigt werden, in Neuronalen Netzen repräsentieren lassen.

Regeln lassen sich in *Transformationsregeln* zur Ableitung neuen Wissens und in *Definitionsregeln* zur Beschreibung von Strukturen unterteilen. Im Hinblick auf die unterschiedliche Wissensverarbeitung in klassischen regelbasierten Expertensystemen und konnektionistischen Modellen werden wir im folgenden die Realisierung von Transformationsregeln näher untersuchen.

Unter den Transformationsregeln klassischer wissensbasierter Systeme versteht man Algorithmen zur Ableitung neuer Symbolstrukturen aus vorhandenen. Diese Algorithmen sind selbst wieder explizit formulierte Symbolstrukturen. In diesem Teil des Buches verwenden wir den Begriff „Regel" einschränkend im Sinne einer Produktionsregel eines klassischen Regelsystems.

Für ein regelbasiertes System gilt, daß vor seinem Aufbau sämtliche Konzepte, die die zugrundeliegende Domäne beschreiben, in Form von Regeln und Fakten spezifiziert werden müssen. Auch im Sinne des maschinellen Lernens lernfähige Regelsysteme [GAINES und BOOSE, 1990], die neue Repräsentationen selbst akquirieren, bilden hiervon strenggenommen keine Ausnahme. Eine Inferenz von Wissen gestaltet sich in einem regelbasierten System als ein Prozeß der Suche und Ausführung passender Regeln, wobei nur bewußte Regeln – im Gegensatz zu Assoziationen – verarbeitet werden können. Eine *Generalisierung*, d.h. die Fähigkeit, auf unbekannte Eingaben zu antworten, wird durch *Vorgabe(default)–Regeln* realisiert. Können in einem bestimmten Kontext mehrere Regeln angewendet werden, so wird eine oft rechenaufwendige *Konfliktlösungsstrategie* entscheiden, welche dieser Regeln zur Ausführung kommt.

Da Regeln in sich abgeschlossene Symbolstrukturen sind, führt die Akquisition neuer Regeln zu einem erhöhten Speicherplatzbedarf sowie zu einem erhöhten Zeitaufwand für den Konfliktmechanismus. Dies ließe sich durch einen Verzicht auf den Einsatz von Vorgabe–Regeln verhindern. Dafür müßte jedoch für jeden möglichen Kontext eine spezifische Regel eingeführt werden. Für Expertensystemanwendungen ist dies kaum zu realisieren, weil sich hier selten alle möglichen Systemeingaben und Kontextbildungen während der Verarbeitung vorhersagen lassen.

Ein mit der Akquisition von Regeln steigender Zeitaufwand steht im Widerspruch zu der Tatsache, nach der ein Mensch durch einen Wissenserwerb in Form von Beispielen unbewußte Regeln bildet, anhand derer er seine Aktionen (Inferenzprozesse) und insbesondere seine Wissenszugriffe (Suchprozesse) stark beschleunigt. Daraus folgt, daß eine kognitive Wissensableitung durch symbolische Regelsysteme nicht ausreichend beschrieben wird.

An dieser Stelle setzen konnektionistische Modelle an. Einerseits besitzen sie die Fähigkeit, einen symbolischen, auf bewußten Regeln basierenden Inferenzprozeß zu realisieren. Andererseits ermöglichen sie eine auf unbewußten Regeln aufbauende Wissensableitung. Letzteres betrachten wir anhand eines Multilayer–Perceptrons.

Wissensverarbeitung in einem Perceptron wird realisiert durch eine an den Eingabeeinheiten beginnende Aktivierungsausbreitung (Propagation), die zu bestimmten Aktivierungszuständen der Ausgabeeinheiten führt und allein durch die Netzwerkarchitektur festgelegt ist. Dabei unterscheidet das Netzwerk nicht zwischen bekannten und unbekannten Eingaben. Im Idealfall wird eine bekannte Wahrnehmung der Kategorisierung aus dem entsprechenden erlernten Wissenselement zugeordnet, während mittels Generalisierung eine unbekannte Wahrnehmung der Kategorisierung der ähnlichsten bekannten Wahrnehmung zugeordnet wird. Dies basiert auf Musterähnlichkeiten, die durch Überlagerungen in den Aktivierungszuständen gekennzeichnet sind und durch die Verwendung versteckter Einheiten sehr abstrakt sein können (s. Kap. 5).

Das Verhalten des Perceptrons läßt sich annähernd durch symbolische Regeln der Art

$$P_i \subseteq P \longrightarrow C_j \subseteq C$$

beschreiben, wobei P_i ein Teilmuster der Wahrnehmung P und C_j ein Teilmuster der Kategorisierung C ist. In diesem Zusammenhang spricht man auch von Systemen *verteilter (distributed)* oder *weicher (soft) Regeln*. Beim Lernvorgang werden dem Netzwerk wiederholt Wahrnehmungen präsentiert, die P_i enthalten. Dadurch können sich Verbindungen von betragsmäßig starken Gewichten bilden, die die Erzeugung von C_j in der Kategorisierung ermöglichen. Solche signifikanten Verbindungen werden unter dem Begriff *Kanal* zusammengefaßt. Ein Kanal kann als die verteilte (sub–symbolische) Realisierung einer (symbolischen) Regel gelten [DORFFNER, 1991].

Die folgenden Überlegungen zeigen, daß die Beschreibung verteilter Regeln mit Hilfe symbolischer Regeln der oben genannten Art jedoch unzureichend ist.

- Das Verhalten einer verteilten Regel in Form eines Kanals sei dadurch charakterisiert, daß eine Wahrnehmung mit dem Teilmuster P_i eine Kategorisierung mit dem Teilmuster C_j erzeugt. Wird der Kontext um P_i derart verändert, daß die durch P_i nicht erfaßten Eingabeeinheiten einen hohen Aktivierungszustand erhalten, dann kann es zu folgendem Phänomen kommen: Über die nicht zum Kanal zugehörigen Verbindungen wird genügend Aktivität propagiert, um die durch den Kanal hervorgerufenen Aktivierungszustände auf ein betragsmäßig niedriges Niveau zu setzen (auszulöschen). Der Grad dieser Auslöschung ist vom Kontext um P_i und von den entsprechenden Verbindungsgewichten abhängig. Er bestimmt, inwiefern das „normale" Verhalten einer verteilten Regel unterdrückt wird.

- Eine Verbindung zwischen zwei Einheiten kann in mehreren Kanälen enthalten sein, so daß die entsprechenden verteilten Regeln sich überlagern. In einem Multilayer–Perceptron können somit beliebig viele nicht lokalisierbare verteilte Regeln enthalten sein.

- Bei der Wissensableitung (Generalisierung) werden die verteilten Regeln passend zum jeweiligen Kontext aktiviert. Es wird dabei nicht zwischen Vorgabe– und Ausnahmeregeln wie bei einem symbolischen System unterschieden.

- Der dabei benötigte Speicherplatzbedarf sowie der Zeitaufwand sind konstant. Sie bleiben es auch nach einer Aufnahme neuen Wissens in Form von verteilten Regeln, denn die Kanäle, die diese verteilten Regeln realisieren, bilden sich ausschließlich anhand einer Gewichtung der vorhandenen Netzwerkverbindungen. Deren Anzahl ist aber durch die Wahl der Architektur fest vorgegeben.

- Aus dieser Sicht sind zu jedem Zeitpunkt alle verteilten Regeln im Netzwerk enthalten. Diejenigen, die zur Lösung der Lernaufgabe besonders beitragen, erhalten beim Lernvorgang eine Realisierung in Form besonders ausgeprägter Kanäle.

- Verteilte Regeln bilden sich durch Selbstorganisation. Sie gehören zum internen Wissen eines Perceptrons, das sich durch einen Lernprozeß passend zu dem aus der Umwelt empfangenen Wissenselementen gebildet hat. Sie müssen also nicht wie beim Aufbau eines symbolischen Systems explizit formuliert werden. In diesem Sinn realisieren sie eine Wissensableitung ohne Repräsentation.

Die beiden folgenden Definitionen dienen zur Charakterisierung konnektionistischer Expertensysteme in Abhängigkeit davon, ob sie Regeln symbolisch oder sub–symbolisch realisieren [DORFFNER, 1991].

Definition 14.1 *Ein System ist genau dann regelbeherrscht, wenn es über eine interne Realisierung expliziter Regeln verfügt, die sein Verhalten eindeutig festlegen.*

Definition 14.2 *Ein System ist genau dann regelfolgend, wenn sich das beobachtbare Verhalten durch Regeln beschreiben läßt. Diese Regeln müssen nicht zwingend im System zu identifizieren sein.*

Symbolische Regelsysteme sind regelbeherrscht, während konnektionistische Systeme auf der Grundlage verteilter Regeln im allgemeinen regelfolgendes Verhalten zeigen.

Neben der Unterteilung konnektionistischer Expertensysteme in regelfolgende und regelbeherrschte Systeme ist auch deren Art und Weise Symbole zu verwenden von Bedeutung. Auch wenn Symbole nur einen Teil des Wissens eines Systems repräsentieren können, stellen sie doch ein geeignetes Mittel dar, um Wissen mitzuteilen und Handlungsweisen zu erklären. Die Symbolhaftigkeit der Sprache wiederum basiert auf der Neigung des Menschen, Kategorien zu bilden. Kategorien werden mit Symbolen benannt, die alle ihre Vertreter stellvertretend repräsentieren.

Besonders im Hinblick auf die mangelnde Erklärungsfähigkeit konnektionistischer Systeme ist es sinnvoll, Überlegungen darüber anzustellen, welche Symbolarten bei einer Kommunikation unterschieden werden sollen und wie sie in Neuronalen Netzwerken dargestellt werden können. Wichtig für eine symbolische Kommunikation ist, daß ähnliche Symboldarstellungen keine Ähnlichkeiten zwischen aktivierten Konzepten bewirken und umgekehrt, mithin Symbole in ihrer Funktion als Zeichen formunabhängig sind.

Dazu muß sich ein System bei mehreren aktivierten Konzepten zugunsten der Darstellung eines einzigen Konzepts entscheiden. Diese Darstellung muß eindeutig von anderen unterscheidbar sein, um eine symbolische Funktion zu besitzen. Somit wird die kontinuierliche und verteilte Verarbeitung eines konnektionistischen Modells durch eine Realisierung von Symbolen unterbrochen [DORFFNER, 1991].

Definition 14.3 *Eine interne Realisierung eines Symbols ist ein innerhalb eines Systems an ein Konzept gebundenes Symbol. Im Gegensatz zu einem Konzept ist es eindeutig identifizierbar. Interne Realisierungen von Symbolen, die sich in ihrer Darstellungsweise in Form von Musterüberdeckungen ähneln, besitzen generell keine ähnliche Bedeutung.*

Eine externe Darstellung eines Symbols ist ein geäußertes Symbol, dessen Erzeugung durch eine entsprechende interne Realisierung bestimmt ist. Seine Funktion, für ein Objekt zu stehen, erhält es erst durch ein System, das es interpretieren kann.

Eine interne Realisierung eines (atomaren) Symbols ist z.B. ein Aktivitätsmuster innerhalb des Systems, während eine externe Darstellung z.B. ein geschriebenes Zeichen oder ein akustisches Signal ist. Zusammengesetzte Symbole wie Komposita einer Sprache und relevante Ähnlichkeiten zwischen Symboldarstellungen wie z.B. verschiedene Wortformen, die mit demselben Konzept assoziiert sind, berücksichtigen wir nicht.

Die erfolgreiche Interpretation einer externen Darstellung eines Symbols hängt davon ab, ob sie eindeutig auf eine interne Symbolrealisierung des betrachteten Systems abbildbar ist. Einer internen Realisierung können mehrere externe Darstellungen entsprechen, die Interpretation in umgekehrter Richtung muß eindeutig sein.

Die internen Symbolrealisierungen eines symbolischen Systems wurden vom Designer eingesetzt. Sie entsprechen seinen externen Symboldarstellungen bzw. Konzepten. Dem System selbst fehlen jedoch entsprechende selbstentwickelte Konzepte. In dieser Hinsicht besitzen die eingesetzten Symbole keine Bedeutung für das System selbst. Auch die von ihm empfangenen und zu verarbeitenden externen Darstellungen besitzen nur für den Systemdesigner und –benutzer eine Bedeutung (vergleiche hierzu auch die „Chinese–Room"-Analogie von Searle [SEARLE, 1990]).

Im Gegensatz zu symbolischen Systemen, in denen die internen Symbole das gesamte Systemwissen darstellen, ist es für ein sub–symbolisches System kennzeichnend, daß Symbole nur zur Kommunikation mit anderen Systemen dienen. Zu jeder externen Symboldarstellung entwickelt sich das System selbst ein internes Symbol, indem es sensorische Eingaben konzeptualisiert. Diese Symbole werden auch als *verankert* (symbol grounding) bezeichnet, weil sie an systemintern entwickelte Konzepte geknüpft sind, d.h. aus den Erfahrungen des Systems heraus gebildet wurden. Während die vom Designer ins System eingebrachten internen Symbole repräsentiert werden müssen, gelten die vom System selbst entwickelten verankerten Symbole nach [DORFFNER, 1991] als repräsentationsfrei. Neben *lokalen* und *verteilten* Symbolrealisierungen wird deshalb im weiteren zwischen *repräsentierten* und *repräsentationsfreien* Symbolen unterschieden. Es ergeben sich die folgenden Realisierungen in einem Neuronalen Netzwerk:

(i) **Lokale Repräsentation von Symbolen**

Bei der lokalen Repräsentation werden die Symbole des Systems vom Designer definiert. Jede Einheit des Neuronalen Netzwerks repräsentiert genau eines seiner Symbole bzw. Konzepte. Als ein Beispiel hierfür ist das von Hinton et al. entworfene Modell zur Assoziation der visuellen Form eines Wortes mit seiner Bedeutung [HINTON et al., 1986]. Die unterste Ebene in Bild 14.1 stellt die von den externen Symboldarstellungen (Grapheme: kleinste bedeutungsunterscheidende lautliche Einheiten in einem Schriftsystem) eingebrachten Aktivierungen dar. Die mittlere Ebene enthält lokal repräsentierte interne Symbole (Wörter), und die obere Ebene stellt die dazu assoziierten Konzepte ebenfalls als lokal repräsentierte Eigenschaften (Sememe: Bedeutungen sprachlicher Zeichen) dar.

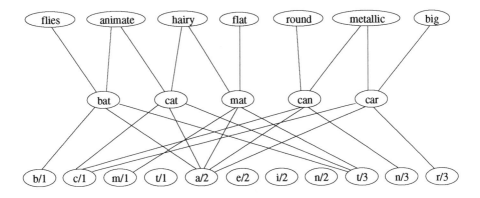

Bild 14.1: Lokal repräsentierte Symbole in der mittleren Schicht eines Neuronalen Netzes (nach [HINTON et al., 1986])

Damit die Symboldarstellungen auf der untersten Ebene in ihrer Funktion als Zeichen formunabhängig sind, dürfen ähnliche Zeichenketten nicht ähnliche Wort–Einheiten aktivieren, was zu einer Aktivierung ähnlicher Sememe führen würde. Dies ist hier gewährleistet, denn durch einen entsprechend hoch gewählten Schwellenwert kann erreicht werden, daß eine Zeichenkette höchstens eine Wort–Einheit aktiviert, so daß Aktivierungsmuster auf der Wortebene völlig unähnlich zueinander sind. Eine andere Möglichkeit, eindeutig identifizierbare Symboldarstellungen zu erhalten, also einen Entscheidungsprozeß durchzuführen, stellt die Einführung eines Wettbewerbsmechanismus dar, der auf inhibitorischen Verbindungen zwischen einzelnen Symbol–Einheiten aufbaut.

Modelle, die sich wie dieses auf eine interne lokale Repräsentation stützen, sind der symbolischen Verarbeitung zuzuordnen. Sie werden auch als *strukturierte* oder *lokale konnektionistische Netzwerke* bezeichnet.

(ii) **Verteilte Repräsentation von Symbolen**
Wie bei der lokalen Repräsentation stehen die Symbole des Modells für Konzepte des Designers. Nur werden sie bei der verteilten Repräsentation durch ein Muster mehrerer aktivierter Einheiten repräsentiert. Aufgrund der Generalisierungseigenschaft Neuronaler Netzwerke tendieren ähnliche Aktivierungsmuster bezüglich der Neuronen einer Schicht dazu, auch ähnliche Muster in der nächsthöheren Schicht zu aktivieren. Deshalb scheint die in verteilten Aktivierungsmustern ausgedrückte Form der Symbole nicht unabhängig von ihrer Bedeutung, d.h. den assoziierten Konzepten zu sein. Hinton et al. zeigten jedoch anhand eines Modells, das dem obigen gleicht, dessen Symboleinheiten aber verteilt repräsentiert sind [HINTON et al., 1986] (s. Bild 14.2), daß Form und Bedeutung der Symbole dennoch unabhängig sein können. In diesem Modell ist die Repräsentation des Symbols „cat" über die beiden dargestellten inneren Einheiten verteilt. Nur die diesem Symbol entsprechenden Semem-Einheiten dürfen aktiviert werden, wenn die Symbolform im oben genannten Sinne bedeutungslos bleiben soll.

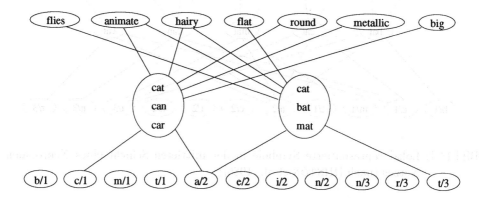

Bild 14.2: Verteilt repräsentierte Symbole in der mittleren Schicht eines Neuronalen Netzes (nach [HINTON et al., 1986])

Die Wahrscheinlichkeit dafür, daß durch ähnliche Zeichenketten auf der unteren Ebene zusätzliche Semem-Einheiten aktiviert werden, ist abhängig von der Anzahl h aktiver Wort-Einheiten, von der Wortanzahl w in einer solchen Einheit und von der Anzahl s der Semem-Einheiten, die durchschnittlich pro Worteinheit aktiviert werden. Werden w und s klein und h groß gewählt, und entspricht die Höhe eines Schwellenwertes der Anzahl der aktivierten Einheiten aus der vorhergehenden Schicht, so ist auch die Wahrscheinlichkeit für eine fälschlich aktivierte Semem-Einheit ausreichend klein. Ähnlichkeiten verteilt repräsentierter Wörter bzw. Symbole müssen also nicht zwangsläufig zu einer Aktivierung ähnlicher Semem-Einheiten bzw. Konzepte führen. Allerdings ist es noch ungeklärt, ob die zufälligen Musterähnlichkeiten der Symbole nicht doch zu einem unerwünschten systematischen Fehlerverhalten führen können [DORFFNER, 1991].

(iii) **Lokale und verteilte Realisierung repräsentationsfreier verankerter Symbole**

Verankerte interne Symbole benötigen keinen sie definierenden Designer, denn sie werden vom System selbst entwickelt. Sie stellen die assoziativen Verbindungen zwischen externen Symboldarstellungen und selbst entwickelten Konzepten her. In diesem Sinn weist ein entsprechendes System einer externen Darstellung eine Bedeutung zu. Dorffner schlägt ein solches Modell vor, in dem lokal realisierte interne Symbole anhand sensorischer Eingaben entwickelt bzw. erlernt werden sollen [DORFFNER, 1991]. Eine Einbeziehung dieses Ansatzes in konnektionistische Expertensysteme ist jedoch noch nicht in Sicht.

Die im folgenden vorgestellten Ansätze konnektionistischer Expertensystem können wir nach den in diesem Abschnitt angestellten Überlegungen somit nach den Kriterien

- regelfolgend (verteilte Symbolrepräsentation) und

- regelbeherrscht (lokale Symbolrepräsentation)

klassifizieren.

14.2   Regelfolgende Modelle

Ein regelfolgendes konnektionistisches Expertensystem (im folgenden kurz KXPS) besitzt gemäß den vorangegangenen Überlegungen keine interne symbolische Repräsentation. Einzig die Ein– und Ausgabeschicht bestehen aus Einheiten, denen eine symbolische Interpretation zugeordnet wird. In diesem Sinne ließe sich fast jedes Neuronale Netz als Expertensystem ansehen. Wir setzen jedoch voraus, daß ein KXPS eine modulare Struktur aufweist und in seinen Komponenten einem herkömmlichen XPS nahekommt.

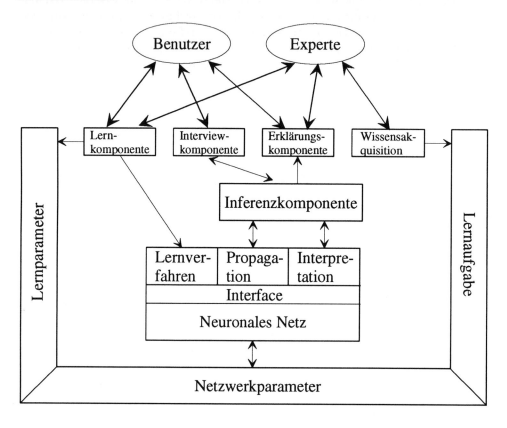

Bild 14.3: Architektur eines regelfolgenden KXPS (Datenflüsse)

Das Bild 14.3 zeigt eine denkbare Struktur für ein regelfolgendes KXPS. Die Wissensbasis des KXPS besteht aus den Netzparametern (Gewichte, Architektur, symbolische Bedeutung der Ein– und Ausgabeeinheiten usw.), der Lernaufgabe und den Parametern zur Steuerung des Lernverfahrens (Lernrate, Moment usw.). Das Neuronale Netz innerhalb des KXPS wird durch die Netzparameter konfiguriert, wobei die Gewichte das innerhalb des Netzes verteilte Wissen repräsentieren.

Die Lernkomponente bestimmt auf der Grundlage der vom Experten vorgegebenen Netzarchitektur, Lernaufgabe und Lernparameter die Gewichte. Die Lernaufgabe kann interaktiv durch eine Wissenserwerbskomponente erfolgen, die jedoch bei weitem nicht so anspruchsvoll sein muß wie in herkömmlichen Expertensystemen (XPS), in denen eine Regelbasis aufzubauen ist. In einem KXPS müssen lediglich Beispiele in Form von Eingabe- und Ausgabemustern erfragt und gespeichert werden. Auch die Erfragung von Lern- und Architekturparametern ist in diesem Sinne unproblematisch.

Die komplizierteste Aufgabe in einem KXPS fällt der Inferenzkomponente zu. Auch wenn in einem Neuronalen Netz keine eigentliche Inferenz stattfindet, erhält sie in Anlehnung an die Struktur gewöhnlicher XPS den Namen „Inferenzkomponente", da ihr mit der Annahme und Verarbeitung der Benutzereingaben und der Präsentation der Ergebnisse die gleichen Aufgaben zufallen. Ihre Arbeitsweise unterscheidet sich jedoch grundlegend von der in einem XPS. Da, zumindest in einem regelfolgenden KXPS, keine symbolische Repräsentation von Regeln zu finden ist, stellt die Interpretation und Erklärung von Ergebnissen ein schwerwiegendes Problem dar. Während die vom Benutzer zur Verfügung gestellten Eingaben ohne Schwierigkeiten dem Netz zur Propagation übergeben werden können, ist es nicht ohne weiteres möglich, vom Benutzer gezielt benötigte Eingaben abzufordern.

Konkrete Anwendungen Neuronaler Netze als regelfolgendes KXPS stellen daher meist mustererkennende Systeme dar, die keinerlei Erklärungsfähigkeit besitzen. Um dennoch ein einigermaßen transparentes System zu erhalten, werden mehrere Netze mit teilweise spezialisierten Architekturen verwendet. Eines dieser Systeme werden wir am Ende diese Abschnitts vorstellen. Vorher betrachten wir jedoch die Möglichkeiten, wie auf der Basis eines Multilayer-Perceptrons ein regelfolgendes KXPS erstellt werden kann, das auch die Fähigkeit zur Erklärung seiner Ausgaben besitzt.

Um mit einem KXPS zu kommunizieren, ist es notwendig, die Aktivierungszustände in der Eingabe- und Ausgabeschicht des verwendeten Neuronalen Netzes interpretieren zu können. Dazu wird in der Regel eine lokale Repräsentation gewählt, d.h. eine bijektive Zuordnung zwischen Eingabesymbolen und Eingabeeinheiten sowie zwischen Ausgabesymbolen und Ausgabeeinheiten.

Um bei einer lokalen Repräsentation unvollständiges Wissen repräsentieren zu können, ist es weiterhin erforderlich, eine geeignete Interpretation der Aktivierungen der einzelnen Ein- und Ausgabeeinheiten zu finden. Dazu werden meist einfache Ansätze ohne eine formale Semantik gewählt. Zum Beispiel kann unter der Voraussetzung, daß die Aktivierungszustände aus $[0, 1]$ stammen, eine Aktivierung von 1 als „wahr", „vorhanden" oder „sicher", eine Aktivierung von 0 als „falsch", „nicht vorhanden" oder „sicher nicht" und eine Aktivierung von 0.5 als „indefinit", „teilweise vorhanden" oder „unsicher" interpretiert werden. Da bei der Verwendung eines Multilayer-Perceptrons die Aktivierungen 0 und 1 nur mit unendlich großen Gewichten zu erreichen sind, werden diese Werte gewöhnlich durch 0.1 und 0.9 ersetzt.

Die Vorgabe einer derartigen Interpretation ist für die Eingabeeinheiten unproblematisch, solange die Lernaufgabe und die im späteren Verlauf gewählten Eingaben dieser Kodierung entsprechen. In den Einheiten der Ausgabeschicht können jedoch grundsätzlich alle Werte aus $[0, 1]$ auftreten, so daß die Interpretation auf Zwischenwerte ausgedehnt werden muß. Hat man sich wie oben auf eine Kodierung von drei Zuständen geeinigt, so kann man z.B. Teilintervalle bestimmen, die den gewählten Zuständen zugeordnet werden.

Es besteht auch die Möglichkeit, das gesamte Intervall $[0, 1]$ als Menge der bedeutsamen Aktivierungszustände zuzulassen und die Aktivierung einer Einheit als graduelle Anwesenheit eines Merkmals (in der Eingabe) bzw. graduelle Zugehörigkeit zu einer Kategorie (in der Ausgabe) zu interpretieren. Dabei muß man sich jedoch klarmachen, daß eine Interpretation der Werte als Wahrscheinlichkeiten oder Zugehörigkeitsgrade zu einer Fuzzy–Menge höchst problematisch ist, da die zugrundeliegenden formalen Mechanismen weder in der Lernaufgabe noch im Neuronalen Netz repräsentiert sind und somit auch durch einen Lernprozeß nicht realisiert werden können. Dies gilt insbesondere für Ausgaben aufgrund von Eingaben, die nicht der Lernaufgabe entstammen.

Im Kapitel 5 wurde gezeigt, daß ein Multilayer–Perceptron eine Häufigkeitsverteilung repräsentieren kann, und somit die Ausgabeaktivierungen als relative Häufigkeiten interpretierbar sind. Dies gilt jedoch uneingeschränkt nur für Eingaben aus der Lernaufgabe. Die Interpretation der Ausgaben auf unbekannte Eingaben ist wiederum mit Vorsicht zu behandeln. Außerdem gilt es bei der Interpretation der Ausgabe grundsätzlich zu beachten, daß bei der üblichen Verwendung einer nicht–linearen Aktivierungsfunktion die Abstände von z.B. 0.5 und 0.6 bzw. 0.8 und 0.9 in der Ausgabe einer Einheit unterschiedlich zu bewerten sind. Das folgende Beispiel illustriert einige der Probleme, die bei der Interpretation kontinuierlicher Ein- und Ausgabeaktivierungen auftreten können.

Beispiel 14.4 Wir betrachten ein KXPS, dessen Neuronales Netz sowohl in der Eingabe- als auch in der Ausgabeschicht je eine Einheit besitzt, die den Füllstand eines Gefäßes mit einem Volumen von 1 Liter repräsentiert. Die Aktivierungen mögen jeweils dem Wert 0.7 entsprechen. Bei der Interpretation dieses Wertes ergeben sich für die Eingabe unter anderem die folgenden Möglichkeiten:

- „Ich bin mir zu 0.7 sicher, daß das Gefäß gefüllt ist."

- „Die Wahrscheinlichkeit, daß das Gefäß gefüllt ist, beträgt 0.7."

- „Das Gefäß enthält (exakt?) 0.7 Liter."

- „Der (exakt meßbare) Füllstand entspricht meinem Verständnis von *voll* zu 0.7."

- „Der Füllstand ist nicht direkt meßbar. Die verfügbaren Informationen deuten daraufhin, daß die Charakterisierung *voll* zu 0.7 zutrifft.

Die Aktivierung der Ausgabeeinheit kann z.B. wie folgt interpretiert werden:

- „Die Sicherheit, mit der davon auszugehen ist, daß das Gefäß gefüllt ist, beträgt 0.7.“

- „Die Wahrscheinlichkeit, daß das Gefäß gefüllt ist, beträgt 0.7.“

- „Das Gefäß enthält (exakt?) 0.7 Liter.“

- „Der Füllstand entspricht dem vom Netz repräsentierten Zustand *voll* zu 0.7.“

- Der Wert entspricht einer relativen Häufigkeit.

    a) Die Eingabe entstammt der (widersprüchlichen) Lernaufgabe – „Für diese Eingabe gehörte der Füllstand in 7 von 10 Fällen in die Kategorie *voll* und 3 mal in die Kategorie *leer*.“

    b) Die Eingabe ist unbekannt – *Die Interpretation ist fraglich.*   ◇

Schwierigkeiten bei der Interpretation der Aktivierungszustände ergeben sich auch dann, wenn nur das Vorhandensein oder das Fehlen eines Merkmals bzw. einer Kategorie modelliert werden soll. Zwischenwerte müssen dann einem der beiden Extremzustände zugeordnet werden. Ein ähnliches Problem tritt auf, wenn man sich z.B. für eine der oben genannten dreiteiligen Interpretation entschließt. In dem soeben genannten Beispiel hätte man dann zu entscheiden, ob 0.7 eher dem Zustand „indefinit“ oder eher dem Zustand „wahr“ entspricht. Die Problematik wird noch verschärft, wenn in dem Netz von Einheit zu Einheit unterschiedliche Interpretationen repräsentiert werden sollen.

Ein grundsätzliches Verfahren zur Bestimmung einer geeigneten Interpretation der Aktivierungszustände läßt sich nicht angeben. Es muß in Abhängigkeit der Anwendung gewählt werden. Dabei ist darauf zu achten, daß die Muster der Lernaufgabe der gewählten Interpretation entsprechen. Darüber hinaus kann der Designer des KXPS nur überprüfen, ob die Repräsentation der Ein– und Ausgabe plausibel erscheint. Damit ist jedoch nicht gesagt, daß andere Benutzer dies ebenso empfinden. Für die folgenden Betrachtungen gehen wir davon aus, daß drei Zustände in den Aktivierungen repräsentiert werden sollen (z.B. 0.9 = wahr, 0.5 = indefinit, 0.1 = falsch).

Die Inferenzkomponente des KXPS hat die Aufgabe, die Interview– und Erklärungskomponente des Systems zu koordinieren. Dabei muß sie entgegengenommene Eingaben durch das Netzwerk propagieren und die Ausgabe interpretieren. Die Inferenzkomponente kann dabei auf der Stufe der symbolischen Repräsentation der Ein– und Ausgaben arbeiten. Die für das Neuronale Netz notwendige Abbildung auf Aktivierungszustände bzw. zurück auf eine symbolische Darstellung wird von einem Interface vorgenommen.

Im einzelnen verläuft ein Arbeitsgang der Inferenzkomponente in folgenden Schritten:

(i) Die Eingabesymbole werden vom Benutzer mit Daten belegt und durch die Interviewkomponente weitergereicht. Für nicht belegte Eingaben wird ein Defaultwert (z.B. „falsch" oder „indefinit") angenommen.

(ii) Gemäß der symbolischen Repräsentation werden den Eingabesymbolen Neuronen zugeordnet. Die Eingabeeinheiten erhalten die der gewählten Interpretation entsprechenden Aktivierungszustände.

(iii) Die Eingaben werden durch das Netzwerk propagiert.

(iv) Entsprechend der symbolischen Repräsentation und der gewählten Interpretation werden aus den Aktivierungen der Ausgabeschicht die Werte der Ausgabesymbole gewonnen.

(v) Gegebenenfalls müssen die Aktivierungen der Ausgabeeinheiten durch Aktivierungen der Eingabeeinheiten „erklärt" werden. Treten indefinite Ausgabeeinheiten auf, so kann versucht werden, eine Verbesserung (d.h. Überführung dieser Einheit in einen definiten Zustand) durch gezielte Anforderung von Belegungen für indefinite Eingabeeinheiten zu erreichen.

Der letztgenannte Punkt ist am schwierigsten zu realisieren. Nur wenn er vorhanden ist, kann man strenggenommen von einer „Inferenzkomponente" sprechen. Auf welche Weise hier vorgegangen werden kann, untersuchen wir im weiteren Verlauf.

Die Interviewkomponente erfragt fallspezifisches Wissen vom Benutzer, um darauf basierend eine „Inferenz" durchführen zu können. Je nach Interpretation der Aktivierungszustände kann der Benutzer dabei eventuell Angaben über die Vollständigkeit des Wissens ausdrücken. Die vom Benutzer nicht angegebenen Eingabesymbole müssen ebenfalls bewertet werden, da eine „Inferenz" die Initialisierung sämtlicher Eingabeeinheiten erfordert. Je nach Anwendung wird hier z.B. die Bewertung „indefinit" oder „falsch" eingesetzt. Für den Fall, daß nicht alle Eingabedaten gegeben sind, aber trotzdem eine Propagation stattfindet, kann diese „Inferenz" eventuell durch eine Erfragung weiterer Informationen vom Benutzer verbessert werden. Es sind verschiedene Definitionen einer *Inferenzverbesserung* möglich, wobei alle auf eine Verkleinerung der Menge der indefiniten Ausgabesymbole abzielen.

In [ANTWEILER, 1991] wird die Ermittlung einer Frage angestrebt, deren Beantwortung möglichst viele Ausgabesymbole in einen definiten Zustand überführt. Dazu werden die Aktivierungsabweichungen der Ausgabeeinheiten in Abhängigkeit der Aktivierungsänderung einzelner indefiniter Eingabeeinheiten ermittelt. Eine Möglichkeit dies zu tun liegt in einer Aktivierungspropagierung durch das Netzwerk, wobei die einzelnen indefiniten Eingabeeinheiten vorher sukzessive auf ihren maximalen bzw. minimalen Aktivierungszustand gesetzt werden.

Dabei wird der relativ langsame Prozeß der Aktivitätspropagierung durch die Propagierung eines Differenzsignals ersetzt. Das Differenzsignal ϑ^* einer indefiniten Eingabeeinheit ist definiert als die maximale Aktivierungsänderung, die durch Änderung der Interpretation „indefinit" auf „wahr" oder „falsch" hervorgerufen werden kann. Entsprechen diese Interpretationen z.B. den Aktivierungen 0.9, 0.5 und 0.1, so ist $\vartheta^* = 0.4$. Zur Ermittlung der Eingabeeinheit, die die meisten definiten Ausgabeeinheiten erzeugt, werden die Differenzsignale der indefiniten Eingabeeinheiten sukzessive auf ϑ^* gesetzt und die der übrigen auf 0. Für die schichtenorientierte Vorwärtspropagierung der Signale wird das Differenzsignal der inneren Einheiten $u \in U_H$ und der Ausgabeeinheiten $v \in U_O$ geschätzt durch

$$\vartheta_v = f'(\text{net}_v) \sum_{u \in U_H} W(u,v)\vartheta_u,$$

wobei f die übliche sigmoide Aktivierungsfunktion darstellt. Da $f'(\text{net}_v) = a_v(1-a_v)$ ist, können die ϑ_v sehr einfach und ohne Kenntnis der Netzeingabe net_v berechnet werden. Nach Beendigung der Propagierung läßt sich anhand der Differenzsignale der Ausgabeeinheiten untersuchen, ob eine Inferenzverbesserung im obigen Sinne vorliegt.

In [GALLANT, 1988] wird dagegen die Bestimmung des Ausgabesymbols mit dem größten „Qualitätsmaß" $|\text{Conf}(u)|, u \in U$ angestrebt. $\text{Conf}(u) \in [-1,1]$ ist ein Maß für das Vertrauen, daß eine indefinite Einheit bei einer weiteren Information vom Benutzer „wahr" bzw. „falsch" wird und kann für den Fall einer sigmoiden Aktivierungsfunktion wie folgt definiert werden:

$$\text{Conf}(u) = \begin{cases} 2a_u - 1 & \text{falls } u \in U \text{ definit} \\[2ex] 0 & \text{falls } u \in U_I \text{ indefinit} \\[2ex] \dfrac{\displaystyle\sum_{v \in U'} W(v,u) \cdot \text{Conf}(v)}{\displaystyle\sum_{v \in U': v \text{ indefinit}} |W(v,u)|} & \begin{array}{l} \text{falls } u \text{ indefinit und} \\ ((u \in U_O \text{ und } U' = U_H) \text{ oder} \\ (\ u \in U_H \text{ und } U' = U_I)) \end{array} \end{cases}$$

Sei $u \in U_O$ die indefinite Ausgabeeinheit mit einem maximalen Wert für $|\text{Conf}(u)|$, d.h. eine Einheit, die sehr dicht an einem definiten Zustand liegt. Gesucht wird nun die indefinite Einheit v, die den größten Einfluß auf u nimmt, d.h. gesucht wird eine Einheit v mit

$$W(v,u) = \max_{v \in (U \setminus U_O): v \text{ indefinit}} |W(v,u)|.$$

Ist v eine Eingabeeinheit, so wird der Benutzer nach seiner diesbezüglichen Bewertung gefragt. Andernfalls wird die indefinite Einheit gesucht, die den größten Einfluß auf v ausübt.

In konventionellen Expertensystemen erfolgt eine Erklärung durch eine Rückverfolgung des Inferenzweges („Wie"–Fragen) oder durch eine Angabe der verfolgten Hypothesen („Warum"–Fragen). In regelfolgenden konnektionistischen Systemen werden

Erklärungen zumeist in Form einer Sensitivitätsanalyse gegeben, die versucht, den Einfluß bestimmter Eingabesymbole auf die inferierten Ausgabesymbole aufzuzeigen („Wie–Fragen"). Als problematisch erweist sich dabei die Tatsache, daß aufgrund der Verwendung nicht–linearer Einheiten erst die Gesamtheit der propagierten Aktivitäten die Aktivität einer Ausgabeeinheit bestimmt.

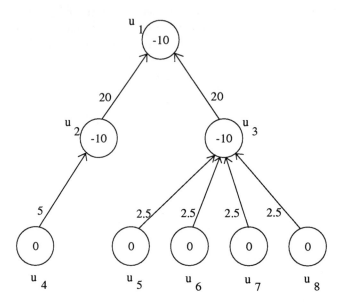

Bild 14.4: Inferenzerklärung: Der Einfluß einer Eingabeeinheit auf die Aktivierung einer Ausgabeeinheit variiert mit den Aktivierungen der übrigen Eingabeeinheiten

Dies sei anhand des in Bild 14.4 dargestellten Netzes verdeutlicht. Eine Zahl in einem Kreis steht für den Bias einer Einheit, und eine Zahl an einer Verbindung bezeichnet das ihr zugeordnete Gewicht. Alle nicht eingezeichneten Verbindungen haben ein Gewicht von 0. Aktiviert man nur jeweils eine Eingabeeinheit (Aktivierung = 1), so besitzt u_4 einen doppelt so großen Einfluß auf u_1 wie jede andere Eingabeeinheit. Unter Voraussetzung einer sigmoiden Aktivierungsfunktion bleibt die Aktivität von u_1 jedoch immer unter dem Wert 10^{-4}. Dagegen nimmt sie den Wert 0.533 an, wenn sämtliche Eingabeeinheiten aktiv sind, bzw. den Wert 0.5, wenn u_4 deaktiviert bleibt, bzw. den Wert $2.4 \cdot 10^{-4}$, wenn genau eine der Einheiten u_5, u_6, u_7 oder u_8 deaktiviert bleibt.

Man erkennt deutlich, daß die zuletzt genannten Einheiten durch ihr Zusammenwirken nun einen deutlich höheren Einfluß auf u_1 nehmen als die Einheit u_4. Der relative Einfluß einer Eingabeeinheit auf eine Ausgabeeinheit ist somit immer abhängig von der aktuellen Aktivität der übrigen Eingabeeinheiten.

In ihrer einfachsten Form zeigt eine Sensitivitätsanalyse die Aktivitätsverläufe der einzelnen Ausgabeeinheiten an, die sich aus einer sukzessiven Festlegung der Eingabeaktivierungen ergibt [YOON et al., 1990]. Falls die aktuelle „Inferenz" einem Wissenselement der Lernaufgabe entspricht, sollte das System dies ebenfalls anzeigen. Dazu muß der Teil der Wissensbasis, der die Lernaufgabe enthält, durch ein Standard–Suchverfahren durchlaufen werden.

Eine andere an [ANTWEILER und KREKEL, 1990] angelehnte Form der Sensitivitätsanalyse zur Erklärung „wahrer" Ausgabesymbole basiert auf der Überlegung, daß zwischen einem „wahren" Eingabesymbol bzw. der entsprechenden Eingabeeinheit $u \in U_I$ und einem „wahren" Ausgabesymbol bzw. der entsprechenden Ausgabeeinheit $v \in U_O$ graphentheoretisch betrachtet nur endlich viele Propagierungspfade $P_{u,v}^k$, $k \in \{1, \ldots, n\}$) liegen. Diejenigen dieser Pfade, die ausschließlich positiv gewichtete Verbindungen aufweisen, werden in einer Menge $\mathcal{P}_{u,v}$ zusammengefaßt. In der Summe $S_{u,v}$ aller Verbindungsgewichte der in $\mathcal{P}_{u,v}$ liegenden Pfade mit

$$S_{u,v} = \sum_{P_{u,v}^k \in \mathcal{P}_{u,v}} \sum_{(u',v') \in P_{u,v}^k} W(u',v'), \;\; W(u',v') > 0,$$

spiegelt sich der positive Einfluß von u auf v wider. Der Anteil den $S_{u,v}$ an der Summe $\sum u' \in U_I S_{u',v}$ über alle Eingabeeinheiten u' bildet, sei mit $A_{u,v}$ bezeichnet. Ist dieser Anteil sehr groß, wird angenommen, daß u einen signifikanten Einfluß auf v nimmt. Zur Erklärung der „Inferenz" des v entsprechenden Ausgabesymbols werden dem Benutzer alle Eingabeeinheiten u bzw. die zugeordneten Symbole geliefert, deren Wert für $A_{u,v}$ einen vorgegebenen Wert überschreitet.

Die Aktivitätsschwelle, ab der die Konfidenzinterpretation als „wahr" bzw. „falsch" eingestuft wird, darf dabei weder zu hoch noch zu niedrig gewählt sein. Andernfalls könnten Einheiten existieren, deren Interpretation als „indefinit" eingestuft ist, die aber trotzdem durch entsprechend hohe Gewichtungen einen sehr großen Einfluß auf die inferierten Ausgabesymbole haben.

Dieses heuristische Verfahren läßt die Nicht–Linearität der Aktivierungsfunktion und die Schwellenwerte der inneren Einheiten sowie negative Gewichtungen unberücksichtigt. Deshalb sind die Ergebnisse, d.h. die Werte für $A_{u,v}$ mit Vorsicht zu behandeln. So würde z.B. der Einheit u_4 aus Bild 14.4 ein größerer Einfluß auf u_1 zugesprochen als u_5, selbst wenn u_5, u_6, u_7 und u_8 gleichzeitig aktiviert sind. Ist die Anzahl der im Netzwerk enthaltenen positiven Gewichte im Vergleich zu den negativen Gewichten sehr klein, werden die Werte für die $A_{u,v}$ im allgemeinen noch unzuverlässiger. In [ANTWEILER und KREKEL, 1990] werden dem Benutzer zur Erklärung nicht nur die relevanten Eingabesymbole, sondern auch ihre „Einflußwerte" $A_{u,v}$ in Prozent dargeboten. Dies könnte eine hohe Genauigkeit suggerieren, von der in Anbetracht der aufgeführten Unzulänglichkeiten nicht auszugehen ist.

Eine Modifikation des beschriebenen Verfahrens zur Erklärung „falscher" Ausgabesymbole verlangt auch die Berücksichtigung des Einflusses negativer Gewichte. Um diesen zumindest qualitativ zu erfassen, müssen auch die Schwellenwerte der inneren Einheiten mit in die Berechnung der Anteile $A_{u,v}$ einbezogen werden. Eine einfache Summierung von Gewichten ist unzureichend, weil ein aus negativ gewichteten Verbindungen bestehender Pfad nicht notwendigerweise auf einen negativen Einfluß der entsprechenden Eingabeeinheit hindeutet. Sei z.B. $((u,v)(v,w))$, $u \in U_I, v \in U_h, w \in U_O$, ein Pfad von der Eingabeeinheit u zur Ausgabeeinheit w mit $W(u,v), W(v,w) < 0$. Ist $|W(u,v)|$ sehr viel größer als der Bias von v und $|W(v,w)|$ viel kleiner als der Bias von w, so ist aufgrund der hemmenden Wirkung auf v davon auszugehen, daß u einen positiven Einfluß auf w ausübt. Eine sichere Aussage hierüber läßt sich jedoch nur unter Einbeziehung aller Einheiten machen, die v und w beeinflussen.

Eine weitere Möglichkeit zur Erklärung einer „Inferenz" in Form einfacher Wenn-dann–Regeln bildet die Grundlage der netzwerkunterstützten Wissensakquisition. Der Wissenserwerb des betrachteten konnektionistischen Modells wird im allgemeinen dadurch realisiert, daß ein Experte sein bereichsbezogenes Wissen in Form einer Lernaufgabe aus Musterpaaren in die Wissensbasis schreibt, so daß es dem Lernverfahren für die Einstellung der Netzwerkgewichte zugänglich ist.

Man spricht hier von einer *automatisierten* Wissensakquisition, weil das Modell anhand der eingegebenen Muster selbständig *verteilte* Regeln erzeugen kann und dabei bereits gelerntes Wissen dem neuen automatisch anpaßt. Es ist bedingt möglich, das Verhalten der an einer „Inferenz" beteiligten verteilten Regeln explizit zu erfassen und dem Benutzer für eine weitere Erklärung in Form einer Wenn-dann–Regel zur Verfügung zu stellen. Akzeptiert der Experte eine solche Regel, kann sie in Form des zu ihr korrespondierenden Musterpaares in die Lernaufgabe einbezogen und vom Netzwerk erlernt werden. Auf diese Weise erreicht man eine netzwerkunterstützte Methode der Wissensakquisition.

Das Verfahren zur Herleitung generalisierender Wenn-dann–Regeln sucht nach der minimalen Menge von Eingabesymbolen, die zur „Inferenz" eines Ausgabesymbols geführt hat. Diese Menge wird *dominante Eingabesymbolmenge* genannt. Verfahren wie diese Menge zu finden ist, werden z.B. von Gallant vorgeschlagen und im Rahmen seines MACIE–Systems (MAtrix Controlled Inference Engine) verwendet. Zur Vereinfachung der Darstellung dieser Suche betrachten wir im folgenden nur Ausgabesymbole mit der Interpretation „wahr". Für Ausgaben mit dem Zustand „falsch" gelten die Betrachtungen analog.

Für jede Einheit $v \in U_H \cup U_O$ der versteckten Schicht und der Ausgabeschicht werden zunächst alle hemmenden Einflüsse, d.h. die Summe der negativen Netzeingaben, gesammelt. Anschließend werden die partiellen positiven Netzeingaben $W(u,v) \cdot a_u$ der Größe nach angeordnet. Die ersten k dieser Eingaben, deren Summe ausreicht, um die hemmenden Einflüsse zu überwinden, bilden die *dominanten Netzeingaben*. Dabei müssen sie eine Gesamtnetzeingabe erzeugen, die ausreicht, um die Aktivierung der betrachteten Einheit größer als den Wert werden zu lassen, der den Zustand „wahr" repräsentiert. Die zu diesen Eingaben korrespondierenden Einheiten u bilden die Menge der dominanten Netzeingabeeinheiten, in der je nach betrachteter Schicht innere Einheiten oder Eingabeeinheiten enthalten sind.

Der Prozeß zur Ermittlung der dominanten „Eingabeeinheiten" wird, beginnend bei einer Ausgabeeinheit, rückwärts durch das Netzwerk durchgeführt. Er endet mit dem Erhalt einer Menge von Eingabeeinheiten, die ausreicht, um die Aktivierung der Ausgabeeinheit zu bewirken. Die den Eingabeeinheiten zugeordneten Aussagen werden konjunktiv verknüpft und bilden die Prämisse der zu erzeugenden Wenn–dann–Regel. Das Ziel, die kleinste Menge verantwortlicher Eingabeeinheiten zu finden, wird von obigem heuristischen Verfahren jedoch oft nicht erreicht, wie das folgende Beispiel 14.5 verdeutlicht.

Beispiel 14.5 Gegeben seien die Mengen dominanter Netzeingabeeinheiten (s. Bild 14.5). Für u_1 die Menge $D_1 = \{u_2, u_3\}$ für u_2 die Menge $D_2 = \{u_5, u_6, u_7\}$ und für u_3 die Menge $D_3 = \{u_8, u_9, u_{10}\}$.

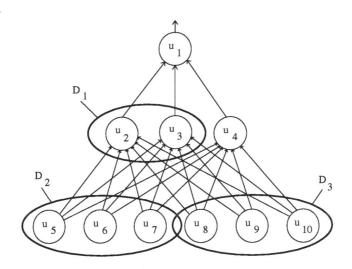

Bild 14.5: Eine Menge dominanter Eingabeeinheiten für u_1 ist
nicht zwangsläufig minimal

Die dargestellte Vorgehensweise bei der Ermittlung dominanter Eingabeeinheiten „übersieht", daß sich die Aktivierung von u_3 eventuell auch mit einer Menge $D_x \cup D_y$ mit $D_x \subseteq D_2$ und $D_y \subseteq D_3$ von Eingabeeinheiten z.B. mit der Menge $\{u_6, u_7, u_8, u_9\}$ erreichen läßt. Zwar stellen D_2 und D_3 die dominanten Netzeingabeeinheiten für u_2 bzw. u_3 dar, jedoch ist $D_2 \cup D_3$ nicht notwendigerweise die minimale Menge dominanter Eingabeeinheiten bezüglich u_1. $\diamond$

Die minimale Menge kann nur dann garantiert gefunden werden, wenn die gesamte Potenzmenge der Eingabeeinheiten in Betracht gezogen wird. Um auch mit der vorgestellten Heuristik eine möglichst kleine Menge dominanter Eingabeeinheiten zu finden, d.h. möglichst stark verallgemeinernde Regeln zu gewinnen, ist es sinnvoll, die Anzahl der inneren Einheiten sehr klein zu wählen. Dies ist im Interesse eines Lernerfolgs jedoch nicht uneingeschränkt möglich.

Es muß weiterhin berücksichtigt werden, daß das genannte Verfahren nur dann anwendbar ist, wenn die Zustände der Einheiten durch das Über– oder Unterschreiten willkürlich gewählter Schwellenwerte erreicht werden. Sollen die kontinuierlichen Aktivierungen der Einheiten direkt ohne die Einführung diskreter Zustände interpretiert werden, ist es nicht möglich, auf diese Weise Regeln zu bilden.

Die Schwierigkeiten bei der Erklärung von Ausgaben Neuronaler Netze sind bei weitem noch nicht überwunden und hemmen den Einsatz regelfolgender KXPS. Die meisten Ansätze sind daher auch nicht von großer praktischer Bedeutung, sondern stellen prototypische Anwendungen in einer sehr frühen Phase dar. Im folgenden stellen wir exemplarischen einen Ansatz vor, der eine Inferenz– und Erklärungskomponente ganz vermeidet. Um dennoch eine gewisse „Einsicht" in die Vorgehensweise des KXPS zu gewinnen, wurde das System aus mehreren Teilnetzen zusammengesetzt, die jeweils für exakt festgelegte Aufgaben eingesetzt werden.

Das sogenannte *Hypernet* (Hypertension Neural Expert Therapist) dient zur Diagnose und Behandlung von Bluthochdruck [POLI et al., 1991]. Die Eingaben für Hypernet bestehen aus den Anamnesedaten eines Patienten sowie einer 24–Stunden–Messung seines diastolischen und systolischen Blutdrucks. Die Systemausgabe besteht aus vier Feldern mit je 24 Einheiten, deren Werte die stündlichen anzuwendenden Dosen von je vier der gebräuchlichsten Bluthochdruckmittel spezifizieren. Das Vorhandensein und das Ausmaß des Bluthochdrucks (Diagnose) kann aus den Medikamentendosen geschlossen werden. Für gesunde Patienten ist keine Behandlung notwendig.

Um die Vorgehensweise eines Arztes möglichst genau zu simulieren, wurde Hypernet in drei Module unterteilt (s. Bild 14.6). Das Referenzgenerierungs–Modul (reference-generating module, RGM) enthält zwei identische Multilayer–Perceptrons mit je zwei Eingabe– und 24 Ausgabeeinheiten sowie vier inneren Einheiten in einer einzelnen versteckten Schicht. Die Aufgabe des RGM ist es, die Blutdruckwerte eines Tages für einen gesunden Menschen gleichen Alters und Geschlechts zu erzeugen (zwei mal 24 Werte) und mit den Werten des Patienten zu vergleichen. Die Aufgabe dieses Moduls besteht in der Verarbeitung des Wissens über normale Blutdruckwerte. Die ermittelten Differenzen werden zur Weiterverarbeitung bereitgestellt.

Das Medikamentenkompatibilitäts–Modul (drug compatibilty module, DCM) enthält lediglich ein Perceptron ohne innere Schicht und besitzt 17 Eingabe– und vier Ausgabeeinheiten. Seine Aufgabe besteht in der Analyse der wichtigsten klinischen Daten des Patienten (Eingabe) und der Bestimmung von vier „Kompatibilitätsgraden" zur Angabe der Eignung jedes der vier Medikamente für den Patienten.

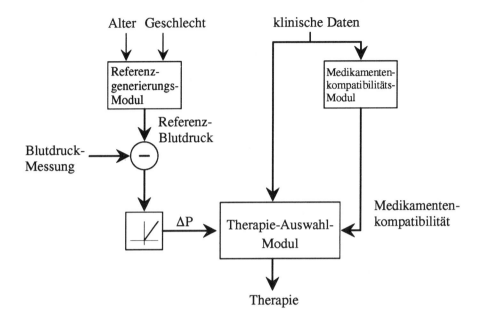

Bild 14.6: Die logische Struktur von Hypernet (nach [POLI et al., 1991])

Das Therapie–Auswahl–Modul (therapy–selecting module, TSM) ist ein komplexes sechs–schichtige Multilayer–Perceptron, dessen vier innere Schichten mit je 12 Einheiten auf besondere Weise vernetzt sind (vgl. Bild 14.7). Die Eingabe des TSM besteht aus den zwei mal 24 Differenzwerten des RGM, fünf weiteren Daten aus der Anamnese des Patienten und den vier Ausgaben des DCM. Die erste innere Schicht ist nur mit den 48 Blutdruckdifferenz–Einheiten verbunden. Sie soll eine verteilte Repräsentation der signifikanten Blutdruckabweichungen erstellen.

Die zweite innere Schicht ist mit der ersten inneren Schicht verbunden und erhält zusätzlich Eingaben aus den fünf Anamnese–Einheiten. Sie soll die Informationen bezüglich der Überwachung des Patienten auf der Grundlage weiterer Hinweise zum Bluthochdruck korrigieren.

Die dritte innere Schicht ist wiederum mit der vorhergehenden verbunden und wird außerdem von den vier Medikamentenkompatibilitäts–Einheiten mit Eingaben versorgt. Die vierte innere Schicht ist schließlich nur mit der dritten verbunden und gibt ihre Aktivierungen an die Ausgabeschicht aus vier mal 24 Einheiten weiter. Diese letzten drei Schichten sorgen letztendlich für die in den Ausgabeeinheiten repräsentierte Therapieempfehlung.

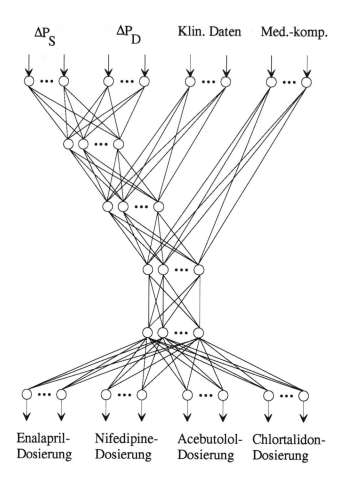

ΔP_S ΔP_D Klin. Daten   Med.-komp.

Enalapril-   Nifedipine-   Acebutolol-   Chlortalidon-
Dosierung   Dosierung   Dosierung   Dosierung

Bild 14.7: Die Architektur des Therapie–Auswahl–Moduls von Hypernet (nach [POLI et al., 1991])

Die kaskadierte Vernetzung der inneren Schichten des TSM soll nach Einschätzung der Autoren von Hypernet quasi eine mehrstufige Entscheidung nachbilden, wie sie auch von Medizinern vorgenommen werden soll [POLI et al., 1991].

Das Training von Hypernet wurde auf der Grundlage der Daten von 300 klinisch gesunden Personen und 85 Bluthochdruck–Patienten durchgeführt. Das RGM wurde mit 200 Blutdruckverläufen normaler Frauen und Männer im Altern von 20 bis 80 Jahren trainiert. Die Lernaufgabe des DCM bestand aus den Daten von 30 gesunden und 30 hypertonischen Personen. Das TSM wurde schließlich mit den Werten von 60 gesunden Personen und 60 Bluthochdruck–Patienten trainiert.

Aufgrund der Dimensionen dieses Neuronalen Netzes (201 Einheiten und 2412 Verbindungsgewichte) benötigte der Lernvorgang auf einem 20–Mhz 80386 PC etwa 50 Stunden Rechenzeit.

Nach der Aussage der Autoren von Hypernet [POLI et al., 1991] verhält sich das System gemäß den allgemeinen Kriterien, die auch Mediziner bei der Behandlung von Bluthochdruckpatienten berücksichtigen. Bei einem Test aus 35 (10 gesunde Personen, 25 Patienten mit Verdacht auf Bluthochdruck) Fällen empfahl Hypernet 12 Patienten zu behandeln und 23 Patienten nicht zu behandeln. Das System machte dabei zwei Fehler: Einmal wurde eine behandlungsbedürftige Erkrankung nicht erkannt und einmal die Behandlung einer gesunden Person empfohlen.

In den 11 korrekt als behandlungsbedürftig erkannten Fällen wurde die empfohlenen Dosierung der Medikamente von einem Arzt siebenmal als korrekt, zweimal als akzeptabel und zweimal als falsch bewertet.

Auf der Grundlage dieser Ergebnisse kann sicher noch nicht von einem uneingeschränkten Erfolg des Hypernet–Systems gesprochen werden oder eine generelle Empfehlung zum Einsatz abgegeben werden, auch wenn die Autoren von Hypernet die Ergebnisse positiv bewerten [POLI et al., 1991]. Die meisten Ansätze von KXPS haben das Problem, daß vielfach die benötigten Daten zur Evaluierung nicht zur Verfügung stehen und ein praktischer Test aufgrund der unter Laborbedingungen erstellten Prototypen meist nicht durchführbar ist.

Man darf von einem KXPS bei dem derzeitigen Stand der Forschung nicht erwarten, einen Experten in einem bestimmten Gebiet zu ersetzen (das sollte man übrigens auch nicht von einem herkömmlichen Expertensystem erwarten). Vielmehr kann ein KXPS dabei helfen, daß bestimmte Problemlösungen nicht übersehen werden und auf diese Weise einen *Experten unterstützen*. Den Nachteil der mangelnden Erklärungsfähigkeit regelfolgender KXPS kann der Vorteil der Lernfähigkeit und die Toleranz gegenüber unvollständigen oder mit Meßfehlern behafteter Daten aufwiegen. Diese muß jedoch von Fall zu Fall in Abhängigkeit von der jeweiligen Anwendung entschieden werden.

Abschließend geben wir noch eine Übersicht über Ansätze regelfolgender konnektionistischer Expertensysteme mit der Angabe der jeweiligen Originalliteratur. Der folgende Abschnitt beschäftigt sich dann mit den regelbeherrschten KXPS.

Neben der hier dargestellten Anwendung eines regelfolgenden KXPS zur Diagnose und Behandlung von Bluthochdruck gibt es eine ganze Reihe weiterer Ansätze Neuronale Netze als Expertensysteme für den medizinischen Bereich einzusetzen. Für die folgenden Gebiete sind Modelle vorgestellt wurden: Rückenleiden [BOUNDS, 1989], Brustschmerzen [HART und WYATT, 1989], Epilepsie [APOLLONI et al., 1990], Hautkrankheiten [YOON et al., 1990], Folgeschäden einer Gehirnblutung [MICCO und CUMPSTON, 1990], Schwachsinn (Dementia) [MULSANT, 1990], akute Unterleibschmerzen [MULSANT, 1990], Kopfschmerzen [SAITO und NAKANO, 1988], Funktionsstörungen der Leber [YOSHIDA et al., 1989], audiologischen Störungen [SHAVLIK et al., 1991],

Schilddrüsenerkrankungen [FISHER und MCKUSICK, 1989, SHAVLIK et al., 1991], Verdauungsstörungen [SCALIA et al., 1989], Vorhersage von Diabetes [STUBBS, 1990] und Bestimmung des Risikos für einen Herzanfall [BERI und TROTTA, 1990].

Neben Systemen zur medizinischen Diagnostik befassen sich weitere Ansätze regelfolgender KXPS mit der Diagnose von Sojabohnenkrankheiten [FISHER und MCKUSICK, 1989, SHAVLIK et al., 1991], der Diagnose von Motorfehlern [RAY, 1991, SCHÖNEBURG, 1993], der Diagnose von Satellitenkommunikationsfehlern [CASSELMAN und ACRES, 1990], der Fehlerdiagnose in digitalen Schaltkreisen [JAKUBOWICZ und RAMANUJAM, 1990] und der Fehlerdiagnose in chemischen Anlagen [HOSKINS et al., 1990, HOSKINS und HIMMELBLAU, 1989, VENKATASUBRAMANIAN und KING, 1989, WATANABE et al., 1989].

Außerdem gibt es Modelle für die Interpretation von Sonarsignalen [GORMAN und SEJNOWSKI, 1988], die Vorhersage von Sonnenaktivitäten [BRADSHAW et al., 1989], und für die Auswahl chemischer Reaktoren [BULSARI et al., 1991, BULSARI und SAXEN, 1991]. Auch im Finanzbereich sind Anwendungen untersucht worden. So gibt es Ansätze von regelfolgenden KXPS zur Auswahl wirtschaftspolitischer Empfehlungen [ANTWEILER, 1991], zur Bonitätsprüfung bei einer Kreditaufnahme [MADEY und DENTON, 1988] und zur Beurteilung von Anleihen (Wertpapieren) [DUTTA und SHEKHAR, 1988].

Weitere Modelle befassen sich zum Beispiel mit Spielen (Simulation des Spielers eines Strategiespiels [MOZER, 1986, MOZER, 1987], Analyse von Schachendspielen [SHAVLIK et al., 1991]), mit der Unterstützung von Piloten (Assistenz eines Piloten bei Ausweichmanövern [MCMAHON, 1990]) oder der Sprachgenerierung bzw. -erkennung (Umwandlung von Text in Sprache [SHAVLIK et al., 1991], Ziffernerkennung [LEE und LIPPMANN, 1989], Spracherkennung [LEE und LIPPMANN, 1989, NILES et al., 1989]).

14.3 Regelbeherrschte Modelle

Dieser Abschnitt befaßt sich mit regelbeherrschten KXPS, d.h. mit Modellen, die eine symbolische Repräsentationen von Regeln vornehmen. Die drei im folgenden vorgestellten Ansätze sind eher als Vorschläge, denn als funktionstüchtige KXPS zu verstehen. Die Umsetzung eines Regelsystems in ein Neuronales Netz erfordert einerseits einen hohen Aufwand und resultiert andererseits in relativ komplexen, schwer handhabbaren Systemen. Diese sind meist weder lernfähig, noch sind sie in der Lage zu generalisieren. Eine vollständige Untersuchung der diskutierten Ansätze sprengt den Rahmen dieses Buches. Für ein vertiefendes Studium verweisen wir daher auf die zitierte Originalliteratur.

Wir betrachten zunächst einen frühen Ansatz von Touretzky und Hinton [TOURETZKY und HINTON, 1985], der vielfach als Referenzmodell für KXPS herangezogen wird. Danach gehen wir auf ein interessantes Modell von Shastri und Ajjanagadde ein [AJJANAGADDE und SHASTRI, 1991], das Inferenzvorgänge durch zeitlich veränderliche Aktivierungsmuster repräsentiert. Abschließend betrachten wir eine Umsetzung eines mit Sicherheitsfaktoren behafteten Regelsystems in ein Neuronales Netz [LACHER et al., 1992]. Dieses Modell kann als eingeschränkt lernfähige neuronale Implementation eines Expertensystems gelten, das auf dem Konzept der „certainty factors" beruht.

Ein konnektionistisches Produktionssystem

Bereits 1985 haben Touretzky und Hinton ein verteiltes konnektionistisches Produktionssystem vorgestellt, das sogenannte „DCPS" (distributed connectionist production system) [TOURETZKY und HINTON, 1985]. Die Motivation für die Entwicklung dieses Modells lag weniger darin, ein konnektionistisches Expertensystem zu schaffen, als vielmehr einen Nachweis zu liefern, daß die konnektionistische Implementierung eines symbolischen Produktionssystems möglich ist. Darüber hinaus sollte demonstriert werden, wie eine verteilte Repräsentation für die Konstruktion eines Arbeitsspeichers eingesetzt werden kann, der mit weit weniger Einheiten auskommt, als die Anzahl unterschiedlicher Fakten, die er – jedoch nicht zeitgleich – zu speichern vermag.

Die vom DCPS verarbeitbaren Produktionsregeln bestehen aus einer Prämisse zur Spezifizierung von genau zwei Symboltripeln sowie aus einer Konklusion, die beliebig viele mit Vorzeichen behaftete Tripel zur Modifizierung des Arbeitsspeichers enthält. Die Vorzeichen spezifizieren, ob ein Tripel dem Speicher hinzugefügt oder aus ihm entfernt werden soll. Dabei ist auch die Einbeziehung von Variablen erlaubt. Eine Variable muß in der ersten Position beider Prämissentripel stehen. In den Tripeln der Konklusion ist ihre Position beliebig. Ein Beispiel für eine Regel mit einer Variablen „X" ist

$$(X\ a\ b)(X\ c\ d) \Longrightarrow +(e\ f\ X) - (X\ X\ g).$$

Diese Regel ist wie folgt interpretierbar: Wenn die Tripel $(\xi\ a\ b)$ und $(\xi\ c\ d)$ im Arbeitsspeicher enthalten sind, wobei ξ ein beliebiges Symbol des Alphabets ist, mit dem die Variable „X" instantiiert wird, so füge das Tripel $(e\ f\ \xi)$ hinzu und entferne das Tripel $(\xi\ \xi\ g)$. Dabei vermag das System zu einem Zeitpunkt nur eine Variable in einer einzigen Regel zu binden. Unter der Bindung einer Variablen wird die Zuordnung eines Wertes zu dieser Variablen (Instantiierung) verstanden. Dabei ist zu beachten, daß eine eventuell mehrfach im System vorhandene Variable zu einem Zeitpunkt stets mit demselben Wert belegt ist.

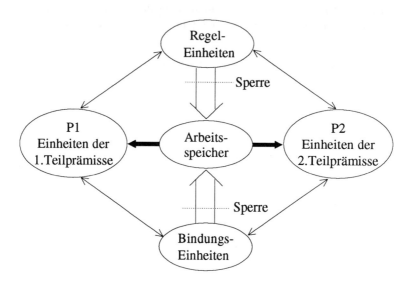

Bild 14.8: Die Grobstruktur von DCPS [TOURETZKY und HINTON, 1988]

Das Bild 14.8 zeigt schematisch die Architektur von Touretzkys und Hintons konnektionistischem Produktionssystem. Es umfaßt fünf Mengen von Einheiten. Eine dieser Mengen entspricht dem zentralen Arbeitsspeicher. Zwei weitere Mengen $P1$ und $P2$ enthalten die Einheiten zur Repräsentation der Prämissen bzw. der durch sie spezifizierten Tripel. Jeweils eine Menge wird zur Repräsentation der Regeln und zum Binden von Variablen benötigt.

Jedes Element des Arbeitsspeichers des DCPS ist ein Symboltripel. Solche Tripel stellen zwar relativ einfache Strukturen dar, sind aber dennoch in der Lage, einen beliebigen gerichteten Graphen zu repräsentieren. Die den Symbolen zugrundegelegte Alphabetgröße wurde willkürlich auf 25 festgelegt. Es ergeben sich $25^3 = 15625$ mögliche Tripel. Von diesen befinden sich jedoch jeweils nur sehr wenige (ca. 6 Tripel) zur selben Zeit im Arbeitsspeicher. Eine lokale Repräsentation aller Tripel wäre daher sehr ineffizient. Deshalb sind die Tripel des Arbeitsspeichers mit Hilfe von 2000 linearen Schwellenwerteinheiten verteilt repräsentiert.

Die verteilte Repräsentation des Arbeitsspeichers bedingt eine gewisse Beeinflussung der Tripel untereinander. Bei der Speicherung bzw. Entfernung von Tripeln durch die Veränderung von Aktivierungen werden auch unbeabsichtigt andere Tripel teilweise mitgespeichert bzw. gelöscht. Ein Tripel aktiviert im Schnitt 28 Einheiten Arbeitsspeichers (grobe Kodierung) und gilt als gespeichert, wenn 75% seiner ihm (zufällig) zugeordneten Einheiten aktiv sind. Auf diese Weise lassen sich 20 zufällig ausgewählte Tripel speichern, bevor nicht erwünschte Tripel zusätzlich im Speicher auftreten.

Um eine Regel anzuwenden, sind zwei Tripel aus dem Arbeitsspeicher zu wählen, die den beiden Teilen der Prämisse der Regel entsprechen. Diese Auswahl wird von den Modulen $P1$ und $P2$ vorgenommen, die ebenfalls aus je 2000 Einheiten bestehen, die excitatorisch mit den Arbeitsspeichereinheiten verbunden sind. Die Einheiten jedes Moduls sind untereinander inhibitorisch so verbunden, daß nur etwa 28 Einheiten gleichzeitig aktiv sein können, um auf diese Weise ein Tripel zu repräsentieren.

Regeln werden in DCPS in einem Winner–Take–All–Netzwerk gespeichert, wobei einer Regel eine Clique von 40 untereinander excitatorisch verbundenen Einheiten zugeordnet ist. Die Verbindungen zwischen den Cliquen sind inhibitorisch. Ein stabiler Zustand diese Netzes besteht in genau einer aktivierten Clique, wodurch eine Regel zur Anwendung ausgewählt wird. Um Variablen in den Regeln zu repräsentieren, wird ein weiteres Winner–Take–All–Netzwerk mit etwa 300 Bindungseinheiten benötigt, die gezielt mit Einheiten in den Modulen $P1$ und $P2$ verbunden sind.

Sämtliche Einheiten des DCPS-Modells besitzen binäre Aktivitätszustände, und alle Verbindungen zwischen den Einheiten sind bidirektional symmetrisch. Die Gesamtmenge der derart verbundenen Schwellenwerteinheiten bildet somit ein Hopfield-Netzwerk (s. Kap 9), das gewisse stabile Zustände aufweist, die den lokalen Minima eines Fehlermaßes bzw. einer Energie entsprechen.

Der Prozeß der Regelauswahl im DCPS-Modell entspricht einem Optimierungsproblem mit Randbedingungen (constraint satisfaction problem). Aus dieser Sicht schwingt sich das Netzwerk bei einer gültigen Regelauswahl in einen Zustand ein, der einem Energieminimum entspricht. Die Randbedingungen werden dabei durch die gewichteten Verbindungen zwischen den Einheiten realisiert. Der Energiezustand des Systems ist ein Maß dafür, wie sehr die Randbedingungen eingehalten werden.

Nachdem eine Regel gefunden wurde, die auf den Inhalt des Arbeitsspeichers paßt, wird dieser anhand der Aktionen auf der rechten Seite der Regel aktualisiert. Das DCPS-Modell arbeitet in diesem Sinn sequentiell, da es eine Symbolstruktur aktualisiert, deren Inhalt die nächste Regelauswahl bestimmt.

Die komplexe Verbindungsstruktur, die Gewichte und die Schwellenwerte müssen vollständig von Hand gesetzt werden. Ein Lernen ist dem DCPS-Modell nicht möglich. Außer einer bedingt parallelen Verarbeitungsweise nutzt DCPS keine weiteren Eigenschaften Neuronaler Netze. Insbesondere werden trotz einer verteilten Repräsentation keine Ähnlichkeiten zwischen gespeicherten Tripeln bzw. Regeln ausgenutzt. DCPS kann daher nur als ein erster Schritt zu einem KXPS gelten.

Aufgrund der Hopfield–Architektur kann das System bei der Regelauswahl in nicht erwünschte lokalen Minima geraten. Eine Möglichkeit, dieses Problem zu mildern, besteht in dem Einsatz einer Boltzmann–Maschine anstelle eines Hopfield–Netzes. Dies erhöht jedoch die Komplexität des Systems noch mehr. Weiterhin schließt das Modell aufgrund möglicher Mehrdeutigkeiten einer verteilten Repräsentation eine falsche Regelauswahl nicht immer aus [TOURETZKY und HINTON, 1988]. Die Modellentwicklung, insbesondere die Einstellung der Verbindungsgewichte, ist generell sehr schwierig und verhindert einen praktischen Einsatz des Systems. Eine Weiterentwicklung des Modells bezüglich eines einfacheren Systemaufbaus, der einer Inferenzanalyse zugänglicher ist, wird in [DOLAN und SMOLENSKY, 1989] und [SMOLENSKY, 1990] untersucht.

Modellierung „reflexiver Schlußfolgerungen"

Das im folgenden vorgestellte Modell von Shastri und Ajjanagadde [AJJANAGADDE und SHASTRI, 1991, SHASTRI, 1988, SHASTRI und AJJANAGADDE, 1990a, SHASTRI und AJJANAGADDE, 1990b] führt Schlußfolgerungen mit Hilfe von Ausdrücken der Prädikatenlogik erster Ordnung durch. Es repräsentiert dabei Regeln der Form

$$\forall(x_1, \ldots, x_n)\ [P_1(\cdot) \wedge P_2(\cdot) \wedge \ldots \wedge P_h(\cdot) \Rightarrow \exists(z_1, \ldots, z_m)\ (Q(\cdot))],$$

wobei die Argumente der Prädikate P_i Elemente aus $\{x_1, \ldots, x_n\}$ sind und die Argumente von Q aus $\{x_1, \ldots, x_n\}$ oder aus $\{z_1, \ldots, z_m\}$ stammen oder Konstanten sind.

Im einzelnen muß die Ausdrucksfähigkeit des Modells noch etwas weiter eingeschränkt werden (vgl. S. 237), um einen Bindungsmechanismus für Variablen verwenden zu können, der auf eine sehr effiziente Weise sogenannte *reflexive Schlußfolgerungen* zu modellieren vermag. Reflexives Schließen beschreibt nach Shastri et al. die Fähigkeit eines Menschen, anhand seines Allgemeinwissens aus einer Menge von Teilinformationen innerhalb von Millisekunden ein Bild herzuleiten, das die gesamte zugrundeliegende Situation erfaßt.

Ein Beispiel hierfür ist das Verstehen von Sprache. Das Verständnis des Satzes „Der Autofahrer war schon 500 Kilometer gefahren und hielt deshalb Ausschau nach der nächsten Tankstelle" wird im allgemeinen spontan verstanden, obwohl er die Ausführung einer ganzen Kette von Inferenzschritten verlangt. Shastris und Ajjanagaddes Modell simuliert diesen reflexiven Schlußfolgerungsprozeß in einer Zeit, die unabhängig von der Anzahl der (aus dem Allgemeinwissen erzeugten) Regeln und Fakten ist. Die Zeitdauer hängt nur von der minimalen Anzahl von Ableitungsschritten ab, die zum Erreichen der Konklusion erforderlich sind.

Eine Inferenz basiert nach Shastri et al. auf der dynamischen Bindung von Variablen. Gegeben sei das folgende vereinfachte Allgemeinwissen aus einem Modell, das sich ein Mensch über seine Umgebung gemacht hat.

- Wenn eine Person x ein Fahrzeug y fahren will, das mit z angetrieben wird, so benötigt x z.

- Wenn jemand x benötigt, so will er mit x versorgt sein.

In der Prädikatenlogik erster Ordnung läßt sich dieses Wissen ausdrücken als

- $\forall(x,y,z)[will\_fahren(x,y,z) \Rightarrow benötigt(x,z)]$,

- $\forall(x,y)[benötigt(x,y) \Rightarrow will\_versorgt\_sein(x,y)]$.

Der Fakt „John benötigt Benzin" sei repräsentiert als

- $benötigt(John,Benzin)$.

Prädikate lassen sich als eine Zusammenfassung von Variablen auffassen. So läßt sich z.B. das Prädikat *will_fahren* als Zusammenfassung der Variablen *Person*, *Fahrzeug* und *Energieträger* ansehen. Ein Fakt hingegen kann als die Instantiierung eines Prädikates gesehen werden, d.h. als die Zusammenfassung von an Instanzen (Werte) gebundene Variablen, z.B. *(Person=John, Fahrzeug=Auto, Energieträger=Benzin)*.

Das Bild 14.9 zeigt, wie in dem konnektionistischen semantischen Netzwerkmodell aus [SHASTRI, 1988] der Fakt „John benötigt Benzin" repräsentiert werden würde. Die zentrale Einheit repräsentiert das Prädikat *benötigt*. Die dreieckigen Einheiten sorgen für die Bindung der Konstanten *John* und *Benzin* an die Variablen *b–Person* und *b–Objekt*. Durch diese statische Art der Verknüpfung sind die Variablen–Bindungen eindeutig festgelegt. Ein Übersprechen (cross–talk), z.B. die ungewollte Repräsentation von „Benzin benötigt John" ist ausgeschlossen.

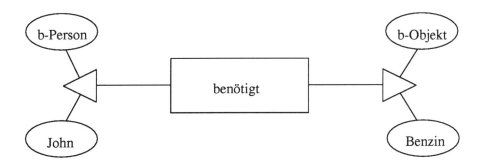

Bild 14.9: Konnektionistische Repräsentation des Prädikats *benötigt(John, Benzin)* mit statischen Bindungen nach [SHASTRI, 1988]

Das konnektionistische System aus [SHASTRI, 1988] ist mit seiner Art der Bindung von Variablen fähig, strukturiertes Wissen zu repräsentieren. Um aber effektive Schlußfolgerungen erreichen zu können, müßte ein System darüber hinaus in der Lage sein,

Wissen über Beziehungen auch während eines Inferenzprozesses zu erzeugen bzw. zu zerstören, d.h. es sollte eine schnelle und dynamische Repräsentation von Variablen–Bindungen ermöglichen. Die Bindungen für von außen in das System geführte Fakten und Anfragen sollten dabei ebenso repräsentiert werden können, wie die beim Inferenzprozeß dynamisch erzeugten (abgeleiteten) Fakten.

Zur Ableitung solcher Fakten sollte ein Mechanismus vorliegen, der neue Variablen–Bindungen anhand der Propagierung bereits existierender Bindungen erzeugt und dabei die Abhängigkeiten zwischen den Variablen verschiedener Prädikate, die durch die Regeln vorgegeben sind, berücksichtigt.

Eine Methode, dynamische Bindungen vorzunehmen, d.h. das Problem der Bindung von Variablen (variable binding problem) anzugehen, besteht in einer physikalischen Verknüpfung der Einheiten, die Variablen und Instanzen repräsentieren. Diese Methode ist jedoch aus folgenden Gründen problematisch:

- Wenn das System zur Repräsentation eines neuen Faktes die entsprechenden Verbindungen zur Repräsentation der Bindungen von Variablen und Instanzen dynamisch erzeugt, so folgt hieraus ein sehr langsames Wachstum der physikalischen Strukturen, was wiederum zu einer starken Verlangsamung des Inferenzprozesses führt.

- Andere Realisierungen, die die vorherige Existenz von Verbindungen zwischen allen möglichen Paaren von Variablen und Instanzen voraussetzen, haben den Nachteil, daß deren Anzahl im allgemeinen unangemessen hoch ist.

Shastri und Ajjanagadde schlagen zur Lösung des Bindungsproblems eine Lösung vor, die sich die zeitliche Dimension der Aktivierungsmuster zunutze macht. Alle neuronalen Aktivitäten (Ausgaben) oszillieren einheitlich mit einer bestimmten Frequenz. Jede Ozillationsperiode ist in Phasen eingeteilt, in denen die Einheiten einen ihrer binären Aktivitätszustände aufweisen. Ohne Einfluß von außen zeigt eine Einheit dabei im zeitlichen Ablauf immer dasselbe Aktivitätsmuster. Beziehungen zwischen zwei Wissensobjekten bzw. zwischen einer Variable und einer Instanz lassen sich dadurch repräsentieren, daß die entsprechenden Einheiten in derselben Phase aktiv sind. Es werden dann keine Bindungs–Einheiten gebraucht, und die physikalische Netzwerkstruktur kann während der Erzeugung und Löschung von Variablen–Bindungen unverändert bleiben.

Die Phasenbeziehung zwischen zwei Objekten wird während einer Regelanwendung beibehalten. Das erlaubt auch neuen Objekten, mit in diese Phasenbeziehung einzugehen. Werden die temporalen Bindungen in dieser Weise propagiert, lassen sich neue dynamische Fakten aus bisherigen temporalen Bindungen ableiten.

Die Wissensrepräsentation im Modell von Shastri et al. verlangt drei unterschiedliche Arten von Einheiten:

- Eine PSLS–Einheit ist eine phasen–sensitive lineare Schwellenwerteinheit. Ist eine solche Einheit aktiv, so produziert sie eine oszillierende Ausgabe in Form einer Folge von Impulsen mit der Periode π und der Impulsbreite ω. Der Zeitpunkt des Impulses oder die Phase ist dabei bestimmt durch die Phase des Eingabesignals. Sind alle Gewichte der eingehenden Verbindungen gleich 1, wird eine PSLS–Einheit mit dem Schwellenwert k aktiv, wenn sie k verschiedene Eingaben in derselben Phase empfängt.

- Eine T–ODER Einheit führt eine temporale ODER–Verknüpfung eingehender Signale aus. Sie wird wie eine PSLS–Einheit aktiviert und oszilliert danach mit der gleichen Frequenz wie diese. Im Gegensatz zur PSLS–Einheit ist die Impulsbreite ihrer Ausgabe annähernd gleich π (im folgenden wird $\omega = \pi$ angenommen).

- Eine T–UND Einheit übernimmt die temporale UND–Verknüpfung eingehender Signale. Sie funktioniert wie eine T–ODER Einheit mit dem Unterschied, daß sie nur dann in ihren aktiven Zustand übergeht, wenn sie ununterbrochen während der gesamten Periode einer Oszillation erregt wird. Sind die eingehenden Verbindungsgewichte gleich 1 und der Schwellenwert gleich k, wird die Einheit genau dann aktiv, wenn sie k verschiedene Eingaben über die Dauer einer gesamten Periode empfängt.

Zusätzlich zu den oszillierenden Einheiten werden im Modell auch Verbindungen (*inhibitorische Modifizierer*) verwendet, die einen direkten hemmenden Einfluß auf andere Verbindungen haben. Wird ein Impuls entlang eines solchen *Modifizierers* propagiert, wird der Impulsstrom auf der von ihm beeinflußten Verbindung blockiert.

Die Regeln und Fakten aus der Wissensbasis des zugrundeliegenden Systems basieren auf Prädikaten. Jedes Prädikat wird durch eine Menge von h PSLS–Einheiten und 2 T–UND–Einheiten repräsentiert. Die PSLS–Einheiten sind eineindeutig den Variablen des Prädikats zugeordnet. Die beiden T–UND–Einheiten werden als *Aktivierer*(Akt) und *Sammler* (Sam) bezeichnet (s. Bild 14.10).

Regeln definieren Beziehungen zwischen Prädikaten. Entsprechend findet ihre Repräsentation durch eine Festlegung von Verbindungen zwischen den PSLS–Einheiten und den T–UND Einheiten der verschiedenen Prädikate statt. Die Variablen–Einheiten des Prädikats auf der rechten Seite einer Regel werden mit den korrespondierenden Variablen–Einheiten des Prädikats auf der linken Seite der Regel verbunden. Auch die beiden Aktivierer der Prädikate sowie die beiden Sammler werden miteinander verbunden, wobei die Verbindung zwischen den beiden Sammlern eine zu allen anderen Verbindungen entgegengesetzte Richtung aufweist (s. Bild 14.10).

Die angegebenen Richtungen der Verbindungen beziehen sich auf ein Netzwerk für eine zielgesteuerte Inferenz, also auf die Überprüfung von Hypothesen, ausgehend von den Regeln, deren Konklusionen diese Hypothesen enthalten. Für datengesteuerte Inferenzen, d.h. die Suche nach Regeln mit erfüllter Prämisse auf der Grundlage der

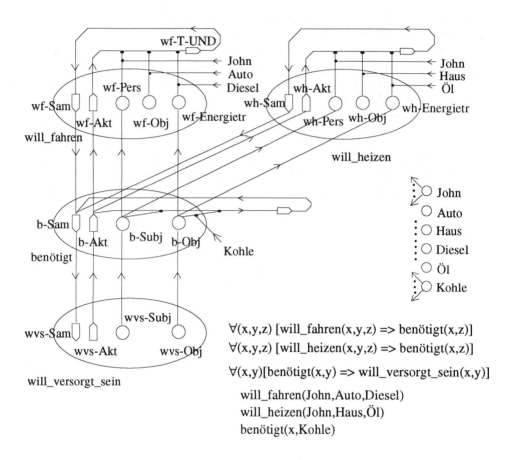

Bild 14.10: Repräsentation von Regeln und Fakten im Modell von Shastri und Ajjanagadde (Beispiel nach [KRUSE, 1993])

gespeicherten Fakten, wird die Verbindung der Einheiten in umgekehrter Richtung
vorgenommen.

Die Repräsentation eines statischen (Langzeit–) Faktes geschieht durch die Verwendung einer T–UND–Einheit, die eine Eingabe vom Aktivierer des assoziierten Prädikats empfängt und ihre Ausgabe an den Sammler des Prädikats führt (s. Bild 14.11).
Die Verbindung vom Aktivierer zur T–UND Einheit wird durch inhibitorische Modifizierer beeinflußt, die von den Variablen–Einheiten des Prädikats ausgehen (einer
pro Variable). Ist eine Variable des zu repräsentierenden Faktes an eine Konstante
gebunden, dann unterliegt der von der Variablen–Einheit kommende Modifizierer M
selbst einem inhibitorischen Einfluß seitens eines Modifizierers, der von einer die Konstante repräsentierenden PSLS–Einheit ausgeht: der inhibitorische Einfluß von M

wird genau dann blockiert, wenn die Variablen–Einheit und die Konstanten–Einheit phasengleich oszillieren

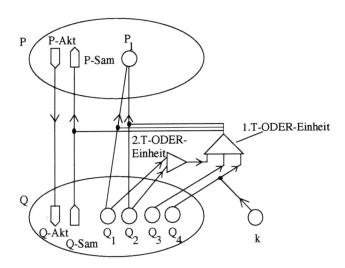

Bild 14.11: Repräsentation der Regel $\forall(x)\ [P(x) \Rightarrow \exists(y)\ (Q(x,x,y,k))]$. Es gilt: 1. Q_3 darf nicht gebunden sein. 2. Q_4 darf nur an k gebunden sein. 3. Q_1 und Q_2 müssen ungebunden oder an dieselbe Konstante gebunden sein.

Wenn das Modell datengesteuerte Inferenzen bilden soll, werden Langzeitfakten lediglich durch eine entsprechende Aktivierung von Argumenten und Aktivierern repräsentiert. Sammler und zu Prädikaten assoziierte T–UND–Einheiten werden in diesem Falle nicht benötigt.

Zur Repräsentation einer Regel $P_1(\cdot) \wedge \ldots \wedge P_h(\cdot) \Rightarrow Q(\cdot)$,deren Prämisse aus einer konjunktiven Verknüpfung von Prädikaten besteht, wird zusätzlich eine T–UND–Einheit mit dem Schwellenwert h eingesetzt. Diese Einheit erhält ihre Eingabe von den Sammlern der Prädikate $p_1, \ldots, p_h$. Sie wird genau dann aktiv, wenn sämtliche dieser Sammler aktiv sind. Ihre Ausgabe führt zum Sammler des Prädikats Q. Die Erstellung der Verbindungen zwischen den Variablen–Einheiten und den Aktivierern ändert sich nicht.

Wird das Netzwerk für eine datengesteuerte Inferenz verwendet, besteht die Gefahr, daß gleiche Variablen in verschiedenen Prädikaten der Prämisse an verschiedene Instanzen gebunden sind. Dies läßt sich aber durch einen Einsatz weiterer spezieller Einheiten und Verbindungen verhindern [AJJANAGADDE und SHASTRI, 1991].

Zur Repräsentation einer Regel $\forall(x)\ [P(x) \Rightarrow \exists(y)\ (Q(x,x,y,k))]$, deren Konklusion Konstanten oder an den Existenzquantor gebundene Variablen enthält, werden

T–ODER–Einheiten eingesetzt. Diese ermöglichen es, drei implizit in der Konklusion enthaltene Bedingungen zu repräsentieren und gegebenenfalls eine Ausführung der Regel zu verhindern (s. Bild 14.11).

Die erste dieser Bedingungen betrifft an den Existenzquantor gebundene Variablen, in diesem Fall die Variable y. Die Regel darf nicht ausgeführt werden, falls y im Laufe des Inferenzprozesses gebunden wird. Diese Bedingung wird durch die Verbindung von der „Q_3–Einheit" zur ersten T–ODER–Einheit und durch die von dort ausgehenden inhibitorischen Modifizierer repräsentiert. Wird y gebunden, so wird die erste T–ODER–Einheit aktiv und blockiert die Ausführung der Regel.

Die zweite einzuhaltende Bedingung betrifft die in der Konklusion enthaltene Konstante k. Die Regel darf nicht zur Ausführung kommen, falls die an k gebundene Variable Q_4 im Laufe des Inferenzprozesses an eine andere Konstante gebunden wird. Diese Bedingung läßt sich durch eine Verbindung von der „Q_4–Einheit" zur ersten T–ODER–Einheit repräsentieren, die immer dann durch einen von der „k–Einheit" kommenden Modifizierer blockiert wird, wenn Q_4 an k gebunden ist. Ist dies nicht der Fall, so wird die erste T–ODER–Einheit aktiv, und die Regel kann nicht ausgeführt werden.

Die dritte einzuhaltende Bedingung betrifft das mehrfache Auftreten einer Variablen in der Konklusion, in diesem Fall die Variable x. Zur Regelausführung müssen Q_1 und Q_2 entweder ungebunden oder an dieselbe Konstante gebunden sein. Dies wird durch die Einführung einer zweiten T–ODER–Einheit erreicht, die ihre Eingaben von den zu Q_1 und Q_2 korrespondierenden Einheiten erhält. Die zweite T–ODER–Einheit wird im Gegensatz zur ersten Einheit nur dann aktiv, wenn sie Eingaben in mindestens zwei Phasen innerhalb einer Oszillationsperiode empfängt. Sind Q_1 und Q_2 an verschiedene Konstanten gebunden, so werden beide T–ODER–Einheiten aktiv und die Regel unausführbar.

Konzeptionell entspricht die Repräsentation der Regeln der Erzeugung eines gerichteten Graphen, der die Abhängigkeiten zwischen Prädikaten darstellt. Die Propagierung von Variablen–Bindungen und Regelanwendungen korrespondiert zu einer parallelen Breitensuche in der Regel–Basis mit Zeitaufwand $O(l)$, wobei l die Länge der Inferenzkette ist.

Der Prozeß des Schlußfolgerns erfolgt in dem Modell von Shastri et al. durch einen flüchtigen aber systematischen Fluß rhythmischer Aktivitätsmuster. Die an einem Inferenzprozeß beteiligten Instanzen korrespondieren zu unterschiedlichen Phasen dieses rhythmischen Musters. Die oben angegebene Repräsentation der Regeln ermöglicht die Propagierung der Aktivitätsmuster an die Einheiten bestimmter Prädikate, wodurch die Repräsentation entsprechender dynamischer Fakten erreicht wird.

Im einzelnen erfolgt eine solche Repräsentation durch Einschalten des Aktivierers des zum Fakt assoziierten Prädikats sowie durch eine synchrone Aktivierung der entsprechenden Variablen– und Instanzen–Einheiten. Jede Einheit, die eine an eine Instanz gebundene Variable repräsentiert, oszilliert in der Phase der zu dieser Instanz korrespondierenden Einheit. Ein dynamischer Fakt gilt dann als (vorübergehend) existent, wenn die zu ihm korrespondierenden Bindungen im Aktivitätsmuster des Systems existieren.

Für eine detailliertere Beschreibung ist es sinnvoll, den (zielgesteuerten) Inferenzprozeß konzeptionell in drei verschiedene Entwicklungsstufen einzuteilen. In der ersten Stufe wird eine (Ja/Nein–) Anfrage durch die Aktivierung von Einheiten gestellt. Während der zweiten Stufe wird eine parallele Breitensuche auf dem gesamten Netzwerk ausgeführt, um alle für eine Prüfung der Anfrage relevanten statischen Fakten zu lokalisieren. In der dritten Stufe wird eine „Beweiskette" von Fakten gebildet, die in dem zur Anfrage korrespondierenden Fakt bzw. Prädikat mündet. Eine Antwort läßt sich dann an der Aktivität des Sammlers dieses Prädikats ablesen. Im folgenden sprechen wir abkürzend von der „Aktivierung eines Konzeptes" anstatt von der Aktivierung der zu diesem Konzept korrespondierenden Einheit.

Das Stellen einer Anfrage bedarf keiner Veränderung des Netzwerks. Es müssen lediglich das Anfrage–Prädikat und die entsprechenden Variablen–Bindungen spezifiziert werden, was durch die Aktivierung von Einheiten in der im folgenden geschilderten Weise geschieht.

Das System sei bis zum Zeitpunkt t_0 im Ruhezustand. Zur Spezifizierung des Anfrage–Prädikats wird der Aktivierer dieses Prädikats mit einer Pulsfolge aktiviert, die bei t_0 beginnt, mit der Pulsweite ω und der Periode $\pi = \omega$. Die zur Anfrage korrespondierenden Variablen–Bindungen werden wie folgt spezifiziert: Zunächst assoziiert man zu jeder der an einer Bindung beteiligten Konstanten k_i eine zeitliche Verzögerung $\tau_i(\tau_i < \pi)$ derart, daß der Abstand zwischen zwei verschiedenen Verzögerungen nicht kleiner als ω ist. Jede dieser Verzögerungen kennzeichnet eine unterschiedliche Phase innerhalb der Periode $(t_0, t_0 + \pi)$. Anschließend wird für jede Konstante k_i, sowohl die zu k_i korrespondierende Einheit als auch die Einheiten der an k_i gebundenen Variablen, durch eine oszillierende Impulsfolge aktiviert, die zum Zeitpunkt $t_0 + \tau_i$ mit der Periode π und der Impulsweite ω startet.

Nachdem die Anfrage gestellt worden ist, erfolgt eine parallele Suche nach Fakten, die zur Prüfung der Anfrage bzw. des entsprechenden Prädikats relevant sind. Diese Suche erklären wir anhand des Netzwerks aus Bild 14.10. Mit der Anfrage *will_versorgt_sein(John, Diesel)* werden die Konstanten *John* und *Diesel*, die entsprechenden Variablen *wvs–Person* und *wvs–Obj* sowie der Aktivierer *wvs–Akt* aktiviert (s. Bild 14.12). Zu jeder Periode der Oszillation sind dann *John* und *wvs–Person* in derselben Phase (z.B. in Phase–1) aktiv, als auch *Diesel* und *wvs–Obj* (z.B. in Phase–2). Die vom Aktivierer abgegebene Impulsfolge unterscheidet sich von den anderen durch die größere Impulsbreite $\omega = \pi$.

In der zweiten Periode der Oszillation erreichen die Aktivitäten der Variablen des Prädikats *will_versorgt_sein* die entsprechenden Variablen des Prädikats *benötigt*, so daß letztere ab der dritten Periode selbst in Phase–1 *(b–Person)* bzw. Phase–2 *(b–Obj)* oszillieren. Damit wurden die dynamischen Bindungen von *b–Person* an *John*

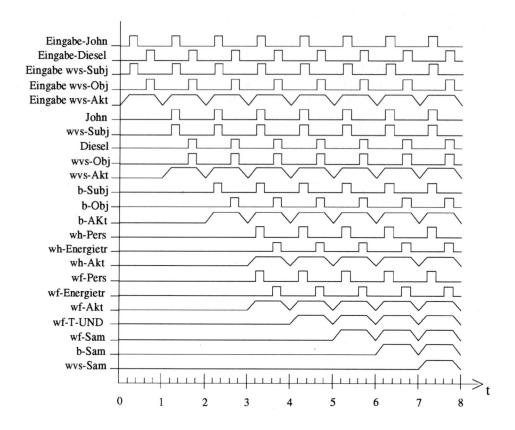

Bild 14.12: Durch die Anfrage *will_versorgt_sein (John, Diesel)* verursachte Entwicklung des System–Aktivierungsmusters

und von *b–Obj* an *Diesel* vollführt. Zusammen mit der Aktivierung von *b–Akt* durch
wvs–Akt können diese Bindungen als Repräsentation der Anfrage *benötigt(John,
Diesel)* aufgefaßt werden. Die mit dem Fakt *benötigt(x,Kohle)* assoziierte T–UND–
Einheit bleibt inaktiv, weil der negative Einfluß auf ihre von *b–Akt* kommende Eingabe erhalten bleibt.

In der dritten Periode der Oszillation erreichen die Aktivitäten der Variablen
b–Person und *b–Obj* sowohl die Variablen *wf_Person* bzw. *wf–Energietr* des Prädikats *will_fahren* als auch die Variablen *wh–Person* bzw. *wh–Energietr* des Prädikats *will_heizen*. Ab der vierten Periode sind die Variablen *wf–Person* und *wh–
Person* in Phase–1 aktiv sowie *wf–Energietr* und *wh–Energietr* in Phase–2. Hierdurch werden wieder neue Bindungen erzeugt, die als Repräsentation der Anfragen
will_fahren(John, Diesel) und *will_heizen(John,Diesel)* aufgefaßt werden können.

Die mit dem Prädikat *will heizen* assoziierte T–UND–Einheit bleibt inaktiv, weil die Aktivität, die von *wh–Akt* in die T–UND–Einheit führt, durch den inhibitorischen Einfluß von *wh–Energietr* blockiert wird. Die mit dem Prädikat *will fahren* assoziierte T–UND–Einheit wird dagegen aktiviert. Die inhibitorischen Einflüsse, die von *wf–Person* und *wf–Energietr* ausgehen, werden durch die von *John* bzw. *Diesel* eingehende phasengleiche Aktivität blockiert, so daß die T–UND–Einheit ununterbrochen von *wf–Akt* erregt wird und somit selbst aktiv werden kann. Die aktive T–UND–Einheit bewirkt schließlich, daß auch der Sammler des Prädikats *will fahren* aktiv wird.

Im zweiten Inferenzschritt werden alle relevanten Langzeit–Fakten ermittelt, d.h. solche Fakten, bei denen der Sammler des entsprechenden Prädikats nach einer vorwärtsgerichteten Aktivitätspropagierung aktiv ist. Für das Netzwerk aus Bild 14.10 und die Anfrage *will versorgt sein(John, Diesel)* wird nur der Sammler des Prädikats *will fahren* aktiv. Bei der nun stattfindenden rückwärtigen Aktivitätspropagierung aktiviert die Ausgabe dieses Sammlers den Sammler des Prädikats *benötigt*, worauf dieser wiederum den Sammler des Anfrage–Prädikats aktiviert. Letzteres entspricht einer bejahenden Antwort auf die gestellte Anfrage.

Die Antwortzeit beträgt 8 Oszillationsperioden. Im allgemeinen beträgt die Zeit für eine positive Antwort $2(L + 1)$ Perioden, wobei L die minimale Länge aller Wege vom Anfrage–Fakt bis zu einem relevanten Langzeit–Fakt bezeichnet. Eine negative Antwort liegt dann vor, wenn der Sammler des Anfrage–Prädikats für mehr als $2d$ Perioden inaktiv bleibt. Dabei bezeichnet d das Maximum aller kürzesten Wege zwischen den einzelnen statischen Fakten und dem Anfrage–Fakt innerhalb des mit der Regelbasis assoziierten Graphen.

Das System von Shastri und Ajjanagadde ermöglicht keine uneingeschränkte Repräsentation und Inferenz auf den Regeln der Form

$$\forall(x_1, \ldots, x_n)\,[P_1(\cdot) \land P_2(\cdot) \land \ldots \land P_h(\cdot) \Rightarrow \exists(z_1, \ldots, z_m)\,(Q(\cdot))].$$

Die im System durchgeführte Art der Repräsentation dynamischer Bindungen und der Mechanismus zur Propagierung solcher Bindungen führen zu den folgenden wesentlichen Einschränkungen:

- Da jede Instanz zu einer unterschiedlichen Phase korrespondiert, ist die Anzahl θ von Instanzen, die während einer Periode eine Bindung eingehen können, durch das Verhältnis π/ω begrenzt. Der Wert von θ wird deshalb auch als Grenze für die spezifizierbaren Variablen–Bindungen gewählt. Für die meisten kognitiven Aufgaben, die vom Menschen in reflexiver Weise ausgeführt werden können, wie z.B. die Spracherkennung, wird nur eine kleine Anzahl unterscheidbarer Konzepte zur selben Zeit einbezogen. Die maximale Anzahl hierfür beträgt ungefähr sieben und wird manchmal als die „Kapazität des menschlichen Kurzzeitgedächtnisses" bezeichnet.

- Der Mechanismus der dynamischen Variablen–Bindungen ist nicht fähig, mehrere dynamische Fakten, die dasselbe Prädikat betreffen, z.B. *benötigt(John, Diesel)* und *benötigt(John, Öl)*, gleichzeitig während eines Inferenzprozesses zu repräsentieren. Deshalb antwortet das System auf eine Anfrage nie bejahend, wenn jede Ableitung des Anfrage–Faktes mehrere dynamische Instantiierungen eines Prädikats verlangt. Ein von Shastri et al. vorgeschlagener Ansatz zur Lösung dieses Problems basiert auf einer zweistufigen temporalen Gruppierung, wobei auf der ersten Stufe wie bisher Variablen an Instanzen gebunden werden. Auf der zweiten Stufe werden alle diejenigen Variablen–Instanzen–Bindungen zusammengefaßt, die demselben Fakt zugeordnet sind. Soll ein Prädikat mit h Variablen bis zu k–mal dynamisch instantiiert werden können, so wird es durch k Sätze von Einheiten repräsentiert, die jeweils einen Aktivierer und h Variablen–Einheiten enthalten. Die Bindungen dieser Variablen an Konstanten geschieht in der üblichen Weise. Die Trennung von Bindungen, die verschiedenen Fakten zugeordnet sind, wird dadurch erreicht, daß die Aktivierer dieser Sätze in unterschiedlichen Phasen oszillieren, wobei die Oszillationsperiode größer gleich $k \cdot \pi$ ist (mit $\omega = \pi$). Die verschieden instantiierten Prädikate werden praktisch durch eine UND–Verknüpfung von Aktivitäten zwischen den zu einem Fakt assoziierten Aktivierer und den entsprechenden Variablen–Einheiten realisiert.

  Offen bleibt bei diesem Lösungsansatz die Frage, wie die Beziehungen zwischen Prädikat–Variablen aus der Prämisse und der Konklusion einer Regel adäquat repräsentiert werden können.

- Eine weitere Einschränkung betrifft die mehrfache Existenz derselben Variable in der Prämisse einer Regel. Das Modell kann nicht immer gewährleisten, daß gleiche Variablen auch an dieselbe Instanz gebunden werden. Betrachtet man z.B. die Regel $\forall(x,y)\,(P(x,x,y) \Rightarrow Q(y))$ so führt die Anfrage $Q(a)$ beim Inferieren zu einer dynamischen Anfrage $P(?,?,a)$, deren erste und zweite Variable unspezifiziert bleiben [SHASTRI und AJJANAGADDE, 1990a].

  Das Modell kann nicht ausdrücken, daß ein mit der Prämisse P assoziierter Langzeit–Fakt nur dann die Prämisse erfüllt, wenn die beiden ersten Variablen von P an dieselbe Konstante gebunden sind. Lautet die Regel dagegen $\forall(x,y)(P(x,x,y) \Rightarrow Q(x))$, so führt die Anfrage $Q(a)$ zu der dynamischen Anfrage $P(a,a,y)$, womit das Problem der Bindung an dieselbe Konstante gelöst ist.

  Zusammengefaßt wird gefordert, daß jede Variable, die mehr als einmal in der Prämisse auftaucht, auch in der Konklusion auftauchen und während des Inferenzprozesses gebunden werden muß. Handelt es sich um ein datengesteuertes Inferenzsystem, so gilt entsprechend, daß jede mehrfach in der Konklusion vorkommende Variable auch in der Prämisse auftauchen und während des Inferenzprozesses gebunden werden muß.

Man beachte, daß diese Bedingung die Repräsentation von Regeln verbietet, die die Transitivität einer Relation ausdrücken, z.B.

$$(\forall\ x, y, z)\big(P(x, y) \wedge P(x, z) \Rightarrow P(x, z)\big).$$

Transitivität muß explizit repräsentiert werden. Hierzu schlagen Shastri et al. den Einsatz eines mit dem Inferenzsystems zu kombinierenden semantischen Netzwerks von IST–Relationen (is–a relations) vor.

Die implementierte Lösung zur Wahrung und Propagierung von Variablen–Bindungen beruht auf der Bildung rhythmischer Aktivitätsmuster, in denen Bindungen als phasengleiche Oszillationen entsprechender Einheiten repräsentiert sind. Durch diese Art der Repräsentation läßt sich eine sehr hohe Anzahl von Bindungen gleichzeitig repräsentieren. Diese Anzahl ist nur durch die Anzahl der Argumente im System begrenzt. Entsprechend ist die Anzahl der gleichzeitig repräsentierbaren dynamischen Fakten nur durch die Anzahl der Prädikate im System begrenzt.

Das System kann nicht nur auf *Ja/Nein*–, sondern auch auf *Warum*–Fragen antworten, d.h. es ist in der Lage, die Werte von in der Anfrage ungebundenen Argumenten zu spezifizieren [Shastri und Ajjanagadde, 1990a]. Es kommt dabei mit einer Anzahl von Einheiten aus, die proportional mit der Anzahl der repräsentierten Regeln bzw. annähernd identisch zur Anzahl der repräsentierten Prädikat–Argumente ist. Begünstigend auf die Größe des Netzwerkes wirkt sich auch die Tatsache aus, daß bei dessen Aufbau nicht alle möglichen Bindungen (Prädikatinstantiierungen) durch den Einsatz entsprechend vieler Einheiten berücksichtigt werden müssen. Darüber hinaus verlangt das System keine physikalischen Verbindungen zwischen möglichen Bindungen. Das erweist sich als wesentlich für die Modellierung von Allgemeinwissen, weil zu dessen Erfassung eine extrem hohe Anzahl an Regeln erforderlich ist. Ein Bindungsschema, das auf der Existenz physikalischer Verbindungen basiert, wäre viel zu komplex.

Der verwendete Mechanismus zur Propagierung dynamischer Bindungen erlaubt die schnelle gleichzeitige Ausführung sehr vieler Regeln, weil alle Schritte im Suchraum parallel verfolgt werden können. Der Zeitaufwand für eine Inferenz ist proportional zur Länge der Inferenzkette und unabhängig von der Anzahl der im System repräsentierten Regeln und Fakten. Unterstützt wird die Effizienz durch die explizite und deutliche Repräsentation der inferentiellen Abhängigkeiten zwischen den Wissenselementen. Somit nimmt jede Regel und jeder Fakt im System einen präzisen Platz in der Wissensstruktur ein. Das Hinzufügen von Regeln läßt sich leicht automatisieren. Der Systemaufbau ist einfach, und sein Verhalten ist leicht zu analysieren.

Anstelle „scharfer" Regeln erlaubt das System auch die Verwendung „weicher" Regeln, um das Vertrauen in die Gültigkeit ihrer Konklusionen auszudrücken. Zur Repräsentation können die Gewichte der Netzwerkverbindungen genutzt werden. Die Glaubwürdigkeit dynamischer Bindungen läßt sich durch die Amplitude der Aktivierungsimpulse repräsentieren.

Hier setzt eine Erweiterung des Modells an, die aus einer leicht modifizierten Implementation in einem rückgekoppelten Netzwerk besteht [GRANT, 1991, ROHWER et al., 1992]. Hierauf läßt sich dann ein modifizierter Backpropagation–Algorithmus anwenden (backpropagation through time), wodurch das Modell dann in einem gewissen Umfang lernfähig wird.

Ein neuronales Inferenznetz

Das Modell Modell von Shastri und Ajjanagadde entspricht einer neuronalen Implementierung eines Regelsystems. Einen vergleichbaren Ansatz verfolgen auch Lacher et al. [LACHER et al., 1992]. Die grundsätzliche Idee besteht darin, anhand der Wissensbasis des zugrundeliegenden symbolischen Systems ein *Inferenznetz* zu konstruieren, das in ein Neuronales Netzwerk übertragen wird. Die Dynamik dieses Netzwerks ist durch den Inferenzmechanismus des symbolischen Systems bestimmt.

Werden die dem Expertensystem zugrundeliegenden Regeln in einem Inferenznetz aus UND– und ODER–Knoten angeordnet, so lassen sie sich direkt in ein vorwärtsbetriebenes Neuronales Netz mit linearen Schwellenwerteinheiten transformieren. Um eine Inferenz auf dem derart implementierten System zu erreichen, werden die binären Aktivitätszustände der Eingabeeinheiten und ggf. der inneren Einheiten anhand bekannter Wahrheitswerte festgelegt. Nach der Aktivitätspropagierung durch das Netzwerk können die gesuchten Wahrheitswerte in den Aktivitäten der inneren Einheiten und der Ausgabeeinheiten abgelesen werden.

Die Stärke eines derartigen auch als *Experten–Netzwerk* bezeichneten Systems ist seine hohe Verarbeitungsgeschwindigkeit, die aufgrund der Parallelität und einfach zu realisierenden Neuronen erreicht werden kann. Weitere positive konnektionistische Eigenschaften fehlen dem System jedoch, da es weder lernfähig ist, noch mit unvollständigen Eingaben arbeiten kann.

Lacher, Hruska und Kuncicky haben ein Modell vorgestellt, das auf einem Experten–Netzwerk basiert und versucht, weitere konnektionistische Eigenschaften wie Lernfähigkeit zu realisieren [HRUSKA et al., 1991a, HRUSKA et al., 1991b, LACHER et al., 1992]. Weiterhin übernehmen die Autoren den Konfidenzfaktor–Ansatz von MYCIN [SHORTLIFFE und BUCHANAN, 1975] zur Handhabung unsicheren Wissens, wobei sie damit allerdings auch dessen Inkonsistenzen übernehmen [HECKERMAN, 1988].

Das Bild 14.13 veranschaulicht ein Experten–Netzwerk nach Lacher et al. mit seiner dazugehörigen Regelmenge (Tabelle 14.1). Einfache Kreise kennzeichnen *reguläre Einheiten*, die Prämissen und Konklusionen repräsentieren. Jede mit einem Sicherheitsfaktor *cf* behaftete Regel wird durch zwei mit einem Gewicht *cf* verbundene Einheiten realisiert. Prämissen mit mehr als einer oder negierten Variablen werden mit Hilfe von *Konjunktions–Einheiten* (Doppelkreise) und *Negations–Einheiten* (Kreise mit inliegendem Quadrat) aufgelöst. Konjunktive verknüpfte Aussagen in einer Prämisse werden durch entsprechend viele reguläre Einheiten repräsentiert, die alle über eine Verbindung mit dem festen Gewicht 1 mit einem Konjunktions-Einheit verbunden sind. Eine negierte Aussage wird entsprechend durch eine mit einer Negations-Einheit verbundenen reguläre Einheit repräsentiert. Verbindungen ohne Gewichtsangabe besitzen ein unveränderliches Gewicht von 1.

WENN a_1	DANN b_1 (+0.9)
WENN a_3 UND a_4	DANN b_2 (+1.0)
WENN a_3 ODER a_4	DANN b_2 (+0.9)
WENN b_1 UND a_2	DANN c_1 (+0.5)
WENN b_2 UND NICHT(a_3)	DANN c_2 (+0.7)
WENN b_2 UND NICHT(a_3)	DANN c_3 (+0.8)
WENN b_2 UND NICHT(a_3) UND a_5	DANN c_3 (+0.9)

a_1: hat Haare	b_1: ist Säugetier
a_2: hat Hufe	b_2: ist Vogel
a_3: kann fliegen	c_1: ist Zebra
a_4: legt Eier	c_2: ist Strauß
a_5: kann schwimmen	c_3: ist Pinguin

Tabelle 14.1: Regelbasis mit Sicherheitsfaktoren für das Experten-Netzwerk aus Bild 14.13

Das in Bild 14.13 dargestellte Netzwerk kann erst dann als „Neuronales Netz" bezeichnet werden, wenn den Einheiten eine Aktivierungsfunktion und eine Ausgabefunktion zugeordnet sind. In dem Modell von Lacher et al. orientiert sich die Definition dieser Funktionen an den in MYCIN verwendeten Operationen.

Seien $P_v = \{u | W(u,v) > 0\}$ und $N_v = \{u | W(u,v) < 0\}$ die Mengen der Einheiten, die über positive bzw. negative Gewichte mit einer regulären Einheit v verbunden sind. Mit

$$y_v^+ = 1 - \prod_{u \in P_v} (1 - o_u W(u,v))$$

und

$$y_v^- = 1 - \prod_{u \in N_v} (1 - o_u W(u,v))$$

ist die Aktivierung einer regulären Einheit v wie folgt definiert:

$$a_v = \frac{y_v^+ + y_v^-}{1 - \min\{|y_v^+|, |y_v^-|\}},$$

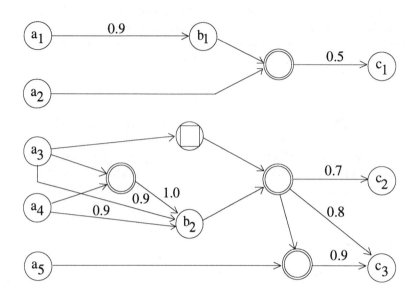

Bild 14.13: Ein Experten–Netzwerk zur Identifikation von Tieren nach dem Re-
gelsystem aus Tabelle 14.1

wobei ein von Null verschiedener Nenner vorausgesetzt ist (ggf. wird er auf den Wert
1 gesetzt).

Die Ausgabe für reguläre Einheiten ist definiert als

$$o_v = \begin{cases} 0 & \text{falls } a_v < 0.2 \\ a_v & \text{sonst.} \end{cases}$$

Die Aktivierungsfunktion für eine Konjunktions–Einheit v nimmt das Minimum aller
eingehenden Signale o_u verbundener Einheiten an. Da die eingehenden Verbindungen
fest gewichtet sind, d.h. den Wert 1 haben, findet keine Dämpfung oder Verstärkung
dieser Signale statt. Die Ausgabefunktion ist dieselbe wie für reguläre Einheiten.

Eine Negations-Einheit v besitzt nur eine (feste) eingehende Verbindung. Ihr Akti-
vitätszustand nimmt den Wert des eingehenden Signals an. Die Ausgabe ist definiert
als

$$o_v = \begin{cases} 1 & \text{falls } a_v < 0.2 \\ 0 & \text{sonst.} \end{cases}$$

Unstetige Funktionen wie diese erschweren den Einsatz von Backpropagation für dieses Modell. Lacher et. al. gelingt es jedoch, den Lernalgorithmus an ihren Ansatz
anzupassen, wobei jedoch stets darauf zu achten ist, daß die Gewichte nicht außerhalb
des Intervalls $[-1, 1]$ liegen dürfen, da sie ansonsten keine Sicherheitsfaktoren mehr
repräsentieren.

Die Unstetigkeit der Ausgabefunktion einer Negations–Einheit ist zwar für den Inferenzprozeß unproblematisch, wirkt sich aber nachteilig auf den Lernprozeß aus. Nach einer Fehlerpropagierung können sich die Ausgaben der Negations–Einheiten sprunghaft ändern, was eine gleichmäßige Konvergenz bei der Minimierung des Fehlers verhindert. Auch lassen sich Gewichte von Verbindungen, die aus konstant inaktiven Einheiten hinausführen, nicht verändern, so daß für Negations–Einheiten die Gefahr besteht, daß sie sich dem Lernprozeß entziehen. Umgehen lassen sich diese Probleme teilweise durch den Einsatz von Lernverfahren, die den Fehler durch zufällige Gewichtsänderungen zu minimieren versuchen.

Das Modell von Lacher et al. stellt keinen besonders überzeugenden Ansatz eines konnektionistischen Expertensystems dar. Es entspricht der Umsetzung eines mit Sicherheitsfaktoren behafteten Regelsystems in eine Architektur, die einem Neuronalen Netz gleicht und somit den Geschwindigkeitsvorteil einer parallelen Realisierung nutzen kann. Das Modell basiert jedoch gleichzeitig auch auf dem heuristischen Ansatz der certainty factors und übernimmt damit dessen konzeptionelle Schwächen und Inkonsistenzen [HECKERMAN, 1988].

Das System ist zwar in der Lage, Sicherheitsfaktoren zu erlernen, es muß jedoch darauf geachtet werden, daß die intendierte Semantik des Modells dabei nicht verloren geht (Normierung der Gewichte). Der Ansatz zeigt weder die Fähigkeit Neuronaler Netze zur Generalisierung, noch toleriert er den Ausfall von Einheiten. Es können nur atomare Aussagen in den Konklusionen verwendet werden, und auch eine Bindung von Variablen ist nicht möglich. Alle möglichen Argumentbindungen eines Prädikats müssen bei der Erstellung des Netzwerkes berücksichtigt werden.

Kapitel 15

Preprocessing

Das Thema dieses Kapitels ist die Vorverarbeitung der Eingaben in ein Neuronales Netz. Vorverarbeitung meint hier nur eine einfache Transformation reeller Eingabewerte, nicht etwa Verfahren zur Filterung oder zur Frequenzanalyse wie die Fourier–Transformation.

Wir betrachten eine Lernaufgabe, bei der jedes Eingabemuster durch n verschiedene Merkmale charakterisiert wird, so daß die Eingaben aus n–dimensionalen Vektoren bestehen. Für jedes einzelne Merkmal bzw. jede Komponente der Eingabe gibt es verschiedene Ausprägungen oder mögliche Werte, die i.a. durch die Daten bzw. die Lernaufgabe direkt vorgegeben sind. Die Merkmale oder ihre Ausprägungen können binär, diskret oder kontinuierlich sein. Bei Patientendaten als Eingaben könnte beispielsweise das binäre Merkmal *Geschlecht*, das diskrete Merkmal *Alter* (in Jahren) und das kontinuierliche Merkmal *Körpertemperatur* auftreten.

Für jedes der Merkmale läßt sich ein Wertebereich angeben. Bei Neuronalen Netzen ist es häufig üblich, Eingaben aus dem Einheitsintervall $[0, 1]$ zu verwenden. Bei binäre Merkmalen treten dann nur die beiden Eingaben 0 und 1 auf. Für diskrete und kontinuierliche Wertebereiche muß eine geeignete Transformation vorgenommen werden. Die einfachste Methode besteht darin, den kleinsten bzw. kleinstmöglichen und den größten bzw. größtmöglichen Eingabewert für jedes Merkmal zu bestimmen, und das so erhaltene Intervall affin auf das Einheitsintervall abzubilden, d.h. der Eingabebereich $[a, b]$ wird durch die Normierung

$$t_{[a,b]} : [a, b] \to [0, 1], \qquad x \mapsto \frac{x - a}{b - a} \tag{15.1}$$

in das Einheitsintervall transformiert.

Prinzipiell sind auch andere nicht–lineare Transformationen denkbar. In Bild 15.1 sind exemplarisch Patientendaten, die durch zwei Eingabemerkmale charakterisiert sind, dargestellt.

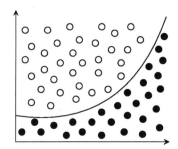

Bild 15.1: Daten die durch eine annähernd exponentiell verlaufende Kurve getrennt werden

Jeder Kreis repräsentiert die Daten eines Patienten. Die ausgefüllten Kreise markieren
die als krank befundenen Patienten, die anderen die gesunden. Die gesunden Patienten werden von den kranken durch eine ungefähr exponentiell verlaufende Kurve
getrennt. Eine logarithmische Transformation der Daten würde es daher ermöglichen,
die Klassifikation der Patienten mit Hilfe einer Geraden vorzunehmen. Die Transformation läßt sich in diesem Fall leicht anhand der vorliegenden Daten ableiten. Da i.a.
wesentlich komplexere Eingabedaten mit mehr als zwei Merkmalen vorliegen, kann
eine geeignete Transformation nur selten oder mit großem Aufwand [STEIN, 1993]
angegeben werden.

Ist es nicht möglich, adäquate Transformationen direkt aus den Daten abzuleiten,
genügt es, die Eingabedaten so zu normieren, daß sie im Einheitsintervall liegen. Bei
der Verwendung eines Multilayer–Perceptrons garantiert eine ausreichend große Anzahl versteckter Schichten und Neuronen, daß das Neuronale Netz auch nicht linear
separable Lernaufgaben lernen kann und so die gesuchte Transformation implizit innerhalb der versteckten Neuronenschichten vorgenommen wird. Der Nachteil hierbei
ist allerdings, daß sich solche impliziten Transformationen i.a. nicht aus dem Neuronalen Netz extrahieren lassen.

15.1   Transformationen und Merkmalsausprägung

Der Vorteil bei der Verwendung einer geeigneten, expliziten, linearen oder nicht–
linearen Transformation der Eingabedaten besteht darin, daß die Aktivierung eines
Eingabeneurons im Sinne der Definition 13.1 als Ausprägung des ihm zugeordneten
Merkmals interpretiert werden kann.

Um dies zu verdeutlichen, betrachten wir ein Neuronales Netz, dessen Aufgabe es ist,
festzustellen, ob ein Patient unter einer bestimmten Krankheit leidet oder nicht. Es
soll nur ein Ausgabeneuron besitzen, dessen mögliche Ausgabewerte zwischen 0 („Der

Patient leidet nicht unter der betrachteten Krankheit") und 1 („Der Patient ist durch die betrachtete Krankheit infiziert"). Einer der Eingabewerte für das Neuronale Netz sei die Körpertemperatur, die in diesem Beispiel Werte zwischen 36°C und 42°C annehmen kann. Wir gehen davon aus, daß die betrachtete Krankheit typischerweise eine Form von Fieber verursacht. Die Körpertemperatur gibt daher an, inwieweit das Merkmal *für diese Krankheit typisches Fieber* ausgeprägt ist. Da dieses Merkmal nur eines von mehreren ist, spricht sein Vorhandensein in gewissem Maße für eine Erkrankung. Wie gut von dieses Merkmal allein auf die Krankheit geschlossen werden kann, wird durch das zugehörige Gewicht wiedergegeben, das der Verbindung zwischen dem mit dem Merkmal *für diese Krankheit typisches Fieber* assoziierten Eingabeneuron und dem Ausgabeneuron zugeordnet ist. Mit diesem Gewicht läßt sich das Merkmal selbst nicht beschreiben. Typisches Fieber kann je nach der betrachteten Krankheit eine andere Bedeutung haben, z.B.:

(a) Das Fieber ist bei den Patienten sehr verschieden ausgeprägt. Je höher das Fieber ist, desto eher spricht dies für das Vorhandensein der Krankheit.

(b) Typischerweise haben die Patienten Fieber von 38.5°C oder mehr.

(c) Das Fieber liegt i.a. relativ nahe bei dem Wert 38°C.

Diese drei verschiedenen Arten des Merkmals *Fieber* lassen sich durch geeignete Transformationen beschreiben. Im Fall (a) wäre eine affine Transformation der Form (15.1) des Temperaturbereichs [36, 42] in das Einheitsintervall das günstigste. Bei (b) bietet sich eine lineare Schwellenwertfunktion mit dem Schwellenwert 38.5 an oder eine sehr steile sigmoide Funktion, die Werte nahe null bei Eingaben unterhalb von 38.5 und Werte nahe 1 bei Eingaben oberhalb 38.5 liefert. Schließlich würde man im Fall (c) eine Art Glockenkurve verwenden, die ihr Maximum bei 38 annimmt. Die entsprechenden Transformationen für die Fälle (a) – (c) sind in den Bildern 15.2 – 15.4 dargestellt. Die Transformationen sind als Aktivierungsfunktionen der Eingabeneuronen interpretierbar.

Die Verwendung solcher Transformationen als Aktivierungsfunktionen der Eingabeneuronen kann zusätzliche innere Schichten bei Multilayer–Perceptrons überflüssig machen. Die Beschränkung der einfachen Perceptrons auf linear separable Lernaufgaben wird das Zulassen nichtlinearer Aktivierungsfunktionen umgangen. Der Vorteil solcher Transformationen besteht jedoch nicht nur in dem Weglassen innerer Neuronen, sondern in der Transparenz des im Neuronalen Netz gespeicherten Wissens. Stehen Informationen in der Art (a), (b) oder (c) wie im Falle des Fiebers über ein Merkmal zur Verfügung, so können sie direkt für das Neuronale Netz durch geeignete Transformationen nutzbar gemacht werden, wodurch die Lernaufgabe vereinfacht wird.

Werden die Eingabedaten für ein Neuronales Netz zunächst einer Transformation in das Einheitsintervall unterzogen, so nennt man dies *Preprocessing* (Vorverarbeitung).

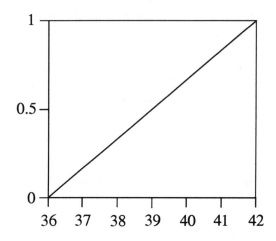

Bild 15.2: Eine Transformation, die sich für die Fiebercharakteristik (a) anbietet

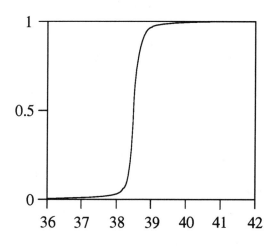

Bild 15.3: Eine Transformation, die sich für die Fiebercharakteristik (b) anbietet

15.2   Erlernen der Transformationen

Die obigen Überlegungen haben gezeigt, daß es sinnvoll sein kann, Preprocessing durchzuführen. Es ist jedoch kaum zu erwarten, daß für jedes Merkmal bzw. jede Eingabekomponente die optimale Transformation angegeben werden kann. Meist liegen nur Informationen in der Form (a), (b) oder (c) wie im Beispiel des Fiebers vor,

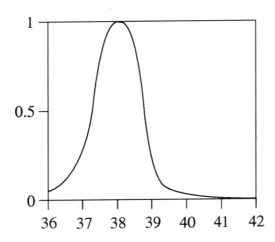

Bild 15.4: Eine Transformation, die sich für die Fiebercharakteristik (c) anbietet

die zwar den ungefähren Verlauf der Transformation vorschreiben, die Transformation aber nicht eindeutig festlegen. Es ist daher wünschenswert, einen Lernalgorithmus zur Verfügung zu haben, mit dem geeignete Transformationen auf der Grundlage von Trainingsdaten erlernt werden können.

Wenn überhaupt keine Angaben über die Daten gemacht werden können, lassen sich aufgrund der erlernten Transformationen die Einflüsse der einzelnen Merkmale beurteilen. Das Neuronale Netz löst dann nicht nur die Lernaufgabe, sondern gibt zusätzlich strukturelle Informationen über die Lernaufgabe selbst. Sind die Transformationen bereits vor dem Lernen zumindest im groben Verlauf bekannt, so können die Eingabeneuronen mit diesen Transformationen als Aktivierungsfunktionen initialisiert werden. Durch den Lernvorgang werden die Transformationen optimiert. Das in den Initialtransformationen kodierte Wissen kann so überprüft und verifiziert oder korrigiert werden. Im Beispiel des Fiebers könnte sich etwa im Fall (b) ergeben, daß der geschätzte Wert von $38.5°C$ nicht ganz exakt war und durch den Wert $38.7°C$ ersetzt werden sollte.

Um die Transformationen erlernen zu können, müssen wir eine geeignete Netzwerkarchitektur festlegen. Wir orientieren uns dabei an dem Multilayer–Perceptron und nehmen einige Modifikationen vor. Wir verzichten auf innere Neuronen, damit die Transformationen nicht teilweise in den inneren Schichten versteckt ausgeführt werden können. Dafür erhält jedes Ein– und Ausgabeneuron eine individuelle Aktivierungsfunktion, die die zugehörige Transformation beschreibt. Die Aktivierungsfunktion hängt i.a. von mehreren Parametern ab. Der Lernalgorithmus soll auf der Basis eines Gradientenverfahrens diese Parameter optimieren.

Definition 15.1 *Ein Perceptron mit Preprocessing ist ein Neuronales Netz*
$PP = (U, W, A, O, \text{NET}, \text{ex})$, *wobei gilt:*

(i) $U = U_1 \cup U_2$ *ist eine Menge von Verarbeitungseinheiten mit $U_1 \neq \emptyset \neq U_2$,
$U_1 \cap U_2 = \emptyset$, wobei die Einheiten aus U_1 Eingabeneuronen, die Einheiten aus
U_2 Ausgabeneuronen genannt werden.*

(ii) *Die Netzwerkstruktur ist $W : U_1 \times U_2 \to \mathbb{R}$, wobei lediglich Verbindungen
$W(u_1, u_2)$ von den Eingabeneuronen zu den Ausgabeneuronen existieren
($u_1 \in U_1, u_2 \in U_2$).*

(iii) *A ordnet jeder Einheit $u \in U$ eine differenzierbare Aktivierungsfunktion
$A_u : \mathbb{R} \to [0, 1]$ zur Berechnung der Aktivierung a_u zu, wobei*

$$a_u = A_u(\text{ex}(u))$$

für alle $u \in U_1$ und

$$a_u = A_u(\text{net}_u)$$

für alle $u \in U_2$ gilt.

(iv) *O ordnet jeder Einheit $u \in U$ eine Ausgabefunktion $O_u : [0, 1] \to [0, 1]$ zur
Berechnung der Ausgabe o_u zu, wobei O_u die Identität ist, das heißt, es gilt
$o_u = a_u$.*

(v) *NET ordnet jeder Ausgabeeinheit $u \in U_2$ eine lineare Netzeingabefunktion (Propagierungsfunktion) $\text{NET}_u : (\mathbb{R} \times \mathbb{R})^U \to \mathbb{R}$ zur Berechnung der Netzeingabe
net_u zu; es gilt*

$$\text{net}_u = \sum_{u' \in U} W(u', u) \cdot o_{u'}$$

für alle $u \in U_2$.

(vi) *$\text{ex} : U \to \mathbb{R}$ ordnet jeder Einheit $u \in U_1$ ihre externe Eingabe $\text{ex}(u)$ zu.*

Die den Neuronen zugeordneten Aktivierungsfunktionen A_u sollten in parametrischer
Form so gewählt werden, daß sie geeignete Transformationen für die mit den Neuronen
assoziierten Merkmalen durchführen können. In den meisten Fällen wird man als
Aktivierungsfunktion des Neurons $u \in U$ die sigmoide Funktion

$$A_u(\, . \, ; \alpha_u, \beta_u) : \mathbb{R} \to [0, 1], \quad x \mapsto \frac{1}{1 + \exp\left(-\beta_u(x - \alpha_u)\right)} \tag{15.2}$$

mit den zu optimierenden Parametern $\alpha_u \in \mathbb{R}$ und $\beta_u > 0$ wählen. Je größer β_u ist,
desto mehr nähert sich diese Funktion einer linearen Schwellenwertfunktion mit dem
Schwellenwert α_u an. Ist β_u sehr klein, so verläuft diese Funktion in einer größeren

Umgebung von α_u annähernd linear. Es sind aber auch andere Transformationen denkbar. Im Fall (c) des Fieberbeispiels wäre eine Aktivierungsfunktion der Art

$$A_u(\,.\,;\alpha_u,\beta_u) : \mathbb{R} \to [0,1], \quad x \mapsto \exp\left(-\left(\frac{x-\alpha_u}{\beta_u}\right)^2\right)$$

angebracht. α_u repräsentiert den typischen Wert, durch den das Merkmal charakterisiert wird – im Fieberbeispiel die Temperatur $38°C$. $\beta_u > 0$ gibt an, inwieweit eine Abweichung von dem typischen Wert α_u für das Merkmal zulässig ist.

Wir leiten nun mit Hilfe des Gradientenverfahrens den Lernalgorithmus für ein Perceptron mit Preprocessing her. Wir betrachten das Eingabeneuron $u_1 \in U_1$, dem die Aktivierungsfunktion

$$A_{u_1}(\,.\,;\alpha_1,\ldots,\alpha_k) : \mathbb{R} \to [0,1]$$

mit den zu optimierenden Parametern $\alpha_1,\ldots,\alpha_k$ zugeordnet ist. Für das zu lernende Muster $p = (i_p, t_p)$ definieren wir wie üblich den Fehler, den das Neuronale Netz bei seiner Präsentation macht, durch

$$E_p \;=\; \frac{1}{2}\sum_{u\in U_2}(t_u^{(p)} - a_u^{(p)})^2.$$

Dabei ist $a_u^{(p)}$ die Aktivierung und somit gleichzeitig die Ausgabe des Neurons u, wenn das Eingabemuster i_p an das Neuronale Netz angelegt wird. $t_u^{(p)}$ ist die bei der Eingabe i_p gewünschte Ausgabe des Neurons. Wie bei den Multilayer–Perceptrons gehen wir davon aus, daß zur Minimierung des Fehlers E_p die Änderung $\Delta_p\alpha_i$ des Parameters α_i proportional zur (negativen) Ableitung von E_p nach α_i sein muß, d.h.

$$\Delta_p\alpha_i \;=\; -\sigma\frac{\partial E_p}{\partial \alpha_i},$$

wobei $\sigma > 0$ die Lernrate ist. Unter Berücksichtigung von

$$a_u^{(p)} = A_u(\mathrm{net}_u)$$

und

$$\mathrm{net}_u = \sum_{v\in U_1} W(v,u)\cdot A_v(i_v^{(p)})$$

erhalten wir

$$\Delta_p\alpha_i \;=\; -\sigma\sum_{u\in U_2}(t_u^{(p)} - a_u^{(p)})\cdot A_u'(\mathrm{net}_u)\cdot W(u_1,u)\cdot\frac{\partial A_{u_1}(i_{u_1}^{(p)};\alpha_1,\ldots,\alpha_k)}{\partial \alpha_i}. \quad (15.3)$$

Für das Ausgabeneuron $u_2 \in U_2$ mit der Aktivierungsfunktion

$$A_{u_2}(\,.\,;\gamma_1,\ldots,\gamma_m) : \mathbb{R} \to [0,1]$$

ergibt sich analog

$$\Delta_p \gamma_i = -\sigma \cdot (t_{u_2}^{(p)} - a_{u_2}^{(p)}) \cdot \frac{\partial A_{u_2}(\text{net}_{u_2}; \gamma_1, \ldots, \gamma_m)}{\partial \gamma_i}. \qquad (15.4)$$

Wir betrachten hier exemplarisch den Spezialfall, daß alle Aktivierungsfunktionen von der in (15.2) angegebenen Form sind. Wir verwenden dabei die Eigenschaft

$$\left(\frac{1}{1 + \exp(-f(x))}\right)' = \frac{1}{1 + \exp(-f(x))} \cdot \left(1 - \frac{1}{1 + \exp(-f(x))}\right) \cdot f'(x).$$

Für das Eingabeneuron $u_1 \in U_1$ liefert (15.3) die beiden Gleichungen

$$\Delta_p \alpha_{u_1} = -\sigma \sum_{u \in U_2} (t_u^{(p)} - a_u^{(p)}) \cdot \beta_u \cdot a_u^{(p)} \cdot (1 - a_u^{(p)}) \cdot W(u_1, u) \cdot a_{u_1}^{(p)} \cdot (1 - a_{u_1}^{(p)}) \cdot \beta_{u_1}$$

und

$$\Delta_p \beta_{u_1} = \sigma \sum_{u \in U_2} (t_u^{(p)} - a_u^{(p)}) \cdot \beta_u \cdot a_u^{(p)} \cdot (1 - a_u^{(p)}) \cdot W(u_1, u) \cdot a_{u_1}^{(p)} \cdot (1 - a_{u_1}^{(p)}) \cdot (i_{u_1}^{(p)} - \alpha_{u_1}).$$

Für das Ausgabeneuron $u_2 \in U_2$ erhalten wir aus (15.4)

$$\Delta_p \alpha_{u_2} = -\sigma \cdot (t_{u_2}^{(p)} - a_{u_2}^{(p)}) \cdot a_{u_2}^{(p)} \cdot (1 - a_{u_2}^{(p)}) \cdot \beta_{u_2}$$

und

$$\Delta_p \beta_{u_2} = \sigma \cdot (t_{u_2}^{(p)} - a_{u_2}^{(p)}) \cdot a_{u_2}^{(p)} \cdot (1 - a_{u_2}^{(p)}) \cdot (\text{net}_{u_2} - \alpha_{u_2}).$$

Für die mit Hilfe der Gleichungen (15.3) und (15.4) bestimmten Änderungen der Transformationsparameter gelten dieselben Überlegungen wie sie im Kapitel 5.3 für den Backpropagation–Algorithmus angestellt wurden. Die Einführung eines Momententerms und die Aktualisierung der Parameter jeweils erst nach Beendigung einer Epoche erscheinen auch hier sinnvoll. Außerdem muß sichergestellt werden, daß die Parameter während des Lernvorgangs gegebene Randbedingungen einhalten. Beispielsweise wurde für die Transformation (15.2) gefordert, daß der Parameter β_u positiv ist. Sollten durch eine Gewichtsänderung derartige Randbedingungen verletzt werden, darf die Gewichtsänderung nicht vorgenommen werden oder es muß eine geringere Gewichtsänderung mit demselben Vorzeichen bestimmt werden, so daß die Randbedingungen eingehalten werden.

Die Gewichte des Perceptrons mit Preprocessing können auf dieselbe Weise wie beim Multilayer–Perceptron gelernt werden.

Die in diesem Kapitel vorgestellte Methode des Preprocessing wurde erfolgreich im Bereich der medizinischen Diagnostik und der Diagnose technischer Systeme eingesetzt [EKLUND, 1994]. Dort wurden die Aktivierungsfunktionen bzw. Transformationen als Fuzzy-Mengen interpretiert.

Teil IV

Neuronale Fuzzy–Systeme

Kapitel 16

Modellierung Neuronaler Fuzzy–Systeme

Dieser Teil des Buches befaßt sich mit der Kopplung Neuronaler Netze mit Fuzzy–Systemen, vorwiegend mit Fuzzy–Reglern, aber auch mit Fuzzy–Klassifikationsverfahren. An diesen *Neuronalen Fuzzy–Systemen* oder auch *Neuro–Fuzzy–Systemen* [KRUSE et al., 1995b, NAUCK, 1994b] herrscht in letzter Zeit ein sehr starkes Interesse, so wie es Mitte bis Ende der 80er Jahre bei den Neuronalen Netzen und Anfang der 90er Jahre bei den Fuzzy–Reglern der Fall war. Daß letztere in den vergangenen Jahren sehr stark in den Mittelpunkt des Interesses gerückt sind, kann vorwiegend durch den erfolgreichen Einsatz von Fuzzy–Reglern in japanischen Konsumprodukten erklärt werden. Die Methode der Fuzzy–Regelung ist jedoch bereits seit 1972 [ZADEH, 1972, ZADEH, 1973] bekannt und wurde zuerst von E.H. Mamdani und S. Assilian an einem praktischen Beispiel verifiziert [MAMDANI und ASSILIAN, 1975]. Fuzzy–Regler nutzen Konzepte der 1965 von L. Zadeh begründeten Theorie der Fuzzy–Mengen [ZADEH, 1965].

Da bei der Konstruktion eines Fuzzy–Reglers die ihn bestimmenden Parameter (Fuzzy–Mengen und linguistische Regeln) in einer heuristischen Vorgehensweise festzulegen sind, hat man bald erkannt, daß die Lernfähigkeit Neuronaler Netze dabei eine wertvolle Hilfe sein kann, und es wurden erste kombinierte Ansätze entwickelt. Viele dieser *Neuronalen Fuzzy–Regler* sind jedoch unzureichend modelliert.

Wir widmen daher dieses und die folgenden fünf Kapitel den Neuronalen Fuzzy–Systemen und bieten dem Leser damit die Möglichkeit, sich umfassend in diese innovative Thematik einzuarbeiten. Die Kapitel 17 und 18 stellen mehrere unterschiedliche Modelle Neuronaler Fuzzy–Regler vor und geben damit einen breiten Überblick über die verschiedenen Ansätze auf diesem Gebiet. In Kapitel 19 stellen wir ausführlich ein von einem der Autoren neu entwickeltes Modell vor, das sowohl den Konzepten der Neuronalen Netze als auch denen der Fuzzy–Regelung gerecht wird [NAUCK, 1994c].

In Kapitel 20 verlassen wir den Bereich der Fuzzy–Regelung und stellen Ansätze zur Neuro–Fuzzy–Datenanalyse vor. Das Kapitel 21 befaßt sich abschließend mit der Anwendung Neuronaler Netze auf dem Gebiet der Fuzzy–Logik im engeren Sinne.

Die folgenden Abschnitte greifen zunächst das Stichwort der *kognitiven Modellierung* auf und geben eine Einführung in die Grundlagen der Fuzzy–Regelung. Das Kapitel schließt mit einem allgemeinen Überblick über die verschiedenen Kopplungsmöglichkeiten zwischen Neuronalen Netzen und Fuzzy–Systemen.

16.1 Kognitive Modellierung von Expertenverhalten

Das Ziel kognitiver Modellierung ist die Nachbildung des Verhaltens eines Experten bei der Lösung komplexer Probleme. Dabei kann es sich sowohl um die Regelung eines dynamischen Systems handeln als auch um Entscheidungsvorgänge und Beurteilungen, wie z.B. bei der Einschätzung des Börsenverlaufs oder der Entscheidung über eine Kreditvergabe.

Wir beschränken uns im folgenden auf die Behandlung der Regelung technischer Systeme. Die Nachbildung von Entscheidungsabläufen unterscheidet sich in semantischer Hinsicht von der Nachbildung von Regelungsvorgängen auf der Basis von Fuzzy–Reglern, die im wesentlichen als Interpolationstechnik interpretiert werden können [KRUSE et al., 1994a, KRUSE et al., 1995a]. Die zum Beispiel in Experten- oder Diagnosesystemen zum Modellierung komplexer mehrstufiger Entscheidungen, die eventuell noch auf der Grundlage unvollständiger oder unsicherer Informationen zu treffen sind, bedarf anderer, meist auf Logik und Wahrscheinlichkeitstheorie basierender Verfahren [KRUSE et al., 1991b] und wird ansatzweise in dem Teil über konnektionistische Expertensysteme untersucht.

Wie bereits bei der Behandlung der Neuronalen Regler geschehen (s. Kap. 11), werden wir auch die behandelten Modelle nicht aus der Sicht der Regelungstechnik untersuchen, sondern die ihnen zugrundeliegenden Konzepte in den Vordergrund stellen. Im folgenden wird daher wiederum von einem (technischen) System mehrerer Meßgrößen $(\xi_1 \in X_1, \ldots, \xi_n \in X_n)$, und einer Stellgröße $(\eta \in Y)$ (MISO–System) ausgegangen, das geregelt werden soll. Wie wir in Kapitel 11 erwähnt haben, ist es aufgrund mangelnder Kenntnisse über das zu regelnde System bzw. zu hohen Aufwandes nicht immer möglich, einen klassischen Regler bereitzustellen. Es ist jedoch unbestreitbar, daß komplexe Regelungsaufgaben auch ohne Kenntnis eines physikalisch–mathematischen Modells praktisch lösbar sind. Menschliche Bediener sind oft in der Lage, auch komplizierteste technische Systeme ohne Wissen über formale Modelle zu beherrschen. Dies läßt sich leicht an alltäglichen Tätigkeiten wie dem Fahren eines Autos oder eines Fahrrades nachvollziehen.

Als Alternative zur klassischen regelungstechnischen Methode, bei der der Prozeß modelliert wird, bietet es sich daher an, das Verhalten eines Menschen zu modellieren und zu simulieren, der fähig ist, diesen Prozeß zu kontrollieren. Die Aufstellung eines Modells für das Verhalten eines menschlichen Experten wird als *kognitive Analyse* bezeichnet [KRUSE et al., 1995a]. Neuronale Regler (s. Kap. 11) und die im folgenden Abschnitt näher betrachteten *Fuzzy-Regler* sind beides Ansätze, die zur kognitiven Modellierung des Verhaltens eines Experten geeignet sind.

Die kognitiven Analyse verlangt zunächst eine Wissensakquisition, wofür die Verfahren der *Befragung* (Interview) und der *Beobachtung* geeignet sind [MCGRAW und HARBISON-BRIGGS, 1989]. Im Rahmen der Befragung eines Experten soll sein Wissen über die Regelung des Prozesses in Form *linguistischer (Steuerungs-)Regeln* erfaßt werden, wie sie von Fuzzy-Reglern verwendbar sind (s. Kap. 16.2). Dies setzt voraus, daß der Experte sein Wissen zu reflektieren und zu formulieren weiß. Wird ein Prozeß von dem Experten jedoch nur intuitiv beherrscht, ist eine Aufstellung expliziter Regeln schwierig oder unmöglich.

In diesem Fall läßt sich die Wissensakquisition durch Beobachtung vornehmen. Dabei wird das Verhalten des Experten in Form von Meßwert-/Stellwertpaaren dokumentiert. Die Beobachtungsergebnisse können dann zur Bildung linguistischer Regeln herangezogen werden. Dies ist jedoch nur dann möglich, wenn für den Beobachter sämtliche das Verhalten des Experten beeinflussenden Parameter beobachtbar sind, und das Expertenverhalten für den Beobachter konsistent ist. Ist dies nicht der Fall, ist eine Aufstellung linguistischer Regeln zunächst nicht möglich. Die Beobachtungsdaten sind jedoch als Beispieldaten für die Lernaufgabe eines Neuronalen Reglers verwendbar (s. Kap. 11).

Eine andere Möglichkeit, solche Beispieldaten weiterzuverarbeiten, bieten auch Methoden der Datenanalyse. Es können Clustering-Verfahren herangezogen werden, wie z.B. das Fuzzy-Clustering, um aus den Daten linguistische Regeln zu gewinnen [BEZDEK und PAL, 1992]. Auf derartige Verfahren wird hier jedoch nicht weiter eingegangen.

Je nach Ergebnis der Wissensakquisition ist das zugrundeliegende kognitive Modell auszuwählen, das schließlich als Grundlage für die Modellierung des Expertenverhaltens dient. Liegt das Wissen bereits in Form linguistischer Regeln vor, so kann eine Fuzzy-Regelung gewählt werden, während im Fall reiner Beobachtungsdaten sich der Einsatz einer Neuronalen Regelung anbietet.

Jeder der beiden Ansätze weist Vorteile auf, die, wie sich zeigen wird, die Nachteile des jeweils anderen Ansatzes bilden. Deshalb ist es zweckmäßig, Kopplungen zwischen diesen beiden Arten kognitiver Regelung zu untersuchen und Kombinationsmodelle zu entwickeln, die möglichst viele Vorteile beider Ansätze vereinen und ihre Nachteile weitgehend vermeiden. Diese sogenannten *Neuronalen Fuzzy-Regler* sind momentan Gegenstand umfangreicher internationaler Forschungsanstrengungen. Es existieren bereits einige vielversprechende Ansätze auf diesem innovativen Gebiet, das wir in diesem und den folgenden Kapiteln ausführlich vorstellen werden. Im folgenden Abschnitt behandeln wir zunächst die Konzepte der Fuzzy–Regelung, um die für den weiteren Verlauf notwendigen Grundlagen zu schaffen.

16.2   Fuzzy–Regler

In Kapitel 11 haben wir bereits Neuronale Regler als eine Methode kennengelernt, das Verhalten eines Bedieners bei der Lösung einer Regelungsaufgabe zu modellieren. Dies geschieht entweder durch die Bereitstellung einer festen Lernaufgabe, die sich durch Beobachtung des Bedieners bilden läßt, oder durch eine freie Lernaufgabe mit einem Bewertungssignal. Eine weitere Methode der kognitiven Modellierung des Expertenverhaltens bei der Regelung eines dynamischen Systems besteht darin, sein Wissen in Form *linguistischer (Kontroll-)Regeln* zu erfassen. Diese Regeln sind von der Form:

> Wenn der Zug dem Ziel *nah* ist und die Geschwindigkeit *hoch* ist,
> dann ist *stark* zu bremsen.

Dabei repräsentieren die *linguistische Terme* „nah" und „hoch" in der Prämisse der Regel Werte für die Meßgrößen, und „stark" in der Konklusion gibt einen für diese Situation geeigneten Stellwert an. Die zur Beschreibung dieser Werte gewählten Bezeichnungen werden jedoch im allgemeinen nicht mit genau einem exakten (man sagt auch *scharfen*) Zahlenwert assoziiert, sondern sie stehen für eine ganze Menge von Werten, wobei zudem noch einige Werte diesen Bezeichnungen mehr entsprechen können als andere. Man sagt daher, daß linguistische Terme dieser Art *unscharfe Werte* repräsentieren.

Beschreibt der Experte sein Wissen über den Prozeß durch eine Menge derartiger Regeln und erstreckt sich diese Regelbasis auf alle relevanten Systemzustände und die sich daraus ergebenden Regelaktionen, so läßt sich auf dieser Grundlage mit Hilfe einer geeigneten Repräsentation ein Fuzzy–Regler entwerfen. Der grundsätzliche Vorteil dieser regelbasierten Entwurfsmethode gegenüber Neuronalen Reglern besteht in der Vermeidung eines langwierigen und eventuell nicht erfolgreichen Lernvorgangs. Aus Sicht der Regelungstechnik handelt es sich hierbei um einen nicht–linearen Kennfeldregler.

Die Grundlage der Repräsentation linguistischer Regeln bildet das erstmals von Zadeh vorgeschlagene Konzept der *Fuzzy–Menge* [ZADEH, 1965], das wir im folgenden kurz vorstellen werden. Unsere Ausführungen richten sich nach [KRUSE et al., 1995a], wo die Grundlagen der Theorie der Fuzzy–Mengen ausführlich nachzulesen sind.

Fuzzy–Mengen

Betrachtet man eine Grundmenge von Objekten und will die Objekte charakterisieren, die eine bestimmte Eigenschaft besitzen, so kann man entweder direkt die entsprechende Menge der Objekte mit dieser Eigenschaft angeben oder eine formale Beschreibung in Form eines Prädikates festlegen. Wenn beispielsweise die Zahlen $1, \ldots, 100$ die Grundmenge der Objekte darstellt und man sich für die Zahlen (Objekte) interessiert, die die Eigenschaften, eine gerade Zahl zu sein, erfüllen, so wird dies durch die Menge

$$G = \{2, 4, \ldots, 98, 100\}$$

oder äquivalent durch das Prädikat

$$P(x) \Leftrightarrow 2|x$$

repräsentiert. Beide Arten der Darstellung sind gleichwertig, denn es gilt offenbar

$$x \in G \Leftrightarrow P(x)$$

für alle $x \in \{1, \ldots, 100\}$. Eine weitere Möglichkeit, die geraden Zahlen zwischen 1 und 100 zu beschreiben, besteht in der Angabe der *charakteristischen Funktion*

$$\mathbb{1}_G \; : \; \{1, \ldots, 100\} \rightarrow \{0, 1\},$$

$$\mathbb{1}_G(n) \;\; = \;\; \begin{cases} 1 & \text{falls } n \text{ gerade} \\ 0 & \text{sonst} \end{cases}$$

der Menge G. Der Wert $\mathbb{1}_G(n) = 1$ besagt, daß n zur Menge G gehört, während $\mathbb{1}_G(n) = 0$ dafür steht, daß n nicht in G enthalten ist.

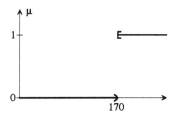

Bild 16.1: Die (scharfe) Menge aller reellen Zahlen ≥ 170

Die in Bild 16.1 dargestellte charakteristische Funktion μ beschreibt die reellen Zahlen, die größer gleich 170 sind. Auf diese Weise läßt sich z.B. die Menge aller Personen, die mindestens 170 cm groß sind, repräsentieren. Will man jedoch ganz allgemein den Begriff *groß* bezüglich der Körpergröße eines erwachsenen Mannes charakterisieren, stellt man fest, daß eine gewöhnliche Menge und damit eine charakteristische Funktion mit dem Wertebereich $\{0,1\}$ zu dessen Repräsentation nicht angemessen erscheint. Das Adjektiv *groß* beschreibt in diesem Fall keine festgelegte Teilmenge der reellen Zahlen.

Die meisten Begriffe der natürlichen Sprache, die Eigenschaften von Objekten beschreiben, verhalten sich nicht so wie etwa das Prädikat *gerade* für die Zahlen 1 bis 100, bei dem von jeder einzelnen Zahl gesagt werden kann, ob sie gerade ist oder nicht. Der Mensch geht, mit unscharfen Begriffen wie *groß, schnell, schwer, ungefähr null* usw. um, auch wenn er nicht für jedes betrachtete Objekt definitiv sagen kann, ob diese Adjektive auf das Objekt zutreffen.

Es ist offensichtlich, daß jede Art der Repräsentation dieser Begriffe in Form einer (scharfen) Menge, einer charakteristischen Funktion oder eines Prädikats, das nur die Werte wahr und falsch annehmen kann, nicht geeignet ist, um mit diesen Begriffen zu operieren. Durch die Festlegung einer scharfen Grenze – etwa für die Eigenschaft *groß* bei 170cm – wird sich immer ein unerwünschtes Verhalten in dem Grenzbereich ergeben, weil fast identische Objekte – etwa die Körpergrößen 169.9cm und 170.1cm völlig verschieden behandelt werden.

In der Theorie der Fuzzy–Mengen versucht man, diese Schwierigkeiten zu umgehen, indem man die binäre Sichtweise, bei der ein Objekt entweder Element einer Menge ist oder nicht zu ihr gehört, verallgemeinert und *Zugehörigkeitsgrade* zwischen 0 und 1 zuläßt. Der Wert 1 steht dabei für eine volle Zugehörigkeit zur (unscharfen) Menge, während 0 bedeutet, daß ein Objekt überhaupt nicht zu der Menge gehört. Durch die Zwischenwerte als Zugehörigkeitsgrade kann ein gleitender Übergang von der Eigenschaft, Element zu sein, zur Eigenschaft, nicht Element zu sein, erreicht werden.

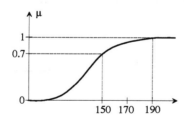

Bild 16.2: Eine charakteristische Funktion zur Repräsentation des
vagen Prädikates *groß*

In Bild 16.2 ist eine „verallgemeinerte" charakteristische Funktion dargestellt, die das vage Prädikat *groß* im Kontext erwachsener deutscher Männer für alle Größenangaben aus $\mathbb{R}$ beschreibt. Diese Funktion ist rein subjektiv gewählt und kann mit wechselndem Kontext (z.B. erwachsene deutsche Frauen) bzw. wechselndem „Experten" (z.B. Arzt, Bekleidungshersteller etc.) anders ausfallen.

Jedem Wert x der Körpergröße wird ein Zugehörigkeitsgrad zugeordnet, z.B. der
Größe 1.50 m der Wert 0.7. Das soll heißen, daß die Größe 1.50 m auf einer Skala
von 0 bis 1 mit dem Zugehörigkeitsgrad 0.7 das Prädikat *groß* erfüllt. Je näher der
Zugehörigkeitsgrad $\mu_{\mathbf{groß}}(x)$ bei 1 liegt, desto mehr genügt x dem Prädikat *groß*.

Die genannten Beispiele legen nahe, linguistisch beschriebene Daten wie „hohe Geschwindigkeit", „kleiner Fehler" und „etwa null" mit Hilfe verallgemeinerter charakte-
ristischer Funktionen zu formalisieren, die dann nicht nur gewöhnliche Mengen, sondern auch unscharfe Mengen (sogenannte *Fuzzy–Mengen*) beschreiben können. Da es
schwierig ist, den Begriff der Fuzzy–Menge (als Generalisierung einer gewöhnlichen
Menge) sauber zu definieren, werden Fuzzy–Mengen mit der sie charakterisierenden
Funktion identifiziert.

Definition 16.1 *Eine Fuzzy–Menge μ von X ist eine Funktion von der Grundmenge
X in das Einheitsintervall, d.h.*

$$\mu : X \to [0,1].$$

Mit

$$F(X) = [0,1]^X$$

bezeichnen wir die Menge aller Fuzzy–Mengen von X.

Fuzzy–Mengen werden zur Repräsentation vager Daten oder unscharfer Konzepte
meist auf einer rein intuitiven Basis benutzt, d.h. außer für die beiden Werte 0 und 1
wird keine konkrete Interpretation für die Zugehörigkeitsgrade angegeben. Es läßt sich
dann kaum begründen, warum man für ein bestimmtes Objekt den Zugehörigkeitsgrad
0.9 und nicht 0.89 wählen sollte. Wir weisen darauf hin, daß es durchaus Ansätze gibt,
die sich mit der Deutung der Zugehörigkeitsgrade auseinandersetzen. Eine Diskussion
dieser Thematik würde hier jedoch zu weit führen. Für unsere Zwecke genügt ein
rein intuitives Verständnis von Zugehörigkeitsgraden. Für den interessierten Leser
verweisen wir auf die weiterführende Literatur (etwa [KRUSE et al., 1995a]).

Eine Fuzzy–Menge μ über der Grundmenge X wird durch die Angabe der Zugehörigkeitsgrade $\mu(x) \in [0,1]$ für jedes $x \in X$ festgelegt. Bei einer endlichen Grundmenge
kann dies etwa durch Auflistung der Elemente mit ihren Zugehörigkeitsgraden geschehen. Für unendliche Mengen ist dies nicht möglich.

In den meisten Fällen, die uns im Rahmen dieses Buches begegnen, werden wir
Fuzzy–Mengen über der Grundmenge $\mathbb{R}$ oder über einem reellen Intervall betrachten.
Üblicherweise werden die Fuzzy–Mengen dann in Form von Funktionen mit an das
betrachtete Problem anzupassenden Parametern spezifiziert. Beispielsweise werden
häufig die sogenannten Dreiecksfunktionen

$$\mu_{m,d}(x) = \begin{cases} 1 - \left| \frac{m-x}{d} \right| & \text{falls} \quad m - d \leq x \leq m + d \\ 0 & \text{falls} \quad x < m - d \text{ oder } x > m + d \end{cases}$$

mit $d > 0$, $m \in \mathbb{R}$ verwendet, die bei dem Wert m den maximalen Zugehörigkeitsgrad von 1 annehmen und deren Zugehörigkeitsgrade links und rechts von m bis zum
Zugehörigkeitsgrad 0 linear abnehmen. Solche Fuzzy–Mengen eignen sich, um linguistische Terme der Art „etwa null" zu modellieren, wobei in diesem Fall $m = 0$
zu wählen wäre. An die Stelle der Dreiecksfunktionen können natürlich auch andere
Funktionen wie Gaußsche Glockenkurven der folgenden Form treten:

$$\mu_{a,m}(x) = \exp\left(-a(x - m)^2\right), \qquad a > 0,\ m \in \mathbb{R}.$$

Es sei darauf hingewiesen, daß auch einzelne Elemente oder (scharfe) Teilmengen
durch ihre charakteristische Funktion, die nur die Werte 0 und 1 annimmt, als Fuzzy–
Mengen darstellbar sind.

Für das Rechnen mit Fuzzy–Mengen oder die Handhabung von Fuzzy–Mengen in
einem Computer erweist sich die funktionale oder *vertikale Repräsentation*, im Sinne
einer Funktion $\mu : X \to [0,1]$ nicht immer als die günstigste. In einigen Fällen ist die
horizontale Repräsentation von Fuzzy–Mengen anhand ihrer α-Schnitte vorzuziehen.
Der α–Schnitt, mit $\alpha \in [0,1]$, der Fuzzy–Menge μ ist die Menge aller Elemente, deren
Zugehörigkeitsgrad zu μ mindestens α beträgt.

Definition 16.2 *Es sei* $\mu \in F(X)$ *und* $\alpha \in [0,1]$. *Dann heißt die Menge*

$$[\mu]_\alpha = \{x \in X \mid \mu(x) \geq \alpha\}$$

der α-*Schnitt von* μ.

Beispiel 16.3 Es sei μ die in Bild 16.3 dargestellte Fuzzy–Menge auf $\mathbb{R}$. Das Intervall, das man als α–Schnitt der Fuzzy–Menge erhält, ist im Bild ebenfalls veranschaulicht. $\diamondsuit$

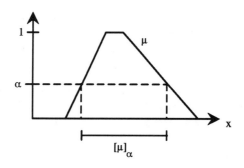

Bild 16.3: α-Schnitt einer Fuzzy–Menge μ

Aus der Kenntnis ihrer α–Schnitte läßt sich eine Fuzzy-Menge durch die Formel

$$\mu(x) = \sup_{\alpha \in [0,1]} \left\{ \min(\alpha, \mathbb{I}_{[\mu]_\alpha}(x)) \right\} \tag{16.1}$$

bestimmen, so daß die α–Schnitte eine zur vertikalen Repräsentation alternative Darstellung bieten. Zur Handhabung von Fuzzy-Mengen in Rechnern beschränkt man sich i.a. auf eine endliche Menge von α–Schnitten – z.B. $\alpha \in \{0.1, 0.2, \dots, 0.9, 1\}$ – und speichert diese α–Schnitte ab. Mit Hilfe der Formel (16.1) kann die ursprüngliche Fuzzy-Menge aufgrund der Kenntnis endlich vieler α–Schnitte approximiert werden.

Die Repräsentation vager Konzepte wie *groß* durch Fuzzy-Mengen reicht allein noch nicht aus. Um wirklichen Nutzen aus dieser Darstellung zu ziehen, müssen geeignete Operationen wie Durchschnitt und Vereinigung für Fuzzy-Mengen definiert werden.

Wir setzen bei der Festlegung solcher Operationen voraus, daß der Zugehörigkeitsgrad eines Objektes x zum Durchschnitt bzw. zur Vereinigung der Fuzzy-Mengen μ und μ' nur von den Zugehörigkeitsgraden von x zu μ und μ' abhängt. Das bedeutet, daß der Durchschnitt zweier Fuzzy-Mengen durch eine Funktion $\sqcap : [0,1]^2 \to [0,1]$ eindeutig bestimmt ist. Der Zugehörigkeitsgrad von x zum Durchschnitt der Fuzzy-Mengen μ und μ' ergibt sich dann aus

$$(\mu \cap \mu')(x) = \sqcap(\mu(x), \mu'(x)). \tag{16.2}$$

Natürlich darf für $\sqcap$ nicht irgendeine beliebige Funktion gewählt werden. $\sqcap$ sollte zumindest gewisse Grundvoraussetzungen erfüllen, die man von einem Durchschnittsoperator erwartet. *t–Normen* nennt man solche Funktionen, die Minimalvoraussetzungen für einen Durchschnittsoperator genügen.

Definition 16.4 *Eine Funktion* $\top : [0,1]^2 \to [0,1]$ *heißt* **t-Norm**, *wenn sie die Bedingungen*

(i) $\top(a,1) = a$ *(Einselement)*

(ii) $a \leq b \Longrightarrow \top(a,c) \leq \top(b,c)$ *(Monotonie)*

(iii) $\top(a,b) = \top(b,a)$ *(Kommutativität)*

(iv) $\top(a, \top(b,c)) = \top(\top(a,b),c)$ *(Assoziativität)*

erfüllt.

$\top$ ist offenbar monoton nicht–fallend in beiden Argumenten, und es gilt $\top(a,0) = 0$.

Die Forderung (i) besagt, daß der Schnitt einer Fuzzy-Menge mit einer gewöhnlichen Menge dazu führt, daß der Zugehörigkeitsgrad entweder erhalten bleibt, wenn das betrachtete Objekt zur gewöhnlichen Menge gehört, oder auf 0 herabgesetzt wird, sofern das Objekt nicht in der gewöhnlichen Menge enthalten ist.

(ii) garantiert, daß bei Zugehörigkeitsgrade zum Durchschnitt nicht kleiner werden können, wenn eine Fuzzy–Menge μ anstelle mit der Fuzzy–Menge μ' mit der größeren Fuzzy–Menge μ'', d.h. $\mu''(x) \geq \mu'(x)$ für alle x, geschnitten wird.

Kommutativität (iii) und Assoziativität (iv) sind selbstverständliche Voraussetzungen für einen Durchschnittsoperator, da der Durchschnitt mehrerer Fuzzy–Mengen unabhängig von ihrer Reihenfolge sein sollte.

Die in der Praxis am häufigsten verwendeten t-Normen sind

$$
\begin{aligned}
\mathsf{T}_{\mathrm{min}}(a,b) &= \min\{a,b\}, \\
\mathsf{T}_{\mathrm{Luka}}(a,b) &= \max\{0, a+b-1\} \quad \text{und} \\
\mathsf{T}_{\mathrm{prod}}(a,b) &= a \cdot b.
\end{aligned}
$$

Dual zum Begriff der t-Norm wird der Begriff der t-Conorm benutzt, der für die Definition verschiedener generalisierter Vereinigungsoperatoren herangezogen werden kann.

Definition 16.5 *Eine Funktion* $\perp : [0,1]^2 \to [0,1]$ *heißt genau dann* **t-Conorm**, *wenn* $\perp$ *kommutativ, assoziativ, monoton nicht-fallend in beiden Argumenten ist und 0 als Einheit besitzt, d.h. die Forderungen (ii), (iii) und (iv) für t–Normen erfüllt und anstelle von (i) dem Axiom*

(i') $\perp(a,0) = a$ *(Einselement)*

genügt.

t–Normen und t–Conormen sind duale Konzepte. Man erhält aus einer t–Norm T eine t–Conorm mittels

$$
\perp(a,b) = 1 - \mathsf{T}(1-a, 1-b) \tag{16.3}
$$

und umgekehrt aus einer t–Conorm $\perp$ eine t–Norm durch

$$
\mathsf{T}(a,b) = 1 - \perp(1-a, 1-b). \tag{16.4}
$$

Die Funktion

$$
n : [0,1] \to [0,1], \qquad a \mapsto 1 - a
$$

kann als verallgemeinerte Negation oder Komplementbildung verstanden werden, d.h. der Zugehörigkeitsgrad eines Objekts x zum Komplement $\overline{\mu}$ der Fuzzy–Menge μ kann durch

$$
\overline{\mu}(x) = n(\mu(x)) = 1 - \mu(x)
$$

bestimmt werden. In diesem Sinne entsprechen die beiden Gleichungen (16.3) und (16.4) den DeMorganschen Gesetzen

$$
\overline{\mu \cup \mu'} = \overline{\mu} \cap \overline{\mu'} \quad \text{und} \quad \overline{\mu \cap \mu'} = \overline{\mu} \cup \overline{\mu'}.
$$

Unter Verwendung der Gleichung (16.3) erhält man aus den t–Normen $\top_{\min}$, $\top_{\text{Luka}}$, $\top_{\text{prod}}$ die in der Praxis gebräuchlichsten t–Conormen

$$
\begin{aligned}
\bot_{\min}(a,b) &= \max\{a,b\}, \\
\bot_{\text{Luka}}(a,b) &= \min\{a+b,1\} \quad \text{und} \\
\bot_{\text{prod}}(a,b) &= a+b-ab.
\end{aligned}
$$

L.A. Zadeh beschränkte sich in seinem Aufsatz „Fuzzy Sets" aus dem Jahre 1965 auf die Operatoren $\top_{\min}$, $\bot_{\min}$ und n für die Definition des Durchschnitts, der Vereinigung und des Komplements von Fuzzy–Mengen. Diese Operatoren werden auch heute noch in den meisten Fällen zugrundegelegt.

Der Durchschnitt und die Vereinigung zweier Fuzzy–Mengen mit Hilfe des Minimums bzw. des Maximums ist in Bild 16.4 dargestellt.

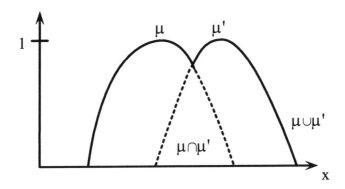

Bild 16.4: Durchschnitt und Vereinigung zweier Fuzzy–Mengen

Neben den Operationen wie Durchschnitt, Vereinigung und Komplement für Fuzzy–Mengen benötigen wir noch den Begriff der *Fuzzy–Relation*. Als Fuzzy–Relationen werden Fuzzy–Mengen bezeichnet, deren Grundmenge ein kartesisches Produkt $X \times Y$ ist, d.h. eine Fuzzy–Relation ist eine Abbildung $\rho : X \times Y \to [0,1]$. Der Wert $\rho(x,y)$ gibt an, wie stark x in Relation zu y steht.

Beispiel 16.6 X sei die Menge der Forscher a, b, c, d, $Y = \{\text{nn}, \text{es}, \text{fs}\}$ bezeichne die Menge der Forschungsgebiete: Neuronale Netze, Expertensysteme und Fuzzy–Systeme. Die Fuzzy–Relation $\rho : X \times Y \to [0,1]$ beschreibt die Relation „*ist Experte im Bereich*". ρ ist in der Tabelle 16.1 angegeben.

Der Wert $\rho(a,\text{nn}) = 0.9$ besagt, daß der Forscher a mit dem Grad 0.9 als Experte auf dem Gebiet der Neuronalen Netze bezeichnet werden kann. $\diamond$

ρ	nn	es	fs
a	0.9	0.3	0.1
b	0.0	1.0	0.1
c	0.6	0.6	0.6
d	0.4	0.2	0.8

Tabelle 16.1: Die Fuzzy-Relation ρ

Um mit Fuzzy-Relation operieren zu können, verallgemeinern wir die Komposition einer Menge mit einer Relation für Fuzzy-Mengen und Fuzzy-Relationen. Für eine gewöhnliche Menge $M \subseteq X$ und eine gewöhnliche Relation $R \subseteq Y$ ist die Hintereinanderschaltung $M \circ R$ als das Bild von M unter R definiert, d.h.

$$M \circ R = \{y \in Y \mid \exists x \in M : (x, y) \in R\}.$$

$M \circ R$ ist die Menge aller $y \in Y$, die mit mindestens einem der Elemente aus M in der Relation R stehen. Für eine Fuzzy-Menge μ und eine Fuzzy-Relation ρ ergibt die Komposition die Fuzzy-Menge

$$\mu \circ \rho : Y \to [0, 1], \quad y \mapsto \sup_{x \in X}\{\min\{\mu(x), \rho(x, y)\}\}.$$

$(\mu \circ \rho)(y)$ ist groß, wenn ein Wert $x \in X$ existiert, der einen hohen Zugehörigkeitsgrad zur Fuzzy-Menge μ besitzt und außerdem möglichst stark bezüglich ρ in Relation zu y steht.

Beispiel 16.7 Wir greifen noch einmal die Fuzzy-Relation aus dem Beispiel 16.6 auf. Die vier Forscher sind an einem gemeinsamen Projekt beteiligt. a investiert sehr viel Zeit in das Projekt, b geringfügig weniger, c und d nehmen nur am Rande teil. Wir drücken diesen Sachverhalt durch die Fuzzy-Menge $\mu : X \to [0, 1]$ mit $\mu(a) = 1$, $\mu(b) = 0.9$, $\mu(c) = 0.2$ und $\mu(d) = 0.2$ aus. μ gibt an, inwieweit die einzelnen Forscher im Projekt mitarbeiten. Wir interessieren uns nun dafür, wie gut die drei Gebiete Neuronale Netze, Expertensysteme und Fuzzy-Systeme innerhalb des Projekts abgedeckt werden. Dazu müssen wir einerseits die Beteiligung der einzelnen Forscher berücksichtigen und andererseits beachten, wie weit die Forscher als Experten auf den drei Gebieten gelten. Wir bestimmen daher die Fuzzy-Menge $\mu \circ \rho : Y \to [0, 1]$, die angibt, wie gut die drei Gebiete abgedeckt werden. Im einzelnen ergibt sich $(\mu \circ \rho)(\text{nn}) = 0.9$, $(\mu \circ \rho)(\text{es}) = 0.9$ und $(\mu \circ \rho)(\text{fs}) = 0.2$. $\diamond$

Fuzzy–Regelung

Die größten Erfolge im Bereich industrieller und kommerzieller Anwendungen von Fuzzy–Systemen wurden bisher durch *Fuzzy–Regler* (Fuzzy–Controller) erzielt. Die folgenden der Fuzzy–Regelung gewidmeten Betrachtungen setzen keine Kenntnisse aus der Regelungstechnik voraus. Wir stellen hier lediglich auf intuitiver Basis motivierte Methoden der Fuzzy–Regelung vor, ohne die Semantik dieser Konzepte zu hinterfragen. Derartige Fragestellungen, die sich mit der Entwicklung von Fuzzy–Reglern auf der Basis von Gleichheitsrelationen oder Relationalgleichungen befassen, findet der interessierte Leser in [KRUSE et al., 1995a].

Wie bereits in Kapitel 11 werden wir uns auch hier mit einem vereinfachten regelungstechnischen Problem befassen, also z.B. mit der Aufgabe, die Drehzahl eines Elektromotors oder die Temperatur eines Raumes konstant zu halten. Charakteristisch für solche Systeme ist, daß eine Größe, die sich im Laufe der Zeit verändern kann, auf einen vorgegebenen Sollwert einzustellen ist. Diese Größe bezeichnet man als *Ausgangsgröße* oder *Meßgröße*. Im Falle des Motors ist die Meßgröße die Drehzahl, während bei der Heizung die Temperatur die Meßgröße darstellt. Sie wird durch eine *Stellgröße*, die wir regulieren können, beeinflußt. Für den Motor verwenden wir die Stromzufuhr als Stellgröße, für die Heizung die Größe der Öffnung des Thermostatventils. Neben der Stellgröße existierende *Störgrößen*, die ebenfalls einen Einfluß auf die Ausgangsgröße ausüben und sich im Zeitverlauf ändern können, die wir jedoch, wie im Fall der Neuronalen Regler weiter nicht berücksichtigen.

Die Bestimmung der aktuellen Stellgröße wird auf der Basis der aktuellen Meßwerte für die Ausgangsgröße ξ und die Änderung der Ausgangsgröße $\Delta\xi = \frac{d\xi}{dt}$ durchgeführt. Wird die Ausgangsgröße in diskreten Zeittakten gemessen, setzt man häufig $\Delta\xi(t_{n+1}) = \xi(t_{n+1}) - \xi(t_n)$, so daß $\Delta\xi$ nicht zusätzlich gemessen werden muß.

Wir betrachten im folgenden die Regelung eines dynamischen Systems mit n Meßgrößen $\xi_1 \in X_1, \ldots, \xi_n \in X_n$ und einer Stellgröße $\eta \in Y$. Die Lösung der regelungstechnischen Aufgabe wollen wir wieder abstrakt in der Angabe einer geeigneten *Kontrollfunktion* $\psi : X_1 \times \ldots \times X_n \to Y$ verstehen, die zu jedem Tupel von Meßwerten $(x_1, \ldots, x_n) \in X_1 \times \ldots \times X_n$ einen adäquaten Stellwert $y = \psi(x_1, \ldots, x_n)$ festlegt. Im Fall der Neuronalen Regler wurde diese Kontrollfunktion mit Hilfe eines Neuronalen Netzes approximiert. Nun soll sie jedoch basierend auf dem Wissen eines Experten bestimmt werden, das dieser in sprachlicher Form mitgeteilt hat. Dieses Wissen über die Regelung liegt dann in Form einer Regelbasis vor, bestehend aus k linguistischen Kontrollregeln $R_1, \ldots, R_k$, die die folgende Form aufweisen:

$$R_r: \textbf{If } \xi_1 \textbf{ is } A_{j_{1,r}}^{(1)} \textbf{ and } \ldots \textbf{ and } \xi_n \textbf{ is } A_{j_{n,r}}^{(n)} \textbf{ Then } \eta \textbf{ is } B_{i_r} \qquad (r = 1, \ldots, k)$$

Dabei sind $A_{j_1,r}^{(1)}, \ldots, A_{j_n,r}^{(n)}$ bzw. B_{i_r} linguistische Terme der Meß- bzw. Stellgrößen. Die Mengen $X_1, \ldots, X_n$ bzw. Y werden durch Fuzzy-Mengen $\mu_1^{(1)}, \ldots, \mu_{p_1}^{(1)}, \ldots,$ $\mu_1^{(n)}, \ldots, \mu_{p_n}^{(n)}$ bzw. $\nu_1, \ldots, \nu_q$ partitioniert, die zur Repräsentation der linguistischen Terme dienen (s.u.).

Die auf der Grundlage derartig repräsentierter Regelbasen arbeitenden Regler werden *Fuzzy-Regler* genannt. Die Interpretation einer einzelnen Regel und der Regelbasis insgesamt macht den Typ des Fuzzy-Reglers aus. Einen Überblick über verschiedene Typen von Fuzzy-Reglern findet man z.B. in [LEE, 1990a, LEE, 1990b, DRIANKOV et al., 1993, PEDRYCZ, 1993]. Im folgenden werden nur die Konzepte des *Mamdani-Reglers* und des *Sugeno-Reglers* erläutert.

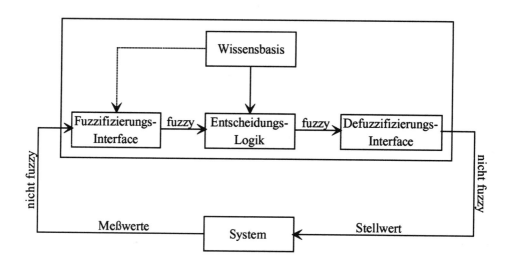

Bild 16.5: Architektur eines Fuzzy–Reglers

In Bild 16.5 ist die allgemeine Architektur eines Fuzzy–Reglers dargestellt. Das *Fuzzifizierungs-Interface* nimmt die aktuellen Meßwerte auf und kann dazu verwendet werden, die Werte geeignet zu transformieren und in linguistische Werte oder Fuzzy-Mengen umzuwandeln. Meist wird nur der Erfüllungsgrad des aktuellen Meßwertes bezüglich der Prämissen der linguistischen Regeln durch das Fuzzifizierungs-Interface bestimmt. Die *Wissensbasis* enthält die Regelbasis und Informationen über die Wertebereiche, linguistische Terme etc. (Datenbasis) der Meß- und Stellgrößen. Mit ihrer Hilfe gewinnt die *Entscheidungslogik* aus den Meßgrößen Informationen über die Stellgröße. Das *Defuzzifizierungs-Interface* bestimmt aus diesen Informationen einen scharfen Stellwert.

Beispiel 16.8 (Inverses Pendel) Das inverse Pendel entspricht einem auf dem Kopf stehenden Pendel, das so balanciert werden soll, daß es aufrecht steht. Das Pendel kann sich nur in der vertikalen Ebene frei bewegen. Das untere Ende des Pendels, an dem sich die Masse M befindet, soll durch eine Kraft parallel zur Bewegungsebene des Pendels auf dem Boden entlang bewegt werden, so daß das Pendel nach Möglichkeit aufrecht steht. Am oberen Ende des Pendelstabs befindet sich die Masse m (vgl. Bild 16.6).

Die Kraft, die zum Balancieren benötigt wird, darf von dem Winkel θ des Pendels relativ zur vertikalen Achse und der Änderung des Winkels, d.h. der Winkelgeschwindigkeit $\dot\theta = \frac{d\theta}{dt}$, abhängen. Als Ausgangsgröße fungiert hier der Winkel θ, als Stellgröße die Kraft F.

Wir definieren $X_1 = [-90, 90]$, d.h. der Winkel θ kann Werte zwischen $-90°$ und $+90°$ annehmen. Wir gehen davon aus, daß die Winkelgeschwindigkeit zwischen $-45° \cdot s^{-1}$ (Grad pro Sekunde) und $45° \cdot s^{-1}$ liegen kann, während die potentiellen Werte für die Kraft aus dem Bereich zwischen $-10N$ (Newton) und $+10N$ stammen. Wir legen daher fest: $X_2 = [-45, 45]$, $Y = [-10, 10]$. $\diamond$

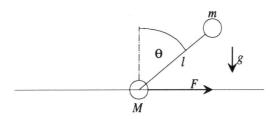

Bild 16.6: Das Inverse Pendel

Wir werden im folgenden auf das Beispiel des inversen Pendels zurückgreifen, um die vorgestellten Konzepte zu veranschaulichen.

Der Mamdani–Regler

Bei diesem Ansatz formuliert der Experte sein Wissen in Form der oben vorgestellten linguistischen Regeln. Für jede der Wertemengen $X_1, \ldots, X_n$ (für die Meßgrößen) und Y (für die Stellgröße) werden geeignete linguistische Terme wie *ungefähr null*, *positiv klein* usw. festgelegt, deren Interpretation für die einzelnen Größen durchaus unterschiedlich sein kann.

Zur Aufstellung der Regeln für die Wissensbasis des Fuzzy-Reglers wird jede der Mengen $X_1, \ldots, X_n$ und Y mit Hilfe von Fuzzy-Mengen „partitioniert". Dazu werden auf der Menge X_1 p_1 verschiedene Fuzzy-Mengen $\mu_1^{(1)}, \ldots, \mu_{p_1}^{(1)} \in F(X_1)$ definiert und jede dieser Fuzzy-Mengen mit einem linguistischen Term assoziiert. Ist die Menge

X_1 ein Intervall $[a, b]$ reeller Zahlen, werden häufig Dreiecksfunktionen der Form

$$\mu_{x_0,\varepsilon} : [a, b] \to [0,1], \ x \mapsto 1 - \min\{\varepsilon \cdot |x - x_0|, 1\}$$

für die Fuzzy–Mengen $\mu_1^{(1)}, \ldots, \mu_{p_1}^{(1)} \in F(X_1)$ verwendet, da die notwendigen Berechnung innerhalb des Fuzzy–Reglers sich besonders leicht mit stückweise linearen Funktionen durchführen lassen.

An den Rändern des Intervalls $[a, b]$ ersetzt man die Dreiecksfunktionen häufig durch Fuzzy–Mengen der Form

$$\mu_1^{(1)} : [a, b] \to [0,1], \ x \mapsto \begin{cases} 1 & \text{falls } x \leq x_1 \\ 1 - \min\{\varepsilon \cdot (x - x_1), 1\} & \text{sonst} \end{cases}$$

an der linken Intervallgrenze bzw.

$$\mu_{p_1}^{(1)} : [a, b] \to [0,1], \ x \mapsto \begin{cases} 1 & \text{falls } x_{p_1} \leq x \\ 1 - \min\{\varepsilon \cdot (x_{p_1} - x), 1\} & \text{sonst.} \end{cases}$$

an der rechten Intervallgrenze. Bild 16.7 zeigt eine typische Wahl von Fuzzy–Mengen für die „Partitionierung" eines Intervalls.

Jeder Fuzzy–Menge $\mu_1^{(1)}, \ldots, \mu_{p_1}^{(1)}$ wird ein linguistischer Term wie z.B. *positiv klein* zugeordnet (vgl. Bild 16.7).

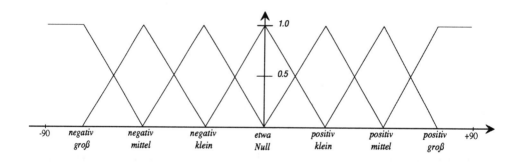

Bild 16.7: Eine Partitionierung für die Meßgröße $\xi_1 \in [-90, 90]$ (Winkel) des inversen
Pendels

Prinzipiell können auch andere Fuzzy–Mengen als Dreiecksfunktionen auftreten. Damit die Fuzzy–Mengen jedoch als unscharfe Werte oder Bereiche interpretiert werden können, sollte man sich auf Fuzzy–Mengen beschränken, die bis zu einem Punkt an monoton nicht–fallend sind und von diesem Punkt monoton nicht–wachsend sind.

So wie die Menge X_1 in die p_1 Fuzzy–Mengen $\mu_1^{(1)}, \ldots, \mu_{p_1}^{(1)}$ unterteilt wird, werden auch Partitionierungen mit Hilfe von p_i $(i = 2, \ldots, n)$ bzw. p Fuzzy–Mengen $\mu_1^{(i)}, \ldots, \mu_{p_i}^{(i)} \in F(X_i)$ bzw. $\mu_1, \ldots, \mu_p \in F(Y)$ der Mengen $X_2, \ldots, X_n$ und Y vorgenommen.

$$\theta$$

	ng	nm	nk	en	pk	pm	pg
ng		pk	pg				
nm			pm				
nk	nm		nk	pk			
en	ng	nm	nk	en	pk	pm	pg
pk				nk	pk		pm
pm				nm			
pg				ng	nk		

$\dot{\theta}$ (row label, left of table)

Tabelle 16.2: Die Regelbasis für das Inverse Pendel

Beispiel 16.9 (Inverses Pendel, Fortsetzung) Die Partitionierung für den Bereich des Winkels X_1 im Fall des inversen Pendels ist in Bild 16.7 dargestellt. Für die Bereiche X_2 und Y der Winkelgeschwindigkeit und der Kraft wählen wir analoge Partitionierungen mit gleichbreiten Dreiecksfunktionen, bzw. den entsprechend modifizierten Fuzzy–Mengen an den Rändern. $\Diamond$

Die Kontrollregeln, die die Regelbasis bilden, sind von der auf Seite 267 genannten Form. Sie werden beim Mamdani–Regler nicht als Implikationen, sondern im Sinne einer stückweise definierten Funktion verstanden, d.h. die k Regeln entsprechen der „Funktionsdefinition" $\eta = \varphi(\xi_1, \ldots, \xi_n)$ mit

$$\eta \,\hat{=}\, \begin{cases} B_{i_1} & \text{falls} \quad \xi_1 \hat{=} A^{(1)}_{i_{1,1}} \quad \text{und} \ \ldots \ \text{und} \quad \xi_n \hat{=} A^{(n)}_{i_{n,1}} \\ \vdots & \quad \vdots \qquad\qquad\qquad\qquad \vdots \\ B_{i_k} & \text{falls} \quad \xi_1 \hat{=} A^{(1)}_{i_{1,k}} \quad \text{und} \ \ldots \ \text{und} \quad \xi_n \hat{=} A^{(n)}_{i_{n,k}}. \end{cases}$$

Beispiel 16.10 (Inverses Pendel, Fortsetzung) Die Regelbasis mit 19 Regeln für das inverse Pendel zeigt die Tabelle 16.2. Beispielsweise steht der Eintrag in der vorletzten Tabellenzeile für die Regel

If θ is *etwa null* **and** $\dot{\theta}$ is *positiv mittel* **Then** F is *negativ mittel*.

Die Tabelle 16.2 muß nicht vollständig ausgefüllt werden, da sich die Bereiche, in denen die Regeln (teilweise) anwendbar sind, überlappen, so daß trotz fehlender Tabelleneinträge für alle in der Praxis vorkommenden Meßwerte eine Stellgröße bestimmt werden kann. $\Diamond$

Beim Mamdani-Regler wird zunächst ein gegebenes Meßwert-Tupel mit den Prämissen der einzelnen Regeln verknüpft, indem für jeden Meßwert der Zugehörigkeitsgrad zur korrespondierenden Fuzzy–Menge ermittelt wird. Diese Werte müssen dann geeignet konjunktiv verknüpft werden:

$$\tau_r = \min\{\mu_{i_{1,r}}^{(1)}(x_1), \ldots, \mu_{i_{n,r}}^{(n)}(x_n)\},$$

wobei τ_r den *Erfüllungsgrad* der Prämisse der Regel R_r angibt. Die Regel R_r induziert bei gegebenen Meßwerten $(x_1, \ldots, x_n)$ die „Ausgabe"–Fuzzy–Menge

$$\nu_{x_1,\ldots,x_n}^{\text{output}(R_r)} : Y \to [0,1], \quad y \mapsto \min\{\mu_{i_{1,r}}^{(1)}(x_1), \ldots, \mu_{i_{n,r}}^{(n)}(x_n), \nu_{i_r}(y)\}.$$

Die Gesamtausgabe des Reglers wird durch die Fuzzy–Menge

$$\nu_{x_1,\ldots,x_n}^{\text{output}} : Y \to [0,1], \quad y \mapsto \max_{r \in \{1,\ldots,k\}} \min\{\mu_{i_{1,r}}^{(1)}(x_1), \ldots, \mu_{i_{n,r}}^{(n)}(x_n), \nu_{i_r}(y)\}$$

beschrieben. In Bild 16.8 ist die Vorgehensweise schematisch an zwei Regeln dargestellt.

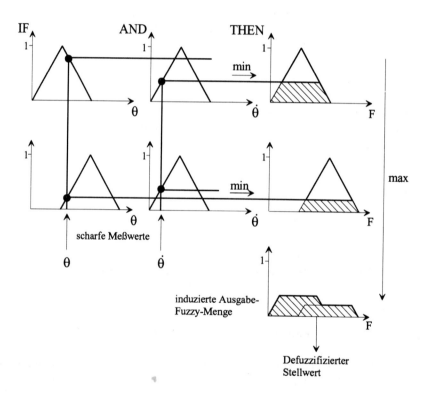

Bild 16.8: Auswertung zweier Fuzzy–Regeln

Der Mamdani-Regler wird aufgrund der verwendeten Operationen auch *Max-Min-Regler* genannt. Es können jedoch anstelle der Minimum- und Maximumoperatoren beliebige t-Normen und t-Conormen verwendet werden. Wird der Erfüllungsgrad der Prämisse durch Produktbildung mit der Konklusion verknüpft, so erhält man einen *Max-Produkt-* oder *Max-Dot-Regler*.

Die Fuzzy–Menge $\nu^{\text{output}}_{x_1,\ldots,x_n}$ muß in einen scharfen Stellwert $\eta \in Y$ umgewandelt werden, damit eine Regelung erfolgen kann. Dazu bedient man sich unterschiedlicher *Defuzzifizierungs-Verfahren*.

- **Mean-of-Maximum-Methode (MOM)**

  Bei der Mean-of-Maximum-Methode verwendet man als Stellwert den Mittelwert aus allen Werten, bei denen die Fuzzy–Menge $\nu^{\text{output}}_{x_1,\ldots,x_n}$ einen maximalen Zugehörigkeitsgrad liefert. MOM kann zu sprunghaften Änderungen der Stellgröße führen und wird daher selten angewendet.

- **Schwerpunktsmethode (Center-of-Gravity-Methode, COG)**
  Die Schwerpunktsmethode mittelt über alle möglichen Ausgabewerte unter Berücksichtigung ihrer Zugehörigkeitsgrade zur Fuzzy–Menge $\nu^{\text{output}}_{x_1,\ldots,x_n}$, indem der Schwerpunkt der Fläche unter der Funktion $\nu^{\text{output}}_{x_1,\ldots,x_n}$ bestimmt wird und seine x–Koordinate als Stellwert gewählt wird. Ist der Ausgabebereich Y diskretisiert worden, wird der Stellwert dadurch bestimmt, daß alle möglichen Ausgabewerte, mit ihrem Zugehörigkeitsgrad zur Fuzzy–Menge $\nu^{\text{output}}_{x_1,\ldots,x_n}$ gewichtet, aufaddiert werden und anschließend der so berechnete Wert durch die Summe der Zugehörigkeitsgrade geteilt wird. Auch wenn die Schwerpunktsmethode ein rein heuristisches Verfahren ist, ist sie die in der Praxis gebräuchlichste Methode und führt meist zu recht guten Ergebnissen.

Der Sugeno–Regler

Der Sugeno-Regler stellt eine Variante des Mamdani-Reglers dar. Er verwendet linguistische Regeln der Form

$$R_r\colon \textbf{If } \xi_1 \textbf{ is } A^{(1)}_{j_1,r} \textbf{ and } \ldots \textbf{ and } \xi_n \textbf{ is } A^{(n)}_{j_n,r} \textbf{ Then } \eta = f_r(\xi_1,\ldots,\xi_n) \quad (r = 1,\ldots,k).$$

In diesem Fall werden nur die Mengen $X_1,\ldots,X_n$ durch Fuzzy–Mengen partitioniert, und f_r ist eine Abbildung von $X_1\times,\ldots,\times X_n$ nach Y $(r = 1,\ldots,k)$. Fast immer wird davon ausgegangen, daß f_r von der Form

$$f_r(x_1,\ldots,x_n) = a^{(r)}_1 \cdot x_1 + \ldots + a^{(r)}_n \cdot x_n + a^{(r)}$$

mit reellen Konstanten $a^{(r)}_1,\ldots,a^{(r)}_n, a^{(r)}$ ist. Die Vorgehensweise im Falle des Sugeno–Reglers stimmt zunächst mit der des Mamdani-Reglers überein. Abweichend davon entfällt bei dem Sugeno–Regler das Defuzzifizieren. Der Stellwert ergibt sich als eine mit dem Erfüllungsgrad der Regeln gewichtete Summe:

$$\eta = \frac{\displaystyle\sum_{r=1}^{k} \tau_r \cdot f_r(x_1, \ldots, x_n)}{\displaystyle\sum_{r=1}^{k} \tau_r}.$$

Zur Durchführung der Konjunktion wird entweder die Minimum– oder die Produktbildung herangezogen.

Die Kontrollregeln dürfen bei den beiden hier geschilderten Ansätzen nicht im Sinne einer Implikation interpretiert, sondern müssen im Sinne einer stückweisen definierten Funktion verstanden werden. Die Arbeitsweise des Reglers entspricht einem unscharfen Interpolationsverfahren. In [KLAWONN und KRUSE, 1993a, KLAWONN und KRUSE, 1993b, KRUSE et al., 1995a] wird gezeigt, wie auf der Basis von Gleichheitsrelationen die Vorgehensweise des Mamdani-Reglers gerechtfertigt werden kann. Dadurch bekommt der Ad-hoc-Ansatz der Fuzzy–Regelung eine semantische Interpretation, und es lassen sich auch Entwurfsforderungen bezüglich der Partitionierung der Variablen rechtfertigen, wie z.B.

$$i \neq j \implies \sup_{x \in X_k} \{\min\{\mu_i^{(k)}(x), \mu_j^{(k)}(x)\}\} \leq 0.5.$$

Fuzzy–Regelung kann auch im Sinne von Fuzzy-Relationalgleichungen [KLIR und FOLGER, 1988, PEDRYCZ, 1993] interpretiert werden. Eine konsequente Vorgehensweise führt dabei jedoch zur Verwendung der Gödel–Relation und nicht zum kartesischen Produkt wie beim Mamdani-Regler [KRUSE et al., 1995a]. Wie ein Fuzzy-Regler auf der Basis der Interpretation der Regeln als logische Implikationen entworfen werden kann, wird in [KLAWONN, 1992] gezeigt.

Fuzzy–Regler und Neuronale Regler sind vergleichbar, weil sie die gleiche Aufgabe mit unterschiedlichen Mitteln lösen. Beide approximieren eine unbekannte Kontrollfunktion. Neuronale Regler leisten dies auf der Basis einer Lernaufgabe, d.h. einer stückweisen scharfen Funktionsdefinition (Klon) bzw. einer Leistungsbewertung (adaptiver Kritiker). Fuzzy–Regler dagegen arbeiten auf der Grundlage einer stückweisen, unscharfen Funktionsdefinition und der Anwendung einer unscharfen Interpolationsstrategie. Sowohl Mamdani- als auch Sugeno-Regler sind universelle Approximatoren [KOSKO, 1992a, BUCKLEY, 1993].

Das folgende Kapitel befaßt sich mit einer Gegenüberstellung der beiden kognitiven Regelungsmodelle und zeigt grundsätzliche Kombinationsmöglichkeiten auf.

16.3 Kombinationen Neuronaler Netze und Fuzzy–Regler

Im folgenden untersuchen wir am Beispiel der kognitiven Regelung, welche Vorteile eine Kombination Neuronaler Netze und Fuzzy-Regler bieten kann. Eine Klassifikation der unterschiedlichen Kombinationsmöglichkeiten erlaubt uns die in den folgenden Kapiteln diskutierten Kopplungsmodelle einzuordnen. Am Ende dieses Abschnitts geben wir Kriterien für die Erstellung Neuronaler Fuzzy Systeme an.

Die verschiedenen Ansätze zur Kombination Neuronaler Netze und Fuzzy–Regler entspringen meist dem Bedürfnis nach einer automatischen Unterstützung des Entwerfens und Verbesserns von Fuzzy-Reglern. Die größte Rolle spielen dabei Modelle, die Zugehörigkeitsfunktionen zur Modellierung linguistischer Terme erlernen oder anpassen sollen [BERENJI, 1992, BERENJI und KHEDKAR, 1992b, BERENJI et al., 1993, JANG, 1993, TAKAGI und HAYASHI, 1991]. Eine geringere Bedeutung haben Systeme, die ausschließlich in der Lage sind, linguistische Regeln zur erlernen [HAYASHI und IMURA, 1990, HAYASHI et al., 1992a, JANG, 1991b]. Neuere Ansätze versuchen, die beiden Aufgaben in gemeinsamen [NAUCK und KRUSE, 1993, NAUCK und KRUSE, 1994b, SULZBERGER et al., 1993] oder getrennten Architekturen [BERENJI und KHEDKAR, 1993] zu integrieren. In Kapitel 19 wird ein neu entwickeltes Modell vorgestellt, das in der Lage ist, sowohl Zugehörigkeitsfunktionen als auch linguistische Regeln zu erlernen.

Neben dem Bereich der kognitiven Regelung finden sich auch auf dem Gebiet der Musterklassifikation und Bilderkennung Ansätze von Neuronalen Fuzzy-Systemen. Diese Modelle sind von vorwärtsbetriebenen Neuronalen Netzen abgeleitet und besitzen spezialisierte Verarbeitungseinheiten, deren Aktivierungsfunktionen Zugehörigkeitsfunktionen [SUN und JANG, 1993] oder einer t–Norm entsprechen [YAMAKAWA und TOMODA, 1989]. In Kapitel 20 stellen wir moderne Ansätze in diesem Bereich vor. Weitere Kombinationsansätze finden sich im Bereich konnektionistischer Expertensysteme (vgl. Teil III des Buches). In [SANCHEZ, 1990] wird ein vorwärtsbetriebenes Netz vorgestellt, das Verbindungsgewichte in Form numerischer und linguistischer Werte aufweist.

Neuronale Regelung und Fuzzy-Regelung weisen als Methoden der kognitiven Regelung unterschiedliche Vor- und Nachteile auf. Welche dieser Methoden für ein gegebenes technisches System sinnvoll ist, muß in Abhängigkeit von ihren Eigenschaften und den Gegebenheiten des zugrundeliegenden Systems entschieden werden.

Ein Neuronaler Regler ist in der Lage, aus Beispieldaten zu lernen. Dabei können alle bekannten Architekturen und Lernalgorithmen für Neuronale Netze eingesetzt werden. Besteht die Möglichkeit, einen Bediener zu beobachten, so läßt sich aus dem aktuellen Zustand und der Bedienerreaktion eine feste Lernaufgabe konstruieren. In diesem Fall kann als Netzstruktur z.B. ein mehrschichtiges Perceptron mit dem Backpropagation–Verfahren gewählt werden. Ist eine direkte Bedienerbeobachtung oder eine andere Möglichkeit zur Gewinnung von Zustands–/Aktionspaaren nicht gegeben, so muß statt des überwachten Lernens ein Verfahren des verstärkenden Lernens gewählt werden. Dazu ist die Definition eines Fehler– oder Gütemaßes zur Beschreibung des aktuellen Systemzustandes notwendig, das zumindest eine Information über das Versagen der Regelaktion(en) bereitstellen muß [BARTO et al., 1983]. Der Einsatz einer selbstorganisierenden Karte sowohl unter überwachtem als auch verstärkendem Lernen zur Steuerung eines Roboterarmes ist in [RITTER et al., 1990] beschrieben (vgl. auch Kap. 8).

Der Einsatz eines Neuronalen Reglers ist immer dann möglich, wenn kein mathematisches Prozeßmodell bekannt ist oder dessen Umsetzung in einen konventionellen Regler aufgrund hoher Kosten vermieden werden soll. Weiterhin muß entweder eine feste Lernaufgabe zur Verfügung stehen, die ein Offline–Lernen ermöglicht, oder der Regler muß mit Hilfe verstärkenden Lernens die Regelaufgabe online durch Versuch und Irrtum erlernen dürfen. Diese zweite Methode kann, wie bereits erwähnt, nur dann angewandt werden, wenn ein Versagen der Regelung in der Lernphase keine Beschädigung des Systems bzw. Kosten anderer Art verursacht oder eine ausreichend exakte Simulation des Systems zur Verfügung steht.

Die Kenntnis linguistischer Regeln, die das zu regelnde System beschreiben, ist ebenfalls nicht notwendig. Ein Neuronaler Regler ist demnach grundsätzlich in der Lage, vollständig unbekannte Systeme zu beherrschen, soweit nur deren Ein–/Ausgabeverhalten beobachtbar ist.

Der Nachteil Neuronaler Regler besteht zunächst in deren fehlender Interpretierbarkeit. Auch nach erfolgreich gelöster Lernaufgabe ist es im allgemeinen nicht möglich, Wissen z.B. in Form von Regeln aus dem Netz zu extrahieren, um so zu einer Beschreibung des Reglerverhaltens zu gelangen. Derartige Ansätze stehen erst am Anfang und sind auf bestimmte Netzwerkmodelle (selbstorganisierende Karten) beschränkt [BEZDEK et al., 1992, PEDRYCZ und CARD, 1992]. Es ist weiterhin nicht möglich, relevante Netzparameter anders als heuristisch zu bestimmen. Eine ungeeignete Wahl kann den Lernerfolg erheblich hinauszögern oder sogar verhindern.

Obwohl Neuronale Netze fehlertolerant gegenüber ihren Eingaben sind und somit auch unbekannte Systemzustände beherrschen, kann dennoch eine Änderung in wesentlichen Parametern des zu regelnden Systems ein Versagen des Neuronalen Reglers verursachen. Diese Gefahr besteht immer dann, wenn die Lernaufgabe nicht alle denkbaren Systemzustände angemessen berücksichtigt, oder das Netzwerk z.B. aufgrund zu vieler innerer Einheiten übergeneralisiert hat. Eine Wiederaufnahme des Lernvorgangs muß in diesen Fällen nicht zu einer schnellen Verbesserung führen. Gegebenenfalls muß der gesamte Lernvorgang wiederholt werden.

Der Vorteil Neuronaler Regler, daß kein a–priori Wissen vorliegen muß, kann auch als Nachteil interpretiert werden. Denn selbst wenn a–priori Wissen zur Verfügung steht, gibt es keine Möglichkeit, dieses zu verwenden. Eine Ableitung von Initialisierungsgewichten oder einer bestimmten Netzwerkarchitektur ist nicht möglich. Der

Lernprozeß muß in jedem Fall mit einem Netzwerk „ohne Wissen" beginnen („learning from scratch").

Auch ein Fuzzy–Regler kann wie ein Neuronaler Regler eingesetzt werden, wenn für den zu regelnden physikalischen Prozeß kein mathematisches Modell bekannt ist. Jedoch wird Wissen über das System in Form linguistischer Regeln benötigt. Auch die Meß– und Stellgrößen müssen linguistisch beschrieben werden. Dieses Wissen steht in vielen Fällen zur Verfügung, so daß ein Prototyp des Reglers sehr schnell und einfach implementiert werden kann. Die Interpretation des Fuzzy–Reglers stellt ebenfalls kein Problem dar. Die linguistischen Regeln stellen eine unscharfe, punktweise Definition der Kontrollfunktion dar, und der Regler führt bei der Verarbeitung der Meßwerte eine unscharfe Interpolation durch [KRUSE et al., 1995a].

Genau wie für Neuronale Regler gilt auch für Fuzzy–Regler, daß ein Vorteil und zwar der, a–priori Wissen verwenden zu können, auch als Nachteil interpretiert werden kann. Das genannte Regelwissen muß verfügbar sein, sonst ist eine Implementierung nicht möglich. Ist das Wissen unvollständig, falsch oder widersprüchlich, vermag der Regler seine Aufgabe nicht zu erfüllen. In diesem Fall ist eine Nachbearbeitung der Regeln oder der die linguistischen Werte beschreibenden Zugehörigkeitsfunktionen unumgänglich („tuning"). Für diese Phase der Implementierung existieren jedoch keine formalen Methoden, so daß hier nur heuristisch vorgegangen werden kann. Werden dabei neben dem Hinzufügen, Entfernen oder Ändern linguistischer Regeln oder Zugehörigkeitsfunktionen weitere Verfahren eingesetzt, wie z.B. die Gewichtung von Regeln [VON ALTROCK et al., 1992, KOSKO, 1992b], so wird dadurch die Semantik des Reglers aufgegeben [NAUCK und KRUSE, 1992a, NAUCK und KRUSE, 1994a].

Da ein Fuzzy–Regler mit unscharfen Angaben über die Systemvariablen auskommt, ist zu erwarten, daß geringfügige Änderungen in den Zugehörigkeitsfunktionen die Leistung des Reglers nicht wesentlich beeinflussen. Wie das folgende Beispiel zeigt, ist es jedoch möglich, durch die geringe Änderung nur einer Zugehörigkeitsfunktion einen Fuzzy–Regler so zu beeinflussen, daß er seine Regelaufgabe nicht mehr erfüllen kann.

Beispiel 16.11 In den Abbildungen 16.9 und 16.10 wird die Simulation eine Kranes dargestellt, der eine hängende Last möglichst schnell zu einem Zielpunkt befördern soll. Dabei ist das Schwingen der Last auszugleichen. Bild 16.9 zeigt die in dem Fuzzy–Regler verwendete unveränderte Partitionierung der linguistischen Variablen *Winkel* und den Endzustand einer erfolgreichen Regelungsaktion. Bild 16.10 zeigt die Veränderung, die an der Zugehörigkeitsfunktion für den linguistischen Wert *possmall* vorgenommen wurde. Die Kran–Simulation ist nun nicht mehr in der Lage, die Endposition anzufahren, sondern schießt über das Ziel hinaus und verharrt in dieser Lage[1].   ◇

---

[1]Die Kran–Simulation und der verwendete Fuzzy–Regler entstammen dem kommerziellen Softwareprodukt „fuzzyTECH 3.0 Explorer Edition" [Inform, 1993]. Die Veränderungen an den Zugehörigkeitsfunktionen wurden ebenfalls mit Hilfe dieses Programms vorgenommen.

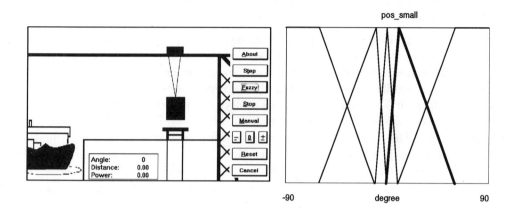

Bild 16.9: Zugehörigkeitsfunktionen, mit denen die Kransimulation erfolgreich ist

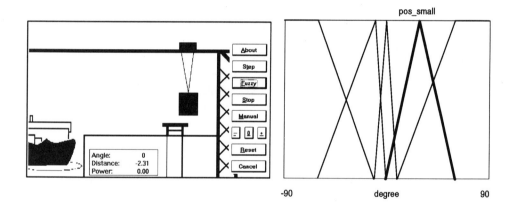

Bild 16.10: Die Veränderung einer Zugehörigkeitsfunktion führt zum Versagen

Die manuelle Anpassung eines Fuzzy–Reglers an seine Aufgabe ist nicht trivial, wie das Beispiel 16.11 unterstreicht. Neben der Tatsache, daß kleine Veränderungen eventuell große Auswirkungen auf das Regelverhalten haben, kann eine Optimierung des Reglers zudem mehr als einem Kriterium gleichzeitig unterworfen sein (z.B. Geschwindigkeit, minimaler Energieaufwand usw.). Es ist daher wünschenswert, einen automatischen Adaptionsprozeß zur Verfügung zu haben, der den Lernverfahren Neuronaler Netze gleicht und die Optimierung von Fuzzy–Reglern unterstützt. Bei der vergleichenden Gegenüberstellung der Vor– und Nachteile Neuronaler Regler und Fuzzy–Regler, wie sie in der Tabelle 16.3 vorgenommen wurde, wird deutlich, daß eine geeignete Kombination beider Ansätze in der Lage sein sollte, Vorteile zu vereinen und Nachteile auszuschließen.

Neuronale Regelung	Fuzzy–Regelung
Vorteile	
• Kein mathematisches Prozeßmodell notwendig • Kein Regelwissen notwendig • Verschiedene Lernalgorithmen	• Kein mathematisches Prozeßmodell notwendig • A–priori (Regel–) Wissen nutzbar • Einfache Interpretation und Implementation
Nachteile	
• Black–Box–Verhalten • Kein Regelwissen extrahierbar • Heuristische Wahl der Netzparameter • Anpassung an veränderte Parameter ist eventuell schwierig und kann Wiederholung des Lernvorgangs erfordern • Kein a–priori Wissen verwendbar („learning from scratch") • Der Lernvorgang konvergiert nicht garantiert	• Regelwissen muß verfügbar sein • Nicht lernfähig • Keine formalen Methoden für „Tuning" • Semantische Probleme bei der Interpretation „getunter" Regler • Anpassung an veränderte Parameter eventuell schwierig • Ein „Tuning"–Versuch kann erfolglos bleiben

Tabelle 16.3: Gegenüberstellung Neuronaler Regelung und Fuzzy–Regelung

Das wichtigste Argument für eine Kombination von Fuzzy–Reglern mit Neuronalen Netzen ist die Lernfähigkeit letzterer. Ein entsprechendes System sollte in der Lage sein, linguistische Regeln und/oder Zugehörigkeitsfunktionen zu „erlernen" oder bereits bestehende zu optimieren. „Erlernen" bedeutet in diesem Zusammenhang die vollständige Erzeugung einer Regelbasis bzw. von Zugehörigkeitsfunktionen, die die entsprechenden linguistischen Terme modellieren, auf der Grundlage von Beispieldaten. Diese können im Sinne Neuronaler Netze eine feste oder auch eine freie Lernaufgabe bilden [NAUCK und KRUSE, 1996b, NAUCK und KRUSE, 1996a].

Die Erzeugung einer Regelbasis setzt eine zumindest vorläufige Definition von Zugehörigkeitsfunktionen voraus und ist auf drei verschiedene Arten möglich:

(i) Das System beginnt ohne Regeln und bildet solange neue Regeln, bis die Lern-aufgabe erfüllt ist. Die Hinzunahme einer neuen Regel wird dabei durch ein Musterpaar ausgelöst, das durch die bisherige Regelbasis überhaupt noch nicht oder nicht ausreichend erfaßt wird [BERENJI und KHEDKAR, 1993, NAUCK und KRUSE, 1995a]. Diese Vorgehensweise kann zu großen Regelbasen führen, wenn die verwendeten Zugehörigkeitsfunktionen ungünstig gewählt sind, d.h. sich nur wenig überdecken. Dies ist vergleichbar mit einer schlechten Generalisierungs-leistung eines Neuronalen Netzes. Weiterhin ist es in Abhängigkeit von der Lernaufgabe möglich, daß eine inkonsistente Regelbasis entsteht. Das System muß daher nach Abschluß der Regelgenerierung gegebenenfalls wieder Regeln löschen.

(ii) Das System beginnt mit allen Regeln, die aufgrund der Partitionierung der beteiligten Variablen gebildet werden können und entfernt ungeeignete Regeln aus der Regelbasis [NAUCK und KRUSE, 1993]. Für dieses Verfahren ist ein Bewertungsschema notwendig, daß die Leistungsfähigkeit der Regeln ermittelt. Das Verfahren kann bei der Anwendung auf physikalische Systeme mit vielen Variablen und feiner Partitionierung zu Komplexitätsproblemen in Hinsicht auf Laufzeit und Speicherbedarf führen. Dieser Ansatz vermeidet jedoch inkonsi-stente Regelbasen, da die entsprechende Überprüfung in das Bewertungsschema integriert ist. Dieses Verfahren kann im Gegensatz zum ersten Ansatz zu Re-gelbasen mit zu wenigen Regeln führen.

(iii) Das System beginnt mit einer (eventuell zufällig gewählten) Regelbasis, die aus einer festen Anzahl von Regeln besteht. Im Laufe des Lernvorgangs werden Regeln ausgetauscht [SULZBERGER et al., 1993]. Dabei muß bei jedem Aus-tauschvorgang die Konsistenz der Regelbasis neu überprüft werden. Der Nach-teil dieser Vorgehensweise liegt in der festen Anzahl von Regeln. Weiterhin müssen ein Bewertungsschema zur Entfernung von Regeln und eine Datenana-lyse zur Hinzunahme von Regeln implementiert sein. Ist dies nicht der Fall, entspricht der Lernvorgang einer stochastischen Suche. Bei einer Verschlechte-rung der Leistung müssen dann gegebenenfalls Austauschvorgänge rückgängig gemacht werden [SULZBERGER et al., 1993].

Die Optimierung einer Regelbasis entspricht einem teilweisen Erlernen. Das bedeutet, daß für einen gewissen Bereich die linguistischen Kontrollregeln bereits bekannt sind, während die restlichen noch erzeugt bzw. überzählige noch entfernt werden müssen. In diesem Sinne stellt der dritte oben genannte Ansatz eher eine Optimierung als ein Erlernen einer Regelbasis dar. Es sei denn, die Initialisierung des Systems geschieht rein stochastisch und repräsentiert kein a-priori Wissen.

Das Erlernen oder Optimieren von Zugehörigkeitsfunktionen ist weniger komplex als die Anpassung einer Regelbasis. Die Zugehörigkeitsfunktionen können leicht durch Parameter beschrieben werden, die dann in Hinblick auf ein globales Fehlermaß op-timiert werden. Durch geeignete Constraints lassen sich Randbedingungen erfüllen, so z.B. daß die Träger (die Menge der Punkte, bei denen der Zugehörigkeitsgrad größer null ist) von Fuzzy–Mengen, die benachbarte linguistische Werte modellieren, nicht disjunkt sein dürfen. Die Adaption von Parametern ist eine Standardaufgabe für Neuronale Netze, so daß eine Kombination mit Fuzzy Reglern in diesem Bereich bereits mehrfach realisiert wurde [BERENJI, 1992, JANG, 1991a, NAUCK und KRUSE, 1992b]. Es lassen sich zwei Ansätze des Erlernens bzw. Optimierens von Zugehörigkeitsfunktionen unterscheiden:

(i) Für die Zugehörigkeitsfunktionen werden parametrisierte Formen angenommen, deren Parameter in einem Lernvorgang optimiert werden [ICHIHASHI, 1991, NOMURA et al., 1992].

(ii) Anhand von Beispieldaten lernt ein Neuronales Netz, für eine Eingabe einen Zugehörigkeitswert zu erzeugen [HAYASHI et al., 1992a, TAKAGI und HAYASHI, 1991].

Der zweite Ansatz hat den Nachteil, daß die Zugehörigkeitsfunktionen nicht explizit bekannt sind, weshalb meist das erste Verfahren gewählt wird.

Während die Lernfähigkeit einen Vorteil aus der Sicht der Fuzzy–Regler darstellt, ergeben sich aus der Sicht Neuronaler Regler weitere Vorteile für ein kombiniertes System. Weil ein Neuro–Fuzzy–Modell auf linguistischen Regeln basiert, läßt sich ohne weiteres a–priori Wissen in das Modell integrieren. Bereits bekannte Regeln und Zugehörigkeitsfunktionen können für eine Initialisierung des Systems genutzt werden, so daß der Lernvorgang erheblich verkürzt wird. Da der Adaptionsprozeß mit einer Anpassung der Regelbasis und/oder der Zugehörigkeitsfunktionen endet, ist das Lernergebnis in der Regel weiterhin als Standard–Fuzzy–Regler interpretierbar [NAUCK und KRUSE, 1992a]. Das Black–Box–Verhalten eines Neuronalen Reglers wird somit vermieden. Auf diese Weise kann sogar neues Wissen aus dem System extrahiert werden.

Die Architektur des Neuro–Fuzzy–Modells wird meist durch die Regeln und die Fuzzy–Mengen bestimmt, die der Regelaufgabe zugrunde liegen [BERENJI, 1992, NAUCK und KRUSE, 1992b, NAUCK und KRUSE, 1993], so daß die Bestimmung von Netzparametern (z.B. Anzahl innerer Einheiten) entfällt. Die in Tabelle 16.3 genannten Vorteile beider Methoden bleiben in vollem Umfang erhalten. Die Nachteile, die sich auch bei einer Kombination nicht umgehen lassen, bestehen darin, daß der Erfolg des Lernvorgangs nicht garantiert ist, bzw. gleichbedeutend damit, daß das Tuning keine Verbesserung des Regelverhaltens erbringen muß.

Bei der Kombination von Neuronalen Netzen und Fuzzy–Reglern lassen sich zwei Ansätze unterscheiden. Der erste Ansatz sieht vor, daß ein Neuronales Netz und ein Fuzzy–Regler grundsätzlich unabhängig voneinander arbeiten. Die Kopplung besteht darin, daß einige Parameter des Fuzzy–Reglers vom Neuronalen Netz (offline) erzeugt wurden, oder (online) während des Einsatzes optimiert werden. Diese Art der Kombination wird im folgenden als *kooperativer Neuro–Fuzzy–Regler* bezeichnet. Der zweite Ansatz befaßt sich mit der Bildung einer einheitlichen Architektur, die sich meist an die Struktur eines Neuronalen Netzes anlehnt. Dazu kann entweder ein Fuzzy–Regler als spezielles Neuronales Netz interpretiert werden oder mit Hilfe eines Neuronalen Netzes implementiert werden. Derartige Systeme werden im folgenden als *hybride Neuro–Fuzzy–Regler* bezeichnet.

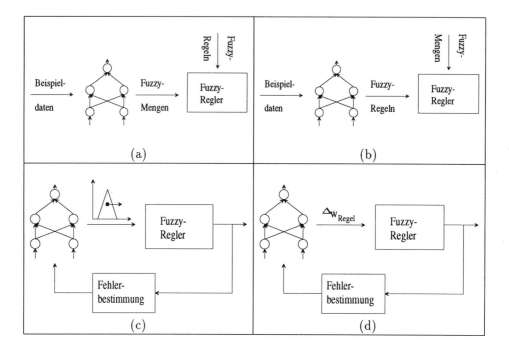

Bild 16.11: Schematische Darstellung kooperativer Neuro–Fuzzy–Systeme

In Bild 16.11 sind vier mögliche kooperative Ansätze dargestellt:

(a) Das Neuronale Netz ermittelt aus Beispieldaten die Zugehörigkeitsfunktionen zur Modellierung der linguistischen Terme. Dies kann entweder durch die Bestimmung geeigneter Parameter oder die Approximation der Funktionen mittels Neuronaler Netze geschehen. Die auf diese Weise (offline) gebildeten Fuzzy–Mengen werden zusammen mit den gesondert definierten Fuzzy–Regeln zur Implementierung des Fuzzy–Reglers verwendet.

(b) Das Neuronale Netz ermittelt aus Beispieldaten die linguistischen Kontrollregeln. Dies geschieht mit Hilfe eines Clustering–Verfahrens, das meist durch selbstorganisierende Karten oder ähnliche Neuronale Architekturen realisiert wird. Auch in diesem Ansatz arbeitet das Neuronale Netz vor der Implementation des Fuzzy–Reglers und lernt die Fuzzy–Regeln offline. Die benötigten Zugehörigkeitsfunktionen müssen gesondert definiert werden.

(c) Das Neuronale Netz ermittelt online, d.h. während des Betriebs des Fuzzy–Reglers, Parameter zur Adaption der Zugehörigkeitsfunktionen. Für das Modell müssen die Fuzzy–Regeln und eine Initialisierung der parametrisierten Fuzzy–Mengen definiert werden. Außerdem muß ein Fehlermaß bereitgestellt werden, das den Lernvorgang des Neuronalen Netzes leitet. Steht eine feste Lernaufgabe zur Verfügung, ist es möglich, das Modell auch offline lernen zu lassen.

(d) Das Neuronale Netz ermittelt online oder offline Gewichtungsfaktoren für die Fuzzy–Regeln. Ein derartiger Faktor wird meist als „Bedeutung" der Regel interpretiert [VON ALTROCK et al., 1992, KOSKO, 1992b] und skaliert die Regelausgabe. Als Anwendungsvoraussetzungen gelten die unter Punkt (c) genannten Bedingungen. Die Semantik derartiger Gewichtungsfaktoren ist jedoch nicht geklärt, und ihre Anwendung ist nicht weit verbreitet. Die Gewichtung einer Regel entspricht der Veränderung der Zugehörigkeitsfunktionen ihrer Konklusion, was jedoch meist zu nicht–normalen Fuzzy–Mengen führt. Außerdem erhalten durch diese Faktoren identische linguistische Werte unterschiedliche Repräsentationen in unterschiedlichen Regeln.

Neben diesen Modellen kooperativer Kombinationen sind auch Ansätze denkbar, in denen ein Neuronales Netz genutzt wird, um Eingaben in den Fuzzy–Regler vorzuverarbeiten oder dessen Ausgaben nachzubearbeiten (Bild 16.12). Derartige Kombinationen haben nicht zum Ziel, die Parameter des Fuzzy–Reglers zu optimieren, sondern streben lediglich eine Verbesserung des Regelverhaltens des Gesamtsystems an. Ein Lernvorgang findet nur in den eingesetzten Neuronalen Netzen statt, der Fuzzy–Regler selbst bleibt unverändert. Da die verwendeten Neuronalen Netze das übliche Black–Box–Verhalten zeigen, ist dieser Ansatz dann geeignet, wenn die Interpretation des Lernergebnisses von untergeordneter Bedeutung ist und ein einfaches System benötigt wird, das sich ständig an Veränderungen seiner Umgebung anpassen kann. Im Gegensatz zu einem reinen Neuronalen Regler bietet die Verwendung eines zugrundeliegenden Fuzzy–Reglers den Vorteil einer schnellen Realisierung unter der Verwendung von a–priori Wissen.

Im Bild 16.13 ist eine schematische Darstellung eines hybriden Neuronalen Fuzzy–Reglers dargestellt. Der Vorteil eines solchen Modells besteht in der durchgängigen Architektur, die eine Kommunikation zwischen zwei unterschiedlichen Modellen überflüssig macht. Das System ist daher grundsätzlich in der Lage, sowohl online als auch offline zu lernen. Das in Bild 16.13 gezeigte Neuro–Fuzzy–Modul enthält eine Komponente zur Fehlerbestimmung. Diese Komponente kann, wie bei Neuronalen Netzen, als wesentliche Eigenschaft des Lernalgorithmus angesehen werden und ist nur der Deutlichkeit halber dargestellt.

Die Idee eines hybriden Modells besteht in der Interpretation der Regelbasis eines Fuzzy–Reglers als dessen Architektur im Sinne eines Neuronalen Netzes. So können die Fuzzy–Mengen zur Modellierung linguistischer Werte als Gewichte und die Meß– und Stellgrößen sowie die Regeln als Verarbeitungseinheiten interpretiert werden. Auf

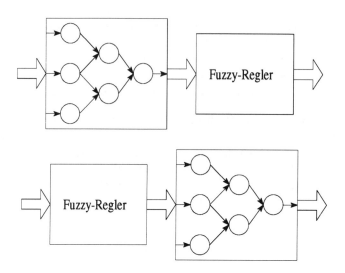

Bild 16.12: Neuronale Netze zur Aufbereitung von Ein–/ und Ausgaben eines Fuzzy–Reglers

diese Weise kann ein Fuzzy–Regler als eine Spezialform eines Neuronalen Netzes be-
trachtet oder mit Hilfe eines vorwärtsbetriebenen Neuronalen Netzes emuliert werden.
Der Lernalgorithmus wirkt, wie bei konnektionistischen Systemen üblich, durch die
Veränderung der Architektur, d.h. durch die Anpassung der Gewichte und/oder das
Entfernen bzw. Hinzunehmen von Einheiten. Die durch den Lernvorgang ausgelösten
Veränderungen können sowohl im Sinne eines Neuronalen Netzes als auch im Sinne ei-
nes Fuzzy–Reglers interpretiert werden. Dieser letzte Aspekt ist wesentlich, da durch
ihn das übliche Black–Box–Verhalten konnektionistischer Systeme entfällt. Auf diese
Weise entspricht ein erfolgreicher Lernvorgang einem Zuwachs an explizitem Wissen,
das wieder in Form einer Regelbasis eines Fuzzy–Reglers darstellbar ist.

Der Lernvorgang eines hybriden Neuronalen Fuzzy–Reglers erfolgt überwacht. Dabei liegt entweder eine feste oder eine freie Lernaufgabe in Verbindung mit einem
Verstärkungssignal vor. Eine feste Lernaufgabe kann durch die Sammlung von Beispieldaten, z.B. durch Beobachtung eines menschlichen Bedieners, gebildet werden
und wird dann zum Lernen im Offline–Modus verwendet. Sie kann aber unter gewissen Voraussetzungen auch online erzeugt werden, wobei ein Meta–Regler als Trainer
fungiert. Der Meta–Regler muß in der Lage sein, für jeden Zustand die korrekte Regelaktion bereitzustellen. Diese Aktion bildet dann zusammen mit dem Zustand der
Meßgrößen ein Element der Lernaufgabe. Ein derartiges Vorgehen ist der Sammlung
von Beispieldaten sogar vorzuziehen, da hierdurch die Gefahr einer unzureichenden
Lernaufgabe verringert wird. Es muß jedoch sichergestellt sein, daß alle Zustände
in ausreichender Häufigkeit eintreten, da nur auf diese Weise ein Lernvorgang simu-

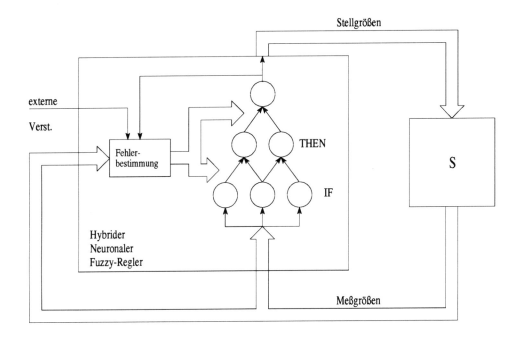

Bild 16.13: Schematische Darstellung eines hybriden Neuronalen Fuzzy–Reglers

liert werden kann, der mehreren Lernepochen entspricht (vgl. Kap. 11). Eine feste Lernaufgabe wird jedoch nur selten online zur Verfügung gestellt werden können, weil prinzipiell nur dann der Bedarf nach einem neuen Regler besteht, wenn das System noch nicht automatisch geregelt werden kann, d.h. kein Meta-Regler existiert.

Es ist jedoch denkbar, daß z.B. ein Neuronaler Regler existiert, der das physikalische System beherrscht. In diesem Fall kann es wünschenswert sein, diesen als Meta-Regler für die Bildung einer festen Lernaufgabe einzusetzen und auf diese Weise einen Neuronalen Fuzzy-Regler zu erzeugen. Dieser kann dann aufgrund seiner Architektur interpretiert werden und dient somit als Werkzeug zum Wissenserwerb. Das Wissen über die Regelung läßt sich in Form linguistischer Kontrollregeln explizit ausdrücken, während es vorher nur verteilt im Neuronalen Regler gespeichert war.

Auch bei der Existenz eines konventionellen Reglers für ein System ist ein Bedarf nach einem Neuronalen Fuzzy-Regler denkbar. Beherrscht der konventionelle Regler nur eine geringe Teilmenge aller Zustände, so kann er als Trainer eingesetzt werden. Die von dem Neuronalen Fuzzy-Regler beherrschbare Zustandsmenge kann dann online durch verstärkendes Lernen vergrößert werden.

Verstärkendes Lernen kann nur online am zu regelnden System oder einer Simulation durchgeführt werden. Die Systemzustände bilden die Lernaufgabe, und ein

Verstärkungs- oder Fehlersignal, das in Abhängigkeit des auf eine Aktion folgenden Zustands erzeugt wird, leitet den Lernvorgang. Dieses Signal kann entweder extern (durch einen Trainer) zur Verfügung gestellt oder durch den Lernalgorithmus selbst erzeugt werden. Dazu ist es notwendig, das Regelungsziel zu kennen und das Wissen über „gute" Systemzustände explizit zu machen, um es in das Lernverfahren implementieren zu können. Diese Bedingung ist vielfach leichter zu erfüllen, als die Konstruktion einer festen Lernaufgabe.

Vor der Entscheidung über eine Kombination Neuronaler Netze und Fuzzy-Reger ist zunächst zu überprüfen, ob die Grundlage für die Anwendung eines Lernverfahrens überhaupt gegeben ist, d.h. ob entweder eine Menge von Beispieldaten oder ein Bewertungsschema für die Systemzustände angegeben werden kann, aus denen eine Lernaufgabe zu konstruieren ist. Falls diese Voraussetzung geschaffen wurde, ist weiterhin zu klären, ob ein existierender Fuzzy-Regler optimiert werden soll, oder ob die benötigten Fuzzy-Mengen und/oder Fuzzy-Regeln mit Hilfe des kombinierten Modells erst bestimmt werden sollen [NAUCK und KRUSE, 1994a].

Bei der Optimierung eines bestehenden Fuzzy-Reglers unter Zuhilfenahme eines Neuronalen Netzes besteht der einzige Ansatzpunkt in der Anpassung der Zugehörigkeitsfunktionen. Kombinationen, die eine existierende Regelbasis optimieren, was durch Hinzufügen und Streichen von Regeln geschehen müßte, sind nicht bekannt. Ein denkbarer Ansatz wäre, den Fuzzy-Regler in das hybride Modell von Sulzberger et al. [SULZBERGER et al., 1993] zu transformieren und gegebenenfalls nach dem Lernvorgang wieder zurückzuwandeln. Die dabei auftretenden Veränderungen können jedoch eine Interpretation der Regelbasis erschweren oder verhindern (s. Kap. 18.3).

Bei der Optimierung der Fuzzy-Mengen kann, je nach Art der Lernaufgabe, einer der beiden kooperativen Ansätze aus Bild 16.11a oder 16.11c gewählt werden. Der Ansatz 16.11a kann bei der Vorlage einer festen Lernaufgabe eingesetzt werden, die sich nur auf die Spezifikation von Zugehörigkeitsgraden bezieht, oder wenn die Zugehörigkeitsfunktionen in Form Neuronaler Netze implementiert sind. Der Lernvorgang wird dabei offline durchgeführt, und das Lernergebnis muß durch Tests mit dem modifizierten Fuzzy-Regler überprüft werden. Gegebenenfalls ist der Lernvorgang mit einer erweiterten Lernaufgabe wieder aufzunehmen.

Der Ansatz 16.11c ist verwendbar, wenn der Lernvorgang durch verstärkendes Lernen online am physikalischen System oder einer Simulation möglich ist oder eine feste Lernaufgabe vorliegt. Die Lernaufgabe bezieht sich in diesem Fall auf das Ein-/Ausgabeverhalten des Reglers. Derartige Verfahren werden bereits in japanischen Konsumprodukten eingesetzt [TAKAGI, 1995].

Prinzipiell läßt sich zur Optimierung des Reglers auch die in Bild 16.11d gezeigte Methode einsetzen, da die Skalierung einer Regelausgabe der Änderung der Zugehörigkeitsfunktion der Konklusion entspricht. Dabei treten jedoch die oben bereits genannten semantischen Probleme auf. Vergleichbar mit diesem Ansatz sind die Neuro-Fuzzy-Kombinationen, bei denen die Neuronalen Netze eine Vor- oder Nachbearbeitung der Ein- bzw. Ausgabe des Fuzzy-Reglers vornehmen (Bild 16.12). Derartige Systeme werden teilweise in japanischen Produkten eingesetzt, die sich ständig den Kundenwünschen anpassen sollen [TAKAGI, 1995].

Da bei der Optimierung eines Fuzzy-Reglers meist eine Bewertung des Regelverhaltens im Vordergrund steht, und die Interpretierbarkeit der Regelbasis gewährleistet sein soll, erscheint von den kooperativen Kombinationsansätzen der in Bild 16.11c dargestellte Ansatz am geeignetsten. Es ist jedoch auch möglich, den bestehenden Regler in Form eines hybriden Neuronalen Fuzzy–Reglers darzustellen und mit Hilfe des Lernvorgangs die Zugehörigkeitsfunktionen zu optimieren. Anschließend kann eine Rücktransformation erfolgen. Dagegen steht die Überlegung, daß bei einem kooperativen Ansatz spezielle Hardware zur Realisierung Neuronaler Netze bzw. Fuzzy-Regler zur Verfügung steht, was die Zykluszeit des Systems erheblich verringert; dies ist gerade beim Online-Lernen von Bedeutung.

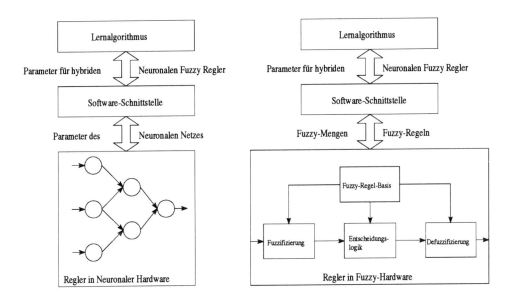

Bild 16.14: Neuronale und Fuzzy-Hardware in hybriden Neuronalen Fuzzy-Reglern

Die Verwendung eines hybriden Modells steht jedoch der Nutzung bestehender Hardware nicht entgegen. Wird der Fuzzy-Regler durch ein vorwärtsbetriebenes Neuronales Netz emuliert, so kann geeignete neuronale Hardware genutzt werden. Ist es nicht möglich, das hybride Modell durch ein existierendes Neuronales Modell zu emulieren, weil es einen Spezialfall darstellt, so besteht gegebenfalls die Möglichkeit, Fuzzy-Hardware einzusetzen. Dabei wird der Regler als Standard–Fuzzy–Regler realisiert, und seine Parameter werden für den Lernvorgang geeignet aufbereitet. Das Bild 16.14 zeigt, wie mit einer geeigneten Software–Schnittstelle eine Umsetzung der jeweiligen Parameter eines durch Hardware unterstützten Neuronalen Netzes oder Fuzzy–Reglers vorzunehmen ist.

Für den Fall, daß ein Regler erst konstruiert werden soll und die Zugehörigkeitsfunktionen und Kontrollregeln nur teilweise oder gar nicht bekannt sind, ist ein hybrides Kombinationsmodell vorzuziehen. Bei der Verwendung kooperativer Ansätze muß unter Umständen eine Reihe von Modellen nacheinander angewandt werden, um zum Ziel zu gelangen. Sind die Fuzzy–Mengen bekannt, so läßt sich das Modell aus Bild 16.11b heranziehen, um die Kontrollregeln zu erlernen. Eine Optimierung ist dann mit dem Modell 16.11c möglich. Bei mangelhaftem Wissen um die Modellierung linguistischer Werte muß eventuell vorher noch das Modell 16.11a verwendet werden, vorausgesetzt, es sind geeignete Daten vorhanden, und die Kenntnis der Regeln ist für diesen Schritt noch nicht erforderlich.

Ein geeignetes hybrides Modell bietet demgegenüber die Vorteile einer einheitlichen Architektur und der Fähigkeit, alle diese Aufgaben gleichzeitig durchzuführen. Außerdem kann a–priori Wissen in Form von Regeln genutzt werden und somit den Lernvorgang beschleunigen. Das Modell 16.11b erzeugt dagegen die Regeln aus Beispieldaten, was eine Initialisierung durch Regeln ausschließt.

Die Tabelle 16.4 faßt die angeführten Überlegungen zusammen und zeigt, unter welchen Kriterien die bisher genannten allgemeinen Modelle von Neuro–Fuzzy–Kombinationen anwendbar sind.

Kombinationsversuche Neuronaler Netze mit Fuzzy–Systemen werden nicht nur in regelungstechnischen Aufgabenbereichen durchgeführt, sondern auch auf dem Gebiet der Datenanalyse. Diesen beiden Feldern widmen wir uns in den folgenden vier Kapiteln. Hier noch einige Ansätze kombinierter Modelle aus Gebieten, die im weiteren nicht berücksichtigt werden:

- Ansätze, die sich mit dem Einsatz Neuronaler Strukturen im Bereich der Verarbeitung unscharfer Information befassen, finden sich z.B. in [EKLUND und KLAWONN, 1992, KELLER, 1991, KELLER und TAHANI, 1992b, KELLER und TAHANI, 1992a, KELLER et al., 1992, PEDRYCZ, 1991b, PEDRYCZ, 1991a]. Derartige Modelle sollen Teile von Fuzzy–Expertensystemen bilden oder die unscharfe Entscheidungsfindung (fuzzy decision making) durch die Verarbeitung von durch Fuzzy–Mengen repräsentierter Information mit Hilfe Neuronaler Netze unterstützen. Die in Kapitel 21 diskutierten Ansätze fallen in diesen Bereich. Andere Methoden zur Behandlung von Unsicherheit und Vagheit in wissensbasierten Systemen werden z.B. in [GEBHARDT et al., 1992, KRUSE et al., 1991b, KRUSE et al., 1991a] behandelt.

- Weitere Ansätze befassen sich mit dem Einsatz von Fuzzy–Methoden in Neuronalen Netzen, um deren Leistungsfähigkeit zu erhöhen oder ihren Lernvorgang abzukürzen [NARAZAKI und RALESCU, 1991, SIMPSON, 1992a, SIMPSON, 1992b]. Anwendungsbereiche hierfür sind Musterklassifikation oder Funktions-

Kriterium	Kooperative Modelle				Hybride Modelle	
	(a)	(b)	(c)	(d)	Nur ZF	ZF und KR
Fuzzy–Regler existiert, ZF anpassen	○[1]		●	○[2]	●	●
KR bekannt, ZF unbekannt	○[1]		●[3]		●[3]	●[3]
KR unbekannt, ZF bekannt		●				●
KR unbekannt, ZF unbekannt		○[4]				●[3]
KR teilweise bekannt						●

Legende: ZF: Zugehörigkeitsfunktion, KR: linguistische Kontrollregel

●: verwendbar, ○: eingeschränkt verwendbar

[1] Nur bei auf ZF beschränkter fester Lernaufgabe

[2] Nur wenn die semantische Bedeutung des Reglers nicht von Interesse ist

[3] Eine Initialisierung der Parameter der ZF wird benötigt

[4] Nur in Verbindung mit (c) bzw. (a) und (c)

Tabelle 16.4: Auswahlkriterien für Neuro–Fuzzy–Kombinationen

approximation.   Eine Anwendung im Gebiet Computer–Sehen wird in [KRISHNAPURAM und LEE, 1992] vorgestellt. Auch die Nutzung von Fuzzy–Reglern zur Erzeugung von Lernaufgaben für Neuronale Netze fällt in den Bereich der Verbesserung Neuronaler Systeme [FREISLEBEN und KUNKELMANN, 1993].

• Neben dem Einsatz Neuronaler Netze zur Optimierung oder Erzeugung von Fuzzy–Reglern wird in letzter Zeit auch die Verwendung *genetischer Algorithmen* [GOLDBERG, 1989] diskutiert. Das Ziel besteht dabei darin, sowohl eine Regelbasis als auch die Zugehörigkeitsfunktionen zu ermitteln. Arbeiten hierzu finden sich in [HOPF und KLAWONN, 1994, KINZEL et al., 1994, LEE und TAKAGI, 1993, TAKAGI und LEE, 1993].

Kapitel 17

Kooperative Neuronale Fuzzy–Regler

In diesem Kapitel werden mehrere Ansätze kooperativer Neuronaler Fuzzy–Systeme diskutiert. Die Modelle entsprechen nur in einigen Aspekten den im vorangegangenen Kapitel 16.3 besprochenen Grundformen. Meist sind es Mischformen oder Teilmodelle. Als kooperatives Neuronales Fuzzy–Modell wird daher im folgenden jeder Ansatz angesehen, der Teile von Fuzzy–Systemen durch Neuronale Netze ersetzt, bzw. sie oder ihre Lernalgorithmen zur Parameterbestimmung verwendet und nicht den Anspruch erheben kann, ein Modell zu sein, das alle Teile eines Fuzzy–Systems vollständig emuliert und es damit ersetzt. Solche Ansätze werden in Kapitel 18 behandelt.

Zunächst werden die Fuzzy–Assoziativspeicher nach Kosko [KOSKO, 1992b] untersucht. Sie stellen eine Möglichkeit dar, Fuzzy–Regeln zu kodieren und zu erlernen. Der im Anschluß diskutierte Anzatz von Pedrycz und Card zeigt, wie mit Hilfe von selbstorganisierenden Karten Fuzzy–Regeln gebildet werden können [PEDRYCZ und CARD, 1992]. Abschließend wird ein exemplarischer Ansatz von Nomura et al. zur adaptiven Bestimmung von Fuzzy–Mengen diskutiert [NOMURA et al., 1992].

17.1 Adaptive Fuzzy–Assoziativspeicher

Unter der Voraussetzung, daß die Grundmenge X einer Fuzzy–Menge $\mu : X \to [0,1]$ endlich ist und $X = \{x_1, \ldots, x_m\}$ gilt, so läßt sich μ als ein Punkt des Einheits–Hyperwürfels $I^m = [0,1]^m$ auffassen [KOSKO, 1992b]. Eine linguistische Kontrollregel der Form

$$R: \text{ If } \xi_1 \text{ is } A_{j,1}^{(1)} \wedge \ldots \wedge \xi_n \text{ is } A_{j,n}^{(n)} \text{ Then } \eta \text{ is } B_j$$

läßt sich dann als Abbildung

$$R : I^{m_1} \times \ldots \times I^{m_n} \to I^s$$

interpretieren. Dabei gelte, daß die Meßgrößen $\xi_1, \ldots, \xi_n$ und die Stellgröße η Werte aus den endlichen Mengen $X_1, \ldots, X_n$ und Y besitzen, die z.B. Teilmengen von $\mathbb{R}$ sein können, und daß die linguistischen Terme $A_1^{(1)}, \ldots, A_{p_1}^{(1)}, \ldots, A_1^{(n)}, \ldots, A_{p_n}^{(n)}$ durch die Zugehörigkeitsfunktionen $\mu_1^{(1)}, \ldots, \mu_{p_1}^{(1)}, \ldots, \mu_1^{(n)}, \ldots, \mu_{p_n}^{(n)}$ und $B_1, \ldots, B_q$ durch $\nu_1, \ldots, \nu_q$ repräsentiert seien.

Wie bereits diskutiert wurde, kann der Begriff „Regel" in diesem Zusammenhang irreführend sein, da keine Regel im logischen Sinne gemeint ist, sondern die linguistische Formulierung einer Abhängigkeit zwischen unscharfen Konzepten im Sinne einer Wenn–Dann–Beziehung. Eine weitere Möglichkeit der Interpretation besteht darin, eine linguistische Kontrollregel als *Assoziation* zwischen Prämissen und Konklusion aufzufassen, wie dies von Kosko getan wird [KOSKO, 1992b].

Falls Fuzzy–Mengen als Punkte im Einheits–Hyperwürfeln interpretiert und linguistischen Regeln als Assoziationen aufgefaßt werden, ist es naheliegend, für die Repräsentation von Fuzzy–Regeln Neuronale Assoziativspeicher einzusetzen.

Definition 17.1 *Ein Assoziativspeicher enthält Speicherworte der Form* $(\mathbf{s}, \mathbf{i})$, *wobei* $\mathbf{i}$ *den zum Schlüssel* $\mathbf{s}$ *gehörenden Informationsteil repräsentiert. Ein Speicherwort ist ausschließlich über seinen Schlüssel und nicht über seinen Speicherplatz definiert. Ein Informationsabruf erfolgt durch Anlegen eines Schlüssels* $\mathbf{s}^*$, *der gleichzeitig mit den Schlüsseln aller Speicherworte verglichen wird, so daß der zum Schlüssel* $\mathbf{s}^*$ *gehörende Informationsteil* $\mathbf{i}^*$ *innerhalb eines Speicherzyklus gefunden (bzw. bei Nicht–Vorhandensein nicht gefunden) wird. Dieser Vorgang heißt assoziativer Abruf.*

Definition 17.2 *Ein (linearer) Neuronaler Assoziativspeicher ist ein zweischichtiges Neuronales Netz* $(U, W, A, O, \mathrm{NET}, \mathrm{ex})$. *Mit* $U = U_I \cup U_O$, $W : U_I \times U_O \to \mathbb{R}$, $A_u = O_u = id$ *für alle* $u \in U$, $net_v = \sum_{u \in U_I} W(u, v) \cdot o_u$ *für alle* $v \in U_O$ *und* $\mathrm{ex} : U_I \to \mathbb{R}$. *Die Eingabeschicht* U_I *ist vollständig mit der Ausgabeschicht* U_O *verbunden. Wird ein Schlüsselmuster* $\mathbf{s}^*$ *(Eingabemuster) an die Eingabeschicht gelegt und propagiert, so repräsentieren die Aktivierungen der Ausgabeeinheiten das dazugehörige Informationsmuster* $\mathbf{i}^*$ *(Ausgabemuster).*

Ein Neuronaler Assoziativspeicher kann durch seine Konnektionsmatrix repräsentiert werden. Der assoziative Abruf entspricht dann der Multiplikation eines Schlüsselvektors mit dieser Matrix. Die Gewichte des Netzes speichern die Korrelationen zwischen den Merkmalen von Schlüssel $\mathbf{s}$ und Informationsteil $\mathbf{i}$. Die Einspeicherung geschieht durch die Bildung des äußeren Produkts $\mathbf{s} \cdot \mathbf{i}^\mathsf{T}$. Die resultierende Matrix wird zur Konnektionsmatrix $\mathbf{W}$ hinzuaddiert. Für einen leeren Neuronalen Assoziativspeicher gilt $\mathbf{W} = \mathbf{0}$.

Die Kapazität eines Neuronalen Assoziativspeichers ist begrenzt. Für den Abruf eines beliebigen Musters $(\mathbf{s}_j, \mathbf{i}_j)$ gilt

$$\mathbf{s}_j \, \mathbf{W} = \mathbf{s}_j(\mathbf{s}_j \times \mathbf{i}_j) + \sum_{i \neq j} \mathbf{s}_j(\mathbf{s}_i \times \mathbf{i}_i) \; = \; ||\mathbf{s}_j||^2 \mathbf{i}_j + \mathbf{a}.$$

Unter der Voraussetzung, daß alle Schlüssel orthogonal zueinander sind, ist $\mathbf{a}$ der Nullvektor, und es ergibt sich das mit einem Faktor behaftete ursprüngliche Ausgabemuster. Gilt für alle Schlüssel $||\mathbf{s}|| = 1$, so wird das unveränderte Ausgabemuster geliefert. Daraus folgt, daß für Schlüssel mit n Merkmalen, maximal n Muster ohne additive Überlagerung gespeichert werden können, vorausgesetzt, daß die Schlüssel orthogonal sind. Soll ein fehlerfreier assoziativer Abruf erreicht werden, müssen sie orthonormal sein.

Den Nachteil der beschränkten Kapazität gleichen Neuronale Assoziativspeicher mit dem Vorteil der Fehlertoleranz aus. Sie können auch unvollständige oder gestörte Schlüssel verarbeiten. Ist die Eingabe dem Schlüssel $\mathbf{s}^*$ ähnlich, so wird die erhaltene Ausgabe dem Ausgabemuster $\mathbf{i}^*$ ähnlich sein [KOHONEN, 1972, KOHONEN, 1977, KOSKO, 1992b]. Wird die Konnektionsmatrix transponiert, läßt sich mit Hilfe des Ausgabemusters der dazugehörige Schlüssel erzeugen, vorausgesetzt, die Zuordnung ist auch in dieser Richtung eindeutig. Für einen fehlerfreien Abruf gelten die oben angestellten Betrachtungen. Da die Bildung der Konnektionsmatrix der Hebbschen Lernregel entspricht, wird ein Neuronaler Assoziativspeicher auch als Hebb BAM (Bidirectional Associative Memory) bezeichnet [KOSKO, 1992b].

Um eine Fuzzy–Regel in einer den Neuronalen Assoziativspeichern verwandten Form zu repräsentieren, müssen die Operation für den assoziativen Abruf und die Bildung der Konnktionsmatrix geeignet ersetzt werden. Koskos FAM entspricht der folgenden Definition.

Definition 17.3 *Ein Fuzzy–Assoziativspeicher FAM ist ein Neuronaler Assoziativspeicher gemäß Definition 17.2 mit den folgenden Bedingungen:*

(i) $W : U_I \times U_O \rightarrow [0,1]$,

(ii) $\mathrm{net}_v = \max\limits_{u \in U_I} \; \min\left(o_u, W(u,v)\right), \; v \in U_O$,

(iii) $\mathrm{ex} : U_I \rightarrow [0,1]$.

Aus Gründen der Vereinfachung wird für den Rest dieses Abschnitts eine eher technische Notation vereinbart. Es gelte, daß die verwendeten Fuzzy–Mengen endliche Grundmengen besitzen und daher in der Form endlicher Vektoren aus $[0,1]^n$ dargestellt sind, also im Sinne Koskos als Punkte eines Einheits–Hyperwürfels [KOSKO, 1992b]. Eine Fuzzy–Regel wird abkürzend als Paar zweier Fuzzy–Mengen (μ, ν) notiert, wobei μ den linguistischen Wert der Prämisse und ν den Wert der Konklusion repräsentiert. Regeln mit einer Konjunktion von Werten in den Prämissen werden zunächst nicht betrachtet. Weiterhin gelte:

$$\mu \; : \; X \to [0,1], \; X = \{x_1, \ldots, x_m\}, \; \mu_i = \mu(x_i),$$
$$\nu \; : \; Y \to [0,1], \; Y = \{y_1, \ldots, y_s\}, \; \nu_i = \nu(y_i).$$

Ein FAM wird im folgenden durch seine Konnektionsmatrix

$$\mathbf{W} = [w_{i,j}], \; i = 1, \ldots, m, \; j = 1, \ldots, s$$

bestimmt.

Ein FAM speichert immer nur eine Fuzzy–Regel, da aufgrund der verwendeten Operationen die wechselseitige Störung mehrerer Muster stärker ausfällt als beim Neuronalen Assoziativspeicher. Für die Speicherung einer Fuzzy–Regel (μ, ν) gilt:

$$\mathbf{W} = \mu \circ \nu, \; w_{i,j} = \min(\mu_i, \nu_j).$$

Sie repräsentiert somit eine Fuzzy–Relation $\varrho : X \times Y \to [0,1]$. Kosko bezeichnet die Konnektionsmatrix $\mathbf{W}$ als *Fuzzy–Hebb–Matrix* und deren Bildung als *Korrelations–Minimum–Kodierung* [KOSKO, 1992b]. Für den assoziativen Abruf gilt dann gemäß Definition 17.3:

$$\nu = \mu \circ \mathbf{W}, \; \nu_j = \max_{i : i \in \{1, \ldots, m\}} \min(\mu_i, w_{i,j}).$$

Es sei

$$h(\mu) = \max_{x : x \in X} (\mu(x)),$$

dann gilt, daß ein assoziativer Abruf aus einem FAM mit einer Konnketionsmatrix $\mathbf{W} = \mu \circ \nu$ nur dann fehlerfrei erfolgen kann, wenn $h(\mu) \geq h(\nu)$ gilt [KOSKO, 1992b], wie sich leicht nachrechnen läßt:

$$
\begin{aligned}
\mu \circ \mathbf{W} &= \max_{i : i \in \{1, \ldots, n\}} \min(w_{i,j}, \mu_i) \\[2mm]
&= \max_{i : i \in \{1, \ldots, n\}} \min(\min(\nu_j, \mu_i), \mu_i) \\[2mm]
&= \max_{i : i \in \{1, \ldots, n\}} \min(\nu_j, \mu_i) \\[2mm]
&= \min(\nu_j, h(\mu)).
\end{aligned}
$$

Daraus folgt, daß bei der Verwendung normaler Fuzzy–Mengen immer ein fehlerfreier Abruf möglich ist.

Beispiel 17.4 Gegeben seien $\mu = (0.3, 0.7, 1.0, 0.5)$ und $\nu = (0.2, 1.0, 0.4)$. Damit erhalten wir die folgende Konnektionsmatrix eines FAM.

$$\mathbf{W} = \begin{pmatrix} 0.2 & 0.3 & 0.3 \\ 0.2 & 0.7 & 0.4 \\ 0.2 & 1.0 & 0.4 \\ 0.2 & 0.5 & 0.4 \end{pmatrix}$$

Für $\mu \circ \mathbf{W}$ ergibt sich wieder ν und für $\mu^* = (0, 0.7, 0, 0)$ liefert $\mu \circ \mathbf{W}$ als Ergebnis $\nu^* = (0.2, 0.7, 0.4)$. $\diamond$

Die Propagation von μ^* im obigen Beispiel entspricht der Feststellung des scharfen Meßwertes x_2, der Bestimmung seines Zugehörigkeitswertes und der Ermittlung des dazugehörigen Wertes für die Konklusion der Fuzzy-Regel nach dem üblichen Verfahren der Max–Min–Regler. Wird anstelle der Minimumsbildung das Produkt bei der Bestimmung von $\mathbf{W}$ bzw. beim assoziativen Abruf verwendet, gleicht dies der Vorgehensweise der Max–Produkt–Regler.

Wird statt μ^* der binäre Vektor $\mu' = (0, 1, 0, 0)$ mit der Matrix $\mathbf{W}$ aus Beispiel 17.4 verknüpft, erhält man dasselbe Ergebnis. Das bedeutet, daß die Bestimmung des Zugehörigkeitswertes entfallen kann, da jeder Vektor μ' mit $\mu'_i \geq \mu^*_i$ ($i \in \{1, \ldots, n\}$) denselben Ausgabevektor erzeugt. Wird das Produkt anstelle der Minimumsbildung verwendet, dürfen nur binäre Vektoren mit $\mathbf{W}$ verknüpft werden, um der Vorgehensweise eines Max–Produkt–Reglers exakt zu entsprechen.

Die bisherigen Betrachtungen zeigen, daß ein FAM lediglich eine eher technisch orientierte Repräsentationsform für eine Fuzzy-Relation, bzw. Fuzzy-Regel darstellt. Da eine Überlagerung mehrerer Konnektionsmatrizen zu einer einzigen wie im Fall der Neuronalen Assoziativspeicher aufgrund des hohen Informationsverlustes nicht sinnvoll ist [KOSKO, 1992b], besteht die Notwendigkeit, jede Fuzzy-Regel in einem einzelnen FAM zu speichern. Regeln mit n konjunktiv verknüpften Werten in den Prämissen lassen sich durch n FAMs repräsentieren, die jeweils eine Regel ($\mu^{(i)}, \nu$) speichern. Die Gesamtausgabe besteht dann aus dem komponentenweisen Minimum der einzelnen Ausgaben [KOSKO, 1992b].

Kosko schlägt auf dieser Grundlage ein *FAM–System* vor, daß ein Fuzzy-System nachbildet (s. Bild 17.1). Die FAMs werden ergänzt um eine (evtl. gewichtete) Akkumulation der Einzelausgaben (z.B. Maximumsbildung im Fall eines Mamdani–Reglers) und einer Defuzzifizierungskomponente. Wird mit einem solchen FAM–System ein üblicher Fuzzy-Regler nachgebildet, so werden dem System als Eingabe binäre Vektoren, die genau eine 1 enthalten, übergeben, und die Ausgabe entspricht nach der Defuzzifizierung ebenfalls einem solchem binären Vektor. Kosko bezeichnet das Modell in diesem Fall auch als *BIOFAM–System* (Binary Input–Output FAM).

Allgemein verarbeitet ein FAM–System Fuzzy-Mengen in Form von Vektoren aus $[0, 1]^n$ und erzeugt Fuzzy-Mengen als Ausgabe. Die Defuzzifizierungskomponente ist

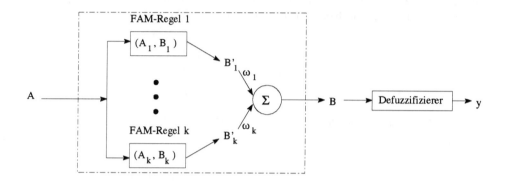

Bild 17.1: FAM–System nach Kosko [KOSKO, 1992b]. Die A_i, B_i bezeichnen Fuzzy-Mengen, die ω_i stellen reelle Gewichtungsfaktoren dar.

nachgeschaltet und nicht direkt Bestandteil des Modells. Um einen Fuzzy–Regler nachzubilden, der scharfe Meßwerte verarbeitet, müssen die Eingaben als Fuzzy-Singletons in Form von Vektoren aus $\{0, 1\}^n$ vorgenommen werden.

Obwohl ein FAM als Spezialfall eines Neuronalen Assoziativspeichers angesehen werden kann, ist für ein derartiges FAM–System noch nicht die Bezeichnung „Neuronales Fuzzy–System" gerechtfertigt, weil dem Modell bisher adaptive Elemente fehlen. Kosko schlägt dazu zwei Ansätze vor: Eine Möglichkeit besteht in einer adaptiven Gewichtung der Ausgaben einzelner FAMs (Gewichte ω_i in Bild 17.1), der zweite Ansatz sieht die adaptive Bildung von FAMs vor.

Die Verwendung von Gewichtungsfaktoren entspricht dem Kopplungsmodell (d) aus Bild 16.11 auf Seite 282. Kosko nutzt zu deren Bestimmung dasselbe Verfahren, wie zur adaptiven Ermittlung von Fuzzy–Regeln. Eine Realisierung adaptiver Gewichte unter Bezugnahme auf Koskos FAM–Modell findet sich in der kommerziellen Fuzzy-Entwicklungsumgebung *fuzzyTECH* [Inform, 1993].

Zur adaptiven Bestimmung von FAMs verwendet Kosko ein Verfahren der *adaptiven Vektor-Quantisierung* (AVQ–Verfahren) [KOSKO, 1992b, KOSKO, 1992c]. Dieses Lernverfahren entspricht dem Lernvorgang in selbstorganisierenden Karten und wird meist in Form des Wettbewerbslernens realisiert. Kosko bezeichnet sein Lernverfahren als *Differential Competitive Learning* (DCL, differentielles Wettbewerbslernen) [KOSKO, 1992b, KOSKO, 1992c].

Für den Lernvorgang wird ein zweischichtiges Neuronales Netz verwendet. Die Eingabeschicht U_I enthält $(n + 1)$ Neuronen, unter der Voraussetzung, daß das zu regelnde physikalische System n Meßgrößen und eine Stellgröße hat. Die Ausgabeschicht U_O enthält $k = p_1 \cdot \ldots \cdot p_n \cdot q$ Neuronen, wobei die p_i bzw. q die Anzahl der linguistischen Werte der Meßgrößen bzw. der Stellgröße angeben. Der Benutzer muß also die Partitionierung vornehmen, d.h. die Fuzzy-Mengen müssen bekannt sein. Die Form der Zugehörigkeitsfunktionen hat keinen Einfluß auf den Lernvorgang. Für die Auswertung des Lernergebnisses sind dagegen die Träger der Fuzzy-Mengen von Bedeutung. Jedes Ausgabeneuron $v \in U_O$, genauer sein Gewichtsvektor, der aus den Gewichten der Verbindungen von der Eingabeschicht zu dieser Einheit v gebildet werden kann, repräsentiert eine mögliche Fuzzy-Regel.

Die Eingabeschicht ist vollständig mit der Ausgabeschicht verbunden. Die Einheiten der Ausgabeschicht sind außerdem vollständig untereinander verbunden, wodurch eine Topologie mit lateraler Inhibition realisiert wird. Dabei sollen benachbarte Neuronen einander verstärken und entfernte Neuronen einander hemmen. Im einfachsten Fall gilt für alle $v, v' \in U_O$

$$W(v, v') = \left\{ \begin{array}{ll} 1 & \text{falls } v = v', \\ -1 & \text{sonst.} \end{array} \right.$$

Für die Neuronen u der Eingabeschicht U_I gilt $A_u = O_u = id$. Deren Ausgabe ist demnach gleich der externen Eingabe ex_u. Für alle $v \in U_O$ gilt dagegen:

$$a_v = a_v^{\text{alt}} + \sum_{u \in U_I} o_u \cdot W(u, v) + \sum_{v' \in U_O} o_{v'} \cdot W(v', v), \quad \text{mit}$$

$$o_{v'} = \frac{1}{1 + e^{-\beta a_{v'}}}, \quad \text{mit } \beta > 0.$$

Als Lernaufgabe wird eine Menge von Meß-/Stellwerttupeln benötigt. Obwohl dabei Ein- und Ausgabewerte des zu regelnden physikalischen Systems spezifiziert werden, ist es doch eine freie Lernaufgabe. Das Lernziel besteht darin, die Tupel einer Fuzzy-Regel zuzuordnen, wobei diese Zuordnung nicht angegeben wird. Die Tupel bilden Cluster im Produktraum $X_1 \times \ldots \times X_n \times Y$. Der Lernvorgang soll die Gewichtsvektoren der Ausgabeeinheiten zu Prototypen dieser Cluster entwickeln. Die Idee besteht darin, die Cluster als Fuzzy-Regeln zu interpretieren und über ihre Prototypen zu identifizieren.

Nach Abschluß des Lernvorgangs wird für die Gewichte $W(u, v)$ einer festen Ausgabeeinheit $v \in U_O$ und aller Eingabeeinheiten $u \in U_I$ überprüft, für welche Fuzzy-Mengen der korrespondierenden Variablen sich ein Zugehörigkeitsgrad größer null für $W(u, v)$ ergibt. Auf diese Weise läßt sich ein derartig gebildeter Gewichtsvektor einer oder mehreren Fuzzy-Regeln zuordnen. Der von Kosko verwendete Lernalgorithmus [Kosko, 1992b] identifiziert zunächst die Ausgabeeinheit, deren Gewichtsvektor sich am geringsten von der aktuellen Eingabe unterscheidet, d.h. die Einheit $v^* \in U_O$ für die

$$\sum_{u \in U_I} (W(u, v^*) \cdot o_u)^2 = \max_{v \in U_O} \left(\sum_{u \in U_I} (W(u, v) \cdot o_u)^2 \right)$$

gilt. Anschließend werden die Gewichte der Verbindungen, die zu dieser Einheit v^* führen, wie folgt aktualisiert:

$$W(u, v^*) = W(u, v^*) + \alpha \cdot \text{sgn}(\Delta o_{v^*}) \cdot (o_u - W(u, v^*)), \quad \text{für alle } u \in U_I.$$

Dabei ist Δo_{v^*} die Differenz zwischen aktueller und vorhergehender Ausgabe der Einheit v^*, und α ist eine Lernrate, die mit der Zeit abnimmt, um Konvergenz zu garantieren. Alle anderen Gewichte des Netzes bleiben unverändert.

Aus der Anzahl der auf diese Weise einer Fuzzy–Regel zuzuordnenden Gewichtsvektoren werden die gewichtenden Faktoren der Regeln gebildet, z.B. durch Bestimmung der relativen Häufigkeiten.

Nach Abschluß des Lernvorgangs kann ein FAM–System gebildet werden (Bild 17.1). Sammeln sich während des Einsatzes des FAM–Systems weitere Beispieldaten an, kann der Lernalgorithmus fortgesetzt werden, um z.B. die Gewichtungsfaktoren anzupassen. Auch die Entfernung oder Hinzunahme von Regeln ist auf diese Weise denkbar.

Bewertung des Ansatzes

Koskos FAM–Modell kann in erster Linie deshalb als kooperatives Neuro–Fuzzy–Modell angesehen werden, weil er ein Neuronales Netz verwendet, um Fuzzy–Regeln aus Beispieldaten zu gewinnen. Da die Fuzzy–Mengen bereits vorliegen müssen, entspricht dieser Ansatz dem Kopplungsmodell (b) aus Bild 16.11 auf Seite 282. Da das FAM–Modell zusätzlich eine Gewichtung der Regeln vorsieht, ergibt sich insgesamt eine Mischform mit dem Kopplungsmodell (d).

Auch wenn der Einsatz eines neuronalen Cluster–Verfahrens in Form des DCL–Algorithmus zur Bildung einer Regelbasis zunächst keinen Kritikpunkt bietet, ist das von Kosko präsentierte Ergebnis aufgrund der Gewichtungsfaktoren dennoch kritisch zu beurteilen. Kosko bewertet diese Faktoren als „Bedeutung" der Regeln. Es kann jedoch nicht davon ausgegangen werden, daß Regeln mit geringem Gewicht, die demzufolge selten korrespondierende Zustände in der Lernaufgabe besitzen, von geringerer Bedeutung für die Beherrschung eines dynamischen Systems sind. Ist die Lernaufgabe durch Beobachtung einer funktionierenden Regelung oder eines qualifizierten Bedieners entstanden, werden gerade diejenigen Regeln geringe Gewichte aufweisen, die auf extreme Zustände reagieren sollen. Auch bei fortlaufender Anpassung der Gewichte während des Einsatzes des Systems, werden sich diese bei den häufig verwendeten Regeln erhöhen und, eine erfolgreich Regelung vorausgesetzt, dadurch die Aktionen der Regeln für Extremzustände weiter abschwächen, so daß die Beherrschung dieser Zustände mit der Zeit verloren geht.

Kosko weist selbst auf diese Problematik im Zusammenhang mit dem inversen Pendel als Beispielanwendung hin. Er schlägt vor, daß der Benutzer selbst Regeln zur Behandlung extremer Zustände gewichten bzw. nachträglich in die Regelbasis einfügen soll. Dies widerspricht jedoch dem Sinn einer adaptiven Entwicklung der Regeln, da das Wissen dazu gerade nicht notwendig sein sollte. Der Benutzer muß weiterhin darauf achten, daß die Regelbasis konsistent ist, das bedeutet, daß keine Regeln mit identischer Prämisse, aber unterschiedlicher Konklusion auftreten dürfen. Im Konfliktfall muß sich der Benutzer für eine dieser Regeln entscheiden und die anderen entfernen. Das Lernergebnis bedarf daher in jedem Fall einer Überprüfung und eventuell einer Nachbearbeitung, wobei ein bestimmtes Maß an Wissen über die Zusammenhänge der Variablen des zu regelnde Systems erforderlich ist.

Die Verwendung von Gewichtungsfaktoren ruft auch das bereits erwähnte semantische Problem hervor (vgl. auch Kap. 16.3), daß identische linguistische Werte in den Konklusionen unterschiedliche Repräsentationen erhalten.

Trotz der genannten Nachteile werden gewichtete Regeln in Fuzzy-Reglern oder Entwicklungsumgebungen eingesetzt, weil sie eine der am einfachsten zu realisierenden Möglichkeiten darstellen, ein adaptives System zu erhalten [VON ALTROCK et al., 1992, STOEVA, 1992, Inform, 1993].

Ein wesentlicher Aspekt des Modells, die FAMs, spielt keine Rolle für die Beurteilung als Neuronales Fuzzy-System. Der vorgestellte Lernmechanismus kann mit jedem Fuzzy-Regler zusammenarbeiten. Der Vergleich der FAMs mit Neuronalen Assoziativspeichern und die Speicherung von Fuzzy-Regeln in Form von FAMs bringt keine Vorteile für ein Fuzzy-System. Die FAM-Matrizen können durch das Modell nicht gelernt werden. Sie entsprechen letztlich nur einer expliziten Speicherung einer Fuzzy-Relation unter der Verwendung endlicher Grundmengen. Ihre Verwendung bedeutet gegenüber den üblichen Implementierungen von Fuzzy-Systemen, in denen die Zugehörigkeitsfunktionen gewöhnlich in Form von Vektoren und die Regelbasis in Form einer Tabelle aus Referenzen auf Fuzzy-Mengen gespeichert ist, zudem einen Mehrverbrauch an Speicherplatz. Die explizite Speicherung der Fuzzy-Relationen als FAMs bietet dann einen Laufzeitvorteil, wenn Fuzzy-Mengen als Eingabe verarbeitet werden müssen. Im Bezug auf die Regelung physikalischer Systeme, wobei gewöhnlich scharfe Meßwerte anfallen, ist dies jedoch nicht praktisch relevant.

Ein dem FAM-Modell vergleichbarer Ansatz wird in [YAMAGUCHI et al., 1992] zur Steuerung eines flugfähigen Hubschrauber-Modells mit vier Rotoren verwendet. Yamaguchi et al. nutzen Fuzzy-Regeln mit scharfen Ausgaben und kodieren sie mit Hilfe von BAMs (s.o.). Ein Lehrer korrigiert die Steuerung des Fuzzy-Reglers während des Betriebs. Aus den Korrekturen wird ein Fehlermaß abgeleitet und zum Training der BAMs mit Hilfe der Delta-Regel verwendet. Dieses Lernverfahren verändert somit direkt die Kodierung der Regeln in den Assoziativspeichern und führt damit zu einer Veränderung der Regelausgabe. Dieser Ansatz entspricht dem Typ (c) kooperativer Neuronaler Fuzzy-Regler (vgl. Bild 16.11, S. 282). In diesem Fall bringt der Einsatz Neuronaler Assoziativspeicher einen Vorteil im Gegensatz zu Koskos Modell, da er die Anwendung neuronaler Lernverfahren erst ermöglicht.

17.2   Linguistische Interpretation selbstorganisierender Karten

Einen zu Koskos Ansatz vergleichbaren Weg bei der Bestimmung linguistischer Regeln gehen Pedrycz und Card [PEDRYCZ und CARD, 1992]. Sie verwenden eine selbstorganisierende Karte mit einer planaren Wettbewerbsschicht zur Cluster–Analyse von Beispieldaten und geben einen Weg zur Interpretation des Lernergebnisses an.

Die eingesetzte selbstorganisierende Karte (vgl. Kap. 8) besitzt eine Eingabeschicht $U_I = \{u_1, \ldots, u_n\}$ aus n Einheiten und eine aus $n_1 \cdot n_2$ Neuronen bestehende Ausgabeschicht $U_O = \{v_{1,1}, \ldots, v_{1,n_2}, \ldots, v_{n_1,1}, \ldots v_{n_1,n_2}\}$. Die Gewichte und die Eingaben in das Netz stammen aus $[0, 1]$. Die Eingabedaten müssen also gegebenenfalls geeignet normiert werden.

Auf Grund der Indizierung der Einheiten können die Gewichte in einer dreidimensionalen Konnektionsmatrix $\mathbf{W} = [w_{i_1,i_2,i}]$, $i_1 = 1, \ldots, n_1$, $i_2 = 1, \ldots, n_2$, $i = 1, \ldots, n$ angegeben werden. Der Gewichtsvektor $\mathbf{w}_{i_1,i_2} = (w_{i_1,i_2,1}, \ldots, w_{i_1,i_2,n})$ bezeichnet die Gesamtheit aller Gewichte der Verbindungen, die aus der Eingabeschicht bei der Ausgabeeinheit v_{i_1,i_2} eintreffen. Die nicht–überwachte Lernaufgabe $\mathcal{L}$ besteht aus Vektoren $\mathbf{x}_k = (x_{k,1}, \ldots, x_{k,n})$, $k = 1, \ldots, m$. Der Lernvorgang wurde bereits in Kapitel 8 erläutert.

Das Lernergebnis zeigt, ob zwei Eingabevektoren einander ähnlich sind bzw. zu einer gemeinsamen Klasse gehören. Auf diese Weise läßt sich jedoch gerade bei höherdimensionalen Eingabevektoren aus der zweidimensionalen Karte keine Struktur der Lernaufgabe ablesen. Pedrycz und Cart geben daher ein Verfahren an, wie das Lernergebnis unter Zuhilfenahme linguistischer Variablen interpretiert werden kann [PEDRYCZ und CARD, 1992].

Nach Abschluß des Lernvorgangs kann jedes Merkmal x_i der Eingabemuster durch eine Matrix $\mathbf{W}_i \in [0, 1]^{n_1 \cdot n_2}$ beschrieben werden, die die Gewichte seiner Verbindungen zu den Ausgabeeinheiten enthält und damit eine Karte nur für dieses Merkmal definiert. Für jedes Merkmal $x_i \in X_i$, $X_i \subseteq [0, 1]$ der Eingabemuster werden Fuzzy–Mengen $\mu_{j_i}^{(i)} : X_i \rightarrow [0, 1]$, $j_i = 1, \ldots, p_i$ definiert. Diese werden auf die Matrix $\mathbf{W}_i$ angewandt, um eine Familie transformierter Matrizen $\mu_{j_i}^{(i)}(\mathbf{W}_i)$, $j_i = 1, \ldots, p_i$ zu erhalten. Dabei erscheinen hohe Werte in den Bereichen der Matrizen, die mit dem durch $\mu_{j_i}^{(i)}$ repräsentierten linguistischen Konzept kompatibel sind [PEDRYCZ und CARD, 1992].

Jede Kombination der linguistischen Werte für korrespondierende Merkmale bildet eine potentielle Beschreibung einer Musterteilmenge bzw. eines Clusters. Um die Validität einer solchen linguistischen Beschreibung $\mathcal{B}$ zu überprüfen, werden entsprechend transformierte Matrizen geschnitten, um eine Matrix $\mathbf{D}^{(\mathcal{B})} = [d_{i_1,i_2}^{(\mathcal{B})}]$ zu erhalten, die die Gesamtverträglichkeit der Beschreibung mit dem Lernergebnis repräsentiert:

$$\mathbf{D}^{(\mathcal{B})} = \bigcap_{i \in \{1,\dots,n\}} \mu_{j_i}^{(i)}(\mathbf{W}_i), \quad d_{i_1,i_2}^{(\mathcal{B})} = \min_{i \in \{1,\dots,n\}} (\mu_{j_i}^{(i)}(w_{i_1,i_2,i})).$$

$\mathcal{B}$ entspricht dabei der Sequenz $(j_1, \dots, j_n)$, $j_i \in \{1, \dots, p_i\}$.

$\mathbf{D}^{(\mathcal{B})}$ ist eine Fuzzy–Relation, wobei der Zugehörigkeitsgrad $d_{i_1,i_2}^{(\mathcal{B})}$ als Grad der Unterstützung der Beschreibung $\mathcal{B}$ durch den Knoten v_{i_1,i_2} und $h(\mathbf{D}^{(\mathcal{B})})$ als Grad der Verträglichkeit der Beschreibung mit dem Lernergebnis interpretiert wird [PEDRYCZ und CARD, 1992].

$\mathbf{D}^{(\mathcal{B})}$ kann durch seine α–Schnitte beschrieben werden. Jeder α–Schnitt $\mathbf{D}_\alpha^{(\mathcal{B})}$, $\alpha \in \{0,1\}$ enthält somit eine Teilmenge der Ausgabeneuronen, deren Zugehörigkeitsgrad nicht kleiner als α ist. Sucht man zu einem Neuron v_{i_1,i_2} das Muster $\mathbf{x}_{k_0}$ der Lernaufgabe $\mathcal{L}$, für das

$$||\mathbf{w}_{i_1,i_2} - \mathbf{x}_{k_0}|| = \min_{\mathbf{x} \in \mathcal{L}} ||\mathbf{w}_{i_1,i_2} - \mathbf{x}||$$

gilt, so induziert jedes $\mathbf{D}_\alpha^{(\mathcal{B})}$ eine Musterteilmenge $X_\alpha^{(\mathcal{B})} \subseteq \mathcal{L}$, wobei offensichtlich

$$X_{\alpha_1}^{(\mathcal{B})} \subseteq X_{\alpha_2}^{(\mathcal{B})}, \text{ für } \alpha_1 \geq \alpha_2$$

folgt. Gleichzeitig gilt, daß das Vertrauen, daß alle Muster von $X_\alpha^{(\mathcal{B})}$ zur der durch $\mathcal{B}$ beschriebenen Klasse gehören, mit kleiner werdendem α abnimmt. Die durch ein ausreichend hohes α_0 induzierte Musterteilmenge $X_{\alpha_0}^{(\mathcal{B})}$ kann als die Menge der Prototypen der durch $\mathcal{B}$ beschriebenen Klasse interpretiert werden.

Jedes $\mathcal{B}$ kann als gültige Beschreibung einer Musterklasse (eines Clusters) interpretiert werden, wenn das dazugehörige $\mathbf{D}^{(\mathcal{B})}$ einen nicht–leeren α–Schnitt $\mathbf{D}_{\alpha_0}^{(\mathcal{B})}$ hat. Werden die Merkmale x_i in Meß– und Stellgrößen aufgeteilt, so stellt jedes $\mathcal{B}$ eine linguistische Kontrollregel dar. Auf diese Weise läßt sich eine Regelbasis für einen Fuzzy–Regler erzeugen. Gleichzeitig kann durch dieses Verfahren aufgeklärt werden, welche Muster der Lernaufgabe einer Regel zuzuordnen sind, und welche Muster zu keiner Regel gehören, da sie in keiner der Teilmengen $X_{\alpha_0}^{(\mathcal{B})}$ enthalten sind.

Bewertung des Ansatzes

Der Ansatz von Pedrycz und Card stellt in Verbindung mit einem Fuzzy–Regler exakt ein Kopplungsmodell des Typs (b) dar, wie er in Kapitel 16.3 (s. Bild 16.11) vorgestellt wurde.

Im Vergleich mit Koskos Vorgehensweise (Kap. 17.1) zum Erlernen von Fuzzy–Regeln ist dieser Ansatz aufwendiger, da sämtliche Kombinationen linguistischer Werte der korrespondierenden Variablen untersucht werden müssen. Die Bestimmung eines

„ausreichend hohen" Wertes für α_0 stellt ein Problem dar, daß nur in Abhängigkeit von der jeweiligen Lernaufgabe gelöst werden kann. Entsprechendes gilt für die Anzahl der Neuronen in der Ausgabeschicht.

Die wesentlichen Vorteile gegenüber Koskos Ansatz bestehen darin, daß die ermittelten Regeln nicht mit Gewichtungsfaktoren behaftet sind und daß die Form der gewählten Zugehörigkeitsfunktionen einen bestimmenden Einfluß auf die Regelbasis hat. Auf diese Weise wird die vorhandene Information besser genutzt.

Koskos Lernverfahren wertet keine Nachbarschaftsrelation zwischen den Ausgabeneuronen aus. Dadurch ergibt sich keine topologisch korrekte Abbildung der Eingabemuster auf die Ausgabeschicht. Der Ausgang des Lernverfahrens hängt damit sehr viel stärker von der Initialisierung der Gewichte ab, als dies bei Pedryczs und Cards Lernalgorithmus der Fall ist. Koskos Vorgehensweise entspricht der Ermittlung einer Häufigkeitsverteilung der Daten in dem durch die Partitionierung der Variablen (Mustermerkmale) nur grob strukturierten Raum (es werden nur die Träger der Fuzzy–Mengen berücksichtigt).

Pedrycz und Card hingegen ermitteln zunächst die Struktur des Merkmalsraumes und prüfen dann, unter Berücksichtigung der gesamten durch die Fuzzy–Partitionierung der Variablen bereitgestellten Information, welche linguistische Beschreibung am besten mit dem Lernergebnis übereinstimmt. Treten dabei z.B. sehr viele Muster auf, die gar keiner Beschreibung zuzuordnen sind, so kann dies ein Zeichen dafür sein, daß die gewählten Fuzzy–Mengen zur Beschreibung nicht geeignet sind, und sie können neu bestimmt werden. Dieser Ansatz ist dem von Kosko vorzuziehen, wenn eine Regelbasis eines Fuzzy–Reglers erlernt werden soll.

Der Nachteil selbstorganisierender Karten besteht darin, daß die verwendete Lernrate und die Größe der Umgebung für die Veränderung der Gewichte nur heuristisch zu bestimmen sind, und eine ungünstige Wahl dieser Parameter einen Lernerfolg eventuell verhindert. Die Konvergenz der Lernverfahrens ist durch Reduktion von Umgebung und Lernrate erzwungen; es gibt keine Garantie, daß das Lernergebnis die Struktur der Lernaufgabe geeignet wiedergibt. Weiterhin ist das Resultat abhängig von der Reihenfolge der Musterpräsentationen, da nach jeder Musterpropagation die Gewichte verändert werden.

Bezdek et al. zeigen in [BEZDEK et al., 1992] eine Möglichkeit auf, Kohonens Lernalgorithmus mit dem Fuzzy c–Means–Clusterverfahren [BEZDEK und PAL, 1992] zu verbinden. Dabei werden die Größe der Lernrate und die Größe der Umgebung eines Neurons mittels des Fuzzy c–Means–Algorithmus in jeder Epoche neu bestimmt. Da außerdem bei jeder Gewichtsänderung alle Muster verwendet werden, entfällt die Abhängigkeit von der Propagationsreihenfolge. Die oben geschilderten Nachteile können so vermieden werden.

17.3   Erlernen von Fuzzy–Mengen

Während die beiden vorhergehenden Kapitel sich mit Ansätzen zur Bestimmung oder Gewichtung von Fuzzy–Regeln befassen, wird in diesem Abschnitt auf Verfahren zur adaptiven Bestimmung von Fuzzy–Mengen eingegangen. In [NOMURA et al., 1992] stellen Nomura, Hayashi und Wakami ein Lernverfahren vor, das in der Lage ist, bei bestehender Regelbasis eines Sugeno–Reglers die Zugehörigkeitsfunktionen zur Modellierung der linguistischen Werte der Meßgrößen mittels einer überwachten Lernaufgabe zu verändern.

Der von Nomura et al. betrachtete Regler verwendet in den Regelprämissen parametrisierte Dreiecksfunktionen der Form

$$\mu_r^{(i)}(\xi_i) = \begin{cases} 1 - \dfrac{2\,|\xi_i - a_r^{(i)}|}{b_r^{(i)}} & \text{falls } a_r^{(i)} - \dfrac{b_r^{(i)}}{2} \leq \xi_i \leq a_r^{(i)} + \dfrac{b_r^{(i)}}{2} \\ 0 & \text{sonst} \end{cases}$$

zur Repräsentation der Fuzzy–Mengen $\mu_1^{(1)}, \ldots, \mu_r^{(1)}, \ldots, \mu_1^{(n)}, \ldots, \mu_r^{(n)}$ der Meßgrößen $\xi_1 \in X_1, \ldots, \xi_n \in X_n$. Dabei legt $a_r^{(i)}$ die Spitze und $b_r^{(i)}$ die Breite des gleichschenkligen Dreiecks fest. Die Regelkonklusionen enthalten lediglich je einen Skalar $y_r \in Y$ zur Spezifikation der Stellgröße η. Die Regelbasis besteht aus den Regeln $R_1, \ldots, R_k$, und die Gesamtausgabe wird mit

$$\eta = \frac{\displaystyle\sum_{r=1}^{k} \tau_r\, y_r}{\displaystyle\sum_{r=1}^{k} \tau_r}$$

berechnet, wobei τ_r der Erfüllungsgrad der Prämisse der Regel R_r ist und durch

$$\tau_r = \prod_{i=1}^{n} \mu_r^{(i)}(\xi_i)$$

bestimmt wird.

Nomura et al. gehen bei der Definition ihres Reglers insofern einen ungewöhnlichen Weg, als daß sie für jedes X_i k Fuzzy–Teilmengen definieren, wobei $\mu_r^{(i)}$ die Fuzzy–Teilmenge von X_i ist, die in der Prämisse der Regel R_r auftritt. Dabei kann durchaus $\mu_r^{(i)} = \mu_{r'}^{(i)}$, für $r \neq r'$ $(r, r' \in \{1, \ldots, k\})$ gelten. Das bedeutet, daß jeder linguistische Wert in Abhängigkeit von der Regel, in der er auftritt, durch mehrere (sinnvollerweise identische) Zugehörigkeitsfunktionen repräsentiert sein kann.

Das Lernverfahren von Nomura et al. entspricht einem Gradientenabstiegsverfahren über einem Fehlermaß E, mit

$$E = \sum_{p \in \tilde{\mathcal{L}}} \frac{1}{2}\, (\eta_p - \eta_p^*)^2,$$

wobei η_p der tatsächliche und η_p^* der erwünschte Stellwert für das Element p der überwachten Lernaufgabe $\tilde{\mathcal{L}}$ ist. Da das verwendete Regler–Modell weder ein De-fuzzifizierungsverfahren noch eine nicht differenzierbare t–Norm zur Bestimmung des Erfüllungsgrades einer Regel nutzt, ist die Bestimmung der Änderungen für die Parameter $a_r^{(i)}, b_r^{(i)}$ und y_r trivial und entspricht der Vorgehensweise zur Herleitung der Delta–Regel für zweischichtige Neuronale Netze. Im einzelnen ergibt sich für die Parameteränderungen nach der Verarbeitung des Elementes p der Lernaufgabe $\tilde{\mathcal{L}}$:

$$\Delta_p a_r^{(i)} = \frac{\sigma_a\,\tau_r}{\displaystyle\sum_{j=1}^{k}\tau_j}\,(\eta_p^* - \eta_p)\,(y_r - \eta_p)\,\frac{2\,\mathrm{sgn}(\xi_i - a_r^{(i)})}{b_r^{(i)}\,\mu_r^{(i)}(\xi_{i,p})}, \qquad (17.1)$$

$$\Delta_p b_r^{(i)} = \frac{\sigma_b\,\tau_r}{\displaystyle\sum_{j=1}^{k}\tau_j}\,(\eta_p^* - \eta_p)\,(y_r - \eta_p)\,\frac{1 - \mu_r^{(i)}(\xi_{i,p})}{b_r^{(i)}\,\mu_r^{(i)}(\xi_{i,p})}, \qquad (17.2)$$

$$\Delta_p y_r = \frac{\sigma_y\tau_r}{\displaystyle\sum_{j=1}^{k}\tau_j}\,(\eta_p^* - \eta_p), \qquad (17.3)$$

wobei $\sigma_a, \sigma_b, \sigma_y > 0$ Lernraten sind.

Dabei lassen Nomura et al. jedoch außer acht, daß die verwendeten Zugehörigkeits-funktionen an drei Stellen nicht differenzierbar sind. Dadurch sind die Änderungen für $a_r^{(i)}$ und $b_r^{(i)}$ bei $\xi_i = a_r^{(i)}$ und $\xi_i = a_r^{(i)} \pm b_r^{(i)}/2$ nicht definiert, und die oben an-gegebenen Berechnungen dürfen nicht angewandt werden. Eine einfache heuristische Lösung des Problems bestünde darin, in diesen Fällen keine Parameteränderungen durchzuführen. Unter der Voraussetzung, daß die Lernaufgabe ausreichend viele Bei-spieldaten enthält, wird der Lernvorgang dadurch nicht wesentlich beeinflußt.

Ein schwerwiegender Nachteil des Ansatzes besteht darin, daß die linguistischen Werte der Meßgrößen mehrfach und in Abhängigkeit der Regeln, in denen sie auftreten, durch zunächst zwar gleiche Fuzzy–Mengen repräsentiert werden. Im Laufe des Lern-verfahrens werden diese sich jedoch unterschiedlich verändern, was zur Folge hat, daß gleiche linguistische Werte durch mehrere unterschiedliche Fuzzy–Mengen repräsen-tiert sind. Dieser Effekt ist auch in dem Lernergebnis der von Nomura et al. angege-benen Beispielanwendung sichtbar [NOMURA et al., 1992]. Ein derartiges Resultat ist unbefriedigend, da das Modell semantisch nicht mehr im Sinne der in Fuzzy–Reglern üblicherweise verwendeten linguistischen Kontrollregeln interpretierbar ist.

Dieser Nachteil läßt sich jedoch leicht beheben, wenn man zur üblichen Partitionie-rung der X_i durch Fuzzy–Mengen $\mu_1^{(i)}, \ldots, \mu_{p_i}^{(i)}$ $(i = 1, \ldots, n)$ zurückkehrt, so daß jeder linguistische Wert einer Meßgröße ξ_i nur genau eine Repräsentation in Form von ge-nau einer Zugehörigkeitsfunktion besitzt. Bezeichnet man mit $Ant(R)$ die Menge der

Fuzzy-Mengen aus der Prämisse einer Regel R, so ändern sich die Gleichungen 17.1 und 17.2 zu

$$\Delta_p a_{j_i}^{(i)} = \left(\sum_{r:\mu_{j_i}^{(i)} \in Ant(R_r)} \tau_r \, (y_r - \eta_p) \right) \frac{\sigma_a}{\displaystyle\sum_{j=1}^{k} \tau_j} \, (\eta_p^* - \eta_p) \, \frac{2 \, \mathrm{sgn}(\xi_i - a_{j_i}^{(i)})}{b_{j_i}^{(i)} \, \mu_{j_i}^{(i)}(\xi_{i,p})}, \quad (17.4)$$

$$\Delta_p b_{j_i}^{(i)} = \left(\sum_{r:\mu_{j_i}^{(i)} \in Ant(R_r)} \tau_r \, (y_r - \eta_p) \right) \frac{\sigma_a}{\displaystyle\sum_{j=1}^{k} \tau_j} \, (\eta_p^* - \eta_p) \, \frac{1 - \mu_{j_i}^{(i)}(\xi_{i,p})}{b_{j_i}^{(i)} \, \mu_{j_i}^{(i)}(\xi_{i,p})}, \quad (17.5)$$

wobei aufgrund der nur partiellen Differenzierbarkeit der Zugehörigkeitsfunktionen die oben bereits erwähnten Einschränkungen bezüglich der Anwendbarkeit der Berechnungen zu machen sind.

Eine vergleichbare Verbesserung des Lernverfahrens schlagen Bersini et al. vor [BERSINI et al., 1993]. Sie ändern jedoch auch die Anpassungen der Regelausgaben, so daß Regeln mit identischem scharfem Ausgabewert auch nach dem Lernvorgang diese Eigenschaft behalten. Bezeichnet man mit $Con(R)$ den scharfen Ausgabewert einer Regel R, so ändert sich die Gleichung 17.3 zu

$$\Delta_p y_r = \frac{\sigma_c \displaystyle\sum_{r:y_r = Con(R_r)} \tau_r}{\displaystyle\sum_{j=1}^{k} \tau_j} \, (\eta_p^* - \eta_p).$$

Diese Änderung ist jedoch vom semantischen Standpunkt her nicht notwendig, weil die scharfen Ausgaben der Regeln im Sugeno-Regler nicht zwingend eine linguistische Interpretation haben. Die Einschränkung, daß sich die scharfen Ausgaben von Regeln, die vor Lernbeginn identisch waren, nicht unterschiedlich entwickeln dürfen, entspräche daher einer Überinterpretation der Modellierung und würde den Erfolg des Lernverfahrens unnötig erschweren.

Für den Lernalgorithmus verwenden Nomura et al. die folgende Vorgehensweise. Zuerst wird für ein Element p der Lernaufgabe $\tilde{\mathcal{L}}$ die Ausgabe des Reglers ermittelt und mit der erwünschten verglichen. In Abhängigkeit von dieser Differenz werden zunächst die Werte der y_r aller Regeln verändert. Dann wird für dasselbe $p \in \tilde{\mathcal{L}}$ erneut ein Stellwert ermittelt. Daraufhin werden die Parameter der Prämissen wie angegeben verändert. Auf diese Weise wird die gesamte Lernaufgabe wiederholt durchlaufen, bis der Fehler E sich nicht mehr verändert [NOMURA et al., 1992].

Hierdurch wird erreicht, daß Änderungen in den Prämissen die Änderung der Konklusion mit einbeziehen und nicht völlig unabhängig davon erfolgen.

Dieses zweistufige Lernverfahren hat jedoch die folgenden Nachteile:

- Es verhindert eine Anwendung während des Betriebs des Regler, es kann nur offline erfolgen.

- Die Anpassung der Parameter nach jeder Präsentation eines Elementes der Lernaufgabe verhindert eine gute Annäherung des Gradienten. Wie bei der Anwendung der Delta–Regel oder des Backpropagation–Algorithmus bei Neuronalen Netzen, sollten die Änderungen akkumuliert werden und erst am Ende einer Epoche durchgeführt werden.

- Der Ansatz ist auf die hier verwendete Form von Sugeno–Reglern beschränkt und nicht ohne weiteres auf andere Formen von Fuzzy–Reglern übertragbar.

Die Vorgehensweise von Nomura et al. ist exemplarisch für Ansätze, die eine adaptive Veränderung von Zugehörigkeitsfunktionen beim Einsatz von Fuzzy–Reglern zum Ziel haben. Der Ansatz kann im eingeschränkten Sinn als kooperatives Neuronales Fuzzy–Modell vom Typ (a) gelten (vgl. Bild 16.11, S. 282), weil er sich ein Lernverfahren des Konnektionismus zu Nutze macht. Da jedoch direkt kein Neuronales Netz im Modell auftaucht, ist die Bezeichnung *adaptiver Fuzzy–Regler* treffender. Ansätze ohne direkten Bezug zu konnektionistischen Systemen finden sich z.B. in [SHAO, 1988, LI und TZOU, 1992, QIAO et al., 1992, YEN et al., 1992]).

Den gleichen Ansatz zur Bestimmung von Fuzzy–Mengen verwendet Ichihashi [ICHIHASHI, 1991]. Allerdings nutzt er Gaußsche Funktionen der Form

$$\mu(x) = e^{-\dfrac{(x-a)^2}{b}}$$

zur Modellierung der Fuzzy–Mengen, wodurch keine Probleme bezüglich der Differenzierbarkeit auftreten.

Einen Ansatz, der dem Typ (c) kooperativer Neuronaler Fuzzy–Regler vergleichbar ist (vgl. Bild 16.11, S. 282), schlagen Miyoshi et al. vor. Dabei werden jedoch keine Fuzzy–Mengen verändert, sondern die Autoren verwenden parametrisierte t–Normen und t–Conormen zur Bestimmung des Erfüllungsgrades der Regeln und zu deren Kombination. Mit Hilfe des Backpropagation–Verfahrens werden die Parameter der verwendeten Operationen angepaßt [MIYOSHI et al., 1993]. Mit dieser Art adaptiver Fuzzy–Regler sind auch die Arbeiten von Yager und Filev zur adaptiven Defuzzifizierung vergleichbar [YAGER und FILEV, 1992a, YAGER und FILEV, 1992b]. Die Autoren verwenden eine parametrisierte Defuzzifizierungsoperation und definieren ein überwachtes Lernverfahren zur Bestimmung der Parameter.

Kapitel 18

Hybride Neuronale Fuzzy–Regler

In diesem Kapitel werden mehrere hybride Modelle Neuronaler Fuzzy–Regler diskutiert. Der erste untersuchte Ansatz ist das ARIC–Modell von Berenji bzw. dessen Erweiterung GARIC [BERENJI, 1992, BERENJI und KHEDKAR, 1992b]. Daran schließen sich Betrachtungen der Ansätze von Takagi und Hayashi [TAKAGI und HAYASHI, 1991, HAYASHI et al., 1992a], Jang [JANG, 1991a, JANG, 1993] Sulzberger et al. [SULZBERGER et al., 1993] an.

18.1 Das ARIC–Modell

Das von Berenji vorgestellte ARIC–Modell (**A**pproximate **R**easoning based **I**ntelligent Control) ist eine Implementierung eines Fuzzy–Reglers mit Hilfe mehrerer Neuronaler Netze [BERENJI, 1992]. Es besteht aus mehreren speziellen vorwärtsbetriebenen Netzen, die sich auf das Bewertungsnetzwerk *AEN (action–state evaluation network)* und das Handlungsnetzwerk *ASN (action selection network)* verteilen. Die Funktion des AEN ist die eines Kritikers; es bewertet die Aktionen des ASN.

Das ASN enthält eine Repräsentation eines Fuzzy–Reglers durch ein mehrschichtiges Neuronales Netz. Es besteht aus zwei getrennten je dreischichtigen Netzen, wobei das erste Teilnetz die Ausgabe des Fuzzy–Reglers bestimmt. Die Anzahl seiner inneren Einheiten entspricht der Anzahl linguistischer Kontrollregeln. Die Eingaben der inneren Einheiten stellen die Prämissen, deren Ausgaben die Konklusionen dar. ARIC setzt demnach voraus, daß die Regelbasis bekannt ist. Die Ausgabe des Teilnetzes entspricht dem defuzzifizierten Stellwert des Fuzzy–Reglers. Das zweite Teilnetz erzeugt ein *Konfidenzmaß*, das mit der Ausgabe des ersten Netzes verknüpft wird.

Die folgenden Erläuterungen setzen die Existenz einer Fuzzy–Regelbasis bestehend aus r linguistischen Kontrollregeln $R_1, \ldots, R_r$ sowie ein technisches System S mit n Meßgrößen $\xi_1, \ldots, \xi_n$ und einer Stellgröße η voraus (MISO–System). Die Notation zur Beschreibung von ARIC wurde vereinheitlicht und weicht daher im folgenden leicht von [BERENJI, 1992] ab.

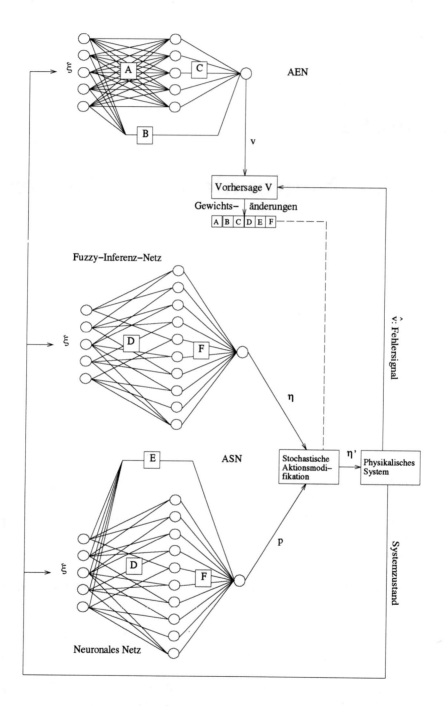

Bild 18.1: Das ARIC–Modell (nach [BERENJI, 1992])

Das Bewertungsnetzwerk AEN

Das Bewertungsnetzwerk übernimmt die Rolle eines adaptiven Kritikelementes [BARTO et al., 1983]. Es erhält als Eingabe den aktuellen Zustand des physikalischen Systems S sowie die Information, ob ein Versagen der Regelung eingetreten ist. Als Ausgabe liefert es eine Vorhersage des Verstärkungssignals (reinforcement), das mit dem aktuellen Zustand assoziiert wird. Das AEN besteht aus n Eingabeeinheiten $\xi_1, \ldots, \xi_n$, m inneren Einheiten $y_1, \ldots, y_m$ und der Ausgabeeinheit v. Die Ausgaben der Einheiten tragen ebenfalls diese Bezeichnungen. Ihre Werte werden zu festen Zeitpunkten betrachtet. Die Verbindungsgewichte $a_{i,j}$ zwischen der Eingabeschicht und der inneren Schicht sind in der Verbindungsmatrix $\mathbf{A}$ enthalten. Die Gewichte b_i der Verbindungen zwischen Ein– und Ausgabeschicht werden durch den Gewichtsvektor $\mathbf{B}$ und die Gewichte c_j zwischen innerer Schicht und dem Ausgabeelement durch den Gewichtsvektor $\mathbf{C}$ repräsentiert.

Die Ausgabe einer inneren Einheit y_j ist durch

$$y_j[t, t+1] = g\left(\sum_{i=1}^{n} a_{i,j}[t]\ \xi_i[t+1]\right), \text{ mit } g(s) = \frac{1}{1+e^{-s}},$$

gegeben, wobei t und $(t+1)$ zwei aufeinanderfolgende Zeitpunkte sind und $a_{i,j}[t]$ das Gewicht der Verbindung von Einheit ξ_i zur Einheit y_j zum Zeitpunkt t bezeichnet. Die Netzausgabe berechnet sich zu

$$v[t, t+1] = \sum_{i=1}^{n} b_i[t]\ \xi_i[t+1]\ +\ \sum_{j=1}^{m} c_j[t]\ y_j[t, t+1],$$

wobei $b_i[t]$ das Gewicht der Verbindung von ξ_i zu v und $c_j[t]$ das Gewicht von y_j zu v jeweils zum Zeitpunkt t bezeichnet.

Berenji bezeichnet den Wert v als „Vorhersage der Verstärkung" (prediction of reinforcement). Er wird genutzt, um das interne Verstärkungssignal V zur Gewichtsänderung zu bestimmen. Pro Zyklus werden zwei Werte für die Ausgabeeinheit v ermittelt. Der erste Wert $v[t, t+1]$ wird anhand des neuen Zustandes zum Zeitpunkt $t+1$ mit den Gewichten des vorangegangen Zustandes t bestimmt, der zweite Wert $v[t+1, t+1]$ nach der Veränderung der Gewichte. Der zweite Wert wird im nächsten Zyklus benötigt, um die durch den neuen Zustand hervorgerufenen Änderung von v unabhängig von der Änderung der Gewichte zu berechnen. Das interne Verstärkungssignal wird durch

$$V[t+1] = \begin{cases} 0 & \text{im Startzustand} \\ \hat{v}[t+1] - v[t,t] & \text{im Fehlerzustand} \\ \hat{v}[t+1] + \gamma\ v[t, t+1] - v[t, t] & \text{sonst} \end{cases} \qquad (18.1)$$

bestimmt. Dabei ist $0 \leq \gamma \leq 1$ ein Gewichtungsfaktor und $\hat{v}$ ein *externes Verstärkungssignal* (external reinforcement), das einen guten bzw. schlechten Systemzustand kennzeichnet.

Für die Veränderung der Gewichte werden zwei Verfahren genutzt. Die zu der Ausgabeeinheit führenden Gewichte werden durch ein Belohnungs–/Bestrafungsverfahren modifiziert:

$$b_i[t+1] \;=\; b_i[t] + \beta \; V[t+1] \; \xi_i[t], \tag{18.2}$$
$$c_j[t+1] \;=\; c_j[t] + \beta \; V[t+1] \; y_j[t,t],$$

wobei $\beta > 0$ ein Lernfaktor ist.

Die zur inneren Schicht führenden Gewichte werden mittels eines vereinfachten Backpropagation–Verfahrens verändert, wobei das interne Verstärkungssignal die Rolle des Fehlers übernimmt. Es gilt

$$a_{i,j}[t+1] = a_{i,j}[t] + \beta_h \; V[t+1] \; \mathrm{sgn}(c_j[t]) \; y_j[t] \; (1 - y_j[t]) \; \xi_i[t], \tag{18.3}$$

mit einem Lernfaktor $\beta_h > 0$. Anstelle des Gewichtes einer Verbindung einer inneren Einheit zur Ausgabeeinheit geht nur dessen Vorzeichen in die Berechnung ein. Berenji beruft sich dabei auf empirische Ergebnisse, die ein „robusteres" Lernverfahren garantieren sollen [BERENJI, 1992].

Das Handlungsnetzwerk ASN

Das Handlungsnetzwerk ASN besteht aus zwei Netzen mit je einer inneren Schicht, wobei das erste einen Fuzzy–Regler emuliert und das zweite ein Konfidenzmaß bestimmt, das mit der Ausgabe des *Fuzzy–Inferenz–Netzes* kombiniert wird.

Das Fuzzy–Inferenz–Netz besitzt Eingabeeinheiten, die ebenfalls mit $\xi_1, \ldots, \xi_n$ bezeichnet sind, jedoch eine komplexere Aufgabe erfüllen, als es bei Neuronalen Netzen üblich ist. Jede Einheit ξ_i speichert die Fuzzy–Partitionierung des korrespondierenden Meßwertes, d.h. die Zugehörigkeitsfunktionen $\mu_1^{(i)}, \ldots, \mu_{p_i}^{(i)}$ und ermittelt die Zugehörigkeitswerte der aktuellen Eingabe. Sie entscheidet weiterhin, auf welcher Verbindung welcher Zugehörigkeitswert an die nachfolgende innere Schicht propagiert wird. Die Eingabeschicht repräsentiert demnach die Fuzzyfizierungs–Schnittstelle eines Fuzzy–Reglers.

Von der Eingabeschicht führen gewichtete Verbindungen ausschließlich zu inneren Schicht, deren Einheiten $\varrho_1, \ldots, \varrho_k$ die linguistischen Kontrollregeln $R_1, \ldots, R_k$ repräsentieren. Die Prämissen der Fuzzy–Regeln werden durch die linguistischen Werte gebildet, deren Zugehörigkeitswerte über die entsprechende Verbindung propagiert werden. Die Verbindungsgewichte $d_{i,j}$ werden durch die Gewichtsmatrix $\mathbf{D}$ zusammengefaßt. Jede Einheit ϱ_r ermittelt den Erfüllungsgrad τ_r der korrespondierenden Regel mit

$$\tau_r = \min\{d_{1,r} \; \mu_{i_1,r}^{(1)}(\xi_1), \; \ldots, \; d_{n,r} \; \mu_{i_n,r}^{(n)}(\xi_n)\}. \tag{18.4}$$

Der von ARIC verwendete Lernalgorithmus für die Gewichte des ASN setzt voraus, daß jede Regel einen scharfen Ausgabewert liefert. Das bedeutet, daß die Defuzzifizierung vor der Akkumulation stattfinden muß. Um diese Anforderung zu erfüllen, werden als Zugehörigkeitsfunktionen zur Modellierung der linguistischen Werte nur über ihrem Träger monotone Funktionen zugelassen. Diese *monotonen Zugehörigkeitsfunktionen* werden unter anderem in Tsukamotos Variante des Mamdani–Reglers verwendet [LEE, 1990b, TSUKAMOTO, 1979]. Diese Einschränkung gilt jedoch nur für die Fuzzy–Mengen im Konklusionsteil.

In ARIC finden über ihrem Träger $[a, b]$ monotone Zugehörigkeitsfunktion ν Verwendung, für die $\nu(a) = 0$ und $\nu(b) = 1$ gilt und die wie folgt definiert sind:

$$\nu(x) = \begin{cases} \dfrac{x - a}{b - a} & \text{falls } (x \in [a, b] \text{ und } a \leq b) \text{ oder } (x \in [b, a] \text{ und } a > b) \\ 0 & \text{sonst.} \end{cases} \tag{18.5}$$

Jede innere Einheit speichert die Partitionierung der Stellgröße η, d.h. die Zugehörigkeitsfunktionen $\nu_1, \ldots, \nu_q$. Der scharfe Ausgabewert t_r der inneren Einheit ϱ_r ergibt sich zu

$$t_r = \nu_{j,r}^{-1}(\tau_r) = a_{j,r} - \tau_r(a_{j,r} - b_{j,r}),$$

wobei $\nu_{j,r}$ die Zugehörigkeitsfunktion bezeichnet, die den linguistischen Wert der Regelkonklusion von ϱ_r repräsentiert und $\nu_{j,r}^{-1}$ für deren Umkehrfunktion auf dem Träger und damit deren Defuzzifizierung steht.

Der Wert t_r wird über eine gewichtete Verbindung an die Ausgabeeinheit η propagiert. Die Gewichte f_j dieser Verbindungen werden im Gewichtsvektor $\mathbf{F}$ gespeichert. Die Ausgabeeinheit η berechnet den Stellwert des Fuzzy–Reglers durch die gewichtete Summe

$$\eta = \frac{\displaystyle\sum_{r=1}^{k} f_r \, \tau_r \, t_r}{\displaystyle\sum_{r=1}^{k} f_r \, \tau_r}. \tag{18.6}$$

Dieser Wert wird jedoch von dem ARIC–Modell nicht unverändert als endgültiger Stellwert genutzt, sondern durch die Ausgabe des zweiten Netzwerks des ASN modifiziert.

Das zweite ASN–Teilnetz ähnelt in seiner Struktur dem Fuzzy–Inferenznetz, weil es eine identische Anzahl von Einheiten in den korrespondierenden Schichten sowie identische Gewichte auf den entsprechenden Verbindungen besitzt. Das bedeutet, dieses Netz verwendet ebenfalls die Gewichtsmatrix $\mathbf{D}$ und den Gewichtsvektor $\mathbf{F}$. Die Unterschiede bestehen darin, daß es zusätzlich gewichtete Verbindungen von der Eingabe– zur Ausgabeschicht gibt, deren Gewichte im Gewichtsvektor $\mathbf{E}$ zusammengefaßt sind. Die Einheiten des Netzes entsprechen zwar in Zahl und Anordnung denen des ersten Teilnetzes, sie haben jedoch unterschiedliche Aktivierungsfunktionen. Die Eingabeeinheiten sind ebenfalls mit $\xi_1, \ldots, \xi_n$ bezeichnet und geben den entsprechenden Meßwert unverändert weiter. Die inneren Einheiten sind mit $z_1, \ldots, z_s$ benannt, und ihre Ausgabe errechnet sich zu

$$z_j[t, t+1] = g\left(\sum_{i=1}^{n} d_{i,j}[t]\, \xi_i[t+1]\right), \quad \text{mit } g(s) = \frac{1}{1 + e^{-s}}.$$

Die Ausgabeeinheit p ermittelt einen Wert, der von Berenji als „Wahrscheinlichkeit" oder Konfidenzwert interpretiert wird und zur Modifikation von η dient:

$$p[t, t+1] = \sum_{i=1}^{n} e_i[t]\, \xi[t+1] \; + \; \sum_{r=1}^{k} f_j[t]\, z_j[t, t+1].$$

Die Interpretation des Wertes p ist jedoch inkonsistent, da nicht sichergestellt ist, daß $p \in [0,1]$ gilt (siehe unten).

Der endgültige Stellwert η' ergibt sich zu

$$\eta' \;=\; f(\eta, p[t, t+1]),$$

wobei die Funktion f von dem zu regelnden System abhängt und eine geeignete Veränderung von η unter Berücksichtigung von p vornimmt.

Ein von Berenji als *stochastische Aktionsmodifikation* bezeichnetes Maß S basiert auf dem Vergleich von η und η':

$$S \;=\; h(\eta, \eta').$$

Es wird zur Veränderung der Gewichte des ASN genutzt. Die Funktion h soll ebenfalls in Abhängigkeit der Anwendung gewählt werden.

Berenji gibt die Funktionen f und h für die Anwendung von ARIC auf ein inverses Pendel wie folgt an.

$$\eta' = f(\eta, p) \;=\; \begin{cases} +\eta & \text{mit „Wahrscheinlickeit"} \; \dfrac{p+1}{2}, \\[2mm] -\eta & \text{mit „Wahrscheinlickeit"} \; \dfrac{1-p}{2}, \end{cases} \tag{18.7}$$

$$S \;=\; \begin{cases} 1-p & \text{falls } \operatorname{sgn}(\eta) \neq \operatorname{sgn}(\eta') \\ -p & \text{sonst.} \end{cases} \tag{18.8}$$

Die Gewichte des ASN werden in Abhängigkeit von V, S und der korrespondierenden Ausgabe verändert:

$$e_i[t+1] \;=\; e_i[t] \;+\; \sigma\, V[t+1]\, S\, \xi_i[t],$$

$$f_j[t+1] \;=\; f_j[t] \;+\; \sigma\, V[t+1]\, S\, z_j[t], \tag{18.9}$$

$$d_{i,j}[t+1] \;=\; d_{i,j}[t] \;+\; \sigma_h\, V[t+1]\, S\, z_j[t]\, (1 - z_j[t])\, \operatorname{sgn}(f_j[t])\, \xi_i[t].$$

Dabei sind σ und σ_h Lernraten. Die Veränderungen der e_i und f_j entsprechen einem verstärkenden Lernen, während die Anpassungen der $d_{i,j}$ durch ein vereinfachtes Backpropagation–Verfahren vorgenommen werden.

Maßgeblich für die Gewichtsveränderung im ASN sind neben den aktuellen Eingangswerten, die für alle Netze von ARIC identisch sind, nur die Zustände des zweiten Teilnetzes, das zur Berechnung von p dient. Die Zustände des Fuzzy–Inferenznetzes spielen für den Lernvorgang keine Rolle. Da es jedoch auch die Gewichte $\mathbf{D}$ und $\mathbf{F}$ verwendet, verändert sich auch sein Verhalten durch den Lernprozeß. Eine Veränderung der Gewichte $d_{i,j}$ und f_j entspricht im Fuzzy–Inferenznetz einer Veränderung der in den Einheiten gespeicherten Zugehörigkeitsfunktionen. Die Gewichtsänderungen können jedoch dazu führen, daß die Funktionen μ und ν nicht mehr als Zugehörigkeitsfunktionen interpretierbar sind (siehe unten).

Interpretation des Lernvorgangs

Der in ARIC eingesetzte Lernalgorithmus leitet sich einerseits von dem von Barto et al. verwendeten *reinforcement learning* [BARTO et al., 1983, JERVIS und FALLSIDE, 1992] und andererseits aus dem Backpropagation–Verfahren ab. Die Aufteilung des Modells in ein Kritiknetz und ein Handlungsnetz entspricht dem Ansatz von Barto et al.

Die Aufgabe des AEN ist es, zu lernen, welche Systemzustände „gute" Zustände sind und auf sie mit einem hohen Verstärkungssignal v zu reagieren. Als Grundlage dient ein externes Signal $\hat{v}$, das in der Regel so gewählt wird, daß es den Wert -1 annimmt, falls die Regelung versagt hat (Fehlerzustand) und ansonsten den Wert 0 hat [BARTO et al., 1983, JERVIS und FALLSIDE, 1992]. Für die Gewichtsveränderung werden zwei aufeinanderfolgende Ausgaben des AEN betrachtet. Läuft das zu regelnde System in einen Zustand höherer Verstärkung, werden die Gewichte des AEN so verändert, daß die Beiträge der einzelnen Anteile zur Netzausgabe steigen. Versagt die Regelung, oder verschlechtern sich die Zustände, werden die Gewichte entgegengesetzt verändert, und der Betrag der Ausgabe verringert sich.

Das Verstärkungssignal wird zur Gewichtsänderung im ganzen System genutzt. Im Handlungsnetz werden die Gewichte so verändert, daß die Einzelbeiträge den Betrag der Gesamtausgabe erhöhen bzw. verringern, je nachdem, ob das Bewertungsnetzwerk einen Systemzustand als „gut" bzw. „schlecht" bewertet hat. Ist diese Bewertung fehlerhaft, so wird dies zu einem Fehlerzustand führen, was sich letztendlich in einer geeigneten Veränderung des internen Verstärkungssignales äußern wird.

Beim Erreichen eines stabilen Zustandes wird das interne Verstärkungssignal, unter der Voraussetzung, daß $\hat{v} = 0$ gilt, Werte nahe 0 annehmen, und die Gewichtsänderungen werden zum Stillstand kommen (vgl. Glg. 18.2,18.3 und 18.9). Nehmen die Zustandsvariablen des dynamischen Systems beim Erreichen eines stabilen bzw. angestrebten Zustandes den Wert 0 an oder schwanken nur wenig um diesen Wert, wird diese Tendenz weiter unterstützt.

In [BARTO et al., 1983] wurde für das Kritiknetzwerk keine innere Schicht benötigt. Praktische Untersuchungen in [JERVIS und FALLSIDE, 1992] bestätigen die Leistungsfähigkeit des Ansatzes. ARIC verwendet für das AEN eine innere Schicht, was den zusätzlichen Einsatz eines Backpropagation–Verfahrens zur Modifikation der entsprechenden Verbindungsgewichte notwendig macht. Die Einführung einer inneren Schicht erscheint im Vergleich zur dem Ansatz von Barto et al. jedoch nicht notwendig zu sein und wird von Berenji auch nicht motiviert.

Der Lernvorgang des ASN wird einerseits von der internen Verstärkung V und andererseits von der stochastischen Veränderung S des Stellwertes getrieben. Berenjis Idee besteht darin, das Produkt $V \cdot S$ als Fehlermaß bzw. Verstärkung zu nutzen. Der Konfidenzwert p soll mit steigender Leistung größer werden, d.h. für einen „guten" Systemzustand einen hohen Wert liefern, wodurch die Veränderung der Ausgabe η des Fuzzy–Inferenznetzes unwahrscheinlicher wird. Bei „schlechten" Systemzuständen soll p niedrig sein, um eine Veränderung von η zu ermöglichen. Durch die stochastische Modifikation des Ausgabewertes η ersetzt ARIC das bei Barto et al. zur Ausgabe hinzugefügte Rauschen [BARTO et al., 1983]. Beide Ansätze sollen verhindern, daß der Lernvorgang nur einen kleinen Teil des Zustandsraumes erfaßt.

Die positiven Auswirkungen der stochastischen Modifikation des Ausgabewertes auf den Lernprozeß sind jedoch anzuzweifeln (s.u.). Berenji begründet die Wahl der Funktion S (s. Glg. (18.8)) im Fall des inversen Pendels nicht weiter und erläutert auch nicht, warum das Produkt $V \cdot S$ als Fehler interpretiert werden darf.

Die Gewichtsänderungen im Fuzzy–Inferenznetz können als Veränderung der in den Einheiten gespeicherten Zugehörigkeitsfunktionen interpretiert werden. Für die Fuzzy–Mengen in den Regelkonklusionen gilt, daß eine Veränderung der Gewichte aus $\mathbf{F}$ als Veränderung der Parameter a_ν und b_ν einer Zugehörigkeitsfunktion ν interpretiert werden (siehe Bild 18.2) kann. Für die Fuzzy–Mengen der Prämissen gilt dies jedoch nicht. Eine Änderung eines Gewichtes $d_{i,r}$ aus $\mathbf{D}$ entspricht direkt einer Veränderung des über die entsprechende Verbindung propagierten Zugehörigkeitswertes $\mu_{j,r}^{(i)}(\xi_i)$. Das Verfahren ist problematisch, weil eine Änderung eines Gewichtes $d_{i,r}$ einer Änderung des Bildbereiches von $\mu_{j,r}^{(i)}$ entspricht:

$$\mu_{j,r}^{(i)} : \; \mathbb{R} \to [0, d_{i,r}].$$

Dies führt zu Problemen bei der semantischen Interpretation von ARIC.

Bewertung des Ansatzes

ARIC stellt einen Ansatz zur Verallgemeinerung des Modells von Barto et al. [BARTO et al., 1983] auf den Bereich der Fuzzy–Regelung dar. Die Aufteilung der Architektur in ein Kritiknetz (AEN) und ein Handlungsnetz (ASN) entspricht der Vorgehensweise Neuronaler Regler, die auf verstärkendem Lernen basieren. Das ASN kann durch

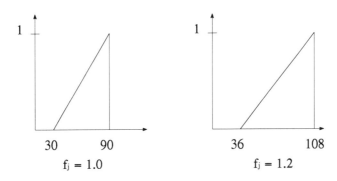

Bild 18.2: Änderungen in den Fuzzy-Mengen der Konklusionen bei
einer Gewichtsänderung in ARIC

eine bekannte Menge linguistischer Kontrollregeln strukturiert und durch die Fuzzy-Mengen zur Beschreibung der linguistischen Variablen des zu regelnden physikalischen Systems initialisiert werden. Der Lernalgorithmus, der auf einer Kombination von verstärkendem Lernen und vereinfachtem Backpropagation beruht, soll die Leistung des Reglers erhöhen.

Das zur Erzeugung des vom Lernalgorithmus benötigten internen Verstärkungssignals verwendete Teilnetz AEN weist eine innere Schicht auf. Barto et al. haben jedoch gezeigt, daß ein einstufiges Neuronales Netz zu diesem Zweck ausreicht. Die Einführung eines zweistufigen Netzes erscheint daher als unnötige Erhöhung der Komplexität, insbesondere da der Lernalgorithmus sich aus zwei unterschiedlichen Teilalgorithmen zusammensetzen muß, um die inneren Einheiten zu trainieren.

Die Umsetzung eines Fuzzy-Reglers in ein Neuronales Netz, wie es in ARIC durch das Fuzzy-Inferenznetz des ASN vorgenommen wird, enthält einige konzeptionelle Inkonsistenzen. Durch die gewichteten Verbindungen ist es möglich, daß zwei Kontrollregeln, repräsentiert durch die inneren Einheiten, denselben linguistischen Wert auf unterschiedliche Weise in ihren Prämissen repräsentieren. Es gibt keinen Mechanismus, der sicherstellt, daß Verbindungen, über die Zugehörigkeitswerte derselben Fuzzy-Menge propagiert werden, dasselbe Gewicht tragen. Ähnliches gilt für die Fuzzy-Mengen der Konklusionen. Entwickeln sich die Gewichte während des Lernvorgangs unterschiedlich, ist eine Interpretation des Modells im Sinne eines Fuzzy-Reglers nicht mehr möglich.

Während die Gewichtsänderungen der Verbindungen zwischen der inneren Schicht und der Ausgabeeinheit noch als geeignete Veränderungen der Zugehörigkeitsfunktionen der Konklusionen interpretiert werden können, führen die Änderungen der Gewichte zwischen Eingabeschicht und innerer Schicht aus der Modellvorstellung eines Fuzzy-Reglers heraus. Durch die gewichtete Verbindung bildet eine Funktion $\mu_{j,r}^{(i)}$

nicht mehr in das Intervall $[0, 1]$, sondern in das Intervall $[0, d_{i,r}]$ ab, wobei $d_{i,r}$ das Verbindungsgewicht zwischen der Eingabeeinheit ξ_i und der Regeleinheit ϱ_r bezeichnet. Gilt $0 \leq d_{i,r} \leq 1$, so ist $\mu_{j,r}^{(i)}$ eine Zugehörigkeitsfunktion einer (bei $d_{i,r} < 1$ nicht–normalen) Fuzzy–Menge. Sobald jedoch $d_{i,r} > 1$ oder $d_{i,r} < 0$ gilt, ist $\mu_{j,r}^{(i)}$ keine Zugehörigkeitsfunktion mehr, und ARIC kann nicht mehr als Fuzzy–Regler interpretiert werden.

ARIC mangelt es somit an Mechanismen, die sicherstellen, daß die Gewichte aus der Konnektionsmatrix $\mathbf{D}$ des ASN nur Werte aus $[0, 1]$ enthalten. Eine Verletzung dieses Kriteriums für die Werte aus $\mathbf{F}$ ist zunächst semantisch unproblematisch. Jedoch bedeutet ein Vorzeichenwechsel eines Gewichtes f_j eine Spiegelung der Fuzzy–Menge $\nu^{(j)}$ an der Abzisse. Solche Änderungen in der Repräsentation eines linguistischen Wertes werden in Regel nicht tolerierbar sein und sollten auch durch geeignete Maßnahmen (es muß $f_j > 0$ gelten) verhindert werden.

Die Gewichte des ASN werden in beiden Teilnetzen gleichzeitig verwendet. Es ist jedoch keineswegs eindeutig, aus welchem Grund die Gewichte sowohl zur Realisierung des Fuzzy–Reglers als auch zur Ermittlung eines Konfidenzmaßes p geeignet sind. Der Wert p wird von Berenji als „Wahrscheinlichkeit" bezeichnet und von der Handhabung her auch so betrachtet, als gelte $p \in [0, 1]$. Es gibt jedoch keine Vorkehrungen im zweiten Teilnetz des ASN, die diese Bedingung sicherstellen. Untersuchungen an einer in [FOERSTER, 1993] diskutierten ARIC–Implementation zeigen, daß der Wert von p in der Regel sogar deutlich über 1 liegt.

Untersuchungen der Lernergebnisse einer ARIC–Implementation am Beispiel des inversen Pendels zeigen, daß das Modell die Regelungsaufgabe entweder sofort bzw. nach sehr wenigen Fehlversuchen (< 10) beherrscht oder gar nicht [FOERSTER, 1993]. Bei den Versuchen wurde jeweils die Regelbasis aus [BERENJI, 1992] verwendet und lediglich die Fuzzy–Mengen unterschiedlich repräsentiert. Bei der Betrachtung der sich einstellenden Gewichte zeigt sich, daß alle Verbindungen, die zur derselben Einheit führen, identische Werte tragen. Auf diese Weise ist es nicht möglich, Effekte auszugleichen, die auf nur einer fehlerhaft definierten Zugehörigkeitsfunktion beruhen.

Daß ARIC trotzdem in einem gewissen Umfang lernfähig ist, obwohl z.B. der Wert p von fragwürdiger Auswirkung ist, liegt daran, daß bei der Verwendung von Fuzzy–Mengen, die nur eine geringe Anpassung erfordern, sehr schnell eine guter Zustand erreicht wird und das interne Verstärkungssignal sich dann um Werte nahe 0 bewegt. Auf diese Weise verändern sich die Gewichte kaum noch, und der auf dem Wert von p beruhende Wert S hat keinen Einfluß auf das Lernverhalten mehr. Wird ARIC mit ungünstigen Anfangszuständen konfrontiert, d.h. extremen Startpositionen des Pendels oder ungeeigneten Zugehörigkeitsfunktionen, tritt meist kein Lerneffekt auf, und die Gewichte wachsen schnell über alle Grenzen.

ARIC weist als hybrides Neuro–Fuzzy–System einige richtige Ansätze auf, zu denen die Initialisierbarkeit mit a–priori Wissen und die, wenn auch eingeschränkte, Lernfähigkeit zählen. Zu bemängeln sind die „stochastische Aktionsmodifikation" und deren Auswirkung auf den Lernalgorithmus, die unbegründete Komplexität des Berwertungsnetzwerkes AEN sowie die fehlende Interpretierbarkeit des Systems nach Abschluß des Lernvorgangs. ARIC kann daher als ein durch Fuzzy–Regeln initialisierbarer Neuronaler Regler klassifiziert werden, der nur sehr eingeschränkt als Fuzzy–Regler interpretierbar ist.

18.2 Das GARIC–Modell

Das GARIC–Modell ist eine von Berenji und Khedkar vorgenommen Erweiterung des ARIC–Modells (GARIC steht für generalized ARIC) [BERENJI und KHEDKAR, 1992a, BERENJI und KHEDKAR, 1992b, BERENJI et al., 1993]. Dieses Modell versucht, die wesentlichen Fehler von ARIC zu vermeiden. Es besteht wie ARIC aus einem Bewertungsnetzwerk (AEN) und einem Handlungsnetzwerk (ASN). Es gibt im ASN jedoch keine gewichteten Verbindungen mehr, sondern der Lernvorgang verändert Parameter der in den Verarbeitungseinheiten gespeicherten Zugehörigkeitsfunktionen. Weiterhin fällt das zweite Teilnetz des Handlungsnetzes und somit auch das Konfidenzmaß p weg (s. Kap. 18.1).

Da das Bewertungsnetzwerk AEN von GARIC sowohl in der Architektur als auch im Lernalgorithmus dem von ARIC entspricht, kann hier auf eine Beschreibung verzichtet und auf das vorangegangene Kapitel 18.1 verwiesen werden.

Das Handlungsnetzwerk ASN

Das ASN von GARIC (vgl. Bild 18.3) ist ein vorwärtsbetriebenes Netz mit fünf Schichten. Die Verbindungen zwischen den Einheiten sind nicht gewichtet, bzw. tragen ein festes Gewicht der Größe 1. Die Eingabeschicht besteht wie bei ARIC aus n Einheiten $\xi_1, \ldots, \xi_n$ und repräsentiert die Meßwerte des physikalischen Systems. Die Einheiten $\mu_1^{(1)}, \ldots, \mu_{p_1}^{(1)}, \ldots, \mu_1^{(n)}, \ldots, \mu_{p_n}^{(n)}$ der ersten inneren Schicht stellen die linguistischen Werte aller Meßgrößen dar. Jede Einheit speichert eine parametrisierte Zugehörigkeitsfunktion $\mu_j^{(i)}$ der Form

$$\mu_j^{(i)}(\xi_i) = \begin{cases} 1 - \dfrac{|\xi_i - c_j|}{sr_j}, & \text{falls } \xi_i \in [c_j, c_j + sr_j] \\[2mm] 1 - \dfrac{|\xi_i - c_j|}{sl_j}, & \text{falls } \xi_i \in [c_j - sl_j, c_j) \\[2mm] 0 & \text{sonst.} \end{cases} \tag{18.10}$$

GARIC verwendet ausschließlich derartige (unsymmetrische) Dreiecksfunktionen, wobei $\mu_j^{(i)}(c_j) = 1$ gilt, und sr_j und sl_j die Spreizung des Dreiecks festlegen (vgl. Bild 18.4).

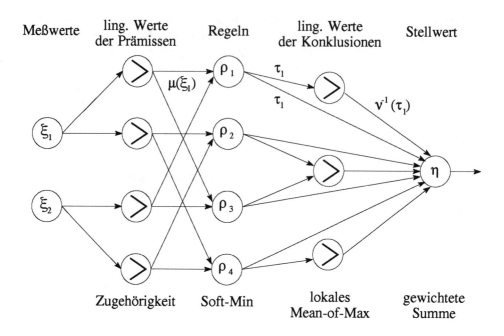

Bild 18.3: Das Handlungsnetzwerk ASN von GARIC (nach [BERENJI und KHEDKAR, 1992a])

Jede Einheit der Eingabeschicht ist ausschließlich mit den Einheiten der ersten inneren Schicht verbunden, die ihre linguistischen Werte repräsentieren. Die Eingabeeinheiten propagieren die aktuellen Werte der Meßgrößen ξ_i an die Einheiten $\mu_j^{(i)}$, wo der Zugehörigkeitswert zu den entsprechenden Fuzzy–Mengen ermittelt wird. Die Werte $\mu_j^{(i)}(\xi_i)$ werden an die nachfolgende zweite innere Schicht weitergereicht, deren Einheiten $\varrho_1, \ldots, \varrho_k$ die linguistischen Kontrollregeln $R_1, \ldots, R_k$ repräsentieren.

Zur Bestimmung des Erfüllungsgrades einer Regel wird abweichend vom Vorgängermodell ARIC nicht die Minimumsbildung verwendet, sondern die folgende von Berenji und Khedkar als *softmin* bezeichnete Operation $\widetilde{\min}$.

$$\widetilde{\min}\{x_1, \ldots, x_n\} = \frac{\displaystyle\sum_{i=1}^{n} x_i \, e^{-\alpha x_i}}{\displaystyle\sum_{i=1}^{n} e^{-\alpha x_i}} \tag{18.11}$$

Wie leicht nachzurechnen ist, ist $\widetilde{\min}$ im allgemeinen keine t–Norm. Der Grund für die Verwendung liegt in der Differenzierbarkeit von $\widetilde{\min}$, eine Eigenschaft, die der Lernalgorithmus von GARIC erfordert. Der Parameter $\alpha \geq 0$ bestimmt das Verhalten der Funktion. Für $\alpha = 0$ entspricht $\widetilde{\min}$ dem arithmetischen Mittel, und für $\alpha \to \infty$ erhält man die gewöhnliche Minimumsbildung.

Die in den Regeleinheiten ϱ_r ermittelten Werte

$$\tau_r = \widetilde{\min}\{\mu_{j,r}^{(i)}(\xi_i) \mid \xi_i \text{ ist über } \mu_{j,r}^{(i)} \text{ mit } \varrho_r \text{ verbunden}\}$$

werden sowohl an die letzte innere Schicht als auch an die Ausgabeeinheit η weitergegeben. Die dritte und letzte innere Schicht repräsentiert die linguistischen Werte der Stellgröße η. Jede der Einheiten $\nu_1, \ldots, \nu_q$ speichert, wie die Einheiten der ersten inneren Schicht, je eine parametrisierte Zugehörigkeitsfunktion. In diesen Einheiten wird anhand der Werte τ_r der Wert der Konklusion der entsprechenden Regeln ermittelt. Da der Lernalgorithmus von GARIC einen scharfen Wert von jeder Regel fordert, müssen die Konklusionen vor der Aggregation zum endgültigen Ausgabewert des Reglers defuzzifiziert werden. Die dazu verwendete Prozedur wird von Berenji und Khedkar als *local mean–of–maximum* (LMOM) bezeichnet (s. Bild 18.4).

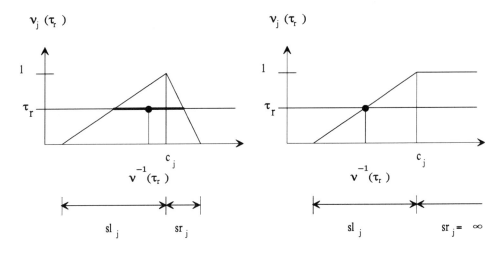

Bild 18.4: Zugehörigkeitsfunktionen und Defuzzifizierung in GARIC

Der einer Regeleinheit ϱ_r zuzuordnende scharfe Ausgabewert wird mit $t_r = \nu_{j,r}^{-1}(\tau_r)$ bezeichnet, wobei $\nu_{j,r}$ die Fuzzy-Menge ist, die den in der Konklusion der Regel verwendeten linguistischen Wert repräsentiert und $\nu_{j,r}^{-1}$ für deren Defuzzifizierung steht. Für die in GARIC verwendeten Dreiecksfunktionen ergibt sich

$$t_r = c_{j,r} + \frac{1}{2}\left(sr_{j,r} - sl_{j,r}\right)(1 - \tau_r), \qquad (18.12)$$

wobei $c_{j,r}, sr_{j,r}$ und $sl_{j,r}$ die Parameter der Zugehörigkeitsfunktion $\nu_{j,r}$ sind und sich nur dann ein von $c_{j,r}$ verschiedener Wert ergeben kann, wenn $sr_{j,r} \neq sl_{j,r}$ gilt.

Die Einheiten der dritten inneren Schicht propagieren diese Werte zur Ausgabeeinheit η, wo sie wie im Vorgängermodell ARIC mittels einer gewichteten Summe zum endgültigen Ausgabewert akkumuliert werden:

$$
\eta = \frac{\displaystyle\sum_{r=1}^{k} \tau_r\, t_r}{\displaystyle\sum_{r=1}^{k} \tau_r}.
\tag{18.13}
$$

Die Ausgabeeinheit η erhält dabei die Werte τ_r direkt von den Regeleinheiten der zweiten inneren Schicht und die Werte t_r von den Einheiten der letzten inneren Schicht. Da mehrere Regeleinheiten mit derselben Einheit ν_j verbunden sein können, was gleichbedeutend damit ist, daß die Regeln gleichlautende Konklusionen besitzen, kann es sein, daß über eine Verbindung von der letzten inneren Schicht zur Ausgabeeinheit mehr als ein Wert t_r propagiert wird. Da dies von Modellen Neuronaler Netze im allgemeinen nicht vorgesehen wird, können die Ausgaben einer Einheit ν_j wie folgt zu einem Wert o_{ν_j} zusammengefaßt werden [BERENJI und KHEDKAR, 1992b]:

$$
o_{\nu_j} = \left(c_j + \frac{1}{2}(sr_j - sl_j) \right) \left(\sum_{r:\exists \overrightarrow{\varrho_r \nu_j}} \tau_r \right) - \frac{1}{2}(sr_j - sl_j) \left(\sum_{r:\exists \overrightarrow{\varrho_r \nu_j}} \tau_r^2 \right),
$$

wobei $\overrightarrow{\varrho_r \nu_j}$ eine Verbindung zwischen ϱ_r und ν_j bezeichnet. Allgemein ist die Ausgabe eines zusammengefaßten Wertes anstelle mehrerer Einzelausgaben dann ausreichend, wenn $\nu^{-1}(x)$ polynomial in x ist. Dies wird in GARIC durch die Berechnungen in der fünften Schicht ermöglicht.

Diese Transformation ist allerdings nur dann von Bedeutung, wenn die strikte Einhaltung eines Neuronalen Modells gefordert ist, z.B. durch die Verwendung neuronaler Hardware oder von Softwaresimulatoren. Für die Eigenschaften des GARIC-Modells ist die Zusammenfassung unerheblich.

Wie in ARIC wird der Ausgabewert η nicht direkt zur Regelung verwendet, sondern mit Hilfe einer *stochastischen Aktionsmodifikation* verändert. In GARIC wird aus der Ausgabe η unter Berücksichtigung des internen Verstärkungssignales $V[t-1]$ des AEN aus dem vorangegangenen Zeitschritt $(t-1)$ eine Ausgabe η' erzeugt. η' ist eine Gaußsche Zufallsvariable mit dem Mittelwert η und der Standardabweichung $\sigma(V[t-1])$, wobei $\sigma(x)$ eine nicht negative, monoton fallende Funktion wie z.B. e^{-x} darstellt.

Der Sinn dieser Veränderung von η ist auch hier eine bessere Abtastung des Zustandsraumes während des Lernvorgangs. Bei geringer interner Verstärkung und damit schlechter Systemleistung ist die Wahrscheinlichkeit höher, daß der Abstand $|\eta - \eta'|$ größer ist als bei großer interner Verstärkung und damit guter Systemleistung.

Bei GARIC wird somit auf ein zweites Neuronales Netz innerhalb des ASN zur Bestimmung der stochastischen Veränderung von η verzichtet; es entfällt ein wesentlicher
Kritikpunkt am ASN, und die semantischen Probleme der Modifikation der Ausgabe
sind nicht gegeben. Die Überlagerung mit einem Gaußschen Rauschen entspricht der
üblichen Vorgehensweise beim verstärkenden Lernen [BARTO et al., 1983].

Die *Störung* der Ausgabe zum Zeitpunkt t wird mit S bezeichnet und entspricht der
normalisierten Abweichung von der ASN–Ausgabe:

$$S = \frac{\eta' - \eta}{\sigma(V[t-1])}.$$

(18.14)

Dieser Wert geht als Lernfaktor in den Lernalgorithmus des ASN ein.

Während das Lernverfahren von ARIC das verstärkende Lernen nach Barto et al.
nachempfindet, gehen die Autoren bei GARIC einen anderen Weg. Sie versuchen,
durch ihren Lernalgorithmus die Ausgabe v des Bewertungsnetzes AEN, die „Vorhersage des Verstärkungssignals", zu maximieren.

Das ASN repräsentiert eine Abbildung $F_{\mathbf{p}} : X_1 \times \ldots \times X_n \to Y$ mit $\eta = F_{\mathbf{p}}(\xi_1, \ldots, \xi_n)$,
wobei der Vektor $\mathbf{p}$ die Gesamtheit aller Parameter, der Zugehörigkeitsfunktionen in
den Prämissen und Konklusionen darstellt.

Um v zu maximieren, sollte für die Änderung eines beliebigen Parameters p

$$\Delta p \propto \frac{\partial v}{\partial p} = \frac{\partial v}{\partial \eta} \cdot \frac{\partial \eta}{\partial p}$$

(18.15)

gelten. Die Bestimmung des zweiten Faktors aus dieser Gleichung ist unter gewissen
Bedingungen möglich (s.u.). Der erste Faktor kann jedoch nicht angegeben werden,
da für v eine Abhängigkeit von η nicht bekannt ist. v hängt zunächst von der aktuellen Gewichtskonfiguration des AEN und der aktuellen Eingabe $\xi_1, \ldots, \xi_n$ ab. Die
Abhängigkeit von $\xi_1, \ldots, \xi_n$ und η ist wiederum durch eine (unbekannte) Differentialgleichung gegeben.

Unter der impliziten Annahme der Existenz der Ableitung verwenden Berenji und
Khedkar eine sehr grobe heuristische Abschätzung für den ersten Faktor aus Gleichung
(18.15):

$$\frac{\partial v}{\partial \eta} \approx \frac{dv}{d\eta} \approx \frac{v[t] - v[t-1]}{\eta[t] - \eta[t-1]}.$$

(18.16)

Für die Änderung der Gewichte wird nur das Vorzeichen des Differenzenquotienten
verwendet. Die Bestimmung des zweiten Faktors aus (18.15) ist zumindest für die
Parameter der Konklusionen unproblematisch. Unter Berücksichtigung der Gleichungen (18.12) und (18.13) ergibt sich für die Ableitung von η nach einem Parameter p_j
einer Fuzzy–Menge ν_j

$$\frac{\partial \eta}{\partial p} = \frac{1}{\displaystyle\sum_{r=1}^{k} \tau_r} \cdot \sum_{r:\exists \varrho_r \overline{\nu_j}} \tau_r \cdot \frac{\partial t_r}{\partial p_j}.$$

(18.17)

Somit erhalten wir für die drei Parameter c_j, sr_j und sl_j einer Fuzzy–Menge ν_j im einzelnen die folgenden Ableitungen:

$$\frac{\partial t_r}{\partial c_j} = 1, \tag{18.18}$$

$$\frac{\partial t_r}{\partial sr_j} = \frac{1}{2}(1 - \tau_r), \tag{18.19}$$

$$\frac{\partial t_r}{\partial sl_j} = -\frac{1}{2}(1 - \tau_r). \tag{18.20}$$

Mit

$$d = \begin{cases} \operatorname{sgn}\left(\dfrac{v[t] - v[t-1]}{\eta[t] - \eta[t-1]}\right) & \text{falls } (\eta[t] - \eta[t-1]) \neq 0 \\ \operatorname{sgn}\left(v[t] - v[t-1]\right) & \text{sonst} \end{cases} \tag{18.21}$$

und

$$\mathcal{T} = \sum_{r=1}^{k} \tau_r \tag{18.22}$$

ergibt sich für die Änderung eines Parameters in den Konklusionen

$$\Delta p_j = \sigma \cdot d \cdot S \cdot V \cdot \frac{\partial \eta}{\partial p_j}, \tag{18.23}$$

wobei σ eine Lernrate ist, und das Produkt $V \cdot S$ dafür sorgen soll, daß eine in einer guten Bewertung resultierende zufällige Änderung der Ausgabe zu einer großen Gewichtsänderung führt. Damit ergeben sich für die verschiedenen Parameter im einzelnen die folgenden Änderungen während eines Lernschrittes:

$$\Delta c_j = \frac{\sigma \, d \, S \, V}{\mathcal{T}} \sum_{r:\exists_{\varrho_r} \nu_j} 1, \tag{18.24}$$

$$\Delta sr_j = \frac{\sigma \, d \, S \, V}{2\,\mathcal{T}} \sum_{r:\exists_{\varrho_r} \vec{\nu_j}} \tau_r \,(1 - \tau_r), \tag{18.25}$$

$$\Delta sl_j = -\frac{\sigma \, d \, S \, V}{2\,\mathcal{T}} \sum_{r:\exists_{\varrho_r} \vec{\nu_j}} \tau_r \,(1 - \tau_r). \tag{18.26}$$

Die Bestimmung der Parameteränderungen in den Zugehörigkeitsfunktionen der Prämissen ist nur dann unproblematisch, wenn die Differenzierbarkeit dieser Funktionen gewährleistet ist. Es gilt für einen Parameter $p_j^{(i)}$ einer Fuzzy–Menge $\mu_j^{(i)}$

$$\frac{\partial \eta}{\partial p_j^{(i)}} = \frac{\partial \eta}{\partial \mu_j^{(i)}} \frac{\partial \mu_j^{(i)}}{\partial p_j^{(i)}}. \tag{18.27}$$

Der erste Faktor des Produktes ist leicht zu bestimmen:

$$\frac{\partial \eta}{\partial \mu_j^{(i)}} = \sum_{r: \exists \mu_j^{(i)} \varrho_r} \frac{\partial \eta}{\partial \tau_r} \frac{\partial \tau_r}{\partial \mu_j^{(i)}}, \tag{18.28}$$

$$\frac{\partial \eta}{\partial \tau_r} = \frac{c_l + \frac{1}{2}(sr_l - sl_l)(1 - 2\tau_r) - \eta}{T}, \quad \text{mit } \exists \ \varrho_r \overrightarrow{\nu_l}, \tag{18.29}$$

$$\frac{\partial \tau_r}{\partial \mu_j^{(i)}} = \frac{e^{-\alpha \mu_j^{(i)}(\xi_i)}(1 + \alpha(\tau_r - \mu_j^{(i)}(\xi_i)))}{\sum_{i: \exists \mu_j^{(i)} \varrho_r} e^{\mu_j^{(i)}(\xi_i)}}. \tag{18.30}$$

Der zweite Faktor von Gleichung (18.27) kann nur dann bestimmt werden, wenn die Zugehörigkeitsfunktionen der Prämissen überall differenzierbar sind. Bei der Verwendung der üblichen Dreiecksfunktionen gibt es jedoch jeweils drei Punkte, an denen die Ableitung nicht existiert. Berenji und Khedkar treffen auch in diesem Fall eine heuristische Abschätzung, indem sie die links– und rechtsseitige Ableitung in diesen Punkten mitteln [BERENJI und KHEDKAR, 1992b]. Damit ergibt sich unter Verwendung von Gleichung (18.10) für den Parameter $c_j^{(i)}$ einer Fuzzy–Menge $\mu_j^{(i)}$:

$$\frac{\partial \mu_j^{(i)}}{\partial c_j^{(i)}}\bigg|_{\xi_i = x_0} = \begin{cases} \dfrac{1}{sr_j^{(i)}} & \text{falls } x_0 \in (c_j^{(i)}, c_j^{(i)} + sr_j^{(i)}) \\[2mm] -\dfrac{1}{sl_j^{(i)}} & \text{falls } x_0 \in (c_j^{(i)} - sl_j^{(i)}, c_j^{(i)}) \\[2mm] \dfrac{1}{2}\left(\dfrac{1}{sr_j^{(i)}} - \dfrac{1}{sl_j^{(i)}}\right) & \text{falls } x_0 = c \\[2mm] \dfrac{1}{2 \, sr_j^{(i)}} & \text{falls } x_0 = c + sr_j^{(i)} \\[2mm] -\dfrac{1}{2 \, sl_j^{(i)}} & \text{falls } x_0 = c - sl_j^{(i)} \\[2mm] 0 & \text{sonst.} \end{cases}$$

Die Berechnungen für die Parameter $sr_j^{(i)}$ und $sl_j^{(i)}$ erfolgen analog:

$$\frac{\partial \mu_j^{(i)}}{\partial sr_j^{(i)}}\bigg|_{\xi_i = x_0} = \begin{cases} \dfrac{x_0 - c_j^{(i)}}{(sr_j^{(i)})^2} & \text{falls } x_0 \in (c_j^{(i)}, c_j^{(i)} + sr_j^{(i)}) \\[2mm] 0 & \text{sonst,} \end{cases} \tag{18.31}$$

$$\left. \frac{\partial \mu_j^{(i)}}{\partial sl_j^{(i)}} \right|_{\xi_i = x_0} = \begin{cases} \dfrac{x_0 - c_j^{(i)}}{(sl_j^{(i)})^2} & \text{falls } x_0 \in (c_j^{(i)} - sr_j^{(i)}, c_j^{(i)}) \\ 0 & \text{sonst.} \end{cases} \tag{18.32}$$

Die Veränderung der Parameter in den Prämissen kann dann analog zu Gleichung
(18.23) durchgeführt werden.

Interpretation des Lernvorgangs

Der Lernvorgang des Kritiknetzes AEN von GARIC entspricht dem des Vorgänger-
modells ARIC, weshalb an dieser Stelle auf die entsprechenden Ausführungen des
vorhergehenden Kapitels 18.1 verwiesen werden kann.

Der Lernalgorithmus des Handlungsnetzwerkes ASN unterscheidet sich jedoch von
dem in ARIC verwendeten Verfahren. Berenji und Khedkar nutzen kein verstärkendes
Lernen mehr, sondern versuchen, mit Hilfe eines angenäherten Gradientenverfahrens
das interne Verstärkungssignal des AEN zu maximieren. Beim Vergleich beider Lernvorgänge stellt man fest, daß die Änderungen an den Parametern bzw. den Gewichten
sich nur durch die Faktoren d und $\partial \eta / \partial p$ unterscheiden. Dabei bestimmt der erste
Faktor das Vorzeichen der Änderung und der zweite nimmt Einfluß auf deren Größe.

Bei der Bestimmung beider Faktoren setzen Berenji und Khedkar Heuristiken ein,
die den Anspruch, ein Gradientenverfahren zu approximieren, stark relativieren. Das
Verfahren ist methodisch nur mit Mühe mit dem Backpropagation–Algorithmus zu
vergleichen. Der von den Autoren postulierte Zusammenhang zwischen dem zu maxi-
mierenden Verstärkungssignal v und der Ausgabe η ist nur mittelbar vorhanden und
bei weitem nicht so deutlich wie die Abhängigkeit zwischen Fehler und Ausgabe, die
im Backpropagation–Verfahren genutzt wird.

Die Änderungen an den Parametern werden dann zum Stillstand kommen, wenn das
zu regelnde System einen stabilen Zustand erreicht hat, bzw. wenn sich die Ausgabe
des AEN nicht mehr ändert (s.u.). Die Auswirkungen des Lernvorgangs sind in einer
Verschiebung der Fuzzy–Mengen und in einer Veränderung der Flankensteigung der
sie modellierenden Dreiecksfunktionen sichtbar.

Da die Änderungen für die Parameter sr und sl einer Fuzzy–Menge in den Regelkonklusionen zwar betragsmäßig gleich, aber von unterschiedlichem Vorzeichen sind,
werden die Zugehörigkeitsfunktionen sich in der Regel unsymmetrisch entwickeln (s.
Glg. (18.25) u. (18.26)). Für die Zugehörigkeitsfunktionen der Prämissen gilt entsprechendes, da mindestens eine Flankenänderung gleich null ist (s. Glg. (18.31) u.
(18.32)). Die Änderungen am Parameter c lassen es zu, daß eine Fuzzy–Menge über
dem gesamten Definitionsbereich verschoben werden kann, sofern keine weiteren Einschränkungen getroffen werden. Dies kann gegebenenfalls zu unerwünschten Effekten
führen (s.u.).

Wie in ARIC spielt auch in GARIC der Faktor $V \cdot S$ eine große Rolle in der Anpassung der Parameter. Im erstgenannten Modell wurde er als Fehler interpretiert und damit zur Bestimmung von Richtung und Größe der Änderungen genutzt. Auch hier soll er eine starke Änderung bewirken, wenn eine zufällige Veränderung der Ausgabe eine Leistungsverbesserung ergeben hat, und er soll die Änderungen gering halten, wenn die Leistung sich verschlechtert hat. Die zusätzliche Verwendung des Faktors d kann jedoch zu Problemen bei der Richtung der Änderungen führen, die darin resultieren, daß sich die Leistung verschlechtert (s.u.).

Das Lernverfahren stellt eine Kombination aus verstärkendem Lernen ($V \cdot S$) und einem Gradientenverfahren dar ($d \, \partial \eta / \partial p$), das einige grobe Abschätzungen enthält. Die Autoren zeigen nicht, daß diese Kombination sinnvoll ist und ob eine Beschränkung auf eines der beiden Verfahren nicht auch zum Ziel führen würde. Die Leistungsfähigkeit des Lernverfahrens zeigen Berenji und Khedkar an einigen ausgewählten Versuchen an einem inversen Pendel [BERENJI und KHEDKAR, 1992b]. Dabei war GARIC in der Lage, die aus ihrer korrekten Position herausgeschobene Zugehörigkeitsfunktion der Fuzzy-Menge ZE (ungefähr null) in etwa an diese Stelle zurückzubringen.

Bewertung des Ansatzes

Die gegenüber ARIC vorgenommenen Veränderungen am Handlungsnetzwerk ASN von GARIC beseitigen fast alle semantischen Probleme bei der Interpretation des Modells. Die Änderungen an den Zugehörigkeitsfunktionen sind konsistent und führen nicht mehr zu ungültigen Zugehörigkeitswerten. Durch die Auslagerung der Fuzzy-Mengen in eigene Einheiten und eine geeignete Form der Verbindungsführung ist es nicht mehr möglich, einen linguistischen Wert auf unterschiedliche Weise zu repräsentieren.

Problematisch an der Veränderung der Fuzzy-Mengen ist die uneingeschränkte Möglichkeit der Verschiebung während des Lernprozesses. Dadurch können die Träger von Zugehörigkeitsfunktionen aus einem positivem in einen negativen Teil des Definitionsbereiches wandern oder umgekehrt. Die auf diese Weise entstehenden Funktionen repräsentieren dann nicht mehr die ursprünglichen linguistischen Werte. Dieser Effekt wird in den allermeisten Fällen unerwünscht sein, so daß Mechanismen für eine Beschränkung der Parameteränderungen notwendig sind.

Die Vermischung von verstärkendem Lernen und Gradientenverfahren führt dazu, daß der Lernvorgang zum Stillstand kommt, wenn sich die Ausgabe des AEN nicht mehr verändert. Dieser Zustand tritt nicht nur dann ein, wenn das zu regelnde System den angestrebten Ruhezustand erreicht hat, sondern auch, wenn es über längere Zeit einen festen Zustand beibehält. Auf diese Weise kann der Effekt eintreten, daß das Modell nicht lernt, den optimalen Zustand anzustreben, sondern lernt, ein Versagen zu vermeiden. Auf diese Weise hält der Regler einen Zustand, der sich nur wenig von dem unterscheidet, in dem das externe Verstärkungssignal $\hat{v}$ ein Versagen signalisiert.

Eine Möglichkeit, diesen Effekt zu vermeiden, besteht darin, ein Fehler– oder Verstärkungssignal zur Parameteränderung heranzuziehen, so daß der Lernvorgang erst dann zum Stillstand kommt, wenn dieses Signal null wird. Diese Vorgehensweise ist in dem in Kapitel 19 vorgestelltem neuen Ansatz verwirklicht. Ein anderer Ansatz, diesen Effekt zu vermeiden, besteht darin, sichere Zustände für das zu regelnde System zu definieren und diese durch den Lernvorgang anstreben zu lassen [Nowé und Vepa, 1993].

Ein weiterer Nachteil des Lernverfahrens für GARIC besteht in der gleichzeitigen Verwendung der Faktoren d und $V \cdot S$. Die stochastische Modifikation der Ausgabe des ASN, deren Richtung und Größe durch den Wert von S repräsentiert wird, soll dazu führen, daß größere Bereiche des Zustandsraumes vom Lernvorgang erfaßt werden und somit eine bessere Generalisierung erreicht wird. Unter der Annahme, daß im aktuellen Zustand eine Ausgabe von 0 optimal sei, die Modifikation jedoch zu einer positiven Ausgabe führt, die größer sei, als der vorhergehende Wert, führt dies zu einer Leistungsverschlechterung. Unter der weiteren Annahme, daß das AEN bereits eine adäquate Einschätzung des Regelungsverhaltens in seiner Ausgabe v widerspiegelt, führt dies dazu, daß die Änderungen der Parameter in der Art erfolgen, daß die nächste Ausgabe in Richtung des aktuellen, modifizierten Wertes verschoben wird. Denn in diesem Fall gilt $V < 0, d < 0$ und $S > 0$ (vgl. Glg. (18.1), (18.14), (18.21)), womit eine Verschiebung der beteiligten Zugehörigkeitsfunktion in den Konklusionen in positive Richtung verbunden ist (vgl. Glg. (18.24), (18.25), (18.26)). Damit verschlechtert sich die Leistung der Regelung.

Um diesen Effekt klein zu halten, ist es erforderlich, daß S keinen großen Einfluß auf die Parameteränderung hat, also betragsmäßig klein ist. Dies läuft jedoch dem eigentlichen Sinn der stochastischen Modifikation zuwider.

Die Überwindung der rein neuronalen Architektur im Handlungsnetz des ASN hat GARIC in seiner Interpretation als Fuzzy–Regler gegenüber ARIC sehr verbessert. Das ASN kann zwar noch als Spezialfall eines Neuronalen Netzes gesehen werden, entspricht jedoch eher einem *Datenflußmodell eines Fuzzy–Reglers*. In diesem Sinne kann GARIC auch als kooperatives Neuro–Fuzzy–Modell interpretiert werden, in dem das Bewertungsnetz einen Teil der den Lernprozeß treibenden Parameter beisteuert und auf diese Weise den Fuzzy–Regler (ASN) verändert. Die Darstellung des Reglers als Netzwerk ermöglicht eine homogene Realisierung in neuronalen Strukturen und somit den Einsatz spezieller Hardware, sofern die Voraussetzung gegeben ist, dabei selbstdefinierte Aktivierungs– und Propagationsfunktionen verwenden zu können.

Als Nachteil des Modells muß der relativ komplexe, aus unterschiedlichen Verfahren kombinierte Lernalgorithmus angesehen werden. Daß ein auf einfachem verstärkenden Lernen aufgebautes Modell [Nauck, 1994c] ebenfalls erfolgreich sein kann, wird in Kapitel 19 gezeigt.

18.3   Weitere Modelle

In diesem Abschnitt werden drei weitere hybride Neuronale Fuzzy-Systeme diskutiert, die jeweils interessante Aspekte besitzen. Das erste behandelte Modell von
Takagi und Hayashi [TAKAGI und HAYASHI, 1991] besitzt eine rein neuronale Struktur. Das darauf folgende Modell von Jang [JANG, 1991a, JANG, 1992, JANG, 1993]
realisiert einen Sugeno-Regler in einer neuronalen Architektur und verwendet dabei
spezielle Lernverfahren. Das Modell von Sulzberger et al. schließlich ist in der Lage,
Zugehörigkeitsfunktionen und Kontrollregeln zu erlernen [SULZBERGER et al., 1993].

Das NNDFR-Modell

Das NNDFR-Modell (Neural Network Driven Fuzzy Reasoning) von Takagi und Ha-
yashi [TAKAGI und HAYASHI, 1991, HAYASHI et al., 1992a] ist nicht hauptsächlich zur
Lösung von Regelungsproblemen entworfen worden, sondern zur Klassifikation oder
Beurteilung von Zuständen.

Das Modell setzt n Eingangsgrößen $\xi_1 \in X_1, \ldots, \xi_n \in X_n$, eine Ausgangsgröße η und k
linguistische (Kontroll-)Regeln $R_1, \ldots, R_k$ voraus. Es besteht aus $k+1$ mehrschichtigen vorwärtsbetriebenen Neuronalen Netzen (s. Bild 18.5), die zur Repräsentation der
Zugehörigkeitsfunktionen und der Fuzzy-Regeln dienen. Das System ist rein neuronaler Natur und daher nicht dazu geeignet, aus ihm Parameter eines Fuzzy-Systems
zu extrahieren. Lediglich die Anordnung der Teilnetze und die Interpretation der
Ausgaben lassen es zu, das Modell als Neuronales Fuzzy-System zu bezeichnen.

Das NNDFR-Modell wird in mehreren Schritten konstruiert, die sowohl die Festlegung seiner Architektur als auch die Lernvorgänge der beteiligten Neuronalen Netze
enthalten. Die Grundlage der Konstruktion bildet eine überwachte Lernaufgabe. Das
bedeutet, daß eine eventuelle Regelungsaufgabe bereits anderweitig beherrscht werden
muß, bzw. für eine Klassifikationsaufgabe entsprechende Beispiele vorliegen müssen.

Die linguistischen Regeln, die das NNDFR-Modell verwendet, sind von der Form

$$R_r: \textbf{If } (\xi_1, \ldots, \xi_n) \textbf{ is } A_r \textbf{ Then } \eta = u_r(\xi_1, \ldots, \xi_n).$$

Dies entspricht nicht der üblichen Form linguistischer Kontrollregeln, was mit der
Verwendung einer rein neuronalen Architektur zusammenhängt. A_r muß durch eine
n-dimensionale Zugehörigkeitsfunktion repräsentiert werden; es gibt keine Verknüpfung einzelner Zugehörigkeitswerte. Im Modell wird dies durch das Neuronale Netz
NNmem realisiert, das für jede Regel R_r einen Wert w_r liefert, der als Erfüllungsgrad
der Prämisse angesehen wird.

Die Funktionen $u_1, \ldots, u_k$ werden durch k Neuronale Netze $NN_1, \ldots, NN_k$ realisiert,
die damit die Ausgaben der Regeln $R_1, \ldots, R_k$ bestimmen. Die endgültige Ausgabe

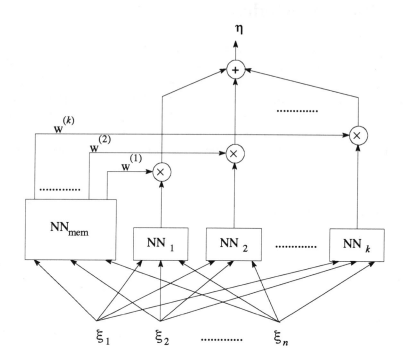

Bild 18.5: Blockdiagramm eines NNDFR-Systems (nach [TAKAGI und HAYA-
SHI, 1991])

des Systems wird durch

$$
\eta = \frac{\displaystyle\sum_{r=1}^{k} w_r\, u_r(\xi_1,\ldots,\xi_n)}{\displaystyle\sum_{r=1}^{k} w_r}
\tag{18.33}
$$

bestimmt.

Die verwendeten Neuronalen Netze sind alle vom Typ mehrschichtiges Perceptron.
Das Netz $\mathrm{NN_{mem}}$ besitzt k Ausgabeeinheiten, und die Netze $\mathrm{NN_1},\ldots,\mathrm{NN_k}$ weisen
jeweils eine Ausgabeeinheit auf. Die Anzahl der Eingabeeinheiten beträgt bei al-
len Netzen maximal n, wobei im Laufe des Konstruktionsvorgangs für jedes Netz
individuell versucht wird, überflüssige Eingabeeinheiten, d.h. Eingangsgrößen, zu eliminieren. Takagi und Hayashi geben an, jeweils zwei innere Schichten zu verwenden,
wobei sie dies jedoch weder begründen noch auf die Vorgehensweise zur Bestimmung
der Anzahl innerer Einheiten eingehen. Die Aktivierungsfunktion der inneren und
der Ausgabeeinheiten ist in allen Fällen die für mehrschichtige Perceptrons übliche

sigmoide Funktion (vgl. Kap. 11). Als Trainingsverfahren wird der Backpropagation-Algorithmus eingesetzt.

Die Autoren geben zur Konstruktion eines NNDFR-Modells die folgenden Schritte an.

(i) Nach der Identifikation der Eingangsgrößen $\xi_1, \ldots, \xi_n$ und der Ausgangsgröße η wird eine überwachte Lernaufgabe $\tilde{\mathcal{L}}$ aus Beispieldaten erzeugt. Diese wird zunächst dazu verwendet, ein weiteres mehrschichtiges Perceptron mittels Backpropagation zu trainieren. Nach Abschluß des Lernvorgangs werden sukzessive einzelne Eingabeeinheiten entfernt und der quadratische Fehler für die entsprechende, um ein Eingangsmerkmal reduzierte Lernaufgabe ermittelt. Weicht der Fehler dabei nur geringfügig von dem Fehler bei der Verwendung aller Eingabeeinheiten ab, wird die entsprechende Eingangsgröße als irrelevant eingestuft und dauerhaft aus der Lernaufgabe entfernt. Die Autoren bezeichnen diesen Vorgang als *backward elimination*. Das trainierte Netz wird nicht weiter verwendet. Dieser Schritt dient lediglich der Datenreduktion.

(ii) Der Lernaufgabe $\tilde{\mathcal{L}}$ wird eine Menge von Kontrolldaten entnommen, die zur Überprüfung des Lernerfolgs in den folgenden Schritten eingesetzt werden kann.

(iii) Die verbleibende Lernaufgabe $\tilde{\mathcal{L}}'$ wird einem Cluster-Verfahren unterzogen. Die dabei entstehenden k Cluster $\varrho_1, \ldots, \varrho_k$ werden als Regeln interpretiert.

(iv) Das Neuronale Netz NNmem wird mit k Ausgabe- und m Eingangseinheiten erstellt, wobei m der Anzahl der nach Schritt (i) verbleibenden Eingangsgrößen entspricht. Die Autoren verwenden in ihren Beispielen jeweils zwei innere Schichten. Es wird eine neue Lernaufgabe $\tilde{\mathcal{L}}^*$ erzeugt, die die Eingangsmuster von $\tilde{\mathcal{L}}'$ enthält und deren p-tes Ausgangsmuster durch

$$(w_1^{(p)}, \ldots, w_k^{(p)}), \quad w_r^{(p)} = \begin{cases} 1 & \text{falls } (\xi_1^{(p)}, \ldots, \xi_m^{(p)}) \in \varrho_r \\ 0 & \text{sonst} \end{cases}$$

festgelegt ist. Auf diese Weise wird einem Eingangsmuster $(\xi_1^{(p)}, \ldots, \xi_m^{(p)})$ ein „Zugehörigkeitswert" $w_r^{(p)}$ von 1 zugewiesen, wenn es zu dem Cluster (einer Regel) ϱ_r gehört. Unbekannte Eingaben rufen nach Abschluß des Lernvorgangs in jeder Ausgabeeinheit einen Wert zwischen 0 und 1 ab, der als Erfüllungsgrad der jeweiligen Regel, bezogen auf diese Eingabe, interpretiert wird.

(v) In diesem Schritt werden die Neuronalen Netze $NN_1, \ldots, NN_k$ mit je m Eingabeeinheiten und einer Ausgabeeinheit erzeugt. Die Lernaufgabe $\tilde{\mathcal{L}}'$ wird in k Lernaufgaben $\tilde{\mathcal{L}}_1, \ldots, \tilde{\mathcal{L}}_k$ aufgeteilt, die jeweils Muster eines Clusters enthalten. Sie werden genutzt, um die k Netze mittels Backpropagation zu trainieren.

(vi) Unter Zuhilfenahme der Kontrolldaten wird mittels des Verfahrens aus Schritt (i) versucht, die Eingabeeinheiten der Netze $NN_1, \ldots, NN_k$ zu verringern. Bei den Netzen, bei denen das Verfahren Erfolg hatte, muß der Lernvorgang mit entsprechend verringerter Lernaufgabe wiederholt werden.

(vii) Das NNDFR-Modell wird aus den erzeugten Neuronalen Netzen NN_{mem} und $NN_1, \ldots, NN_k$ zusammengesetzt (vgl. Bild 18.5).

Verglichen mit den Ansätzen aus den Abschnitten 18.1 und 18.2 und den beiden noch folgenden Modellen ist der Ansatz von Takagi und Hayashi trivial. Das NNFDR-Modell weist zwar eine deutliche Strukturierung auf und unterscheidet sich dadurch von gängigen neuronalen Klassifikations- oder Regelungssystemen, es kann jedoch nicht als Fuzzy-Regler oder Fuzzy-Klassifikationssystem interpretiert werden oder Parameter für derartige Systeme hervorbringen. Einzig die Interpretation der Ausgabe von NN_{mem} als Erfüllungsgrad einer Regel und der Netze $NN_1, \ldots, NN_k$ als Regeln bzw. Regelkonklusionen erlaubt die Bezeichnung „Neuro-Fuzzy-Modell".

Da das Modell es weder zuläßt, Fuzzy-Regeln zu erlernen (diese werden durch ein zusätzliches Cluster-Verfahren ansatzweise erzeugt), noch diese Regeln oder Zugehörigkeitsfunktionen explizit zu extrahieren, erscheint der Aufwand des Ansatzes zunächst nicht gerechtfertigt. Insbesondere unter der Berücksichtigung der Tatsache, daß nach Schritt (i) des von den Autoren angegebenen Konstruktionsverfahrens ein fertig trainiertes Neuronales Netz vorliegt, daß die vorgesehene Aufgabe ebenso gut erfüllen könnte, das jedoch im weiteren Verlauf nicht mehr genutzt wird.

Eine Bedeutung kommt dem Modell erst dann zu, wenn die Datenreduktion in den Schritten (i) und (vi) so groß ist, daß die im Modell verwendeten Neuronalen Netze im Verhältnis klein werden können. Da die Netze während der Lernphase unabhängig voneinander arbeiten können, bietet sich eine Parallelisierung auf neuronaler Spezialhardware an. Dies ist im Hinblick auf einen Online-Lernvorgang unter Echtzeitbedingungen während des Einsatzes des Modells von Interesse. Die Modularisierung und Parallelisierung verspricht einen Laufzeitgewinn gegenüber einem unstrukturierten Neuronalen Netz.

Dieser Aspekt tritt noch stärker hervor, wenn die Datenreduktion und das Cluster-Verfahren aufgrund von Vorwissen (Kenntnis der relevanten Eingangsgrößen und linguistischer Regeln mit dazugehörigen Beispieldaten) entfallen können. Das NNDFR-Modell läßt sich dann verhältnismäßig schnell realisieren und (unter Verwendung von Spezialhardware) schnell trainieren. Werden während des Einsatzes des Modells weitere Daten gesammelt, so kann der Lernvorgang online wieder aufgenommen werden, um das System einer veränderten Umgebung anzupassen. Problematisch ist dabei, wie bei allen rein neuronalen Modellen, die Bestimmung der Netzparameter.

In [TAKAGI und HAYASHI, 1991] wird das NNDFR-Modell in zwei Klassifikationsproblemen eingesetzt. Das erste Problem befaßt sich mit der Schätzung der Sauerstoffkonzentration in der Bucht von Osaka in Abhängigkeit von fünf Meßgrößen. Die

zweite Anwendung betrifft die Schätzung der Rauheit einer polierten keramischen
Oberfläche, ebenfalls in Abhängigkeit von fünf Meßgrößen. Die Autoren weisen darauf hin, daß ihr Modell bessere Ergebnisse liefert als für diese Anwendungsbereiche
entwickelte konventionelle Methoden. In [HAYASHI et al., 1992a] wird das NNDFR-
Modell erfolgreich auf ein realisiertes inverses Pendel angewandt, wobei es auch in
der Lage ist, das Pendel aus hängender Lage aufzuschwingen.

Das Modell ist trotz seiner Einfachheit und semantisch wenig differenzierten Struktur von Interesse, da es ein klassischer Vertreter Neuronaler Fuzzy-Systeme ist, die
vorwiegend in japanischen Konsumprodukten zum Einsatz gelangen [ASAKAWA und
TAKAGI, 1994, TAKAGI, 1990, TAKAGI, 1992, TAKAGI, 1995]. Diese Systeme zeichnen sich überwiegend durch sehr einfache neuronale Strukturen aus, die entweder als
Neuronale Fuzzy-Modelle interpretiert werden, oder Parameter von Fuzzy-Reglern
während des Einsatzes von Produkten verändern sollen. Vergleichbare Ansätze sind
in [D'ALCHÉ-BUC et al., 1992, HAYASHI et al., 1992b, LIN und LEE, 1993, ESOGBUE,
1993] zu finden.

Ein ebenfalls rein neuronales System ist das NeuFuz-Modell der Firma National Semi-
conductor [KHAN und VENKATAPURAM, 1993]. Es wird als kommerzielles Entwick-
lungssystem für Fuzzy-Regler vertrieben. Das Modell besteht aus einem mehrschichtigen vorwärtsbetriebenen Neuronalen Netz, das mit einer überwachten Lernaufgabe
und dem Backpropagation-Verfahren trainiert wird. Nach erfolgten Training werden
die Systemparameter extrahiert und zur Konstruktion eines Sugeno-Reglers verwendet. Das Modell lernt dabei sowohl die Form der Fuzzy-Mengen der Prämissen als
auch die Fuzzy-Regeln. Dazu muß die Anzahl der Fuzzy-Mengen vorgegeben werden.
Deren Form wird aus Gaußschen Funktionen abgeleitet, die die Aktivierungsfunktionen von Einheiten einer inneren Schicht darstellen. Das Modell realisiert zunächst
Regeln für alle möglichen Prämissen in Form innerer Einheiten. Nach dem Lernvorgang unterstützt das System den Entwickler dabei, die Anzahl der Regeln zu
verringern und die Fuzzy-Mengen zu vereinfachen, um die Komplexität des Systems
zu reduzieren.

Das ANFIS-Modell

Das ANFIS-Modell (Adaptive-Network-based Fuzzy Inference System) von Jang
[JANG, 1991a, JANG, 1992, JANG, 1993] emuliert einen Sugeno-Regler in einem speziellen vorwärtsbetriebenen Neuronalen Netz mit sechs Schichten. Das Netz besitzt
nur ungewichtete Verbindungen und weist in allen Schichten unterschiedliche spezielle
Aktivierungsfunktionen auf. Die verwendeten Regeln sind von der Form

$$R_r: \textbf{If } \xi_1 \textbf{ is } A_{j_1}^{(1)} \wedge \ldots \wedge \xi_n \textbf{ is } A_{j_n}^{(n)} \textbf{ Then } \eta = \alpha_0^{(r)} + \alpha_1^{(r)}\xi_1 + \ldots + \alpha_n^{(r)}\xi_n.$$

Der Lernvorgang wirkt sich auf die Fuzzy–Mengen der Prämissen und die Parameter
α_j der Konklusionen aus. Die Fuzzy–Regeln müssen bekannt sein.

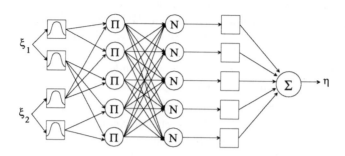

Bild 18.6: Die Struktur von ANFIS (nach [JANG, 1993])

Die Struktur von ANFIS (Bild 18.6) enthält in Schicht 0 die Eingabeeinheiten, die von Jang nicht als gesonderte Schicht gezählt werden. Die weiteren Schichten weisen die folgenden Eigenschaften auf [JANG, 1993]:

Schicht 1: Jeder Knoten dieser Schicht speichert drei Parameter zur Definition einer Zugehörigkeitsfunktion zur Modellierung eines linguistischen Ausdrucks A:

$$\mu_A(\xi) = \frac{1}{1 + \left(\left(\frac{\xi - c}{a} \right)^2 \right)^b}$$

wobei ξ eine der Eingangsgrößen und A einen zur ihr gehörenden linguistischen Wert bezeichnet. Jeder Knoten ist mit genau einer Eingabeeinheit verbunden.

Schicht 2: Für jede Regel ist eine Einheit angelegt, die mit den Einheiten der vorhergehenden Schicht verbunden ist, die die Regelprämisse bilden. Die eingehenden Werte werden aufmultipliziert.

Schicht 3: Für jede Regel ist eine Einheit vorhanden, die den relativen Erfüllungsgrad w_r dieser Regel, bezogen auf alle anderen Regeln, berechnet. Jede Einheit ist mit allen Einheiten der Schicht 2 verbunden.

Schicht 4: Die Einheiten dieser Schicht sind mit allen Eingabeeinheiten und mit genau einem Knoten der Schicht 3 verbunden. Sie berechnen die gewichtete Ausgabe einer Regel mit

$$o_r = w_r \cdot (\alpha_0^{(r)} + \alpha_1^{(r)}\xi_1 + \ldots + \alpha_n^{(r)}\xi_n).$$

Schicht 5: Die einzige Ausgabeeinheit berechnet den Ausgabewert η als Summe über alle Ausgaben der Schicht 4.

Der Lernalgorithmus von ANFIS benötigt eine überwachte Lernaufgabe. Abweichend von anderen neuronalen Ansätzen wird bei Jangs Modell nicht immer ein Gradientenverfahren eingesetzt. Unter der Voraussetzung, daß die Fuzzy–Mengen der repräsentierten Regeln festgehalten werden, lassen sich die in der Schicht 4 gespeicherten Konklusionsparameter mit Hilfe eines überbestimmten Gleichungssystems ermitteln [JANG, 1993, JANG und SUN, 1995]. Dies ist aufgrund der direkten Abhängigkeit der Einheiten aus Schicht 4 von den Eingabeeinheiten möglich. Wenn die Zugehörigkeitsfunktionen als bekannt vorausgesetzt werden, lassen sich die Konklusionsparameter auf diese Weise sehr effizient bestimmen. Es handelt sich hierbei jedoch nicht um ein Lernverfahren im üblichen Sinne, da die Parameter in einem Schritt direkt berechnet und nicht iterativ adaptiert werden.

Um auch die Fuzzy–Mengen, d.h. die Parameter der Schicht 1 zu erlernen, kann ein zweistufiges Lernverfahren eingesetzt werden [JANG und SUN, 1995], das ein Gradientenverfahren mit der Methode zur Bestimmung der Konklusionsparameter kombiniert. In der ersten Stufe des Verfahrens wird ein Eingabemuster propagiert, und die Konklusionsparameter werden bei festgehaltenen Fuzzy–Mengen nach dem eben genannten Verfahren bestimmt. In der zweiten Stufe wird der Ausgabefehler ermittelt, und die Parameter der Zugehörigkeitfunktionen werden unter Festhalten der Konklusionsparameter mittels eines Gradientenabstiegsverfahrens angepaßt.

Das Jangsche Modell ist ein sehr einfacher Ansatz, der eine verallgemeinerte neuronale Struktur verwendet, die wie GARIC eher einem Datenflußmodell des emulierten Fuzzy-Reglers entspricht als einem Neuronalen Netz. Da es nur Propagations– und Aktivierungsfunktionen verwendet, die auch im Bereich Neuronaler Netze zu finden sind, läßt es sich mit Hilfe neuronaler Simulationssoftware relativ leicht implementieren [BRAHIM und ZELL, 1994]. Eine Anwendung von ANFIS zur Vorhersage des Elektrizitätsbedarfs an „besonderen" Tagen (Feiertage etc.) wird in [SCHREIBER und HEINE, 1994] beschrieben.

Der Lernalgorithmus von ANFIS ist untypisch und nur offline durchführbar, da ein durch die Lernaufgabe aufgestelltes Gleichungssystem zu lösen ist. Wenn die repräsentierten Fuzzy–Mengen nicht gelernt werden sollen, so existiert ein Verfahren, das lediglich die Parameter der Regelkonklusionen verändert. Positiv dabei ist, daß diese Methode keine strukturellen Änderungen vornimmt, wodurch die Interpretation des Modells als Sugeno-Regler gewahrt bleibt. Dieses Verfahren kann mit einem Gradientenabstiegsverfahren kombiniert werden, um auch die Regelprämissen zu erlernen. Dabei ist jedoch darauf zu achten, daß die entsprechenden Parameter keine Änderungen erfahren, die eine Interpretation des Systems verhindern. Das ANFIS–Modell sieht hierfür allerdings keine Mechanismen vor.

Das FUN-Modell

Abschließend wird das FUN-Modell (FUzzy Net) von Sulzberger et al. [SULZBERGER et al., 1993] diskutiert. Das Modell ist trotz eines einfachen stochastischen Lernalgorithmus, der untypisch für neuronale Systeme ist, einer der wenigen Ansätze, die sowohl Fuzzy-Regeln als auch Fuzzy-Mengen erlernen können.

Das Modell beruht wie GARIC (s. Kap. 18.2) auf einer fünfschichtigen vorwärtsbetriebenen, einem Neuronalen Netz vergleichbaren Struktur, die ausschließlich ungewichtete Verbindungen enthält (vgl. auch Bild 18.3). Die Einheiten der Eingangsschicht repräsentieren die Meßgrößen $\xi_1, \ldots, \xi_n$, die Knoten der ersten inneren Schicht speichern die Zugehörigkeitsfunktionen $\mu_1^{(1)}, \ldots, \mu_{p_1}^{(1)}, \ldots, \mu_1^{(n)}, \ldots, \mu_{p_n}^{(n)}$ der Prämissen, die Einheiten $\varrho_1, \ldots, \varrho_k$ der dritten Schicht repräsentieren die linguistischen Kontrollregeln, die Einheiten der letzten inneren Schicht speichern die Fuzzy-Mengen $\nu_1, \ldots, \nu_q$ der Konklusionen und die Ausgabeeinheit liefert die Stellgröße η. Gegebenenfalls können auch mehrere Ausgabeeinheiten existieren.

Der Lernalgorithmus wird von einer Kostenfunktion gesteuert, die entweder allein vom Zustand des zu regelnden physikalischen Systems abhängt (verstärkendes Lernen) oder den Fehler zwischen tatsächlicher und erwünschter Ausgabe darstellt (überwachtes Lernen). Da die durch den Lernvorgang vorgenommenen Änderungen nicht durch die Kostenfunktion bestimmt, sondern nur von ihr bewertet werden, benötigt FUN keine scharfen Ausgaben der einzelnen Regeln. Daher kann die Defuzzifizierung nach der Akkumulation der Regelausgaben erfolgen. Auf diese Weise läßt sich sowohl ein Mamdani-Regler als auch eine beliebige andere Form eines Fuzzy-Reglers durch FUN repräsentieren.

Die Struktur des Netzwerkes wird zu Beginn durch a-priori Wissen in Form linguistischer Kontrollregeln und Zugehörigkeitsfunktionen festgelegt. Der Lernalgorithmus verändert sowohl die Fuzzy-Mengen in den Knoten der Schichten zwei und vier als auch die Verbindungsstruktur des Netzes und auf diese Weise die Regelbasis. Da die Anzahl der Knoten fest ist, ist weder eine Hinzunahme noch ein Entfernen von Regeln oder linguistischen Werten vorgesehen.

Auch wenn kein a-priori Wissen vorliegt oder nur ein Teilwissen vorhanden ist, kann das FUN-Modell erfolgreich eingesetzt werden. Bei der Konstruktion ist lediglich eine (feste) Anzahl beliebiger Regeln und eine anfängliche Partitionierung der Variablen anzugeben.

Das Lernverfahren für die Regelbasis entspricht einer stochastischen Suche. Es besteht aus Veränderungen an zufällig ausgewählten Verbindungen. Nach einer Veränderung wird die Leistung des Reglers ermittelt. Hat sie sich verringert, wird die Änderung rückgängig gemacht. Zusätzlich muß jede Veränderung dahin überprüft werden, ob sie zu einer konsistenten Regelbasis führt und andernfalls zurückgenommen werden. Es ist also sicherzustellen, daß eine Veränderung nicht zu einer Regel führt, in der eine Meßgröße mehrfach vorkommt, Regeln nicht doppelt repräsentiert sind, keine

Regeln mit gleicher Prämisse und verschiedenen Konklusionen auftreten und keine Regelknoten ohne Verbindungen zur zweiten oder vierten Schicht im Netz existieren.

Der Lernvorgang zur Bestimmung der Zugehörigkeitsfunktionen wird gleichzeitig durchgeführt und ist eine Kombination von stochastischer Suche und einem stark vereinfachten Gradientverfahren. Die Fuzzy-Mengen werden durch Dreiecksfunktionen repräsentiert, die durch drei Parameter $w_{\text{links}}, w_{\text{mitte}}, w_{\text{rechts}}$ bestimmt sind, so daß $\mu(w_{\text{links}}) = \mu(w_{\text{rechts}}) = 0$, $\mu(w_{\text{mitte}}) = 1$ und $w_{\text{links}} \leq w_{\text{mitte}} \leq w_{\text{rechts}}$ gilt. Die Veränderungen werden so vorgenommen, daß diese Bedingungen eingehalten werden, und die Parameter den Wertebereich der Variablen nicht verlassen.

Zu Beginn des Trainings werden für die Parameter aller Zugehörigkeitsfunktionen maximal erlaubte Änderungen pro Lernschritt festgelegt. Der Lernvorgang besteht darin, zufällig eine Zugehörigkeitsfunktion auszuwählen und zufällig einen ihrer Parameter innerhalb der gegebenen Schranken zu verändern. Danach muß wie im Fall der Regeln erneut die Leistung des Reglers gemessen werden. Ist sie gestiegen, wird die Änderung beibehalten und bei erneuter zufälliger Auswahl dieser Zugehörigkeitsfunktion eine Änderung in gleicher Richtung vorgenommen. Ist die Leistung gesunken, wird die Veränderung zurückgenommen. Um eine Konvergenz des Lernvorgangs zu erzwingen, nähern sich die Beträge der Änderungen asymptotisch gegen Null.

Das System wurde von den Autoren nicht zur Regelung eingesetzt, sondern an zwei Steuerungsaufgaben getestet, wobei es im ersten Fall mit überwachtem und im zweiten mit verstärkendem Lernen trainiert wurde. Das erste Beispiel behandelte die Bestimmung einer geeigneten Absprungposition und -geschwindigkeit für einen erfolgreichen Sprung über ein Hindernis. Die zweite Anwendung befaßte sich mit der Steuerung eines mobilen Roboters, der von einem Start- zu einem Zielpunkt unter der Vermeidung von Hindernissen navigieren sollte. Beide Aufgaben konnten durch das FUN-Modell gelöst werden [SULZBERGER et al., 1993].

Der Vorteil des FUN-Modells gegenüber den bisher diskutierten Modellen ist die Tatsache, daß neben den Zugehörigkeitsfunktionen auch die Regelbasis angepaßt bzw. erlernt werden kann. FUN setzt nicht wie z.B. GARIC oder ANFIS die Kenntnis „korrekter" Regeln voraus und benötigt auch keine außerhalb des Modells liegenden Verfahren zu deren Bestimmung, wie z.B. das NNDFR-Modell. Die einzige Einschränkung liegt darin, daß eine maximale Anzahl von Regeln vorzugeben ist.

Bei der Veränderung der Regeln kann es jedoch vorkommen, daß einzelne Regeln nach Ende des Lernvorgangs semantisch unsinnig erscheinen, weil sich gleichzeitig auch die Zugehörigkeitsfunktionen stark verändern können (Träger wandert vom positiven in den negativen Bereich o.ä.). Auch bedeutet die Überprüfung der Konsistenz der Regelbasis nach einer Änderung zusätzlichen Aufwand im Lernverfahren.

Nachteilig gegenüber den anderen Modellen ist die Tatsache, daß der Lernalgorithmus sich nicht parallelisieren läßt, sondern die Änderungen seriell von einer zentralen Instanz vorgenommen werden müssen. Dadurch ist zum Beispiel eine Nutzung neuronaler Hardware ausgeschlossen. Die Struktur von FUN läßt sich daher nur noch bedingt mit Neuronalen Netzen gleichsetzen und entspricht wie GARIC eher einem Datenfluß-modell eines Fuzzy-Reglers. Da auch der Lernalgorithmus nicht gängigen neuronalen Verfahren entspricht, ist FUN nur sehr eingeschränkt als Neuronales Fuzzy-System zu bezeichnen.

Der Lernalgorithmus nutzt nicht die gesamte durch die Kostenfunktion zur Verfü-gung gestellte Information. Die Änderungen werden nicht zielgerichtet an Struktur-elementen vorgenommen, die den aktuellen Zustand maßgeblich hervorgerufen haben, sondern zufällig durchgeführt. Die gegebenenfalls notwendige Rücknahme von Lern-schritten erhöht den Aufwand des Lernvorgangs.

Im folgenden Kapitel wird ein neuer Ansatz für ein Neuronales Fuzzy-System vorge-stellt, das derartige Nachteile vermeidet und auch in der Lage ist, sowohl Regeln als auch Zugehörigkeitsfunktionen zu erlernen [NAUCK, 1994c].

Kapitel 19

Das NEFCON–Modell

In diesem Kapitel stellen wir eine neue hybride Architektur für einen Neuronalen Fuzzy–Regler sowie einen speziell dafür entwickelten Lernalgorithmus vor. Der Vorteil des NEFCON–Modells (NEural Fuzzy CONtroller) gegenüber den bisher diskutierten Modellen besteht darin, daß es Wissen über erwünschte und unerwünschte Zustände für den Lernvorgang ausnutzt und in der Lage ist, sowohl Fuzzy–Mengen als auch Fuzzy–Regeln zu erlernen. Die Architektur des Reglers kann sowohl als Neuronales Netz als auch als gewöhnlicher Fuzzy–Regler interpretiert werden. Der Lernalgorithmus verändert nicht die zugrundeliegende Struktur des Modells, wodurch alle durch ihn vorgenommenen Änderungen interpretierbar bleiben [NAUCK und KRUSE, 1992a].

Das Lernverfahren für das Modell basiert auf einem *Fuzzy–Fehlermaß*, das den Zustand des zu regelnden Systems beschreibt. Da der korrekte Stellwert für einen gegebenen Systemzustand in der Regel nicht angegeben werden kann, ist ein direkter Fehler nicht bestimmbar. Die Verwendung eines überwachten Lernalgorithmus mit fester Lernaufgabe, wie er z.B. in [EKLUND et al., 1992] untersucht wird, scheidet daher aus. Über den Zustand des Systems besteht jedoch meist Wissen in der Form, ob dieser mehr oder weniger „gut" oder „schlecht" ist. Weiterhin ist gewöhnlich das Ziel der Regelung, der erwünschte optimale Zustand des Systems, bekannt.

Es ist daher angebracht, die Güte des Systemzustandes entweder direkt als Fuzzy–Relation zu repräsentieren oder mit Hilfe linguistischer Regeln zu beschreiben, woraus dann der *Fuzzy–Fehler* des Reglers abgeleitet werden kann [NAUCK und KRUSE, 1992b]. Basierend auf diesem Fehlermaß wird ein überwachter Lernalgorithmus definiert, der das Prinzip des verstärkenden Lernens nutzt. Da das verwendete Verstärkungssignal jedoch auf einem wissensbasierten Fehlermaß aufbaut, kann auf ein adaptives Kritikelement verzichtet werden, auf das z.B. vergleichbare Architekturen wie GARIC (vgl. Kap. 18.2) angewiesen sind.

Der folgende Abschnitt beschreibt zunächst die Anforderungen an das Modell. Anschließend werden die Architektur, die Arbeitsweise und der Lernvorgang von NEFCON diskutiert.

19.1 Anforderungen an das Modell

Ein hydrider Neuronaler Fuzzy–Regler soll einerseits neuronale Lernalgorithmen nutzen, andererseits soviel a–priori Wissen wie möglich verwenden können. Diese Forderung bezieht sich nicht nur auf die Nutzung einer bestehenden Basis linguistischer Regeln und der Fuzzy–Mengen zur Repräsentation linguistischer Terme, sondern auch auf das den Lernalgorithmus treibende Fehlermaß oder Verstärkungssignal.

Das Lernverfahren soll einfach sein (leicht zu implementieren, wenig rechenintensiv) und auf verstärkendem Lernen beruhen, da eine feste Lernaufgabe für regelungstechnische Probleme meist nicht angegeben werden kann, oder nur mit großem Aufwand zu erzeugen ist. Selbst wenn eine feste Lernaufgabe zur Verfügung steht, ist eine spätere Anpassung des Reglers an veränderte Parameter des dynamischen Systems schwierig, weil eine neue Lernaufgabe erzeugt werden muß. Bei der Anwendung verstärkenden Lernens stellt dies kein Problem dar, der Lernvorgang wird einfach wieder aufgenommen. Hinzu kommt, daß auf diese Weise ein Lernen in Realzeit möglich ist.

Die Architektur des Modells muß sowohl als Neuronales Netz als auch als Fuzzy–Regler interpretierbar sein, um den Anspruch an ein hybrides System zu erfüllen. Die Interpretierbarkeit als Fuzzy–Regler ist unmittelbar einzusehen, denn sie ist die Grundlage für die Verwendung linguistischer Terme und Regeln sowie für die semantische Transparenz nach Abschluß des Lernvorgangs. Insbesondere darf der Lernvorgang nicht auf eine Weise in die Architektur eingreifen, die diese Interpretierbarkeit beeinträchtigt. Bei Veränderung der Fuzzy–Mengen müssen Beschränkungen gelten, um ihre Identifizierung mit den verwendeten linguistischen Termen nicht zu gefährden.

Die Betrachtung des Modells als Neuronales Netz ist zunächst keine unmittelbare Voraussetzung für die Anwendung eines neuronalen Lernalgorithmus, da diese lediglich Parameter geeignet verändern und somit universell einsetzbar sind. Sie erleichtert jedoch den Einsatz des Lernverfahrens, macht den Datenfluß innerhalb des Modells deutlich und liefert direkt ein paralleles Modell, daß einer verteilten Implementierung zugänglich ist. Gegebenenfalls kann das Modell leicht auf ein Neuronales Netz abgebildet werden, um so Neuronale Hardware zu nutzen (s. Kap. 16.3).

Das Lernverfahren soll in der Lage sein, sowohl Fuzzy–Mengen anzupassen als auch eine Regelbasis zu erzeugen. Dazu muß der Lernalgorithmus strukturelle Veränderungen an der Modellarchitektur vornehmen können, wobei die oben genannte Einschränkung zu berücksichtigen ist. Auf diese Weise kann das Modell sowohl mit viel als auch wenig a–priori Wissen genutzt werden, wodurch sich jedoch zwangsläufig seine Komplexität erhöht. Um sie zu beschränken, darf das Modell nicht völlig ohne Informationen arbeiten. Es wird erwartet, daß die Meß– und Stellgrößen identifiziert sind und zumindest eine anfängliche Partitionierung aller Variablen vorgegeben wird.

Da das Modell Wissen über seine momentane Leistung zu deren Verbesserung nutzen soll, kann es auch in diesem Bereich nicht ohne Information auskommen. Das den

Lernvorgang steuernde Fehler– oder Verstärkungssignal soll auf der Grundlage von Kenntnissen über die Qualität von Systemzuständen und der Richtung von Regelaktionen basieren. Auf diese Weise kann auf ein adaptives Kritikelement verzichtet werden, was das Modell wesentlich vereinfacht und andererseits Anomalien ausschließt, wie sie z.B. beim Lernvorgang von GARIC auftreten können. Dynamische Systeme, deren optimale oder angestrebte Zustände nicht bekannt sind oder für die keine Kenntnisse über das Vorzeichen einer Stellgröße bei gegebenen Zustand bestehen, können daher nicht Grundlage der Betrachtung sein.

Die Tabelle 19.1 faßt die Anforderungen zusammen und gibt stichwortartige Hinweise auf deren Umsetzung durch das NEFCON–Modell. Die folgenden Abschnitte des Kapitels gehen detailliert darauf ein. Die Tabelle vergleicht NEFCON außerdem mit den beiden leistungsfähigsten hybriden Modellen GARIC und FUN, die im vorangegangenen Kapitel erläutert wurden. GARIC und FUN entfernen sich beide von einer neuronalen Architektur, und die Interpretation als Fuzzy–Regler wird durch mangelnde Beschränkungen bei den Veränderungen der Fuzzy–Mengen erschwert. Die Lernverfahren sind relativ komplex und stellen für FUN ein Online–Lernen in Frage.

Anforderung	NEFCON	GARIC	FUN
Als Neuronales Netz interpretierbar	„fuzzifiziertes“ Neuronales Netz	o	o
Als Fuzzy–Regler interpretierbar	Beschränkung der Verbindungen und der Änderung von Architektur und Fuzzy–Mengen	o	o
Nutzt a–priori Wissen	durch Architektur	+	+
Lernt Fuzzy–Mengen	Parameteränderung	+	+
Lernt Fuzzy–Regeln	Strukturänderung	−	o
wissensbasierter Fehler	„Fuzzy–Fehler“	−	−
Lernen in Realzeit	am Prozeß(–modell)	+	o
+: erfüllt o: teilweise erfüllt −: nicht erfüllt			

Tabelle 19.1: Anforderungen an NEFCON und Vergleich mit GARIC und FUN

19.2   Die Architektur

Die folgenden Betrachtungen legen ein technisches System S mit n Meßgrößen und einer Stellgröße zugrunde, wie es bereits in Abschnitt 16.2 diskutiert wurde. Das Wissen, wie es zu regeln ist, sei in k linguistischen Regeln gegeben.

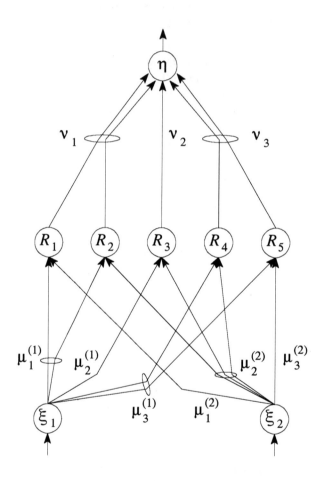

Bild 19.1: Ein NEFCON–System mit 2 Eingangsgrößen und 5 Regeln

Das Bild 19.1 stellt die Architektur eines NEFCON–Systems mit zwei Eingangsgrößen, fünf Regeln und einer Stellgröße dar. Das Modell entspricht einem vorwärtsbetriebenen dreischichtigen Neuronalen Netz. Die Eingabeschicht besteht aus Einheiten, die lediglich die externe Eingabe entgegennehmen und zunächst keine weitere Verarbeitung leisten. Müssen die Meßgrößen jedoch transformiert werden, dann erfüllen die

Eingabeinheiten diese Aufgabe. Die innere Schicht enthält Einheiten, die linguistische Regeln repräsentieren. Ihre Aktivierungen entsprechen dem Erfüllungsgrad ihrer
Prämissen. Die Ausgabeschicht enthält genau eine Ausgabeeinheit, die einen scharfen
Stellwert liefert. Die Verarbeitungseinheiten des Netzes werden gemäß ihrer Funktion genau so wie die Eingangsgrößen, die linguistischen Regeln und die Stellgröße
des betrachteten Systems S bezeichnet.

Eine Besonderheit gegenüber gewöhnlichen Neuronalen Netzen stellt die Art der Verbindung zwischen den einzelnen Schichten dar. Es gibt Verbindungen, denen ein
Gewicht gemeinsam ist (shared weights, coupled links). In Bild 19.1 tragen z.B.
die Verbindungen von der Eingabeeinheit ξ_1 zu den inneren Einheiten R_1 und R_2
dasselbe Gewicht $\mu_1^{(1)}$. Ebenso ist den Verbindungen von den Einheiten R_4 und R_5
zur Ausgabeeinheit η das Gewicht ν_3 gemeinsam. Ein Lernalgorithmus muß gemeinsame Gewichte berücksichtigen und seine Änderungen an einer Verbindung auf allen
gekoppelten Verbindungen in gleicher Weise durchführen.

Die Verbindungsgewichte sind keine Zahlenwerte, sondern Fuzzy–Mengen. Die Gewichte zwischen der Eingabeschicht und der inneren Schicht repräsentieren die Fuzzy–
Mengen der Regelprämissen, und die Gewichte zwischen innerer Schicht und Ausgabeschicht entsprechen den Fuzzy–Mengen der Regelkonklusionen. Die Gewichte sind
genau so wie ihre korrespondierenden Fuzzy–Mengen bezeichnet. Die Regelbasis wird
durch die Verbindungsstruktur kodiert. In Bild 19.1 steht die Einheit R_3 für die Regel

$$R_3: \text{ If } \xi_1 \text{ is } A_2^{(1)} \text{ and } \xi_2 \text{ is } A_2^{(2)} \text{ Then } \eta \text{ is } B_2,$$

wobei $A_2^{(1)}, A_2^{(2)}$ und B_2 die durch $\mu_2^{(1)}, \mu_2^{(2)}$ und ν_2 repräsentierten linguistischen Terme
sind.

NEFCON ist als Spezialfall eines *dreischichtigen Fuzzy–Perceptrons* zu interpretieren,
das die Architektur eines üblichen Multilayer–Perceptrons besitzt (s. Kap. 11). Die
Gewichte werden jedoch nicht als reelle Zahlen, sondern in Form von Fuzzy–Mengen
realisiert und die Funktionen des Netzes entsprechend angepaßt.

Definition 19.1 *Ein dreischichtiges Fuzzy–Perceptron ist ein dreischichtiges, vorwärtsbetriebenes Neuronales Netz* $(U, W, \text{NET}, A, O, \text{ex})$, *mit den folgenden Spezifikationen:*

(i) $U = \bigcup_{i \in M} U_i$ *ist eine nicht–leere Menge von Verarbeitungseinheiten, und
$M = \{1, 2, 3\}$ heißt Indexmenge von U. Es gilt für alle $i, j \in M, U_i \neq \emptyset$
und $U_i \cap U_j = \emptyset$ für $i \neq j$. U_1 heißt Eingabeschicht, U_2 Regelschicht und U_3
Ausgabeschicht.*

(ii) *Die Netzwerkstruktur ist* $W : U \times U \to \mathcal{F}(\mathbb{R})$, *wobei ausschließlich Verbindungen* $W(u, v)$ *mit* $u \in U_i$, $v \in U_{i+1}$ $(i \in \{1, 2\})$ *existieren.*

(iii) A ordnet jeder Einheit u ∈ U eine Aktivierungsfunktion A_u zur Berechnung der Aktivierung a_u zu. Es gilt

    (a) für Eingabeeinheiten und Regeleinheiten $u \in U_1 \cup U_2$:

$$A_u : \mathbb{R} \to \mathbb{R}, \quad a_u = A_u(\mathrm{net}_u) = \mathrm{net}_u,$$

    (b) für Ausgabeeinheiten $u \in U_3$:

$$A_u : \mathcal{F}(\mathbb{R}) \to \mathcal{F}(\mathbb{R}), \quad a_u = A_u(\mathrm{net}_u) = \mathrm{net}_u.$$

(iv) O ordnet jeder Einheit $u \in U$ eine Ausgabefunktion O_u zur Berechnung der Ausgabe o_u zu. Es gilt

    (a) für Eingabeeinheiten und Regeleinheiten $u \in U_1 \cup U_2$:

$$O_u : \mathbb{R} \to \mathbb{R}, \quad o_u = O_u(a_u) = a_u,$$

    (b) für Ausgabeeinheiten $u \in U_3$:

$$O_u : \mathcal{F}(\mathbb{R}) \to \mathbb{R}, \quad o_u = O_u(\mathrm{net}_u) = \mathrm{DEFUZZ}_u(\mathrm{net}_u),$$

    dabei ist DEFUZZ_u ein geeignetes Defuzzifizierungsverfahren.

(v) NET ordnet jeder Einheit $u \in U$ eine Netzeingabefunktion NET_u zur Berechnung der Netzeingabe net_u zu. Es gilt

    (a) für Eingabeeinheiten $u \in U_1$:

$$\mathrm{NET}_u : \mathbb{R} \to \mathbb{R}, \quad \mathrm{net}_u = \mathrm{ex}_u,$$

    (b) für innere Einheiten $u \in U_2$:

$$\mathrm{NET}_u : (\mathbb{R} \times \mathcal{F}(\mathbb{R}))^{U_1} \to [0,1], \quad \mathrm{net}_u = \underset{u' \in U_1}{\top} \; (W(u',u)(o_{u'})),$$

    dabei ist $\top$ eine t–Norm,

    (c) für Ausgabeeinheiten $u \in U_3$:

$$\mathrm{NET}_u \;\; : \;\; ([0,1] \times \mathcal{F}(\mathbb{R}))^{U_2} \to \mathcal{F}(\mathbb{R}),$$
$$\mathrm{net}_u \;\; : \;\; \mathbb{R} \to [0,1], \quad \mathrm{net}_u(x) = \underset{u' \in U_2}{\bot} \; (\top(o_{u'}, W(u',u)(x))),$$

    dabei ist $\bot$ eine t–Conorm.
    Falls die Fuzzy–Mengen $W(u',u)$, $u' \in U_2$, $u \in U_3$, über ihren Trägern monoton sind, und $W^{-1}(u',u)(\tau)$ das $x \in \mathbb{R}$ bestimmt, für das

$W(u', u)(x) = \tau$ gilt, so kann alternativ für eine Ausgabeeinheit $u \in U_3$ gelten:

$$\text{net}_u(x) = \begin{cases} 1 & \textit{falls } x = \dfrac{\displaystyle\sum_{u' \in U_2} o_{u'} \cdot W^{-1}(u', u)(o_{u'})}{\displaystyle\sum_{u' \in U_2} o_{u'}} \\[4ex] 0 & \textit{sonst.} \end{cases}$$

Für die Ausgabe o_u gilt dann abweichend von (iv.b):

$$o_u = x, \ \textit{mit } \text{net}_u(x) = 1.$$

(vi) ex : $U_1 \to \mathbb{R}$, ordnet jeder Eingabeeinheit $u \in U_1$ ihre externe Eingabe ex$(u) = $ ex$_u$ zu. Für andere Einheiten ist ex nicht definiert.

Ein Fuzzy–Perceptron kann als eingeschränkte „Fuzzifizierung" eines normalen Perceptrons interpretiert werden. Es werden lediglich die Gewichte sowie die Netzeingabe und die Aktivierung der Ausgabeeinheit als Fuzzy–Mengen modelliert. Dabei besteht weder die Absicht, ein Perceptron mit Hilfe des Extensionsprinzips vollständig zu fuzzifizieren, noch ein auf Fuzzy–Logik basiertes Inferenzsystem zu modellieren. Ein Fuzzy–Perceptron dient wie eine gewöhnliches Perceptron zur Funktionsapproximation. Der Vorteil besteht darin, die Struktur in Form linguistischer Regeln zu interpretieren, da die Fuzzy–Gewichte mit linguistischen Termen assoziiert werden können.

Unter diesem Gesichtspunkt wurde das Fuzzy–Perceptron als dreischichtiges System definiert. Denkbar sind Modelle, bei denen die Ausgabeschicht als Eingabe einer weiteren Regelschicht fungiert, der eine neue Ausgabeschicht nachgeschaltet wird. Auf diese Weise lassen sich Fuzzy–Perceptrons mit jeweils einer ungeraden Anzahl innerer Schichten bilden, die jedoch wechselweise unterschiedliche Funktionalitäten aufweisen. Ein derartiges Modell läßt sich als ein System kaskadierter linguistischer Regeln interpretieren. Ein solche Architektur könnte zur schrittweisen Vereinfachung eines höherdimensionalen Eingaberaumes dienen.

Die Idee des Fuzzy–Perceptrons bildet die Grundlage des NEFCON–Modells. Um einen Neuronalen Fuzzy–Regler zu bilden, muß entweder ein Fuzzy–Regler als Fuzzy–Perceptron dargestellt oder umgekehrt, ein Fuzzy–Perceptron als Fuzzy–Regler interpretiert werden. Dazu sind jedoch Einschränkungen in der Art der Verbindungswahl und der Bestimmung der Fuzzy–Gewichte zu vereinbaren. Gleichzeitig müssen die Gewichte bzw. die Verbindungen mit linguistischen Termen assoziiert werden.

Definition 19.2 *Gegeben sei ein dynamisches System S mit n Meßgrößen und einer Stellgröße (s.o.). Im Zusammenhang mit der Regelung von S seien k linguistische Regeln bekannt. Ein NEFCON–System ist ein Fuzzy–Perceptron mit benannten Verbindungen, daß den folgenden Einschränkungen unterliegt:*

(i) $U_1 = \{\xi_1, \ldots, \xi_n\}$, $U_2 = \{R_1, \ldots, R_k\}$, $U_3 = \{\eta\}$.

(ii) Jeder Verbindung zwischen Einheiten $\xi_i \in U_1$ und $R_r \in U_2$ wird mit einem linguistischem Term $A^{(i)}_{j_r}$ ($j_r \in \{1, \ldots, p_i\}$) benannt.

(iii) Jede Verbindung zwischen Einheiten $R_r \in U_2$ und der Ausgabeeinheit η wird mit einem linguistischen Term B_{j_r} ($j_r \in \{1, \ldots, q\}$) benannt.

(iv) Verbindungen, die von derselben Eingabeeinheit ξ_i ($i \in \{1, \ldots, n\}$) wegführen und gleiche Benennungen besitzen, tragen zu jeder Zeit gleiche Gewichte. Die Verbindungen heißen gekoppelt. Analoges gilt für die zu der Ausgabeeinheit η führenden Verbindungen.

(v) $L_{u,v}$ bezeichne die Benennung der Verbindung zwischen den Einheiten u und v. Für alle $v, v' \in U_2$ gilt

$$((\forall\, u \in U_1)\ \ L_{u,v} = L_{u,v'}) \ \Rightarrow\ v = v'.$$

Die Definition 19.2 ermöglicht es, ein NEFCON–System als Fuzzy–Regler zu interpretieren. Die Bedingung (iv) stellt sicher, daß gleiche linguistische Werte einer Variablen durch nur eine Fuzzy–Menge repräsentiert werden. Bedingung (v) legt fest, daß es keine zwei Regeln mit identischen Prämissen gibt. Ein Netz, daß diese Bedingung nicht erfüllt, heißt *überbestimmtes NEFCON–System.*

Ausgehend von einem gegebenen dynamischen System S für das k Kontrollregeln bekannt sind, wird ein NEFCON–System folgendermaßen konstruiert:

- Für jede Eingangsgröße ξ_i wird eine Verarbeitungseinheit gleicher Bezeichnung in der Eingabeschicht angelegt.

- Für die Stellgröße wird die einzige Ausgabeeinheit η angelegt.

- Für jede Kontrollregel R_r wird eine innere Einheit gleicher Bezeichnung angelegt (Regeleinheiten).

- Jede Regeleinheit R_r wird gemäß ihrer korrespondierenden Kontrollregel mit den entsprechenden Eingabeeinheiten und der Ausgabeeinheit verbunden. Als Verbindungsgewicht ist jeweils die Fuzzy–Menge $\mu^{(i)}_{j_r}$ ($\nu_{j,r}$) zu wählen, die den linguistischen Term $A^{(i)}_{j_r}$ (B_{j_r}) der Prämisse (Konklusion) der Kontrollregel R_r repräsentiert. Der linguistische Term ist die Benennung der Verbindung.

- Die t–Norm und t–Conorm zur Bestimmung der Netzeingaben und das Defuzzifizierungsverfahren (s. Def. 19.1) sind geeignet zu wählen (s.u.).

Die Wissensbasis des durch NEFCON repräsentierten Fuzzy–Reglers ist implizit in der Struktur des Netzwerkes enthalten. Die Eingabeschicht übernimmt die Aufgaben des Fuzzifizierungs–Interface, die Entscheidungslogik ist über die Propagierungsfunktionen verteilt, und die Ausgabeeinheit entspricht dem Defuzzifizierungs–Interface.

19.3 Die Arbeitsweise

Die Abläufe innerhalb des Neuronalen Fuzzy–Reglers entsprechen denen eines vorwärtsbetriebenen Neuronalen Netzes. Die Eingabeeinheiten repräsentieren in ihrer Aktivierung die scharfen Werte der Meßgrößen und reichen sie an die verbundenen Regeleinheiten weiter. Die Propagierungsfunktion der Regeleinheiten ermittelt die Zugehörigkeitswerte zu den Fuzzy–Mengen der Verbindungen zwischen Eingabe– und Regelschicht und bestimmt mittels einer t–Norm, üblicherweise durch den Minimumoperator, den Erfüllungsgrad der jeweiligen Regelprämisse. Dieser Wert wird in der Aktivierung der Regeleinheit repräsentiert.

Die Regeleinheiten geben ihre Aktivierung weiter an die Ausgabeeinheit. Deren Propagierungsfunktion verknüpft den Erfüllungsgrad einer Regeleinheit mit der Fuzzy–Menge der jeweiligen Verbindung zwischen Regel– und Ausgabeeinheit. Dies entspricht der Ermittlung der Ausgabe–Fuzzy–Menge einer Regel. Schließlich werden die Einzelausgaben der Regeln zur Gesamtausgabe zusammengefaßt. Die Vorgehensweise muß dabei in Übereinstimmung mit dem zu realisierenden Fuzzy–Regler und unter Berücksichtigung des noch zu beschreibenden Lernalgorithmus (s. Kap. 19.4) gewählt werden.

Das Lernverfahren verlangt, daß jede Regel einen scharfen Ausgabewert liefert. Um das zu gewährleisten, muß entweder eine Defuzzifizierung vor der Zusammenfassung der Einzelergebnisse erfolgen, wie es z.B. beim GARIC–Modell (Kap. 18.2) der Fall ist, oder die Zugehörigkeitsfunktionen in den Konklusionen sind monoton über ihrem Träger und können daher invertiert werden (vgl. das ARIC–Modell, Kap. 18.1). NEFCON verwendet die zweite Möglichkeit, die auch in der Definition des Fuzzy–Perceptrons vorgesehen ist (vgl. Def. 19.1).

Die Zusammenfassung der Regelausgaben wird in diesem Fall durch eine gewichtete Summe vorgenommen, die im Prinzip direkt den scharfen Stellwert η liefert. Damit das Modell jedoch für die Netzeingabe der Ausgabeeinheit keine Ausnahme vereinbaren muß, wird behelfsweise die Fuzzy–Menge $\mathrm{I\!I}(\eta)$ gebildet. Auf diese Weise kann immer ein Defuzzifizierungsverfahren in der Ausgabeeinheit angewandt werden

Das Bild 19.2 zeigt einen Vergleich zwischen den Regel– und Ausgabeeinheiten von NEFCON mit einer einfachen neuronalen Verarbeitungseinheit. Die Darstellung entspricht einer technischen Realisierung im Sinne einer Hardware–Lösung oder der Implementierung als Objekte in einer objektorientieren Programmiersprache. Dabei ist

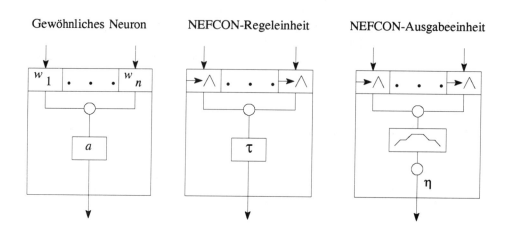

Bild 19.2: Eine Neuronale Einheit im Vergleich zu NEFCON–Einheiten

die gesamte Funktionalität in die Einheiten integriert[1]. Die Netzwerkstruktur wird durch Referenzen gebildet. Während bei dieser Sichtweise die Verbindungsgewichte eines Neuronalen Netzes als addressierbare gewichtete Eingänge des Neurons existieren, werden die Fuzzy-Mengen der Verbindungen von NEFCON in einem getrennten Speicherbereich abgelegt. Die Einheiten besitzen addressierbare Eingänge mit Referenzen auf diesen Bereich, in dem jede Fuzzy-Menge genau einmal abgelegt ist. Auf diese Weise sind gekoppelte Verbindungen effizient zu realisieren.

Die Gestaltung der Einheiten ermöglicht eine vollständig verteilte Implementierung und damit ein paralleles Arbeiten des NEFCON–Systems. Die Steuerung des Netzes kann entweder synchron durch einen übergeordneten Takt, der die einzelnen Schichten aufeinander abstimmt, oder asynchron durch die Einheiten selbst erfolgen. In diesem Fall wartet eine Einheit solange mit ihren Berechnungen, bis an allen Eingängen gültige Eingaben anliegen.

Neben der Verarbeitung der Eingaben übernehmen die Einheiten auch die Durchführung der vom Lernalgorithmus veranlaßten Veränderungen. Da die Fuzzy-Gewichte den Einheiten zugeordnet sind, können diese die Anpassungen lokal vornehmen. Dabei müssen jedoch Mehrfach–Zugriffe auf eine Fuzzy-Menge, die durch gekoppelte Verbindungen hervorgerufen werden, von einer übergordneten Instanz synchronisiert werden (z.B. durch den Speicher der Fuzzy-Mengen).

---

[1]Die Kreise in den Einheiten stellen Verarbeitungsstufen dar. Dabei wird vereinfachend angenommen, daß Netzeingabe, Aktivierung – und in den ersten beiden Fällen auch die Ausgabe einer Einheit – identisch sind.

Die Verwendung geteilter Gewichte stellt jedoch andererseits sicher, daß auf jeder Verbindung nur eine Nachricht propagiert wird und das Modell sich damit in Übereinstimmung mit neuronalen Architekturen befindet (im Gegensatz z.B. zu GARIC, Kap. 18.2).

19.4 Fuzzy–Fehler–Propagation – Der Lernalgorithmus

Der Lernalgorithmus für das NEFCON–Modell teilt sich in zwei Bereiche. Der erste Teil befaßt sich mit der *Fuzzy–Fehler–Propagation*, dem Lernverfahren zur Adaption der Fuzzy–Mengen bei gegebener Regelbasis, und wird in diesem Abschnitt untersucht. Der zweite, im nächsten Abschnitt diskutierte Teil behandelt das Erlernen einer Regelbasis.

Das Ziel des Lernalgorithmus besteht im Verändern der Zugehörigkeitsfunktionen von NEFCON, um auf diese Weise ein besseres Regelverhalten zu erreichen. Dabei wird zunächst vorausgesetzt, daß die linguistischen Kontrollregeln adäquat formuliert sind und eine ausreichend korrekte Repräsentation des Verhaltens eines Bedieners darstellen. Unter diesen Voraussetzungen ist ein Fehlverhalten des Reglers in einer nicht–optimalen Modellierung der linguistischen Terme durch die gewählten Fuzzy–Mengen begründet.

Ein optimaler Zustand des zu regelnden Systems S wird durch einen aus den aktuellen Meßwerten gebildeten Vektor $\mathbf{x}_{\mathrm{opt}} = (x_1^{(opt)}, \ldots, x_n^{(opt)})$ bestimmt und ist erreicht, wenn alle Meßgrößen die Werte angenommen haben, die durch diesen Vektor definiert werden. Gewöhnlich wird der Zustand eines Systems jedoch auch dann als *gut* bezeichnet, wenn diese Werte nur ungefähr erreicht werden. Es ist daher angemessen, die Güte des Systemzustandes als eine unscharfe Größe zu interpretieren und mit Hilfe von Fuzzy–Mengen zu beschreiben. Auf dieser Grundlage läßt sich ein *Fuzzy–Fehler* ableiten, der die momentane Leistung des Neuronalen Fuzzy–Reglers charakterisiert.

Bei der Beurteilung eines erwünschten Systemzustandes lassen sich zwei Fälle unterscheiden. Im ersten Fall befindet sich das System in einem Zustand, in dem alle Meßgrößen in etwa optimale Werte aufweisen. Im zweiten Fall nehmen sie dagegen unzulässige Werte an, die sich jedoch kompensieren, weil das System in naher Zukunft optimale Werte in den Meßgrößen annehmen wird. Ein derartiger Zustand wird im folgenden mit dem Begriff *kompensatorische Situation* bezeichnet. Das folgende Beispiel 19.3 erläutert diese Betrachtung. Es behandelt das Problem, einen auf einen Wagen montierten Stab, der sich innerhalb einer festen Ebene vor und zurück bewegen kann, durch Bewegungen des Wagens in einer senkrechten Position zu halten (invertiertes Pendel, s. Bild 16.6, S. 269).

Beispiel 19.3 Gegeben sei ein invertiertes Pendel (Stabbalance–Problem). Der Zustand des Pendels kann als *gut* angesehen werden, wenn

a) sowohl der Winkel als auch die Winkelgeschwindigkeit ungefähr Null sind,

b) der Betrag des Winkels nicht Null ist, jedoch der Wert der Winkelgeschwindigkeit eine Bewegung anzeigt, die den Betrag des Winkels angemessen verringert.

$\diamond$

Definition 19.4 *Gegeben sei ein dynamisches System S mit n Meßgrößen $\xi_1 \in X_1, \ldots, \xi_n \in X_n$ für das s kompensatorische Situationen bekannt sind. Weiterhin seien n Fuzzy–Mengen $\mu_{\mathrm{opt}}^{(i)} : X_i \to [0,1]$, $(i \in \{1, \ldots, n\})$ und s n–stellige Fuzzy–Relationen $\mu_{\mathrm{komp}}^{(j)} : X_1 \times \ldots \times X_n \to [0,1]$, $(j \in \{1, \ldots, s\})$ gegeben, die die optimalen Werte der einzelnen Meßgrößen bzw. kompensatorische Wertekombinationen repräsentieren. Die aktuellen Meßwerte seien durch $(x_1, \ldots, x_n)$ gegeben.*

Die Fuzzy–Güte G des Systems S ist definiert als

$$G : \quad X_1 \times \ldots \times X_n \to [0,1],$$

$$G(x_1, \ldots, x_n) = g\left(G_{\mathrm{opt}}(x_1, \ldots, x_n), G_{\mathrm{komp}}(x_1, \ldots, x_n)\right).$$

Dabei ist eine geeignete Funktion g zur Kombination der Gütemaße in Abhängigkeit von S zu wählen. G setzt sich zusammen aus der kumulativen Fuzzy–Güte G_{opt}:

$$G_{\mathrm{opt}} : \quad X_1 \times \ldots \times X_n \to [0,1],$$

$$G_{\mathrm{opt}}(x_1, \ldots, x_n) = \top\left\{\mu_{\mathrm{opt}}^{(1)}(x_1), \ldots, \mu_{\mathrm{opt}}^{(n)}(x_n)\right\},$$

und der kompensatorischen Fuzzy–Güte G_{komp}:

$$G_{\mathrm{komp}} : \quad X_1 \times \ldots \times X_n \to [0,1],$$

$$G_{\mathrm{komp}}(x_1, \ldots, x_n) = \top\left\{\mu_{\mathrm{komp}}^{(1)}(x_1, \ldots, x_n), \ldots, \mu_{\mathrm{komp}}^{(s)}(x_1, \ldots, x_n)\right\}.$$

Die kumulative Fuzzy–Güte G_{opt} basiert auf den Beschreibungen für die angestrebten optimalen Werte der Meßgrößen, zu deren Modellierung Fuzzy–Zahlen oder Fuzzy–Intervalle geeignet sind. Die Zugehörigkeitsfunktionen $\mu_{\mathrm{komp}}^{(j)}$, die zur Bestimmung der kompensatorischen Fuzzy–Güte G_{komp} verwendet werden, müssen nicht notwendigerweise über allen Meßgrößen definiert sein. Denkbar ist auch, daß sie nur von zwei oder mehreren von ihnen abhängen. Die Funktion g, die die Fuzzy–Güte aus den beiden Gütemaßen G_{opt} und G_{komp} bestimmt, muß entweder eines der beiden Maße für den aktuellen Zustand auswählen oder eine geeignete Kombination aus beiden bilden. Als t–Norm kann wie im folgenden Beispiel der Minimumoperator gewählt werden.

Beispiel 19.5 Gegeben sei ein invertiertes Pendel mit den beiden Meßgrößen $\theta \in [-90, 90]$ (relativ zur vertikalen Achse gemessener Winkel) und $\dot{\theta} \in [-200, 200]$ ($\dot{\theta} = \frac{d\theta}{dt}$, Winkelgeschwindigkeit). Die Güte des Systemzustandes kann wie folgt beschrieben werden.

$$\mu_{\text{opt}}^{(1)}(\theta) = \begin{cases} 1 - \frac{|\theta|}{10} & \text{falls } |\theta| \leq 10 \\ 0 & \text{sonst} \end{cases}$$

$$\mu_{\text{opt}}^{(2)}(\dot{\theta}) = \begin{cases} 1 - \frac{|\dot{\theta}|}{100} & \text{falls } |\dot{\theta}| \leq 100 \\ 0 & \text{sonst} \end{cases}$$

$$\mu_{\text{komp}}(\theta, \dot{\theta}) = \begin{cases} 1 - \frac{|10 \cdot \theta + \dot{\theta}|}{100} & \text{falls } |10 \cdot \theta + \dot{\theta}| \leq 100 \\ 0 & \text{sonst} \end{cases}$$

$$G_{\text{opt}}(\theta, \dot{\theta}) = \min\left\{ \mu_{\text{opt}}^{(1)}(\theta), \mu_{\text{opt}}^{(2)}(\dot{\theta}) \right\}$$

$$G_{\text{komp}}(\theta, \dot{\theta}) = \mu_{\text{komp}}(\theta, \dot{\theta})$$

$$G(\theta, \dot{\theta}) = \begin{cases} G_{\text{opt}}(\theta, \dot{\theta}) & \text{falls } \text{sgn}(\theta) = \text{sgn}(\dot{\theta}) \\ G_{\text{komp}}(\theta, \dot{\theta}) & \text{sonst} \end{cases}$$

$\Diamond$

Die (gegebenenfalls unvollständige) Beschreibung der Güte der Systemzustände von S spezifiziert das Regelungsziel. Es wird in den meisten Fällen möglich sein, einen erwünschten optimalen Zustand anzugeben. Dagegen kann die Angabe aller kompensatorischer Zustände bei vielen Meßgrößen schwierig sein. Aus dem Gütemaß wird der *Fuzzy–Fehler* abgeleitet, der von der Regelung durch das NEFCON–System hervorgerufen wird und die Grundlage des Lernverfahrens bildet. Je differenzierter die Fuzzy–Güte beschrieben wird, desto besser kann der Lernalgorithmus seine Abstimmungen vornehmen.

Definition 19.6 *Gegeben sei ein System S mit n Meßgrößen $\xi_1 \in X_1, \ldots, \xi_n \in X_n$ und seiner Fuzzy–Güte G, das durch ein NEFCON–System geregelt wird. Die aktuellen Meßwerte seien durch $(x_1, \ldots, x_n)$ gegeben. Der Fuzzy–Fehler E des NEFCON–Systems ist definiert als*

$$E : X_1 \times \ldots \times X_n \to [0, 1], \quad E(x_1, \ldots, x_n) = 1 - G(x_1, \ldots, x_n).$$

Der Lernalgorithmus, der auf dem oben definierten Fuzzy–Fehler basiert, heißt *Fuzzy–Fehler–Propagierung* und entspricht dem verstärkenden Lernen ohne Verwendung eines adaptiven Kritikelements. Der Fehler wird als (negatives) Verstärkungssignal genutzt. Der Ablauf des Verfahrens ist mit dem Backpropagation–Algorithmus für das mehrschichtige Perceptron vergleichbar. Der Fehler wird, beginnend bei der Ausgabeeinheit, rückwärts durch das Netzwerk propagiert und von den Einheiten lokal zur Adaption der Fuzzy–Mengen genutzt.

In Abhängigkeit des Fuzzy–Fehlers muß für jede Zugehörigkeitsfunktion ermittelt werden, ob und wie sie zu verändern ist. Zunächst wird festgelegt, daß nur solche Zugehörigkeitsfunktionen eine Veränderung erfahren, die mit Regeleinheiten, deren Aktivierung ungleich null ist, in Verbindung stehen. Das bedeutet, Regeln, die in der momentanen Situation einen Erfüllungsgrad von null aufweisen, lösen keinen Adaptionsprozeß an den Fuzzy–Mengen ihrer Prämissen und Konklusionen aus.

Weiterhin ist davon auszugehen, daß Regeleinheiten mit hoher Aktivierung einen hohen Anteil an der Ausgabe des Reglers haben. Dies muß das Ausmaß der Veränderung an den entsprechenden Fuzzy–Mengen beeinflussen.

Um einen Lernprozeß im Sinne des verstärkenden Lernens zu realisieren, muß entschieden werden, ob eine Regel für ihre Reaktion auf den aktuellen Zustand zu „belohnen" oder zu „bestrafen" ist. Mit einer „Belohnung" soll erreicht werden, daß in einer gleichen Situation die Regel einen stärkeren Beitrag zur Regelaktion leistet und sie somit positiv beeinflußt. Eine „Bestrafung" soll den Beitrag der Regel abschwächen, um die Regelaktion weniger negativ zu beeinflussen.

Der individuelle Beitrag einer Regel zum Wert der Stellgröße ist nur schwer zu ermitteln, wenn die Konklusionen zu einer einzigen Fuzzy–Menge akkumuliert werden, die schließlich defuzzifiziert wird. Liefert jedoch jede Regel einen scharfen Wert und keine Fuzzy–Menge, entfällt dieses Problem. Daher werden als Fuzzy–Mengen für die Regelkonklusionen nur solche mit (über ihrem Träger) monotoner Zugehörigkeitsfunktion zugelassen. Aufgrund der Existenz der Umkehrfunktion liefert jede Regel R_r in Abhängigkeit ihres Erfüllungsgrades direkt einen scharfen Wert t_r, bzw. eine eindeutig zu defuzzifizierende Fuzzy–Menge $\mathrm{II}(t_r)$ im Sinne der Definition des Fuzzy–Perceptrons (Def. 19.1). Monotone Zugehörigkeitsfunktionen werden in Tsukamotos Variante des Mamdani–Reglers verwendet [LEE, 1990b, TSUKAMOTO, 1979] (vgl. auch Kap. 18.1).

Um zu entscheiden, ob der Beitrag t_r, den eine NEFCON–Regeleinheit R_r mit einer Aktivierung $a_{R_r} > 0$ zum Wert der Stellgröße liefert, einen positiven oder negativen Einfluß auf die Regelung hat, wird neben der Bewertung des Systemzustandes anhand des Fuzzy–Fehlers ein bestimmtes Wissen über die optimale Regelaktion benötigt. Setzt man voraus, gegebenenfalls nach geeigneter Normierung, daß im optimalen Systemzustand ein Wert von null für die Stellgröße benötigt wird, so kann entschieden werden, ob in einem gegebenen Zustand der optimale Wert η_{opt} der Stellgröße positiv oder negativ sein muß. Mit dieser Kenntnis kann der Lernalgorithmus eine Regel R_r, deren Beitrag das korrekte Vorzeichen aufweist, belohnen und andernfalls bestrafen.

Wie oben angeführt, soll sich die Belohnung einer Regel in der Erhöhung ihres Beitrages zur Regelaktion auswirken. Dies kann erreicht werden, wenn einerseits der

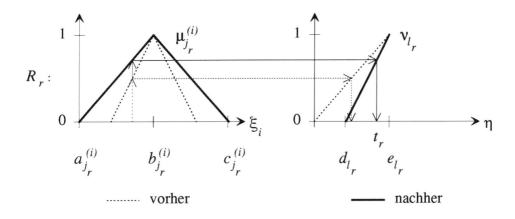

Bild 19.3: Anpassung der Zugehörigkeitsfunktionen (Belohnungssituation)

Erfüllungsgrad der Regel bei gleichem Systemzustand erhöht wird und andererseits der Betrag von t_r größer wird. Der Erfüllungsgrad der Regel steigt, wenn die Zugehörigkeitswerte der Meßwerte zu den Fuzzy–Mengen $\mu_{j_r}^{(i)}$ der Prämisse größer werden. Bei der Verwendung von dreiecks– oder trapezförmigen Zugehörigkeitsfunktionen wird dies durch eine Vergrößerung der Träger erreicht. Der Betrag von t_r wird dagegen größer, wenn der Träger der Fuzzy–Menge ν_{j_r} verringert wird. Das Bild 19.3 verdeutlicht diese Überlegung. Bei einer Bestrafung der Regel ist die entsprechend entgegengesetzte Aktion durchzuführen. Eine Verschiebung der Fuzzy–Mengen wird aus Gründen der Vereinfachung nicht betrachtet.

Definition 19.7 *Der erweiterte Fehler E^* eines NEFCON–Systems ist definiert als*

$$E^*(x_1, \ldots, x_n) = \mathrm{sgn}(\eta_{\mathrm{opt}}) \cdot E(x_1, \ldots, x_n),$$

wobei $(x_1, \ldots, x_n)$ die aktuelle Eingabe, E den Fuzzy–Fehler und $\mathrm{sgn}(\eta_{\mathrm{opt}})$ das Vorzeichen des aktuellen optimalen Stellwertes bezeichnen.

Beispiel 19.8 In Bild 19.4 ist der erweiterte Fehler eines NEFCON–Systems über dem Zustandsraum eines von ihm geregelten invertierten Pendels dargestellt. Die Grundlage bildet die Definition der Fuzzy–Güte aus Beispiel 19.3. Der Betrag des erweiterten Fehlers entspricht dem des Fuzzy–Fehlers.   ◇

Neben der Angabe des Fuzzy–Fehlers auf der Grundlage der Definition 19.4 kann dieser auch in Form linguistischer Regeln spezifiziert werden. Dazu ist eine Partionierung der Meßgrößen und des Intervalls $[-1, 1]$ durch Fuzzy–Mengen anzugeben. Das Intervall $[-1, 1]$ ist die Grundmenge des erweiterten Fehlermaßes E^*, das vom Betrag

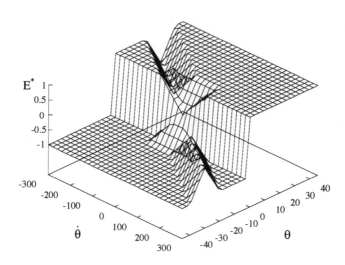

Bild 19.4: Aus der Fuzzy–Güte bestimmter erweiterter NEFCON–Fehler

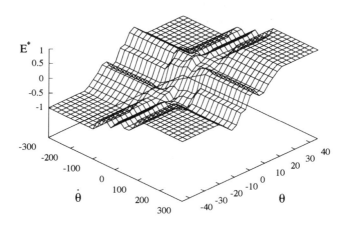

Bild 19.5: Regelbasierter NEFCON–Fehler

her dem Fuzzy–Fehler entspricht, und bei dem die vom Lernalgorithmus benötigte Richtungsinformation in Form des Vorzeichens des optimalen Stellwertes η_{opt} bereits eingegangen ist. Die Auswertung dieser Fehler–Regeln erfolgt nach dem gleichen Verfahren wie die Auswertung der Kontrollregeln. Das Beispiel 19.9 erläutert die Vorgehensweise.

Beispiel 19.9 In Bild 19.5 ist wie in Bild 19.4 der erweiterte Fehler eines NEFCON–Systems über dem Zustandsraum eines invertierten Pendels aufgetragen. Diesmal bildet jedoch die unten angegebene Basis linguistischer Regeln die Grundlage der Darstellung. Vom Aspekt einer Anwendung her gesehen ist die Spezifikation des Fehlers durch linguistische Regeln komfortabler als durch die Angabe einer Fuzzy–Güte wie in Beispiel 19.3. Wie deutlich zu erkennen, ist die in Bild 19.5 dargestellte Fehlerfläche im Vergleich zu Bild 19.4 sehr viel differenzierter und erlaubt dem Lernalgorithmus so eine flexiblere Veränderung der Parameter des NEFCON–Systems. Nachfolgend ist die verwendete Fehler–Regelbasis und eine Skizze der Partitionierung der Variablen angegeben.

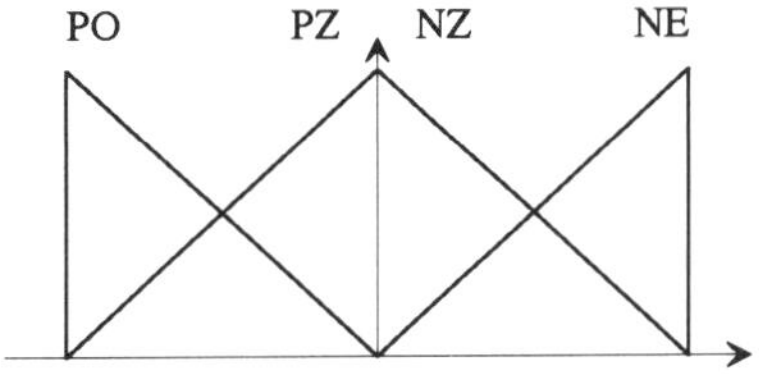

$\dot\theta$ \ θ	NE	NZ	PZ	PO
NE	NE	NE	NE	PZ
NZ	NE	NZ	PZ	PO
PZ	NE	NZ	PZ	PO
PO	NZ	PO	PO	PO

Dabei stehen die Abkürzungen PO, PZ, NZ und NE für die üblichen linguistischen Terme *positive*, *positive–zero*, *negative–zero* und *negative*. Wie aus der Skizze zu entnehmen ist, wurden die Fuzzy–Mengen für die Variablen θ, $\dot\theta$ und E^* so gewählt, daß sich eine gleichmäßige Partitionierung ergibt. ◇

Die Modellierung des Fehlers mit Hilfe linguistischer Regeln und deren Auswertung mit dem auch für die Kontrollregeln angewandten Verfahren, machen es grundsätzlich möglich, den für den Lernalgorithmus benötigten Fehlerwert durch ein zweites NEFCON–System berechnen zu lassen.

Im folgenden wird davon ausgegangen, daß die Fuzzy–Mengen $\mu_j^{(i)}$ $(i \in \{1,\ldots,n\})$ $(j \in \{1,\ldots,p_i\})$ und ν_j $(j \in \{1,\ldots,q\})$ zur Repräsentation der linguistischen Terme der Meßgrößen $\xi_i \in X_i \subseteq \mathbb{R}$ bzw. der Stellgröße $\eta \in Y \subseteq \mathbb{R}$ wie folgt definiert sind:

$$\mu_j^{(i)}(x) = \begin{cases} \dfrac{x - a_j^{(i)}}{b_j^{(i)} - a_j^{(i)}} & \text{falls } x \in [a_j^{(i)}, b_j^{(i)}] \\ \dfrac{c_j^{(i)} - x}{c_j^{(i)} - b_j^{(i)}} & \text{falls } x \in [a_j^{(i)}, b_j^{(i)}] \\ 0 & \text{sonst,} \end{cases} \tag{19.1}$$

$$\text{mit } a_j^{(i)}, b_j^{(i)}, c_j^{(i)} \in \mathbb{R}, \quad a_j^{(i)} \le b_j^{(i)} \le c_j^{(i)},$$

$$\nu_j(y) \;=\; \begin{cases} \dfrac{d_j - y}{d_j - e_j} & \text{falls} \quad \begin{array}{l}(y \in [d_j, e_j] \text{ und } d_j \le e_j) \text{ oder} \\ (y \in [e_j, d_j] \text{ und } d_j > e_j)\end{array} \\[6pt] 0 & \text{sonst,} \end{cases} \tag{19.2}$$

mit $d_j, e_j \in \mathbb{R}$.

Damit gelten $\mu_j^{(i)}(a_j^{(i)}) = 0$, $\mu_j^{(i)}(b_j^{(i)}) = 1$, $\mu_j^{(i)}(c_j^{(i)}) = 0$, $\nu_j(d_j) = 0$ und $\nu_j(e_j) = 1$ (vgl. auch Bild 19.3).

Die Definition 19.10 beschreibt den Lernalgorithmus für ein NEFCON–System. Dafür wird angenommen, daß für jede Fuzzy–Menge $\mu_j^{(i)}$ ($i \in \{1, \ldots, n\}$, $j \in \{1, \ldots, p_i\}$) bzw. ν_j ($j \in \{1, \ldots, q\}$) eine Menge von Randbedingungen angegeben ist. Diese Bedingungen dienen der Einschränkung der Wertebereiche der Parameter. $\Psi(\mu)$ bezeichne die Randbedingungen für eine Fuzzy–Menge μ.

Definition 19.10 *Gegeben sei ein System S mit n Meßgrößen $\xi_i \in X_i$ und einer Stellgröße $\eta \in Y$, das von einem NEFCON–System mit k Regeleinheiten R_r geregelt wird. Der Algorithmus der Fuzzy–Fehler–Propagation zur Adaption der Fuzzy–Mengen des NEFCON–Systems umfaßt die folgenden Aktionen, die so lange wiederholt ausgeführt werden, bis ein Abbruchkriterium erfüllt ist.*

(i) Bestimmung der NEFCON–Ausgabe o_η anhand der aktuellen Meßwerte, Anwendung von o_η auf S und Bestimmung der neuen Meßwerte.

(ii) Bestimmung des Fuzzy–Fehlers E aus dem neuen Systemzustand.

(iii) Bestimmung des Vorzeichens des optimalen Stellwertes η_{opt} für den neuen Systemzustand.

(iv) Ermittlung des Anteils t_r jeder Regel an der Ausgabe der Ausgabeeinheit. In Abhängigkeit dieses Anteils und des Fuzzy–Fehlers wird das Fehlersignal E_{R_r} für jede Regeleinheit R_r ($r \in \{1, \ldots, k\}$) bestimmt. Es gilt

$$E_{R_r} = \begin{cases} -o_{R_r} \cdot E & \text{falls } \operatorname{sgn}(t_r) = \operatorname{sgn}(\eta_{\text{opt}}) \\ o_{R_r} \cdot E & \text{sonst.} \end{cases}$$

(v) Bestimmung der Parameteränderungen für die Zugehörigkeitsfunktionen ν_{j_r} ($j_r \in \{1, \ldots, q\}$, $r \in \{1, \ldots, k\}$) nach der folgenden Vorschrift:

$$\Delta\, d_{j_r} = \sigma \cdot E_{R_r} \cdot |d_{j_r} - e_{j_r}|,$$

mit einer Lernrate $\sigma > 0$.
Durchführung der Veränderungen an der Fuzzy–Menge ν_{j_r}, so daß dadurch ihre Randbedingungen $\Psi(\nu_{j_r})$ eingehalten werden.

(vi) Bestimmung der Parameteränderungen für die Zugehörigkeitsfunktionen $\mu_{j_r}^{(i)}$
$(i \in \{1, \ldots, n\},\ j_r \in \{1, \ldots, p_i\},\ r \in \{1, \ldots, k\})$ nach der folgenden Vorschrift:

$$\Delta\, a_{j_r}^{(i)} \;=\; -\sigma \cdot E_{R_r} \cdot (b_{j_r}^{(i)} - a_{j_r}^{(i)}),$$

$$\Delta\, c_{j_r}^{(i)} \;=\; \sigma \cdot E_{R_r} \cdot (c_{j_r}^{(i)} - b_{j_r}^{(i)}).$$

Durchführung der Veränderungen an der Fuzzy–Menge $\mu_{j_r}^{(i)}$, so daß dadurch ihre
Randbedingungen $\Psi(\mu_{j_r}^{(i)})$ eingehalten werden.

Als Abbruchkriterium für den Lernalgorithmus kann z.B. die Bedingung gewählt werden, daß der Fehler E für eine festgelegte Anzahl von Zyklen eine bestimmte Schranke unterschreitet. Denkbar ist jedoch auch, daß das NEFCON–System während der Regelung ständig weiterlernt, um sich auf diese Weise möglichen Veränderungen im geregelten System anzupassen. Wenn das geregelte System wenig um einen guten Zustand schwankt, bewegt sich der Fuzzy–Fehler um den Wert Null, und die Änderungen an den Parametern sind ebenfalls null bzw. kompensieren sich über einen längeren Zeitraum.

Die Strategie des Lernverfahrens besteht darin, Regeln, die das System zu einem optimalen Zustand treiben, zu verstärken. Bei einer korrekt gewählten Regelbasis werden „Bestrafungen" von Regeln nur bei einem *Überschwingverhalten* eintreten. Auf diese Weise wird der Regler dazu gebracht, schnell einen optimalen Zustand anzustreben, um ihn dann mit möglichst wenig Regelaktionen zu halten. Ist die Regelbasis in dem Sinne fehlerhaft, daß sie „kontra–produktive" Regeln enthält, so werden diese kontinuierlich abgeschwächt. Die Grundlage für die Parameteränderungen bildet die „Breite der Fuzzy–Mengen". Auf diese Weise ist der Lernvorgang unabhängig von dem Wertebereich der Variablen und individuell für die einzelnen Fuzzy–Mengen. „Breite" Fuzzy–Mengen erfahren größere Veränderungen als „schmale".

Daß der Lernalgorithmus konvergiert, kann selbstverständlich nicht garantiert werden. Er stellt wie alle neuronalen Lernverfahren ein heuristisches Verfahren dar. Daher kann auch nicht nachgewiesen werden, daß das verwendete Fehlermaß minimiert wird. Es ließe sich durch die von Berenji und Khedkar angewandte Vorgehensweise [BERENJI und KHEDKAR, 1992b] ein Verfahren konstruieren, das wie beim GARIC–Modell ein Gradientenverfahren bezüglich des Fehlers annähert (vgl. Kap. 18.2). Da jedoch die Abhängigkeit der Fehleränderung von der Änderung der Netzausgabe nicht bekannt ist, würden sich die bereits bei der Diskussion des GARIC–Modells angeführten Kritikpunkte ergeben. Daher wurde in diesem Zusammenhang auf ein solches Vorgehen verzichtet.

Die Definition 19.10 beschreibt nur den Lernvorgang bei bestehender Regelbasis. Simulationsergebnisse dazu werden in Kapitel 19.7 vorgestellt. Um auch die Kontrollregeln und damit die Struktur des NEFCON–Systems zu erlernen, muß das Verfahren erweitert werden. Der folgende Abschnitt beschreibt die notwendige Vorgehensweise.

19.5   Erlernen einer Regelbasis

Wenn ein dynamisches System bisher nicht von einem Experten beherrscht wird, und eine Regelungsstrategie daher unbekannt ist, muß ein adaptiver Regler fähig sein, seine eigene Strategie zu entwickeln, um erfolgreich eingesetzt zu werden. Daß Neuronale Regler dazu mit einfachen Mitteln in der Lage sind, wurde von Barto et al. gezeigt [BARTO et al., 1983]. Einer ihrer bereits angesprochenen Nachteile (Kap. 16.3) besteht darin, daß ihre Vorgehensweise nicht in Form von Regelwissen zugänglich ist. Ein Neuronaler Fuzzy–Regler dagegen ist transparent. Seine für ein unbekanntes System entwickelte Regelungsstrategie kann in Form linguistischer Kontrollregeln interpretiert werden, wenn ein Lernverfahren existiert, das ohne a–priori Wissen in Form einer Regelbasis auskommt. Das NEFCON–Modell bietet diese Möglichkeit.

Aus der Literatur bekannte Neuro–Fuzzy–Modelle verwenden zur Bildung von Regeln meist Clustering–Verfahren (s. Kap. 17). Eine mögliche Vorgehensweise bei der Erzeugung der Regeln besteht darin, mit einer leeren Regelbasis zu beginnen und jedesmal dann eine neue hinzuzufügen, wenn ein Datum nicht mehr befriedigend durch die bereits vorhandenen Regeln erklärt werden kann [BERENJI und KHEDKAR, 1993]. Diese Verfahren setzen jedoch die Verfügbarkeit gültiger Ein–/Ausgabetupel, d.h. einer feste Lernaufgabe voraus und sind daher für unbekannte Systeme nicht zu verwenden.

Eine andere Möglichkeit besteht darin, mit allen Regeln, die aufgrund der Partitionierungen der Variablen gebildet werden können, zu beginnen und sukzessive Regeln zu eliminieren. Dieses Verfahren wird von NEFCON angewandt. Es ist nicht so effizient wie das oben erwähnte Verfahren, kann dafür jedoch auf unbekannte, bisher nicht beherrschte Systeme angewandt werden.

Für ein technisches System mit n Meßgrößen, die jeweils mit p_i ($i \in \{1, \ldots, n\}$) Fuzzy–Mengen partitioniert sind und einer Stellgröße mit q zugeordneten linguistischen Termen, lassen sich maximal N verschiedene linguistische Regeln mit $N = q \cdot \prod_{i=1}^{n} p_i$ bilden. Ein auf dieser Grundlage gebildetes überbestimmtes NEFCON–System weist folglich N innere Einheiten auf. Das Lernverfahren muß so erweitert werden, daß es in der Lage ist, Regeleinheiten aus dem Netz zu entfernen. Die verbleibenden inneren Einheiten bilden dann die Regelbasis des NEFCON–Systems.

Der Lernalgorithmus benötigt die Vorgabe einer Partitionierung der Variablen. Die Festlegung der Anzahl der Fuzzy–Mengen und ihrer Parameter b bzw d (s. Kap. 19.4) ist die einzige Einschränkung des Lernvorgangs. Ihre anderen Parameter werden im Laufe des Lernvorgangs angepaßt. Der Umfang der zu bildenden Regelbasis steht zu Beginn nicht fest.

Der Lernvorgang teilt sich in drei Phasen ein. In der ersten Phase werden die Regeleinheiten entfernt, die eine Ausgabe liefern, deren Vorzeichen nicht dem des aktuellen optimalen Stellwertes entspricht. In der zweiten Phase werden jeweils Regeleinheiten mit identischer Prämisse zusammen betrachtet. In jedem Zyklus wird aus jeder die-

ser Regelteilmengen eine Regel ausgewählt, die zur Gesamtausgabe beitragen darf.
Der dabei auftretende Fehler wird dieser Regeleinheit zugeschlagen. Am Ende dieser Phase wird aus allen Teilmengen die Regel ausgewählt, die den geringsten Fehler
aufweist. Die anderen Einheiten werden aus dem Netz entfernt. Zusätzlich werden Regeleinheiten entfernt, die nur sehr selten oder überhaupt nicht aktiv waren.
Die dritte Phase umfaßt die Anpassung der Fuzzy–Mengen nach der in Definition
19.10 beschriebenen Fuzzy–Fehler–Propagation. Die folgenden Definition präzisiert
den Lernalgorithmus. Dabei bezeichnet $Ant(R_r)$ die Prämisse und $Con(R_r)$ die Konklusion einer mit der Regeleinheit R_r korrespondierenden Kontrollregel. $\mathcal{R}$ bezeichne
die Menge aller Regeleinheiten.

Definition 19.11 *Gegeben sei ein System S mit n Meßgrößen $\xi_i \in X_i$, die durch
jeweils p_i Fuzzy–Mengen, und einer Stellgröße $\eta \in Y$, die durch q Fuzzy–Mengen
partitioniert sind. Gegeben sei weiterhin ein überbestimmtes NEFCON–System zur
Regelung von S mit einer anfänglichen Anzahl von $N = q \cdot \prod_{i=1}^{n} p_i$ Regeleinheiten mit*

$$(\forall R, R' \in \mathcal{R})(Ant(R) = Ant(R') \wedge Con(R) = Con(R')) \Longrightarrow R = R'.$$

*Die erweiterte Fuzzy–Fehler–Propagation zur Entfernung überschüssiger innerer Einheiten (Bildung einer Regelbasis) des NEFCON–Systems und zur Adaption seiner
Fuzzy–Mengen umfaßt die folgenden Schritte.*

(i) *Für jede Regeleinheit R_r wird ein mit 0 initialisierter Zähler C_r geführt
($r \in \{1, \ldots, N\}$).
Für eine feste Anzahl m_1 von Wiederholungen werden die folgenden Schritte
iterativ ausgeführt:*

   (a) *Bestimmung der aktuellen NEFCON–Ausgabe o_η anhand der aktuellen
   Meßwerte von S.*

   (b) *Bestimmung des Anteils t_r jeder Regel R_r an der Gesamtausgabe o_η
   ($r \in \{1, \ldots, N\}$).*

   (c) *Bestimmung von $\mathrm{sgn}(\eta_{\mathrm{opt}})$ anhand der aktuellen Meßwerte.*

   (d) *Entfernung jeder Regeleinheit R_r mit $\mathrm{sgn}(t_r) \neq \mathrm{sgn}(\eta_{\mathrm{opt}})$ und Aktualisierung des Wertes N.*

   (e) *Inkrementierung der Zähler C_r für alle R_r mit $o_{R_r} > 0$.*

   (f) *Anwendung von o_η auf S und Ermittlung der neuen Meßwerte.*

(ii) *Für jede Regeleinheit R_r wird ein mit 0 initialisierter Zähler Z_r geführt.
Für eine feste Anzahl m_2 von Wiederholungen werden die folgenden Schritte
iterativ ausgeführt:*

   (a) *Aus allen Teilmengen*

   $$\mathcal{R}_j = \{R_r | Ant(R_r) = Ant(R_s), (r \neq s) \wedge (r, s \in \{1, \ldots, N\})\} \subseteq \mathcal{R}$$

   wird jeweils eine beliebige Regeleinheit R_{r_j} gewählt.

(b) Bestimmung der aktuellen NEFCON–Ausgabe o_η anhand der gewählten Regeleinheiten und der aktuellen Meßwerte von S.

(c) Anwendung von o_η auf S und Ermittlung der neuen Meßwerte.

(d) Bestimmung des Anteils t_{r_j} jeder gewählten Regel R_{r_j} an der Gesamtausgabe ($r_j \in \{1, \dots, N\}$).

(e) Bestimmung von $\operatorname{sgn}(\eta_{\mathrm{opt}})$ anhand der neuen Meßwerte.

(f) Addition des Fehlersignals $E_{R_{r_j}}$ jeder gewählten Regeleinheit R_{r_j} zum Zähler Z_{r_j} (vgl. Def. 19.10).

(g) Für alle gewählten R_{r_j} mit $o_{R_{r_j}} > 0$ wird C_{r_j} inkrementiert.

Entfernung der Einheiten R_{s_j} aller Teilmengen $\mathcal{R}_j$ aus dem Netzwerk, für die eine Einheit $R_{r_j} \in \mathcal{R}_j$ mit $Z_{r_j} < Z_{s_j}$ existiert.

Entfernung aller Regeleinheiten R_r mit $C_r < \dfrac{m_1 + m_2}{\beta}$, $\beta \geq 1$ aus dem Netzwerk und Aktualisierung von N.

(iii) Ausführung des Fuzzy–Fehler–Propagations–Algorithmus für das NEFCON–System mit $k = N$ verbliebenen Regeleinheiten (s. Def. 19.10)

Die Strategie des Lernverfahrens besteht darin, die Regeln „auszuprobieren" und anhand des zu regelnden Systems zu bewerten. Regeln, die den Test nicht bestehen, werden eliminiert. In der ersten Phase wird nur geprüft, ob die Ausgabe einer Regel das korrekte Vorzeichen aufweist. Dieser Vorgang muß nicht durch den Lernalgorithmus durchgeführt werden. Da das Vorzeichen des optimalen Stellwertes für alle Zustände bekannt sein muß, kann diese Information auch vor der Konstruktion des NEFCON–Systems genutzt werden, um die Hälfte der Regeleinheiten erst gar nicht anzulegen (eine symmetrische Partitionierung der Variablen vorausgesetzt).

Die zweite Phase muß aus Regelteilmengen, die jeweils die Regeln mit identischer Prämisse enthalten, diejenige Einheit auswählen, die während der Lernphase die geringsten Fehlerwerte hervorgerufen hat. Dazu darf in jedem Zyklus nur eine Regel pro Teilmenge ausgewählt werden, die sich an der Regelung des Systems beteiligt. Diese Auswahl erfolgt zufällig mit gleicher Wahrscheinlichkeit für jede Regel einer Teilmenge. Am Ende der Phase bleibt pro Teilmenge genau eine Regel erhalten. Auf diese Weise ist sichergestellt, daß die Prämissen der Regeln paarweise disjunkt sind. Damit entspricht das NEFCON–System der Definition 19.2. Die Entfernung von Regeleinheiten, die nie oder zu selten einen Erfüllungsgrad größer null aufwiesen, dient der Reduktion der Regelbasis. Dabei ist zu beachten, daß der Parameter β (vgl. Def. 19.11(ii)) nicht zu groß gewählt wird, um nicht Regeln für seltene aber für die Regelung kritische Zustände ungewollt zu eliminieren. In den durchgeführten Versuchen (s. Kap. 19.7) haben sich Werte zwischen 1.00 und 1.03 bewährt.

Um eine gute Regelbasis zu erhalten, ist es notwendig, daß die ersten zwei Phasen ausreichend lange andauern und daß das zu regelnde System einen großen Teil seines Zustandsraums durchläuft. Dies läßt sich einerseits durch zufällige Startzustände nach einem Versagen der Regelung, was in den ersten zwei Phasen sehr häufig eintreten wird, und andererseits durch Störeinflüsse erreichen, z.B. Hinzufügung von Gaußschem Rauschen zur Stellgröße [BARTO et al., 1983].

Die dritte Phase adaptiert die vorgegebene Fuzzy-Partitionierung auf der Grundlage der entwickelten Regelbasis, um die Leistung des NEFCON-Systems zu steigern. Es ist auch denkbar, den dazu eingesetzten Algorithmus der Fuzzy-Fehler-Propagation (Def. 19.10) bereits parallel zur zweiten Phase anzuwenden.

Es kann nicht erwartet werden, daß die sich entwickelnde Regelbasis exakt der Formulierung eines Experten, der das technische System beherrscht, entsprechen wird. Zum einen kann es mehrere in ihrer Regelungsgüte vergleichbare Regelbasen für ein System geben, zum anderen hängt der Lernerfolg, wie bei allen neuronalen Lernverfahren, von nur heuristisch zu bestimmenden Faktoren wie Lernrate, Dauer des Verfahrens und der Güte des Fehlermaßes ab.

Das Erlernen einer Regelbasis durch NEFCON darf nicht als endgültige Problemlösung interpretiert werden, sondern ist als Aufklärungshilfe zu verstehen. So ist es durchaus denkbar, daß Regeln, die nicht der Intuition entsprechen, nach dem Lernvorgang ausgetauscht werden, und die Adaption der Fuzzy-Mengen wieder aufgenommen wird. Auch muß der Lernvorgang nicht mit völliger Unkenntnis bezüglich der Regelbasis gestartet werden. Zwei Maßnahmen können partielles Wissen in den Lernvorgang einfließen lassen und gleichzeitig den Aufwand des Lernverfahrens in den ersten beiden Phasen reduzieren:

- Ist für eine bestimmte Prämisse eine passende Konklusion bekannt, so wird die äquivalente Regeleinheit angelegt und dem Lernalgorithmus untersagt, sie zu entfernen. Regeln derselben Prämisse werden nicht erzeugt.

- Kommen für bestimmte Zustände nur Teilmengen aller möglichen Regeln in Frage, so werden nur diese im Netz angelegt und die verbleibenden Regeleinheiten gar nicht erst erzeugt.

Der folgende Abschnitt faßt die Leistungen des NEFCON-Modells zusammen und ordnet es in die in den Kapiteln 17 und 18 diskutierten Ansätze ein.

19.6 Beurteilung des NEFCON-Ansatzes

NEFCON ist ein hybrides Neuronales Fuzzy-Systems, das zur wissensbasierten adaptiven Funktionsapproximation eingesetzt wird und damit zur Lösung regelungstechnischer Probleme geeignet ist. Der Lernalgorithmus basiert auf der Idee eines Fuzzy-Fehlers [NAUCK und KRUSE, 1992b] und entspricht dem verstärkenden Lernen. Er ist in der Lage, Fuzzy-Mengen zur Repräsentation linguistischer Terme und linguistische Regeln adaptiv zu verändern [NAUCK und KRUSE, 1993]. Die Modifikationen, die er dabei an einem NEFCON–System vornimmt, haben keinen Einfluß auf die Semantik des Modells. Es läßt sich jederzeit im Sinne eines Fuzzy–Reglers interpretieren [NAUCK und KRUSE, 1992a].

Das NEFCON–Modell geht damit weiter als andere Neuro–Fuzzy–Ansätze, die entweder nur Fuzzy–Mengen (vgl. Kap. 17.3, 18.1, 18.2, 18.3) oder nur Fuzzy–Regeln (vgl. 17.1, 17.2) erlernen können [NAUCK et al., 1992, NAUCK et al., 1993]. Das FUN–Modell (Kap. 18.3), das ebenfalls beide Möglichkeiten bietet, verlangt jedoch eine Festlegung der Anzahl der Regeln und weist einen komplexeren Lernalgorithmus auf.

Aufgrund der Verbindungsstruktur und der Verwendung geteilter Gewichte ist die Architektur von NEFCON sowohl mit der eines Fuzzy–Reglers als auch mit der eines Neuronalen Netzes kompatibel. Dadurch besteht die Möglichkeit der verteilten Implementierung und der Nutzung von Spezialhardware. Semantische Probleme, wie z.B. die mehrfache Repräsentation linguistischer Terme durch das ARIC–Modell, treten nicht auf.

Der Lernalgorithmus kommt mit weniger a–priori Wissen aus als die oben genannten Ansätze, trotzdem kann er nicht vollständig darauf verzichten. Wie alle Neuro–Fuzzy–Ansätze benötigt er die Vorgabe einer Partitionierung der Variablen des zu regelnden Systems. Zusätzlich müssen optimale Systemzustände beschrieben werden und die Information bereitgestellt werden, in welche Richtung eine Regelung bei einem gegebenen Zustand erfolgen muß. Ihr Betrag wird jedoch nicht benötigt. Diese Bedingung wird jedoch nicht als eine wesentliche Einschränkung des Algorithmus gewertet.

Existiert für ein System eine Basis linguistischer Kontrollregeln, so ist dieses Wissen in ihnen bereits enthalten. Auch für ein bisher nicht beherrschtes System kann es vorausgesetzt werden. Um überhaupt eine Regelung vornehmen zu können, muß ein Regelungsziel, also ein optimaler Zustand, definiert werden. Die Kenntnis über den kausalen Zusammenhang zwischen der Richtung der Regelung (Vorzeichen der Stellgröße) und der Richtung der Zustandsänderung läßt sich dann mit geringem Untersuchungsaufwand erreichen. Systeme, die auf diese Weise nicht zu charakterisieren sind, entziehen sich einer Regelung durch NEFCON. Kann wenigstens ein Regelversagen definiert werden, ist immer noch der Einsatz eines Neuronalen Reglers, z.B. eines adaptiven Kritikers, denkbar (vgl. Kap. 11).

Die Idee des Fuzzy–Fehlers, der auf einer vagen Charakterisierung „guter“ Systemzustände beruht, liefert ein kontinuierliches externes Verstärkungssignal und ermöglicht somit den Verzicht auf ein internes Verstärkungssignal, das durch ein adaptives Kritikelement erzeugt werden muß. Andere Ansätze, die verstärkendes Lernen einsetzen, sind darauf angwiesen, weil ihre externe Verstärkung lediglich aus einem binären Signal besteht (vgl. Kap. 18.1, 18.2). Der Lernvorgang von NEFCON wird dadurch im Vergleich wesentlich vereinfacht.

Der Lernalgorithmus ändert bei der Anpassung der Fuzzy–Mengen nur wenige Parameter und berücksichtigt zusätzliche Einschränkungen, um unerwünschte Lernresultate zu verhindern. Der Verzicht auf eine „Verschiebung" der Fuzzy–Mengen über dem Wertebereich der Variablen hat den Sinn, die Anzahl der Änderungen gering zu halten und den Lernalgorithmus dadurch beherrschbarer zu machen. Daß NEFCON allein durch die Änderung der „Breite" der Fuzzy–Mengen gute Resultate liefert, zeigen die Ergebnisse in Kapitel 19.7.

Eine Verallgemeinerung des Lernverfahrens, so daß auch die Parameter b und e der verwendeten Fuzzy–Mengen verändert werden können, wodurch eine Lageveränderung bewirkt wird, ist leicht durchzuführen. Die Vorschriften zur Anpassung der anderen Parameter sind analog auf die verbleibenden Größen b und e zu übertragen.

Eine andere Erweiterungsmöglichkeit bietet die regelbasierte Repräsentation des (erweiterten) Fuzzy–Fehlers (s. Bsp. 19.9). Da die Auswertung mit den gleichen Verfahren wie die Auswertung der Kontrollregeln vorgenommen wird, ist sie direkt einem zweiten NEFCON–System übertragbar. Darauf kann wiederum ein modifizierter Lernalgorithmus nach dem Vorbild der Fuzzy–Fehler–Propagation angewandt werden, wobei diesmal ein externes Verstärkungssignal benötigt wird, das ein Regelungsversagen anzeigt. Das zweite NEFCON–System übernimmt damit die Rolle eines adaptiven Kritikelementes. Eine solche Konfiguration läßt sich dort eingesetzen, wo eine Spezifikation des Fuzzy–Fehlers nicht möglich ist.

Das NEFCON–Modell ist in der Lage alle Parameter eines bestehenden Fuzzy-Reglers direkt zu übernehmen, um seine Regelungsgüte zu verbessern. Aber auch, wenn diese unbekannt sind und bei allen Zwischenstufen partiellen Wissens über Fuzzy–Mengen und Regelbasis, ist es verwendbar. Auf diese Weise dient es nicht nur als adpativer Regler, sondern auch als Werkzeug zur Wissensakquisition. NEFCON ist nicht auf regelungstechnische Anwendungen beschränkt. Da es sowohl unter dem Paradigma der Fuzzy–Regelung als auch unter dem Paradigma Neuronaler Netze interpretiert werden kann, ist es für typische Anwendungen konnektionistischer Systeme, wie z.B. Mustererkennungsaufgaben, geeignet (vgl. Kap. 20).

Nachdem Fuzzy–Reglern anfangs fälschlicherweise aus logischer Sicht interpretiert wurden, worauf auch die in der englischsprachigen Literatur häufig verwendete Bezeichnung „fuzzy logic controller" hinweist, hat man mittlerweile erkannt, daß sie lediglich einer Funktionsapproximation auf der Grundlage eines unscharfen Interpolationsverfahrens entsprechen [KRUSE et al., 1995a]. Neuronale Regler und Fuzzy–Regler können in diesem Zusammenhang als in ihrem Ein–/Ausgabeverhalten äquivalent angesehen werden. NEFCON zeigt, daß sie unter einem neuen Paradigma Neuronaler Fuzzy–Regler vereinbar sind.

Mit Ansätzen wie NEFCON lassen sich symbolische und subsymbolische Ansätze zu einem neuen Modell verbinden, das einerseits die Lernfähigkeit konnektionistischer Systeme und andererseits die Interpretierbarkeit linguistischer Regeln besitzt. Das vorgestellte Modell beschränkt sich auf die Domäne regelungstechnischer Probleme; es kann jedoch als Vorbild für die Vorgehensweise bei der Kombinierung Neuronaler Netze mit anderen wissensbasierten Systemen dienen.

Die grundsätzliche Beschränkung auf eine rein symbolische oder subsymbolische Repräsentation und Verarbeitung von Wissen erscheint nach heutigem Erkenntnisstand nicht mehr sinnvoll. Die Abläufe Neuronaler Netze sind nicht interpretierbar, und symbolische Ansätze sind für komplexe Anwendungen nicht handhabbar. In kombinierten Ansätzen zur Modellierung kognitiver Leistungen stellen konnektionistische Methoden Lernfähigkeit, verteilte Repräsentation und parallele Verarbeitung bereit, während symbolische Modelle die notwendigen semantischen Grundlagen für eine Interpretation der Strukturen beisteuern und die Kommunikation mit einem Anwender ermöglichen.

19.7   NEFCON–I – Eine Implementierung

Das zuvor beschriebene NEFCON–Modell und sein Lernalgorithmus sind in Form einer graphischen Entwicklungsumgebung implementiert worden. Sie belegt, daß die mit dem Ansatz verbundenen theoretischen Überlegungen in die Praxis umgesetzt werden können. Nach einer Erläuterung der Grundzüge des Softwaresystems werden einige Versuche zur Leistungsfähigkeit von NEFCON an der simulierten Regelung eines invertierten Pendels diskutiert.

Die Eignung theoretischer Ansätze zur Modellierung Neuronaler Fuzzy–Regler hängt nicht nur von der Verfügbarkeit eines effizienten Lernalgorithmus ab, sondern auch von der Handhabbarkeit des Modells für einen Benutzer bei der Lösung eines regelungstechnischen Problems. Neben der Möglichkeit zur Einflußnahme auf die den Lernvorgang steuernden Parameter muß der Anwender befähigt werden, das zur Verfügung stehende Wissen über ein zu regelndes System einzugeben, zu modifizieren und die durch den Lernalgorithmus vorgenommenen Veränderungen zu interpretieren.

Um vor der Implementierung und Inbetriebnahme eines komplexen Softwaresystems Fragen zur Eignung des gewählten Modells, seiner Repräsentation und der Umsetzung des Lernalgorithmus klären zu können, ist die Erstellung eines Prototypen geeignet. Dabei handelt es sich um Demonstrationssoftware, die zunächst noch nicht die Funktionalität und Ablaufgeschwindigkeit eines angestrebten Zielsystems aufweist aber in einer leistungsfähigen Hard– und Softwareumgebung mit wenig Aufwand realisiert werden kann (rapid prototyping).

Bei der graphischen Entwicklungsumgebung NEFCON–I[2] [NAUCK, 1994c, NAUCK, 1994a] handelt es sich um einen derartigen Prototypen, der zur praktischen Umsetzung der im letzten Kapitel vorgestellten Ergebnisse am Institut für Betriebssysteme und Rechnerverbund der Technischen Universität Braunschweig im Rahmen einer studentischen Arbeit entstanden ist [DIEKGERDES, 1993]. NEFCON–I wurde

---

[2]NEFCON–I ist ein Akronym für „Neural Fuzzy Controller – I", wobei dem „I" zwei Bedeutungen zukommen. Es steht einerseits für InterViews, das zugrundeliegende graphische Softwaresystem, andererseits für interaktiv.

auf Sun–Workstations (Typ Sparcstation) unter dem Unix–Betriebssystem Sun–OS 4.1.1, X–Windows (X11R5) [YOUNG, 1989] und InterViews [LINTON et al., 1992] in der objektorientierten Programmiersprache C++ [LIPPMAN, 1990] entwickelt.

Die gewählte Programmiersprache ermöglicht eine schnelle Übertragung des NEF-CON–Modells in geeignete Datenstrukturen und erlaubt es, die Software auf effiziente Weise zu pflegen und zu erweitern – eine wichtige Voraussetzung für die Erstellung eines Prototypen. Die graphische Entwicklungsumgebung *InterViews* unterstützt einen Entwickler bei dem Entwurf einer auf X–Windows basierenden graphischen Oberfläche, indem sie Graphikelemente wie Fenster, Schalter, Menus und Eingabefelder als Objektklassen zur Verfügung stellt.

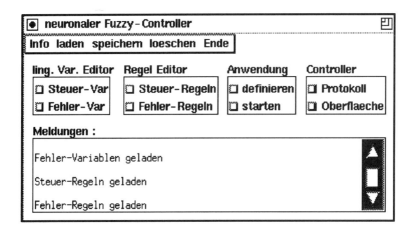

Bild 19.6: Das Fenster für den Definitionsmodus von NEFCON–I

Nach dem Start des Programms befindet es sich im Definitionsmodus, und es erscheint zunächst ein Fenster (Bild 19.6), das dem Benutzer unter anderem die Möglichkeit bietet, Dateien zu laden, die die Variablen eines dynamischen Systems und deren Partitionierung bzw. eine Regelbasis enthalten. Stehen noch keine Dateien zur Verfügung, kann durch Aufruf der graphischen Variablen– und Regeleditoren eine direkte Eingabe vorgenommen und in Dateien gesichert werden. Der Fuzzy–Fehler bezüglich des zu regelnden dynamischen Systems wird auf die gleiche Weise spezifiziert.

Nachdem der Benutzer den Namen eines Programms angegeben hat, das die Simulation eines zu regelnden Systems implementiert, kann er in den Regelungs– und Lernmodus wechseln und die Oberfläches des Reglers aufrufen (s. Bild 19.7). Hier können die den Lernvorgang beeinflussenden Parameter eingestellt und die im Verlauf des Trainings eintretenden Veränderungen beobachtet werden. Weitere Einzelheiten sind dem Benutzerhandbuch von NEFCON–I zu entnehmen [DIEKGERDES, 1993].

Im folgenden werden drei mit NEFCON–I durchgeführte Versuche diskutiert. Die

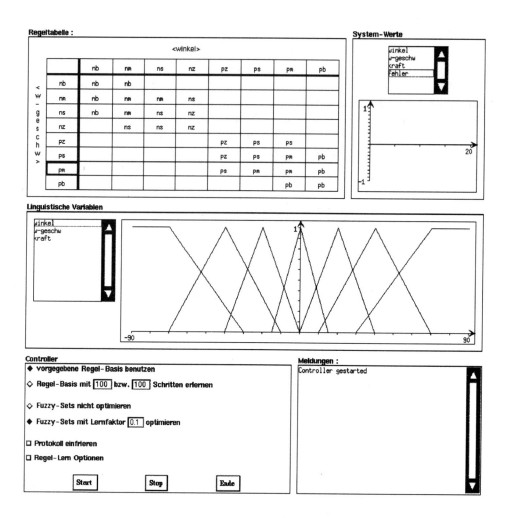

Bild 19.7: Die Oberfläche von NEFCON–I für die Regelung und den Lernvorgang

Aufgabe des Programms bestand darin, die Regelung eines (simulierten) invertierten Pendels zu erlernen, wobei jeweils a–priori Wissen unterschiedlichen Umfangs zur Verfügung gestellt wurde. Der erste Versuch befaßt sich mit der Adaption von Fuzzy–Mengen bei zur Verfügung gestellter Regelbasis. Die beiden letzten Versuche widmen sich dem Erlernen von Regelbasis und Fuzzy–Mengen.

Die Dynamik des invertierten Pendels wird durch die folgenden nicht–linearen Differentialgleichungen modelliert [BARTO et al., 1983]. Die Simulation setzt zur Bestimmung der Variablen ein Runge–Kutta–Verfahren mit einer Schrittweite von 0.1 ein.

$$\ddot{\theta} \;=\; \frac{g\sin\theta + \cos\theta\dfrac{-F - ml\dot{\theta}^2\sin\theta + \mu_c\mathrm{sgn}(\dot{x})}{m_c + m} - \dfrac{\mu_p\dot{\theta}}{ml}}{l\left[\dfrac{4}{3} - \dfrac{m\cos^2\theta}{m_c + m}\right]}$$

$$\ddot{x} \;=\; \frac{F + ml(\dot{\theta}^2\sin\theta - \ddot{\theta}) - \mu_c\mathrm{sgn}(\dot{x})}{m_c + m}$$

Die Variablen der Gleichungen haben die folgenden Bedeutungen:

x	horizontale Position des Wagens
$\dot{x}$	Geschwindigkeit des Wagens
θ	relativ zur vertikalen Achse gemessener Winkel des Stabes
$\dot{\theta}$	Winkelgeschwindigkeit des Stabes
F	Auf den Wagen ausgeübte Kraft

Weiterhin finden die folgenden Konstanten Verwendung:

$g = -9.8\mathrm{m}\,/\mathrm{s}^2$	Gravitationskonstante
$m_c = 1.0\ \mathrm{kg}$	Masse des Wagens
$m = 0.1\ \mathrm{kg}$	Masse des Stabes
$l = 0.5\ \mathrm{m}$	halbe Stablänge
$\mu_c = 0.0005$	Reibungskoeffizient des Wagens auf der Strecke
$\mu_p = 0.000002$	Reibungskoeffizient des Stabes auf dem Wagen

Die Simulation des invertierten Pendels ist in einem eigenständigen Programm implementiert, das mit der Entwicklungsumgebung kommuniziert. Es besitzt eine eigene graphische Oberfläche, die das Pendel animiert und dem Benutzer die Veränderung der Meßgrößen erlaubt (s. Bild 19.8).

Für die folgenden Versuche werden nur Winkel und Winkeländerung des Pendels betrachtet. Der Ort des Wagens wird aus Gründen der Vereinfachung vernachlässigt. Die Wertebereiche der Variablen sind jeweils durch $\theta \in [-90, 90]$, $\dot{\theta} \in [-200, 200]$ und $F \in [-25, 25]$ gegeben. Der Fuzzy-Fehler wird in allen Fällen durch die in Beispiel 19.9 angegebene Regelbasis bestimmt.

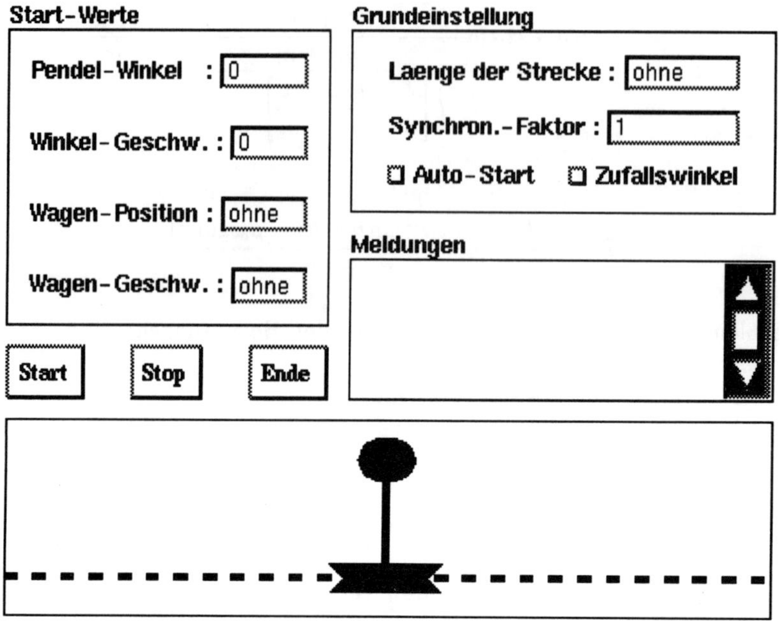

Bild 19.8: Graphische Oberfläche der Pendelsimulation

1. Versuch

Der erste Versuch befaßt sich mit der Optimierung der Fuzzy–Mengen bei gegebener Regelbasis. Die verwendeten Kontrollregeln werden von NEFCON–I in Form einer Tabelle angezeigt und sind dem Bild 19.10 zu entnehmen. Die dort verwendeten Abkürzungen entsprechen denen in der Literatur üblichen Bezeichnungen linguistischer Terme. Dabei stehen die Buchstaben *p* und *n* für *positive* und *negative* sowie *b*, *m*, *s* und *z* für *big, medium, small* und *zero*. Die anfängliche Partitionierung der Variablen ist in Bild 19.9 dargestellt. Da der Lernalgorithmus über ihrem Träger monotone Zugehörigkeitsfunktion für die Stellgröße verlangt, muß der linguistische Term *ungefähr null* bei allen Variablen durch *postitiv null* (pz) und *negativ null* (nz) ersetzt werden, um eine symmetrische Regelbasis aufstellen zu können.

Wie aus Bild 19.11 ersichtlich ist, kann der Regler mit der gewählten Ausgangssituation das Pendel nicht balancieren. Nach dem Start des Lernvorgangs erreicht NEFCON–I jedoch sehr schnell einen stabilen Zustand. Um die Robustheit des Regelverhaltens zu testen, wurden gezielt Störungen auf das Pendel ausgeübt, indem der Winkel plötzlich auf Werte von $\pm 10, \pm 15$ oder ± 20 Grad verändert wurde. Wie dem Winkelverlauf in Bild 19.14 zu entnehmen ist, konnte daraufhin ein vorläufiges Versagen der Regelung hervorgerufen werden. Durch weitere Anpassung der Fuzzy–Mengen war es NEFCON–I möglich, diese Störungen im weiteren Verlauf auszuregeln. Zum Schluß des Lernvorgangs ließ sich durch Störungen kein Regelversagen mehr provozieren. Die äußeren Eingriffe in die Regelung sind an den kleineren Spitzen zwischen ± 20 Grad im Diagramm von Bild 19.14 erkennbar. Die großen Spitzen zeigen ein Umfallen des Pendels an. In Bild 19.15 und Bild 19.16 sind der Verlauf der Stellgröße (Kraft) und des Fehlers dargestellt. Wie deutlich zu erkennen ist, benötigt der Regler nach dem erfolgreichen Lernvorgang (etwa nach dem 2000. Zyklus) nur noch eine minimale Kraft zur Balance des Pendels. Die resultierende Partitionierung der Meß– und Stellgrößen ist Bild 19.9 zu entnehmen.

Die Bilder 19.12 und 19.13 zeigen das sogenannte *Kennfeld* des Reglers vor und nach dem Lernvorgang. Es ist deutlich zu sehen, wie die Oberfläche durch den Lernalgorithmus „geglättet" wird, wodurch sich ein „weicheres" Regelverhalten ergibt, d.h. es treten keine plötzlichen Veränderungen der Stellgröße mehr auf. Die stärkeren Schwankungen in Bereichen betragsmäßig großer Winkel (etwa ≥ 70 Grad) deuten darauf hin, daß diese selten angenommen werden bzw. nicht mehr beherrscht werden können. Dies ist ein Hinweis darauf, daß der Wertebereich der Meßgröße θ verringert werden kann.

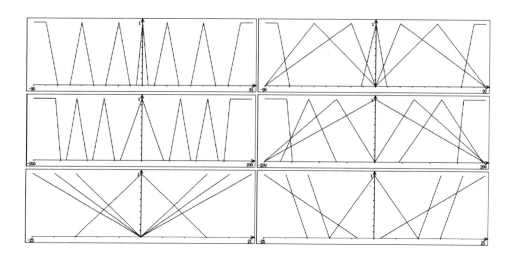

Bild 19.9: Die Partitionierung der Meß– und Stellgrößen des invertierten Pendels vor
(links) und nach (rechts) dem Lernvorgang im Vergleich (von oben nach
unten: Winkel θ, Winkeländerung $\dot{\theta}$, Kraft F)

Regeltabelle

		<winkel>							
		nb	nm	ns	nz	pz	ps	pm	pb
<winkelgeschw>	nb	nb	nb						
	nm	nb	nm	nm	ns				
	ns	nb	nm	ns	nz				
	nz		ns	ns	nz				
	pz					pz	ps	ps	
	ps					pz	ps	pm	pb
	pm					ps	pm	pm	pb
	pb							pb	pb

Bild 19.10: Die für den 1. Versuch von NEFCON verwendete Regelbasis

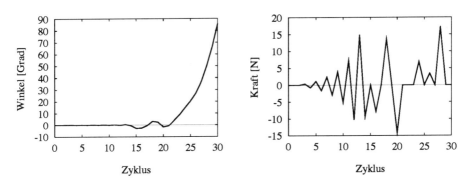

Bild 19.11: Ohne Lernvorgang versagt die Regelung (Winkel– und Kraftverlauf)

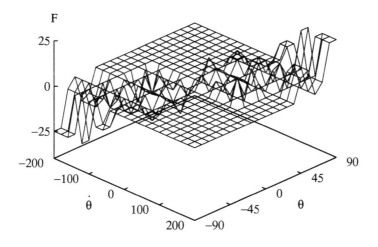

Bild 19.12: Kennfeld vor dem Lernvorgang

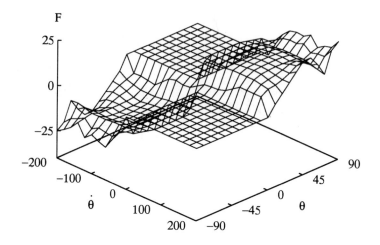

Bild 19.13: Kennfeld nach dem Lernvorgang

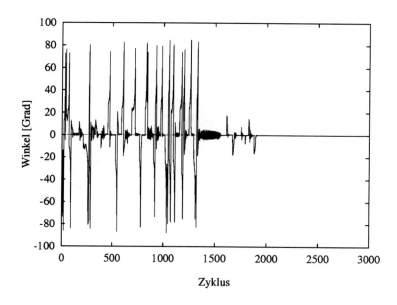

Bild 19.14: Der Winkel θ des Pendels während des Lernvorgangs

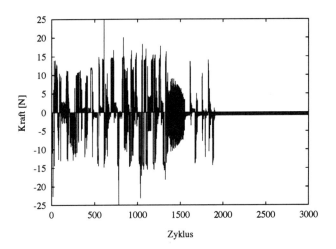

Bild 19.15: Der Verlauf der Stellgröße während des Lernvorgangs

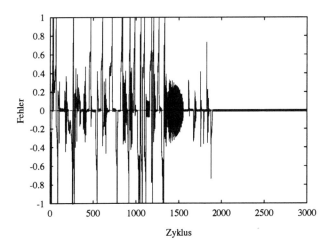

Bild 19.16: Der Fehlerverlauf während des Lernvorgangs

2. Versuch

Der zweite Versuch befaßt sich mit dem Erlernen einer Regelbasis. Als anfängliche Partitionierung werden die Fuzzy-Mengen verwendet, die im ersten Versuch erlernt worden sind (vgl. Bild 19.9). Zunächst wird ein Lernvorgang mit 2000 Zyklen für die erste und 3000 Zyklen für die zweite Lernphase gestartet. Dies entspricht einer realen Rechenzeit von etwa 2 Minuten. Zusätzlich wird festgelegt, daß am Ende der zweiten Phase diejenigen Regeln zu löschen sind, die während des gesamten Vorgangs ständig einen Erfüllungsgrad von Null aufweisen ($\beta = 1.0$, vgl. Def. 19.11). Die resultierende Regelbasis ist in Bild 19.17 dargestellt. Der Winkelverlauf kann Bild 19.18 entnommen werden.

Der Regler war in der Lage, mit der erlernten Regelbasis das Pendel sofort zu balancieren. Auch künstlich hervorgerufene Störungen bis zu ± 20 Grad verursachten kein Regelungsversagen. Eine wesentliche Veränderung der Fuzzy-Mengen in der dritten Lernphase wurde nicht beobachtet. Wie in Bild 19.18 zu erkennen ist, sind im rechten oberen Teil der Tabelle einige Regeln verblieben, die eigentlich in der ersten Phase hätten gelöscht werden müssen. Dies ist unterblieben, weil die dazugehörigen Zustände vom Pendel offensichtlich nicht angenommen wurden.

Eine Wiederholung des Lernvorgangs mit gleicher Ausgangssituation, aber einer auf 3000 Zyklen verlängerten Lernphase und der Festlegung, daß eine Regel am Ende der zweiten Phase zu löschen ist, wenn sie in 99% aller Zyklen ($\beta = 1.01$) einen Erfüllungsgrad unter 0.1 aufweisen, führt zur Eliminierung der oben genannten Regeln und zu einer kleineren Regelbasis (s. Bild 19.19).

Auch mit dieser kleineren Regelbasis kann das Pendel sofort balanciert werden. Um jedoch Störungen von ± 20 Grad auszugleichen, muß das System in der dritten Phase zunächst noch eine Anpassung der Fuzzy-Mengen vornehmen. Danach können auch Störungen dieser Größe abgefangen werden (s. Bild 19.20).

Regeltabelle

<winkel> (Spalten), <w-geschw> (Zeilen)

	nb	nm	ns	nz	pz	ps	pm	pb
nb	nb	nb	nb					
nm		ns	ns	nm	ns	nb	nb	
ns	nb	nm	nz	ns				
nz	nb	nb	nb	nz				
pz					pz	pm	ps	
ps					pz	ps	pb	
pm					pb	ps	pb	
pb								

Bild 19.17: Von NEFCON-I erlernte Regelbasis

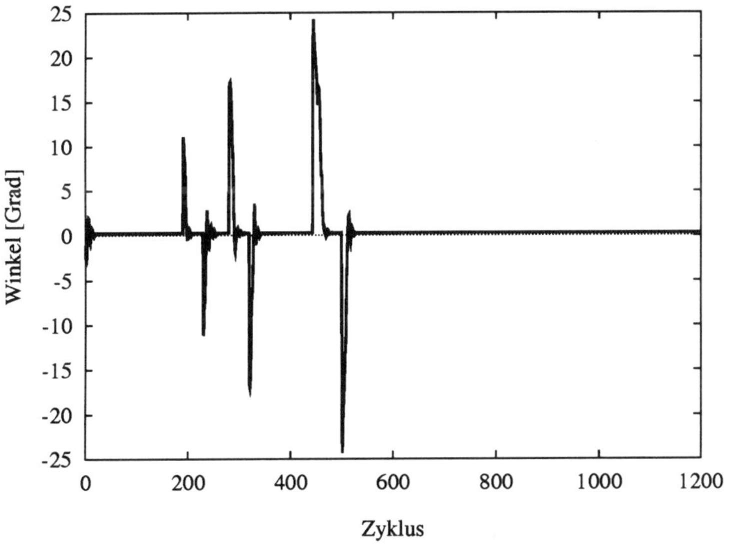

Bild 19.18: Der Winkelverlauf nach Erlernen der Regelbasis

Regeltabelle

		nb	nm	ns	nz	pz	ps	pm	pb
						<winkel>			
< W i - g e s c h w >	nb								
	nm			nm	nm				
	ns		ns	nm	nz				
	nz		nb	nb	nz				
	pz					pz	pb	pb	
	ps					pz	pb	pz	
	pm					pm	pz		
	pb								

Bild 19.19: Regelbasis nach Veränderung der Lernparameter

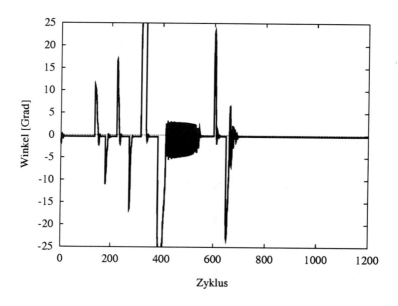

Bild 19.20: Winkelverlauf nach Erlernen der neuen Regelbasis

3. Versuch

Der dritte und letzte Versuch verwendet eine andere Partitionierung der Variablen als Ausgangsbasis (s. Bild 19.22) und befaßt sich erneut mit dem Erlernen einer Regelbasis. Diesmal wurden eine kurze erste Lernphase von 300 Zyklen, eine zweite Lernphase von 3000 Zyklen und eine Entfernung von Regeln, die immer Erfüllungsgrade unter 0.1 aufweisen, festgelegt. Zusätzlich wurde die dritte Lernphase, die Anpassung der Fuzzy–Mengen, bereits parallel zur zweiten Phase ausgeführt.

Die in Bild 19.21 gezeigte Regelbasis weist eine unsymmetrische Kräfteverteilung auf und enthält einige Regeln in Bereichen (linkes unteres und rechtes oberes Tabellenviertel), die in der ersten Phase nicht entfernt worden sind. Trotzdem ist der Regler in der Lage, das Pendel zu balancieren, wenn auch nur unter relativ großen Schwankungen des Winkels (etwa ±5 Grad, vgl. Bild 19.23). Werden alle Regeln der oben angesprochenen Bereiche entfernt, wird sofort ein Winkel von nahe 0 Grad gehalten.

Dieser Versuch unterstreicht die in Kapitel 19 getroffene Aussage, daß eine erlernte Regelbasis nicht in jedem Fall als optimales Ergebnis interpretiert werden darf. Die aufgrund der kurzen ersten Lernphase verbleibenden „störenden" Regeln lassen sich jedoch mit wenig Aufwand identifizieren und entfernen. Dies zeigt, daß ein unzureichendes Lernergebnis nicht unbedingt eine Wiederholung des gesamten Lernvorgangs nach sich ziehen muß. Es stellt einen Ausgangspunkt zur Erkenntnisgewinnung über das zu regelnde System dar und bietet eine sehr gute Grundlage für manuelle Veränderungen, die einen weiteren Lernvorgang unterstützen.

Regeltabelle

<geschwindigkeit> \ <winkel>	nb	nm	ns	nz	pz	ps	pm	pb
nb	nm	nm						
nm	nz	nz	nm	nb				
ns		nm	nz	nb				
nz		nb	nb	nz		pz		
pz			nz		pz	pm	pb	
ps			nz		ps	pm	pb	
pm				pm	pb	pz	pz	pz
pb								pm

Bild 19.21: Die von NEFCON–I erlernte Regelbasis

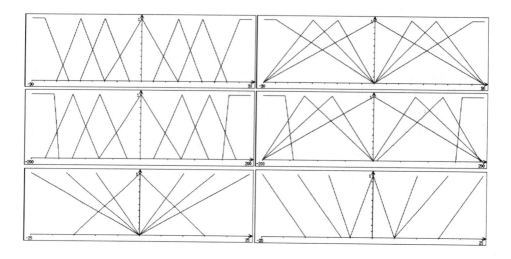

Bild 19.22: Die Partitionierung der Meß– und Stellgrößen des invertierten Pendels vor
(links) und nach (rechs) dem Lernvorgang im Vergleich (von oben nach
unten: Winkel θ, Winkeländerung $\dot{\theta}$, Kraft F)

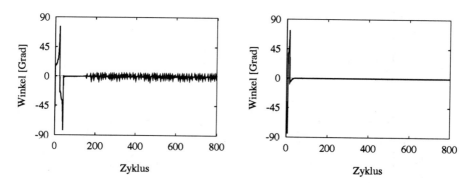

Bild 19.23: Winkelverlauf mit erlernter (rechts) und manuell veränderter (links)
Regelbasis

Kapitel 20

Neuro–Fuzzy–Datenanalyse

Die in den Kapiteln 17 bis 19 vorgestellten Neuro–Fuzzy–Modelle sind im Hinblick auf einen Einsatz im Bereich der Fuzzy–Regelung entwickelt worden. Damit ist die Anwendbarkeit derartiger Modelle jedoch noch nicht ausgeschöpft. Wir haben gesehen, daß ein Fuzzy–Regler eine Interpolationsaufgabe löst. Prinzipiell kann ein solches Fuzzy–System beliebige stetig differenzierbare Funktionen approximieren. Von Interesse ist daher auch eine Anwendung im Bereich der Mustererkennung, bzw. allgemeiner, im Bereich der *Datenanalyse* [NAUCK, 1995].

Eine typische Aufgabenstellung der Fuzzy–Datenanalyse besteht im Auffinden von Fuzzy–Regeln durch die Analyse einer Menge von Daten. Die gefundenen Regeln können dann zur Klassifikation dieser und neuer Daten herangezogen haben. Die Aufgabe der Musterklassifikation ist eine typische Domäne Neuronaler Netze, aber selbstverständlich auch klassischer statistischer Verfahren (z.B. Cluster–, Diskriminanz– und Regressionsanalysen). Wenn es bereits eine Reihe mächtiger Verfahren in diesem Bereich gibt, welchen Vorteil kann dann ein Fuzzy–Ansatz haben?

Der Vorteil besteht, wie auch bei Fuzzy–Reglern, in der Interpretierbarkeit des Fuzzy–Klassifikationssystems und in der Möglichkeit, Vorwissen in Form von Fuzzy–Regeln zu integrieren. Die Fuzzy–Regeln, die bei der Musterklassifikation verwendet werden, haben die Form

$$R_r : \text{ If } x_1 \text{is } A_{j_1}^{(1)} \text{ and } \ldots \text{ and } x_n \text{is } A_{j_n}^{(n)} \text{ then } (x_1, x_2, \ldots, x_n) \in C_j$$

wobei $A_{j_1}^{(1)}, \ldots, A_{j_n}^{(n)}$ linguistische Terme sind, die durch Fuzzy–Mengen $\mu_{j_1}^{(1)}, \ldots, \mu_{j_n}^{(n)}$ repräsentiert werden. $C_j \subseteq \mathbb{R}^n$ ist eine Musterteilmenge und repräsentiert die Klasse j. Die Muster sind Vektoren $\mathbf{x} = (x_1, \ldots, x_n) \in \mathbb{R}^n$, und wir setzen voraus, daß sie sich in disjunkte Klassen einteilen lassen, daß sich also jedes Muster genau einer Klasse C_j zuordnen läßt. Jedes Merkmal x_i wird durch q_i Fuzzy–Mengen $\mu_1^{(i)}, \ldots, \mu_{q_i}^{(i)}$ partitioniert, und die Klassifikation wird durch eine Regelbasis mit k Fuzzy–Regeln $R_1, \ldots, R_k$ beschrieben.

Es ist nun ein Verfahren gesucht, das auf der Basis einer überwachten Lernaufgabe

$\tilde{\mathcal{L}}$ geeignete Fuzzy–Regeln der oben angegebenen Form erzeugen kann. Die Elemente der Lernaufgabe haben dabei die Form

$$(\mathbf{x}, \mathbf{c}), \text{ mit } \mathbf{c} = (c_1, \ldots, c_s) \text{ und } c_j = \begin{cases} 1, & \text{falls } \mathbf{x} \in C_j \\ 0, & \text{sonst.} \end{cases}$$

Das Verfahren sollte in der Lage sein, Fuzzy–Regeln neu zu erzeugen und die Fuzzy–Mengen, die in vorgegebenen Regeln verwendet werden, an die Lernaufgabe anzupassen.

Eine Möglichkeit, Fuzzy–Regeln aus Daten zu gewinnen, stellen die *Fuzzy–Clusteranalyseverfahren* dar. Sie suchen im Raum der Muster nach Clustern, wobei ein Muster zu jedem Cluster einen gewissen Zugehörigkeitsgrad aufweisen kann [BEZDEK und PAL, 1992, HÖPPNER et al., 1996]. Aus den gefundenen Clustern werden Fuzzy–Regeln abgeleitet, die sich jedoch häufig nur schlecht interpretieren lassen [KLAWONN et al., 1995]. Man untersucht daher auch Neuro–Fuzzy–Modelle, um Fuzzy–Klassifikationsregeln zu erlernen. Hierbei hat man die Möglichkeit, das verwendete Lernverfahren so einzuschränken, daß sich gut interpretierbare Fuzzy–Mengen und –Regeln ergeben.

Im folgenden geben wir zunächst einen kurzen Überblick über Fuzzy–Clusteranalyseverfahren und befassen uns dann mit drei Neuro–Fuzzy–Modellen zur Musterklassifikation. Das letzte der drei Modelle beruht wie das NEFCON–Modell (s. Kap. 19) auf einem dreischichtigen Fuzzy–Perceptron und ist mit dem Ziel guter Interpretierbarkeit entworfen worden. Abschließend stellen wir eine Implementierung dieses Modells vor.

20.1   Fuzzy–Clusteranalyse

Eine Clusteranalyse ist eine Methode zur Datenreduktion. Hiermit wird versucht, gegebene Daten in zusammengehörige Bereiche, sogenannte *Cluster*, einzuteilen. Das Problem besteht darin, daß die Daten im allgemeinen in einem hochdimensionalen Raum repräsentiert werden und meist keine Information darüber verfügbar ist, welche Form und Größe die Cluster haben und wieviele überhaupt auftreten. Bei der Suche nach Clustern kann man sich zwischen zwei Extremfällen bewegen: Man kann alle Daten einem Cluster zuordnen oder für jedes Datum einen eigenen Cluster bilden. Im ersten Fall macht man sehr viele Zuordnungsfehler. Im zweiten Fall macht man gar keine Fehler, hat aber eine unvertretbar hohe Anzahl von Clustern.

Die Clusteranalyse entspricht einem unüberwachten Lernverfahren, das versucht, eine freie Lernaufgabe zu bewältigen. Bei den hier betrachteten Clusteranalysen läßt sich jeder Cluster durch einen prototypischen Merkmalsvektor beschreiben. Es gibt Verfahren, die ohne derartige *Prototypen* arbeiten. Darunter fallen z.B. hierarchische Clusteranalysen [BACHER, 1994]. Ein Prototyp repräsentiert einen Cluster bzw. jeden

Mustervektor, der in diesen Cluster einsortiert wurde. Unter diesem Gesichtspunkt sucht man nach einer möglichst geringen Anzahl von Clustern. Das Ergebnis der Clusteranalyse dient zur Klassifikation von Daten. Man sucht den ähnlichsten Prototypen, bzw. den Cluster, in den ein als Vektor gegebenes Muster fällt, und klassifiziert es auf diese Weise.

Auch wenn die Klassifikation einer gegebenen Menge von Mustern bereits bekannt ist, ist eine Clusteranalyse sinnvoll. Man weiß dann, wieviele Klassen vorhanden sind und kann nach einer Anzahl von Clustern suchen, die gerade ausreicht, um alle Klassen voneinander zu trennen. Die erhaltenen Prototypen bzw. Cluster können dann zur Klassifikation neuer Muster verwendet werden.

Ein bekanntes Clusteranalyseverfahren ist die sogenannte *C–Means–Clusteranalyse*. Bei dieser Methode sucht man nach einer vorgegebenen Anzahl C gleichgroßer sphärischer Cluster. Die Vorgehensweise der C–Means–Clusteranalyse besteht darin, zunächst zufällig C Muster der Lernaufgabe als Prototypen auszuwählen. Danach werden alle Muster den Clustern zugeordnet. Ein Muster gehört zu dem Cluster, zu dessen Prototypen es den geringsten Euklidischen Abstands aufweist. Aus den einem Cluster zugeordneten Mustern wird dann ein neuer Prototyp berechnet. Dieses Verfahren wird solange wiederholt, bis sich die Prototypen nicht mehr ändern.

Neben der Form, Größe und Anzahl der Cluster stellt auch ihre mögliche Überlappung ein Problem dar. Es ist nicht immer möglich, ein Muster genau einer Klasse zuzuordnen. Die Clusteranalyse verlangt jedoch eine solche Entscheidung, und dadurch erhält man womöglich fehlerhafte Klassifikationen. Da die Zuordnung der Muster zu den Clustern die iterative Neuberechnung der Prototypen bestimmt, ist klar, daß eine Fehlentscheidung bei der Zuordnung zu schlechten Clustern führen kann. An diesem Punkt setzt *Fuzzy–Clusteranalyse* an.

In der Fuzzy-Clusteranalyse wird ein Cluster nicht als eine scharfe Teilmenge der Muster, sondern als eine mehrdimensionale Fuzzy-Menge über dem Raum der Muster interpretiert. Damit ist es zulässig, daß ein Muster mit unterschiedlichem Zugehörigkeitsgrad zu mehr als einem Cluster gehören kann. Die Fuzzy-Variante der C–Means–Clusteranalyse heißt *Fuzzy–C–Means* (FCM) [BEZDEK und PAL, 1992]. FCM sucht im Raum der Daten nach in etwa gleichgroßen, sphärischen Clustern unter der Nebenbedingung, daß die Summe der Zugehörigkeitsgrade eines Musters zu den Clustern gleich Eins ist.

Die Vorgehensweise einer Fuzzy-Clusteranalyse entspricht dem klassischen Verfahren mit dem Unterschied, daß keine scharfe Entscheidung zu treffen ist, zu welchem Cluster ein Muster gehört. Ein Muster hat somit einen Einfluß auf die iterative Neuberechnung eines jeden Prototypen, dessen Cluster es mit einem Zugehörigkeitswert größer als Null angehört. Nach Abschluß der Clusteranalyse wird ein Muster dem Cluster mit dem höchsten Zugehörigkeitswert zugeordnet. Die Ausprägungen der Zugehörigkeitswerte kann gleichzeitig zur Bewertung der Überlappung der Cluster sowie der Eindeutigkeit der Zuordnung dienen.

Neben dem FCM wurden eine ganze Reihe von Fuzzy–Clusteranalyseverfahren entwickelt, die sich dadurch voneinander unterscheiden, welche Art von Clustern zugelassen sind. Beim Verfahren von Gustafson und Kessel werden beispielsweise (in etwa)
gleichgroße Cluster in Form beliebig ausgerichteter Hyperellipsoide zugelassen [GU-
STAFSON und KESSEL, 1979], während beim Verfahren von Gath und Geva beliebig
große, beliebig ausgerichtete Hyperellipsoïden verwendet werden [GATH und GEVA,
1989].

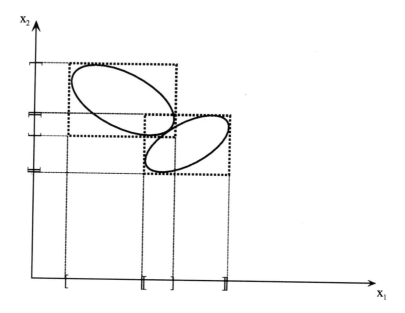

Bild 20.1: Regelerzeugung durch die Projektion zweier ellipsenförmiger Clu-
            ster. Die Intervalle auf den Achsen bilden die Prämissen zweier
            Klassifikationsregeln. Obwohl die beiden Cluster die Daten erfolg-
            reich in zwei Klassen trennen, gelingt dies den erzeugten Regeln
            nicht mehr

Mit Hilfe einer Clusteranalyse lassen sich auch leicht Klassifikationsregeln für die
Daten der Lernaufgabe erzeugen. Dazu werden die gewonnenen Cluster auf die einzelnen Achsen des Koordinatensystems projiziert. Bei der Verwendung einer scharfen
Clusteranalyse bildet man Intervalle aus den Punkteverteilungen, die durch die Projektion auf die einzelnene Dimensionen entstehen, und die sich ergebendenen Regeln
haben die Form:

$$\text{if } x_1 \in [x_1^{(u)}, x_1^{(o)}] \text{ and } \dots \text{ and } x_n \in [x_n^{(u)}, x_n^{(o)}] \text{ then Klasse } C_j.$$

Bei der Erstellung dieser Regeln durch Projektion der Cluster macht man allerdings
Fehler. Die Auswertung der Regel entspricht der Bildung des kartesischen Produkts

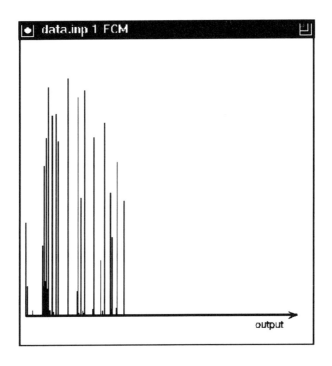

Bild 20.2: Typische Projektion eines Fuzzy–Clusters

der Intervalle. Man erhält dabei nicht wieder genau den ursprünglichen Cluster, sondern nur den kleinsten umschreibenenden Hyperquader und damit einen allgemeineren Cluster. Diese Projektionsfehler sind bei Hypersphären am kleinsten und bei beliebig orientierten Hyperellipsoiden mit nicht achsenparallelen Hauptachsen am größten (s. Bild 20.1).

Bei der Verwendung einer Fuzzy–Clusteranalyse bildet man keine Intervalle aus den projizierten Punkteverteilungen auf den Achsen, sondern Fuzzy–Mengen. Diese bestehen aus einer endlichen Angabe von Punkten und ihren Zugehörigkeitsgeraden, d.h., die graphische Form entspricht einem Histogramm (s. Bild 20.2). Um für einen mehrdimensionalen Cluster die ihn beschreibenden eindimensionalen Fuzzy–Mengen zu erhalten, geht man folgendermaßen vor: Alle Muster, die mit einem Zugehörigkeitsgrad größer als Null zu dem betrachteten Cluster gehören, werden auf die einzelnen Koordinatenachsen projiziert. An den Projektionsstellen werden die Zugehörigkeitsgrade, mit dem die Muster dem Cluster angehören, aufgetragen. Das Problem besteht nun darin, möglichst einfache geeignete Zugehörigkeitsfunktionen zu finden, welche die so erhaltenen Histogramme annähern und sich außerdem gut sprachlich interpretieren lassen. In Bild 20.3 sind solche durch Projektion erzeugte Fuzzy–Klassifikationsregeln

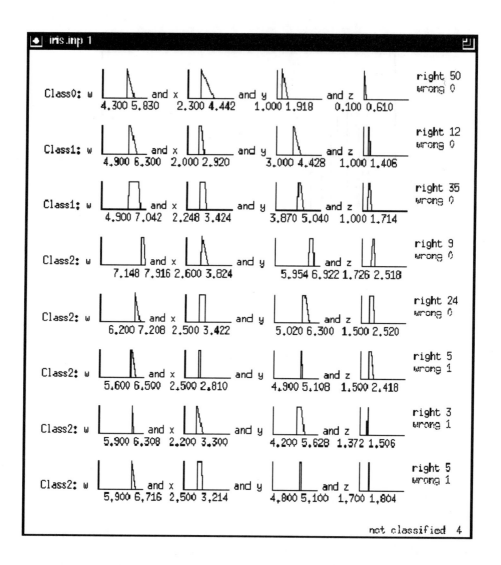

Bild 20.3: Fuzzy–Klassifikationsregeln, wie sie eine Fuzzy–Clusteranalyse für den Iris–
Datensatz erzeugt

zu sehen, wobei die Fuzzy–Mengen durch Trapezoidfunktionen angenähert werden.
Dem Regelsatz liegt das „Irisproblem" zugrunde, das wir in Abschnitt 20.5 wieder
aufgreifen und erläutern werden.

Auch bei der Erzeugung von Fuzzy–Klassifikationsregeln durch die Projektion der
Cluster macht man den oben erwähnten Fehler. Gerade wenn die Cluster sich über-

lappen oder nahe beieinanderliegen, werden die erzeugten Fuzzy–Regeln typischerweise schlechter klassifizieren, als es durch das Ergebnis der Clusteranaylse eigentlich
möglich wäre. Um diese Fehler möglichst gering zu halten, kann man sich bei der Suche nach Clustern auf achsenparallele Hyperellipsoide einschränken [KLAWONN und
KRUSE, 1995]. Es ist auch möglich, die Klassifikationsleistung der erzeugten Regeln
dadurch zu verbessern, daß man die Fuzzy–Mengen durch ein Neuro–Fuzzy–Modell
nachtrainiert. Diese Problematik diskutieren wir in Abschnitt 20.5.

20.2   Das FuNe–I–Modell

Das FuNe–I–Modell [HALGAMUGE, 1995, HALGAMUGE und GLESNER, 1992, HAL-
GAMUGE und GLESNER, 1994] ist ein Fuzzy–Neuro–Modell, das auf der Architektur
eines vorwärtsbetriebenen Neuronalen Netzes beruht (s. Bild 20.4). Das Modell besitzt fünf Schichten. In der ersten Schicht ist für jede Eingabevariable eine Einheit
angelegt, die keine weitere Verarbeitung vornimmt. Die Einheiten leiten ihre Aktivierungen über gewichtete Verbindungen an ihnen zugeordnete Einheiten der zweiten
Schicht weiter. Die zweite Schicht besteht aus Einheiten mit sigmoiden Aktivierungsfunktionen, die zur Bildung von Zugehörigkeitsfunktionen dienen. Die dritte Schicht
enthält spezialisierte Einheiten, die nur zur Bildung der Fuzzy–Menge *mittel* (s.u.)
verwendet werden. Die Einheiten der zweiten bzw. dritten Schicht leiten ihre Aktivierungen ungewichtet an die vierte Schicht weiter. Ein Ausnahme bilden hier nur die
Einheiten der zweiten Schicht, die mit der dritten Schicht verbunden sind. Die vierte
Schicht besteht aus Einheiten, die Fuzzy–Regeln repräsentieren. Die Besonderheit
des FuNe–I–Modells besteht darin, daß drei Arten von Regeln verwendet werden: die
Prämissen können konjunktiv oder diskunktiv verknüpft werden, und es existieren
Regeln mit nur einer Variable als Prämisse. Je nach Art der repräsentierten Regel
bestimmt die Einheit ihre Aktivierung entweder durch ein „weiches Minimum" (Konjunktion, softmin, s. Gleichung 18.11), durch ein „weiches Maxium" (Disjunktion,
softmax, s. Gleichung 20.1) oder durch die Identitätsfunktion.

$$\widetilde{\max}\{x_1, \ldots, x_n\} \;=\; \frac{\displaystyle\sum_{i=1}^{n} x_i \, e^{\alpha x_i}}{\displaystyle\sum_{i=1}^{n} e^{\alpha x_i}} \tag{20.1}$$

Der Parameter α der Softmax–Funktion wird vorgegeben. Für $\alpha = 0$ erhält man das
arithmetische Mittel, und für $\alpha \longrightarrow \infty$ ergibt sich die gewöhnliche Maximumsbildung.

Die fünfte Schicht enthält die Ausgabeeinheiten, die ihre Eingabe mittels einer gewichteten Summe und ihre Aktivierung mittels einer sigmoiden Funktion bestimmen.

Wir betrachten ein FuNe–I–System, bei dem die Grundbereiche der Eingangsgrößen
mit je drei Fuzzy–Mengen partitioniert werden, die wir mit *klein*, *mittel* und *groß*
bezeichnen. Die Zugehörigkeitsfunktionen werden durch zwei Arten von Sigmoidfunktionen gebildet:

$$s_{\alpha_r,\beta_r}^{(\text{rechts})}(x) \;=\; \frac{1}{1 + e^{-\alpha_r(x-\beta_r)}},$$

$$s_{\alpha_l,\beta_l}^{(\text{links})}(x) \;=\; \frac{1}{1 + e^{\alpha_l(x-\beta_l)}}.$$

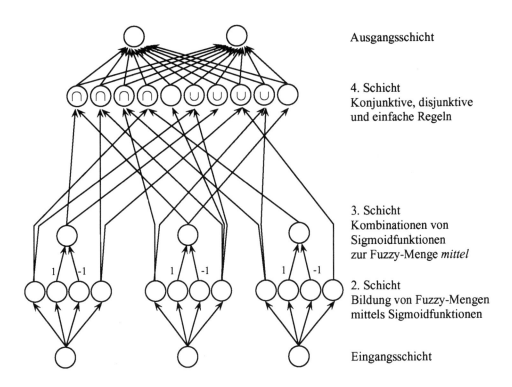

Bild 20.4: Die Architektur des FuNe–I–Modells

Dabei handelt es sich um in Richtung größerer Werte („rechts geschultert") bzw. in Richtung kleinerer Werte („links geschultert") ansteigende Funktionen. Die beiden Parameter α und β der Funktionen bestimmen die Steilheit und die Lage. Die drei angesprochenen Fuzzy-Mengen lassen sich nun wie folgt realisieren:

$$\mu^{(\text{klein})}_{\alpha_k,\beta_k} \;=\; s^{(\text{links})}_{\alpha_k,\beta_k},$$

$$\mu^{(\text{groß})}_{\alpha_g,\beta_g} \;=\; s^{(\text{rechts})}_{\alpha_k,\beta_k},$$

$$\mu^{(\text{mittel})}_{\alpha_l,\beta_l,\alpha_r,\beta_r} \;=\; s^{(\text{rechts})}_{\alpha_l,\beta_l} - s^{(\text{rechts})}_{\alpha_g,\beta_g}.$$

Die Fuzzy-Menge *klein* wird demnach durch eine „links geschulterte" und die Fuzzy-Menge *groß* durch eine „rechts geschulterte" Sigmoidfunktion dargestellt. Um *mittel* geeignet darzustellen, würde sich in diesem Zusammenhang eine Gaußfunktion anbieten. Man wählt stattdessen jedoch die Differenz zweier gegeneinander verschobener Sigmoidfunktionen, um diese Fuzzy-Menge zu repräsentieren. Auf diese Weise wird in einem FuNe–I–System nur eine Funktionsart zur Darstellung von Fuzzy-Mengen verwendet. Das Bild 20.5 zeigt ein Beispiel. Man beachte, daß aufgrund des asymptotischen Verlaufs der Sigmoidfunktionen der Zugehörigkeitsgrad 1 nicht exakt erreicht werden kann.

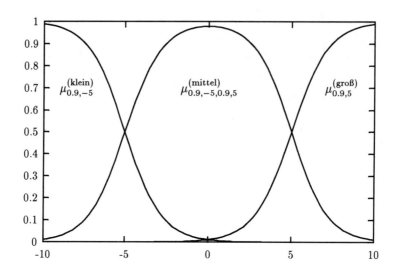

Bild 20.5: Drei durch Sigmoidfunktionen repräsentierte Fuzzy–Mengen

Durch die Art der gewählten Fuzzy–Partitionierungen innnerhalb eines FuNe–I–Systems ist die Verbindungsstruktur zwischen den Schichten festgelegt. Für jede Eingabeeinheit existieren vier Einheiten in der zweiten Schicht, wobei eine Einheit die Fuzzy–Menge *klein* und eine weitere Einheit die Fuzzy–Menge *groß* repräsentiert. Die beiden übrigen Einheiten realisieren gemeinsam mit einer linearen Einheit in der dritten Schicht die Fuzzy–Menge *mittel*, indem ihre Ausgaben mit $+1$ bzw. -1 multipliziert und an diese lineare Einheit weiterpropagiert werden. Die Anzahl dieser Einheiten hängt von der Partitionierung der Eingangsgrößen ab. Es ist selbstverständlich auch möglich, mehr als drei Fuzzy–Mengen zu verwenden. Zugehörigkeitsfunktionen, die wie *mittel* nicht an den Rändern der Wertebereiche liegen, werden dann ebenso durch die Überlagerung zweier Sigmoidfunktionen realisiert. In den Einheiten der zweiten und dritten Schicht werden somit die Zugehörigkeitswerte der Eingabe bestimmt. Die Regeleinheiten der vierten Schicht berechnen die Erfüllungsgrade der Fuzzy–Regeln.

Für FuNe–I sind Lernverfahren zur Adaption der Zugehörigkeitsfunktionen und zur Bestimmung der Regelbasis definiert. Im FuNe–I–Modell werden ausschließlich Regeln mit einer oder zwei Variablen in der Prämisse verwendet. Um die Regelbasis aufzubauen, werden zunächst Regeln mit zwei Variablen getrennt nach konjunktiver und disjunktiver Verknüpfung betrachtet. Als Grundlage dient ein spezielles Trainingsnetzwerk, auf das wir hier nicht im einzelnen eingehen werden. Es unterscheidet sich lediglich in der Regelschicht von dem eigentlichen FuNe–I–Netzwerk. Wir beschreiben im folgenden nur die Vorgehensweise bei der Regelbildung.

Zu Beginn des Regellernvorgangs sind initiale Fuzzy–Partitionierungen für die Eingangsgrößen mittels geeigneter Sigmoidfunktionen zu spezifizieren. Anschließend werden für jede Variable x_i drei konjunktive und drei disjunktive Regeleinheiten in das Trainingsnetzwerk eingesetzt, die die folgenden Berechnungen ausführen:

$$K_{\text{Wert}}^{(i)} = \min \left\{ \mu_{\text{Wert}}^{(i)}(x_i), \max_{j:j\neq i} \left\{ \max \left(\mu_{\text{klein}}^{(j)}(x_j), \mu_{\text{mittel}}^{(j)}(x_j), \mu_{\text{groß}}^{(j)}(x_j) \right) \right\} \right\},$$

$$D_{\text{Wert}}^{(i)} = \max \left\{ \mu_{\text{Wert}}^{(i)}(x_i), \min_{j:j\neq i} \left\{ \max \left(\mu_{\text{klein}}^{(j)}(x_j), \mu_{\text{mittel}}^{(j)}(x_j), \mu_{\text{groß}}^{(j)}(x_j) \right) \right\} \right\},$$

wobei der Index „Wert" aus der Menge {klein, mittel, groß} stammt. Jede konjunktive Regeleinheit K und jede disjunktive Regeleinheit D ist über ein zufällig initialisiertes Gewicht mit allen Ausgabeeinheiten verbunden.

Nachdem auf diese Weise das FuNe–I–Trainingsnetzwerk erzeugt wurde, erfolgt das Training mit einer festen Lernaufgabe. Bei diesem Lernvorgang werden nur die Gewichte zwischen Regel– und Ausgabeeinheiten modifiziert, so daß z.B. die Delta–Regel zum Training verwendet werden kann. Nach Abschluß des Trainingsvorgangs werden die Gewichte interpretiert, um schließlich das eigentliche FuNe–I–Netzwerk (Zielnetzwerk) zu erzeugen. Dabei wird nach der folgenden Heuristik vorgegangen:

- Man betrachte je drei zusammengehörige konjunktive Regeleinheiten $K_{\text{klein}}^{(i)}$, $K_{\text{mittel}}^{(i)}$, $K_{\text{groß}}^{(i)}$ des Trainingsnetzwerkes und analysiere die Gewichte $W(K_{\text{klein}}^{(i)}, v_j)$, $W(K_{\text{mittel}}^{(i)}, v_j)$, $W(K_{\text{groß}}^{(i)}, v_j)$, die von ihnen zur einer Ausgabeeinheit v_j führen.

- Wenn eines der drei Gewichte sich von den beiden anderen besonders stark unterscheidet (z.B. betragsmäßig sehr viel größer ist, oder negativ ist, während die anderen positiv sind usw.), so gilt dies als Indiz dafür, daß die Variable x_i einen Einfluß auf die Ausgabegröße y_j ausübt. Sind jedoch alle Gewichte in etwa gleich ausgeprägt, so wird geschlossen, daß x_i keinen wesentlichen Einfluß auf y_j ausübt.

- Sei $W(K_{\text{Wert}}^{(i)}, v_j)$ ein solches auffälliges Gewicht. Dann wird die Prämisse „x_i ist Wert" je nach Vorzeichen von $W(K_{\text{Wert}}^{(i)}, v_j)$ in einer Liste P_j für positive bzw. N_j für negative Regeln gemerkt.

- Wenn auf diese Weise alle Ausgabe– und Regeleinheiten untersucht worden sind, dann bilde für jede Ausgangsgröße y_j alle möglichen Regeln mit zwei Prämissen, die sich aufgrund der in den beiden Listen P_j und N_j gemerkten Prämissen bilden lassen und füge sie in das Zielnetzwerk ein. Dies geschieht getrennt für positive und negative Regeln. Füge außerdem jede gefundene Prämisse in einer einstelligen Regel in das Netz ein.

- Je nachdem, ob eine Regel aus Prämissen aus einer Liste P_j bzw. N_j besteht, wird die entsprechende Regeleinheit über ein positives bzw. negatives Gewicht mit der Ausgabeeinheit v_j verbunden.

- Verfahre analog für die disjunktiven Regelknoten des Trainingsnetzwerkes.

Das auf diese Weise erzeugte FuNe–I–Netzwerk enthält konjunktive, disjunktive und einstellige Regeln. Die Regelgewichte werden als Einfluß einer Regel auf eine Ausgabegröße angesehen. Eine Besonderheit des FuNe–I–Modells ist, daß es negative Regelgewichte erlaubt. Eine Regel mit negativem Gewicht wird als „negierte Regel" interpretiert (s.u.).

Das FuNe–I–Netzwerk wird nun mit derselben festen Lernaufgabe, die zur Erzeugung der Regelbasis verwendet wurde, trainiert, um die Regelgewichte und die Gewichte zwischen Eingabeschicht und zweiter Schicht anzupassen. Als Lernverfahren kann hier Backpropagation eingesetzt werden, da alle im FuNe–I–Netz eingesetzten Funktionen differenzierbar sind. Zu diesem Zeitpunkt kann das Netz noch sehr viele Regeln enthalten, eventuell mehr als von einem Anwender gewünscht. Es besteht daher die Möglichkeit, eine Regel aus dem Netz zu entfernen, wenn das entsprechende Regelgewicht nur schwach ausgeprägt ist.

FuNe–I wurde von den Entwicklern zu FuNe–II weiterentwickelt, das sich für Fuzzy-Regelungsprobleme eignet. Für ein FuNe–II–System wird eine neue Ausgabeschicht angelegt, die mit der bisherigen Ausgabeschicht verbunden ist. Auf den Verbindungen werden Stützstellen von Fuzzy-Mengen gespeichert, die zur Repräsentation der Stellwerte dienen. Die Aktivierung der neuen Ausgabeeinheiten entspricht der punktweisen Angabe einer Fuzzy-Menge, die zur Bestimmung der endgültigen Ausgabe noch zu defuzzifizieren ist [HALGAMUGE, 1995, HALGAMUGE und GLESNER, 1994].

Bewertung des Ansatzes

Das FuNe–I–Modell ist ein hybrides Neuro–Fuzzy–Modell zur Musterklassifikation. In seiner vorwärtsbetriebenen fünfschichtigen Struktur kodiert es Regeln mit konjunktiven, disjunktiven und einfachen Prämissen. Durch die Verwendung gewichteter Fuzzy-Regeln können sich semantische Probleme ergeben. Die Regelgewichte werden von dem Trainingsverfahren genutzt, um eine möglichst exakte Ausgabe zu erzeugen. Um dies zu erreichen, dürfen sich die Gewichte uneingeschränkt entwickeln. Negative Gewichte werden in diesem Zusammenhang als Negation von Regeln interpretiert.

Diese Interpretation wollen wir noch genauer untersuchen. FuNe–I repräsentiert keine Regeln im logischen Sinne. Die Regeln sind vielmehr unscharfe Stützstellen, die zur Approximation einer sonst unbekannten Funktion dienen. In diesem Sinn ist zu klären, wie eine „negierte Regel" zu deuten ist. Wenn wir ihr die Aussage **if not ... then** zuordnen würden, dann hätte sie nicht den Charakter einer lokalen Stützstelle, sondern entspräche einer globalen Beschreibung der Funktion. Über die Funktion würde dadurch ausgesagt: *wenn sich die Eingabe außerhalb des durch die Prämisse spezifizierten Bereiches bewegt, dann entspricht der Funktionswert dem Wert der Konklusion.* Durch die Überlagerung mit anderen Regeln erhielte eine negierte Regel somit die Wirkung eines Offsets für die Funktion.

Eine negativ gewichtete Regel kann jedoch nicht als Aussage im oben genannten Sinne interpretiert werden, sondern nur als lokale Stützstelle mit negativem bzw. negiertem Funktionswert. In diesem Zusammenhang kann sie als Regel mit negierter Konklusion (**if ... then not**) verstanden werden. Das bedeutet, die Regel hat durch ihre Gewichtung einen Einfluß, der die Auswahl einer bestimmten Klasse unterdrücken soll.

Für einen Anwender ist das korrekte Verständnis negierter Regeln von hoher Bedeutung. Ohne diese Kenntnis ist es ihm nicht möglich, das System geeignet zu initialisieren oder das Lernergebnis zu interpretieren. Wir haben bereits an anderer Stelle über die Problematik gewichteter Regeln diskutiert (Kap. 16.3). Ein Anwender sollte sich darüber im klaren sein, ob für ihn die Semantik des Modells im Vergleich zur Klassifikationsleistung von geringerer Bedeutung ist. Die Verwendung von Regelgewichten erlaubt FuNe–I eine bessere Klassifikation, als es ohne Gewichte möglich wäre. Diese Vorgehensweise kann jedoch zu einer erschwerten Interpretation der Regelbasis führen.

Ein FuNe–I–System läßt sich nach der Bildung der Regelbasis durch ein Gradientenabstiegsverfahren trainieren. Dabei werden die Regelgewichte und die Parameter der Fuzzy-Mengen adaptiert. Dies ist möglich, da sowohl die Zugehörigkeitsfunktionen als auch die Aktivierungsfunktionen differenzierbar sind. Bei der Implementierung eines Lernverfahrens ist darauf zu achten, daß die Veränderung der Zugehörigkeitsfunktionen geeignet eingeschränkt wird. Dies ist besonders für Zugehörigkeitsfunktionen wie *mittel* von Bedeutung, da sie sich aus zwei Sigmoidfunktionen zusammensetzt.

Das Verfahren zur Regelauswahl ist eine Heuristik, die versucht, gute Regeln mit nur einer oder zwei Variablen in der Prämisse zu finden. Durch diese Beschränkung bildet ein FuNe–I–System Regeln, die leicht zu interpretieren sind. Regeln, die alle bzw. sehr viele Variablen in ihren Prämissen verwenden, sind gewöhnlich unanschaulich. Der Nachteil dieses Verfahrens besteht darin, daß je nach Anwendung sehr viele Regeln entstehen können. Dadurch würde die Regelbasis dann wieder unübersichtlich. Es ist auch nicht vorgesehen, Regeln mit mehr als zwei Variablen in ein FuNe–I–System zu integrieren. Denn um z.B. eine konjunktive Regel durch Regeln mit nur einer oder zwei Variablen nachzubilden, müßten deren Erfüllungsgrade konjunktiv verknüpft werden. Dazu wäre eine weitere Schicht in FuNe–I notwendig.

Diese Überlegungen zeigen die einander widersprechenden Ziele, denen ein Neuro–

Fuzzy–System bei der Bildung einer Regelbasis gerecht werden muß. Man ist an
einer möglichst kleine Regelbasis interessiert, wobei die Regeln jeweils nur wenige
Variablen verwenden. Dadurch erzielt man eine hohe Interpretierbarkeit. Diese Ziele
können einander bereits widersprechen, wenn das Klassifikationsproblem Regeln mit
vielen Variablen in den Prämissen erfordert. Man will außerdem beliebige Regeln
als a–priori–Wissen integrieren können. Dazu muß gegebenenfalls die Möglichkeit
bestehen, eine „umfangreiche" Regel durch mehrere „kurze" Regeln nachzubilden.

FuNe–I legt das Gewicht hier auf „kurze", leicht zu interpretierende Regeln. Um
die Ausdrucksmöglichkeiten des Modells zu erhöhen, werden konjunktive, disjunktive und einfache Regeln eingesetzt. Die Tatsache, daß FuNe–I Regeln mit maximal
zwei Variablen verwendet, ist auch darin begründet, daß sich das Modell so leicht
in Hardware umsetzen läßt. In [HALGAMUGE und GLESNER, 1994] beschreiben die
Autoren eine Hardwarerealisierung von FuNe–I sowie eine erfolgreiche Anwendung
bei der Klassifikation von Lötfehlern auf Elektronikplatinen.

20.3 Fuzzy RuleNet

Fuzzy RuleNet ist ein Neuro–Fuzzy–Modell, das auf der Struktur eines RBF–Netzes
(s. Kap. 6) beruht [TSCHICHOLD-GÜRMAN, 1995]. Es stellt eine Erweiterung des
RuleNet–Modells dar, ein spezielles Neuronales Netz, das einer Variante eines RBF–
Netzes entspricht [DABIJA und TSCHICHOLD-GÜRMAN, 1993, TSCHICHOLD-GÜR-
MAN, 1996]. In Abwandlung der üblichen Basisfunktionen, die Hyperellipsoiden ent-
sprechen, verwendet RuleNet Hyperboxen zur Klassifikation.

RBF–Netze werden häufiger mit Fuzzy–Systemen in Verbindung gebracht, da die
Aktivierungsfunktionen ihrer inneren Einheiten als mehrdimensionale Zugehörigkeitsfunktionen interpretiert werden können. Wählt man diese Interpretation, dann lassen sich aus einem trainierten RBF–Netz Fuzzy–Regeln extrahieren. Dazu müssen
die RBF–Funktionen der inneren Einheiten jeweils auf die einzelnen Dimensionen
projiziert werden. Dabei entstehen Fuzzy–Mengen, die erst noch mit geeigneten linguistischen Termen belegt werden müssen. Bei dieser Art der Regelerzeugung treten
also dieselben Probleme wie bei der Regelerzeugung durch Fuzzy–Clusteringverfahren
auf (s. Kap. 20.1). Die entstandenen Fuzzy–Regeln entsprechen nicht mehr den ursprünglichen, durch die RBF–Funktionen repräsentierten Hyperellipsoiden, sondern
dem kleinsten umschließenden Hyperquader.

Diese Situation macht sich der RuleNet–Ansatz zunutze. Die Aktivierungsfunktionen
der inneren Einheiten verwenden statt der üblichen euklidischen Vektornorm die ∞–
Vektornorm. Dadurch repräsentieren die Aktivierungsfunktionen Hyperquader im
Raum der Eingangsmuster.

Definition 20.1 *Ein RuleNet–System ist ein Radiales–Basisfunktionen–Netzwerk mit den folgenden Spezifikationen:*

(i) *Jede innere Einheit $v \in U_H$ ist mit genau einer Ausgabeeinheit $u \in U_O$ verbunden.*

(ii) *Die Netzeingabe einer inneren Einheit $v \in U_H$ ist*

$$\text{net}_u = ||\mathbf{o} - \mathbf{w}_v||_\infty = \max\{|o_{u_1} - W(u_1, v)|, \ldots, |o_{u_n} - W(u_n, v)|\},$$

wobei $\mathbf{o} = (o_{u_1}, \ldots, o_{u_n})$ der Vektor der Ausgaben der Eingabeeinheiten und $\mathbf{w}_v = (W(u_1, v), \ldots, W(u_n, v))$ der Gewichtsvektor der inneren Einheit v ist.

(iii) *Jeder inneren Einheit $v \in U_H$ sind zwei Vektoren $\lambda^{(L)}, \lambda^{(R)} \in \mathbb{R}^{U_I}$ zugeordnet. Sie legen für jede Eingabeeinheit $u \in U_I$, die mit v verbunden ist, die linke und die rechte Ausdehnung der Einflußregion der inneren Einheit fest.*

(iv) *Die Aktivierung der inneren Einheiten $u \in U_H$ wird wie folgt bestimmt:*

$$a_v = D_v \cdot \text{net}_v, \text{ mit } D_v = \min_{u \in U_I} \{d(u, v)\} \text{ und}$$

$$d(u, v) = \begin{cases} 1 & \text{falls } W(u, v) - \lambda_u^{(L)} \le o_u \le W(u, v) + \lambda_u^{(R)} \\ -1 & \text{sonst.} \end{cases}$$

(v) *Die Aktivierung einer Ausgabeeinheit $w \in U_O$ wird wie folgt berechnet:*

$$a_w = \max_{v \in U_H} \{o_v \cdot W(v, w)\}.$$

In Bild 20.6 ist die Architektur eines RuleNets und die graphische Veranschaulichung einer Aktivierungsfunktion für den zweidimensionalen Fall dargestellt. Man erkennt, daß eine innere Einheit genau dann aktiv ist, wenn das aktuelle Eingabemuster innerhalb des repräsentierten Hyperquaders (hier: Rechteck) liegt. Die Gewichte der zu einer inneren Einheit führenden Verbindungen spezifizieren den „Mittelpunkt" (Referenzpunkt) des Hyperquaders. Die in den Vektoren $\lambda^{(L)}$ und $\lambda^{(R)}$ repräsentierten Abstände gelten bezüglich dieses Punktes.

Jede innere Einheit $v \in U_H$ eines RuleNets läßt sich direkt als Regel der Form

$$\textbf{if} \quad x_{u_1} \in [W(u_1, v) - \lambda_{u_1}^{(L)}, W(u_1, v) + \lambda_{u_1}^{(R)}]$$

$$\text{and} \ldots \text{and}$$

$$x_{u_n} \in [W(u_n, v) - \lambda_{u_n}^{(L)}, W(u_n, v) + \lambda_{u_n}^{(R)}]$$

$$\textbf{then} \quad \text{Muster } \mathbf{x} \text{ gehört in die Klasse } C$$

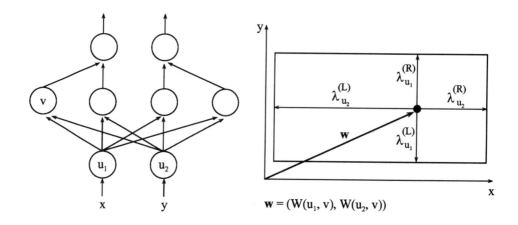

$$\mathbf{w} = (W(u_1, v), W(u_2, v))$$

Bild 20.6: Die Netzwerkarchitektur eines RuleNets mit zwei Eingangseinheiten und eine geometrische Interpretation der Aktivierungsfunktion einer inneren Einheit

interpretieren. Es handelt sich um gewöhnliche scharfe Regeln, die überprüfen, ob für jede Variable in der Prämisse eine Bedingung erfüllt ist, d.h., ob ihr Wert innerhalb eines gewissen Intervalls liegt. Nur wenn die Bedingungen aller Variablen erfüllt sind, liegt das Muster $\mathbf{x}$ innerhalb des Hyperquaders, der durch die innere Einheit v repräsentiert wird, und diese Einheit wird aktiv.

In welche Klasse ein Eingabemuster schließlich fällt, wird mit Hilfe des Winner–Take–All–Prinzips entschieden, d.h., die am stärksten aktivierte Ausgabeeinheit legt die Klasse des Musters fest. Wenn sich die Hyperquader der inneren Einheiten, die zu unterschiedlichen Klassen gehören, nicht überlappen, dann sind immer nur Ausgabeeinheiten einer Klasse aktiv.

Das Lernverfahren von RuleNet hat das Ziel, genau einen solchen eindeutigen Zustand herzustellen. Damit dies gelingen kann, muß im ungünstigsten Fall jedes Muster von einem eigenen Hyperquader umschlossen werden. Der Lernalgorithmus wählt zufällig ein erstes Muster der festen Lernaufgabe aus und plaziert einen Hyperquader maximaler Größe um dieses Muster herum, d.h. fügt eine innnere Einheit in das RuleNet ein und verbindet sie mit der Ausgabeeinheit, die die Klasse des Musters repräsentiert. Danach wird wiederholt ein Muster zufällig gewählt. Nun können drei Fälle eintreten:

(i) Das Muster liegt in einem Hyperquader, der zur Klasse des Musters gehört. Es findet entweder keine Änderung statt oder der Referenzpunkt des Hyperquaders wird in Richtung des Musters verändert (erweitertes RuleNet–Lernverfahren).

(ii) Das Muster liegt außerhalb aller bisher gebildeten Hyperquader. Wenn sich ein Hyperquader, der zu derselben Klasse wie das gewählte Muster gehört, so ausdehnen läßt, daß er das Muster einschließen kann, ohne Hyperquader einer anderen Klasse zu schneiden, so wird er entsprechend vergrößert. Andernfalls wird ein neuer Hyperquader maximaler Größe um das Muster herum gebildet, ohne daß dabei Hyperquader anderer Klassen geschnitten werden.

(iii) Das gewählte Muster fällt in einen oder mehrere Hyperquader einer fremden Klasse. Diese Hyperquader werden in einer Dimension so verändert, daß sie das Muster nicht mehr umschließen. Danach wird ein neuer Hyperquader um das Muster herum gebildet.

Dieses Verfahren wird solange fortgesetzt, bis alle Trainingsmuster korrekt klassifiziert werden. Dies ist immer möglich, kann aber je nach Verteilung der Muster zu einer sehr hohen Anzahl innerer Einheiten in dem RuleNet–System führen (vgl. Bild 20.7). Wenn mit dem erzeugten RuleNet neue, nicht gelernte Muster klassifiziert werden sollen, kann es passieren, daß eine solches Muster in keinem Hyperquader liegt. Wenn die Anwendung es nicht erlaubt, daß ein Muster nicht klassifiziert wird, kann das Muster dem nächstliegenden Hyperquader zugeschlagen werden.

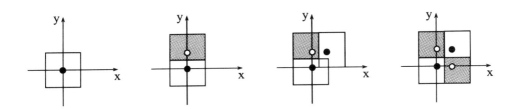

Bild 20.7: Das XOR–Problem wird von einem RuleNet mit vier inneren Einheiten gelöst

Fuzzy RuleNet ist eine Erweiterung von RuleNet, die es zuläßt, daß sich Hyperquader unterschiedlicher Klassen überlappen. Der maximale Überschneidungsgrad wird vorgegeben. Über jedem Hyperquader ist eine Zugehörigkeitsfunktion definiert, die zumindest an der Stelle des „Mittelpunktes" des Hyperquaders den Wert 1 annimmt (s. Bild 20.8). Jede innere Einheit eines Fuzzy RuleNets repräsentiert somit eine mehrdimensionale Fuzzy-Menge, deren Zugehörigkeitsfunktion die Form einer spitzen oder abgeflachten Hyperpyramide aufweist. Durch die Projektion der mehrdimensionalen Fuzzy-Mengen auf die einzelnen Dimensionen entstehen dreiecks– oder trapezförmige Fuzzy-Mengen, die zur Beschreibung der Mustermerkmale dienen. Die auf diese Weise entstehenden gewöhnlichen Fuzzy-Klassifikationsregeln entsprechen genau den mehrdimensionalen Fuzzy-Mengen, d.h., es tritt kein Informationsverlust aufgrund der Regelerzeugung auf.

Definition 20.2 *Ein Fuzzy RuleNet ist ein RuleNet, bei dem die Aktivierung der inneren Einheiten $u \in U_H$ wie folgt bestimmt wird:*

$$a_v \;=\; D_v \cdot \mathrm{net}_v, \text{ mit } D_v = \min_{u \in U_I} \{d(u,v)\} \text{ und}$$

$$d(u,v) \;=\; \begin{cases} \dfrac{o_u - \lambda_u^{(L)}}{W(u,v) - \lambda_u^{(L)}} & \text{falls } o_u \in [\lambda_u^{(L)}, W(u,v)] \\[2ex] \dfrac{\lambda_u^{(R)} - o_u}{\lambda_u^{(R)} - W(u,v)} & \text{falls } o_u \in [W(u,v), \lambda_u^{(R)}] \\[2ex] 0 & \text{sonst.} \end{cases}$$

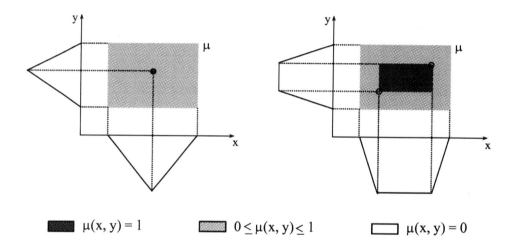

$\blacksquare$ $\mu(x, y) = 1$ $\boxed{}$ $0 \le \mu(x, y) \le 1$ $\square$ $\mu(x, y) = 0$

Bild 20.8: Fuzzy RuleNet verwendet mehrdimensionale Fuzzy–Mengen zur Klassifikation von Mustern

Ein wie in Def. 20.2 definiertes Fuzzy RuleNet repräsentiert Fuzzy–Regeln, wobei die Größen der Prämissen mittels dreiecksförmiger Zugehörigkeitsfunktionen beschrieben werden. Sollen trapezförmige Zugehörigkeitsfunktionen eingesetzt werden, so sind für jede Regeleinheit zwei Gewichtsvektoren (als Referenzpunkte des Hyperquaders) anzugeben, und die Definition von $d(u,v)$ muß entsprechend geändert werden. Die Ausgabeeinheiten werden wie bei RuleNet durch eine Maximumsbildung mit anschließendem Winner–Take–All–Verfahren ausgewertet, um ein Klassifikationsproblem zu lösen. Die Definition kann jedoch auch so geändert werden, daß die Ausgaben mittels einer gewichteten Summe zu einem Wert zusammengefaßt werden. Auf diese Weise kann ein Fuzzy RuleNet eine Funktion approximieren. Das Lernverfahren von Fuzzy RuleNet entspricht dem von RuleNet mit dem Unterschied, daß nun eine Überlappung der Hyperquader verschiedener Klassen bis zu einem fest gewählten Grad toleriert wird.

Bewertung des Ansatzes

Fuzzy RuleNet ist ein Neuro–Fuzzy–Modell, das Probleme bei der Erzeugung von Fuzzy–Regeln aus Daten dadurch vermeidet, daß es nur Cluster in Form von Hyperquadern betrachtet. Diese lassen sich ohne Informationsverlust durch konjunktive Fuzzy–Regeln repräsentieren.

Ein Fuzzy RuleNet läßt sich zur Klassifikation und zur Funktionsapproximation einsetzen. Damit ist das Modell auch für Fuzzy–Regelungsanwendungen von Interesse. Im Fall der Klassifikation wird die am stärksten aktivierte Ausgabeeinheit ausgewählt, um die Klasse des propagierten Musters zu bestimmen. Im Fall der Funktionsapproximation werden die Aktivierungen der Ausgabeeinheiten durch Summation zusammengefaßt, um z.B. einen Stellwert zu erhalten. Ein Fuzzy RuleNet kann in diesem Zusammenhang als Sugeno–Regler [KRUSE et al., 1995a] interpretiert werden. Die repräsentierten Fuzzy–Regeln haben dann einen reellen Wert als Konklusion. Dieser Wert läßt sich als Gewicht zwischen innerer Einheit und verbundener Ausgabeeinheit speichern.

Das Lernverfahren von Fuzzy RuleNet entspricht dem zugrundeliegenden RuleNet–Modell mit dem Unterschied, daß sich Klassen überlappen dürfen. Das Lernverfahren konvergiert sehr schnell, hat jedoch den Nachteil, daß es im allgemeinen sehr viele Regeln erzeugt. Fuzzy RuleNet läßt sich sowohl mit als auch ohne a–priori–Wissen einsetzen. In [TSCHICHOLD-GÜRMAN, 1996] werden erfolgreiche Anwendungen im Bereich der Mustererkennung (handgeschriebene Ziffern) und der Robotersteuerung beschrieben.

20.4   Das NEFCLASS–Modell

Wir beschließen die Diskussion der Ansätze zur Neuro–Fuzzy–Datenanalys mit der Vorstellung des NEFCLASS–Modells (NEuro Fuzzy CLASSification) [NAUCK und KRUSE, 1995a, NAUCK und KRUSE, 1995b], das wie das in Kap. 19 vorgestellte NEFCON–Modell auf dem dort eingeführten dreischichtigen Fuzzy–Perceptron beruht. NEFCLASS dient ebenso wie die beiden anderen in diesem Kapitel vorgestellten Ansätze zur Bestimmung der Klasse oder Kategorie eines gegebenen Eingabemusters.

Die Regelbasis eines NEFCLASS–Systems dient zur Approximation einer (unbekannten) Funktion φ, die die Klassifikationsaufgabe repräsentiert und ein Eingabemuster $\mathbf{x}$ seiner Klasse C_i zuordnet:

$$\varphi : \mathbb{R}^n \to \{0,1\}^m, \quad \varphi(\mathbf{x}) = (c_1, \ldots, c_m), \text{ mit } c_i = \begin{cases} 1, & \text{falls } \mathbf{x} \in C_i \\ 0, & \text{sonst.} \end{cases}$$

Aufgrund des Propagationsverfahrens von NEFCLASS kann die Regelbasis nicht φ

direkt, sondern nur die Funktion $\widetilde{\varphi} : \mathbb{R}^n \to [0,1]^m$ approximieren. Wir erhalten $\varphi(\mathbf{x})$ durch $\varphi(\mathbf{x}) = \psi(\widetilde{\varphi}(\mathbf{x}))$, wobei ψ die Interpretation des Klassifikationsergebnisses darstellt. Wir verwenden für NEFCLASS eine Winner–Take–All–Interpretation und bilden die größte Komponente eines Ausgabevektors $\mathbf{c}$ auf 1 und alle seine anderen Komponenten auf 0 ab.

In Bild 20.9 ist ein NEFCLASS–System zu sehen, das Eingabemuster mit je zwei Merkmalen in zwei disjunkte Klassen einteilt und dazu fünf linguistische Regeln verwendet. Man erkennt leicht die Ähnlichkeit zu einem NEFCON–System (vgl. Bild 19.1). Aus denselben Gründen wie NEFCON besitzt auch NEFCLASS gekoppelte Verbindungen.

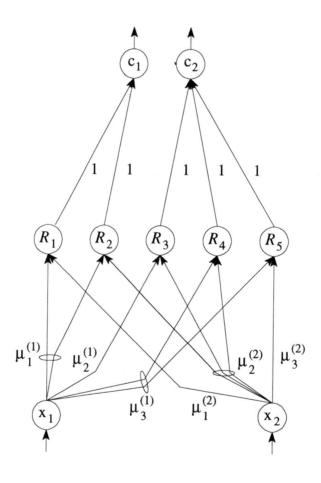

Bild 20.9: Ein NEFCLASS–System mit zwei Eingaben, fünf Regeln
und zwei Klassen

Definition 20.3 *Ein NEFCLASS–System ist ein dreischichtiges Fuzzy–Perceptron mit den folgenden Einschränkungen:*

(i) $U_1 = \{x_1, \ldots, x_n\}$, $U_2 = \{R_1, \ldots, R_k\}$, *und* $U_3 = \{c_1, \ldots, c_m\}$.

(ii) *Jede Verbindung zwischen* $x_i \in U_1$ *und* $R_r \in U_2$ *ist mit einem linguistischen Term* $A_{j_r}^{(i)}$ ($j_r \in \{1, \ldots, q_i\}$) *benannt.*

(iii) *Verbindungen, die von derselben Eingabeeinheit* x_i *wegführen und identische Benennungen aufweisen, tragen zu jeder Zeit dasselbe Gewicht. Die Verbindungen heißen gekoppelt.*

(iv) *Sei* $L_{x,R}$ *die Benennung der Verbindung zwischen den Einheiten* $x \in U_1$ *und* $R \in U_2$. *Für alle* $R, R' \in U_2$ *gilt*

$$((\forall x \in U_1) \; L_{x,R} = L_{x,R'}) \Longrightarrow R = R'.$$

(v) *Für alle Verbindungen zwischen Einheiten* $R \in U_2$ *und Einheiten* $c \in U_3$ *gilt* $W(R, c) \in \{0, 1\}$.

(vi) *Für alle Regeleinheiten* $R \in U_2$ *und alle Ausgabeeinheiten* $c, c' \in U_3$ *gilt*

$$(W(R, c) = 1) \wedge (W(R, c') = 1) \Longrightarrow c = c'.$$

(vii) *Für alle Ausgabeeinheiten gilt* $c \in U_3$ *und* $o_c = a_c = \mathrm{net}_c$.

(viii) *Für alle Ausgabeeinheiten* $c \in U_3$ *ergibt sich die Netzeingabe* net_c *zu*

$$\mathrm{net}_c = \frac{\sum\limits_{R \in U_2} W(R, c) \cdot o_R}{\sum\limits_{R \in U_2} W(R, c)}.$$

Die Bedingung (iii) der Definition 20.3 stellt wie bei einem NEFCON–System sicher, daß gleiche linguistische Werte einer Eingabevariablen durch dieselbe Fuzzy–Menge repräsentiert werden. Die Bedingung (iv) sorgt dafür, daß es keine zwei Regeln mit identischer Prämisse innerhalb eines NEFCLASS–Systems gibt. Da die kodierten Regeln Klassifikationsregeln sind, darf jede Regel nur mit genau einer Ausgabeeinheit verbunden sein. Dies wird durch Bedingung (vi) sichergestellt. Die Klassifikationsregeln besitzen keine bewertete Konklusion, sondern treffen nur eine Zuordnung. Die Gewichte zwischen Regel– und Ausgabeschicht besitzen nur eine Verbindungsfunktion. Die Bedingung (v) regelt daher, daß eine existierende Verbindung mit 1 gewichtet ist. Um der Idee des Fuzzy–Perceptrons gerecht zu werden, kann ein derartiges Gewicht auch als Fuzzy–Singleton interpretiert werden.

Ein NEFCLASS–System kann aus partiellem Wissen über die zu klassifizierenden Muster aufgebaut und dann durch Lernen verbessert werden. Es ist ebenso möglich, das System vollständig durch eine Lernverfahren zu erzeugen. Zur Initialisierung sind für jede Eingabegröße eine initiale Fuzzy–Partitionierung vorzugeben und die maximale Anzahl von Regeleinheiten in der inneren Schicht festzulegen.

Ebenso wie ein NEFCON–System vermag auch ein NEFCLASS–System seine Regelbasis vollständig zu erlernen. NEFCON verwendet eine freie Lernaufgabe, wodurch das Problem der Bewertung der Regeln entsteht. In diesem Fall ist die korrekte Ausgabe auf eine gegebene Eingabe nicht bekannt. Daher besteht die einzige Möglichkeit zu erfahren, ob eine Regel eine gute Ausgabe erzeugt, darin, diese Regel auszuprobieren. Weil dies konsequenterweise mit allen in Frage kommenenden Regeln zu geschehen hat, ergibt sich ein dekrementelles Regellernverfahren: Man beginnt mit allen möglichen Regeln und streicht die schlechten heraus. Da dieses Verfahren sehr aufwendig ist, weil es anfänglich mit einer sehr großen Regelanzahl arbeiten muß, würde man gerne ein inkrementelles Regellernverfahren einsetzen, das Regeln sukzessive der Regelbasis hinzufügt.

Ein NEFCLASS–System kann Regeln inkrementell erlernen, da es eine feste Lernaufgabe verwendet. Wenn ein Muster nicht oder falsch klassifiziert wird, läßt sich aus dem Eingabemuster und seiner in der Lernaufgabe festgelegten Klassifikation direkt eine Fuzzy–Regel ableiten und in das NEFCLASS–Netzwerk einfügen. Um eine Regel zu bilden, wird für ein gegebenes Eingabemuster $\mathbf{x}$ je Merkmal die Fuzzy–Menge gesucht, die für den aktuellen Wert des Merkmals den größten Zugehörigkeitswert ergibt. Die Konjunktion dieser Fuzzy–Mengen bildet die Prämisse der gesuchten Fuzzy–Regel, und die Konklusion wird durch die Klasse des Musters festgelegt. Wenn eine Regel mit einer dieser Prämisse noch nicht im System enthalten ist und die Maximalzahl zulässiger Regeln noch nicht überschritten ist, läßt sie sich einfügen.

Auf diese Weise ist es möglich, durch einen einzigen Durchlauf durch die Lernaufgabe eine initiale Regelbasis aufzubauen. Da die beschriebene Vorgehensweise jedoch von der Reihenfolge der propagierten Muster abhängt, wird die gefundene Regelbasis nur in seltenen, einfachen Fällen zufriedenstellend arbeiten. Dazu müßten die Muster bezüglich ihrer Klassen gleichverteilt sein und idealerweise klassenweise abwechselnd propagiert werden. Wenn diese Bedingungen nicht gegeben sind, so kann es sein, daß die maximale Regelanzahl bereits erreicht ist, bevor alle Klassen propagiert wurden und somit eine oder mehrere Klassen nicht erkannt werden. Außerdem besteht die Möglichkeit, daß ein „Ausreißer" eine Regel erzeugt, die eigentlich zur Klassifikation von Mustern einer anderen Klasse benötigt würde. Diese Gefahr ist umso höher, je stärker sich die Klassen überlappen.

Um solche Anomalien zu vermeiden, ist es notwendig, die Regeln in einem zweiten Durchgang durch die Lernaufgabe auszuwerten. Dabei kann sich herausstellen, daß die Konklusion einer Regel geändert werden muß. Schließlich kann man die Regeln nach dem Erfolg ihres Klassifikationsergebnisses bewerten und nur die besten auswählen, während die übrigen wieder gelöscht werden. Nachdem die Regelbasis erzeugt wurde, paßt der Lernalgorithmus die Zugehörigkeitsfunktionen der Prämissen an. NEFCLASS verwendet Dreiecksfunktionen, die durch drei Parameter beschrieben sind:

$$\mu : \mathbb{R} \to [0, 1], \quad \mu(x) = \begin{cases} \dfrac{x - a}{b - a} & \text{falls } x \in [a, b), \\[2mm] \dfrac{c - x}{c - b} & \text{falls } x \in [b, c], \\[2mm] 0 & \text{sonst.} \end{cases}$$

Der Parameter b legt die Spitze des Dreiecks fest, und die Parameter a und c bestimmen den linken und rechten Fußpunkt. Wir verwenden die Minimumsbildung als t–Norm, um den Erfüllungsgrad einer Regel zu bestimmen.

Bei einem NEFCLASS–System handelt es sich um ein Fuzzy–System, von dem wir keine exakten Ausgaben erwarten wollen. Daher soll wie im Fall des NEFCON–Modells auch diesmal ein Fuzzy–Fehlermaß verwendet werden. Wir können die aus der Lernaufgabe bekannte erwartete Ausgabe zur Definition des Fuzzy–Fehlers verwenden und müssen nicht wie bei NEFCON eine Regelbasis angeben.

Definition 20.4 *Gegeben seien ein NEFCLASS–System und eine feste Lernaufgabe $\tilde{\mathcal{L}}$. Der Fuzzy–Fehler einer Ausgabeeineheit c des NEFCLASS–Systems bezüglich eines Musters $p \in \tilde{\mathcal{L}}$ ist*

$$E_c^{(p)} = 1 \; - \; e^{-\beta(t_c^{(p)} - o_c^{(p)})^2},$$

mit $\beta > 0$.

Der Paramter β dient zur Einstellung der Sensitivität des Fehlers. Mit kleiner werdendem β werden immer größere Abweichungen toleriert. Die folgende Definition beschreibt den Lernalgorithmus eines NEFCLASS–Systems getrennt nach dem Erlernen von Fuzzy–Regeln und Fuzzy–Mengen.

Definition 20.5 (NEFCLASS–Lernalgorithmus)
Gegeben sei ein NEFCLASS–System mit n Eingabeeinheiten $x_1, \ldots, x_n$, $k \leq k_{\max}$ Regeleinheiten $R_1, \ldots, R_k$ und m Ausgabeeinheiten $c_1, \ldots, c_m$. Weiterhin sei eine feste Lernaufgabe $\tilde{\mathcal{L}} = \{(\mathbf{i}_1, \mathbf{t}_1), \ldots, (\mathbf{i}_s, \mathbf{t}_s)\}$ bestehend aus s Mustern gegeben, wobei jedes aus einem Eingabemuster $\mathbf{i} \in \mathbb{R}^n$, und einem Ausgabemuster $\mathbf{c} \in \{0, 1\}^m$ besteht.

Der Lernalgorithmus, der die k Regeleinheiten des NEFCLASS–Systems bestimmt, besteht aus den folgenden Schritten (**Regellernalgorithmus**)*:*

(i) Wähle das nächste Muster $(\mathbf{i}, \mathbf{t})$ aus $\tilde{\mathcal{L}}$ und propagiere es.

(ii) Für jede Eingabeeinheit $x_i \in U_1$ finde die Zugehörigkeitsfunktion $\mu_{j_i}^{(i)}$ mit

$$\mu_{j_i}^{(i)}(a_{x_i}) = \max_{j \in \{1, \ldots, q_i\}} \{\mu_j^{(i)}(a_{x_i})\}.$$

(iii) Wenn die Anzahl der Regeleinheiten $k_{\max}$ noch nicht überschritten hat und es noch keine Regeleinheit R mit

$$W(x_1, R) = \mu_{j_1}^{(1)}, \dots, W(x_n, R) = \mu_{j_n}^{(n)}$$

gibt, dann erzeuge eine solche Einheit und verbinde sie mit der Ausgabeinheit c_l, falls $t_l = 1$ ist.

(iv) Falls es noch nicht verarbeitete Muster in $\tilde{\mathcal{L}}$ gibt und $k < k_{\max}$ gilt, dann fahre mit Schritt (i) fort, ansonsten mit Schritt (v).

(v) Bestimme auf eine der drei folgenden Arten eine Regelbasis aus den erzeugten Regeln:

- **Einfaches Regellernen**: *Behalte nur die ersten k erzeugten Regeln und lösche den Rest.*

- **Optimales Regellernen**: *Durchlaufe $\tilde{\mathcal{L}}$ erneut und akkumuliere für jede Regeleinheit ihre Aktivierungen getrennt nach den Klassen der propagierten Muster. Falls eine Regel R für eine Klasse C_j eine höhere akkumulierte Aktivierung aufweist, als für die Klasse C_R, die durch ihre Konklusion spezifiziert wird, dann ändere die Konklusion der Regel auf C_j.*

  Durchlaufe $\tilde{\mathcal{L}}$ erneut und bestimme für jede Regeleinheit R den Wert

$$V_R = \sum_{p \in \tilde{\mathcal{L}}} a_R^{(p)} \cdot e_p, \quad e_p = \begin{cases} 1, & \text{falls } p \text{ korrekt klassifiziert wurde,} \\ -1, & \text{sonst.} \end{cases}$$

  Behalte nur die k Regeleinheiten mit den höchsten V_R–Werten und entferne die übrigen aus dem NEFCLASS–System.

- **Klassenoptimales Regellernen**: *Verfahre wie beim optimalen Regellernen, behalte jedoch je Klasse C_j die $\left\lfloor \frac{k}{m} \right\rfloor$ besten Regeln, deren Konklusionen der Klasse C_j entsprechen ($\lfloor \cdot \rfloor$ bezeichnet die nächstkleinere ganze Zahl).*

*Der überwachte Lernalgorithmus eines NEFCLASS–Systems zur Anpassung seiner Fuzzy–Mengen läuft zyklisch durch die Lernaufgabe $\tilde{\mathcal{L}}$ und führt dabei die folgenden Schritte solange wiederholt aus, bis eine gegebene Abbruchbedingung erfüllt ist (**Lernalgorithmus für Fuzzy–Mengen**):*

(i) Wähle das nächste Muster $(\mathbf{i}, \mathbf{t})$ aus $\tilde{\mathcal{L}}$, propagiere es durch das NEFCLASS–System und bestimme den Ausgabevektor $\mathbf{c}$.

(ii) Für jede Ausgabeeinheit c:
Bestimme den Deltawert $\delta_c^{(p)} = \mathrm{sgn}(t_c^{(p)} - o_c^{(p)}) \cdot E_c^{(p)}$, wobei $E_c^{(p)}$ der Fuzzy–Fehler gemäß Def. 20.4 ist.

(iii) Für jede Regeleinheit R mit $o_R > 0$:

(a) Bestimme den Deltawert

$$\delta_R^{(p)} = o_R^{(p)}(1 - o_R^{(p)}) \sum_{c \in U_3} W(R, c)\delta_c^{(p)}.$$

(b) Finde die Eingabeeinheit x' so daß

$$W(x', R)(o_{x'}^{(p)}) = \min_{x \in U_1} \{W(x, R)(o_x^{(p)})\}.$$

gilt

(c) Bestimme für die Fuzzy–Menge $W(x', R)$ die Deltawerte ihrer Parameter a, b, c unter Verwendung der Lernraten $\sigma_a, \sigma_b, \sigma_c > 0$:

$$
\begin{aligned}
\delta_b^{(p)} &= \sigma_a \cdot \delta_R^{(p)} \cdot (c - a) \cdot \operatorname{sgn}(o_{x'}^{(p)} - b), \\
\delta_a^{(p)} &= -\sigma_b \cdot \delta_R^{(p)} \cdot (c - a) + \delta_b^{(p)}, \\
\delta_c^{(p)} &= \sigma_c \cdot \delta_R^{(p)} \cdot (c - a) + \delta_b^{(p)}.
\end{aligned}
$$

Addiere diese Deltawerte zu den Parametern von $W(x', R)$, falls dies nicht gegen gegebene Randbedingungen Φ verstößt.

(iv) Falls am Ende einer Epoche das Abbruchkriterium erfüllt ist, dann halte an, ansonsten fahre mit Schritt (i) fort.

Der NEFCLASS–Lernalgorithmus bietet drei Möglichkeiten, um eine Regelbasis heranzubilden. Ein Benutzer wird sich aufgrund der oben bereits erwähnten Überlegungen in der Regel für das „optimale" oder „klassenoptimale" Regellernen entscheiden. Letzteres ist sinnvoll, wenn vermutet wird, daß die Muster sich je Klasse auf eine etwa gleichgroße Anzahl von Clustern verteilen. Da jedes Cluster durch eine Fuzzy–Regel repräsentiert wird, sollte in diesem Fall je Klasse die gleiche Anzahl von Regeln eingesetzt werden. Das „optimale" Regellernverfahren sollte dann verwendet werden, wenn für das erfolgreiche Erkennen einer oder mehrerer Klassen vermutlich eine größere Anzahl von Regeln erforderlich ist als für die anderen Klassen. Dann ist jedoch darauf zu achten, daß die Anzahl k der zulässigen Regeln so hoch gewählt wird, daß bei Auswahl der besten k Regeln auch alle Klassen abgedeckt werden.

Das Regellernen von NEFCLASS ist sehr viel weniger aufwendig als das von NEF-CON. Spätestens nach drei Epochen liegt eine Regelbasis vor. Das Verfahren ist auch bei hochdimensionalen Problemen nicht von einer Explosion der Komplexität bedroht, da Regeln sukzessive gebildet werden. Unter der Voraussetzung, daß die Muster eine „einigermaßen gutartige" Verteilung aufweisen, werden sich normalerweise immer sehr viel weniger Regeln heranbilden, als theoretisch bildbar wären. Im Extremfall kann maximal jedes der s Muster der Lernaufgabe die Bildung einer Regel veranlassen.

Der Bildungsprozeß der Regeln wird nur durch den zur Verfügung stehenden Speicherplatz beschränkt. Die Bildung der Regeln ist vom Aufwand $O(s \cdot n \cdot q)$, wobei n
die Anzahl der Eingangsgrößen und q die Anzahl der Fuzzy–Mengen je Eingangsgröße
ist. Der Faktor s wird hierbei in der Regel beherrschend sein. Die sich anschließende
Bewertung der $\tilde{k}$ Regeln zur Auswahl der besten k Regeln für die Regelbasis hat den
Aufwand $O((s + k) \cdot \tilde{k})$.

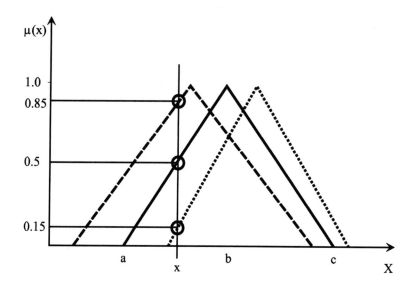

Bild 20.10: Das Lernverfahren für Fuzzy–Mengen in NEFCLASS: Die mit
durchgezogenen Linien gezeichnete Funktion stellt die Ausgangssituation dar. Soll der Treffergrad erhöht werden, so gelangt man
zur gestrichelt dargestellten Situation, andernfalls zur gepunktet
gezeichneten.

Das Lernverfahren für Fuzzy–Mengen ist eine einfache Heuristik, wie sie schon in ähnlicher Form bei NEFCON verwendet wurde. Der Algorithmus ermittelt, ob die Aktivierung ein Regeleinheit für das aktuelle Muster verstärkt oder abgeschwächt werden
muß. Es identifiziert die Fuzzy–Menge, die aufgrund ihres minimalen Zugehörigkeits-
grades für das aktuelle Merkmal für die Höhe der Regelaktivierung verantwortlich ist
und ändert nur diese Fuzzy–Menge. Die Änderung verursacht eine Verschiebung und
eine Verbreiterung bzw. Verengung der entsprechenden Dreiecksfunktion. Das Bild
20.10 illustriert die Vorgehensweise. Da eine Fuzzy–Menge in mehr als einer Regel
vorkommen kann, wird sie nach der Propagation eines Musters gegebenenfalls mehrfach
verändert.

Der Faktor $o_R(1 - o_R)$ in Schritt (iii.a) des Lernalgorithmus für Fuzzy–Mengen sorgt
dafür, daß die Änderungen an einer Fuzzy–Menge größer sind, wenn eine Regelein-

heit eine Aktivierung von etwa 0.5 aufweist und daß sie kleiner sind, wenn sich die Aktivierung den Werten 1 bzw. 0 nähert. Auf diese Weise wird eine Regeleinheit „gezwungen", sich für oder gegen die Reaktion auf ein Muster zu entscheiden. Die ebenfalls in diesem Schritt verwendete Summation ist eigentlich überflüssig, da eine Regeleinheit immer nur mit genau einer Ausgabeeinheit verbunden ist. Die gewählte Darstellung erlaubt jedoch eine Aufweichung des NEFCLASS–Modells dahingehend, daß eine Regeleinheit über unterschiedliche, trainierbare Gewichte mit allen Ausgabeeinheiten verbunden ist. Dadurch wird allerdings die Semantik des Modells erheblich gestört, weshalb wir auf diese Variante nicht näher eingehen und auf das Trainieren von Gewichten zur Ausgabeschicht vollständig verzichten.

Die in Schritt (iii.c) des Lernverfahrens für Fuzzy-Mengen genannten Randbedingungen Φ legen gewöhnlich fest, daß die Dreiecksform der Zugehörigkeitsfunktionen erhalten bleibt, sie den Wertebereich ihres Merkmals nicht verlassen dürfen, ihre relative Position zueinander erhalten bleiben muß usw. Das Abbruchkriterium für das Lernverfahren ist nicht einfach anzugeben, weil die Summe der Fuzzy-Fehler aufgrund der Definition von net_c gewöhnlich nicht 0 werden kann. Ein Ausweg besteht darin, eine Maximalzahl zulässiger Fehlklassifikationen zu spezifizieren oder den Lernvorgang abzubrechen, wenn der Gesamtfehler während einer gewissen Zahl von Epochen nicht weiter fällt.

Bewertung des NEFCLASS–Modells

NEFCLASS ist ein hybrides Neuro–Fuzzy-Modell zur Klassifikation von Daten. Es baut wie NEFCON auf dem generischen Modell eines dreischichtigen Fuzzy-Perceptrons auf. Der Einsatz gekoppelter Verbindungen verhindert semantische Probleme bezüglich der repräsentierten Fuzzy-Regeln, da eine multiple Repräsentation identischer linguistischer Terme vermieden wird. Die in NEFCLASS repräsentierten Fuzzy-Klassifikationsregeln verwenden keine Regelgewichte, was die klare Semantik des Ansatzes unterstützt.

Der Lernalgorithmus ist in der Lage, sowohl Fuzzy-Regeln als auch Fuzzy-Mengen zu erlernen. Die Bildung einer Regelbasis geschieht inkrementell und verursacht nur geringen Aufwand. Ein NEFCLASS–System kann ohne Regeleinheiten oder mit einer vorgegebenen partiellen Regelbasis beginnen, eine Lernaufgabe zu bewältigen. Die Heranbildung neuer Regeln, deren Bewertung und die Auswahl einer Regelbasis sind nach drei Epochen beendet. Das Lernverfahren zur Adaption der in NEFCLASS verwendeten Fuzzy-Mengen ist überwacht und setzt ebenso wie NEFCON ein Fuzzy-Fehlermaß ein. Der Algorithmus beruht auf einer einfachen Heuristik, die die Anzahl der Parameteränderung gering zu halten versucht, um ein wenig aufwendiges und übersichtliches Lernverfahren zu gewährleisten.

Die Modifikation der Fuzzy-Mengen während des Trainings kann leicht Randbedingungen unterworfen werden. Änderungen werden nur zugelassen, wenn diese Bedin-

gungen nicht verletzt werden. Im Hinblick auf eine spätere Interpretation des Lernergebnisses ist man daran interessiert, Fuzzy–Partionen zu erhalten, die sich möglichst
leicht mit linguistischen Termen belegen lassen. Eine sinnvolle Randbedingung besteht daher in der Beibehaltung der relativen Positionen der Fuzzy–Mengen einer Variable zueinander. Ebenso kann es sinnvoll sein, den Grad der Überschneidung zweier
benachbarter Fuzzy–Mengen festzulegen. Man muß sich jedoch vergegenwärtigen,
daß derartige Randbedingungen die Freiheitsgrade des Lernalgorithmus einschränken
und ihm damit das Auffinden einer guten Lösung erschweren können.

NEFCLASS kann aufgrund der eingesetzten Propagationsverfahren keine Ausgaben
von exakt 0 bzw. 1 erzielen, sondern nur Werte aus $[0, 1]$. Um exakte Ausgabe zu
erreichen, müßten beliebig skalierbare Regelgewichte zugelassen werden, was jedoch
die Semantik des Modells beeinträchtigt. Stammten die Gewicht aus $[0, 1]$, so ließen
sie sich gegebenenfalls noch als eine Art „Vertrauensgrad" deuten, brächten jedoch
noch keinen Gewinn für eine exakte Ausgabe. Dazu müßten auch Gewichte deutlich
größer 1 zugelassen werden, wodurch eine Interpretation dann gar nicht mehr möglich
wäre. NEECLASS verzichtet daher gänzlich auf trainierbare Gewichte.

Für den Fall, daß eine exakte Ausgabe unumgänglich und die Semantik des eingesetzten Modells von zu vernachlässigender Bedeutung ist, läßt sich das NEFCLASS–
Modell auch um adaptive Gewichte zwischen innerer Schicht und Ausgangsschicht
ergänzen. Ein derartiges System ist dann als Funktionsapproximator anzusehen, der
mit Fuzzy–Regeln initialisiert werden und anschließend trainiert werden kann. Nach
Abschluß des Trainings wäre eine Interpretation in Form von Fuzzy–Regeln allerdings
nicht mehr möglich.

Von einem Modell wie NEFCLASS darf man nicht erwarten, daß es für eine gegebene Lernaufgabe ein besseres Klassifikationsergebnis als z.B. ein Neuronales Netz
oder ein statistisches Regressionsverfahren liefert. Der Grund, ein Neuro–Fuzzy–
Klassifikationsverfahren einzusetzen, besteht vielmehr darin, einen Klassifikator auf
der Grundlage linguistischer Regeln zu erhalten. Dessen Vorteile liegen einerseits
in seiner Interpretierbarkeit und seiner Initialisierbarkeit durch a–priori–Wissen und
andererseits auch in seiner Einfachheit. Diese drei Punkte

- Interpretierbarkeit,

- Initialisierbarkeit und

- Einfachheit

sind von nicht zu unterschätzender Bedeutung in Bereichen, in den menschliche Ent-
scheidungsträger Systeme zur Entscheidungsfindung und –unterstützung benötigen.
Als Beispiele lassen sich hier medizinische und wirtschaftliche Anwendungsbereiche
nennen.

Es ist unmittelbar einsichtig, daß man einem System, das z.B. Empfehlungen zur Gabe
von Medikamenten ausspricht oder Vorschläge zur Kreditvergabe macht, eher dann

wohlwollend gegenübersteht, wenn man seine Einschätzungen und Regeln nachvollziehen kann. Die Einfachheit eines Systems fördert die Motivation eines Anwenders, es einzusetzen, da er sich weder mit umfangreichen theoretischen Grundlagen vertraut machen muß noch von Experten abhängig ist.

Neuronale Netze besitzen trotz ihre Einfachheit die beiden anderen genannten Eigenschaften nicht, was ihre Anwendung häufig verhindert. Statistische Verfahren besitzen aus Anwendersicht eigentlich keine der genannten Eigenschaften. Allerdings darf man ihnen selbstverständlich eine Interpretierbarkeit unter statistischen und wahrscheinlichkeitstheoretischen Begriffen nicht absprechen. Moderne statistische Verfahren stehen auf soliden theoretischen Grundlagen und werden sehr erfolgreich eingesetzt. Man darf jedoch auch nicht vergessen, daß statistische Verfahren in der Regel bestimmte Verteilungsannahmen voraussetzen, die in der Praxis häufig nicht gegeben sind. Die Verfahren sind oft sehr komplex, und ihre Anwendung erfordert ein hohes Maß an Fachwissen.

Ein Neuro-Fuzzy-Ansatz wie NEFCLASS bietet hier einen alternativen Weg. Er erlaubt es einem Anwender, auf einfache Weise einen Klassifikator aus Daten aufzubauen und sein eigenes Vorwissen einzubringen. Das System ist vollständig transparent, und aufgrund der semantischen Eigenschaften von NEFCLASS ist es jederzeit interpretierbar. Man darf nicht erwarten, daß ein NEFCLASS-System nach einmaligem Lernvorgang aus einer Mengen von Daten eine in jeder Hinsicht optimale Regelbasis erzeugt. Die Anwendung eines solchen Systems wird vielmehr in mehreren Schritten erfolgen. Während der ersten Schritte lernt man einige neue Aspekte über seine Daten hinzu, die dabei helfen können, die weiteren Lernvorgänge besser zu gestalten (z.B. Elimination von Variablen, mehr Fuzzy-Mengen pro Variable, weniger Regeln usw.). NEFCLASS kann als interaktives Werkzeug zur Datenanalyse verstanden werden.

Das hier vorgestellte NEFCLASS-Modell ist nur in der Lage, einfache Fuzzy-Regelsysteme zu erzeugen. Insbesondere verwendet eine erlernte Regel grundsätzlich alle Eingangsgrößen in ihrer Prämisse. Für die Interpretierbarkeit ist es wichtig, Regeln mit möglichst wenigen Größen in den Prämissen zu finden. Auch Hintereinanderschaltungen einzelner Regeln bzw. Kaskadierungen ganzer Regelsysteme sind von Bedeutung, da sie helfen, Wissensinhalte strukturiert darzustellen. Unter Anwendungsaspekten ist es außerdem sinnvoll, auch nicht-numerische Daten verarbeiten zu können. In einer medizinischen Anwendung können z.B. die Angabe des Geschlechts oder die Frage, ob eine bestimmte Krankheit schon einmal aufgetreten ist, von Bedeutung sein. In beiden Fällen besteht noch großer Forschungsbedarf. Denkbare Lösungen sind z.B. die Verschaltungen mehrere Neuro-Fuzzy-Module. Auch eine Einbeziehung klassischer wissensbasierter Ansätze ist vielversprechend (vgl. den Teil über konnektionistische Expertensysteme).

Im letzten Abschnitt dieses Kapitels stellen wir eine Implementierung von NEFCLASS vor und zeigen an zwei Beispielen, wie aus Daten Fuzzy-Regeln gewonnen werden können.

20.5   NEFCLASS–PC – Eine Implementierung

Das in dem vorangegangen Abschnitt beschriebene NEFCLASS–Modell wurde in
dem im folgenden vorgestellten prototypischen Datenanalysetool NEFCLASS–PC implementiert. Die Realisierung fand im Rahmen studentischer Arbeiten am Institut
für Betriebssysteme und Rechnerverbund der TU Braunschweig statt. Die Software
wurde für MS-DOS Personal Computer in der Programmiersprache Borland Pascal
7.0 erstellt.

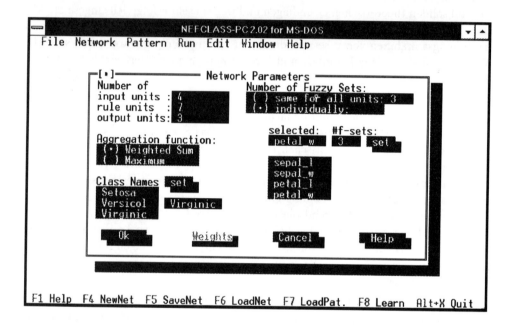

Bild 20.11: Spezifikation eines NEFCLASS–Systems in NEFCLASS–PC

Der Benutzer von NEFCLASS–PC muß zunächst die Struktur des zu verwendenden
Netzwerkes spezifizieren. Die vorliegende Lernaufgabe gibt die Anzahl von Eingabe-
und Ausgabeeinheiten vor. Zusätzlich müssen die maximale Anzahl von Regelknoten und die Anzahl von Fuzzy-Mengen pro Eingangsgröße vorgegeben werden. Es
besteht auch die Möglichkeit, die Ein– und Ausgangseinheiten zu benennen (s. Bild
20.11). Im Anschluß an die Spezifikation des NEFCLASS–Systems muß die Lernaufgabe eingelesen werden, deren Muster in Anzahl der Merkmale und Klassen mit dem
Netz übereinstimmen müssen.

Nach dem Laden der Lernaufgabe kann das NEFCLASS–System trainiert werden.
Wenn über die Daten Vorwissen zur Verfügung steht, so läßt sich dieses über einen
Regeleditor eingeben (s. Bild 20.12). Die auf diese Weise spezifizierten Regeln müssen

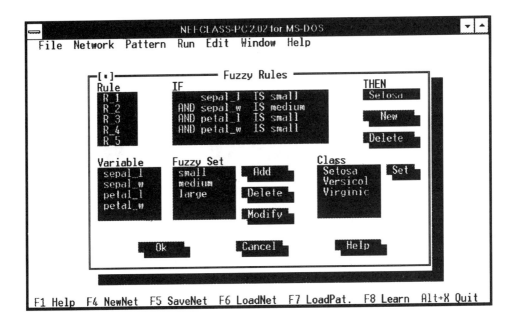

Bild 20.12: Der Regeleditor von NEFCLASS–PC

nicht alle Eingangsgrößen in der Prämisse verwenden. Bei den vom System gelernten Regeln werden dagegen immer alle Merkmale in den Prämissen auftreten. Der Benutzer hat die Möglichkeit, verschiedene den Lernvorgang beeinflussende Parameter zu spezifizieren (s. Bild 20.13). Neben den Lernraten für die drei Parameter der Fuzzy–Mengen können unterschiedliche Einschränkungen für die Änderungen der Zugehörigkeitsfunktionen ausgewählt werden.

Der Benutzer kann wählen,

- ob die Zugehörigkeitsfunktion ihre relative Positionen zueinander beibehalten müssen,

- ob die Zugehörigkeitsfunktion sich zu asymmetrischen Dreiecken entwickeln dürfen,

- ob die Zugehörigkeitsfunktion sich in Höhe 0.5 schneiden müssen,

- ob Regelgewichte verwendet werden sollen

- und falls ja, ob die Regelgewichte aus $[0, 1]$ sein müssen.

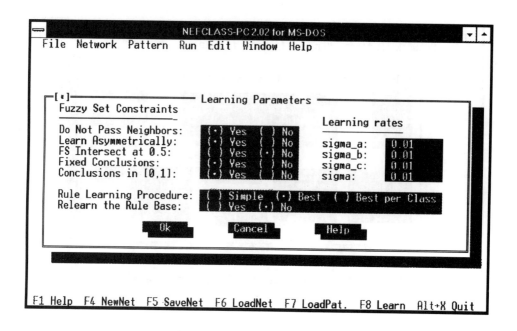

Bild 20.13: Spezifikation von Lernparametern in NEFCLASS–PC

Zur Bildung der Regelbasis stehen die drei in Def. 20.5 angegebenen Lernverfahren

- optimales Regellernen,

- klassenoptimales Regellernen und

- einfaches Regellernen

zur Auswahl. Auch bei bereits existierender Regelbasis kann diese erneut gelernt werden, wobei die vorhandenen Regeln als a–priori–Wissen einfließen. Nach der Angabe geeigneter Lernparameter läßt sich der Lernvorgang starten. Als Abbruchkriterium können ein unterschrittener Gesamtfehlerwert, eine erreichte Anzahl zulässiger Fehlklassifikationen und eine fehlende Fehlerverbesserung innerhalb eines gegebenen Zeitintervalls gewählt werden. Nach dem Start des Lernvorgangs wird zunächst die Regelbasis erzeugt. Anschließend hat der Benutzer die Möglichkeit, den Lernfortschritt an einer graphischen Anzeige zu verfolgen (s. Bild 20.14)

Nach Abschluß des Lernvorgangs stehen dem Benutzer verschiedene Werkzeuge zur Analyse der Leistung des erzeugten NEFCLASS–Systems zur Verfügung. Neben der Anzeige der Anzahl der Fehlklassifikationen (s. Bild 20.15) kann die Ausgabe für jedes Muster einzeln betrachtet werden. Außerdem besteht in einem gewissen Umfang die Möglichkeit, die Daten zu visualisieren. Der Benutzer kann sich beispielsweise

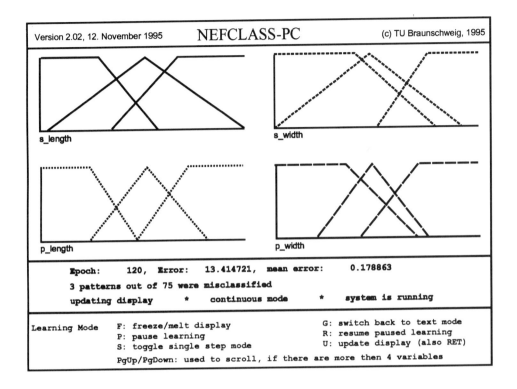

Bild 20.14: Darstellung des Lernvorgangs in NEFCLASS–PC

eine zweidimensionale Projektion der geladenen Daten anzeigen lassen, aus der ihre Verteilung, die Fehlklassifikationen und die entstandenen Fuzzy–Mengen hervorgehen (s. Bild 20.16). Eine derartige Darstellung hilft zu erkennen, ob Eingangsgrößen weggelassen werden können, oder ob eine andere Anzahl von Fuzzy–Mengen für eines der Merkmale sinnvoll wäre.

Wir werden im folgenden am Beispiel des bekannten Iris–Datensatzes zeigen, wie NEFCLASS–PC arbeitet. Der Iris–Datensatz ist ein Standardbenchmark im Bereich der Musterklassifikation. Er besteht aus 150 vierdimensionalen Mustern, die sich gleichmäßig auf drei Klassen verteilen. Die Muster beschreiben die Maße von Irisblumen (jeweils Breite und Länge eines Kelch– und Blumenblattes), und die drei Klassen stellen die Arten Iris Setosa, Iris Versicolour und Iris Virginica dar. Der Datensatz wurde bereits 1936 von R.A. Fisher aufgenommen [FISHER, 1936] und seitdem sehr oft als Klassifikationsbeispiel untersucht.

Das Irisproblem ist extrem einfach und eignet sich daher gut als tutorielles Beispiel. Die Klasse Setosa ist linear separabel zu den anderen beiden Klassen. Versicolour und Virginica überlappen sich dagegen ein wenig. Zur erfolgreichen Klassifikation der

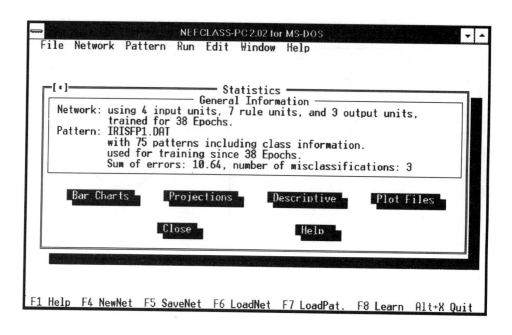

Bild 20.15: Überblick über die Leistung des trainierten NEFCLASS–Systems

Irisdaten kann fast jeder beliebige Klassifikationsansatz gewählt werden. Statistische Verfahren, Neuronale Netze, Fuzzy–Clustering und auch Verfahren des maschinellen Lernens liefern sehr gute Ergebnisse auf den Irisdaten (in der Regel etwa fünf Fehler über den 150 Mustern).

Wir zeigen im folgenden, wie ein NEFCLASS–System lernt, die Irisdaten zu klassifizieren. Wir teilen die Daten dazu in zwei Mengen mit je 75 Mustern, 25 je Klasse, auf. Die eine Menge verwenden wir als Lernaufgabe, die andere um zu testen, wie gut das NEFCLASS–System ihm unbekannte Daten verarbeitet. In einem ersten Versuch verwenden wir für alle der vier Eingangsmerkmale eine Fuzzy–Partitionierung auf drei Fuzzy–Mengen. NEFCLASS–PC verwendet dreieckförmige Zugehörigkeitsfunktionen, die zunächst gleichmäßig über dem Wertbereich verteilt sind. Die beiden Funktionen an den Rändern des Wertebereiches sind „geschultert" (vgl. Bild 20.14), d.h., es gilt

$$\mu_{\text{links}}(x) = \begin{cases} 1 & \text{falls } x \in [a, b), \\ \frac{c-x}{c-b} & \text{falls } x \in [b, c], \\ 0 & \text{sonst,} \end{cases} \qquad \mu_{\text{rechts}}(x) = \begin{cases} \frac{x-a}{b-a} & \text{falls } x \in [a, b), \\ 1 & \text{falls } x \in [b, c], \\ 0 & \text{sonst.} \end{cases}$$

Wir setzen das „optimale Regellernen" ein und erlauben dem Programm, sieben Regeln zur Klassifikation zu bilden. Nach dem ersten Durchlauf durch die Mustermenge findet es zunächst 19 in Frage kommende Regeln (81 wären möglich), die während der nächsten beiden Epochen bewertet und auf sieben reduziert werden. Im Anschluß setzt der Lernvorgang der Fuzzy–Mengen ein. Bereits zu Beginn macht das NEFCLASS-System nur fünf Fehler und hat sich bereits nach 20 Epochen auf drei Fehler verringert. Die Summe der quadrierten Abweichungen zwischen tatsächlicher und erwünschter Ausgabe (= Gesamtfehler) nimmt zwar noch ein wenig ab, die drei Klassifikationsfehler bleiben jedoch erhalten. Nach 126 Epochen brechen wir den Lernvorgang ab, da sich der Gesamtfehler seit 50 Epochen nicht mehr verringert hat. Ein Test mit den Referenzdaten ergibt zwei Klassifikationsfehler, so daß wir insgesamt fünf Fehler für alle 150 Muster erhalten. Die sieben von NEFCLASS–PC gefunden Klassifikationsregeln sind in der Tabelle 20.1 angegeben.

if x_1 is *sm*	and x_2 is *md*	and x_3 is *sm*	and x_4 is *sm*,	**then** *Setosa*
if x_1 is *sm*	and x_2 is *sm*	and x_3 is *sm*	and x_4 is *sm*,	**then** *Setosa*
if x_1 is *md*	and x_2 is *sm*	and x_3 is *lg*	and x_4 is *lg*,	**then** *Virginica*
if x_1 is *lg*	and x_2 is *sm*	and x_3 is *lg*	and x_4 is *lg*,	**then** *Virginica*
if x_1 is *md*	and x_2 is *sm*	and x_3 is *md*	and x_4 is *md*,	**then** *Versicolour*
if x_1 is *lg*	and x_2 is *md*	and x_3 is *lg*	and x_4 is *lg*,	**then** *Virginica*
if x_1 is *md*	and x_2 is *sm*	and x_3 is *md*	and x_4 is *sm*,	**then** *Versicolour*

Tabelle 20.1: Sieben Klassifikationsregeln für die Irisdaten, wie sie von NEFCLASS–PC gefunden werden (sm = small, md = medium, lg = large)

In Bild 20.16 ist eine Projektion aller 150 Irisdaten auf den durch die beiden Merkmale x_3 und x_4 aufgespannten zweidimensionalen Raum zu sehen. Man erkennt sehr leicht, daß die Klasse *Setosa* (unten links) sich deutlich von den beiden anderen Klassen abhebt. Die fünf falsch klassifizierten Muster (Kreise) liegen alle im Überlappungsbereich der beiden Klassen *Versicolour* und *Virginica*. Aus dieser Darstellung lassen sich die folgenden beiden Vermutungen ableiten:

- Aufgrund der Verteilung der Daten sollten drei Regeln zur Klassifikation ausreichen.

- In der x_3-x_4-Ebene läßt sich eine gute Trennung der Muster erkennen. Die Merkmale x_1 und x_2 werden nicht benötigt.

Wir werden daher versuchen, einen kompakteren Klassifikator zu erhalten und wiederholen den Versuch. Diesmal gestatten wir dem Programm nur, drei Regeln zu bilden. Die beiden ersten Merkmale spezifizieren wir als „Don't–Care"-Variablen und lassen sie für die Klassifikation eines Musters außer acht. Die beiden restlichen

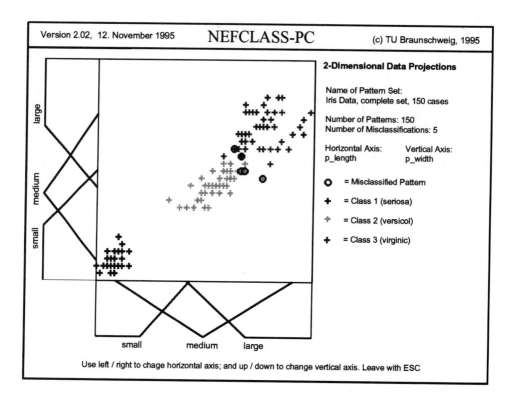

Bild 20.16: Eine zweidimensionale Projektion der Iris–Lernaufgabe in NEFCLASS–
PC (Situation am Ende des zweiten Lernvorgangs)

Merkmale erhalten wieder eine Fuzzy–Partitionierung aus drei Fuzzy–Mengen. Wir
setzen wieder „optimales Regellernen" ein und trainieren mit der ersten Hälfte der
Irisdaten.

Nach dem Start des Lernvorgangs findet das Programm zunächst fünf in Frage kommende Regeln (neun wären möglich) in den Daten und reduziert sie nach der Bewertung auf die geforderten drei Regeln. Die Regeln sind in der Tabelle 20.2 zu sehen.
Nach der Bildung der fünf Regeln wurde die Konklusion der Regel Nr. 4 im ersten
Bewertungsdurchgang von *Versicolour* auf *Virginica* geändert. Im zweiten Bewertungsdurchgang wurden die drei besten Regeln ausgewählt. Die Bewertungen der
Regeln sind ebenfalls in der Tabelle 20.2 enthalten. Die Bewertung setzt sich aus den
positiv bzw. negative gewichteten Regelaktivierungen zusammen. Die Aktivierung
geht positiv ein, wenn die Regel ein Muster korrekt klassifiziert. Ansonsten geht die
Aktivierung negativ ein.

Nr.	Klassifikationsregel			Bewertung
1.	**if** x_3 is *sm*	and x_4 is *sm*,	**then** *Setosa*	23.80
2.	**if** x_3 is *md*	and x_4 is *md*,	**then** *Versicolour*	7.47
3.	**if** x_3 is *lg*	and x_4 is *lg*,	**then** *Virginica*	15.53
4.	**if** x_3 is *lg*	and x_4 is *md*,	**then** *Virginica*	0.13
5.	**if** x_3 is *md*	and x_4 is *sm*,	**then** *Versicolour*	4.53

Tabelle 20.2: Fünf Klassifikationregeln, wie sie von NEFCLASS gefunden werden, wenn nur die letzten beiden Merkmale der Irisdaten verwendet werden. Die drei ersten Regeln wurden schließlich zur Klassifikation ausgewählt (sm = small, md = medium, lg = large)

Nachdem die Regelbasis gefunden war, machte das NEFCLASS–System bereits ohne Training der Fuzzy–Mengen nur drei Fehler, war also bereits so gut, wie das erste System nach Abschluß des Trainings. Nach 30 Epochen konnte die Fehlerzahl auf zwei gesenkt werden. Das Training wurde nach 110 Epochen beendet, da der Gesamtfehler seit 50 Epochen nicht mehr gefallen war. Auf der zweiten Hälfte des Datensatzes macht das trainierte NEFCLASS–System diesmal drei Fehler. Insgesamt ergeben sich also wieder fünf Fehler für 150 Muster. Das Klassifikationsergebnis hat sich zwar nicht verbessert, der Klassifikator ist jedoch sehr viel übersichtlicher geworden. Die Fuzzy–Mengen, die die linguistischen Terme *small*, *medium* und *large* repräsentieren, sind in Bild 20.16 zu sehen.

Daß es sich bei dem Irisproblem in der Tat um eine sehr einfache Klassifikationsaufgabe handelt, läßt sich bei erneutem Betrachten von Bild 20.16 erkennen. Wenn man die Muster auf eine der beiden Achsen projiziert, lassen sich die Klassen immer noch gut voneinander trennen. Zieht man lediglich das Merkmal x_4 mit einer Partition aus drei Fuzzy–Mengen zur Klassifikation heran, so findet NEFCLASS einen Klassifikator mit einer Regel für jede Klasse und macht damit auch nur sechs Fehler über allen 150 Mustern.

Abschließend zeigen wir noch ein komplexeres Beispiel, das Daten mit neun Merkmalen pro Muster verwendet. Bei den Daten handelt es sich den „Wisconsin–Breast–Cancer"–Datensatz, der von Dr. William H. Wolberg an den University of Wisconsin Hospitals in Madison erhoben und zur Verfügung gestellt wurde [MANGASARIAN und WOLBERG, 1990, WOLBERG und MANGASARIAN, 1990]. Der Datensatz besteht aus 699 Fällen mit je 9 diskreten Merkmalen aus dem Bereich 1 – 10, die sich auf 2 Klassen verteilen (gutartig: 458 Fälle, bösartig: 241 Fälle). Sechzehn der Fälle enthalten fehlende Angaben und wurden von der Verarbeitung ausgeschlossen, so daß 683 Fälle zur Klassifikation verwendet wurden. In [WOLBERG und MANGASARIAN, 1990] wird ein Klassifikationsergebnis von 95.9% Genauigkeit angegeben, das die Autoren mittels Klassifikation durch drei Hyperebenenpaare erreicht haben. Bei der Anwendung einer einfachen Diskriminanzanalyse haben wir eine Genauigkeit von 96.05% (27 Fehler) auf der gesamten Datenmenge erzielt.

Wir wollen bei diesem Versuch einmal die Leistungsfähigkeit eines Fuzzy–Clusterverfahrens mit NEFCLASS vergleichen und untersuchen, ob sich beide eventuell ergänzen können [KLAWONN et al., 1995]. Ein Fuzzy–Clustering nach dem Verfahren von Gustafson und Kessel ergibt die drei in Bild 20.17 gezeigten Fuzzy–Regeln. Mit diesen Regeln werden allerding 84 der 683 Muster falsch klassifiziert. Wie bereits in Abschnitt 20.1 dargestellt wurde, haben wir außerdem das Problem, die durch Projektion erzeugten Fuzzy–Mengen mit linguistischen Termen belegen zu müssen.

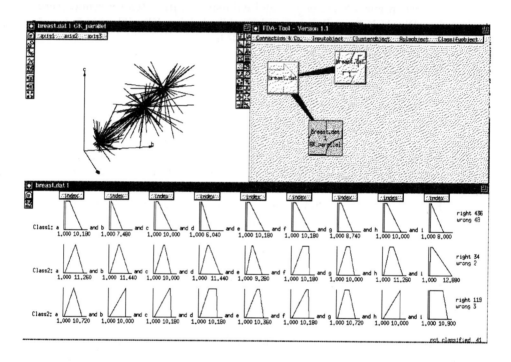

Bild 20.17: Fuzzy–Regeln wie sie von dem Fuzzy–Datenanalysewerkzeug FDA–Tool für den „Wisconsin–Breast–Cancer"–Datensatz erzeugt werden

Bei dem Versuch, NEFCLASS einen Klassifikator aus nur drei Regeln finden zu lassen, kommen wir mit dem „optimalen Regellernen" zu keinem Ergebnis, da sich unter den besten drei Regeln nur solche für die Klasse *gutartig* befinden und die Klasse *bösartig* nicht abgedeckt wird. Wir verwenden daher das „klassenoptimale Regellernen" und erzeugen zwei Regeln pro Klasse wobei wir drei Fuzzy–Menge je Merkmal einsetzen. Leider erreichen wir so nur eine Klassifikationsrate von 80.4% und machen 135 Fehler.

Anstatt nun zu versuchen mit mehr Regeln ein besseres Ergebnis zu erreichen, wollen wir stattdessen NEFCLASS mit dem a–priori–Wissen zu initialisieren, das uns durch die Fuzzy–Clusteranalyse zur Verfügung steht. Wir verwenden die drei gebildeten Regeln und interpretieren ihre Fuzzy–Mengen mit *small, medium* und *large*. Zur Repräsentation der drei linguistischen Terme verwenden wir die übliche Partitionierung der Wertebereiche mit je drei dreieckförmigen Zugehörigkeitsfunktionen, wobei die linken und rechten Funktionen „geschultert" sind. Mit dieser Interpretation der Fuzzy–Mengen machen wir selbstverständlich Fehler, so daß die Umsetzung der drei gefundenen Regeln in NEFCLASS zunächst zu einem schlechteren Ergebnis führen wird, als es die Fuzzy–Clusteranalyse lieferte. Ein Training der Fuzzy–Mengen sollte jedoch die Leistung wieder verbessern. Die drei in Bild 20.17 dargestellten Regeln interpretieren wir wie folgt:

R_1: **if** (s,s,s,s,s,s,s,s,s)   **then** *gutartig,*
R_2: **if** (m,m,m,m,m,l,m,m,s)   **then** *bösartig,*
R_3: **if** (m,l,l,l,m,l,m,l,s)   **then** *bösartig.*

Bei dieser abkürzenden Schreibweise gilt s = small, m = medium und l = large und die Regel R_1 ist z.B. als **if** x_1 is *small* and ... and x_9 is *small* **then** *gutartig* zu lesen.

Wie man erkennt, weist die Größe x_9 in allen drei Regeln den Wert *small* auf. Wir können x_9 daher weglassen. Wenn wir ein NEFCLASS–System mit diesen drei Regeln initialisieren, erhalten wir zu Beginn 240 Klassifikationsfehler. Nachdem jedoch die Fuzzy–Mengen 80 Epochen lange trainiert wurden, erhalten wir nur noch 50 Fehler, was einer Klassifikationsrate von 92.7% entspricht. NEFCLASS hat also durch die Adaption des a–priori–Wissens die Klassifikationseistung der Fuzzy–Clusteranalyse übertroffen. Der Lernvorgang bricht nach 170 Epochen ab, da der Gesamtfehler nicht weiter sinkt.

Die Analyse der erlernten Fuzzy–Mengen zeigt, daß bei fast allen Variablen die Fuzzy–Menge, die den Wert *medium* repräsentiert, entweder von der Fuzzy–Menge *small* oder der Fuzzy–Menge *groß* überdeckt wird. Dies führt zu dem Schluß, daß vermutlich zwei Fuzzy–Mengen je Variable zur Partitionierung ausreichen. Wir wiederholen daher den Lernvorgang. Dazu setzen wir „klassenoptimales Regellernen" ein und lassen das System zwei Regeln je Klasse lernen. Wir verwenden wieder alle neun Merkmale der Muster. Zunächst findet NEFCLASS 135 von 256 möglichen Regeln in den Daten. Nach der Bewertung und Reduktion ergeben sich die folgenden vier Regeln:

R_1: **if** (s,s,s,s,s,s,s,s,s)   **then** *gutartig,*
R_2: **if** (l,s,s,s,s,s,s,s,s)   **then** *gutartig,*
R_3: **if** (l,l,l,l,l,l,l,l,s)   **then** *bösartig,*
R_4: **if** (l,l,l,l,s,l,l,l,s)   **then** *bösartig.*

Nachdem die Fuzzy–Mengen 100 Epochen lang trainiert wurden, ergab sich eine Klassifikationsrate von 96.5%, d.h. 24 Fehler. Damit haben wir ein sehr gutes Ergebnis erzielt. Wie man erkennt, hat auch bei den vier erlernten Regeln die Größe x_9 immer den Wert *small* und kann somit entfallen.

Die in diesem Abschnitt dargestellten Beispiele zeigen, daß sich das NEFCLASS–
Modell im Bereich der Musterklassifikation einsetzen läßt. Man erhält ähnlich gute
Ergebnisse wie mit anderen Klassifikationsverfahren und hat den Vorteil, daß der
Klassifikator interpretierbar ist. Ein zusätzlicher wichtiger Vorteil ist die Initialisier-
barkeit mit a–priori–Wissen, wie sich an der erfolgreichen Kombination von Fuzzy–
Clusteranalyse und NEFCLASS zeigt [KLAWONN et al., 1995].

Kapitel 21

Neuronale Netze und Fuzzy–Prolog

Im Kapitel 15 haben wir eine Methode vorgestellt, mit deren Hilfe sich innere Schichten bei Multilayer–Perceptrons umgehen lassen. Neben der einfacheren Netzwerkstruktur, die man durch die geeignete Vorverarbeitung der Eingabedaten erreicht, erhält man zusätzlich Informationen über den Einfluß von Eingabegrößen auf die Ausgabe, oder es können solche Kenntnisse über den Zusammenhang zwischen Ein- und Ausgabe bei der Vorverarbeitung berücksichtigt werden. Auf diese Weise wird ein Neuronales Netz interpretierbar und muß nicht mehr als „Black Box" angesehen werden, die zwar möglicherweise eine Problemlösung liefert, aber weder Rückschlüsse auf den Lösungsweg zuläßt, noch die Möglichkeit bietet, problemspezifisches Wissen einfließen zu lassen.

In diesem Kapitel beschreiten wir einen anderen Weg, um Licht in die Black Box zu bringen. Wir stellen einen Zusammenhang zwischen logischen Programmen und Neuronalen Netzen her, der es uns erlaubt, sowohl strukturelles Wissen in der Netzwerkarchitektur zu kodieren als auch Informationen über das Problem aus dem trainierten Netz zu extrahieren. Die Neuronalen Netze, die wir hier betrachten, ähneln den Multilayer–Perceptrons.

21.1 Neuronale Netze und Logik

Als Motivation für die folgenden Überlegungen betrachten wir zunächst ein Multilayer–Perceptron ohne innere Schichten mit den Eingabeneuronen $u_1, \ldots, u_n$ und dem Ausgabeneuron u_{out}. Wir wollen zur besseren Veranschaulichung davon ausgehen, daß die dem Ausgabeneuron u_{out} zugeordnete Aktivierungsfunktion die folgende semilineare Funktion ist:

$$f_{\text{out}} : \mathbb{R} \to [0,1], \quad \text{net}_{u_{\text{out}}} \mapsto \begin{cases} 0 & \text{falls} & \text{net}_{u_{\text{out}}} < 0 \\ \text{net}_{u_{\text{out}}} & \text{falls} & 0 \leq \text{net}_{u_{\text{out}}} \leq 1 \\ 1 & \text{falls} & \text{net}_{u_{\text{out}}} > 1. \end{cases}$$

Ohne Beschränkung der Allgemeinheit setzen wir voraus, daß die Eingaben für die Neuronen aus dem Einheitsintervall stammen. Bezeichnet $\text{ex}(u_i)$ die externe Eingabe des Neurons u_i, so liefert das Netz die Ausgabe

$$\max\left\{\min\left\{\sum_{i=1}^{n} W(u_i, u_{\text{out}}) \cdot \text{ex}(u_i), 1\right\}, 1\right\}. \tag{21.1}$$

Jedes Eingabeneuron repräsentiert eine bestimmte Komponente oder Eigenschaft der Eingabe. Im einfachsten Fall sind nur binäre Eingaben zugelassen: 0 und 1 für die Abwesenheit bzw. Anwesenheit der entsprechenden Eigenschaft. Wir assoziieren mit jedem Eingabeneuron u_i eine atomare Aussage φ_i, der genau dann der Wahrheitswert 1 zugeordnet wird, wenn die u_i zugeordnete Eigenschaft für die aktuelle Eingabe erfüllt ist. Das gleiche gilt für das Ausgabeneuron, dem die atomare Aussage φ_{out} zugeordnet wird.

Soll das Neuronale Netz anhand von Patientendaten feststellen, ob eine Person gesund oder krank ist, so könnte beispielsweise das Neuron u_1 für die Eigenschaft *Fieber* stehen und genau dann eine 1 als Eingabe erhalten, wenn die Körpertemperatur der entsprechenden Person einen bestimmten Wert – etwa $37.3°C$ überschreitet. Analog könnte u_2 für die Eigenschaft stehen, daß zu wenige rote Blutkörperchen vorhanden sind. Das Ausgabeneuron repräsentiert dann die Eigenschaft *krank*.

Unter der vereinfachenden Annahme, daß $W(u_i, u_{\text{out}}) = 1$ für alle $i \in \{1, \ldots, n\}$ gilt, reduziert sich die Ausgabe (21.1) des Netzes zu

$$\min\left\{\sum_{i=1}^{n} \text{ex}(u_i), 1\right\}. \tag{21.2}$$

Für den Fall binärer Eingaben liefert (21.2) genau dann den Wert 1 – im Beispiel der Patientendaten gleichbedeutend mit der Diagnose *krank* –, wenn mindestens eine der Eingaben $\text{ex}(u_i)$ gleich 1 ist, d.h. wenn mindestens eine der den Eingabeneuronen zugeordneten Eigenschaften vorhanden oder erfüllt ist. Das Neuronale Netz kodiert die Schlußregel

$$\varphi_1 \vee \ldots \vee \varphi_n \to \varphi_{\text{out}}, \tag{21.3}$$

was für die Patientendaten der Regel

Fieber ∨ *Mangel an roten Blutkörperchen* → *krank*

entspricht. Wenn mindestens eine der Aussagen $\varphi_1, \ldots, \varphi_n$ wahr ist, können wir schließen, daß auch φ_{out} wahr sein muß; das Neuronale Netz liefert in diesem Fall die

Ausgabe 1. Wissen wir von keiner der Aussagen $\varphi_1, \ldots, \varphi_n$, ob sie gültig ist, so können wir auch nichts über die Gültigkeit von φ_{out} aussagen. Das ist gleichbedeutend mit der Ausgabe 0 des Neuronalen Netzes, die besagt, daß der Wahrheitswert von φ_{out} mindestens 0 ist.

Oft ist die strikte Modellierung der Eigenschaften als Aussagen, denen einer der Werte 0 oder 1 zugeordnet werden kann, nicht problemadäquat. In den meisten Fällen sind die Eigenschaften nur graduell erfüllt, was durch binäre Werte schlecht wiedergegeben werden kann. Beispielsweise erscheint die Entscheidung darüber, ob die Eigenschaft *Fieber* vorhanden ist, allein von der Überschreitung der Körpertemperatur des Wertes 37.3°C abhängig zu machen, als recht willkürlich. Vielmehr gibt es einen graduellen Übergang von Fieberfreiheit zum Fieber. Gleiches gilt für die Eigenschaft, daß zu wenige rote Blutkörperchen vorhanden sind oder daß ein Patient als krank eingestuft werden sollte.

Wir ordnen daher den Aussagen nicht mehr nur die Werte 0 und 1 zu, sondern lassen als graduelle Wahrheitswerte alle Zahlen des Einheitsintervalls zu. Das entspricht einem Übergang von der zweiwertigen Logik zu einer $[0, 1]$–wertigen Logik, d.h. zur Fuzzy–Logik.

21.2 Fuzzy–Logik

Wir gehen an dieser Stelle nur auf die elementaren Grundlagen der Fuzzy–Logik ein, die für das Verstehen des Zusammenhangs zwischen Fuzzy–Logik–Programmen und Neuronalen Netzen notwendig sind. Ausführlicher wird die Fuzzy–Logik in [DUBOIS et al., 1991, GOTTWALD, 1993, KRUSE et al., 1995a] behandelt. Wir beschränken uns hier auf die Aussagenlogik. Eine Erweiterung der Konzepte auf die Prädikatenlogik ist ohne Schwierigkeiten möglich.

Ziel dieses Abschnitts ist es, eine auf der Wahrheitswertmenge $[0, 1]$ basierenden Erweiterung des Aussagenkalküls zu formulieren. Wir gehen dabei nicht näher auf die Interpretation der Wahrheitswerte zwischen 0 und 1 ein. Es genügt uns hier völlig, wenn wir von einer naiven Interpretation im Sinne einer graduellen Erfüllung wie etwa bei der Eigenschaft *Fieber* ausgehen.

Wenn wir außer den Werten 0 und 1 auch alle Zahlen zwischen 0 und 1 als Wahrheitswerte zulassen, müssen wir festlegen, wie sich der Wahrheitswert einer zusammengesetzten Aussage wie $(\varphi \wedge \psi)$ oder $(\varphi \vee \psi)$ aus den Wahrheitswerten von φ und ψ bestimmen läßt. Dazu ordnen wir jedem logischen Konnektiv $\otimes$ eine Auswertungsfunktion $f_{\otimes} : [0, 1]^n \to [0, 1]$ zu. n gibt dabei die Stelligkeit von $\otimes$ an. Übliche logische Konnektive sind $\wedge$ (*Und*), $\vee$ (*Oder*), $\to$ (*Implikation*), $\leftrightarrow$ (*Äquivalenz*), $\neg$ (*Negation*), die alle bis auf die einstellige Negation zweistellig sind.

Typische Auswertungsfunktionen für die Konjunktion $\wedge$ sind die t–Normen aus Definition 16.4, die neben der Erfüllung der selbstverständlich Forderungen nach Kommutativität und Assoziativität außerdem zu den folgenden beiden wünschenswerten Eigenschaften führen:

- Ist 1 der Wahrheitswert von ψ, so ergibt sich für die Konjunktion der Aussagen φ und ψ der Wahrheitswert von φ.

- Besitzt φ einen mindestens genauso großen Wahrheitswert wie χ, so wird auch der Konjunktion $(\varphi \wedge \psi)$ kein kleinerer Wahrheitswert als der Konjunktion $(\chi \wedge \psi)$ zugeordnet.

Für die Disjunktion $\vee$ werden in Analogie zu den t–Normen für die Konjunktion t–Conormen verwendet.

Eine Auswertungsfunktion spielt in der Fuzzy-Logik dieselbe Rolle wie eine Wahrheitswerttabelle in der klassischen Logik.

Den Wahrheitswert einer Aussage φ bezeichnen wir mit $[\![\varphi]\!]$. Der Wahrheitswert einer zusammengesetzten Aussage wird durch die Wahrheitswerte der in ihr auftretenden atomaren Aussagen und die den Konnektiven zugeordneten Auswertungsfunktionen bestimmt. Beispielsweise gilt

$$[\![\varphi \wedge (\psi \vee \chi)]\!] \;=\; f_\wedge([\![\varphi]\!], f_\vee([\![\psi]\!], [\![\chi]\!])).$$

Falls φ, ψ und χ die Wahrheitswerte $0.6, 0.4$ bzw. 0.8 zugeordnet sind, d.h. $[\![\varphi]\!] = 0.6$, $[\![\psi]\!] = 0.4$, $[\![\chi]\!] = 0.8$, und wir für die Konjunktion $\wedge$ die t-Norm $\top_{\min}$, für die Disjunktion $\vee$ die t-Conorm $\bot_{\min}$ als Auswertungsfunktion verwenden, erhalten wir als Wahrheitswert für den obigen Ausdruck

$$[\![\varphi \wedge (\psi \vee \chi)]\!] \;=\; \min\{0.6, \max\{0.4, 0.8\}\} \;=\; 0.6.$$

Neben der Konjunktion und der Disjunktion benötigen wir noch die Implikation. Die Negation spielt aus Gründen, auf die wir später zurückkommen, für unsere Zwecke keine Rolle. Für die Implikation betrachten wir nur die *Goguen–Implikation* als Auswertungsfunktion, die durch

$$[\![\varphi \to \psi]\!] \;=\; \begin{cases} \dfrac{[\![\psi]\!]}{[\![\varphi]\!]} & \text{falls } [\![\psi]\!] < [\![\varphi]\!] \\[2mm] 1 & \text{sonst} \end{cases}$$

gegeben ist. Prinzipiell kann die Goguen–Implikation auch durch andere Auswertungsfunktionen ersetzt werden. Zur Vereinfachung betrachten wir hier in Verbindung mit Neuronalen Netzen nur die Goguen–Implikation.

Um den Zusammenhang zwischen Neuronalen Netzen und Fuzzy-Logik herstellen zu können, führen wir eine Erweiterung einer Prolog–ähnlichen Programmiersprache auf Fuzzy-Logik ein. Prolog (**Programming in logic**) [CORDES et al., 1992] ist eine

Programmiersprache, die auf dem Prädikatenkalkül erster Stufe basiert. Für unsere
Zwecke können wir aber auf Prädikate ganz verzichten und uns auf den Aussagen-
kalkül beschränken. Wir werden daher immer von *einfachen* Prolog-Programmen
sprechen.

Die elementaren Konstrukte von Prolog sind Regeln und Fakten. Regeln sind von der
Form

$$\psi \leftarrow \varphi_1 \wedge \ldots \wedge \varphi_n, \tag{21.4}$$

während Fakten dem Schema

$$\psi \leftarrow \tag{21.5}$$

entsprechen. Dabei sind $\psi, \varphi_1, \ldots, \varphi_n$ atomare Aussagen. Die Menge der Regeln
und Fakten entspricht einer Axiomenmenge von gültigen Aussagen. Die umgekehrte
Schreibweise der Implikation $\varphi_1 \wedge \ldots \wedge \varphi_n \rightarrow \psi$ in der Art (21.4) und die Notation
von Fakten ψ in der Form (21.5) ist in Prolog üblich.

Aus einer gegebenen Menge von Regeln und Fakten in Form eines Prolog-Programms
lassen sich weitere Fakten ableiten. Beispielsweise kann man offenbar die Gültigkeit
der Aussage χ aus dem Prolog-Programm

$$
\begin{aligned}
\varphi_1 &\leftarrow \\
\varphi_2 &\leftarrow \\
\psi &\leftarrow \varphi_1 \wedge \varphi_2 \\
\chi &\leftarrow \psi
\end{aligned}
\tag{21.6}
$$

ableiten.

Unter einem einfachen Prolog-Programm wollen wir hier sehr vereinfacht eine end-
liche Menge von Regeln und Fakten verstehen. Formal basiert ein einfaches Prolog-
Programm auf einer Menge atomarer Aussagen $\mathcal{L}_a$. $\mathcal{L}_r$ bezeichnet die Menge der
Regeln der Form (21.4), die sich aus den atomaren Aussagen aus $\mathcal{L}_a$ bilden lassen.
Ein einfaches Prolog-Programm $\mathcal{P}$ ist dann eine endliche Teilmenge von $\mathcal{L} = \mathcal{L}_a \cup \mathcal{L}_r$.

Im folgenden vermeiden wir die Schreibweisen (21.4) und (21.5) und verwenden ausschließlich die in der Logik übliche Notation.

Prolog verwendet das Resolutionsprinzip als Beweisverfahren. Wir werden hier jedoch auf den bekanntesten, auf dem *modus ponens* beruhenden Beweismechanismus
zurückgreifen. Der modus ponens wird meist in der Form

$$\frac{\varphi, \quad \varphi \rightarrow \psi}{\psi} \tag{21.7}$$

dargestellt, d.h., daß aus der Gültigkeit der Aussagen φ und $\varphi \rightarrow \psi$ die Gültigkeit
der Aussage ψ abgeleitet werden kann.

Aus einem einfachen Prolog-Programm lassen sich so durch möglicherweise mehrfache
Anwendung des modus ponens weitere Aussagen ableiten. Die Herleitung mit Hilfe

des modus ponens ist ein rein syntaktisches Schema, bei dem den Aussagen keinerlei Interpretation zugeordnet wird.

Eine andere Möglichkeit, die Gültigkeit einer Formel zu überprüfen, besteht darin, jeder atomaren Aussage einen Wahrheitswert zuzuordnen. Zulässig sind nur die Zuordnungen von Wahrheitswerten, bei denen die Aussagen und Fakten des einfachen Prolog–Programms ebenfalls wahr werden. Man bezeichnet eine beliebige Zuordnung von Wahrheitswerten als *Interpretation*. Ordnet eine Interpretation allen Formeln des Prolog–Programms den Wahrheitswert *wahr* zu, spricht man von einem *Modell*. Eine (atomare) Aussage φ ist genau dann aus einem einfachen Prolog–Programm ableitbar, wenn φ bei allen Modellen der Wert wahr zugeordnet wird. Im Gegensatz zu syntaktischen Beweisverfahren, wie dem modus ponens, zählt die Wahrheitswertbelegung zum Bereich der Semantik.

Es läßt sich leicht zeigen, daß jede mit Hilfe des modus ponens syntaktisch herleitbare Aussage auch semantisch gültig ist. Diese Eigenschaft bezeichnet man als *Korrektheit*. Die Umkehrung ist ebenfalls erfüllt, d.h. jede semantisch wahre Aussage ist syntaktisch beweisbar. Man spricht dann von *Vollständigkeit*.

Wir nehmen jetzt eine Erweiterung der zweiwertigen Logik mit den Wahrheitswerten 1 (wahr) und 0 (falsch) auf die Fuzzy–Logik mit dem Einheitsintervall als Wahrheitswertmenge vor. Zuerst erklären wir, was wir unter einem Fuzzy–Prolog–Programm verstehen wollen. Ein gewöhnliches einfaches Prolog–Programm $\mathcal{P}$ ist eine endliche Teilmenge der Menge $\mathcal{L}$ und kann daher auch durch seine charakteristische Funktion

$$\mathbb{I}_{\mathcal{P}} : \mathcal{L} \to [0,1], \quad \varphi \mapsto \begin{cases} 1 & \text{falls } \varphi \in \mathcal{P} \\ 0 & \text{sonst} \end{cases}$$

repräsentiert werden. Entsprechend ist ein *Fuzzy–Prolog–Programm* γ eine Fuzzy–Menge auf $\mathcal{L}$ mit endlichem Träger, d.h. $\Gamma : \mathcal{L} \to [0,1]$, wobei die Menge $\{\varphi \in \mathcal{L} \mid \Gamma(\varphi) > 0\}$ endlich ist.

Der Wert $\Gamma(\chi)$ darf nicht als der der Aussage χ zugeordnete Wahrheitswert verstanden werden, sondern als untere Schranke für den Wahrheitswert von χ. Man macht sich dies leicht klar, indem man die charakteristische Funktion eines gewöhnlichen einfachen Prolog–Programms – etwa die charakteristische Funktion des in (21.6) dargestellten Programms $\mathcal{P}$ – betrachtet. Offenbar gilt $\mathbb{I}_{\mathcal{P}}(\chi) = 0$, was aber nicht bedeutet, daß die Aussage χ falsch ist, sondern nur, daß sie nicht als Fakt in $\mathcal{P}$ angegeben ist. Trotzdem kann die Gültigkeit von χ aus $\mathcal{P}$ abgeleitet werden, so daß wir die Zuordnung $\mathbb{I}_{\mathcal{P}}(\chi) = 0$ in dem Sinne interpretieren sollten, daß der Wahrheitswert von χ mindestens 0 ist.

Die Semantik für Fuzzy–Prolog–Programme wird ganz analog zur Semantik von einfachen Prolog–Programmen festgelegt. Jeder atomaren Aussage wird durch eine Interpretation ein Wahrheitswert aus dem Einheitsintervall zugeordnet. Daraus läßt sich der Wahrheitswert zusammengesetzter Aussagen bestimmen, sofern entsprechende Auswertungsfunktionen für $\wedge$ und $\to$ vorgegeben sind. Dabei sind nur solche Interpretationen Modelle des Fuzzy–Prolog–Programms, bei denen sich für alle Aussagen ein Wahrheitswert ergibt, der mindestens so groß ist, wie der durch das Fuzzy-Prolog-Programm vorgegebene. Eine Aussage φ ist dann aus einem Fuzzy-Prolog-Programm semantisch mit dem Wahrheitswert $\alpha \in [0,1]$ ableitbar, wenn α das Infimum der Wahrheitswerte über alle Modelle ist. α ist somit die größte untere Schranke für den Wahrheitswert von φ, die für alle Modelle gültig ist.

Um ein syntaktisches Beweisverfahren zu erhalten, müssen wir den modus ponens geeignet erweitern. Gegeben seien die Aussagen φ und $\varphi \to \psi$ einschließlich der unteren Schranken für ihre Wahrheitswerte, etwa $[\![\varphi]\!] \geq \alpha$ und $[\![\varphi \to \psi]\!] \geq \beta$. Ordnen wir $\to$ die Goguen-Implikation als Auswertungsfunktion zu, erhalten wir

$$\frac{[\![\psi]\!]}{[\![\varphi]\!]} \geq \beta$$

und somit

$$[\![\psi]\!] \geq [\![\varphi]\!] \cdot \beta.$$

Gehen wir von $[\![\varphi]\!] \geq \alpha$ aus, ergibt sich

$$[\![\psi]\!] \geq \alpha \cdot \beta,$$

so daß der erweiterte modus ponens in der Form

$$\frac{\varphi, \quad \varphi \to \psi \quad (\alpha, \beta)}{\psi \qquad\qquad (\alpha \cdot \beta)} \tag{21.8}$$

dargestellt werden kann. Dabei sind $\alpha, \beta, \alpha \cdot \beta$ die unteren Schranken für die Wahrheitswerte der Aussagen $\varphi, \varphi \to \psi$ bzw. ψ.

Bei Fuzzy-Prolog-Programmen treten Regeln der Art

$$\varphi_1 \wedge \ldots \wedge \varphi_n \to \psi$$

auf, bei denen für den Wahrheitswert der Aussage $\varphi_1 \wedge \ldots \wedge \varphi_n$ keine untere Schranke direkt vorgegeben ist. Sind jedoch untere Schranken $\alpha_1, \ldots, \alpha_n$ für die Wahrheitswerte der Aussagen $\varphi_1, \ldots, \varphi_n$ bekannt, erhalten wir eine untere Schranke für den Wahrheitswert von $\varphi_1 \wedge \ldots \wedge \varphi_n$, sofern die $\wedge$ zugeordnete Auswertungsfunktion $f_\wedge$ nur monoton nicht-fallend in beiden Argumenten ist. Dies ist für t-Normen immer erfüllt. Die untere Schranke für den Wahrheitswert von $\varphi_1 \wedge \ldots \wedge \varphi_n$ ist dann $f_\wedge(\alpha_1, \ldots, \alpha_n)$. Für $n > 2$ müßten wir formal eigentlich $f_\wedge(\alpha_1, f_\wedge(\alpha_2, f_\wedge(\alpha_3, \ldots, \alpha_{n-2}, \alpha_{n-1}, \alpha_n)))$ schreiben. Wir setzen die Assoziativität von $f_\wedge$ voraus, so daß es keine Probleme für $n > 2$ geben kann.

Die wesentlichen Eigenschaften der Auswertungsfunktion von $\wedge$ sind die Assoziativität und die Monotonie. Fordert man zusätzlich noch die Stetigkeit der Auswertungsfunktionen, so läßt sich analog wie in [KRUSE et al., 1995a] für die Łukasiewicz-Implikation zeigen, daß wir mit dem erweiterten modus ponens (21.8) ein Beweisverfahren erhalten, das für Fuzzy-Prolog-Programme Korrektheit und Vollständigkeit garantiert.

Wir generalisieren daher Fuzzy–Prolog–Programme zu *Fuzzy–logischen Programmen*. Die logischen Konnektive, die in Fuzzy–logischen Programmen verwendet werden dürfen, sind $\rightarrow$ und eine endliche Menge $\mathcal{B}$ von binären logischen Konnektiven. $\rightarrow$ assoziieren wir wie bisher mit der Goguen–Implikation. Von den Konnektiven in $\mathcal{B}$ verlangen wir lediglich, das die zugehörigen Auswertungsfunktionen $[0,1]^2 \rightarrow [0,1]$ assoziativ, monoton nicht–fallend und stetig sind. Wir identifizieren die Konnektive aus $\mathcal{B}$ mit ihren Auswertungsfunktionen und schreiben daher für $\otimes \in \mathcal{B}$

$$[\![\varphi_1 \otimes \ldots \otimes \varphi_n]\!] = \bigotimes_{i=1}^{n} [\![\varphi_i]\!].$$

Die Menge der atomaren Aussagen bezeichnen wir mit $\mathcal{K}_a$, die Menge der Regeln mit $\mathcal{K}_r$. Eine Regel ist von der Form

$$\varphi_1 \otimes \ldots \otimes \varphi_n \rightarrow \psi$$

bzw.

$$\varphi \rightarrow \psi. \tag{21.9}$$

Dabei gilt $\varphi_1, \ldots, \varphi_n, \varphi, \psi \in \mathcal{K}_a$, $\otimes \in \mathcal{B}$. Eine Regel der Art (21.9) nennen wir *einfache Regel*. Ein Fuzzy–logisches Programm ist eine Fuzzy–Menge $\Gamma : \mathcal{K} \rightarrow [0,1]$, bei der nur endliche viele Formeln aus $\mathcal{K} = \mathcal{K}_a \cup \mathcal{K}_r$ einen Zugehörigkeitsgrad größer als 0 besitzen. Wir werden Fuzzy–logische Programme häufig in der Form

$$\varphi_1 \qquad \Gamma(\varphi_1)$$

$$\vdots \qquad \vdots$$

$$\varphi_n \qquad \Gamma(\varphi_n)$$

repräsentieren. Dabei sind die $\varphi_1, \ldots, \varphi_n$ die Aussagen, denen Γ einen Wert größer als 0 zuordnet.

21.3 Neuronale Netze und Fuzzy–logische Programme

Nach der kurzen Einführung in die Fuzzy–Logik wenden wir uns nun dem Zusammenhang zwischen Neuronalen Netzen und Fuzzy–logischen Programmen zu. Wir haben bereits im Kapitel 21.1 gesehen, daß die Schlußregel $\varphi_1 \vee \ldots \vee \varphi_n \rightarrow \varphi_{\text{out}}$ für den Fall der zweiwertigen Logik mit Hilfe eines Neuronalen Netzes realisierbar ist, sofern wir eine semilineare Schwellenwertfunktion als Aktivierungsfunktion zulassen. Offensichtlich modelliert das Neuronale Netz sogar die Schlußregel (21.3) für die Fuzzy–Logik, wenn die Disjunktion durch die t–Conorm $\perp_{\text{Luka}}$ ausgewertet wird und

das Fuzzy-logische Programm der Regel selbst 1 als untere Schranke ihres Wahrheitswertes zuordnet.

Daß wir die Disjunktion mit der t-Conorm $\bot_{\text{Luka}}$ assoziieren, liegt in der Verwendung
der Summe als Netzeingabefunktion begründet. Für andere Auswertungsfunktionen
ergeben sich andere Netzeingaben. So führt die t-Conorm $\bot_{\min}$ zum Maximum als
Netzeingabe. Ersetzen wir die Disjunktion durch eine Konjunktion, und verwenden
wir eine t-Norm als Auswertungsfunktion, so erhalten wir das Minimum als Netzein-
gabe für die t-Norm $\top_{\min}$ als Netzeingabe, für $\top_{\text{prod}}$ das Produkt und für $\top_{\text{Luka}}$ die
Funktion

$$\max\left\{\sum_{i=1}^n \alpha_i \ - \ (n-1), \ 0\right\}.$$

Wir haben somit einen Zusammenhang zwischen Netzeingabefunktionen und Auswertungsfunktionen für Disjunktionen und Konjunktionen hergestellt. Die t-Conorm
führt zur Summe als am häufigsten verwendete Netzeingabefunktion, während andere
Auswertungsfunktionen mit eher unüblichen Netzeingabefunktionen assoziiert sind.

Bei diesen Überlegungen sind wir davon ausgegangen, daß das Fuzzy-logische Programm der Regel den Wert 1 als untere Grenze für ihren Wahrheitswert zuordnet.
Anhand einer einfachen Regel können wir verdeutlichen, daß die einer Regel zugeordnete untere Schranke für ihren Wahrheitswert einem Gewicht in einem Neuronalen
Netz entspricht. Dies ist direkt aus der Formel (21.8) für den erweiterten modus
ponens ersichtlich, bei der α die Ausgabe des „Neurons" φ repräsentiert und β die
Rolle des Gewichtes zwischen den „Neuronen" φ und ψ spielt.

Es ist daher naheliegend, Fuzzy-logische Programme in Neuronale Netze zu transformieren und umgekehrt aus Neuronalen Netzen Fuzzy-logische Programme zu erzeugen. Der Vorteil dieser Verwandtschaft zwischen Neuronalen Netzen und Fuzzy-
logischen Programmen besteht darin, daß sich die positiven Eigenschaften der beiden
Ansätze vereinen lassen. Fuzzy-logische Programme eignen sich sehr gut zur Darstellung von komplexen logischen Zusammenhängen zwischen verschiedenen Merkmalen. Problematisch ist die Bestimmung geeigneter Wahrheitswerte bzw. der unteren
Schranken für die Wahrheitswerte. Die Lernfähigkeit der Neuronalen Netze erlaubt
es, diese Werte anhand von Fallbeispielen festzulegen und zu optimieren. Ein aus
einem Fuzzy-logischen Programm erzeugtes Neuronales Netz ist nicht mehr länger
eine Black Box. Die einzelnen Neuronen können direkt mit Aussagen assoziiert werden, die Gewichte entsprechen (unteren Grenzen von) Wahrheitswerten von Regeln.
Durch das Fuzzy-logische Programm wird die Netzwerkstruktur festgelegt. Man muß
nicht erst ausprobieren, wieviele innere Schichten und Neuronen benötigt werden,
oder vorsichtshalber mit einem für die Lernaufgabe überdimensionierten Netz beginnen. Die Gewichte des trainierten Netzes behalten ihre Bedeutung als Wahrheitswerte
für die Regeln des Fuzzy-logischen Programms und geben somit weiteren Aufschluß
über die logischen Zusammenhänge zwischen den durch die Aussagen repräsentierten
Merkmalen.

Wir gehen jetzt detaillierter auf die Anforderungen an ein Fuzzy–logisches Programm ein, damit es als Neuronales Netz interpretierbar ist. Wir setzen im folgenden immer voraus, daß den Neuronen eine semilineare Aktivierungsfunktion zugeordnet ist. Sigmoide Aktivierungsfunktionen lassen sich nur schwer im Rahmen der Fuzzy–Logik rechtfertigen. Sie könnten höchstens als „Lingustic Hedges" [KLIR und FOLGER, 1988] gedeutet werden. Linguistic Hedges sind verstärkende oder abschwächende sprachliche Modifikatoren wie „sehr" oder „kaum". Der Verzicht auf sigmoide Aktivierungsfunktionen führt jedoch nicht dazu, daß sich mehrschichtige Netze immer auf zweischichtige Netze reduzieren lassen. Dies gilt nur für den Fall, wenn als einziges logisches Konnektiv neben der Implikation die mit der t–Conorm $\perp_{\text{Luka}}$ assoziierte Disjunktion auftritt.

Zur Umwandlung eines Fuzzy–logischen Programms Γ in ein Neuronales Netz wird im ersten Schritt jeder atomaren Aussagen φ ein Neuron u_φ zugeordnet. Wir betrachten zur Bestimmung der Netzwerkstruktur zunächst nur eine einzelne Regel $\varphi_1 \otimes \ldots \otimes \varphi_n \to \varphi$. Das Neuronale Netz, das diese Regel modelliert, ist in Bild 21.1 dargestellt.

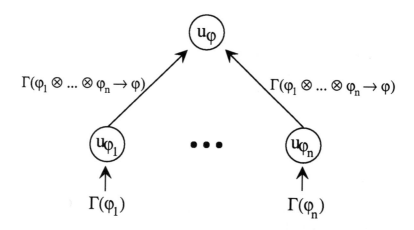

Bild 21.1: Das Neuronale Netz für die Regel $\varphi_1 \otimes \ldots \otimes \varphi_n \to \varphi$.

Die Netzeingabefunktion des Neurons u_φ hängt von der Auswertungsfunktion des Konnektivs $\otimes$ ab. Als Netzeingabe des Neurons u_φ ergibt sich

$$\left(\bigotimes_{i=1}^{n} \Gamma(\varphi_i)\right) \cdot \Gamma(\varphi_1 \otimes \ldots \otimes \varphi_n \to \varphi). \tag{21.10}$$

Verwenden wir die t–Conorm $\perp_{\text{Luka}}$ als Auswertungsfunktion von $\otimes$, so wird (21.10) zu

$$\left(\sum_{i=1}^{n} \Gamma(\varphi_i)\right) \cdot \Gamma(\varphi_1 \otimes \ldots \otimes \varphi_n \to \varphi) = \sum_{i=1}^{n} \Gamma(\varphi_i) \cdot \Gamma(\varphi_1 \otimes \ldots \otimes \varphi_n \to \varphi). \tag{21.11}$$

In (21.11) haben wir die Distributivität der Multiplikation über der Addition ausgenutzt und so die gewichtete Summe erhalten. Diese Umformung ist nur für bestimmte
Auswertungsfunktionen von $\otimes$ wie $\top_{min}$, $\bot_{min}$ und $\bot_{prod}$ zulässig, so daß (21.10) die
für die Netzeingabe allgemein gültige Formel darstellt.

Sowohl aus (21.10) und (21.11) als auch aus Bild 21.1 geht hervor, daß alle Gewichte
$W(u_{\varphi_i}, u_{\varphi})$ denselben Wert – nämlich $\Gamma(\varphi_1 \otimes \ldots \otimes \varphi_n \to \varphi)$ – tragen. Diese Tatsache
führt zu Problemen, wenn wir den Backpropagation-Lernalgorithmus auf ein durch
ein Fuzzy-logisches Programm induziertes Neuronales Netz anwenden wollen. Im allgemeinen werden die Gewichte durch das Lernen unterschiedlich verändert. In diesem
Fall wäre eine Rücktransformation des Neuronalen Netzes in ein Fuzzy-logisches Programm nicht mehr möglich und unsere Intention, Wissen über Zusammenhänge zwischen den atomaren Aussagen durch das Neuronale Netz zu kodieren, wäre zunichte
gemacht. Wir umgehen dieses Problem indem wir unser Fuzzy-logisches Programm
modifizieren. Wir führen eine neue atomare Aussage $\tilde{\varphi}$ ein und betrachten anstelle
von

$$
\begin{array}{ll}
\varphi_1 & \alpha_1 \\
\vdots & \vdots \\
\varphi_n & \alpha_n \\
\varphi_1 \otimes \ldots \otimes \varphi_n \to \varphi & \beta,
\end{array}
\tag{21.12}
$$

wobei $\alpha_1 = \Gamma(\varphi_1), \ldots, \alpha_n = \Gamma(\varphi_n), \beta = \Gamma(\varphi_1 \otimes \ldots \otimes \varphi_n \to \varphi)$ das durch

$$
\begin{array}{ll}
\varphi_1 & \alpha_1 \\
\vdots & \vdots \\
\varphi_n & \alpha_n \\
\varphi_1 \otimes \ldots \otimes \varphi_n \to \tilde{\varphi} & 1 \\
\tilde{\varphi} \to \varphi & \beta
\end{array}
\tag{21.13}
$$

gegebene Fuzzy-logische Programm. Offenbar sind die beiden Fuzzy-logischen Pro-
gramme äquivalent, was die Aussagen $\varphi_1, \ldots, \varphi_n$ und φ betrifft. (21.12) liefert nach
einmaliger Anwendung des modus ponens

$$
[\![\varphi]\!] \geq \left(\bigotimes_{i=1}^{n} \alpha_i \right) \cdot \beta.
\tag{21.14}
$$

Aus (21.13) erhält man zunächst

$$\llbracket \tilde{\varphi} \rrbracket \geq \bigotimes_{i=1}^{n} \alpha_i$$

und durch die zweite Anwendung des modus ponens wiederum (21.14).

Unsere erste Forderung an ein Fuzzy–logisches Programm $\Gamma : \mathcal{K} \to [0,1]$, das in ein Neuronales Netz transformiert werden soll, lautet daher:

(FLP1) $\Gamma(\varphi) \notin \{0,1\}$ impliziert, daß φ eine atomare Aussage oder eine einfache Regel, d.h. von der Form ψ oder $\psi \to \chi$ ist, wobei ψ und χ atomare Aussagen sind.

Die Forderung (FLP1) stellt keine echte Einschränkung dar, denn jedes Fuzzy–logische Programm, das nicht–einfache Regeln enthält, kann auf analoge Weise wie das Fuzzy–logische Programm (21.12), unter Umständen in mehreren Schritten, so modifiziert werden, daß es (FLP1) erfüllt.

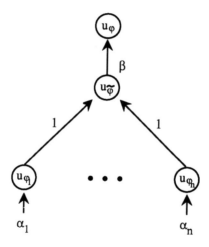

Bild 21.2: Das mit dem Fuzzy–logischen Programm (21.13) assoziierte Neuronale Netz.

Anstelle des Neuronalen Netzes in Bild 21.1 ergibt sich das in Bild 21.2 dargestellte Neuronale Netz, das das Fuzzy–logische Programm (21.13) modelliert.

Das Neuron $u_{\tilde{\varphi}}$ erhält als Netzeingabe den Wert

$$\bigotimes_{i=1}^{n} (\alpha_i \cdot 1) = \bigotimes_{i=1}^{n} \alpha_i.$$

Die Gewichte $W(u_{\varphi_1}, u_{\widetilde{\varphi}})$, die für alle $i \in \{1, \ldots, n\}$ den Wert 1 tragen, sind als feste Gewichte zu verstehen, die durch das Lernverfahren nicht geändert werden dürfen. Hingegen darf das Gewicht $W(u_{\widetilde{\varphi}}, u_\varphi) = \beta$ während der Trainingsphase modifiziert werden. Das auf diese Weise erlernte Gewicht kann dann wiederum als der durch das Fuzzy-logische Programm der Regel $\widetilde{\varphi} \to \varphi$ zugeordnete Wert interpretiert werden. Vereinfacht man das Fuzzy-logische Programm (21.13) wieder zu (21.12), so wird dieser Wert der Regel $\varphi_1 \otimes \ldots \otimes \varphi_n \to \varphi$ zugewiesen.

Enthält ein Fuzzy-logisches Programm von vornherein eine nicht-einfache Regel mit dem Gewicht 1, sollte diese Regel genauso behandelt werden, als ob ihr ein kleinerer Wert als 1 zugeordnet wäre und somit (FLP1) verletzt wäre. Dadurch darf der zunächst vorgegebene Wert 1 beim Lernen modifiziert werden, ohne die Rücktransformierbarkeit des Neuronalen Netzes in das Fuzzy-logische Programm zu zerstören.

Bisher haben wir nur eine einzelne Regel betrachtet. Bei mehreren Regeln mit derselben Konklusion φ läßt sich ein entsprechendes Neuronales Netz mit dem oben beschriebenen Verfahren nicht konstruieren, da für φ keine Netzeingabefunktion vorgegeben ist, die die Eingaben, die aus den verschiedenen Regeln stammen, aggregiert. Nach der Sicherstellung der Bedingung (FLP1) können wir davon ausgehen, daß die Regeln, die φ als Konklusion enthalten, alle einfach sind. Die Konklusionen der nicht-einfachen Regeln werden durch Hilfssymbole repräsentiert, die als verschieden vorausgesetzt werden können.

Es seien also die Regeln $\varphi_1 \to \varphi, \ldots, \varphi_n \to \varphi$ gegeben. Das Fuzzy-logische Programm ordne der Regel $\varphi_i \to \varphi$ den Wert β_i zu. Außerdem sei bekannt, daß $[\![\varphi]\!] \geq \alpha_i$ für $i = 1, \ldots, n$ gilt. Das Maximale, was aus diesen Informationen im formalen Rahmen des Fuzzy-logischen Programms über den Wahrheitswert von φ geschlossen werden kann, ist

$$[\![\varphi]\!] \; \geq \; \max \{ \alpha_i \cdot \beta_i \mid i \in \{1, \ldots, n\} \}. \tag{21.15}$$

Diesen Sachverhalt können wir aber auch durch das Fuzzy-logische Programm

$$
\begin{array}{ccc}
\varphi_1 \to \widetilde{\varphi}_1 & \qquad & \beta_1 \\[4pt]
\vdots & & \vdots \\[4pt]
\varphi_n \to \widetilde{\varphi}_n & & \beta_n \\[6pt]
\widetilde{\varphi}_1 \vee \ldots \vee \widetilde{\varphi}_n \to \varphi & & 1
\end{array}
\tag{21.16}
$$

wiedergeben. Das logische Konnektiv $\vee$ ist dabei mit der t-Conorm $\bot_{\min}$ auszuwerten. Setzen wir $[\![\varphi_i]\!] \geq \alpha_i$ voraus, können wir aus (21.16) ebenfalls (21.15) ableiten. Das dem Fuzzy-logischen Programm (21.16) entsprechende Neuronale Netz ist in Bild 21.3 dargestellt. Die Gewichte $W(u_{\widetilde{\varphi}_i}, u_\varphi)$ sind wiederum als durch den Lernvorgang nicht veränderbar aufzufassen. Die Netzeingabe des Neurons u_φ ergibt sich aus der t-Conorm $\bot_{\min}$.

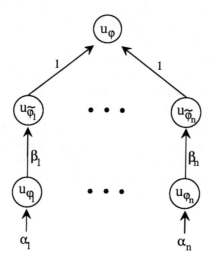

Bild 21.3: Das mit dem Fuzzy–logischen Programm (21.16) assoziierte Neuronale Netz.

Die zweite Bedingung, die ein Fuzzy–logisches Programm Γ erfüllen muß, um in ein
Neuronales Netz transformiert werden zu können, lautet daher:

(FLP2)   Gilt $\Gamma(\psi \to \varphi_1) > 0$ und $\Gamma(\chi \to \varphi_2) > 0$ mit $\psi \neq \chi$, dann folgt
$\varphi_1 \neq \varphi_2$, d.h., daß zwei verschiedene Regeln niemals dieselbe Konklusion
enthalten dürfen.

Die Forderung (FLP2) stellt genau wie (FLP1) aufgrund der obigen Konstruktion,
mit der (FLP2) immer erzwungen werden kann, keine echte Beschränkung dar.

(FLP3)   Gilt $\Gamma(\varphi_1 \otimes \ldots \otimes \varphi_n \to \psi) > 0$, so folgt, daß $\varphi_1, \ldots, \varphi_n$ paarweise
verschieden sind.

Auch die dritte Bedingung (FLP3), die dafür garantiert, daß zwei parallele gewichtete Verbindungen zwischen zwei Neuronen vermieden werden, läßt sich immer her-
beigeführt. Beispielsweise kann die Regel

$$\varphi \otimes \varphi \to \psi \qquad \beta, \qquad\qquad (21.17)$$

der das Neuronale Netz in Bild 21.4 mit zwei parallelen Gewichten entspricht, durch das Fuzzy-logische Programm

$$\varphi \rightarrow \varphi_1 \qquad\qquad 1$$

$$\varphi \rightarrow \varphi_2 \qquad\qquad 1 \qquad\qquad\qquad (21.18)$$

$$\varphi_1 \otimes \varphi_2 \rightarrow \psi \qquad\quad \beta$$

mit den Hilfsaussagen φ_1 und φ_2 ersetzt werden.

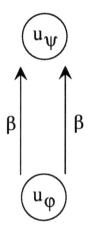

Bild 21.4: Das mit dem Fuzzy-logischen Programm (21.17) assoziierte Neuronale Netz.

Bild 21.5 zeigt das zugehörige Neuronale Netz mit den durch das Lernverfahren nicht
zu verändernden Gewichten $W(u_\varphi, u_{\varphi_1})$ und $W(u_\varphi, u_{\varphi_2})$. Man beachte, daß weder
(21.17) noch (21.18) der Bedingung (FLP1) genügen, sofern nicht bereits $\beta = 1$ gilt.
Wir können aber davon ausgehen, daß $\beta = 1$ gilt, wenn wir zuerst das Verfahren zur
Erfüllung von (FLP1) auf das Fuzzy-logische Programm anwenden, bevor wir uns
um die Bedingung (FLP3) kümmern.

Jedes Fuzzy-logische Programm kann so modifiziert werden, daß es den Forderungen
(FLP1), (FLP2) und (FLP3) genügt. Ein solches Programm wird dann in ein Neuronales Netz transformiert, indem jeder atomaren Aussage ein Neuron zugeordnet wird.
Die Gewichte zwischen den Neuronen ergeben sich aus den Regeln, d.h. es existiert
genau dann eine Verbindung von dem Neuron u_φ zu dem Neuron u_ψ mit dem Gewicht
β, wenn eine Regel existiert, in deren Prämisse φ auftaucht und deren Konklusionsteil
ψ ist und der das Fuzzy-logische Programm den Wert β zuordnet. Es sollte beachtet
werden, daß einige Gewichte, die den Wert 1 tragen, als unveränderbar angesehen
werden müssen. Da jede Aussage aufgrund von (FLP2) höchstens in einer Regel als
Konklusion vorkommt, kann jedem Neuron eindeutig eine Netzeingabefunktion zuge-

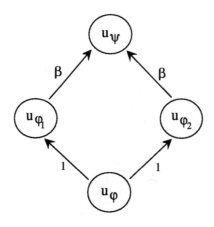

Bild 21.5: Das mit dem Fuzzy–logischen Programm (21.18) assoziierte Neuronale Netz.

ordnet werden, die durch die Auswertungsfunktion des logischen Konnektivs in der
Prämisse der entsprechenden Regel bestimmt wird.

Schließlich fordern wir noch die Bedingung (FLP4):

(FLP4)   Wird das Fuzzy–logische Programm nach dem eben beschriebenen Verfahren in ein Neuronales Netz transformiert, so enthält dieses Neuronale
Netz keine Schleifen und Zyklen.

Schleifen und Zyklen können durch Regeln der Form $\varphi \otimes \psi \to \varphi$ bzw. eine Folge von
Regeln wie etwa

$$\begin{aligned}
\varphi &\to \psi \\
\psi &\to \chi \\
\chi &\to \varphi
\end{aligned}$$

zustande kommen. (FLP4) stellt eine echte Einschränkung der Fuzzy–logischen Programme dar, die in Neuronale Netze umgewandelt werden können.

(FLP4) garantiert, daß die Propagation durch das Neuronale Netz sowohl während
der Arbeitsphase als auch während der Lernphase in endlich vielen Schritten vorgenommen werden kann. Außerdem lassen sich die Ein– und Ausgabeneuronen identifizieren. Die Neuronen, zu denen keine Verbindung hinführt, sind die Eingabeneuronen,
die Neuronen, von denen keine Verbindung wegführt, sind die Ausgabeneuronen.

Bei der Transformation des Fuzzy–logischen Programms in ein Neuronales Netz wurden nur die Regeln, nicht die Fakten, die atomaren Aussagen direkt einen Wert zuordnen, berücksichtigt. Wir fassen die Fakten des Fuzzy–logischen Programms als

seine Eingaben auf. Wir gehen davon aus, daß den atomaren Aussagen, die den Eingabeneuronen entsprechen, verschiedene Werte zugeordnet werden können, und wir uns dafür interessieren, welche Werte wir daraus für die atomaren Aussagen ableiten können, die den Ausgabeneuronen zugeordnet sind.

Prinzipiell ist es auch möglich, daß wir Aussagen, die mit inneren Neuronen assoziiert werden, direkt einen Wert zuordnen wollen oder daß wir uns für die Ausgabe eines solchen Neurons, d.h. den Wert, den wir aus dem Fuzzy-logischen Programm für diese Aussage ableiten können, interessieren. Für diese Fälle sollte das Fuzzy-logische Programm mit geeigneten Regeln erweitert werden. Ist etwa die Aussage φ einem inneren Neuron zugeordnet, und wollen wir die Möglichkeit offenhalten, φ direkt einen Wert zuzuweisen, so sollten wir in das Fuzzy-logische Programm vor der Transformation die Regel $\widetilde{\varphi} \to \varphi$ mit dem festen Gewicht oder Wert 1 einfügen. Eine Eingabe für φ erreichen wir dann indirekt über die Hilfsaussage $\widetilde{\varphi}$. Analog müßten wir die Regel $\varphi \to \widetilde{\varphi}$ mit dem festen Gewicht 1 ergänzen, wenn wir den Wert von φ als Ausgabe benötigen. Die Ausgabe des Neurons u_φ erhalten wir dann indirekt durch das Neuron $u_{\widetilde{\varphi}}$. Es ist zu beachten, daß durch solche Ergänzungen die Bedingungen (FLP1) – (FLP3) verletzt werden können. Die Regeln sollten daher eingefügt werden, bevor das Fuzzy-logische Programm an diese Bedingungen angepaßt wird.

Beispiel 21.1 Wir betrachten das Fuzzy-logische Programm mit den drei Regeln

$$(1) \quad \varphi_1 \wedge \varphi_2 \to \varphi_3 \qquad 0.8$$

$$(2) \quad \varphi_4 \vee \varphi_5 \to \varphi_6 \qquad 0.6 \qquad\qquad (21.19)$$

$$(3) \quad \varphi_6 \otimes \varphi_1 \otimes \varphi_1 \to \varphi_3 \quad 1.0,$$

das in ein Neuronales Netz transformiert werden soll. Mit den Konnektiven $\wedge$, $\vee$ und $\otimes$ assoziieren wir die Auswertungsfunktionen $\top_{min}$, $\bot_{min}$ bzw. $\top_{Luka}$. Als Fakten oder Eingaben wollen wir Werte für die atomaren Aussagen $\varphi_1, \varphi_2, \varphi_4$ und φ_5 vorgeben. Wir interessieren uns für die Wahrheitswerte der atomaren Aussagen φ_3 und φ_6. Da φ_6 auch als Prämisse in der Regel (3) auftritt, müssen wir die Regel

$$(4) \quad \varphi_6 \to \varphi_{10} \quad 1.0 \quad *$$

ergänzen. Der der Regel (4) zugeordnete Wahrheitswert ist mit dem Symbol $*$ gekennzeichnet, um auszudrücken, daß dieser Wert nach der Transformation des Fuzzy-logischen Programms in ein Neuronales Netz beim Lernen nicht verändert werden darf. Wir interessieren uns jetzt für die Wahrheitswerte oder Ausgaben der atomaren Aussagen φ_3 und φ_{10}, wobei φ_{10} den Wahrheitswert von φ_6 wiedergibt.

Als erstes modifizieren wir das Fuzzy-logische Programm mit den nunmehr vier Regeln so, daß die Bedingung (FLP3), gegen die Regel (3) verstößt, garantiert wird.

Wir erhalten das Fuzzy-logische Programm

$$
\begin{array}{llll}
(1) & \varphi_1 \wedge \varphi_2 \rightarrow \varphi_3 & 0.8 & \\
(2) & \varphi_4 \vee \varphi_5 \rightarrow \varphi_6 & 0.6 & \\
(3.1) & \varphi_1 \rightarrow \varphi_{11} & 1.0 & * \\
(3.2) & \varphi_1 \rightarrow \varphi_{12} & 1.0 & * \\
(3.3) & \varphi_6 \otimes \varphi_{11} \otimes \varphi_{12} \rightarrow \varphi_3 & 1.0 & \\
(4) & \varphi_6 \rightarrow \varphi_{10} & 1.0 & * .
\end{array}
$$

Wir wenden uns der Forderung (FLP2) zu. Die Regeln (1) und (3.3) verstoßen gegen (FLP3), da beide die atomare Aussage φ_3 als Konklusion enthalten. Das Fuzzy-logische Programm wird daher zu

$$
\begin{array}{llll}
(1.1) & \varphi_1 \wedge \varphi_2 \rightarrow \varphi_{13} & 0.8 & \\
(1.2) & \varphi_{13} \vee \varphi_{14} \rightarrow \varphi_3 & 1.0 & * \\
(2) & \varphi_4 \vee \varphi_5 \rightarrow \varphi_6 & 0.6 & \\
(3.1) & \varphi_1 \rightarrow \varphi_{11} & 1.0 & * \\
(3.2) & \varphi_1 \rightarrow \varphi_{12} & 1.0 & * \\
(3.3.1) & \varphi_6 \otimes \varphi_{11} \otimes \varphi_{12} \rightarrow \varphi_{14} & 1.0 & \\
(4) & \varphi_6 \rightarrow \varphi_{10} & 1.0 & * .
\end{array}
$$

umgeformt. Schließlich müssen wir für die Bedingung (FLP1) garantieren. Die Regeln (1.1), (2) und (3.3.1) verletzen (FLP1). Regel (3.3.1) widerspricht zwar nicht direkt (FLP1). Gehen wir aber davon aus, daß der dieser Regel zugeordnete Wert vom Neuronalen Netz beim Lernen modifiziert werden darf, kann das Neuronale Netz nach der Lernphase nicht mehr in ein Fuzzy-logisches Programm zurücktransformiert werden, da sich der Wert dieser Regel in verschiedenen Gewichten wiederfindet. Hingegen ist der der Regel (1.2) zugeordnete Wert als unveränderbar markiert, so daß wir diese Regel bezüglich der Forderung (FLP1) nicht zu berücksichtigen brauchen.

Es ergibt sich das Fuzzy-logische Programm

$$
\begin{array}{llll}
(1.1.1) & \varphi_1 \wedge \varphi_2 \to \varphi_{15} & 1.0 & * \\[2mm]
(1.1.2) & \varphi_{15} \to \varphi_{13} & 0.8 & \\[2mm]
(1.2) & \varphi_{13} \vee \varphi_{14} \to \varphi_3 & 1.0 & * \\[2mm]
(2.1) & \varphi_4 \vee \varphi_5 \to \varphi_{16} & 1.0 & * \\[2mm]
(2.2) & \varphi_{16} \to \varphi_6 & 0.6 & \\[2mm]
(3.1) & \varphi_1 \to \varphi_{11} & 1.0 & * \\[2mm]
(3.2) & \varphi_1 \to \varphi_{12} & 1.0 & * \\[2mm]
(3.3.1.1) & \varphi_6 \otimes \varphi_{11} \otimes \varphi_{12} \to \varphi_{17} & 1.0 & * \\[2mm]
(3.3.1.2) & \varphi_{17} \to \varphi_{14} & 1.0 & \\[2mm]
(4) & \varphi_6 \to \varphi_{10} & 1.0 & * .
\end{array}
\tag{21.20}
$$

Damit ist die Modifikation des ursprünglichen Fuzzy-logischen Programms (21.19) abgeschlossen. Hierfür wurden als Hilfsvariable die atomaren Aussagen $\varphi_{10}, \dots, \varphi_{17}$ eingeführt. Das modifizierte Fuzzy-logische Programm (21.20) kann direkt in ein Neuronales Netz transformiert werden. Das Neuronale Netz ist in Bild 21.6 dargestellt. Das Neuron u_i ist der Aussage φ_i zugeordnet. Es sind nur die Werte der durch den Lernvorgang veränderbaren Gewichte eingetragen. Alle nicht beschrifteten Verbindungen tragen das feste Gewicht 1. Die Netzeingabefunktionen der Neuronen $u_3, u_{15}, u_{16}, u_{17}$, zu denen mehrere Verbindungen führen, ergeben sich aus den Auswertungsfunktionen $\perp_{\min}, \top_{\min}, \perp_{\min}$ bzw. $\top_{\text{Luka}}$.

Wir erkennen anhand des Bildes 21.6, daß das Neuronale Netz schleifen- und zyklenfrei ist und das Fuzzy-logische Programm (21.20) somit auch die Bedingung (FLP4) erfüllt.

Wir untersuchen exemplarisch das Verhalten des ursprünglichen Fuzzy-logischen Programms (21.19) und des zugehörigen Neuronalen Netzes in Bild 21.6, wenn wir die Fakten

$$
\begin{array}{ll}
\varphi_1 & 0.9 \\[2mm]
\varphi_2 & 0.2 \\[2mm]
\varphi_4 & 0.3 \\[2mm]
\varphi_5 & 0.8
\end{array}
\tag{21.21}
$$

hinzufügen. Wir betrachten zunächst das Fuzzy-logische Programm (21.19). Aus den

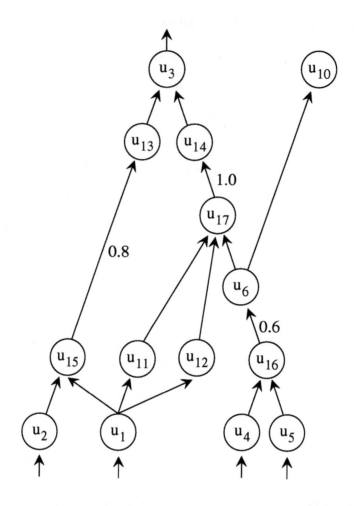

Bild 21.6: Das mit dem Fuzzy–logischen Programm (21.20) assoziierte Neuronale Netz.

vorgegebenen Werten $[\![\varphi_1]\!] \geq 0.9$ und $[\![\varphi_2]\!] \geq 0.2$ folgt offenbar

$$[\![\varphi_1 \wedge \varphi_2]\!] = \min\{[\![\varphi_1]\!], [\![\varphi_2]\!]\} \geq \min\{0.9, 0.2\} = 0.2,$$

so daß wir durch Anwendung des erweiterten modus ponens (21.8) auf die Regel (1)

$$[\![\varphi_3]\!] \geq 0.2 \cdot 0.8 = 0.16$$

erhalten. Für die Prämisse der Regel (2) ergibt sich

$$[\![\varphi_4 \vee \varphi_5]\!] = \max\{[\![\varphi_4]\!], [\![\varphi_5]\!]\} \geq \max\{0.3, 0.8\} = 0.8,$$

Neuron u_i	Netzeingabe/Aktivierung a_{u_i}		
u_1			0.9
u_2			0.2
u_3	$\max\{a_{u_{13}}, a_{u_{14}}\}$	$=$	0.28
u_4			0.3
u_5			0.8
u_6	$a_{u_{16}} \cdot 0.6$	$=$	0.48
u_{10}	$a_{u_6} \cdot 1.0$	$=$	0.48
u_{11}	$a_{u_1} \cdot 1.0$	$=$	0.9
u_{12}	$a_{u_1} \cdot 1.0$	$=$	0.9
u_{13}	$a_{u_{15}} \cdot 0.8$	$=$	0.16
u_{14}	$a_{u_{17}} \cdot 1.0$	$=$	0.28
u_{15}	$\min\{a_{u_1}, a_{u_2}\} \cdot 1.0$	$=$	0.2
u_{16}	$\max\{a_{u_4}, a_{u_5}\} \cdot 1.0$	$=$	0.8
u_{17}	$\max\{a_{u_6} + a_{u_{11}} + a_{u_{12}} - 2, 0\} \cdot 1.0$	$=$	0.28

Tabelle 21.1: Die Aktivierungswerte der einzelnen Neuronen bei der Eingabe (21.21)

und damit aufgrund des erweiterten modus ponens

$$\llbracket \varphi_6 \rrbracket \;\geq\; 0.8 \cdot 0.6 \;=\; 0.48.$$

Entsprechend liefert die Regel (3)

$$\llbracket \varphi_3 \rrbracket \;\geq\; 0.28 \cdot 1 \;=\; 0.28,$$

da

$$\begin{aligned}
\llbracket \varphi_6 \otimes \varphi_1 \otimes \varphi_1 \rrbracket \;&=\; \max\{\llbracket \varphi_6 \rrbracket + \llbracket \varphi_1 \rrbracket + \llbracket \varphi_1 \rrbracket - 2, 0\} \\
&\geq\; \max\{0.48 + 0.9 + 0.9 - 2, 0\} \;=\; 0.28
\end{aligned}$$

gilt.

Insgesamt erhalten wir für die uns interessierenden Aussagen φ_3 und φ_6 die Werte $\llbracket \varphi_3 \rrbracket \geq 0.28$ (aus der günstigeren Regel (3)) und $\llbracket \varphi_6 \rrbracket \geq 0.48$.

Wir wenden uns nun dem Neuronalen Netz in Bild 21.6 zu. Die Fakten (21.21) spezifizieren die Eingaben der Neuronen u_1, u_2, u_4 und u_5. Die Aktivierungen der einzelnen Neuronen, die sich bei der Propagation dieser Eingaben durch das Neuronale Netz ergeben, sind in Tabelle 21.1 aufgelistet.

Die Ausgabeneuronen u_3 und u_{10} liefern die Werte 0.28 und 0.48, die sich auch aus dem Fuzzy–logischen Programm (21.19) ergeben haben. $\diamond$

21.4   Der Lernalgorithmus

Das Beispiel 21.1 hat den Zusammenhang zwischen Neuronalen Netzen und Fuzzy–logischen Programmen verdeutlicht. Das Fuzzy–logische Programm bestimmt nach seiner geeigneten Umformung zur Erfüllung der Eigenschaften (FLP1), (FLP2) und (FLP3) die Netzwerkstruktur. Wir gehen davon aus, daß das Fuzzy–logische Programm problemspezifisch formuliert wird. Die in ihm enthaltenen atomaren Aussagen und Regeln eignen sich zur Repräsentation des Wissens über eine bestimmte Domäne.

Das Aufstellen der Regeln bereitet im allgemeinen keine größeren Schwierigkeiten. Auch die Zuordnung des Wertes 1 zu einer mit Sicherheit geltenden Regel ist selbstverständlich. Problematisch sind jedoch Regeln, die nur bedingt oder zu einem gewissen Grad gelten. Gerade im Bereich der Diagnostik, wo häufig Regeln der Form

$$Symptom_1 \wedge \ldots \wedge Symptom_n \rightarrow Ursache_i$$

angewendet werden, hat man es oft nicht mit allgemeingültigen Regeln zu tun. Eine solche Regel spricht meist nur zu einem gewissen Grad dafür, daß wirklich $Ursache_i$ der Grund für das Auftreten der Symptome $Symptom_1, \ldots, Symptom_n$ ist. Die Zuordnung eines konkreten Wertes zu einer Regel, um festzulegen, inwieweit die Regel gültig ist, stellt hohe Anforderungen an den Diagnoseexperten. Dieser wird nur in der Lage sein zu sagen, ob eine solche Regel nur ein sehr schwaches Indiz für das Vorhandensein der Ursache $Ursache_i$ ist, oder ob aus $Symptom_1, \ldots, Symptom_n$ mit nahezu absoluter Sicherheit $Ursache_i$ geschlossen werden kann.

Sofern Trainingsdaten mit entsprechenden Ein– und Ausgaben vorhanden sind, kann das mit dem Fuzzy–logischen Programm assoziierte Neuronale Netz die Werte, die den Regeln für eine optimale Handhabung des Problems zugeordnet werden müssen, aus den Daten erlernen. Hat der Lernvorgang zu neuen, verbesserten Gewichten geführt, ist das Neuronale Netz dadurch nicht nur in der Lage, das betrachtete Problem besser zu lösen. Man erhält auch noch zusätzliche Informationen über das Problem, indem man das Neuronale Netz in das Fuzzy–logische Programm zurücktransformiert. Die erlernten Gewichte bzw. die den Regeln zugeordneten Werte geben Aufschluß darüber, wie relevant die einzelnen Regeln für die Lösung der Aufgabe wirklich sind.

Ein weiterer Vorteil der Spezifikation des Neuronalen Netzes mittels eines Fuzzy–logischen Programms gegenüber einem gewöhnlichen Multilayer–Perceptron, das die Aufgabe allein anhand der Trainingsdaten bewältigen soll, besteht darin, daß die Netzwerkstruktur problemrelevant und möglichst einfach gewählt werden kann, so daß der Lernvorgang schneller und einfacher durchzuführen ist.

Obwohl wir den Zusammenhang zwischen Fuzzy–logischen Programmen und Neuronalen Netzen im Anfang dieses Kapitels auf der Grundlage von Multilayer–Perceptrons motiviert haben, unterscheiden sich die Neuronalen Netze, die wir als Transformationen von Fuzzy–logischen Programmen erhalten, in einigen Punkten von Multilayer–Perceptrons. Wir können daher den als Lernverfahren für Multilayer–Perceptrons entworfenen Backpropagation–Algorithmus nicht direkt auf die hier betrachteten Neuronalen Netze, die wir *Fuzzy-logische Neuronale Netze* nennen wollen, anwenden. Bevor wir auf die vorzunehmenden Modifikationen des Backpropagation–Algorithmus eingehen, verdeutlichen wir, in welchen Punkten sich Unterschiede zu den Multilayer–Perceptrons ergeben.

Fuzzy-logische Neuronale Netze weisen zwar eine gerichtete Struktur mit einer Ein- und einer Ausgabeschicht auf. Sie können jedoch nicht streng in Schichten unterteilt werden wie Multilayer–Perceptrons. Dieser Unterschied spielt jedoch für den Backpropagation–Algorithmus im Prinzip keine Rolle. Backpropagation kann auch auf Multilayer–Perceptrons angewandt werden, bei denen die Schichten nicht sauber getrennt sind. Der Herleitung des Backpropagation–Algorithmus verläuft für solche Netze völlig analog. Wichtig bei der Anwendung der Rekursionsformeln aus Definition 5.2 ist allein, daß zur Berechnung der Änderung des Gewichts $W(u, v)$ alle Gewichtsänderungen für die Gewichte, die vom Neuron v wegführen, vorher bestimmt sind, um den Wert δ_v bei der Gewichtsänderung von $W(u, v)$ berücksichtigen zu können.

In Fuzzy-logischen Neuronalen Netzen treten feste Gewichte auf, die durch den Lernvorgang nicht verändert werden dürfen. Auch diese Eigenschaft stellt keine Probleme für den Backpropagation–Algorithmus dar. Die Gewichtsänderungen, die sich beim Backpropagation für die festen Gewichte ergeben würden, können trotzdem berechnet werden. Allerdings werden diese Änderungen nicht durchgeführt. Benötigt werden nur die in den Rekursionsformeln der Definition 5.2 auftretenden δ–Werte, um die rekursive Änderung aller zu verändernden Gewichte zu bestimmen.

Damit die erlernten Gewichte wieder als untere Schranken für Wahrheitswerte von Regeln interpretiert werden können, müssen wir dafür sorgen, daß die Gewichte immer Werte aus dem Einheitsintervall tragen. Dies wird entweder durch eine extrem kleine Lernrate η erreicht, oder indem wir bei einer berechneten Gewichtsänderung, die aus dem Einheitsintervall herausführen würde, eine entsprechend kleinere Gewichtsänderung vornehmen.

Fuzzy-logische Neuronale Netze verwenden im Gegensatz zu Multilayer–Perceptrons semilineare Aktivierungsfunktionen. Aufgrund der Konstruktion Fuzzy-logischer Neuronaler Netze aus Fuzzy-logischen Programmen ergeben sich als Netzeingaben der Neuronen ausschließlich Werte zwischen 0 und 1. Die Ableitung der Aktivierungsfunktion f' bei Fuzzy-logischen Neuronalen Netzen ist daher besonders einfach. Sie ist konstant 1.

Schließlich verwenden Fuzzy-logische Neuronale Netze noch andere Netzeingabefunktionen als Multilayer–Perceptrons. An die Stelle der gewichteten Summe treten im allgemeinen Funktionen, die von den Auswertungsfunktionen der logischen Konnektive aus $\mathcal{B}$ - meist t–Normen oder t–Conormen - herrühren. Dieser Unterschied bereitet die größten Schwierigkeiten. Insbesondere dürfen nicht beliebige Auswertungsfunktionen zugelassen werden. Wir benötigen eine Differenzierbarkeitsvoraussetzung, da sich der Backpropagation–Algorithmus sonst nicht anwenden läßt. Die in der Praxis am häufigsten auftretenden t–Normen und t–Conormen $\top_{\min}$ und $\perp_{\min}$ sind gerade nicht überall differenzierbar. So gilt etwa

$$\frac{\partial \max\{\alpha, \beta\}}{\partial \alpha} \;=\; \begin{cases} 1 & \text{falls} \quad \alpha > \beta \\ 0 & \text{falls} \quad \alpha < \beta \\ \text{undefiniert} & \text{falls} \quad \alpha = \beta. \end{cases}$$

Prinzipiell können wir analoge Überlegungen wie bei der Herleitung des Backpropagation–Algorithmus für Multilayer–Perceptrons aufstellen, wenn die Auswertungsfunktionen der logischen Konnektive partiell differenzierbar sind. Aus Gründen der Vereinfachung wollen wir hier aber nur t–Normen und t–Conormen einer ganz bestimmten Art betrachten, für die sich die Ableitung verhältnismäßig einfach berechnen lassen.

Archimedische t–Normen sind stetige t–Normen, die die Eigenschaft $\top(\alpha, \alpha) < \alpha$ für alle $\alpha \in (0,1)$ erfüllen. Entsprechend heißt eine stetige t–Conorm archimedisch, wenn $\perp(\alpha, \alpha) > \alpha$ für alle $\alpha \in (0,1)$ gilt. Archimedische t–Normen und t–Conormen lassen sich auf die folgende Weise [SCHWEIZER und SKLAR, 1961] charakterisieren:

- $\top : [0,1]^2 \to [0,1]$ ist genau dann eine Archimedische t–Norm, wenn eine streng monoton fallende stetige Funktion $f : [0,1] \to [0,\infty]$ existiert mit $f(1) = 0$ und

$$\top(\alpha, \beta) \;=\; f^{(-1)}\big(f(\alpha) + f(\beta)\big),$$

  wobei $f^{(-1)}$ die Pseudoinverse von f ist, die durch

$$f^{(-1)}(y) \;=\; \begin{cases} \{x \in [0,1] \mid f(x) = y\} & \text{falls} \quad y \in [0, f(0)] \\ 0 & \text{falls} \quad y \in [f(0), \infty] \end{cases}$$

  definiert wird.

- $\perp : [0,1]^2 \to [0,1]$ ist genau dann eine Archimedische t–Conorm, wenn eine streng monoton wachsende stetige Funktion $g : [0,1] \to [0,\infty]$ existiert mit $g(0) = 0$ und

$$\perp(\alpha, \beta) \;=\; g^{(-1)}\big(g(\alpha) + g(\beta)\big)$$

  mit der Pseudoinversen

$$g^{(-1)}(y) \;=\; \begin{cases} \{x \in [0,1] \mid g(x) = y\} & \text{falls} \quad y \in [0, g(1)] \\ 1 & \text{falls} \quad y \in [g(1), \infty]. \end{cases}$$

Wir betrachten daher nur archimedische t–Normen und t–Conormen, die durch eine differenzierbare reelle Funktion f bzw. g induziert werden.

Leider sind die t–Norm $\top_{\min}$ und die t–Conorm $\perp_{\min}$ nicht archimedisch. Insbesondere ist $\perp_{\min}$ als Auswertungsfunktion für Fuzzy–logische Programme unverzichtbar, da $\perp_{\min}$ für die Sicherstellung der Bedingung (FLP2) benötigt wird. Wir behelfen uns in diesem Fall ähnlich wie bei den linearen Schwellenwertfunktionen, die durch differenzierbare sigmoide Aktivierungsfunktionen beliebig gut angenähert werden können. Wir approximieren die t–Conorm $\perp_{\min}$ mit der archimedischen t–Conorm $\perp_q$, die durch die Funktion

$$g_q : [0,1] \to [0,\infty], \quad x \mapsto x^q$$

induziert wird, wobei $q > 1$ zu wählen ist. Die t–Conorm $\perp_q$ läßt sich dann durch

$$\perp_q(\alpha,\beta) \;=\; \min\left\{(\alpha^q + \beta^q)^{\frac{1}{q}}, 1\right\}$$

berechnen. Es gilt offenbar

$$\lim_{q\to\infty} \perp_q \;=\; \perp_{\min}.$$

Wählen wir q genügend groß, so liefert die archimedische t–Conorm $\perp_q$ eine gute Approximation für $\perp_{\min}$.

Weitere Funktionen und die zugehörigen archimedischen t–Normen bzw. t–Conormen finden sich beispielsweise in [WEBER, 1983, KRUSE et al., 1995a].

Wir können den Backpropagation–Algorithmus auf Fuzzy–logische Neuronale Netze übertragen, bei denen die Aktivierungsfunktionen von archimedischen t–Normen oder t–Conormen mit differenzierbarer Funktion f bzw. g induziert werden. Die Herleitung des Backpropagation–Algorithmus für Fuzzy–logische Neuronale Netze verläuft völlig analog zur Herleitung für Multilayer–Perceptrons im Abschnitt 5.2. Wir geben daher nur die Formeln an, die modifiziert werden müssen.

Es ändern sich drei Werte bei den Fuzzy–logischen Neuronalen Netzen: Die Ableitung

$$\frac{\partial a_{u_i}^{(p)}}{\partial \mathrm{net}_{u_i}^{(p)}}$$

der Aktivierungsfunktion nach der Netzeingabe, die bei Fuzzy–logischen Neuronalen Netzen konstant 1 ist. Zum anderen ergibt sich für die Ableitung der Netzeingabe net_{pu_j} des Neurons u_j nach der Aktivierung a_{pu_i} des mit ihm verbundenen Neurons u_i etwas verschiedenes.

Wir gehen davon aus, daß die Aktivierungsfunktion des Neurons u_j durch die von der differenzierbaren Funktion h induzierten archimedischen t–Norm oder t–Conorm bestimmt wird. Die Netzeingabe von u_j ist daher

$$h^{(-1)}\left(\sum_v h(a_v)\right),$$

wobei über alle Neuronen v summiert wird, von denen eine Verbindung zu u_j führt. Wir erhalten somit

$$\frac{\partial \mathrm{net}_{u_j}^{(p)}}{\partial a_{u_i}^{(p)}} \;=\; \frac{h'(a_{u_i}^{(p)})}{h'\left(h^{(-1)}\left(\sum_\nu h(a_{u_\nu}^{(p)})\right)\right)}. \tag{21.22}$$

Dabei verläuft die Summierung über alle Neuronen u_ν, von denen aus eine Verbindung zum Neuron u_j führt. Bei den Multilayer–Perceptrons ergab sich für (21.22) einfach nur das Gewicht $W(u_i, u_j)$. Wir müssen für die Ableitung

$$\frac{\partial \mathrm{net}_{u_j}^{(p)}}{\partial a_{u_i}^{(p)}}$$

noch die Sonderfälle

$$\sum_\nu h(a_{u_\nu}^{(p)}) \geq h(0)$$

für t–Normen bzw.

$$\sum_\nu h(a_{u_\nu}^{(p)}) \leq h(1)$$

für t–Conormen betrachten, bei denen sich anstelle von (21.22) der Wert 0 ergibt.

Ganz analog erhalten wir

$$\frac{\partial \mathrm{net}_{u_i}^{(p)}}{\partial W(u_k, u_i)} = \frac{h'(a_{u_i}^{(p)})}{h'\left(h^{(-1)}\left(\sum_\nu h(a_{u_\nu}^{(p)})\right)\right)},$$

falls das Neuron u_i mit einer nicht–einfachen Regel assoziiert ist. Für einfache Regeln ergibt sich

$$\frac{\partial \mathrm{net}_{u_i}^{(p)}}{\partial W(u_k, u_i)} = a_{u_k}^{(p)}.$$

Die verallgemeinerte Delta–Regel oder der Backpropagation–Algorithmus für Fuzzy–logische Neuronale Netze wird daher folgendermaßen formuliert.

Die Gewichtsänderungen eines Fuzzy–logischen Neuronalen Netzes bei dem zu lernenden Muster (i_p, t_p) ergeben sich zu

$$\Delta_p W(u_i, u_j) = \eta \delta_{u_j}^{(p)} a_{u_i}^{(p)}$$

für Neuronen, deren assoziierte atomare Aussage die Konklusion einer einfachen Regel darstellt, und

$$\Delta_p W(u_i, u_j) = \eta \delta_{u_j}^{(p)} \frac{h'(a_{u_i}^{(p)})}{h'\left(h^{(-1)}\left(\sum_\nu h(a_{u_\nu}^{(p)})\right)\right)}$$

für Neuronen, deren Aktivierungsfunktion durch die von der Funktion h bestimmten t–Norm oder t–Conorm induziert wird. Dabei ist

$$\delta_{u_j}^{(p)} = \begin{cases} t_{u_j}^{(p)} - a_{u_j}^{(p)} & \text{falls } u_j \text{ ein Ausgabeneuron ist} \\[2ex] \sum_k \delta_{u_k}^{(p)} \dfrac{h'(a_{u_j}^{(p)})}{h'\left(h^{(-1)}\left(\sum_\nu h(a_{u_\nu}^{(p)})\right)\right)} & \text{sonst.} \end{cases}$$

$\eta > 0$ bezeichnet die Lernrate.

Die hier beschriebenen Fuzzy–logischen Neuronalen Netze basieren auf Fuzzy–logischen Programmen, bei denen die Implikation im Sinne der Goguen–Implikation ausgewertet wird. Die Goguen–Implikation kann auch durch andere Implikationen, beispielsweise die Lukasiewicz–Implikation, die durch

$$[\![\varphi \to \psi]\!] \;=\; \min\{1 - [\![\varphi]\!] + [\![\psi]\!], 1\}$$

gegeben ist, ersetzt werden, was zu entsprechenden Modifikationen insbesondere des Backpropagation–Algorithmus führt [EKLUND und KLAWONN, 1992].

Literaturverzeichnis

[ABU-MOSTAFA und JACQUES, 1985] Y. ABU-MOSTAFA und J.-M. JACQUES (1985). *Information Capacity of the Hopfield–Model.* IEEE Trans. Information Theory, 31:461–464.

[ACKLEY et al., 1985] D. H. ACKLEY, G. E. HINTON und T. J. SEJNOWSKI (1985). *A Learning Algorithm for Boltzmann Machines.* Cognitive Science, 9:147–169.

[AJJANAGADDE und SHASTRI, 1991] V. AJJANAGADDE und L. SHASTRI (1991). *Rules and Variables in Neural Nets.* Neural Computation, 3:121–134.

[ALTENKRÜGER und BÜTTNER, 1992] D. ALTENKRÜGER und W. BÜTTNER (1992). *Wissensbasierte Systeme.* Vieweg, Braunschweig.

[VON ALTROCK et al., 1992] C. VON ALTROCK, B. KRAUSE und H.-J. ZIMMERMANN (1992). *Advanced Fuzzy Logic Control Technologies in Automotive Applications.* In *Proc. IEEE Int. Conf. on Fuzzy Systems 1992*, Seiten 835–842, San Diego.

[AMARI und MAGINU, 1988] S. AMARI und K. MAGINU (1988). *Statistical Neurodynamics of Associative Memory.* Neural Networks, 1:63–73.

[ANDERSON, 1972] J. A. ANDERSON (1972). *A Simple Neural Network Generating an Interactive Memory.* Mathematical Biosciences, 14:197–220.

[ANDERSON et al., 1990] J. A. ANDERSON, A. PELLIONISZ und E. ROSENFELD, Hrsg. (1990). *Neurocomputing 2.* MIT Press, Cambridge.

[ANDERSON und ROSENFELD, 1988] J. A. ANDERSON und E. ROSENFELD, Hrsg. (1988). *Neurocomputing. Foundations of Research.* MIT Press, Cambridge.

[ANDERSON, 1988] J. ANDERSON (1988). *Kognitive Psychologie.* Spektrum der Wissenschaft Verlagsgesellschaft, Heidelberg.

[ANTWEILER, 1991] W. ANTWEILER (1991). *Ein Backpropagation–Netzwerksimulator als konnektionistisches Expertensystem.* Wirtschaftsinformatik, 33:398–407.

[ANTWEILER und KREKEL, 1990] W. ANTWEILER und D. KREKEL (1990). *Ansätze für konnektionistische Expertensysteme.* Arbeitsbericht RRZK–9003, Regionales Rechenzentrum an der Universität zu Köln.

[APOLLONI et al., 1990] B. APOLLONI, G. AVANZINI, N. CESA-BRANCHI und G. ROUCHINI (1990). *Diagnosis of Epilepsy via Backpropagation.* In *Proc. Int. Joint Conf. on Neural Networks 1990, Vol.2*, Seiten 671–674, Washington, D.C.

[ASAKAWA und TAKAGI, 1994] K. ASAKAWA und H. TAKAGI (1994). *Neural Networks in Japan.* Communications of the ACM, 37(3):106–112.

[BACHER, 1994] J. BACHER (1994). *Clusteranalyse.* R. Oldenbourg Verlag, München.

[BARTO, 1992] A. G. BARTO (1992). *Reinforcement Learning and Adaptive Critic Methods.* In [WHITE und SOFGE, 1992], Seiten 469–491. Van Nostrand Reinhold.

[BARTO et al., 1983] A. G. BARTO, R. S. SUTTON und C. W. ANDERSON (1983). *Neuronlike Adaptive Elements that Can Solve Difficult Learning Control Problems.* IEEE Trans. Systems, Man & Cybernetics, 13:834–846.

[BERENJI, 1992] H. R. BERENJI (1992). *A Reinforcement Learning-Based Architecture for Fuzzy Logic Control.* Int. J. Approximate Reasoning, 6:267 –292.

[BERENJI und KHEDKAR, 1992a] H. R. BERENJI und P. KHEDKAR (1992a). *Fuzzy Rules for Guiding Reinforcement Learning.* In *Int. Conf. on Information Processing and Management of Uncertainty in Knowledge-Based Systems (IPMU'92)*, Seiten 511–514, Mallorca.

[BERENJI und KHEDKAR, 1992b] H. R. BERENJI und P. KHEDKAR (1992b). *Learning and Tuning Fuzzy Logic Controllers Through Reinforcements.* IEEE Trans. Neural Networks, 3:724–740.

[BERENJI und KHEDKAR, 1993] H. R. BERENJI und P. KHEDKAR (1993). *Clustering in Product Space for Fuzzy Inference.* In *Proc. IEEE Int. Conf. on Neural Networks 1993*, Seiten 1402–1407, San Francisco.

[BERENJI et al., 1993] H. R. BERENJI, R. N. LEA, Y. JANI, P. KHEDKAR, A. MALKANI und J. HOBLIT (1993). *Space Shuttle Attitude Control by Reinforcement Learning and Fuzzy Logic.* In *Proc. IEEE Int. Conf. on Neural Networks 1993*, Seiten 1396–1401, San Francisco.

[BERI und TROTTA, 1990] M. BERI und G. TROTTA (1990). *An Approach to Develop Classification Expert Systems with Neural Networks.* In *Proc. Int. Symposium Computational Intelligence 90*, Seiten 39–44, Milan.

[BERSINI et al., 1993] H. BERSINI, J.-P. NORDVIK und A. BONARINI (1993). *A Simple Direct Adaptive Fuzzy Controller Derived from its Neural Equivalent*. In *Proc. IEEE Int. Conf. on Fuzzy Systems 1993*, Seiten 345–350, San Francisco.

[BEZDEK und PAL, 1992] J. C. BEZDEK und S. K. PAL, Hrsg. (1992). *Fuzzy Models for Pattern Recognition*. IEEE Press, New York.

[BEZDEK et al., 1992] J. C. BEZDEK, E. C.-K. TSAO und N. R. PAL (1992). *Fuzzy Kohonen Clustering Networks*. In *Proc. IEEE Int. Conf. on Fuzzy Systems 1992*, Seiten 1035–1043, San Diego.

[BIBEL und JORRAND, 1986] W. BIBEL und P. JORRAND, Hrsg. (1986). *Fundamentals of Artificial Intelligence*. Springer–Verlag, Berlin.

[BLOCK, 1962] H. BLOCK (1962). *The Perceptron: A Model for Brain Functioning I*. Reviews of Modern Physics, 34:123–135.

[BOUNDS, 1989] D. BOUNDS (1989). *Expert Systems and Connectionist Networks*. In [PFEIFER et al., 1989], Seiten 277–282, Amsterdam. Elsevier Science Publishers.

[BRACHMAN und LEVESQUE, 1985] R. BRACHMAN und H. LEVESQUE, Hrsg. (1985). *Readings in Knowledge Representation*. Morgan Kaufmann, Los Altos.

[BRADSHAW et al., 1989] G. BRADSHAW, R. FOZZARD und L. CECI (1989). *A Connectionist Expert System that Actually Works*. Advances Neural Information Processing, 1:248–255.

[BRAHIM und ZELL, 1994] K. BRAHIM und A. ZELL (1994). *ANFIS–SNNS: Adaptive Network Fuzzy Inference System in the Stuttgart Neural Network Simulator*. In [KRUSE et al., 1994b], Seiten 117–128. Vieweg, Braunschweig.

[BRAUSE, 1991] R. BRAUSE (1991). *Neuronale Netze*. Teubner, Stuttgart.

[BRUCK und SANZ, 1988] J. BRUCK und J. SANZ (1988). *A Study on Neural Networks*. Int. J. Intelligent Systems, 3:59–75.

[BUCHANAN und SHORTLIFFE, 1984] B. BUCHANAN und E. SHORTLIFFE (1984). *Rule Based Expert Systems: The MYCIN Experiment of the Stanford Heuristic Programming Project*. Addison–Wesley, Reading, MA.

[BUCKLEY, 1993] J. J. BUCKLEY (1993). *Sugeno Type Controllers are Universal Controllers*. Fuzzy Sets and Systems, 53:299–303.

[BULSARI und SAXEN, 1991] A. BULSARI und H. SAXEN (1991). *Implementation of Heuristics for Chemical Reactor Selection in a Feedforward Neural Network*. In [KOHONEN et al., 1991], Seiten 435–440. Elsevier Science Publishers, Amsterdam.

[BULSARI et al., 1991] A. BULSARI, B. SAXEN und H. SAXEN (1991). *A Chemical Reactor Selection Expert System Created by Training an Artificial Neural Network.* In *Proc. Advances in Computing and Information (ICCI'91)*, Seiten 645–656, Ottawa.

[CASSELMAN und ACRES, 1990]
F. CASSELMAN und M. ACRES (1990). *DASA/LARS: A Large Diagnostic System Using Neural Networks.* In *Proc. Int. Joint Conf. on Neural Networks 1990, Vol.2*, Seiten 539–542, Washington, D.C.

[CHURCHLAND und SMITH CHURCHLAND, 1990]
P. M. CHURCHLAND und P. SMITH CHURCHLAND (1990). *Ist eine denkende Maschine möglich?.* Spektrum der Wissenschaft, März(Heft 3/1990):47–54.

[CORDES et al., 1992] R. CORDES, R. KRUSE, H. LANGENDÖRFER und H. RUST (1992). *Prolog: Eine methodische Einführung, 3. Auflage.* Vieweg, Braunschweig.

[DABIJA und TSCHICHOLD-GÜRMAN, 1993] V. DABIJA und N. TSCHICHOLD-GÜRMAN (1993). *A Framework for Combining Symbolic and Connectionist Learning with Equivalent Concept Descriptions.* In *Proc. of the 1993 Int. Joint Conf. on Neural Networks (IJCNN-93)*, Nagoya.

[D'ALCHÉ-BUC et al., 1992] F. D'ALCHÉ-BUC, V. ANDRÈS und J.-P. NADAL (1992). *Learning Fuzzy Control Rules with a Fuzzy Neural Network.* Artificial Neural Networks, 2:715–719.

[DAVIS et al., 1985] R. DAVIS, B. BUCHANAN und E. SHORTLIFFE (1985). *Production Rules as a Representation for a Knowledge–Based Consultation Program.* In [BRACHMAN und LEVESQUE, 1985]. Morgan Kaufmann, Los Altos.

[DELGRANDE und MYLOPOULOS, 1986] J. DELGRANDE und J. MYLOPOULOS (1986). *Knowledge Representation: Features of Knowledge.* In [BIBEL und JORRAND, 1986]. Springer–Verlag, Berlin.

[DIEKGERDES, 1993] H. DIEKGERDES (1993). *NEFCON-I: Entwurf und Implementierung einer Entwicklungsumgebung für Neuronale Fuzzy-Regler.* Diplomarbeit, Technische Universität Braunschweig.

[DOLAN und SMOLENSKY, 1989] C. DOLAN und P. SMOLENSKY (1989). *Tensor Product Production Systems: A Modular Architecture and Representation.* Connection Science, 1:53–68.

[DORFFNER, 1991] G. DORFFNER (1991). *Konnektionismus.* Teubner, Stuttgart.

[DREYFUS, 1979] H. L. DREYFUS (1979). *What Computers Can't Do: The Limits of Artificial Intelligence.* Harper & Row, New York.

[DREYFUS und DREYFUS, 1986] H. L. DREYFUS und S. E. DREYFUS (1986). *Mind over Machine*. The Free Press, New York.

[DRIANKOV et al., 1993] D. DRIANKOV, H. HELLENDOORN und M. REINFRANK (1993). *An Introduction to Fuzzy Control*. Springer–Verlag, Berlin.

[DUBOIS et al., 1991] D. DUBOIS, J. LANG und H. PRADE (1991). *Fuzzy Sets in Approximate Reasoning, Part 2: Logical Approaches*. Fuzzy Sets and Systems, 40:203–2444.

[DURAN und ODELL, 1974] B. DURAN und P. ODELL (1974). *Cluster Analysis*. Springer–Verlag, Berlin.

[DURBIN et al., 1989] R. DURBIN, C. MIALL und G. MITCHISON, Hrsg. (1989). *The Computing Neuron*. Addision–Wesley, Wokingham.

[DUTTA und SHEKHAR, 1988] S. DUTTA und S. SHEKHAR (1988). *Bond–Rating: A Non–Conservative Application of Neural Networks*. In *Proc. IEEE Int. Conf. on Neural Networks (ICNN'88)*, Seiten 443–450, San Diego.

[ECKMILLER et al., 1991] R. ECKMILLER, G. HARTMANN und G. HAUSKE, Hrsg. (1991). *Parallel Processing in Neural Systems and Computers*. Elsevier Science (North Holland), Amsterdam.

[EKLUND, 1994] P. EKLUND (1994). *Network Size versus Preprocessing*. In R. YAGER und L. ZADEH, Hrsg.: *Fuzzy Sets, Neural Networks and Soft Computing*. Addison–Wesley, Reading, MA.

[EKLUND und KLAWONN, 1992] P. EKLUND und F. KLAWONN (1992). *Neural Fuzzy Logic Programming*. IEEE Trans. Neural Networks, 3:815–818.

[EKLUND et al., 1992] P. EKLUND, F. KLAWONN und D. NAUCK (1992). *Distributing Errors in Neural Fuzzy Control*. In *Proc. 2nd Int. Conf. on Fuzzy Logic and Neural Networks (IIZUKA'92)*, Seiten 1139–1142.

[ESOGBUE, 1993] A. O. ESOGBUE (1993). *A Fuzzy Adaptive Controller Using Reinforcement Learning Neural Networks*. In *Proc. IEEE Int. Conf. on Fuzzy Systems 1993*, Seiten 178–183, San Francisco.

[FALLER, 1980] A. FALLER (1980). *Der Körper des Menschen*. Thieme, Stuttgart.

[FERSCHL, 1970] F. FERSCHL (1970). *Markovketten*. Springer–Verlag, Berlin.

[FISCHBACH, 1992] G. D. FISCHBACH (1992). *Gehirn und Geist*. Spektrum der Wissenschaft, November(Heft 11/1992):30–41.

[FISHER und MCKUSICK, 1989] D. FISHER und K. MCKUSICK (1989). *An Empirical Comparision of ID3 and Backpropagation.* In *Proc. Int. Joint Conf. on Artifical Intelligence (IJCAI'89)*, Seiten 788–793, Detroit.

[FISHER, 1936] R. FISHER (1936). *The Use of Multiple Measurements in Taxonomic Problems.* Annual Eugenics, 7(Part II):179–188. (auch in: Contributions to Mathematical Statistics, Wiley, New York, 1950).

[FOERSTER, 1993] S. FOERSTER (1993). *Zu Kombinationen Neuronaler Netze und Fuzzy Systeme.* Diplomarbeit, Technische Universität Braunschweig.

[FÖLLINGER, 1990] O. FÖLLINGER (1990). *Regelungstechnik.* Hüthig Buch Verlag, Heidelberg, 6. Auflage.

[FOX und KOLLER, 1989] G. FOX und J. KOLLER (1989). *Code Generation by a Generalized Neural Network: General Principles and Elementary Examples.* Journ. Parallel and Distributed Computing, 6:388–410.

[FREISLEBEN und KUNKELMANN, 1993] B. FREISLEBEN und T. KUNKELMANN (1993). *Combining Fuzzy Logic and Neural Networks to Control an Autonomous Vehicle.* In *Proc. IEEE Int. Conf. on Fuzzy Systems 1993*, Seiten 321–326, San Francisco.

[FUNAHASHI, 1989] K. FUNAHASHI (1989). *On the Approximate Realization of Continuous Mappings by Neural Networks.* Neural Networks, 2:183.

[GAINES und BOOSE, 1990] B. GAINES und J. BOOSE, Hrsg. (1990). *Machine Learning and Uncertain Reasoning.* Academic Press, London.

[GALLANT, 1988] S. GALLANT (1988). *Connectionist Expert Systems.* Communications of the ACM, 31:152–169.

[GATH und GEVA, 1989] I. GATH und A. GEVA (1989). *Unsupervised Optimal Fuzzy Clustering.* IEEE Trans. Pattern Analysis and Machine Intelligence, 11:773–781.

[GEBHARDT et al., 1992] J. GEBHARDT, R. KRUSE und D. NAUCK (1992). *Information Compression in the Context Model.* In *Proc. Workshop of North American Fuzzy Information Processing Society (NAFIPS92)*, Seiten 296–303, Puerto Vallarta.

[GOLDBERG, 1989] D. GOLDBERG (1989). *Genetic Algorithms in Search, Optimization and Machine Learning.* Addison–Wesley, Reading, MA.

[GORMAN und SEJNOWSKI, 1988] R. GORMAN und T. SEJNOWSKI (1988). *Analysis of Hidden Units in a Layered Network Trained to Classify Sonar Targets.* Neural Networks, 1:75–89.

[GÖRZ, 1995] G. GÖRZ, Hrsg. (1995). *Einführung in die Künstliche Intelligenz. 2. Auflage.* Addison–Wesley, Bonn.

[GOTTWALD, 1993] S. GOTTWALD (1993). *Fuzzy Sets and Fuzzy Logic.* Vieweg, Wiesbaden.

[GRANT, 1991] B. GRANT (1991). *Excon: An Implementation of a Connectionist Expert System.* Technischer Bericht, British Telecom.

[GUSTAFSON und KESSEL, 1979] D. GUSTAFSON und W. KESSEL (1979). *Fuzzy Clustering with a Fuzzy Covariance Matrix.* In *Proc. IEEE CDC*, Seiten 761–766, San Diego.

[HALGAMUGE, 1995] S. K. HALGAMUGE (1995). *Advanced Methods for Fusion of Fuzzy Systems and Neural Networks in Intelligent Data Processing.* Dissertation, Technische Hochschule Darmstadt.

[HALGAMUGE und GLESNER, 1992] S. K. HALGAMUGE und M. GLESNER (1992). *A Fuzzy–Neural Approach for Pattern Classification with the Generation of Rules based on Supervised Learning.* In *Proc. Neuro–Nimes 92*, Seiten 167–173, Nanterre.

[HALGAMUGE und GLESNER, 1994] S. K. HALGAMUGE und M. GLESNER (1994). *Neural Networks in Designing Fuzzy Systems for Real World Applications.* Fuzzy Sets and Systems, 65:1–12.

[HAMMERSTROM, 1993] D. HAMMERSTROM (1993). *Neural Networks at Work.* IEEE Spectrum, 30(6):26–32.

[HART und WYATT, 1989] E. HART und J. WYATT (1989). *Connectionist Models in Medicine: An Investigation of Their Potential.* In *Proc. AIME'89*, Seiten 115–124. Springer–Verlag.

[HAYASHI et al., 1992a] I. HAYASHI, H. NOMURA, H. YAMASAKI und N. WAKAMI (1992a). *Construction of Fuzzy Inference Rules by Neural Network Driven Fuzzy Reasoning and Neural Network Driven Fuzzy Reasoning With Learning Functions.* Int. J. Approximate Reasoning, 6:241–266.

[HAYASHI und IMURA, 1990] Y. HAYASHI und A. IMURA (1990). *Fuzzy Neural Expert System with Automated Extraction of Fuzzy If-Then Rules from a Trained Neural Network.* In *First Int. Symposium on Uncertainty Modeling and Analysis*, Seiten 489–494.

[HAYASHI et al., 1992b] Y. HAYASHI, E. CZOGALA und J. J. BUCKLEY (1992b). *Fuzzy Neural Controller.* In *Proc. IEEE Int. Conf. on Fuzzy Systems 1992*, Seiten 197–202, San Diego.

[HAYES, 1985] P. HAYES (1985). *Some Problems and Non–Problems in Represen-tation Theory.* In [BRACHMAN und LEVESQUE, 1985]. Morgan Kaufmann, Los Altos.

[HAYKIN, 1994] S. HAYKIN (1994). *Neural Networks. A Comprehensive Foundation.* Macmillan College Publishing Company, New York.

[HEBB, 1949] D. O. HEBB (1949). *The Organization of Behavior.* Wiley, New York.

[HECHT-NIELSEN, 1987] R. HECHT-NIELSEN (1987). *Counterpropagation Net-works.* In *Proc. IEEE Int. Conf. on Neural Networks 1987, Vol.2,* Seiten 19–32.

[HECHT-NIELSEN, 1988] R. HECHT-NIELSEN (1988). *Counterpropagation Net-works.* Neural Networks, 1:131–139.

[HECHT-NIELSEN, 1989] R. HECHT-NIELSEN (1989). *Theory of the Back–Propagation Neural Network.* In *Proc. Int. Joint Conf. on Neural Networks (IJCNN'89), Vol.1,* Seiten 593–606.

[HECHT-NIELSEN, 1990] R. HECHT-NIELSEN (1990). *Neurocomputing.* Addison–Wesley, Reading.

[HECKERMAN, 1988] D. HECKERMAN (1988). *Probabilistic Interpretation for MY-CIN's Certainty Factors.* In J. LEMMER und L. KANAL, Hrsg.: *Uncertainty in Artificial Intelligence (2),* Seiten 167–196. North–Holland, Amsterdam.

[HERTZ et al., 1991] J. HERTZ, A. KROGH und R. PALMER (1991). *Introduction to the Theory of Neural Computation.* Addison–Wesley, Redwood City.

[HINTON et al., 1986] G. HINTON, J. MCCLELLAND und D. RUMELHART (1986). *Distributed Representations.* In [RUMELHART und MCCLELLAND, 1986], Seiten 77–109. MIT Press, Cambridge.

[HOFSTADTER, 1980] D. HOFSTADTER (1980). *Goedel, Escher, Bach: an Eternal Golden Braid.* Vintage Books, New York.

[HOFSTADTER, 1985] D. HOFSTADTER, Hrsg. (1985). *Metamagical Themas: Que-sting for the Essence of Mind and Pattern.* Basic Books, New York.

[HOPF und KLAWONN, 1994] J. HOPF und F. KLAWONN (1994). *Learning the Rule Base of Fuzzy Controller by a Genetic Algorithm.* In [KRUSE et al., 1994b], Seiten 63–73, Braunschweig. Vieweg.

[HOPFIELD, 1982] J. J. HOPFIELD (1982). *Neural Networks and Physical Systems with Emergent Collective Computational Abilities.* Proc. of the National Academy of Sciences, 79:2554–2558.

[HOPFIELD, 1984] J. HOPFIELD (1984). *Neurons with Graded Response have Collective Computational Properties like those of Two–state Neurons*. Proc. of the National Academy of Sciences, 81:3088–3092.

[HOPFIELD und TANK, 1985] J. HOPFIELD und D. TANK (1985). *"Neural" Computation of Decisions in Optimization Problems*. Biological Cybernetics, 52:141–152.

[HÖPPNER et al., 1996] F. HÖPPNER, F. KLAWONN und R. KRUSE (1996). *Fuzzy–Clustering–Methoden*. Computational Intelligence. Vieweg, Braunschweig.

[HORNIK et al., 1989] M. HORNIK, M. STINCHCOMBE und H. WHITE (1989). *Multilayer Feedfoward Networks are Universal Approximators*. Neural Networks, 2:359–366.

[HORNIK et al., 1990] M. HORNIK, M. STINCHCOMBE und H. WHITE (1990). *Universal Approximation of an Unknown Mapping and Its Derivatives Using Multilayer Feedforward Networks*. Neural Networks, 3:551–560.

[HOSKINS und HIMMELBLAU, 1989] J. HOSKINS und D. HIMMELBLAU (1989). *Fault Detection and Diagnosis via Artificial Neural Networks*. In *Proc. European Symposium on Computer Application in the Chemical Industry*, Seiten 277–284, Erlangen.

[HOSKINS et al., 1990] J. HOSKINS, K. KALIYUR und D. HIMMELBLAU (1990). *Incipient Fault Detection and Diagnosis Using Artificial Neural Networks*. In *Proc. Int. Joint Conf. on Neural Networks 1990, Vol.1*, Seiten 81–86, San Diego.

[HRUSKA et al., 1991a] S. HRUSKA, D. KINCICKY und R. LACHER (1991a). *Hybrid Learning in Expert Networks*. In *Proc. Int. Joint Conf. on Neural Networks 1991, Vol.2*, Seiten 117–120, Seattle.

[HRUSKA et al., 1991b] S. HRUSKA, D. KINCICKY und R. LACHER (1991b). *Resuscitation of Certainty Factors in Expert Networks*. In *Proc. Int. Joint Conf. on Neural Networks 1991, Vol.2*, Seiten 1653–1657, Singapore.

[ICHIHASHI, 1991] H. ICHIHASHI (1991). *Iterative Fuzzy Modelling and a Hierarchical Network*. In R. LOWEN und M. ROUBENS, Hrsg.: *Proc. 4th IFSA Congress, Band Engineering*, Seiten 49–52, Brussels.

[Inform, 1993] INFORM (1993). *fuzzyTECH 3.0 Explorer Edition Manual and Reference Book*. Inform Software Corporation, Evanston.

[JAKUBOWICZ und RAMANUJAM, 1990] O. JAKUBOWICZ und S. RAMANUJAM (1990). *A Neural Network Model for Fault–Diagnosis of Digital Circuits*. In *Proc. Int. Joint Conf. on Neural Networks 1990, Vol.2*, Seiten 611–614, Washington, D.C.

[JANG, 1991a] J.-S. R. JANG (1991a). *Fuzzy Modeling Using Generalized Neural Networks and Kalman Filter Algorithm*. In *Proc. of the Ninth National Conf. on Artificial Intelligence (AAAI-91)*, Seiten 762–767.

[JANG, 1991b] J.-S. R. JANG (1991b). *Rule Extraction Using Generalized Neural Networks*. In R. LOWEN und M. ROUBENS, Hrsg.: *Proc. 4th IFSA Congress*, Band Artificial Intelligence, Seiten 82–85, Brussels.

[JANG, 1992] J.-S. R. JANG (1992). *Self-learning Fuzzy Controller Based on Temporal Back-Propagation*. IEEE Trans. Neural Networks, 3:714–723.

[JANG, 1993] J.-S. R. JANG (1993). *ANFIS: Adaptive-Network-Based Fuzzy Inference Systems*. IEEE Trans. Systems, Man & Cybernetics, 23:665–685.

[JANG und SUN, 1995] J.-S. R. JANG und C.-T. SUN (1995). *Neuro–Fuzzy Modelling and Control*. Proc. of the IEEE, March 1995.

[JERVIS und FALLSIDE, 1992] T. JERVIS und F. FALLSIDE (1992). *Pole Balancing on a Real Rig using a Reinforcement Learning Controller*. Technischer Bericht CUED/F-INFENG/TR 115, Cambridge University Engineering Department, Cambridge, England.

[KANDEL und HAWKINS, 1992] E. R. KANDEL und R. D. HAWKINS (1992). *Molekulare Grundlagen des Lernens*. Spektrum der Wissenschaft, November(Heft 11/1992):66–76.

[KELLER, 1991] J. M. KELLER (1991). *Experiments on Neural Network Architectures for Fuzzy Logic*. In [LEA und VILLAREAL, 1991], Seiten 201–216.

[KELLER und TAHANI, 1992a] J. M. KELLER und H. TAHANI (1992a). *Backpropagation Neural Networks for Fuzzy Logic*. Information Sciences, 62:205–221.

[KELLER und TAHANI, 1992b] J. M. KELLER und H. TAHANI (1992b). *Implementation of Conjunctive and Disjunctive Fuzzy Logic Rules with Neural Networks*. Int. J. Approximate Reasoning, 6:221–240.

[KELLER et al., 1992] J. M. KELLER, R. R. YAGER und H. TAHANI (1992). *Neural Network Implementation of Fuzzy Logic*. Fuzzy Sets and Systems, 45:1–12.

[KHAN und VENKATAPURAM, 1993] E. KHAN und P. VENKATAPURAM (1993). *Neufuz: Neural Network Based Fuzzy Logic Design Algorithms*. In *Proc. IEEE Int. Conf. on Fuzzy Systems 1993*, Seiten 647–654, San Francisco.

[KINZEL et al., 1994] J. KINZEL, F. KLAWONN und R. KRUSE (1994). *Modifications of Genetic Algorithms for Designing and Optimizing Fuzzy Controllers*. In *Proc. IEEE Conference on Evolutionary Computation*, Seiten 28–33, Orlando. IEEE.

[KIRKPATRICK et al., 1983] S. KIRKPATRICK, C. D. GELATT und M. P. VERCCHI (1983). *Optimization by Simulated Annealing*. Science, 220:671–680.

[KLAWONN, 1992] F. KLAWONN (1992). *On a Lukasiewicz Logic Based Controller*. In *Proc. MEPP'92 Int. Seminar on Fuzzy Control through Neural Interpretations of Fuzzy Sets*, Reports on Computer Science & Mathematics, Series B, Seiten 53–56, Turku. Åbo Akademie.

[KLAWONN und KRUSE, 1993a] F. KLAWONN und R. KRUSE (1993a). *Equality Relations as a Basis for Fuzzy Control*. Fuzzy Sets and Systems, 54:147–156.

[KLAWONN und KRUSE, 1993b] F. KLAWONN und R. KRUSE (1993b). *Fuzzy Control as Interpolation on the Basis of Equality Relations*. In *Proc. IEEE Int. Conf. on Fuzzy Systems 1993*, Seiten 1125–1130, San Francisco.

[KLAWONN und KRUSE, 1995] F. KLAWONN und R. KRUSE (1995). *Constructing a Fuzzy Controller from Data*. Fuzzy Sets and Systems. Erscheint demnächst.

[KLAWONN et al., 1995] F. KLAWONN, D. NAUCK und R. KRUSE (1995). *Generating Rules from Data by Fuzzy and Neuro–Fuzzy Methods*. In *Proc. Fuzzy–Neuro–Systeme'95*, Seiten 223–230, Darmstadt.

[KLIR und FOLGER, 1988] G. J. KLIR und T. A. FOLGER (1988). *Fuzzy Sets, Uncertainty and Information*. Prentice–Hall, Englewood Cliffs.

[KOHONEN, 1972] T. KOHONEN (1972). *Correlation Matrix Memories*. IEEE Trans. Computers, C-21:353–359.

[KOHONEN, 1977] T. KOHONEN (1977). *Associative Memory – A System Theoretic Approach*. Springer–Verlag, Berlin.

[KOHONEN, 1982] T. KOHONEN (1982). *Self–Organized Formation of Topologically Correct Feature Maps*. Biological Cybernetics, 43:59–69.

[KOHONEN, 1984] T. KOHONEN (1984). *Self–Organization and Associative Memory*. Springer–Verlag, Berlin.

[KOHONEN, 1988] T. KOHONEN (1988). *The "Neural" Phonetic Typewriter*. Computer, 21(3):11–22.

[KOHONEN, 1989] T. KOHONEN (1989). *Speech Recognition Based on Topology–Preserving Neural Maps*. In I. ALEKSANDER, Hrsg.: *Neural Computing Architectures*. MIT Press, Cambridge, MA.

[KOHONEN et al., 1991] T. KOHONEN, K. MÄKISARA, O. SIMULA und J. KANGAS, Hrsg. (1991). *Artificial Neural Networks*. Elsevier Science Publishers, Amsterdam.

[KOSKO, 1992a] B. KOSKO (1992a). *Fuzzy Systems as Universal Approximators*. In *Proc. IEEE Int. Conf. on Fuzzy Systems 1992*, Seiten 1153–1162, San Diego.

[KOSKO, 1992b] B. KOSKO (1992b). *Neural Networks and Fuzzy Systems. A Dynamical Systems Approach to Machine Intelligence*. Prentice–Hall, Englewood Cliffs.

[KOSKO, 1992c] B. KOSKO, Hrsg. (1992c). *Neural Networks for Signal Processing*. Prentice–Hall, Englewood Cliffs.

[KRISHNAPURAM und LEE, 1992] R. KRISHNAPURAM und J. LEE (1992). *Fuzzy-Set-Based Hierarchichal Networks for Information Fusion in Computer Vision*. Neural Networks, 3:335–350.

[KRUSE, 1993] M. KRUSE (1993). *Ansätze zur Modellierung konnektionistischer Expertensysteme*. Diplomarbeit, Technische Universität Braunschweig, Braunschweig.

[KRUSE et al., 1994a] R. KRUSE, J. GEBHARDT und F. KLAWONN (1994a). *Foundations of Fuzzy Systems*. Wiley, Chichester.

[KRUSE et al., 1995a] R. KRUSE, J. GEBHARDT und F. KLAWONN (1995a). *Fuzzy–Systeme, 2. erweiterte Auflage*. Teubner, Stuttgart.

[KRUSE et al., 1994b] R. KRUSE, J. GEBHARDT und R. PALM, Hrsg. (1994b). *Fuzzy Systems in Computer Science*. Vieweg, Braunschweig.

[KRUSE et al., 1991a] R. KRUSE, D. NAUCK und F. KLAWONN (1991a). *Reasoning with Mass Distributions*. In B. D. D'AMBROSIO, P. SMETS und P. P. BONISONNE, Hrsg.: *Uncertainty in Artificial Intelligence*, Seiten 182–187, San Mateo. Morgan Kaufmann.

[KRUSE et al., 1995b] R. KRUSE, D. NAUCK und F. KLAWONN (1995b). *Neuronale Fuzzy–Systeme*. Spektrum der Wissenschaft, Juli(Heft 6/1995):34–41.

[KRUSE et al., 1991b] R. KRUSE, E. SCHWECKE und J. HEINSOHN (1991b). *Uncertainty and Vagueness in Knowledge-Based Systems: Numerical Methods*. Springer–Verlag, Berlin.

[LACHER et al., 1992] R. LACHER, S. HRUSKA und D. KUNCICKY (1992). *Back–propagation Learning in Expert Networks*. IEEE Trans. Neural Networks, 3:62–72.

[LE CUN, 1985] Y. LE CUN (1985). *Une Procedure d'Apprentissage pour Reseau a Seuil Assymetrique (A Learning Procedure for an Assymetric Threshold Network)*. In *Proc. Cognitiva*, Seiten 599–604, Paris.

[LE CUN, 1986] Y. LE CUN (1986). *Learning Processes in an Asymmetric Threshold Network*. In E. BIENESTOCK, F. FOGELMAN SOULI und G. WEISBUCH, Hrsg.: *Disordered Systems and Biological Organization*. Springer–Verlag, Berlin.

[LEA und VILLAREAL, 1991] R. N. LEA und J. VILLAREAL, Hrsg. (1991). *Proc. of the Second Joint Technology Workshop on Neural Networks and Fuzzy Logic*, Lyndon B. Johnson Space Center, Houston, Texas. NASA.

[LEE, 1990a] C. C. LEE (1990a). *Fuzzy Logic in Control Systems: Fuzzy Logic Controller, Part I*. IEEE Trans. Systems, Man & Cybernetics, 20:404–418.

[LEE, 1990b] C. C. LEE (1990b). *Fuzzy Logic in Control Systems: Fuzzy Logic Controller, Part II*. IEEE Trans. Systems, Man & Cybernetics, 20:419–435.

[LEE und TAKAGI, 1993] M. LEE und H. TAKAGI (1993). *Integrating Design Stages of Fuzzy Systems using Genetic Algorithms*. In *Proc. IEEE Int. Conf. on Fuzzy Systems 1993*, Seiten 612–617, San Francisco.

[LEE und LIPPMANN, 1989] Y. LEE und R. LIPPMANN (1989). *Practical Characteristics of Neural Network and Conventional Pattern Classifiers on Artificial and Speech Problems*. In *Proc. IEEE Conf. on Neural Information Processing Systems*, Band 2, Seiten 168–177, Denver.

[LI und TZOU, 1992] C. J. LI und J. C. TZOU (1992). *Neural Fuzzy Point Processes*. Fuzzy Sets and Systems, 48:297–303.

[LIN und LEE, 1993] C. T. LIN und C. S. G. LEE (1993). *Reinforcement Structure/Parameter Learning for Neural-Network-Based Fuzzy Logic Control Systems*. In *Proc. IEEE Int. Conf. on Fuzzy Systems 1993*, Seiten 88–93, San Francisco.

[LINTON et al., 1992] M. A. LINTON, P. R. CALDER, J. A. INTERRANTE, S. TANG und J. M. VLISSIDES (1992). *InterViews Reference Manual Version 3.1*. The Board of Trustees of the Leland Stanford Junior University.

[LIPPMAN, 1990] S. B. LIPPMAN (1990). *C++ Einführung und Leitfaden*. Addison–Wesley, Bonn.

[MADEY und DENTON, 1988] G. MADEY und J. DENTON (1988). *Credit Evaluation with Missing Data Fields*. In *Proc. First Annual Conf. of the Int. Neural Network Society*, Seite 456, Boston.

[VON DER MALSBURG, 1973] C. VON DER MALSBURG (1973). *Self–Organization of Orientation Sensitive Cells in the Striate Cortex*. Kybernetik, 14:85–100.

[MAMDANI und ASSILIAN, 1975] E. H. MAMDANI und S. ASSILIAN (1975). *An Experiment in Linguistic Synthesis with a Fuzzy Logic Controller*. Int. J. Man Machine Studies, 7:1–13.

[MANDL und SPADA, 1988] H. MANDL und H. SPADA (1988). *Wissenspsychologie*. Psychologie Verlags Union, München.

[MANGASARIAN und WOLBERG, 1990] O. L. MANGASARIAN und W. H. WOLBERG (1990). *Cancer Diagnosis via Linear Programming.* SIAM News, 23(5):1 & 18.

[McCLELLAND und RUMELHART, 1986] J. L. McCLELLAND und D. E. RUMELHART, Hrsg. (1986). *Parallel Distributed Processing: Explorations in the Microstructures of Cognition. Psychological and Biological Models*, Band 2. MIT Press, Cambridge.

[McCLELLAND und RUMELHART, 1989] J. L. McCLELLAND und D. E. RUMELHART (1989). *Explorations in Parallel Distributed Processing: A Handbook of Models, Programs, and Excercises..* MIT Press, Cambridge.

[McCULLOCH und PITTS, 1943] W. S. McCULLOCH und W. PITTS (1943). *A Logical Calculus of the Ideas Immanent in Nervous Activity.* Bulletin of Mathematical Biophysics, 5:115–133.

[McELIECE et al., 1987] R. McELIECE, E. POSNER, E. RODEMICH und S. VENKATESH (1987). *The Capacity of the Hopfield Associative Memory.* IEEE Trans. Information Theory, 33:461–482.

[McGRAW und HARBISON-BRIGGS, 1989] K. L. McGRAW und K. HARBISON-BRIGGS (1989). *Knowledge Acquisition: Principles and Guidelines.* Prentice–Hall, Englewood Cliffs.

[McMAHON, 1990] D. McMAHON (1990). *A Neural Network Trained to Select Aircraft Maneuvers During Air Combat: A Comparision of Network and Rule Based Performance.* In *Proc. Int. Joint Conf. on Neural Networks 1990, Vol.1*, Seiten 107–112, San Diego.

[METROPOLIS et al., 1953] N. METROPOLIS, M. ROSENBLUTH, A. TELLER und E. TELLER (1953). *Equation of State Calculations for Fast Computing Machines.* Journ. Chemical Physics, 21:1087–1092.

[MIALL, 1989] C. MIALL (1989). *The Diversity of Neuronal Properties.* In [DURBIN et al., 1989], Seiten 11–34. Addison–Wesley, Wokingham.

[MICCO und CUMPSTON, 1990] M. MICCO und P. CUMPSTON (1990). *A Large Project for Demonstrating Knowledge Engineering Techniques Including Applications of Neural Networks.* SIGCSE Bulletin Association for Computing Machinery, 22:245–250.

[MILLER et al., 1990] W. T. MILLER, R. S. SUTTON und P. J. WERBOS, Hrsg. (1990). *Neural Networks for Control.* MIT Press, Cambridge, MA.

[MINSKY und PAPERT, 1969] L. MINSKY, MARVIN und S. PAPERT (1969). *Perceptrons.* MIT Press, Cambridge.

[MINSKY und PAPERT, 1988] L. MINSKY, MARVIN und S. PAPERT (1988). *Percep-trons*. MIT Press, Cambridge, 2 Auflage.

[MINSKY, 1985] M. MINSKY (1985). *A Framework for Representing Knowledge*. In [BRACHMAN und LEVESQUE, 1985]. Morgan Kaufmann, Los Altos.

[MIYOSHI et al., 1993] T. MIYOSHI, S. TANO, Y. KATO und T. ARNOULD (1993). *Operator Tuning in Fuzzy Production Rules using Neural Networks*. In *Proc. IEEE Int. Conf. on Fuzzy Systems 1993*, Seiten 641–646, San Francisco.

[MOZER, 1986] M. MOZER (1986). *RAMBOT: A Connectionist Expert System that Learns by Example*. Technischer Bericht 8610, Institute for Cognitive Science, University of California, San Diego.

[MOZER, 1987] M. MOZER (1987). *RAMBOT: A Connectionist Expert System that Learns by Example*. In *Proc. IEEE Int. Conf. on Neural Networks (ICNN'87)*, Band 2, Seiten 693–700, San Diego.

[MULSANT, 1990] B. MULSANT (1990). *A Neural Network as an Approach to Clinical Diagnosis*. M.D. Computing, 7:25–36.

[NARAZAKI und RALESCU, 1991] H. NARAZAKI und A. L. RALESCU (1991). *A Synthesis Method for Multi-Layered Neural Network using Fuzzy Sets*. In *IJCAI-91: Workshop on Fuzzy Logic in Artificial Intelligence*, Seiten 54–66, Sydney.

[NAUCK, 1994a] D. NAUCK (1994a). *Building Neural Fuzzy Controllers with NEFCON-I*. In [KRUSE et al., 1994b], Seiten 141–151. Vieweg, Braunschweig.

[NAUCK, 1994b] D. NAUCK (1994b). *Fuzzy Neuro Systems: An Overview*. In [KRUSE et al., 1994b], Seiten 91–107. Vieweg, Braunschweig.

[NAUCK, 1994c] D. NAUCK (1994c). *Modellierung Neuronaler Fuzzy–Regler*. Dissertation, Technische Universität Braunschweig.

[NAUCK, 1995] D. NAUCK (1995). *Beyond Neuro–Fuzzy: Perspectives and Directions*. In *Proc. Third European Congress on Intelligent Techniques and Soft Computing (EUFIT95)*, Seiten 1159–1164, Aachen.

[NAUCK et al., 1992] D. NAUCK, F. KLAWONN und R. KRUSE (1992). *Fuzzy Sets, Fuzzy Controllers, and Neural Networks*. Wissenschaftliche Zeitschrift der Humboldt-Universität zu Berlin, R. Medizin, 41(4):99–120.

[NAUCK et al., 1993] D. NAUCK, F. KLAWONN und R. KRUSE (1993). *Combining Neural Networks and Fuzzy Controllers*. In E. P. KLEMENT und W. SLANY, Hrsg.: *Fuzzy Logic in Artificial Intelligence (FLAI93)*, Seiten 35–46, Berlin. Springer-Verlag.

[NAUCK und KRUSE, 1992a] D. NAUCK und R. KRUSE (1992a). *Interpreting Chan-ges in the Fuzzy Sets of a Self-Adaptive Neural Fuzzy Controller*. In *Proc. Second Int. Workshop on Industrial Applications of Fuzzy Control and Intelligent Systems (IFIS'92)*, Seiten 146–152, College Station, Texas.

[NAUCK und KRUSE, 1992b] D. NAUCK und R. KRUSE (1992b). *A Neural Fuzzy Controller Learning by Fuzzy Error Propagation*. In *Proc. Workshop of North Ame-rican Fuzzy Information Processing Society (NAFIPS92)*, Seiten 388–397, Puerto Vallarta.

[NAUCK und KRUSE, 1993] D. NAUCK und R. KRUSE (1993). *A Fuzzy Neural Net-work Learning Fuzzy Control Rules and Membership Functions by Fuzzy Error Backpropagation*. In *Proc. IEEE Int. Conf. on Neural Networks 1993*, Seiten 1022–1027, San Francisco.

[NAUCK und KRUSE, 1994a] D. NAUCK und R. KRUSE (1994a). *Choosing Appro-priate Neuro-Fuzzy Models*. In *Proc. Second European Congress on Fuzzy and Intelligent Technologies (EUFIT94)*, Seiten 552–557, Aachen.

[NAUCK und KRUSE, 1994b] D. NAUCK und R. KRUSE (1994b). *NEFCON–I: An X–Window based Simulator for Neural Fuzzy Controllers*. In *Proc. IEEE Int. Conf. Neural Networks 1994 at IEEE WCCI'94*, Seiten 1638–1643, Orlando.

[NAUCK und KRUSE, 1995a] D. NAUCK und R. KRUSE (1995a). *NEFCLASS – A Neuro–Fuzzy Approach for the Classification of Data*. In K. GEORGE, J. H. CAR-ROL, E. DEATON, D. OPPENHEIM und J. HIGHTOWER, Hrsg.: *Applied Compu-ting 1995. Proc. of the 1995 ACM Symposium on Applied Computing, Nashville, Feb. 26–28*, Seiten 461–465. ACM Press, New York.

[NAUCK und KRUSE, 1995b] D. NAUCK und R. KRUSE (1995b). *Neuro–Fuzzy Clas-sification with NEFCLASS*. In *Operations Research Proceedings 1995*, Berlin. Springer–Verlag.

[NAUCK und KRUSE, 1996a] D. NAUCK und R. KRUSE (1996a). *Designing Neuro–Fuzzy Systems Through Backpropagation*. In W. PEDRYCZ, Hrsg.: *Fuzzy Model-ling: Paradigms and Practice*. Kluwer.

[NAUCK und KRUSE, 1996b] D. NAUCK und R. KRUSE (1996b). *Neuro–Fuzzy Sy-stems Research and Applications outside of Japan (in japanischer Sprache)*. In M. UMANO, I. HAYASHI und T. FURUHASHI, Hrsg.: *Fuzzy–Neural Networks (in japanischer Sprache)*, Soft Computing Series. Asakura Publ., Tokyo.

[NEWELL, 1980] A. NEWELL (1980). *Physical Symbol Systems*. Cognitive Science, 4:135–183.

[NEWELL und SIMON, 1976] A. NEWELL und H. A. SIMON (1976). *Computer Science as Empirical Enquiry: Symbols and Search.* Communications of the ACM, 19:113–126.

[NILES et al., 1989] L. NILES, H. SILVERMAN, G. TAJCHMAN und M. BUSH (1989). *How Limited Training Data Can Allow a Neural Network to Outperform an "Optimal" Statistical Classifier.* In *Proc. Int. Conf. on Acoustics, Speech, and Signal Processing (ICASSP-89)*, Seiten 1397–1400, Glasgow.

[NOMURA et al., 1992] H. NOMURA, I. HAYASHI und N. WAKAMI (1992). *A Learning Method of Fuzzy Inference Rules by Descent Method.* In *Proc. IEEE Int. Conf. on Fuzzy Systems 1992*, Seiten 203–210, San Diego.

[NOWÉ und VEPA, 1993] A. NOWÉ und R. VEPA (1993). *A Reinforcement Learning Algorithm based on 'Safety'.* In E. P. KLEMENT und W. SLANY, Hrsg.: *Fuzzy Logic in Artificial Intelligence (FLAI93)*, Seiten 47–58, Berlin. Springer–Verlag.

[PALM, 1988] G. PALM (1988). *Assoziatives Gedächtnis und Gehirntheorie.* Spektrum der Wissenschaft, Juni(Heft 6/1988):54–64.

[PARKER, 1985] D. PARKER (1985). *Learning Logic.* Technical Report TR-87, Center for Computational Research in Economics and Management Science, MIT, Cambridge, MA.

[PEDRYCZ, 1991a] W. PEDRYCZ (1991a). *Neurocomputations in Relational Systems.* IEEE Trans. Pattern Analysis and Machine Intelligence, 13:289–297.

[PEDRYCZ, 1991b] W. PEDRYCZ (1991b). *A Referential Scheme of Fuzzy Decision Making and its Neural Network Structure.* IEEE Trans. Systems, Man & Cybernetics, 21:1593–1604.

[PEDRYCZ, 1993] W. PEDRYCZ (1993). *Fuzzy Control and Fuzzy Systems.* Research Studies Press, Taunton.

[PEDRYCZ und CARD, 1992] W. PEDRYCZ und H. C. CARD (1992). *Linguistic Interpretation of Self-Organizing Maps.* In *Proc. IEEE Int. Conf. on Fuzzy Systems 1992*, Seiten 371–378, San Diego.

[PFAFFELHUBER, 1972] E. PFAFFELHUBER (1972). *Learning and Information Theory.* Int. J. Neuroscience, 3:83–88.

[PFEIFER et al., 1989] R. PFEIFER, Z. SCHRETER, F. FOGELMAN-SOULIÉ und L. STEELS, Hrsg. (1989). *Connectionism in Perspective.* Elsevier Science Publishers, Amsterdam.

[POLI et al., 1991] R. POLI, S. CAGNONI, R. LIVI, G. COPPINI und G. VALLI (1991). *A Neural Network Expert System for Diagnosing and Treating Hypertension.* Computer, 24(3):64–71.

[PROTZEL, 1990] P. PROTZEL (1990). *Artificial Neural Network for Real–Time Task Allocation in Fault–Tolerant, Distributed Processing Systems.* In [ECKMILLER et al., 1991], Seiten 307–310. North Holland.

[PUPPE, 1991] F. PUPPE (1991). *Einführung in Expertensysteme.* Springer–Verlag, Berlin, 2. Auflage.

[QIAO et al., 1992] W. Z. QIAO, W. P. ZHUANG, T. H. HENG und S. S. SHAN (1992). *A Rule Self-Regulating Fuzzy Controller.* Fuzzy Sets and Systems, 47:13–21.

[QUILLIAN, 1985] M. QUILLIAN (1985). *Word Concepts: A Theory and Simulation of Some Basic Semantic Capabilities.* In [BRACHMAN und LEVESQUE, 1985]. Morgan Kaufmann, Los Altos.

[RAY, 1991] A. RAY (1991). *Equipment Fault Diagnosis – A Neural Network Approach.* Computers in Industry, 16:169–177.

[REFENES et al., 1992] A. REFENES, M. AZEMA-BARAC und P. TRELEAVEN (1992). *Financial Modelling Using Neural Networks.* UCL–CS RN–92–94, University College London, Department of Computer Science, Gower Street WCI 6BT, London UK. Auch in: Liddell H.: Commercial Applications of Parallel Computing, UNICOM (1993).

[RICHTER, 1989] M. M. RICHTER (1989). *Prinzipien der künstlichen Intelligenz.* Teubner, Stuttgart.

[RITTER et al., 1990] H. RITTER, T. MARTINETZ und K. SCHULTEN (1990). *Neuronale Netze: Eine Einführung in die Neuroinformatik selbstorganisierender Netzwerke.* Addision–Wesley, Bonn.

[ROHWER et al., 1992] R. ROHWER, B. GRANT und P. LIMB (1992). *Towards a Connectionist Reasoning System.* BT Technology Journal, 10:103–109.

[ROJAS, 1993] R. ROJAS (1993). *Theorie der Neuronalen Netze: Eine systematische Einführung.* Springer–Verlag, Berlin.

[ROSENBLATT, 1958] F. ROSENBLATT (1958). *The Perceptron: A Probabilistic Model for Information Storage and Organization in the Brain.* Psychological Review, 65:386–408.

[ROSENBLATT, 1962] F. ROSENBLATT (1962). *Principles of Neurodynamics.* Spartan Books, New York.

[RUMELHART et al., 1986a] D. E. RUMELHART, G. E. HINTON und R. J. WILLIAMS (1986a). *Learning Internal Representations by Error Propagation.* In [RUMELHART und McCLELLAND, 1986], Seiten 318–362. MIT Press, Cambridge.

[RUMELHART et al., 1986b] D. E. RUMELHART, G. E. HINTON und R. J. WILLIAMS (1986b). *Learning Representations by Back-Propagating Errors*. Nature, 323:533–536.

[RUMELHART und MCCLELLAND, 1986] D. E. RUMELHART und J. L. MCCLELLAND, Hrsg. (1986). *Parallel Distributed Processing: Explorations in the Microstructures of Cognition. Foundations*, Band 1. MIT Press, Cambridge.

[RUMELHART und ZIPSER, 1988] D. RUMELHART und D. ZIPSER (1988). *Feature Discovery by Competitive Learning*. In [RUMELHART und MCCLELLAND, 1986], Seiten 151–193. MIT Press, Cambridge.

[SAITO und NAKANO, 1988] K. SAITO und R. NAKANO (1988). *Medical Diagnostic Expert System Based on PDP Model*. In *Proc. IEEE Int. Conf. on Neural Networks (ICNN'88)*, Seiten 255–262.

[SANCHEZ, 1990] E. SANCHEZ (1990). *Fuzzy Connectionist Expert Systems*. In *Proc. 1st Int. Conf. on Fuzzy Logic & Neural Networks (IIZUKA'90)*, Seiten 31–35, Iizuka.

[SCALIA et al., 1989] F. SCALIA, L. MARCONI und S. RIDELLA (1989). *An Example of Backpropagation: Diagnosis of Dyspepsia*. In *Proc. First IEEE Int. Conf. on Artificial Neural Networks (ICANN'89)*, Seiten 332–336.

[SCHNUPP und NGUYEN HUU, 1987] P. SCHNUPP und C. NGUYEN HUU (1987). *Expertensystem-Praktikum*. Springer–Verlag, Berlin.

[SCHÖNEBURG, 1993] E. SCHÖNEBURG (1993). *Industrielle Anwendung Neuronaler Netze*. Addison–Wesley, Bonn.

[SCHREIBER und HEINE, 1994] H. SCHREIBER und S. HEINE (1994). *Einsatz von Neuro–Fuzzy–Technologien für die Prognose des Elektroenergieverbrauches an "besonderen" Tagen*. In *Proc. 4. Dortmunder Fuzzy–Tage*, Dortmund.

[SCHWEIZER und SKLAR, 1961] B. SCHWEIZER und A. SKLAR (1961). *Associative Functions and Statistical Triangle Inequalities*. Publications Mathematical Debrecen, 10:169–186.

[SEARLE, 1980] J. R. SEARLE (1980). *Minds, Brains, and Programs*. Behavioral and Brain Sciences, 3:417–457.

[SEARLE, 1990] J. R. SEARLE (1990). *Ist der menschliche Geist ein Computerprogramm?*. Spektrum der Wissenschaft, März(Heft 3/1990):40–47.

[SEJNOWSKI und ROSENBERG, 1986] T. J. SEJNOWSKI und C. R. ROSENBERG (1986). *NETtalk: A Parallel Network that Learns to Read Aloud*. Electrical Engineering and Computer Science Technical Report JHU/EECS-86/01, Johns Hopkins University.

[SEJNOWSKI und ROSENBERG, 1987] T. J. SEJNOWSKI und C. R. ROSENBERG (1987). *Parallel Networks that Learns to Pronounce English Text.* Complex Systems, 1:145–168.

[SHAO, 1988] S. SHAO (1988). *Fuzzy Self-Organizing Controller and its Application for Dynamic Processes.* Fuzzy Sets and Systems, 26:151–164.

[SHASTRI, 1988] L. SHASTRI (1988). *A Connectionist Approach to Knowledge Representation and Limited Inference.* Cognitive Science, 12:331–392.

[SHASTRI und AJJANAGADDE, 1990a] L. SHASTRI und V. AJJANAGADDE (1990a). *From Simple Associations to Systematic Reasoning: A Connectionist Representation of Rules, Variables, and Dynamic Binding.* Technischer Bericht MS-CIS-90-05, Dept. of Computer and Information Science, University of Pennsylvania, Philadelphia.

[SHASTRI und AJJANAGADDE, 1990b] L. SHASTRI und V. AJJANAGADDE (1990b). *An Optimally Efficient Limited Inference System.* In Proc. Eight Nat. Conf. on Artificial Intelligence (AAAI'90), Seiten 563–570, Boston.

[SHATZ, 1992] C. J. SHATZ (1992). *Das sich entwickelnde Gehirn.* Spektrum der Wissenschaft, November(Heft 11/1992):44–52.

[SHAVLIK et al., 1991] J. SHAVLIK, R. MOONEY und G. TOWELL (1991). *Symbolic and Neural Learning Algorithms: An Experimental Comparision.* Machine Learning, 6:111–143.

[SHORTLIFFE und BUCHANAN, 1975] E. SHORTLIFFE und B. BUCHANAN (1975). *A Model of Inexact Reasoning in Medicine.* Mathematical Biosciences, 23:351 – 379.

[SIMPSON, 1992a] P. SIMPSON (1992a). *Fuzzy Min-Max Neural Networks – Part 1: Classification.* IEEE Trans. Neural Networks, 3:776–786.

[SIMPSON, 1992b] P. SIMPSON (1992b). *Fuzzy Min-Max Neural Networks – Part 2: Clustering.* IEEE Trans. Fuzzy Systems, 1:32–45.

[SLOMAN, 1985] A. SLOMAN (1985). *Afterthoughts on Analogical Representations.* In [BRACHMAN und LEVESQUE, 1985]. Morgan Kaufmann, Los Altos.

[SMOLENSKY, 1988] P. SMOLENSKY (1988). *On the Proper Treatment of Connectionism.* Behavioral and Brain Sciences, 11:1–74.

[SMOLENSKY, 1990] P. SMOLENSKY (1990). *Tensor Product Variable Binding and the Representation of Symbolic Structures in Connectionist Systems.* Artificial Intelligence, 46:159–216.

[STEIN, 1993] R. STEIN (1993). *Preprocessing Data for Neural Networks.* AI Expert, 3/93:32–37.

[STEINBUCH, 1963] K. STEINBUCH (1963). *Automat und Mensch.* Springer–Verlag, Berlin.

[STEINHAUSEN und LANGER, 1977] D. STEINHAUSEN und K. LANGER (1977). *Clusteranalyse.* de Gruyter, Berlin.

[STOEVA, 1992] S. P. STOEVA (1992). *A Weight-Learning Algorithm for Fuzzy Production Systems with Weighting Coefficients.* Fuzzy Sets and Systems, 48:87–97.

[STUBBS, 1990] D. STUBBS (1990). *Multiple Neural Network Approaches to Clinical Expert Systems.* Proc. SPIE, 1294:433–441.

[SULZBERGER et al., 1993] S. M. SULZBERGER, N. N. TSCHICHOLD-GÜRMAN und S. J. VESTLI (1993). *FUN: Optimization of Fuzzy Rule Based Systems using Neural Networks.* In *Proc. IEEE Int. Conf. on Neural Networks 1993*, Seiten 312–316, San Francisco.

[SUN und JANG, 1993] C.-T. SUN und J.-S. JANG (1993). *A Neuro-Fuzzy Classifier and Its Applications.* In *Proc. IEEE Int. Conf. on Neural Networks 1993*, Seiten 94–98, San Francisco.

[TAKAGI, 1990] H. TAKAGI (1990). *Fusion Technology of Fuzzy Theory and Neural Networks - Survey and Future Directions.* In *Proc. 1st Int. Conf. on Fuzzy Logic & Neural Networks (IIZUKA'90)*, Seiten 13–26.

[TAKAGI, 1992] H. TAKAGI (1992). *Application of Neural Networks and Fuzzy Logic to Consumer Products.* In *Proc. Int. Conf. on Industrial Fuzzy Electronics, Control, Instrumentation, and Automation (IECON'92)*, Band 3, Seiten 1629–1639, San Diego.

[TAKAGI, 1995] H. TAKAGI (1995). *Applications of Neural Networks and Fuzzy Logic to Consumer Products.* In [YEN et al., 1995], Seiten 93–104. IEEE Press.

[TAKAGI und HAYASHI, 1991] H. TAKAGI und I. HAYASHI (1991). *NN–Driven Fuzzy Reasoning.* Int. J. Approximate Reasoning, 5:191–212.

[TAKAGI und LEE, 1993] H. TAKAGI und M. LEE (1993). *Neural Networks and Genetic Algorithms.* In E. P. KLEMENT und W. SLANY, Hrsg.: *Fuzzy Logic in Artificial Intelligence (FLAI93)*, Seiten 68–79, Berlin. Springer–Verlag.

[TOURETZKY und HINTON, 1985] D. TOURETZKY und G. HINTON (1985). *Symbols among the Neurons: Details of a Connectionist Inference Architecture.* In *Proc. Int. Joint Conf. on Artifical Intelligence (IJCAI'85)*, Seiten 238–243.

[TOURETZKY und HINTON, 1988] D. TOURETZKY und G. HINTON (1988). *A Distributed Connectionist Production System.* Cognitive Science, 12:423–466.

[TSCHICHOLD-GÜRMAN, 1995] N. TSCHICHOLD-GÜRMAN (1995). *Generation and Improvement of Fuzzy Classifiers with Incremental Learning using Fuzzy RuleNet*. In K. GEORGE, J. H. CARROL, E. DEATON, D. OPPENHEIM und J. HIGHTOWER, Hrsg.: *Applied Computing 1995. Proc. of the 1995 ACM Symposium on Applied Computing, Nashville, Feb. 26–28*, Seiten 466–470. ACM Press, New York.

[TSCHICHOLD-GÜRMAN, 1996] N. TSCHICHOLD-GÜRMAN (1996). *RuleNet – A New Knowledge–Based Artificial Neural Network Model with Application Examples in Robotics*. Dissertation, ETH Zürich.

[TSUKAMOTO, 1979] Y. TSUKAMOTO (1979). *An Approach to Fuzzy Reasoning Method*. In M. GUPTA, R. RAGADE und R. YAGER, Hrsg.: *Advances in Fuzzy Set Theory*. North–Holland, Amsterdam.

[VENKATASUBRAMANIAN und KING, 1989] V. VENKATASUBRAMANIAN und C. KING (1989). *A Neural Network Methodology for Process Fault Diagnosis*. AIChE Journal, 35:1993–2002.

[WATANABE et al., 1989] K. WATANABE, I. MATSUURA, M. ABE, M. KUBOTA und D. HIMMELBLAU (1989). *Incipient Fault Diagnosis of Chemical Process via Artifical Neural Networks*. AIChE Journal, 35:1803–1812.

[WEBER, 1983] S. WEBER (1983). *A General Concept of Fuzzy Connectives, Negation and Implication Based on t–Norms and t–Conorms*. Fuzzy Sets and Systems, 11:115–134.

[WERBOS, 1974] P. J. WERBOS (1974). *Beyond Regressions: New Tools for Prediction and Analysis in the Behavioral Sciences*. Dissertation, Harvard University, Cambridge, MA.

[WERBOS, 1992a] P. J. WERBOS (1992a). *Neurocontrol and Fuzzy Logic: Connections and Designs*. Int. J. Approximate Reasoning, 6:185 – 220.

[WERBOS, 1992b] P. J. WERBOS (1992b). *Neurocontrol: Where it is Going and Why it is Crucial*. Artificial Neural Networks, 2:61–68.

[WESSELS, 1984] M. WESSELS (1984). *Kognitive Psychologie*. UTB Groše Reihe. Harper & Row Publ. Inc., New York.

[WHITE und SOFGE, 1992] D. A. WHITE und D. A. SOFGE, Hrsg. (1992). *Handbook of Intelligent Control. Neural, Fuzzy, and Adaptive Approaches*. Van Nostrand Reinhold, New York.

[WHITE, 1990] H. WHITE (1990). *Connectionist Nonparametric Regression: Multilayer Feedforward Networks Can Learn Arbitrary Mappings*. Neural Networks, 3:535–549.

[WIDROW und STEARNS, 1985] B. WIDROW und S. STEARNS (1985). *Adaptive Signal Processing*. Prentice–Hall, New York.

[WIDROW und HOFF, 1960] B. WIDROW und M. E. HOFF (1960). *Adaptive Switching Circuits*. In *IRE WESCON Convention Record*, Seiten 96–104, New York. IRE.

[WINOGRAD, 1985] T. WINOGRAD (1985). *Frame Representations and the Declarative / Procedural Controversy*. In [BRACHMAN und LEVESQUE, 1985]. Morgan Kaufmann, Los Altos.

[WOLBERG und MANGASARIAN, 1990] W. WOLBERG und O. MANGASARIAN (1990). *Multisurface Method of Pattern Separation for Medical Diagnosis Applied to Breast Cytology*. Proc. National Academy of Sciences, 87:9193–9196.

[YAGER und FILEV, 1992a] R. R. YAGER und D. P. FILEV (1992a). *Adaptive Defuzzification for Fuzzy Logic Controllers*. BUSEFAL, 49:50–57.

[YAGER und FILEV, 1992b] R. R. YAGER und D. P. FILEV (1992b). *Adaptive Defuzzification for Fuzzy System Modelling*. In *Proc. Workshop of North American Fuzzy Information Processing Society (NAFIPS92)*, Seiten 135–142, Puerto Vallarta.

[YAMAGUCHI et al., 1992] T. YAMAGUCHI, K. GOTO, T. TAKAGI, K. DOYA und T. MITA (1992). *Intelligent Control of a Flying Vehicle using Fuzzy Associative Memory System*. In *Proc. IEEE Int. Conf. on Fuzzy Systems 1992*, Seiten 1139–1149, San Diego.

[YAMAKAWA und TOMODA, 1989] T. YAMAKAWA und S. TOMODA (1989). *A Fuzzy Neuron and its Application to Pattern Recognition*. In J. C. BEZDEK, Hrsg.: *Proc. 3rd IFSA Congress*, Seiten 30–38, Seattle.

[YEN et al., 1995] J. YEN, R. LANGARI und L. A. ZADEH, Hrsg. (1995). *Industrial Applications of Fuzzy Logic and Intelligent Systems*. IEEE Press, Piscataway.

[YEN et al., 1992] J. YEN, H. WANG und W. C. DAUGHERTY (1992). *Design Issues of a Reinforcment-based Self-Learning Fuzzy Controller for Petrochemical Process Control*. In *Proc. Workshop of North American Fuzzy Information Processing Society (NAFIPS92)*, Seiten 135–142, Puerto Vallarta.

[YOON et al., 1990] Y. YOON, R. BROBST, P. BERGSTRESSER und L. PETERSON (1990). *Automatic Generation of a Knowledge–Base for a Dermatology Expert System*. In *Proc. Third Annual IEEE Symposium on Computer–Based Medical Systems*, Seiten 306–312, Chapel Hill.

[YOSHIDA et al., 1989] K. YOSHIDA, Y. HAYASHI und A. IMURA (1989). *A Connectionist Expert System for Diagnosing Hepatobiliary Disorder*. In *Proc. of the Sixth Conf. on Medical Informatics (MEDINFO'89)*, Seiten 116–120, Beijing.

[YOUNG, 1989] D. A. YOUNG (1989). *X-Window System: Programming and Applications with X*. Prentice–Hall, Englewood Cliffs.

[ZADEH, 1965] L. A. ZADEH (1965). *Fuzzy Sets*. Information and Control, 8:338–353.

[ZADEH, 1972] L. A. ZADEH (1972). *A Rationale for Fuzzy Control*. J. Dynamic Systems, Measurement and Control, Series 6, 94:3–4.

[ZADEH, 1973] L. A. ZADEH (1973). *Outline of a New Approach to the Analysis of Complex Systems and Decision Processes*. IEEE Trans. Systems, Man & Cybernetics, 3:28–44.

[ZELL, 1994] A. ZELL (1994). *Simulation Neuronaler Netze*. Addision–Wesley, Bonn.

Index